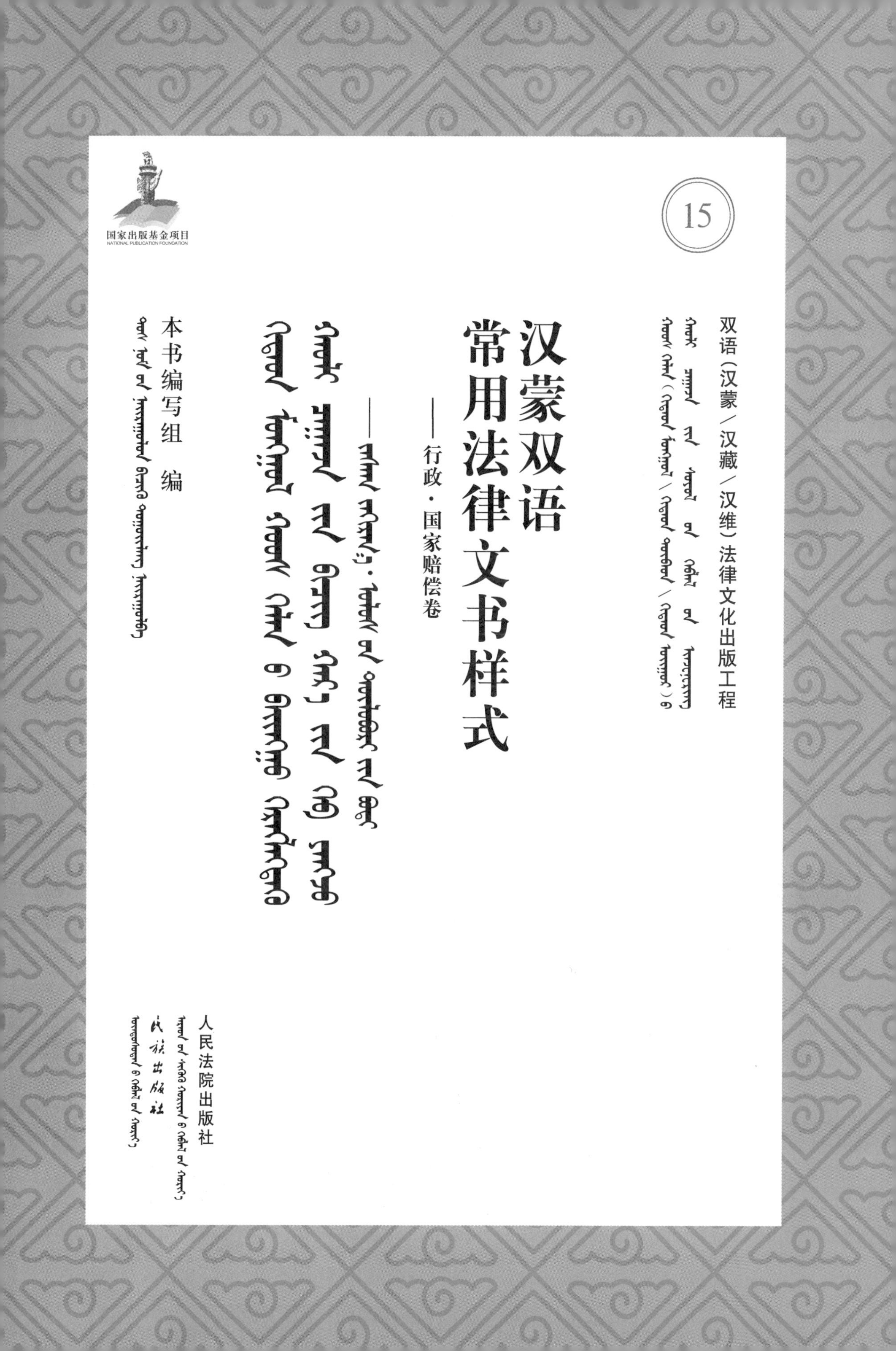

国家出版基金项目
NATIONAL PUBLICATION FOUNDATION

15

双语（汉蒙/汉藏/汉维）法律文化出版工程

汉蒙双语常用法律文书样式

——行政·国家赔偿卷

本书编写组 编

人民法院出版社
民族出版社

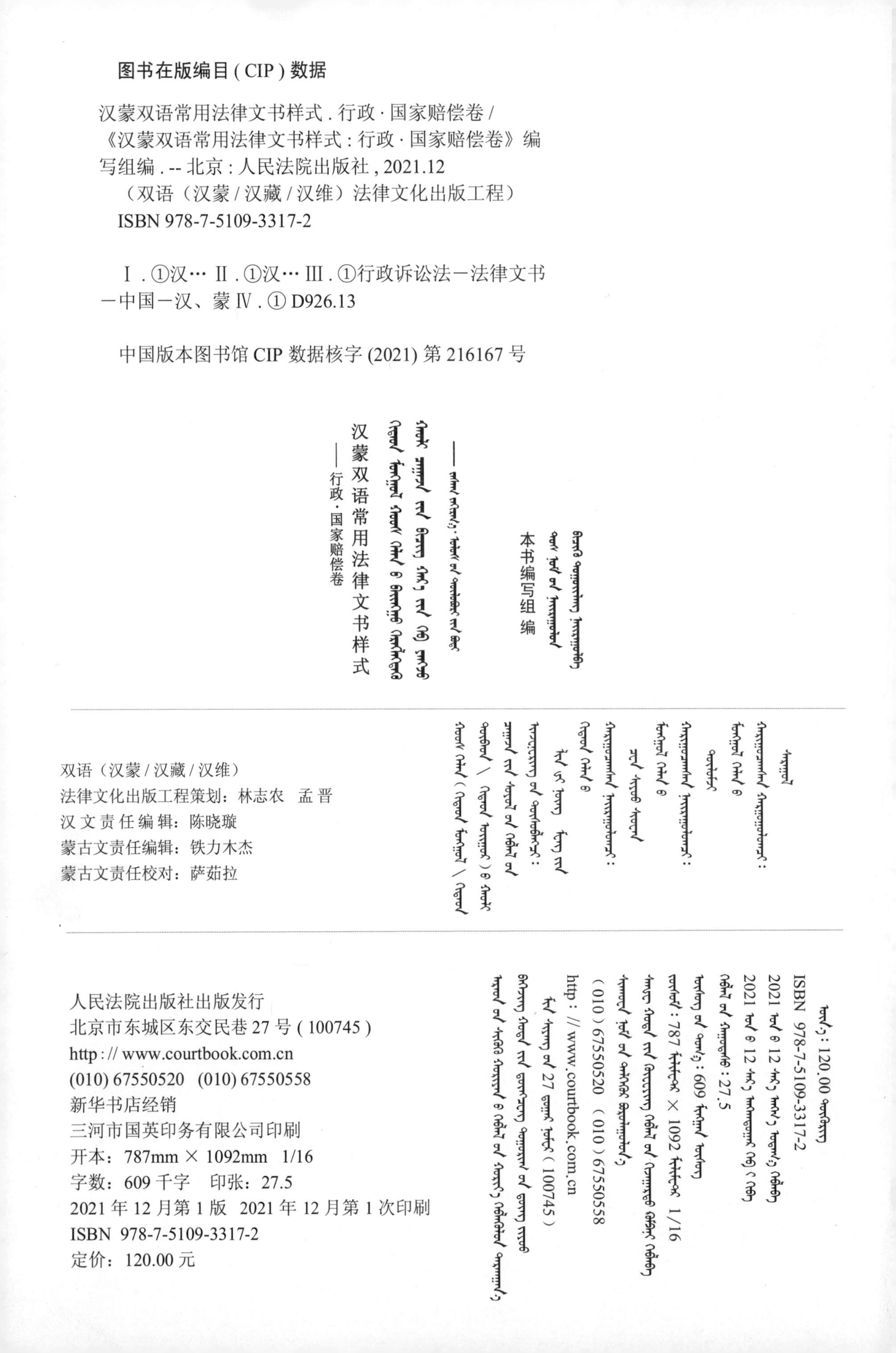

图书在版编目（CIP）数据

汉蒙双语常用法律文书样式．行政·国家赔偿卷 /《汉蒙双语常用法律文书样式：行政·国家赔偿卷》编写组编．-- 北京：人民法院出版社，2021.12

（双语（汉蒙 / 汉藏 / 汉维）法律文化出版工程）

ISBN 978-7-5109-3317-2

Ⅰ．①汉… Ⅱ．①汉… Ⅲ．①行政诉讼法－法律文书－中国－汉、蒙 Ⅳ．① D926.13

中国版本图书馆 CIP 数据核字 (2021) 第 216167 号

汉蒙双语常用法律文书样式

——行政·国家赔偿卷

本书编写组 编

双语（汉蒙 / 汉藏 / 汉维）

法律文化出版工程策划：林志农　孟 晋

汉 文 责 任 编 辑：陈晓璇

蒙古文责任编辑：铁力木杰

蒙古文责任校对：萨茹拉

人民法院出版社出版发行

北京市东城区东交民巷 27 号（100745）

http：// www.courtbook.com.cn

(010) 67550520　(010) 67550558

新华书店经销

三河市国英印务有限公司印刷

开本：787mm × 1092mm　1/16

字数：609 千字　印张：27.5

2021 年 12 月第 1 版　2021 年 12 月第 1 次印刷

ISBN　978-7-5109-3317-2

定价：120.00 元

汉蒙双语常用法律文书样式

——行政·国家赔偿卷

项目执行人员：杨宗仁　赵建平　常培忠

主　　　译：李玉山

副　　　译：阿茹娜

审 稿 人 员：杜金梨　李斯日古楞　萨茹拉

ᠲᠥᠰᠥᠯ ᠬᠡᠷᠡᠭᠵᠢᠭᠦᠯᠦᠭᠴᠢ: ᠶᠠᠩ ᠽᠦᠩ ᠷᠧᠨ ᠵᠠᠤ ᠵᠢᠶᠠᠨ ᠫᠢᠩ ᠴᠠᠩ ᠫᠧᠢ ᠵᠦᠩ

ᠡᠷᠬᠢᠯᠡᠨ ᠣᠷᠴᠢᠭᠤᠯᠤᠭᠴᠢ: ᠯᠢ ᠶᠦᠢ ᠱᠠᠨ

ᠲᠤᠰᠠᠯᠠᠨ ᠣᠷᠴᠢᠭᠤᠯᠤᠭᠴᠢ: ᠠ ᠷᠦ ᠨᠠ

ᠪᠢᠴᠢᠭ ᠬᠢᠨᠠᠨ ᠬᠠᠷᠭᠤᠭᠤᠯᠤᠭᠴᠢ: ᠳᠦ ᠵᠢᠨ ᠯᠢ ᠯᠢ ᠰᠢᠷᠢ ᠭᠦᠯᠦᠩ ᠰᠠ ᠷᠦ ᠯᠠ

—— ᠵᠠᠰᠠᠭ ᠵᠠᠬᠢᠷᠭᠠ᠂ ᠤᠯᠤᠰ ᠤᠨ ᠨᠥᠬᠥᠪᠥᠷᠢ ᠶᠢᠨ ᠪᠦᠯᠦᠭ

ᠬᠢᠲᠠᠳ ᠮᠣᠩᠭᠣᠯ ᠬᠣᠣᠰ ᠬᠡᠯᠡᠨ ᠦ ᠶᠡᠷᠦ ᠳᠦ

ᠬᠡᠷᠡᠭᠯᠡᠬᠦ ᠬᠠᠤᠯᠢ ᠴᠠᠭᠠᠵᠠ ᠶᠢᠨ ᠪᠢᠴᠢᠭ ᠦᠨ ᠵᠠᠭᠪᠤᠷ

前　言

习近平总书记在党的十九大报告中指出，要全面贯彻党的民族政策，深化民族团结进步教育，铸牢中华民族共同体意识，加强各民族交往交流交融，促进各民族像石榴籽一样紧紧抱在一起，共同团结奋斗、共同繁荣发展。当前，我国正处于全面推进依法治国、建设社会主义法治国家的历史性阶段，运用法治思维和法律手段保障民族团结，充分发挥法治在民族工作中的重要作用，人民法院任重而道远。

最高人民法院历来高度重视民族地区双语法官队伍建设，特别是党的十八大以来，最高人民法院党组从全面推进依法治国，促进民族团结进步的高度，采取更加有力的措施推进双语法官队伍建设，加大双语法官培训力度，提高法官司法能力和业务水平，以队伍的高素质助推执法办案的高品质，保障少数民族群众诉讼权利。2015年4月，最高人民法院与国家民委联合制定印发《关于进一步加强和改进民族地区民汉双语法官培养及培训工作的意见》，正式提出双语法官“千人计划”，到2020年前，基本解决民族地区人民法院双语法官短缺问题，并加强双语培训教材建设，组织编写针对性、指导性强的培训教材、教学参考资料和双语法律词典。随后，最高人民法院制定实施“千人计划”的路线图和时间表，加强与国家民委合作，共同落实双语法官培养方案和措施。

“双语（汉蒙/汉藏/汉维）法律文化出版工程”（以下简称“双语工程”）是新中国成立60多年来最高人民法院首次推出的

大型双语法律文化项目，也是推动实施双语法官“千人计划”的现实需要和重大举措。在最高人民法院政治部的组织实施和协调指导下，人民法院出版社进行充分论证和具体落实，于2015年申报并获国家出版基金资助。“双语工程”丛书涉及蒙古语、藏语、维吾尔语三大少数民族语言，共计8大系列，品种数达57种，总字数近1亿字，前后共有7个省、自治区法院上百名双语干警参与丛书的编译工作，人民法院出版社和民族出版社联合承担内容审定和出版工作，整个项目参与人员达数百人。“双语工程”丛书覆盖双语对照法律词典、审判实务技能教材、导读司法解释及指导案例、法律文书格式与写作教材，以及普法宣传品等多个类型，是一套服务民族地区法治建设、全面惠及法律工作者以及普通民众的双语法律文化精品丛书。

“双语工程”丛书在编译出版过程中坚持以习近平新时代中国特色社会主义思想为指导，深入贯彻落实习近平法治思想，牢牢把握正确的政治方向，积极引导广大法院干警提高政治站位，增强“四个意识”，坚定“四个自信”，坚决做到“两个维护”。丛书内容丰富、兼具权威性、指导性、创新性和实用性，形式多样，很好地解决了制约双语法律人才培训缺乏统一教材的瓶颈问题，对积极推动民族地区法治宣传教育和少数民族群众普法工作具有重要意义。

“双语工程”丛书的顺利出版，得益于国家新闻出版署国家出版基金规划管理办公室的政策扶持和指导监督；得益于国家民委的鼎力支持和全力配合；得益于民族出版社在丛书内容审定和出版工作中的支持和帮助；得益于各民族地区法院干警、翻译人员的协同运作和不懈努力。全体参与人员以坚如磐石的意志、坚不可摧的决心和坚忍不拔的毅力，脚踏实地的干劲，迎难而上，攻坚克难，使得这项艰苦卓绝的开创性工作取得了可喜的成果。

我们将以“双语工程”取得的成果为起点，将更多语种纳入该项目的二期工程申报国家出版基金资助并予实施，同时研发推广双语智能翻译和语音识别技术，拓展民汉双语学习平台，以更丰富的内容、更多样的形式，将“双语工程”打造成为运用民族语言文字服务民族地区法治建设的一面旗帜，多角度、宽面向地辅助双语诉讼工作，不断加强包括教材开发在内的双语人才培养工作，促进双语法律教育工作的深入开展和双语法官队伍建设，消除执法司法环节存在的语言交流上的障碍和壁垒，提高司法效率，推动法制宣传教育和普法活动不断深入，惠及广大少数民族群众，为促进国家法律在民族地区的正确实施、推进民族地区法治建设和民族团结进步、建设社会主义法治国家作出新的贡献！

编写组

2021 年 12 月

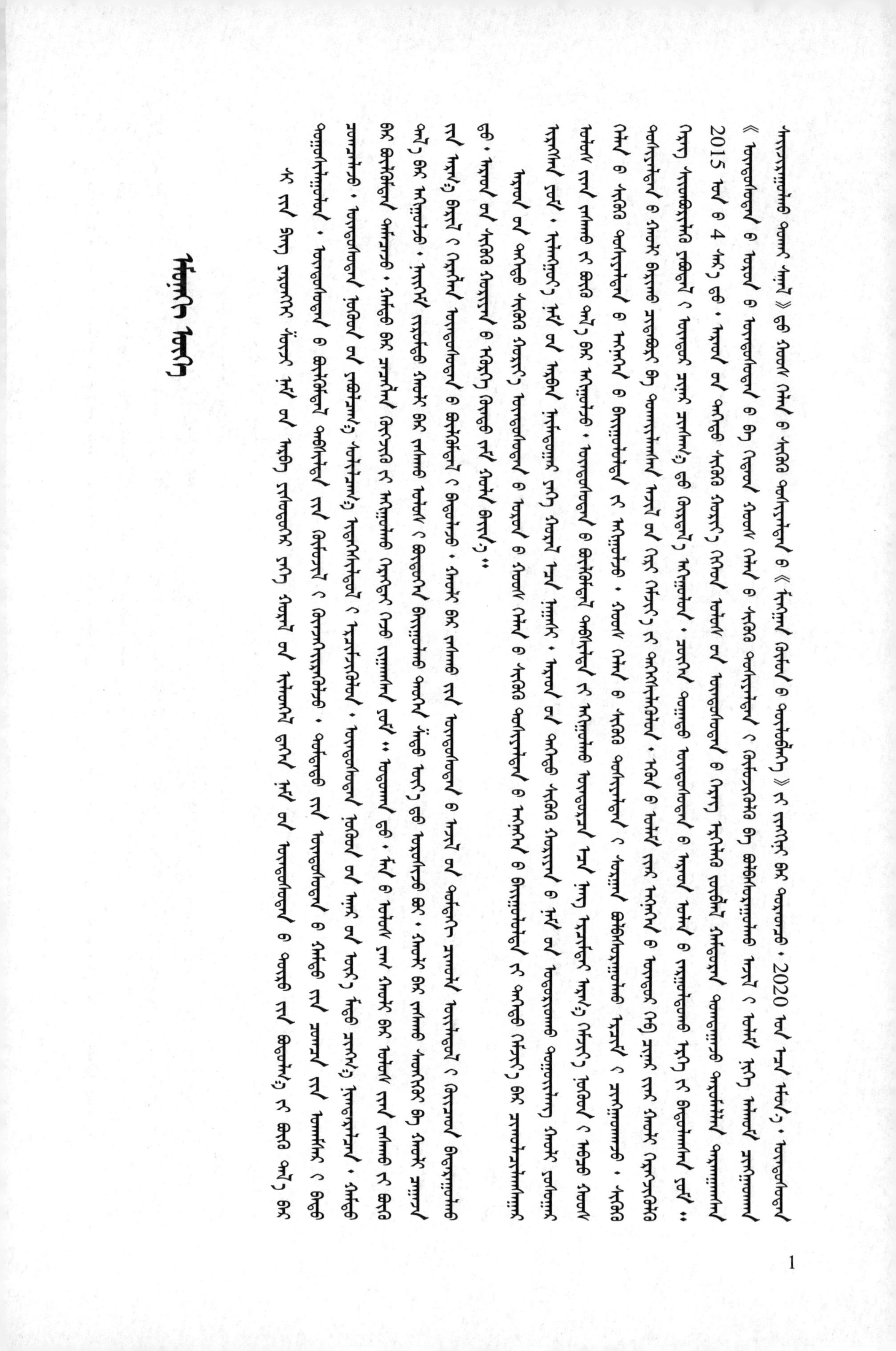

《ᠮᠣᠩᠭᠣᠯ ᠬᠡᠯᠡᠨ ᠦ ᠰᠤᠳᠤᠯᠭ᠎ᠠ》 [illegible]

[illegible] 《ᠮᠣᠩᠭᠣᠯ ᠬᠡᠯᠡᠨ ᠦ ᠰᠤᠳᠤᠯᠭ᠎ᠠ》 [illegible]

[illegible] 57 [illegible] 1 [illegible] 7 [illegible] 8 [illegible] 《[illegible]》 [illegible] 2015 ᠣᠨ ᠳᠤ [illegible] 60 [illegible]

《ᠮᠣᠩᠭᠣᠯ ᠬᠡᠯᠡ》 (ᠮᠣᠩᠭᠣᠯ [illegible] \ ᠮᠣᠩᠭᠣᠯ [illegible] \ ᠮᠣᠩᠭᠣᠯ [illegible]) [illegible] ::

[illegible] ::

[illegible]

[illegible]

[illegible]

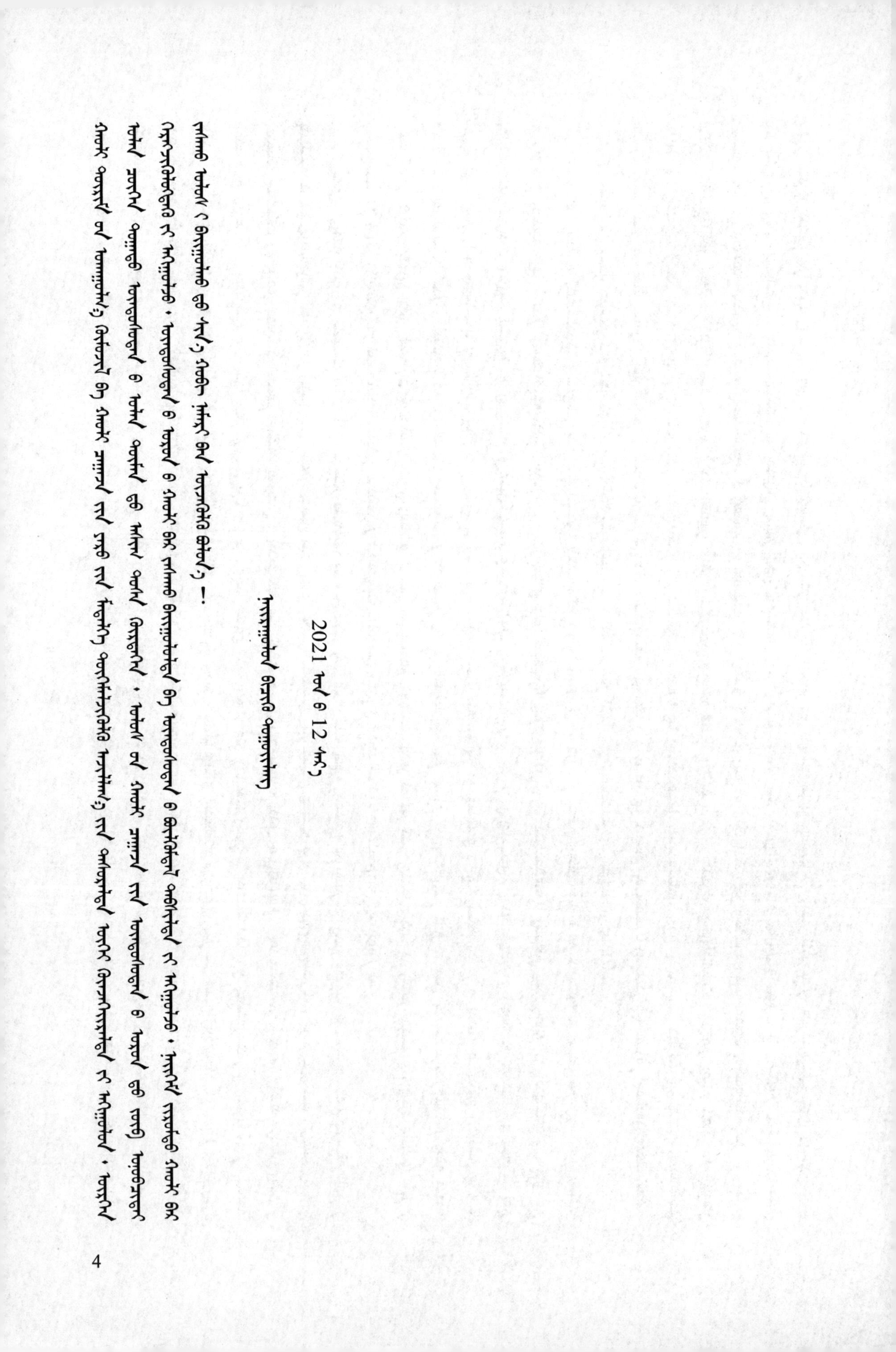

[illegible]

[illegible]

[illegible]

[illegible] !

[illegible]

2021 ᠣᠨ ᠤ 12 ᠰᠠᠷ᠎ᠠ

编写说明

一、为全面贯彻《行政诉讼法》《国家赔偿法》的规定，进一步规范和完善行政诉讼文书、国家赔偿案件文书制作，不断提高行政及国家赔偿案件审判工作水平，本书从最高人民法院 2015 年发布的《行政诉讼文书样式（试行）》和 2012 年发布的《人民法院国家赔偿案件文书样式》中精选了 55 个常用文书样式予以收录，并经最高人民法院审判专家审定，其中常用行政诉讼文书样式 41 个，常用国家赔偿案件文书样式 14 个，供审判人员参考使用。同时，为了便于查询，本书保留了最高人民法院公布时的文书样式编号。

二、《最高人民法院关于人民法院案件案号的若干规定》（法〔2015〕137 号）、《最高人民法院关于修改〈关于人民法院案件案号的若干规定〉的决定》（法〔2018〕335 号）对案号的编制、适用与管理作出了新的规定，故本书根据上述规定对所收录文书样式的案号进行了调整。

三、由于之前汉蒙双语法律翻译工作较为薄弱，译本极少，本书的翻译更是从零开始、从无到有，全体翻译人员付出了艰辛的努力才得以完成。本书可谓是第一本汉蒙双语对照法律文书格式的权威读本，能够为蒙古族地区法官审理行政及国家赔偿案件和撰写裁判文书提供参考。

因时间紧张、经验不足，疏漏或不当之处在所难免，希望大家及时向本书编写组反映，以便我们在今后的修订过程中，择善而从。

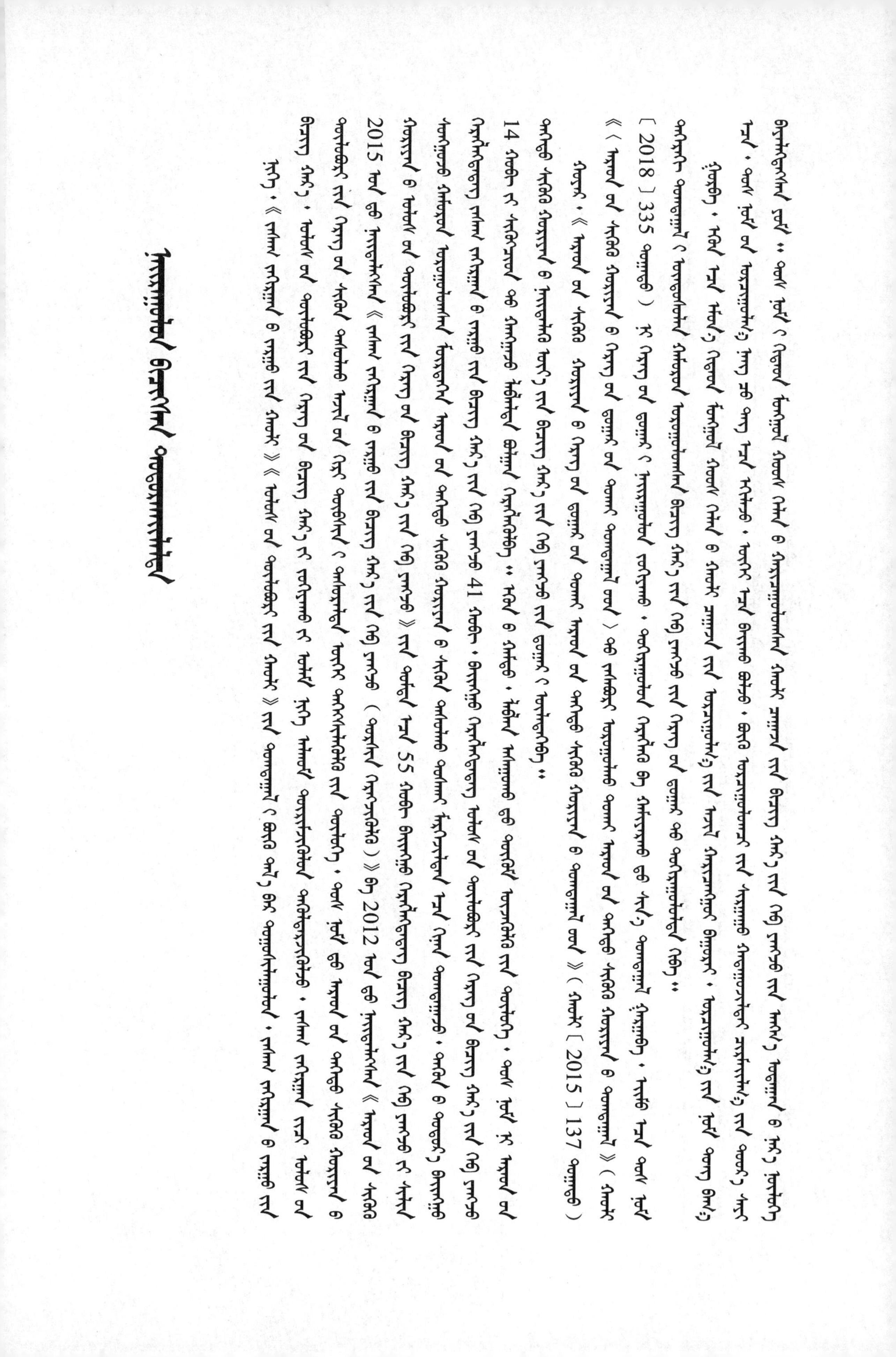

[illegible]

[illegible] 《 [illegible] 》《 [illegible] 》 [illegible] 2015 [illegible] 《 [illegible] ([illegible]) 》 [illegible] 2012 [illegible] 《 [illegible] 》 [illegible] 55 [illegible] 41 [illegible] 14 [illegible]

[illegible] 《 [illegible] 》 ([illegible] [2015] 137 [illegible]) 《《 [illegible] 》 ([illegible] [2018] 335 [illegible]) [illegible]

[illegible]

ᠮᠠᠨ ᠤ ᠨᠡᠶᠢᠭᠡᠮ ᠦᠨ ᠳᠦ ᠶᠡᠬᠡ ᠬᠡᠷᠡᠭ ᠪᠦᠬᠦᠨ ᠢ᠂ ᠬᠠᠮᠤᠭ ᠤᠨ ᠠᠷᠠᠳ ᠤᠨ ᠲᠥᠯᠥᠭᠡᠯᠡᠭᠴᠢᠳ ᠦᠨ ᠬᠤᠷᠠᠯ ᠤᠨ ᠳᠡᠭᠡᠷᠡ ᠬᠡᠯᠡᠯᠴᠡᠨ ᠲᠣᠭᠲᠠᠭᠠᠵᠤ᠂ ᠲᠥᠷᠥ ᠶᠢᠨ ᠵᠠᠰᠠᠭ ᠤᠨ ᠭᠠᠵᠠᠷ ᠤᠨ ᠡᠷᠬᠡ ᠮᠡᠳᠡᠯ ᠦᠨ ᠪᠠᠶᠢᠭᠤᠯᠤᠯᠭ᠎ᠠ ᠶᠢᠨ ᠨᠢᠭᠡ ᠶᠠᠮᠠᠷ ᠪᠡᠷ ᠳᠠᠮᠵᠢᠭᠤᠯᠤᠨ ᠬᠡᠷᠡᠭᠵᠢᠭᠦᠯᠬᠦ ᠶᠢᠨ ᠲᠥᠯᠥᠭᠡ ᠲᠤᠰᠠᠯᠠᠨ ᠠᠵᠢᠯᠯᠠᠳᠠᠭ᠃ ᠡᠨᠡ ᠪᠣᠯ ᠠᠷᠠᠳ ᠤᠨ ᠲᠥᠯᠥᠭᠡᠯᠡᠭᠴᠢᠳ ᠦᠨ ᠬᠤᠷᠠᠯ ᠤᠨ ᠲᠥᠷᠥ ᠶᠢᠨ ᠪᠠᠶᠢᠭᠤᠯᠤᠯᠲᠠ ᠶᠢᠨ ᠴᠢᠬᠤᠯᠠ ᠣᠨᠴᠠᠯᠢᠭ ᠮᠥᠨ ᠪᠣᠯᠤᠨ᠎ᠠ᠃

目　录

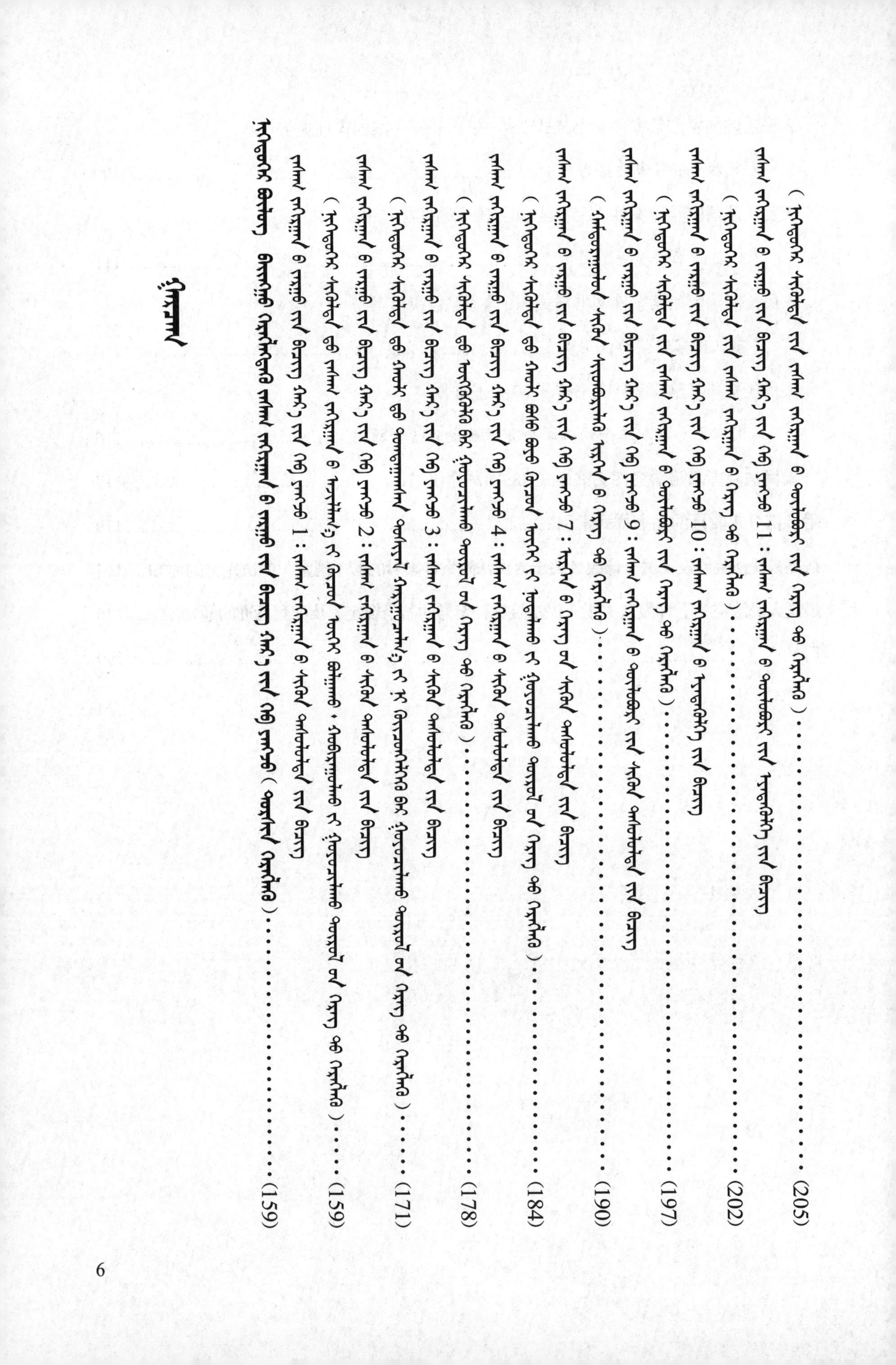

[illegible]

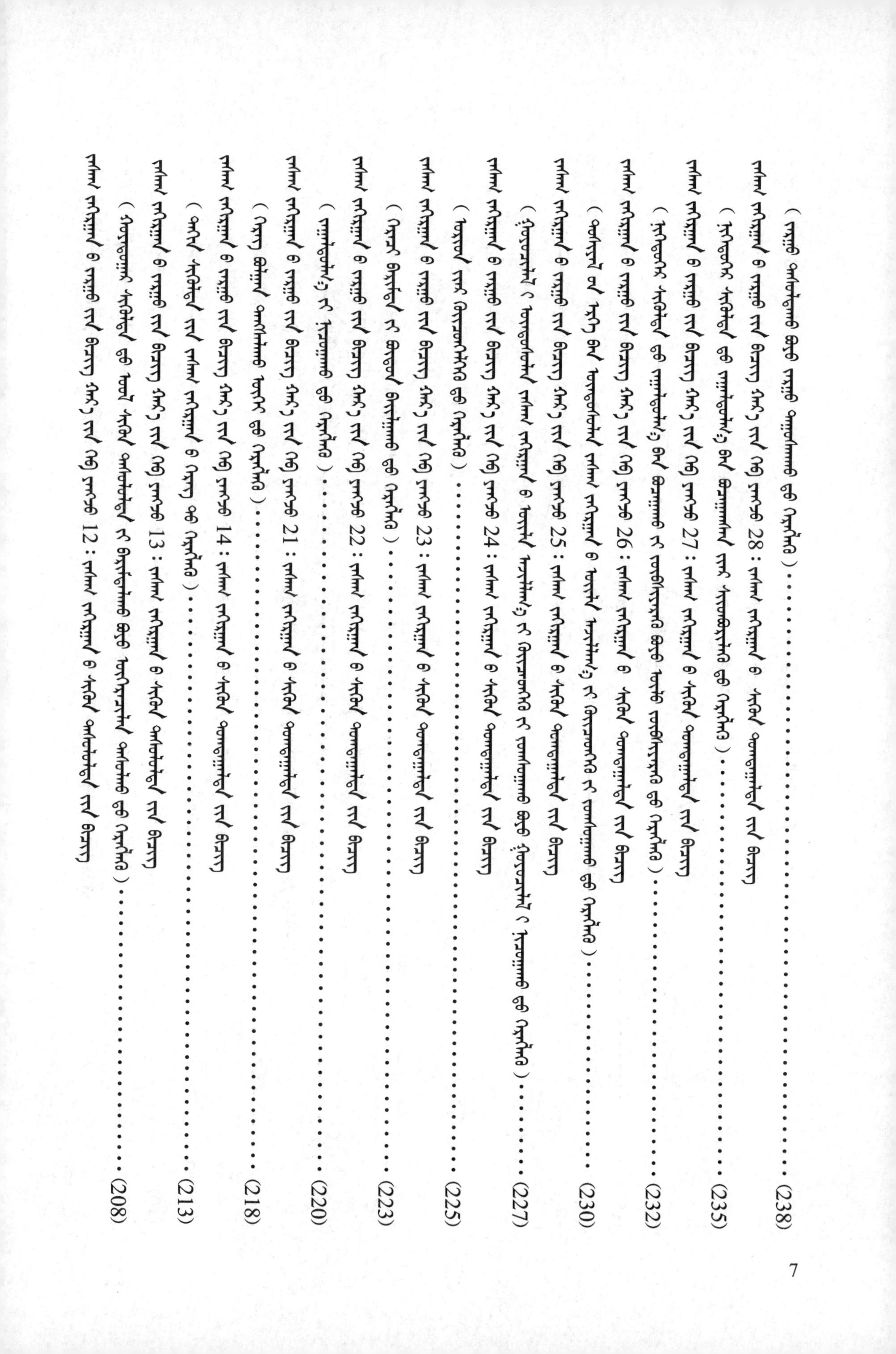

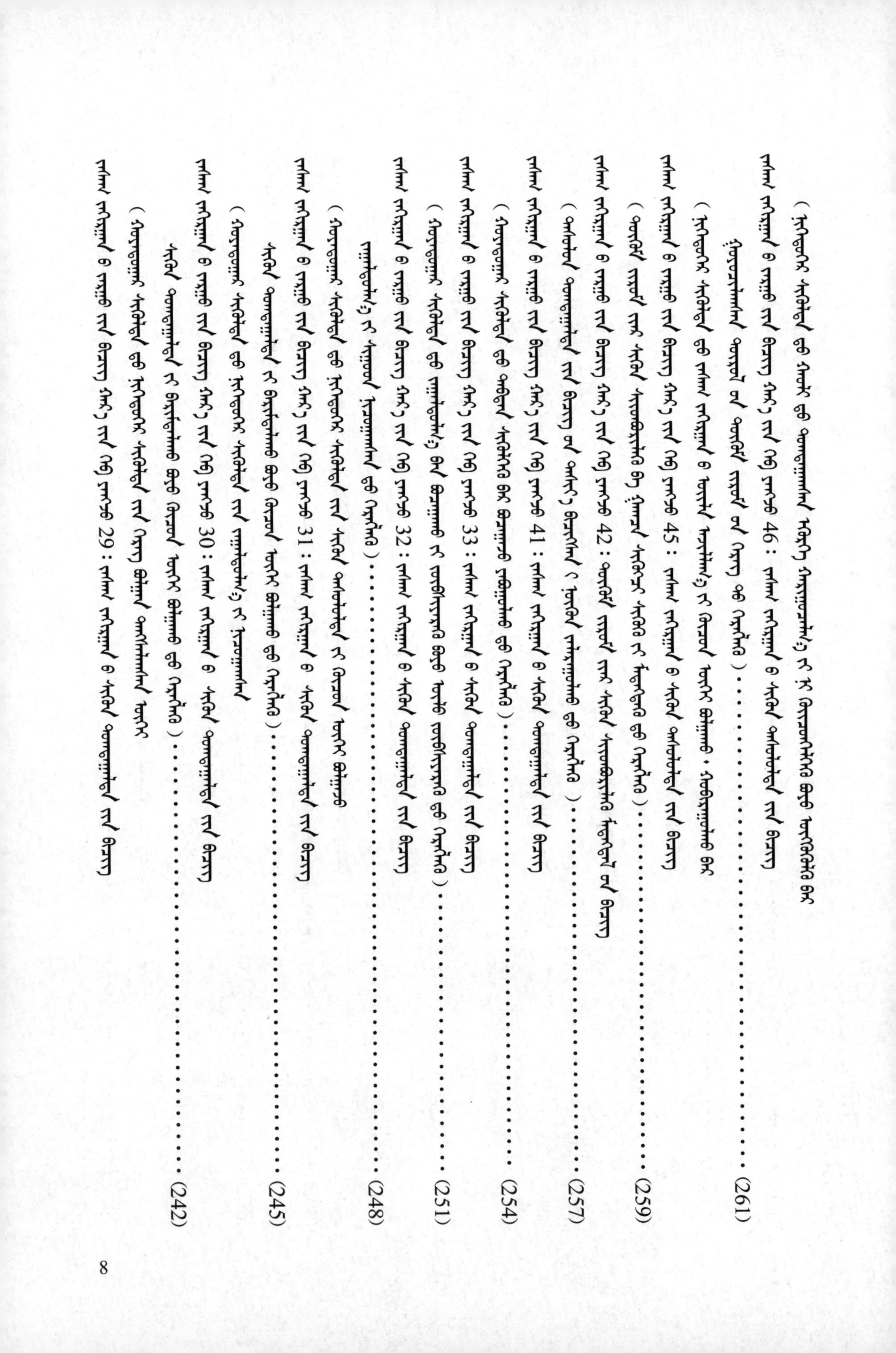

第一章　常用行政诉讼文书样式（试行）

行政诉讼文书样式1：行政判决书

（一审请求撤销、变更行政行为类案件用）

××××人民法院

行政判决书

（一审请求撤销、变更行政行为类案件用）

（××××）……行初……号

原告×××，……（写明姓名或名称等基本情况）。

法定代表人×××，……（写明姓名、职务）。

委托代理人（或指定代理人、法定代理人）×××，……（写明姓名等基本情况）。

被告×××，……（写明行政主体名称和所在地址）。

法定代表人×××，……（写明姓名、职务）。

委托代理人×××，……（写明姓名等基本情况）。

第三人×××，……（写明姓名或名称等基本情况）。

法定代表人×××，……（写明姓名、职务）。

委托代理人（或指定代理人、法定代理人）×××，……（写明姓名等基本情况）。

原告×××不服被告×××（行政主体名称）……（行政行为），于××××年××月××日向本院提起行政诉讼。本院于××××年××月××日立案后，于××××年××月××日向被告送达了起诉状副本及应诉通知书。本院依法组成合议庭，于××××年××月××日公开（或不公开）开庭审理了本案。……（写明到庭参加庭审活动的当事人、行政机关负责人、诉讼代理人、证人、鉴定人、勘验人和翻译人员等）到庭参加诉讼。……（写明发生的其他重要程序活动，如：被批准延长本案审理期限等情况）。本案现已审理终结。

被告 ××× （行政主体名称）于 ×××× 年 ×× 月 ×× 日作出……（被诉行政行为名称），……（简要写明被诉行政行为认定的主要事实、定性依据和处理结果）。

原告 ××× 诉称，……（写明原告的诉讼请求、主要理由以及原告提供的证据、依据等）。

被告 ××× 辩称，……（写明被告的答辩请求及主要理由。）

被告 ××× 向本院提交了以下证据、依据：1.……（证据的名称及内容等）；2.……。

第三人 ××× 述称，……（写明第三人的意见、主要理由以及第三人提供的证据、依据等）。

本院依法调取了以下证据：……（写明证据名称及证明目的）。

经庭审质证（或庭前交换证据、庭前准备会议），……（写明当事人的质证意见）。

本院对上述证据认证如下：……（写明法院的认证意见和理由）。

经审理查明，……（写明法院查明的事实。可以区分写明当事人无争议的事实和有争议但经法院审查确认的事实）。

本院认为，……（写明法院判决的理由）。依照……（写明判决依据的行政诉讼法以及相关司法解释的条、款、项、目）的规定，判决如下：

……（写明判决结果）。

……（写明诉讼费用的负担）。

如不服本判决，可以在判决书送达之日起十五日内向本院递交上诉状，并按对方当事人的人数提出副本，上诉于 ×××× 人民法院。

审判长 ×××

审判员 ×××

审判员 ×××

×××× 年 ×× 月 ×× 日

（院印）

本件与原本核对无异

书记员 ×××

附：本判决适用的相关法律依据

【说　　明】

一、本判决书适用于《中华人民共和国行政诉讼法》第六十九条、第七十条、第七十七条等规定的情形。其他裁判文书可以参照本判决书式样和要求制作。

二、首部

首部应依次写明标题、案号、当事人及其诉讼代理人的基本情况，以及案件由来、审判组织和开庭审理过程等。

1. 标题中的法院名称，一般应与院印的文字一致，但基层法院应冠以省、市、自治区的名称。

2. 案号是不同案件的序列编号，应贯彻一案一号的原则。案号由收案年度、法院代字、专门审判代字、类型代字、案件编号组成。例如，上海市黄浦区人民法院 2014 年第 1 号一审行政案件，表述为“（2014）沪 0101 行初 1 号”。

3. 提起行政诉讼的原告包括公民、法人或者其他组织。

原告是公民的，写明姓名、性别、出生年月日、居民身份证号码、民族和住址，居民的住址应写住所地，住所地和经常居住地不一致的，写经常居住地。原告是法人的，写明法人的名称和所在地址，并另起一行列项写明法定代表人及其姓名和职务等。原告是不具备法人资格的其他组织的，写明其名称或字号和所在地址，并另起一行写明负责人及其姓名和职务。原告是个体工商户的，写明业主的姓名、出生年月日、居民身份证号码、民族、住址；起有字号的，在其姓名之后用括号注明“系……（字号）业主”。原告是无诉讼行为能力的公民，除写明原告本人的基本情况外，还应列项写明其法定代理人或指定代理人的姓名、住址，并在姓名后括注其与原告的关系。

群体诉讼案件，推选或指定诉讼代表人的，在原告身份事项之后写明“原告暨诉讼代表人……”，并写明诉讼代表人的基本情况，格式与原告基本情况相同。如涉及原告人数众多的，可在首部仅列明诉讼代表人基本情况，原告名单及其基本身份情况可列入判决书附录部分。

4. 行政判决书中的被告，应写明被诉的行政主体名称、所在地址；另起一行列项写明法定代表人或诉讼代表人姓名和职务；副职负责人出庭的在此不要列写，在交待到庭参加庭审活动的当事人及其他诉讼参加人情况时载明。法定代表人项下，另起一行列写委托代理人的基本事项。

5. 有第三人参加诉讼的，第三人列在被告之后，第三人基本情况的写法同上。

6. 委托代理人系律师或基层法律服务工作者的，只写明其姓名、工作单位和职务。当事人的代理人系当事人的近亲属的，应在代理人的姓名后括注其与当事人的关系。

代理人系当事人所在社区、单位以及有关社会团体推荐的公民的，应写明代理人的姓名、性别、出生年月日、居民身份证号码、民族、工作单位和住址。上述代理人应符合《最高人民法院关于适用〈中华人民共和国民事诉讼法〉的解释》第八十七条第一款的规定。

7. 书写案件由来、审判组织、被告与第三人的应诉、当事人进行证据交换情况以及开庭审理过程，是为了表明法院的审判活动公开和透明。如有第三人参加诉讼，可选择使用："因 ××× 与本案被诉行政行为或与案件处理有利害关系，本院依法通知其为第三人参加诉讼（公民、法人或者其他组织申请作为第三人参加诉讼的写：因 ××× 与本案被诉行政行为有利害关系，经 ××× 申请，本院依法准许其为第三人参加诉讼）"的格式。如当事人经合法传唤无正当理由未到庭的，应当写明："× 告 ××× 经本院合法传唤，无正当理由拒不到庭"。进行证据交换或召开庭前会议的应写明："本院于 ×××× 年 ×× 月 ×× 日组织原、被告及第三人进行了证据交换（或召开庭前会议），并送达了证据清单副本"。如有被批准延长审理期限情况，应写明批准延长审理期限批复的文号。不公开开庭审理的，应写明不予公开的理由。有关程序活动可根据时间节点的先后顺序写明。

三、事实

广义的案件"事实"部分由以下几个部分组成：行政行为的叙述部分、当事人诉辩意见部分、当事人举证、质证和法庭认证部分、法庭"经审理查明"部分。这些不同的部分既可以互相独立，自成段落；也可以根据案情和证据、事实和当事人争议的具体内容，互相融合，而无需使用此固定的相互独立样式。特别是要灵活区分当事人有争议的事实和无争议的事实；事实问题是当事人争议焦点的，也可采取灵活方式处理，留待"本院认为"部分再予认定。

这一部分写法应当注意以下问题：

1. 行政行为的叙述部分应当注意详略得当。一般应当写明行政行为认定的主要事实、定性依据以及处理结果等核心内容，通过简洁的表述说明案件的诉讼标的；行政行为内容较为简单的，也可以全文引用；行政行为理由表述有歧义，被告在答辩中已经予以明确的，也可以被告明确后的理由为准。

2. 当事人诉辩意见与当事人提供的证据的撰写次序应当注意逻辑关系，因案而定。

证据部分的撰写应当注意以下几个方面：

（1）一般情况下，写明当事人的诉辩意见后，即可写明其提供的相关证据。如果当事人提供的证据有较强的关联性，合并叙述更有利于综合反映案件证据情况的，也可酌情将当事人的证据合并叙述。总之，对证据的列举可以结合案情，既可以分别逐一列举证据，写明证据的名称、内容以及证明目的；也可以综合分类列举证据，并归纳证明目的。当事人提供的证据浩繁的，也可以概括说明。

（2）对于当事人超过法定举证期限提供的证据，人民法院予以采纳的，应当列明于判决并说明理由。对法院根据原告、第三人的申请调取的证据，可以作为原告、第三人提交的证据予以载明；对法院依职权调取的证据，则应当单独予以说明。当事人在法定期限内未提交证据的，应当予以说明。对于当事人在诉讼中申请调取证据，法院决定不予调取的，应当在判决书中予以记载；申请调取的证据较多，难以一一列举的，也可以概括说明。对于根据原告（或者第三人、被告）的申请，委托鉴定部门进行鉴定的，需写明鉴定部门、鉴定事项和鉴定结论以及当事人的意见。

3. 当事人的诉辩意见部分，既要尊重当事人原意，也要注意归纳总结；既避免照抄起诉状、答辩状或者第三人的陈述，又不宜删减当事人的理由要点。对于原告、被告以及第三人诉讼请求的记载，应当准确、完整。

4. “经庭审质证”和“认证如下”部分，应当注意因案而异、繁简得当。既可以一证一质一认，也可以按不同分类综合举证、质证和认证。对于当事人无争议的证据或者与案件明显无关联的证据，可以通过归纳概括等方式简要写明当事人的质证意见；对于证据浩繁的案件，可以归纳概括当事人的主要质证意见。法院对证据的认证意见应当明确，对于当事人有争议的证据，特别是对行政行为的合法性有影响的证据，应当写明采纳或者不予采纳的理由。案件的争议主要集中在事实问题的，也可将对证据的具体质证、认证意见与案件的争议焦点结合起来，置于“本院认为”部分论述。

5.“经审理查明”部分需要注意：（1）生效裁判文书确认的事实一般具有法定的证明力，因此事实部分应当准确、清晰。认定的事实应当是法官基于全案的证据能够形成内心确信的事实；通过推定确认事实必须要有依据，符合证据法则。（2）事实的叙述可以根据具体案情采用时间顺序，也可以灵活采用其他叙述方式，以能够逻辑清晰地反映案件情况为原则。（3）避免事无巨细的罗列，或者简单地记流水账，应当结合案件的争议焦点等，做到繁简适当，与案件裁判结果无关的事实，可以不认定。（4）可以根据具体案情以及争议焦点，采取灵活多样的方式记载案件事实。比如，必要时可以摘抄证据内容；对于内容繁杂的，也可以在事实部分采用指引证据目录或证据名称等方式予以说明。（5）要通过组织当事人庭前交换证据或召开庭前会议等方式，及时确定当事人无争议的案件事实，发现当事人有争议的事实和法律适用等。根据《中华人民共和国民事诉讼法》相关规定和法释〔2015〕5号《最高人民法院关于适用〈中华人民共和国民事诉讼法〉的解释》第二百二十五条等规定，根据案件具体情况，庭前会议可以包括下列内容：①明确原告的诉讼请求和被告的答辩意见；②审查处理当事人增加、变更诉讼请求的申请和提出的反诉，以及第三人提出的与本案有关的诉讼请求；③根据当事人的申请决定调查收集证据，委托鉴定，要求当事人提供证据，进行勘验，进行证据保全；④组织交换证据；⑤归纳争议焦点；⑥进行调解。因此，如果庭审前经过证据交换或者庭前会议，或者在庭审辩论时当事人对合议庭归纳的无争议事实均认可，那么事实部分可以分为两个层次：一是写“对以下事实，各方当事人均无异议，本院依法予以确认”；二是“本院另认定以下事实”，主要写当事人可能有异议、本院依法认定的案件事实。

6. 表述案件事实，应注意保守国家秘密，保护当事人的商业秘密和个人隐私。

四、理由

“本院认为”部分应当注意主次分明，重点突出、详略得当。理由部分要根据查明的事实和有关法律、法规和法学理论，就行政主体所作的行政行为是否合法、原告的诉讼请求是否成立等进行分析论证，阐明判决的理由。对于争议焦点，应当详细论述；对于无争议的部分，可以简写。阐述理由时，应当注意加强对法律规定以及相关法理的阐释，除非法律规定十分明确，一般应当避免援引规定就直接给出结论的简单论述方式。

原告请求对行政行为所依据的规范性文件一并进行合法性审查的，在对规范性文件进行审查后，应依照行政诉讼法及司法解释的规定，对规范性文件的合法性以及能否作为认定被诉行政行为合法性的依据予以阐明。

根据案件的不同需要，“本院认为”部分在援引法律依据时，既可以写明整个条文的内容，也可以摘抄与案件相关的内容；条文内容较多的，也可以只援引法律条款，将具体内容附在判决书的附录部分，兼顾表述的准确性和文书的可读性。对于在理由部分已经论述过的实体法律规范，在“判决如下”前可以不再重复援引。直接作为判决结果依据的法律规范，一般应当按照先行政诉讼法、后司法解释的次序排列，并写明具体规定的条、款、项、目。

五、判决结果

判决结果是人民法院对当事人之间的行政争议作出的实体处理结论。根据行政诉讼法第六十九条、第七十条、第七十七条等的规定，一审请求撤销、变更行政行为类判决可分为驳回诉讼请求判决、撤销或者部分撤销判决、变更判决等情形。

第一，驳回原告诉讼请求的，写：

"驳回原告 ××× 的诉讼请求。"

第二，撤销被诉行政行为的，写：

"一、撤销被告 ×××（行政主体名称）作出的（××××）……字第 ××× 号……（行政行为名称）；

二、责令被告 ×××（行政主体名称）在 ×× 日内重新作出行政行为(不需要重作的，此项不写；不宜限定期限的，期限不写）。"

第三，部分撤销被诉行政行为的，写：

"一、撤销被告 ×××（行政主体名称）作出的（××××）……字第 ×× 号……（行政行为名称）的第 ×× 项，即……（写明撤销的具体内容）；

二、责令被告 ×××（行政主体名称）在 ×× 日内重新作出行政行为(不需要重作的，此项不写；不宜限定期限的，期限不写）；

三、驳回原告 ××× 的其他诉讼请求。"

第四，根据行政诉讼法第七十七条的规定，判决变更行政行为的，写：

"变更被告 ×××（行政主体名称）作出的（××××）……字第 ×× 号……（写明行政行为内容或者具体项），改为……（写明变更内容）。"

六、尾部

尾部应依次写明诉讼费用的负担，交代上诉的权利、方法、期限和上诉审法院，合议庭成员署名，判决日期、书记员署名等内容。

判决书的正本，应由书记员在判决日期的左下方、书记员署名的左上方加盖"本件与原本核对无异"字样的印戳。

七、附录

根据案件的不同需要，可将判决书中的有关内容载入附录部分，如：将判决书中所提到的法律规范条文附上，以供当事人全面了解有关法律规定的内容。一般应当按照先实体法律规范，后程序法律规范；先上位法律规范，后下位法律规范；先法律，后司法解释等次序排列，并按 1、2、3、4 序号列明。另外，群体诉讼案件中原告名单及其身份情况、知识产权案件中的图案等均可以列入此部分。

行政诉讼文书样式 2：行政判决书

（一审请求履行法定职责类案件用）

××××人民法院

行政判决书

（一审请求履行法定职责类案件用）

（××××）……行初……号

原告×××，……（写明姓名或名称等基本情况）。

法定代表人×××，……（写明姓名、职务）。

委托代理人（或指定代理人、法定代理人）×××，……（写明姓名等基本情况）。

被告×××，……（写明行政主体名称和所在地址）。

法定代表人×××，……（写明姓名、职务）。

委托代理人×××，……（写明姓名等基本情况）。

第三人×××，……（写明姓名或名称等基本情况）。

法定代表人×××，……（写明姓名、职务）。

委托代理人（或指定代理人、法定代理人）×××，……（写明姓名等基本情况）。

原告×××因认为被告×××（行政主体名称）……（写明不履行法定职责的案由），于××××年××月××日向本院提起行政诉讼。本院于××××年××月××日立案后，于××××年××月××日向被告送达了起诉状副本及应诉通知书。本院依法组成合议庭，于××××年××月××日公开（或不公开）开庭审理了本案。……（写明到庭参加庭审活动的当事人、行政机关负责人、诉讼代理人、证人、鉴定人、勘验人和翻译人员等）到庭参加诉讼。……（写明发生的其他重要程序活动，如：被批准延长本案审理期限等情况）。本案现已审理终结。

第一，针对原告的履行法定职责的请求，被告已经作出拒绝性决定的案件，可写：

××××年××月××日，原告×××向被告×××提出申请（写明申请的内容），被告×××于××××年××月××日对原告×××作出××号××决定（或其他名称），……（简要写明拒绝性决定认定的主要理由和处理结果）。

第二，针对原告的履行法定职责的请求，被告不予答复的案件，可写：

原告 ××× 于 ×××× 年 ×× 月 ×× 日向被告 ××× 提出……(写明申请内容)。被告在原告起诉之前未作出处理决定（当事人对原告是否提出过申请或者被告是否作出处理有争议的，或者属于行政机关应当依职权履行法定职责的情形，不写）。

原告 ××× 诉称，……（写明原告的诉讼请求、主要理由以及原告提供的证据、依据等）。

被告 ××× 辩称，……（写明被告的答辩请求及主要理由）。

被告 ××× 向本院提交了以下证据、依据：1.……（证据的名称及内容等）；2.……。

第三人 ××× 述称，……（写明第三人的意见、主要理由以及第三人提供的证据、依据等）。

本院依法调取了以下证据：……（写明证据名称及证明目的）。

经庭审质证（或庭前交换证据、庭前准备会议），……（写明当事人的质证意见）。

本院对上述证据认证如下：……（写明法院的认证意见和理由）。

经审理查明，……（写明法院查明的事实。可以区分写明当事人无争议的事实和有争议但经法院审查确认的事实）。

本院认为，……（写明法院判决的理由）。依照……（写明判决依据的行政诉讼法以及相关司法解释的条、款、项、目）的规定，判决如下：

……（写明判决结果）。

……（写明诉讼费用的负担）。

如不服本判决，可以在判决书送达之日起十五日内向本院递交上诉状，并按对方当事人的人数提出副本，上诉于 ×××× 人民法院。

审判长 ×××

审判员 ×××

审判员 ×××

×××× 年 ×× 月 ×× 日

（院印）

本件与原本核对无异

书记员 ×××

附：本判决适用的相关法律依据

【说　　明】

一、本判决书适用于《中华人民共和国行政诉讼法》第七十二条等规定的情形。

二、判决书的首部、尾部（包括附录部分）和正文中有关证据的列举、认证、说理方式以及相关的写作要求等，可参考一审请求撤销、变更行政行为类判决书样式及其说明。

三、“本院认为”部分应当注意履行法定职责类案件的审理重点。（1）履行法定职责类案件的重点是原告请求行政机关履行法定职责的请求能否成立，行政机关针对原告的申请已经作出拒绝性决定的，案件的审查范围当然包含但不限于拒绝性决定的合法性。（2）判决书应当基于法院根据案件的已有的全部证据所能够确认的事实，以及相关法律依据，分析论述原告的请求能否成立，一般不限于原告、被告或者第三人的诉辩理由。（3）应当注意案件裁判的成熟性，对于行政机关已经没有任何判断和裁量空间的案件，法院可以直接判决行政机关作出原告请求的特定法定职责。如果行政机关尚需要另行调查或者仍有判断、裁量空间的，则应当判决行政机关针对原告的请求重新作出处理，避免当事人错误理解裁判主文，防止重复诉讼，及时化解争议。同时，应当在“本院认为”部分适当论述或者说明裁判的意见和观点。

四、判决结果。

1. 对于行政机关已经作出拒绝性决定，原告的诉讼请求中未明确请求判决撤销，但法院判决行政机关履行原告请求的特定法定职责或者判决行政机关就原告的请求重新作出处理的，法院可以根据具体案情，遵循有利于明确法律关系的原则，酌情依职权一并判决撤销拒绝性决定。原告的诉讼请求中明确请求判决撤销的，一般应当在判决结果中判决撤销拒绝性决定。

2. 行政机关尚需要另行调查或者仍有判断、裁量空间的案件，法院责令行政机关针对原告的请求重新作出处理的，对于行政机关能否履行职责的具体内容实质上法院尚未作出判断，对于原告相应的诉讼请求也就没有作出最终的裁判，因此应当注意在判决结果中不要采用“驳回原告其他诉讼请求”等表述。

3. 原告请求履行法定职责的请求不成立，但行政机关存在违法情形且应当确认违法的，应当在确认违法的同时，判决驳回原告的其他诉讼请求。

4. 原告请求履行法定职责的请求成立，但行政机关已经无法履行或者履行已无实际意义的，应当判决确认行政机关不履行法定职责违法，并酌情责令行政机关采取相应的补救措施。

5. 根据行政诉讼法第七十二条等的规定，履行法定职责类案件的判决结果分为以下四种情况：

第一，判决驳回原告诉讼请求的，写：

“驳回原告 ××× 的诉讼请求。”

第二，判决被告履行法定职责的，写：

“一、撤销被告 ×××（行政主体名称）作出的（××××）……字第 ×× 号……（行政行为名称），即……（写明撤销的具体内容；无拒绝性决定的，该项不写）。

二、责令被告 ××× 在 ×× 日内（法律有明确规定履行职责期限的，也可写为“在法定期限内”；不宜限定期限的，也可不写）作出……（写明履行法定职责的具体内容）。”

第三，判决被告针对原告的请求重新作出处理的，写：

“一、撤销被告 ×××（行政主体名称）作出的（××××）……字第 ×× 号……（行政行为名称），即……（写明撤销的具体内容；无拒绝性决定的，该项不写）。

二、责令被告 ×××（行政主体名称）在 ×× 日内（法律有明确规定履行职责期限的，也可写为“在法定期限内”；不宜限定期限的，也可不写）……（可写对原告的申请重新作出处理，也可将原告的申请予以精炼概括并写明原告申请的内容）。”

第四，原告的请求成立，但行政机关已经无法履行或者履行已无实际意义的，写：

“一、确认被告（行政主体名称）不履行……（应当履行的法定职责内容）违法；

二、责令被告 ××× 在 ×× 日内（不宜限定期限的，也可不写）……（写明补救措施的内容，无法采取补救措施的，该项可不写）。”

第五，原告的请求不成立，但行政机关有违法情形依法应当确认违法的，写：

“一、确认被告 ×××（行政主体名称）……违法；

二、驳回原告 ××× 的诉讼请求（需要判决驳回原告诉讼请求的，予以写明）。”

行政诉讼文书样式3：行政判决书

（一审请求给付类案件用）

×××× 人民法院

行政判决书

（一审请求给付类案件用）

（××××）……行初……号

原告 ×××，……（写明姓名或名称等基本情况）。

法定代表人 ×××，……（写明姓名、职务）。

委托代理人（或指定代理人、法定代理人）×××，……（写明姓名等基本情况）。

被告 ×××，……（写明行政主体名称和所在地址）。

法定代表人 ×××，……（写明姓名、职务）。

委托代理人 ×××，……（写明姓名等基本情况）。

第三人 ×××，……（写明姓名或名称等基本情况）。

法定代表人 ×××，……（写明姓名、职务）。

委托代理人（或指定代理人、法定代理人）×××，……（写明姓名等基本情况）。

原告 ××× 因要求被告 ×××（行政主体名称）履行（写明具体给付义务），于 ×××× 年 ×× 月 ×× 日向本院提起行政诉讼。本院于 ×××× 年 ×× 月 ×× 日立案后，于 ×××× 年 ×× 月 ×× 日向被告送达了起诉状副本及应诉通知书。本院依法组成合议庭，于 ×××× 年 ×× 月 ×× 日公开（或不公开）开庭审理了本案。……（写明到庭的当事人、行政机关负责人、诉讼代理人、证人、鉴定人、勘验人和翻译人员等）到庭参加诉讼。……（写明发生的其他重要程序活动，如：被批准延长本案审理期限等情况）。本案现已审理终结。

原告 ××× 于 ×××× 年 ×× 月 ×× 日向被告 ××× 提出……申请。被告在原告起诉之前未履行给付义务［写明具体义务，或者写于 ×××× 年 ×× 月 ×× 日对原告作出 × 号（拒绝给付）决定（或其他名称）］。

原告 ××× 诉称，……（写明原告的诉讼请求、主要理由以及原告提供的证据、依据等）。

被告 ××× 辩称，……（写明被告的答辩请求及主要理由）。

被告 ××× 向本院提交了以下证据、依据：1.……（证据的名称及内容等）；2.……。

第三人 ××× 述称，……（写明第三人的意见、主要理由以及第三人提供的证据、依据等）。

本院依法调取了以下证据：……（写明证据名称及证明目的）。

经庭审质证（或庭前交换证据、庭前准备会议），……（写明当事人的质证意见）。

本院对上述证据认证如下：……（写明法院的认证意见和理由）。

经审理查明，……（写明法院查明的事实。可以区分写明当事人无争议的事实和有争议但经法院审查确认的事实）。

本院认为，……（写明法院判决的理由）。依照……（写明判决依据的行政诉讼法以及相关司法解释的条、款、项、目）的规定，判决如下：

……（写明判决结果）。

……（写明诉讼费用的负担）。

如不服本判决，可以在判决书送达之日起十五日内向本院递交上诉状，并按对方当事人的人数提出副本，上诉于 ×××× 人民法院。

审判长 ×××

审判员 ×××

审判员 ×××

×××× 年 ×× 月 ×× 日

（院印）

本件与原本核对无异

书记员 ×××

附：本判决适用的相关法律依据

【说　　明】

一、本判决书适用于《中华人民共和国行政诉讼法》第七十三条规定的情形。

二、判决书的首部、尾部（包括附录部分）和正文中有关证据的列举、认证、说理方式以及相关的写作要求等，可参考一审请求履行法定职责类案件判决书样式及其说明。

三、行政给付类案件的审理对当事人双方的举证要求与请求撤销、变更行政行为类案件有所区别，判决书应有所体现。原告应提供其已经向被诉行政机关提出申请的事实以及被诉行政机关不履行给付义务或者拒绝履行给付义务的证据和依据。被告应提供证据证明原告的申请事项是否属于其法定职责或者法定义务，其是否在法定期限内已经履行给付义务以及其不履行给付或者拒绝给付是否符合法律规定等。判决书要围绕行政实体法预先设定的有关条件，结合案件查明的事实，进行充分说理、论证，最后明确被告不履行给付或者拒绝给付是否合法，原告申请是否成立。

四、“本院认为”部分应当结合给付判决的特点，注意以下问题：1. 写明应当适用的法律规范，并根据案情对法律、司法解释、行政法规、地方性法规及合法有效的规章等作必要阐释。2. 可根据案情分析被告是否具有法定职权，是否存在未履行给付义务或者作出拒绝给付决定情况。3. 分析原告申请的理由是否成立，确认原告的诉讼请求是否符合法定条件，阐明是否予以支持的理由。

五、判决结果

判决结果，可分为以下四种情况：

第一，判决驳回原告要求给付的诉讼请求的，写：

“驳回原告 ××× 的诉讼请求。”

第二，判决被告履行给付义务的，写：

“责令被告 ×××（行政主体名称）……（写明被告应当在一定期限内履行给付义务的具体内容、方式及期限；因特殊情况难于确定的，可判决被告在一定期限内针对原告的请求作出处理；原告申请依法履行返还财产、排除妨碍、停止侵害、恢复原状等给付义务且无需被告再行作出处理的，可直接写明上述内容）。”

第三，判决撤销拒绝给付决定的同时，判决被告履行给付义务的，写：

“一、撤销被告 ×××（行政主体名称）于 ×××× 年 ×× 月 ×× 日对原告作出 × 号拒绝决定（或其他名称）；

二、责令被告 ××× （行政主体名称）……（写明被告应当在一定期限内履行给付义务的具体内容、方式及期限；因特殊情况难于确定的，可判决被告在一定期限内针对原告的请求作出处理；原告申请依法履行返还财产、排除妨碍、停止侵害、恢复原状等给付义务且无需被告再行作出处理的，可直接写明上述内容）。”

第四，判决确认被告不履行给付义务行为或者于 ×××× 年 ×× 月 ×× 日对原告作出 × 号拒绝给付决定（或其他名称）违法的，写：

“确认被告 ×××（行政主体名称）……（不履行给付义务或者拒绝给付的决定）违法。”

第五，其他情形，可以照一审请求履行法定职责类判决结果。

行政诉讼文书样式4：行政判决书

（一审请求确认违法或无效类案件用）

××××人民法院

行政判决书

（一审请求确认违法或无效类案件用）

（××××）……行初……号

原告×××，……（写明姓名或名称等基本情况）。

法定代表人×××，……（写明姓名、职务）。

委托代理人（或指定代理人、法定代理人）×××，……（写明姓名等基本情况）。

被告×××，……（写明行政主体名称和所在地址）。

法定代表人×××，……（写明姓名、职务）。

委托代理人×××，……（写明姓名等基本情况）。

第三人×××，……（写明姓名或名称等基本情况）。

法定代表人×××，……（写明姓名、职务）。

委托代理人（或指定代理人、法定代理人）×××，……（写明姓名等基本情况）。

原告×××因要求确认被告×××（行政主体名称）于××××年××月××日作出的×××（行政行为名称）违法（或无效）[要求确认被告不履行法定职责违法的，表述为原告×××因要求确认被告×××不履行……（行政行为的内容）的法定职责违法]，于××××年××月××日向本院提起行政诉讼。本院于××××年××月××日立案后，于××××年××月××日向被告送达了起诉状副本及应诉通知书。本院依法组成合议庭，于××××年××月××日公开（或不公开）开庭审理了本案。……（写明到庭的当事人、行政机关负责人、诉讼代理人、证人、鉴定人、勘验人和翻译人员等）到庭参加诉讼。……（写明发生的其他重要程序活动，如：被批准延长本案审理期限等情况）。本案现已审理终结。

被告×××（行政主体名称）于××××年××月××日作出……（被诉行政

行为名称），……（简要写明被诉行政行为认定的主要事实、定性依据和处理结果）。原告 ××× 诉称，……（写明原告的诉讼请求、主要理由以及原告提供的证据、依据等）。

被告 ××× 辩称，……（写明被告的答辩请求及主要理由）。

被告 ××× 向本院提交了以下证据、依据：1.……（证据的名称及内容等）；2.……。

第三人 ××× 述称，……（写明第三人的意见、主要理由以及第三人提供的证据、依据等）。

本院依法调取了以下证据：……（写明证据名称及证明目的）。

经庭审质证（或庭前交换证据、庭前准备会议），……（写明当事人的质证意见）。

本院对上述证据认证如下：……（写明法院的认证意见和理由）。

经审理查明，……（写明法院查明的事实。可以区分写明当事人无争议的事实和有争议但经法院审查确认的事实）。

本院认为，……（写明法院判决的理由）。依照……（写明判决依据的行政诉讼法以及相关司法解释的条、款、项、目）的规定，判决如下：

……（写明判决结果）。

……（写明诉讼费用的负担）。

如不服本判决，可以在判决书送达之日起十五日内向本院递交上诉状，并按对方当事人的人数提出副本，上诉于 ×××× 人民法院。

审判长 ×××

审判员 ×××

审判员 ×××

××××年××月××日

（院印）

本件与原本核对无异

书记员 ×××

附：本判决适用的相关法律依据

【说　　明】

一、本判决书适用于《中华人民共和国行政诉讼法》第七十二条、第七十四条、第七十五条等规定的情形。

二、判决书的首部、尾部（包括附录部分）和正文中有关证据的列举、认证、说理方式以及相关的写作要求等，可参考一审请求撤销、变更行政行为类判决书样式及其说明。

三、对于原告要求确认行政行为（或确认不作为）违法或无效的案件，首先，应参照一审请求撤销、变更行政行为类案件的要求审查行政行为（或不作为）是否合法。其次，对于行政机关应依原告申请履职的情形，原告应提供其已经向被诉行政机关提出申请的事实以及被诉行政机关不作为的证据和依据。被告应提供证据证明原告的申请事项是否属于其法定职责或者法定义务，其是否在法定期限内已经履行法定职责或者义务以及其不作为是否符合法律规定等。对于被告应依职权主动履行法定职责的，被告应举证证明其有无履行法定职责；没有履行的，应证明其没有履行法定职责是否符合法律、法规规定。要求确认行政行为无效的，要具体分析被告有无实施被诉行政行为的主体资格、行政行为是否有依据等重大且明显违法的情形。如经过审理能够认定行政行为因缺乏职权依据而无效的，只需写明对法定职权的审查，并辅以相关的法理论证，而对被诉行政行为的执法程序、认定事实、适用法律的问题可不再赘述。

四、理由部分。根据此类案件的具体案情，要重点分析被告是否具有法定职权，是否存在拖延履行、不予答复或不主动履行、未完全履行等情况；要求确认行政行为无效的，要具体分析被告有无实施被诉行政行为的主体资格、行政行为是否有依据等重大且明显违法的情形。

五、判决结果

确认行政行为违法的判决，要注意区分行政诉讼法第七十四条第一款和第二款规定的不同情形，分别适用相应的款项。此类案件的判决结果分为以下三种情况：

第一，判决驳回原告诉讼请求的，写：

“驳回原告 ××× 的诉讼请求。”

第二，判决确认被告作出的行政行为违法（或无效）的，写：

“一、确认被告 ××× 作出的（××××）×× 字第 ×× 号……（行政行为名称）

违法（或无效）；

二、责令被告 ××× 采取……（写明被告应当采取的具体补救措施。没有可采取的补救措施的，此项不写）。”

第三，判决确认被告不履行法定职责行政行为违法的，写：

“一、确认被告 ×××……（不履行法定职责的行为）违法；

二、责令被告 ××× 采取……（写明具体的补救措施。没有或不需要采取补救措施的，此项不写）。”

行政诉讼文书样式 7：民事判决书

（一并审理的民事案件用）

×××× 人民法院

民事判决书

（一并审理的民事案件用）

（××××）……行民初……号

原告 ×××，……（写明姓名或名称等基本情况）。

法定代表人 ×××，……（写明姓名、职务）。

委托代理人（或指定代理人、法定代理人）×××，……（写明姓名等基本情况）。

被告 ×××，……（写明姓名或名称等基本情况）。

法定代表人 ×××，……（写明姓名、职务）。

委托代理人（或指定代理人、法定代理人）×××，……（写明姓名等基本情况）。

第三人 ×××，……（写明姓名或名称等基本情况）。

法定代表人 ×××，……（写明姓名、职务）。

委托代理人（或指定代理人、法定代理人）×××，……（写明姓名等基本情况）。

当事人（写明当事人的姓名或名称）因不服（行政主体名称）（写明案由）一案，本院已以（××××）……行初……号（具体案号）立案。×××（申请人名称）依据行政诉讼法第六十一条第一款规定，向本院申请一并解决……（相关民事争议，写明具体民事纠纷的案由）。本院立案后依法组成合议庭（或依法由审判员 ××× 独任审判），于 ×××× 年 ×× 月 ×× 日公开（或不公开）开庭进行了审理。…（写明本案当事人及其诉讼代理人等）到庭参加诉讼。本案现已审理终结。

原告 ××× 诉称，……（写明原告的诉讼请求、主要理由以及原告提供的证据等）。

被告 ××× 辩称，……（写明被告的答辩请求、主要理由以及被告提供的证据）。

第三人 ××× 述称，……（写明第三人的意见、主要理由以及第三人提供的证据、依据等）。

本院依法调取了以下证据：……（写明证据名称及证明目的）。

经庭审质证（或庭前交换证据、庭前准备会议），……（写明当事人的质证意见）。

本院对上述证据认证如下：……（写明法院的认证意见和理由）。

经审理查明，……（写明法院认定的事实和证据。必要时可增加相关行政裁判认定的事实）。

本院认为，……（写明判决的理由。必要时可增加相关行政裁判理由）。依照……（写明判决依据的法律以及相关司法解释的条、款、项、目）的规定，判决如下：

……（写明判决结果）。

……（写明诉讼费用的负担）。

如不服本判决，可以在判决书送达之日起十五日内向本院递交上诉状，并按对方当事人的人数提出副本，上诉于 ×××× 人民法院。

审判长 ×××

审判员 ×××

审判员 ×××

×××× 年 ×× 月 ×× 日

（院印）

本件与原本核对无异

书记员 ×××

附：本判决适用的相关法律依据

【说　　明】

一、本判决书供审理行政许可、登记、征收、征用等行政案件时，依据行政诉讼法第六十一条规定对当事人申请一并审理民事案件作出民事判决用。

二、本判决书由首部、事实、理由、判决结果和尾部等五部分组成。制作判决书时，应当注意以下事项：

（一）首部

首部应依次写明标题、案号、诉讼参加人及其基本情况，以及案件由来、审判组织和开庭审理过程等，以体现审判程序的合法性。

1. 标题中的法院名称，一般应与院印的文字一致，但基层法院应冠以省、市、自治区的名称。

2. 案号由收案年度、法院代字、专门审判代字、类型代字、案件编号组成，收案年度应用阿拉伯数字。例如，北京市海淀区人民法院 2015 年受理的行政一并审理第 5 号民事案件，应写为：“（2015）京 0108 行民初 5 号”。或者另行编立其他能够反映行政一并审查特点、并能与普通民事案件相区别的案号。具体案号可由各地根据最高人民法院相关规定精神予以确定。

3. 被告提出反诉的案件，可在本诉称谓后用括号注明其反诉称谓。如：“原告（反诉被告）”“被告（反诉原告）”。

4. 当事人是自然人的，写明其姓名、性别、出生年月日、居民身份证号码、民族、职业或工作单住和职务、住址。住址应写明其住所所在地；住所地与经常居住地不一致的，写经常居住地。当事人是法人的，写明法人名称和所在地址，并另起一行写明法定代表人及其姓名和职务。当事人是不具备法人条件的组织或起字号的个人合伙的，写明其名称或字号和所在地址，并另起一行写明代表人及其姓名、性别和职务。当事人是个体工商户的，写明业主的姓名、性别、出生年月日、身份证号码、民族、住址；起有字号的，在其姓名之后用括号注明“系……（字号）业主”。

5. 有法定代理人或指定代理人的，应列项写明其姓名、性别、职业或工作单位和职务、住址，并在姓名后括注其与当事人的关系。

6. 有委托代理人的，应列项写明其姓名、性别、职业或工作单位和职务、住址。如果委托代理人系当事人的近亲属，还应在姓名后括注其与当事人的关系。如果委托代理人系律师，只写明其姓名、工作单位和职务。

当事人及其诉讼代理人均出庭参加诉讼的，可按样式书写。当事人本人未出庭而由代理人出庭的，应写：“× 告 ××× 的 ×× 代理人 ×××”。当事人经合法传唤未到庭的，应写明：“× 告 ××× 经本院合法传唤无正当理由拒不到庭”。当事人未经法庭许可中途退庭的，应写明：“× 告 ××× 未经法庭许可中途退庭”。

（二）事实

事实部分应写明当事人的诉讼请求、争议的事实和理由，法院认定的事实及证据。

1. 当事人的诉讼请求以及争议的事实和理由，主要是通过原告、被告和第三人的陈述来表述的。民事判决书的事实部分所以要写明这些内容，一是为了体现尊重当事人的诉讼权利，二是为了集中反映当事人的真实意思表示，明确纠纷的焦点，做到与以后各部分的叙事、说理和判决结果紧密联系，前后照应。对于这些内容的叙述，文句要简炼，内容要概括，切忌冗长和不必要的重复。如果当事人在诉讼过程中有增加或者变更诉讼请求，或者提出反诉的，应当一并写明。

2. 法院认定的事实主要包括：①当事人之间的法律关系，发生法律关系的时间、地点及法律关系的内容；②产生纠纷的原因、经过、情节和后果。法院认定的事实，必须是经过法庭审理查证属实的事实。叙述的方法一般应按照时间顺序，客观地、全面地、真实地反映案情，同时要抓住重点，详述主要情节和因果关系；③必要时应当一并写明行政案件的审理情况和裁判结果。

3. 认定事实的证据要有分析地进行列举，既可以在叙述纠纷过程中一并分析列举，也可以单独分段分析列举。叙述事实和列举证据时都要注意保守国家秘密，保护当事人的商业秘密和个人隐私。

（三）理由

理由部分应写明判决的理由和判决所依据的法律。

1. 判决的理由，要根据认定的事实和有关法律、法规和政策，来阐明法院对纠纷的性质、当事人的责任以及如何解决纠纷的看法。说理要有针对性，要根据不同案件的具体情况，针对当事人的争执和诉讼请求，摆事实，讲法律，讲道理，分清是非责任。诉讼请求合法、有理的予以支持，不合法、无理的不予支持。对违法的民事行为应当严肃指明，必要时给予适当批驳，做到以理服人。

2. 判决所依据的法律、法规，在引用时应当准确、全面、具体。

（四）判决结果

判决结果，是对案件实体问题作出的处理决定。判决结果要明确、具体、完整。根据确认之诉、变更之诉或给付之诉的不同情况，正确地加以表述。例如，给付之诉，要写明标的物的名称、数量或数额、给付时间以及给付方式。给付的财物，品种较多的可以概写，详情另附清单。需要驳回当事人其他之诉的，可列为最后一项书写。

（五）尾部

尾部应写明诉讼费用的负担，当事人的上诉权利、上诉期间和上诉法院名称以及合议庭成员署名和判决日期等。

行政诉讼文书样式9：行政赔偿判决书

（一审行政赔偿案件用）

××××人民法院

行政赔偿判决书

（一审行政赔偿案件用）

（××××）……行赔初……号

原告×××，……（写明姓名或名称等基本情况）。

法定代表人×××，……（写明姓名、职务）。

委托代理人（或指定代理人、法定代理人）×××，……（写明姓名等基本情况）。

被告×××，……（写明行政主体名称和所在地址）。

法定代表人×××，……（写明姓名、职务）。

委托代理人×××，……（写明姓名等基本情况）。

第三人×××，……（写明姓名或名称等基本情况）。

法定代表人×××，……（写明姓名、职务）。

委托代理人（或指定代理人、法定代理人）×××，……（写明姓名等基本情况）。

原告×××因与被告×××……（写明案由）行政赔偿一案，于××××年××月××日向本院提起行政赔偿诉讼。本院于××××年××月××日立案后，于××××年××月××日向被告送达了起诉状副本及应诉通知书。本院依法组成合议庭，于××××年××月××日公开（或不公开）开庭审理了本案（不公开开庭的，写明原因）。……（写明到庭参加庭审活动的当事人、行政机关负责人、诉讼代理人、证人、鉴定人、勘验人和翻译人员等）到庭参加诉讼。……（写明发生的其他重要程序活动，如：被批准延长审理期限等）。本案现已审理终结。

原告×××诉称，……（写明原告的赔偿诉讼请求、主要理由以及原告提供的证据、依据等）。

被告×××辩称，……（写明被告的答辩请求及主要理由）。

被告 ××× 向本院提交了以下证据、依据：1.……（证据的名称及内容等）；2.……。

第三人 ××× 述称，……（写明第三人的意见、主要理由以及第三人提供的证据、依据等）。

本院依法调取了以下证据：……（写明证据名称及证明目的）。

经庭审质证（或庭前交换证据、庭前准备会议），……（写明当事人的质证意见）。

本院对上述证据认证如下：……（写明法院的认证意见和理由）。

经审理查明，……（写明法院查明的事实。可以区分写明当事人无争议的事实和有争议但经法院审查确认的事实）。

本院认为，……（写明法院判决的理由）。依照……（写明判决依据的行政诉讼法以及相关司法解释的条、款、项、目）的规定，判决如下：

……（写明判决结果）。

如不服本判决，可以在判决书送达之日起十五日内向本院递交上诉状，并按对方当事人的人数提出副本，上诉于 ×××× 人民法院。

审判长 ×××

审判员 ×××

审判员 ×××

×××× 年 ×× 月 ×× 日

（院印）

本件与原本核对无异

书记员 ×××

附：本判决适用的相关法律依据

【说　　明】

一、本判决书适用于根据《中华人民共和国国家赔偿法》《中华人民共和国行政诉讼法》《最高人民法院关于审理行政赔偿案件若干问题的规定》等法律及司法解释单独提起行政赔偿诉讼的情形用。

二、本判决书的首部、尾部（附录部分），正文中有关证据的列举、认证、说理方式以及相关的写作要求等，可参考一审请求撤销、变更行政行为类案件及请求履行法定职责类或者请求给付类案件判决书样式及其说明。经审理查明部分，如果被告已经作出行政赔偿处理决定的，应注意简要写明处理决定的主要内容和结论。

三、根据《最高人民法院关于审理行政赔偿案件若干问题的规定》第二十九条的规定，人民法院审理行政赔偿案件，应当就当事人之间的行政赔偿争议进行审理与裁判。行政赔偿案件中，人民法院仅就行政赔偿争议进行审理，行政行为的合法性则应当通过先行确认程序或者行政诉讼予以审查；经过先行确认程序，且行政赔偿义务机关已经作出行政赔偿处理决定的，行政赔偿处理决定并非行政赔偿案件的诉讼标的，人民法院仍然应当针对原告的赔偿请求能否成立进行审查。被告收到原告的赔偿申请后逾期不作赔偿决定的，审查的重点也应是原告主张的侵权事实是否存在，要求赔偿是否有法律依据，以及损害结果与行政行为之间是否有因果关系。

被告的行政行为违法，且给原告造成了实际损失的，判决被告予以赔偿；被告的行政行为违法但尚未对原告合法权益造成损害的，或者原告的请求没有事实根据或法律根据的，应当判决驳回原告的赔偿请求。

四、行政赔偿判决书在适用法律时，不仅要适用《中华人民共和国行政诉讼法》的相关规定，还应适用《中华人民共和国国家赔偿法》及《最高人民法院关于审理行政赔偿案件若干问题的规定》等行政赔偿司法解释的规定。判决结果可为以下三种情况：

第一、驳回原告赔偿请求的，写：

“驳回原告 ××× 的赔偿请求。”

第二、判决被告予以赔偿的，写：

“被告 ××× 于本判决生效之日起 ×× 日内赔偿原告 ×××……（写明赔偿的金额）。”

第三，如复议机关因复议程序违法给原告造成损失的，写：

“被告 ×××（复议机关名称）于本判决生效之日起 ×× 日内赔偿原告……（写明赔偿的金额）。”

五、行政赔偿诉讼不收取诉讼费用。

行政诉讼文书样式 10：行政调解书

（一审行政案件用）

×××× 人民法院

行政调解书

（一审行政案件用）

（××××）……行初……号

原告 ×××，……（写明姓名或名称等基本情况）。

法定代表人 ×××，……（写明姓名、职务）。

委托代理人（或指定代理人、法定代理人）×××，……（写明姓名等基本情况）。

被告 ×××，……（写明行政主体名称和所在地址）。

法定代表人 ×××，……（写明姓名、职务）。

委托代理人 ×××，……（写明姓名等基本情况）。

第三人 ×××，……（写明姓名或名称等基本情况）。

法定代表人 ×××，……（写明姓名、职务）。

委托代理人（或指定代理人、法定代理人）×××，……（写明姓名等基本情况）。

原告 ××× 不服被告 ×××（行政主体名称）（行政行为），于 ×××× 年 ×× 月 ×× 日向本院提起行政诉讼。本院于 ×××× 年 ×× 月 ×× 日立案后，于 ×××× 年 ×× 月 ×× 日向被告送达了起诉状副本及应诉通知书。本院依法组成合议庭，于 ×××× 年 ×× 月 ×× 日公开（或不公开）开庭审理了本案。……（写明到庭参加庭审活动的当事人、行政机关负责人、诉讼代理人、证人、鉴定人、勘验人和翻译人员等）到庭参加诉讼。……（写明发生的其他重要程序活动，如：被批准延长本案审理期限等情况）。本案现已审理终结。

经审理查明，……（写明法院查明的事实）。

本案在审理过程中，经本院主持调解，双方当事人自愿达成如下协议：

……（写明协议的内容）。

……（写明诉讼费用的负担）。

上述协议，符合有关法律规定，本院予以确认。

本调解书经双方当事人签收后，即具有法律效力。

审判长 ×××

审判员 ×××

审判员 ×××

××××年××月××日

（院印）

本件与原本核对无异

书记员 ×××

【说　明】

一、本调解书适用于《中华人民共和国行政诉讼法》第六十条规定的情形。

二、调解应当根据当事人自愿的原则，在查清事实，分清是非的基础上进行。协议的内容不得违反法律的规定。

三、本调解书的首部、尾部（附录部分），正文中有关证据的列举、认证、说理方式以及相关的写作要求等，也可以参考一审请求撤销、变更行政行为类案件判决书样式及其说明。对当事人诉辩意见、审理查明部分应当与裁判文书有所区别，应当本着减小分歧，钝化矛盾，有利于促进调解协议的原则，对争议和法院认定的事实适当简化。

四、协议内容应明确、具体，便于履行。诉讼费用的负担，由当事人协商解决的，可以作为协议内容的最后一项；由法院决定的，应另起一行写明。

五、本调解书样式及说明，亦可供制作第二审和再审的行政案件调解书时参考。

六、第二审及再审行政调解书送达后，原一、二审判决、裁定不再执行。

行政诉讼文书样式11：行政赔偿调解书

（一审行政赔偿案件用）

××××人民法院

行政赔偿调解书

（一审行政赔偿案件用）

（××××）……行赔初……号

原告×××，……（写明姓名或名称等基本情况）。

法定代表人×××，……（写明姓名、职务）。

委托代理人（或指定代理人、法定代理人）×××，……（写明姓名等基本情况）。

被告×××，……（写明行政主体名称和所在地址）。

法定代表人×××，……（写明姓名、职务）。

委托代理人×××，……（写明姓名等基本情况）。

第三人×××，……（写明姓名或名称等基本情况）。

法定代表人×××，……（写明姓名、职务）。

委托代理人（或指定代理人、法定代理人）×××，……（写明姓名等基本情况）。

原告×××因与被告×××……（写明案由）行政赔偿一案，于××××年××月××日向本院提起行政赔偿诉讼。本院于××××年××月××日立案后，于××××年××月××日向被告送达了起诉状副本及应诉通知书。本院依法组成合议庭，于××××年××月××日公开（或不公开）开庭审理了本案（不公开开庭的，写明原因）。……（写明到庭参加庭审活动的当事人、行政机关负责人、诉讼代理人、证人、鉴定人、勘验人和翻译人员等）到庭参加诉讼。……（写明发生的其他重要程序活动，如：被批准延长审理期限等）。本案现已审理终结。

经审理查明，……（写明法院查明的事实）。

本案在审理过程中，经本院主持调解，双方当事人自愿达成如下协议：

……（写明协议的内容）。

上述协议，符合有关法律规定，本院予以确认。

本调解书经双方当事人签收后，即具有法律效力。

审判长 ×××

审判员 ×××

审判员 ×××

××××年××月××日

（院印）

本件与原本核对无异

书记员 ×××

【说　　明】

一、本调解书适用于《中华人民共和国国家赔偿法》、《中华人民共和国行政诉讼法》第六十条以及《最高人民法院关于审理行政赔偿案件若干问题的规定》等法律及司法解释，单独提起行政赔偿诉讼的情形。

二、调解应当根据当事人自愿的原则，在查清事实，分清是非的基础上进行。协议的内容不得违反法律的规定。

三、本调解书的首部、尾部（附录部分），正文中有关证据的列举、认证、说理方式以及相关的写作要求等，也可以参考一审请求撤销、变更行政行为类案件判决书样式及其说明。对当事人诉辩意见、审理查明部分应当与裁判文书有所区别，应当本着减小分歧，钝化矛盾，有利于促进调解协议的原则，对争议和法院认定的事实适当简化。

四、协议内容应明确、具体，便于履行。审理赔偿案件不收取诉讼费用。

五、本调解书样式及说明，亦可供制作第二审和再审的行政赔偿案件调解书时参考。

六、第二审及再审行政赔偿调解书送达后，原一、二审判决、裁定即不再执行。

行政诉讼文书样式 12：行政判决书

（二审维持原判或改判用）

×××× 人民法院

行政判决书

（二审维持原判或改判用）

（××××）……行终……号

上诉人（原审 × 告）×××，……（写明姓名或名称等基本情况）。

被上诉人（原审 × 告）×××，……（写明姓名或名称等基本情况）。

（当事人及其他诉讼参加人的列项和基本情况的写法，除当事人的称谓外，与一审行政判决书样式相同。）

上诉人 ××× 因……（写明案由）一案，不服 ×××× 人民法院（××××）……行初……号行政判决，向本院提起上诉。本院依法组成合议庭，公开（或不公开）开庭审理了本案。……（写明到庭的当事人、诉讼代理人等）到庭参加诉讼。本案现已审理终结。（未开庭的，写“本院依法组成合议庭，对本案进行了审理，现已审理终结”）。

……（概括写明原审认定的事实、理由和判决结果，简述上诉人的上诉请求及其主要理由和被上诉人的主要答辩的内容及原审第三人的陈述意见）。

……（当事人二审期间提出新证据的，写明二审是否采纳以及质证情况，并说明理由。如无新证据，本段不写）。

经审理查明，……（写明二审认定的事实和证据）。

本院认为，……（写明本院判决的理由）。依照……（写明判决依据的法律以及相关司法解释的条、款、项、目）的规定，判决如下：

……（写明判决结果）。

……（写明诉讼费用的负担）。

本判决为终审判决。

审判长 ×××

审判员 ×××

审判员 ×××

××××年××月××日

（院印）

本件与原本核对无异

书记员 ×××

附：本判决适用的相关法律依据

【说　　明】

一、本判决书供二审人民法院在收到当事人不服一审判决提起上诉的行政案件后，按照第二审程序审理终结，就案件的实体问题依法作出维持原判或者改判的决定时使用。

二、制作二审行政判决书，应当体现上诉审的特点，强调针对性和说服力。

三、上诉案件当事人的称谓，写“上诉人”“被上诉人”，并用括号注明其在原审中的诉讼地位。原告、被告和第三人都提出上诉的，可并列为“上诉人”。当事人中一人或者部分人提出上诉，上诉后是可分之诉的，未上诉的当事人在法律文书中可以不列；上诉后仍是不可分之诉的，未上诉的当事人可以列为被上诉人。上诉案件当事人中的代表人、诉讼代理人等，分别在该当事人项下另起一行列项书写。

四、“经审理查明”部分，包括上诉争议的内容以及二审查明认定的事实和证据。书写上诉争议的内容时，要概括简炼，抓住争议焦点，防止照抄原审判决书、上诉状和答辩状，但又要不失原意。二审审查认定的事实和证据，要根据不同类型的案件书写。如果原审判决事实清楚，上诉人亦无异议的，简要地确认原判认定的事实即可；如果原审判决认定事实清楚，但上诉人提出异议的，应对有异议的问题进行重点分析，予以确认；如果原审判决认定事实不清，证据不足，经二审查清事实后改判的，应具体叙述二审查明的事实和有关证据。

一般情况下，二审认定事实与一审一致的，可写“本院经审理查明的事实与一审判决认定的事实一致，本院予以确认。”与一审认定的主要事实基本一致，但在个别事实作出新的认定的，可写“本院经审理查明的事实与一审判决认定的事实基本一致。但一审认定的……事实不当，应认定为……”。本院认定的事实是一审未认定的，可写“本院另查明：……”。

五、“本院认为”部分，要有针对性和说服力，要注重事理分析和法理分析，兼顾全面审查和重点突出。针对上诉请求和理由，重点围绕争议焦点，就原审判决及被诉行政行为是否合法，上诉理由是否成立，上诉请求是否应予支持等，阐明维持原判或者撤销原判予以改判的理由。具体写法可参照一审判决书理由部分。

六、“判决结果”部分可分为以下四种情形：

第一，维持原审判决的，写：

“驳回上诉，维持原判。”

第二，对原审判决部分维持、部分撤销的，写：

“一、维持××××人民法院（××××）……行初……号行政判决第×项，即……（写明维持的具体内容）；

二、撤销××××人民法院（××××）……行初……号行政判决第×项，即……（写明撤销的具体内容）；

三、……（写明对撤销部分作出的改判内容。如无需作出改判的此项不写）。”

第三，撤销原审判决，驳回原审原告的诉讼请求的，写：

“一、撤销××××人民法院（××××）……行初……号行政判决；

二、驳回×××（当事人姓名）的诉讼请求。”

第四，撤销原审判决，同时撤销或变更行政机关的行政行为的，写：

“一、撤销××××人民法院（××××）……行初……号行政判决；

二、撤销（或变更）××××（行政主体名称）××××年××月××日（××××）×××字第××号……（写明具体行政行为或者复议决定名称或其他行政行为）；

三、……（写明二审法院改判结果的内容。如无需作出改判的，此项不写）。”

七、关于二审诉讼费用的负担，要区别情况作出决定。对驳回上诉，维持原判的案件，二审诉讼费用由上诉人承担；双方当事人都提出上诉的，由双方分担。对撤销原判，依法改判的案件，应同时对一、二两审的各项诉讼费用由谁负担，或者共同分担的问题作出决定，相应地变更一审法院对诉讼费用负担的决定。

八、按本样式制作二审行政判决书时，注意参考一审行政判决书样式的说明。

行政诉讼文书样式13：行政判决书

（再审行政案件用）

××××人民法院

行政判决书

（再审行政案件用）

（××××）……行再……号

抗诉机关××××人民检察院（未抗诉的，此项不写）。

再审申请人（写明原审诉讼地位）×××，……（写明姓名或名称等基本情况）。

被申请人（写明原审诉讼地位）×××，……（写明姓名或名称等基本情况）。

原审第三人（或原审中的其他称谓）×××，……（写明姓名或名称等基本情况）。

（当事人及其他诉讼参加人的列项和基本情况的写法，除当事人的称谓外，与一审行政判决书样式相同。再审申请未提及的当事人，按原审判决书中诉讼地位列明。）

原审原告（或原审上诉人）×××与原审被告（或原审被上诉人）×××……（写明案由）一案，本院（或××××人民法院）于××××年××月××日作出（××××）……行×……号行政判决，已经发生法律效力。……（写明进行再审的根据）。本院依法组成合议庭，公开（或不公开）开庭审理了本案。……（写明到庭的当事人、代理人等）到庭参加诉讼。本案现已审理终结（未开庭的，写“本院依法组成合议庭审理了本案，现已审理终结”）。

……（概括写明原审生效判决的主要内容；简述检察机关的抗诉理由，或者当事人的陈述或申请再审要点）。

经再审查明，……（写明再审确认的事实和证据）。

本院认为，……（写明本院判决的理由）。依照……（写明判决依据的行政诉讼法以及相关司法解释的条、款、项、目）的规定，判决如下：

……（写明判决结果）。

……（写明诉讼费用的负担）。

……（按第一审程序进行再审的，写明“如不服本判决，可以在判决书送达之日起十五日内向本院递交上诉状，并按对方当事人的人数提出副本，上诉于××××人民法院”。按第二审程序进行再审或者上级法院提审的，写明“本判决为终审判决”）。

审判长×××

审判员×××

审判员×××

××××年××月××日

（院印）

本件与原本核对无异

书记员×××

附：本判决适用的相关法律依据

【说　明】

一、本判决书供各级人民法院依照检察院抗诉或者当事人申请再审程序，对于一审或者二审判决、裁定已经发生法律效力的行政案件，经提起再审或者指令再审程序之后，依法组成或者另行组成合议庭，按照一审或者二审程序再审终结，就案件的实体问题作出处理决定时使用。

二、制作再审行政判决书，应当贯彻实事求是、有错必纠的原则，体现再审程序的特点。

三、判决书的首部，要写明对本案进行再审的根据。可分为四种情况表述：

第一，××××人民检察院于××××年××月××日提出抗诉。

第二，本院于××××年××月××日作出（××××）……行申（监）……号行政裁定，对本案提起再审。

第三，××××人民法院于××××年××月××日作出（××××）……行申（监）……号行政裁定，指令本院对本案进行再审。

第四，本院于××××年××月××日作出（××××）……行申（监）……号行政裁定，对本案进行提审。

四、“经审理查明”部分，包括再审争议的内容以及再审查明认定的事实和证据，要根据不同类型的案件书写。

一般情况下，如再审认定事实与原审一致的，写“本院经审理查明的事实与原审判决认定的事实一致，本院予以确认”。与原审认定的主要事实基本一致，但在个别事实作出新的认定的，写“本院经审理查明的事实与原审判决认定的事实基本一致。但原审认定的……事实不当，应认定为……”。本院认定的事实是原审未认定的，写“本院另查明：……”。

五、“本院认为”部分，要有针对性和说服力，要注重事理分析和法理分析，兼顾全面审查和重点突出。针对再审申请请求和理由，重点围绕争议焦点，就原审判决及被诉行政行为是否合法，再审申请理由是否成立，再审请求是否应予支持等，阐明维持原判或者撤销原判予以改判的理由。具体写法可参照二审判决书理由部分。检察院抗诉的，还应对检察院抗诉的请求和理由进行审查。

六、“判决结果”部分可分为以下三种情形：

第一，全部改判的，写：

“一、撤销××××人民法院××××年××月××日(××××)……行×……号行政判决（如一审判决、二审判决、再审判决均需撤销的，应分项写明）；

二、……（写明改判的内容。内容多的可分项写）。”

第二，部分改判的，写：

“一、维持××××人民法院××××年××月××日(××××)……行×……号行政判决第×项，即……（写明维持的具体内容）；

二、撤销××××人民法院××××年××月××日（××××）……行×……号行政判决第×项，即……（写明部分改判的具体内容；如一审判决、二审判决均需撤销的，应分项写明）

三、……（写明部分改判的内容。内容多的可分项写）。”

第三，仍然维持原判的，写：

“维持××××人民法院××××年××月××日（××××）……行×……号行政判决。”

七、对全部改判或部分改判而变更原审诉讼费用负担的，写明原审诉讼费用由谁负担或者双方如何分担；对依照《诉讼费用交纳办法》第九条规定需要交纳案件受理费的，同时写明一、二审及再审诉讼费用由谁负担或者双方如何分担。对驳回再审申请，但依照《诉讼费用交纳办法》第九条规定需要交纳案件受理费的，写明再审诉讼费用的负担。

八、按本样式制作判决书时，注意参考一审、二审行政判决书样式的说明。

行政诉讼文书样式 14：行政裁定书

（不予立案用）

××××人民法院

行政裁定书

（不予立案用）

（××××）……行初……号

起诉人……（写明姓名或名称等基本情况）。

××××年××月××日，本院收到×××的起诉状（口头起诉的，注明起诉方式），……（概括写明起诉的事由）。

本院认为，……（写明不予立案的理由）。依照……（写明裁定依据的行政诉讼法以及相关司法解释的条、款、项、目）的规定，裁定如下：

对×××的起诉，本院不予立案。

如不服本裁定，可在裁定书送达之日起十日内，向本院递交上诉状，并按对方当事人的人数提出副本，上诉于××××人民法院。

审判长 ×××

审判员 ×××

审判员 ×××

××××年××月××日

（院印）

本件与原本核对无异

书记员 ×××

【说　明】

一、本裁定书适用于第一审人民法院接到起诉状或口头起诉后，经审查认为不符合起诉条件，依法决定不予立案的情形。

二、在裁定书正文中应当写明不予立案的理由。

行政诉讼文书样式 21：行政裁定书

（驳回起诉用）

××××人民法院

行政裁定书

（驳回起诉用）

（××××）……行初……号

原告×××，……（写明姓名或名称等基本情况）。

被告×××，……（写明姓名或名称等基本情况）。

第三人×××，……（写明姓名或名称等基本情况）。

（当事人及其他诉讼参加人的列项和基本情况的写法，除当事人的称谓外，与一审行政判决书样式相同。）

原告×××诉被告×××……（写明案由）一案，本院受理后，依法组成合议庭（或依法由审判员×××独任审判），公开（或不公开）开庭审理了本案，现已审理终结（未开庭的，写“本院依法进行了审理，现已审理终结”）。

……（概括写明原告起诉的事由）。

……（各方当事人对案件是否符合起诉条件有争议的，围绕争议内容分别概括写明原告、被告、第三人的意见及所依据的事实和理由；如果没有，此项不写）。

经审理查明，……（各方当事人对案件是否符合起诉条件的相关事实有争议的，写明法院对该事实认定情况；如果没有，此项不写）。

本院认为，……（写明驳回起诉的理由）。依照……（写明裁定依据的行政诉讼法以及相关司法解释的条、款、项、目，如《最高人民法院关于适用〈中华人民共和国行政诉讼法〉若干问题的解释》第三条第一款）的规定，裁定如下：

驳回原告×××的起诉。

……（写明诉讼费用的负担）。

如不服本裁定，可在裁定书送达之日起十日内，向本院递交上诉状，并按对方当事人的人数提出副本，上诉于 ×××× 人民法院。

审判长 ×××

审判员 ×××

审判员 ×××

××××年××月××日

（院印）

本件与原本核对无异

书记员 ×××

【说　　明】

一、本裁定书供第一审人民法院对已经受理的行政诉讼案件，在审理过程中发现属于《最高人民法院关于适用〈中华人民共和国行政诉讼法〉若干问题的解释》第三条第一款规定的情形，裁定驳回起诉时使用。

二、裁定事实、理由部分仅需围绕本案是否符合起诉条件予以写明。注意运用法律规范，对案件是否符合起诉条件进行分析论证，对各方当事人提出的与起诉条件相关的诉讼理由逐一分析，论证是否成立，表明是否予以支持或采纳，并说明理由。

行政诉讼文书样式 22：行政裁定书
（证据保全用）

××××人民法院

行政裁定书

（证据保全用）

（××××）……行×……号

申请人×××，……（写明姓名或名称等基本情况）。

被申请人×××，……（写明姓名或名称等基本情况）。

本院在审理×××诉×××（写明当事人姓名或者名称及案由）一案中，×××（写明申请人姓名或者名称）于××××年××月××日向本院提出证据保全申请，请求……（写明当事人申请对何证据采取何种保全方法，当事人提供担保的情况）。

本院经审查认为，……（人民法院作出证据保全裁定的理由）。依照《中华人民共和国行政诉讼法》第四十二条、《最高人民法院关于行政诉讼证据若干问题的规定》第二十七条第二款的规定，裁定如下：……（保全的证据名称、数量等情况及保全方法）。

审判长×××

审判员×××

审判员×××

××××年××月××日

（院印）

本件与原本核对无异

书记员×××

【说　　明】

一、本裁定书适用于《中华人民共和国行政诉讼法》第四十二条、《最高人民法院关于行政诉讼证据若干问题的规定》第二十七条第二款规定的情形。

二、本裁定书应当送达申请人以及所涉及的各方当事人或相关的第三人。

行政诉讼文书样式23：行政裁定书

（先予执行用）

××××人民法院

行政裁定书

（先予执行用）

（××××）……行×……号

原告×××，……（写明姓名或名称等基本情况）。

被告×××，……（写明姓名或名称等基本情况）。

第三人×××，……（写明姓名或名称等基本情况）。

（当事人及其他诉讼参加人的列项和基本情况的写法，除当事人的称谓外，与一审行政判决书样式相同。）

本院在审理原告×××诉被告×××……（写明案由）一案中，原告×××于××××年××月××日向本院提出先予执行的申请，要求……（概括写明请求的具体内容）。

本院认为，……（写明决定先予执行的理由）。依照《中华人民共和国行政诉讼法》第五十七条的规定，裁定如下：

……（写明先予执行的内容及其时间和方式）。

本裁定书送达后立即执行。

如不服本裁定，可以向本院申请复议一次。复议期间不停止裁定的执行。

审判长×××

审判员×××

审判员×××

××××年××月××日

（院印）

本件与原本核对无异

书记员 ×××

【说　　明】

一、本裁定书适用于《中华人民共和国行政诉讼法》第五十七条规定的情形。

二、二审先予执行的行政裁定书，可参照本样式制作。

行政诉讼文书样式24：行政裁定书
（依申请停止执行行政行为或驳回申请用）

×××× 人民法院

行政裁定书

（依申请停止执行行政行为或驳回申请用）

（××××）……行×……号

原告×××，……（写明姓名或名称等基本情况）。

被告×××，……（写明姓名或名称等基本情况）。

第三人×××，……（写明姓名或名称等基本情况）。

（当事人及其他诉讼参加人的列项和基本情况的写法，除当事人的称谓外，与一审行政判决书样式相同。）

本院在审理原告×××诉被告×××……（写明案由）一案中，原告（或者利害关系人）×××认为……（写明停止执行行政行为的理由），向本院申请停止执行……（写明停止执行行政行为的名称）。

本院认为，……（写明应当停止执行行政行为或者驳回申请的理由）。依照《中华人民共和国行政诉讼法》第五十六条第一款（裁定停止执行的，需写明"第（二）项"）的规定，裁定如下：

……（写明裁定结果）。

如不服本裁定，可以向本院申请复议一次，复议期间不停止裁定的执行。

审判长×××

审判员×××

审判员×××

××××年××月××日

（院印）

本件与原本核对无异

书记员 ×××

【说　　明】

一、本裁定书适用于《中华人民共和国行政诉讼法》第五十六条规定的情形，供受诉法院收到原告或利害关系人申请停止执行某一行政行为的申请后，经审查，决定停止执行该行政行为或者驳回申请时使用。

二、“裁定结果”部分分为两种情况：

第一，停止执行的，写：

“在本案诉讼期间，停止执行……（写明停止执行行政行为的名称）。”

第二，驳回申请的，写：

“驳回原告（或利害关系人）××× 的申请。”

行政诉讼文书样式25：行政裁定书

（依职权停止执行行政行为用）

××××人民法院

行政裁定书

（依职权停止执行行政行为用）

（××××）……行×……号

原告×××，……（写明姓名或名称等基本情况）。

被告×××，……（写明姓名或名称等基本情况）。

第三人×××，……（写明姓名或名称等基本情况）。

（当事人及其他诉讼参加人的列项和基本情况的写法，除当事人的称谓外，与一审行政判决书样式相同。）

本院在审理原告×××诉被告×××……（写明案由）一案中，发现……（写明停止执行行政行为的理由），认为应停止执行……（写明停止执行行政行为的名称）。依照《中华人民共和国行政诉讼法》第五十六条第一款第（三）项的规定，裁定如下：

在本案诉讼期间，停止执行……（写明停止执行行政行为的名称）。

如不服本裁定，可以向本院申请复议一次，复议期间不停止裁定的执行。

审判长×××

审判员×××

审判员×××

××××年××月××日

（院印）

本件与原本核对无异

书记员×××

【说　　明】

本裁定书适用于《中华人民共和国行政诉讼法》第五十六条规定的情形，供受诉法院决定停止执行行政行为时使用。

行政诉讼文书样式 26：行政裁定书

（一审准许或不准许撤回起诉用）

×××× 人民法院

行政裁定书

（一审准许或不准许撤回起诉用）

（××××）……行初……号

原告 ×××，……（写明姓名或名称等基本情况）。

被告 ×××，……（写明姓名或名称等基本情况）。

第三人 ×××，……（写明姓名或名称等基本情况）。

（当事人及其他诉讼参加人的列项和基本情况的写法，除当事人的称谓外，与一审行政判决书样式相同。）

本院在审理原告 ××× 诉被告 ×××……（写明案由）一案中，原告 ×××……（简要写明原告提出的撤诉请求和理由）。

本院认为，……（写明准许撤诉或不准许撤诉的理由）。依照《中华人民共和国行政诉讼法》第六十二条的规定，裁定如下：

……（写明裁定结果）。

……（准许撤诉的，写明诉讼费用的负担；不准许撤诉的，此项不写）。

审判长 ×××

审判员 ×××

审判员 ×××

×××× 年 ×× 月 ×× 日

（院印）

本件与原本核对无异

书记员 ×××

【说　　明】

一、本裁定书适用于《中华人民共和国行政诉讼法》第六十二条规定的情形，供第一审人民法院在收到原告要求撤回起诉的申请后，经审查，决定准许撤诉或者不准许撤诉时使用。

二、裁定书正文中，应当写明准许撤诉或者不准许撤诉的理由。准许撤诉裁定可以载明被告改变被诉行政行为的主要内容及履行情况，并可以根据案件具体情况，在裁定理由中明确被诉行政行为全部或者部分不再执行。

三、原告处分自己的诉讼权利，必须在法律规定的范围内进行，以不损害国家、社会的利益以及他人的合法权益为前提；即使行政机关改变其所作的行政行为，原告同意并申请撤诉的，也必须以合法为条件。

四、“裁定结果”部分分为两种情况：

第一，准许撤诉的，写：

“准许原告 ××× 撤回起诉。”

第二，不准许撤诉的，写：

“不准许原告 ××× 撤诉，本案继续审理。”

五、对于不符合撤回起诉的条件的，一般可以口头裁定，但必要时也可书面裁定。

行政诉讼文书样式27：行政裁定书

（一审按撤诉处理用）

×××× 人民法院

行政裁定书

（一审按撤诉处理用）

（××××）……行初……号

原告 ×××，……（写明姓名或名称等基本情况）。

被告 ×××，……（写明姓名或名称等基本情况）。

第三人 ×××，……（写明姓名或名称等基本情况）。

（当事人及其他诉讼参加人的列项和基本情况的写法，除当事人的称谓外，与一审行政判决书样式相同。）

本院在审理原告 ××× 诉被告 ×××……（写明案由）一案中，因……（写明原告不预交诉讼费；或者经传票传唤，无正当理由拒不到庭；或者到庭后未经法庭准许中途退庭以及其他特殊情形）。依照……（写明裁定依据的法律以及相关司法解释的条、款、项、目）的规定，裁定如下：

本案按照撤诉处理。

……（写明诉讼费用的负担）。

审判长 ×××

审判员 ×××

审判员 ×××

×××× 年 ×× 月 ×× 日

（院印）

本件与原本核对无异

书记员 ×××

【说　　明】

一、本裁定书适用于《中华人民共和国行政诉讼法》第五十八条、《诉讼费用交纳办法》第二十条和《最高人民法院关于适用〈诉讼费用交纳办法〉的通知》第二条规定的情形。

二、本裁定书供第一审人民法院在立案过程中，当事人未按照规定交纳案件受理费，决定按照当事人自动撤诉处理时使用；以及第一审人民法院在立案后，按照第一审程序审理过程中，经传票传唤，原告无正当理由拒不到庭，或者未经法庭许可中途退庭，决定按照撤诉处理时使用。

三、上诉人未按照规定交纳二审案件受理费，第二审人民法院决定按照当事人自动撤诉处理，以及第二审程序审理过程中，经传票传唤，上诉人无正当理由拒不到庭，或者未经法庭许可中途退庭，第二审人民法院决定按照撤诉处理时，二审裁定书参照此格式撰写。裁定主文表述为：

“本案按撤诉处理，各方当事人按一审判决执行。

……（写明诉讼费用的负担）。

本裁定为终审裁定。”

行政诉讼文书样式28：行政裁定书

（中止或终结诉讼用）

××××人民法院

行政裁定书

（中止或终结诉讼用）

（××××）……行×……号

原告×××，……（写明姓名或名称等基本情况）。

被告×××，……（写明姓名或名称等基本情况）。

第三人×××，……（写明姓名或名称等基本情况）。

（当事人及其他诉讼参加人的列项和基本情况的写法，除当事人的称谓外，与一审行政判决书样式相同。如果原告已经死亡，其基本情况只写姓名、性别和死亡年月日。）

本院在审理原告×××诉被告×××……（写明案由）一案中，……（写明中止或终结诉讼的事实根据）。依照……（写明裁定依据的法律以及相关司法解释的条、款、项、目）的规定，裁定如下：

……（写明裁定结果）。

……（写明诉讼费用的负担）。

审判长×××

审判员×××

审判员×××

××××年××月××日

（院印）

本件与原本核对无异

书记员×××

【说　　明】

一、本裁定书适用于《中华人民共和国行政诉讼法》第六十一条第二款，或者《最高人民法院关于执行〈中华人民共和国行政诉讼法〉若干问题的解释》第五十一条、第五十二条或《中华人民共和国行政诉讼法》第一百零一条、《中华人民共和国民事诉讼法》第一百五十条、第一百五十一条规定的暂时停止诉讼或结束诉讼的情形。

二、“裁定结果”部分分为两种情况：

第一，中止诉讼的，写：

“本案中止诉讼。”

第二，终结诉讼的，写：

“本案终结诉讼。

……（写明诉讼费用的负担）。”

三、可以中止和终结诉讼的，主要包括以下情形：

1.《最高人民法院关于执行〈中华人民共和国行政诉讼法〉若干问题的解释》第五十一条：“在诉讼过程中，有下列情形之一的，中止诉讼：

（一）原告死亡，须等待其近亲属表明是否参加诉讼的；

（二）原告丧失诉讼行为能力，尚未确定法定代理人的；

（三）作为一方当事人的行政机关、法人或者其他组织终止，尚未确定权利义务承受人的；

（四）一方当事人因不可抗力的事由不能参加诉讼的；

（五）案件涉及法律适用问题，需要送请有权机关作出解释或者确认的；

（六）案件的审判须以相关民事、刑事或者其他行政案件的审理结果为依据，而相关案件尚未审结的；

（七）其他应当中止诉讼的情形。

中止诉讼的原因消除后，恢复诉讼。”

2.《最高人民法院关于执行〈中华人民共和国行政诉讼法〉若干问题的解释》第五十二条：“在诉讼过程中，有下列情形之一的，终结诉讼：

（一）原告死亡，没有近亲属或者近亲属放弃诉讼权利的；

（二）作为原告的法人或者其他组织终止后，其权利义务的承受人放弃诉讼权利的。

因本解释第五十一条第一款第（一）、（二）、（三）项原因中止诉讼满90日仍无人继续诉讼的，裁定终结诉讼，但有特殊情况的除外。”

3.《中华人民共和国民事诉讼法》第一百五十条："有下列情形之一的，中止诉讼：
（一）一方当事人死亡，需要等待继承人表明是否参加诉讼的；
（二）一方当事人丧失诉讼行为能力，尚未确定法定代理人的；
（三）作为一方当事人的法人或者其他组织终止，尚未确定权利义务承受人的；
（四）一方当事人因不可抗力的事由，不能参加诉讼的；
（五）本案必须以另一案的审理结果为依据，而另一案尚未审结的；
（六）其他应当中止诉讼的情形。
中止诉讼的原因消除后，恢复诉讼。"
4.《中华人民共和国民事诉讼法》第一百五十一条："有下列情形之一的，终结诉讼：
（一）原告死亡，没有继承人，或者继承人放弃诉讼权利的；
（二）被告死亡，没有遗产，也没有应当承担义务的人的；
（三）离婚案件一方当事人死亡的；
（四）追索赡养费、扶养费、抚育费以及解除收养关系案件的一方当事人死亡的。"
四、二审中止或终结诉讼的行政裁定书，可参照本样式制作。

行政诉讼文书样式29：行政裁定书

（二审维持或者撤销一审不予立案裁定用）

××××人民法院

行政裁定书

（二审维持或者撤销一审不予立案裁定用）

（××××）……行终……号

上诉人×××，……（写明姓名或名称等基本情况）。

被上诉人×××，……（如明确，写明姓名或名称等基本情况）。

（当事人及其他诉讼参加人的列项和基本情况的写法，除当事人的称谓外，与二审行政判决书样式相同。）

上诉人×××因……（写明案由）一案，不服××××人民法院（××××）……行初……号行政裁定，向本院提起上诉。

上诉人×××上诉称，……（概述上诉请求与理由）。

本院认为，……（简要写明驳回上诉或者撤销原裁定的理由）。依照……（写明裁定依据的法律以及相关司法解释的条、款、项、目）的规定，裁定如下：

……（写明裁定结果）。

本裁定为终审裁定。

审判长×××

审判员×××

审判员×××

××××年××月××日

（院印）

本件与原本核对无异

书记员×××

【说　明】

一、本裁定适用于《中华人民共和国行政诉讼法》第八十九条第一款第（一）项、第（二）项、《最高人民法院关于执行〈中华人民共和国行政诉讼法〉若干问题的解释》第六十八条规定的情形。

二、“裁定结果”部分分为两种情况：

第一，维持原裁定的，写：

“驳回上诉，维持原裁定。”

第二，撤销原裁定的，写：

“一、撤销 ×××× 人民法院（××××）……行初……号行政裁定；

二、本案指令 ×××× 人民法院予以立案。”

行政诉讼文书样式30：行政裁定书

（二审维持或者撤销一审驳回起诉裁定用）

×××× 人民法院

行政裁定书

（二审维持或者撤销一审驳回起诉裁定用）

（××××）……行终……号

上诉人（原审×告）×××，……（写明姓名或名称等基本情况）。

被上诉人（原审×告）×××，……（写明姓名或名称等基本情况）。

（当事人及其他诉讼参加人的列项和基本情况的写法，除当事人的称谓外，与二审行政判决书样式相同。）

上诉人×××因……（写明案由）一案，不服××××人民法院（××××）……行初……号行政裁定，向本院提起上诉。本院受理后，依法组成合议庭，公开（不公开）开庭审理了本案。（未开庭的，写“本院受理后，依法组成合议庭审理了本案。”）

……(概括写明原审认定的事实和裁定结果,简述上诉人的上诉请求及其主要理由)。

经审理查明，……（写明二审认定的与起诉条件有关事实、证据和相关依据）。

本院认为，……（写明二审裁定的理由）。依照……（写明裁定依据的法律以及相关司法解释的条、款、项、目）的规定，裁定如下：

……（写明裁定结果）。

本裁定为终审裁定。

审判长 ×××

审判员 ×××

审判员 ×××

××××年××月××日

（院印）

本件与原本核对无异

书记员 ×××

【说　　明】

一、本裁定书适用于《中华人民共和国行政诉讼法》第八十九条第一款第（一）项、第（二）项及《最高人民法院关于执行〈中华人民共和国行政诉讼法〉若干问题的解释》第六十八条规定的情形。

二、二审未开庭，或者案情简单、法律问题清晰，是否符合起诉条件容易判断的，二审裁定书简写。二审已开庭并且案情复杂或者法律问题疑难的，二审裁定书可以参照二审判决书的格式撰写，但与起诉条件无关的内容不写。

三、“裁定结果”部分分为两种情况：

第一，驳回上诉，维持原裁定的，写：

“驳回上诉，维持原裁定。”

第二，撤销原裁定，应继续审理的，写：

“一、撤销××××人民法院（××××）……行初……号行政裁定；

二、本案指令××××人民法院继续审理。”

行政诉讼文书样式31：行政裁定书

（二审撤销一审判决迳行驳回起诉用）

×××× 人民法院

行政裁定书

（二审撤销一审判决迳行驳回起诉用）

（××××）……行终……号

上诉人（原审 × 告）×××，……（写明姓名或名称等基本情况）。

被上诉人（原审 × 告）×××，……（写明姓名或名称等基本情况）。

（当事人及其他诉讼参加人的列项和基本情况的写法，除当事人的称谓外，与二审行政判决书样式相同。）

上诉人 ××× 因……（写明案由）一案，不服 ×××× 人民法院（××××）……行初……号行政判决，向本院提起上诉。本院受理后，依法组成合议庭，公开（不公开）开庭审理了本案，现已审理终结。（未开庭的，写："本院受理后，依法组成合议庭审理了本案。"）

（当事人诉辩意见以及事实认定部分的写法，与二审行政判决书样式相同。）

本院认为，……（写明迳行驳回起诉的理由）。依照……（写明裁定依据的法律以及相关司法解释的条、款、项、目）的规定，裁定如下：

一、撤销 ×××× 人民法院（××××）……行初……号行政判决；

二、驳回 ××× 的起诉。

本裁定为终审裁定。

审判长 ×××

审判员 ×××

审判员 ×××

××××年××月××日

（院印）

本件与原本核对无异

书记员 ×××

【说　　明】

一、本裁定书适用于《中华人民共和国行政诉讼法》第八十九条第一款第（二）项、《最高人民法院关于执行〈中华人民共和国行政诉讼法〉若干问题的解释》第七十九条第（一）项规定的情形。

二、本裁定书供第二审人民法院在收到当事人不服一审判决提起上诉的行政案件，按照第二审程序审理后，认为不应当立案，决定撤销原实体判决，迳行驳回起诉时使用。

三、裁定书事实部分的写法与二审行政判决书样式相同。

行政诉讼文书样式32：行政裁定书

（二审准许或不准许撤诉用）

×××× 人民法院

行政裁定书

（二审准许或不准许撤诉用）

（××××）……行终……号

上诉人（原审 × 告）×××，……（写明姓名或名称等基本情况）。

被上诉人（原审 × 告）×××，……（写明姓名或名称等基本情况）。

（当事人及其他诉讼参加人的列项和基本情况的写法，除当事人的称谓外，与二审行政判决书样式相同。）

上诉人 ××× 因……（写明案由）一案，不服 ×××× 人民法院（××××）……行初……号行政判决，向本院提起上诉。在本院审理过程中，上诉人 ××× 以……（简要写明撤回上诉的理由）为由，向本院申请撤回上诉。

本院认为，……（简要写明准许或者不准许撤回上诉的理由）。依照《中华人民共和国行政诉讼法》第六十二条之规定，裁定如下：

……（写明裁定结果）。

……（准许撤回上诉的，写明诉讼费用的负担；不准许撤回上诉的，此项不写。）

本裁定为终审裁定（不准许撤回上诉的不写此项）。

审判长 ×××

审判员 ×××

审判员 ×××

×××× 年 ×× 月 ×× 日

（院印）

本件与原本核对无异

书记员 ×××

【说　　明】

一、本裁定适用于《中华人民共和国行政诉讼法》第六十二条和《最高人民法院关于执行〈中华人民共和国行政诉讼法〉若干问题的解释》第六十三条第一款第（十）项规定的情形。

二、本裁定书供第二审人民法院对上诉人提出撤回上诉的行政案件，决定是否准许撤回上诉时使用。

三、裁定书的正文部分，应当对上诉人申请撤回上诉的行为是否合法作出评断，写明准许撤回上诉或者不准许撤回上诉的理由。

四、“裁定结果”部分分为两种情况：

第一，准许撤诉的，写：

“准许上诉人 ××× 撤回上诉。”

第二，不准许撤诉的，写：

“不准许上诉人 ××× 撤回上诉，本案继续审理。”

五、对于不准许撤回上诉的案件，一般口头裁定即可，必要时也可作出书面裁定。但口头裁定应记录在案。

六、对于二审审理过程中上诉人申请撤回上诉，原审原告申请撤回起诉的情况，可以一并作出准许或者不准许撤回上诉、撤回起诉的裁定；准许撤回上诉和撤回起诉的，表述为：“一、准许上诉人 ××× 撤回上诉；二、准许原审原告 ××× 撤回起诉；三、一审判决（裁定）视为撤销。”

七、再审案件审理过程中，当事人申请撤回再审申请的，是否准许裁定书，参照此样式撰写。

行政诉讼文书样式33：行政裁定书

（二审发回重审用）

×××× 人民法院

行政裁定书

（二审发回重审用）

（××××）……行终……号

上诉人（原审 × 告）×××，……（写明姓名或名称等基本情况）。

被上诉人（原审 × 告）×××，……（写明姓名或名称等基本情况）。

原审第三人（或者一审判决的其他称谓）×××，……（写明姓名或名称等基本情况）。

（当事人及其他诉讼参加人的列项和基本情况的写法，除当事人的称谓外，与二审行政判决书样式相同。）

上诉人 ××× 因……（写明案由）一案，不服 ×××× 人民法院（××××）……行初……号行政判决，向本院提起上诉。本院受理后，依法组成合议庭，公开（不公开）开庭审理了本案。（未开庭的，写“本院受理后，依法组成合议庭审理了本案。”）

上诉人 ××× 上诉称，……

被上诉人 ××× 答辩称，……

原审第三人（或者一审判决的其他称谓）述称，……

经审理查明，……（经审理查明的案件事实内容，主要写据以作出发回重审裁定的相关事实，与发回重审无关的可少写或不写）。

本院认为，……（写明发回重审的理由，概括指引如何操作）。依照……（写明裁定依据的法律以及相关司法解释的条、款、项、目）的规定，裁定如下：

一、撤销 ×××× 人民法院（××××）……行初……号行政判决；

二、发回 ×××× 人民法院重审。

审判长 ×××

审判员 ×××

审判员 ×××

××××年××月××日

（院印）

本件与原本核对无异

书记员 ×××

【说　明】

一、本裁定书适用于《中华人民共和国行政诉讼法》第八十九条第一款第（三）项和第（四）项规定的情形。如《中华人民共和国行政诉讼法》无相关直接规定，也可以引用《最高人民法院关于执行〈中华人民共和国行政诉讼法〉若干问题的解释》相关规定。

二、本裁定书供第二审人民法院在收到当事人不服一审行政判决提起上诉的行政案件，按照第二审程序审理后，认为原判决认定基本事实不清、证据不足，遗漏当事人或者违法缺席判决等严重违反法定程序，决定撤销原判决，发回原审人民法院重审时使用。

三、裁定书的正文部分，要详细写明原判决认定基本事实不清、证据不足，遗漏当事人或者违法缺席判决等严重违反法定程序而可能影响正确判决的理由。对原裁判存在的问题一律在裁判文书中予以表述，原则上不再发内部函。

行政诉讼文书样式41：行政裁定书

（补正裁判文书笔误用）

××××人民法院

行政裁定书

（补正裁判文书笔误用）

（××××）……行×……号

本院××××年××月××日对原告×××诉被告×××……（写明案由）一案作出的（××××）……行×……号行政判决书（裁定书或调解书）中，文字上存在笔误，应予补正，现裁定如下：

原行政××书……（写明错、漏的字句及其所在页次和行数），现更正为……（写明改正、补充的字句）。

审判长×××

审判员×××

审判员×××

××××年××月××日

（院印）

本件与原本核对无异

书记员×××

【说　　明】

一、本样式供各级人民法院对于在本院发出的行政判决书、行政裁定书或者行政调解书中，发现有个别文字上的错误或者遗漏，予以改正、补充时使用。

二、本裁定书的案号应当与被补正的裁判文书相一致。本裁定书改正、补充的内容，仅限于裁判文书中的文字校对等技术上的失误，不涉及对实体（包括金额或者数额）和程序问题的处理。

三、补正二审和再审裁判文书笔误时参照本裁定书。

行政诉讼文书样式42：简易程序审理通知书

（通知简易程序审理和独任法官用）

×××× 人民法院

简易程序审理通知书

（通知简易程序审理和独任法官用）

（××××）……行初……号

×××：

你与×××（对方当事人名称）因……（写明案由）一案，根据《中华人民共和国行政诉讼法》第八十二条第一款第×项（写明适用的具体项）的规定，适用简易程序审理。

根据《中华人民共和国行政诉讼法》第八十三条的规定，本案由审判员×××一人独任审理，×××担任书记员，并在立案之日起四十五日内审结。当事人认为审判人员与本案有利害关系或者有其他关系可能影响公正审判的，有权申请回避，但应当说明理由。当事人申请回避，可以在开庭前提出；申请回避事由在案件开始审理后知道的，应当在法庭辩论终结前提出。

××××年××月××日

（院印）

【说　　明】

一、本样式根据《中华人民共和国行政诉讼法》第八十二条第一款、第八十三的规定，人民法院在立案时认为该案符合适用简易程序条件的，通知各方当事人时使用。

二、本通知书应送达各方当事人。

行政诉讼文书样式45：行政判决书

（一审请求撤销、变更行政行为类简易程序案件用）

××××人民法院

行政判决书

（一审请求撤销、变更行政行为类简易程序案件用）

（××××）……行初……号

原告×××，……（写明姓名或名称等基本情况）。

法定代表人（或代表人）×××，……（写明姓名和职务）。

法定代理人（或指定代理人）×××，……（写明姓名等基本情况）。

委托代理人×××，……（写明姓名等基本情况）。

被告×××，……（写明姓名或名称等基本情况）。

法定代表人（或代表人）×××，……（写明姓名和职务）。

委托代理人×××，……（写明姓名等基本情况）。

第三人×××，……（写明姓名或名称等基本情况）。

法定代表人（或代表人）×××，……（写明姓名和职务）。

法定代理人（或指定代理人）×××，……（写明姓名等基本情况）。

委托代理人×××，……（写明姓名等基本情况）。

原告×××不服被告×××（行政主体名称）……（行政行为），于××××年××月××日向本院提起行政诉讼。本院于××××年××月××日受理后依法由审判员×××适用简易程序公开（或不公开）开庭进行了审理。……（写明到庭参加庭审活动的当事人、诉讼代理人、证人、鉴定人、勘验人和翻译人员等）到庭参加诉讼。本案现已审理终结。

被告×××于××××年××月××日作出××号××决定（或其他名称），……（写明被诉行政行为认定的事实、适用的法律规范和处理的内容）。

原告×××诉称，……（概述原告所主张的事实和理由以及具体的诉讼请求）。

被告 ××× 辩称，……（概述被告答辩的主要内容）。

第三人 ××× 述称，……（概述第三人的主要意见）。

经审理查明，……（根据案情复杂程度，如果在被诉行政行为的记载部分已经写明案件事实，且当事人无争议的，该部分可酌情略写）。

以上事实有当事人提交的……（列举双方当事人的主要证据）在案佐证。（对于双方当事人有争议且对案件事实认定有实际影响的证据，应当写明采纳或者不采纳的意见；"经审理查明"部分已经与案件来源部分的叙述合并，且双方当事人对证据无争议的，该部分也可不写）。

本院认为，……（写明判决的理由）。依照……（写明判决所依据的法律以及相关司法解释的条、款、项、目）的规定，判决如下：

……（写明判决结果，参照一审请求撤销、变更行政行为类案件判决书样式）。

……（写明诉讼费用的负担）。

如不服本判决，可以在判决书送达之日起十五日内向本院递交上诉状，并按对方当事人的人数提出副本，上诉于 ×××× 人民法院。

审判员 ×××

×××× 年 ×× 月 ×× 日

（院印）

本件与原本核对无异

书记员 ×××

附：本判决适用的相关法律依据

【说　　明】

一、本判决书供人民法院在一审请求撤销、变更行政行为类简易程序案件中使用。

二、本判决书由首部、事实、理由、判决结果和尾部等五部分组成。

三、首部包括法院名称、文书种类、案号、诉讼参加人及其基本情况，以及案件由来、审判组织和审判方式等。

四、事实部分包括当事人的诉讼请求、事实和理由，法院认定的事实及证据。

五、理由部分包括判决的理由和判决所依据的法律。

六、判决结果是对案件实体问题的处理决定。判决结果要明确、具体、完整。

七、行政判决书经书记员核对无异后，应加盖“本件与原本核对无异”章。

八、附“本判决适用的法律依据”部分，根据案件的不同需要，可以将裁判文书中“本院认为”部分所适用的行政实体法律规范和裁判所直接依据的行政诉讼法和相关司法解释的相关条款的内容载入。顺序按行政实体法律规范、行政诉讼法和司法解释次序排列，并按1、2、3、4序号列明。

行政诉讼文书样式 46：行政判决书

（一审请求履行法定职责或给付类简易程序案件用）

×××× 人民法院

行政判决书

（一审请求履行法定职责或给付类简易程序案件用）

（××××）……行 ×……号

原告 ×××，……（写明姓名或名称等基本情况）。

法定代表人（或代表人）×××，……（写明姓名和职务）。

法定代理人（或指定代理人）×××，……（写明姓名等基本情况）。

委托代理人 ×××，……（写明姓名等基本情况）。

被告 ×××，……（写明姓名或名称等基本情况）。

法定代表人（或代表人）×××，……（写明姓名和职务）。

委托代理人 ×××，……（写明姓名等基本情况）。

第三人 ×××，……（写明姓名或名称等基本情况）。

法定代表人（或代表人）×××，……（写明姓名和职务）。

法定代理人（或指定代理人）×××，……（写明姓名等基本情况）。

委托代理人 ×××，……（写明姓名等基本情况）。

原告 ××× 因对被告 ×××（行政主体名称）不履行……（写明原告请求履行法定职责或给付义务内容）的法定职责不服，于 ×××× 年 ×× 月 ×× 日向本院提起行政诉讼。本院于 ×××× 年 ×× 月 ×× 日受理后，依法由审判员 ××× 适用简易程序公开（或不公开）开庭进行了审理。……（写明到庭参加庭审活动的当事人、诉讼代理人、证人、鉴定人、勘验人和翻译人员等）到庭参加诉讼。本案现已审理终结。

第一，针对原告的履行法定职责请求或给付义务，被告作出拒绝答复的案件，可写为：

××××年××月××日,原告×××向被告×××(行政主体名称)提出申请……

（写明申请的内容），被告于 ×××× 年 ×× 月 ×× 日对原告作出 ×× 号 ×× 决定（或其他名称），……（写明拒绝答复认定的事实、适用的法律规范和处理的内容）。

第二，针对原告的履行法定职责请求或给付义务，被告不予答复的案件，则可写为：

原告 ××× 于 ×××× 年 ×× 月 ×× 日向被告 ××× 提出申请……（写明申请的内容）。被告在原告起诉之前未作出处理决定。（当事人对原告是否提出过申请或者被告是否作出处理有争议的，也可不写。）

原告 ××× 诉称，……（概述原告所主张的事实和理由以及具体的诉讼请求）。

被告 ××× 辩称，……（概述被告答辩的主要内容）。

第三人 ××× 述称，……（概述第三人的主要意见）。

经审理查明，……（根据案情复杂程度，如果在被诉行政行为的记载部分已经写明案件事实，且当事人无争议的，该部分可酌情略写）。

以上事实有当事人提交的……（列举当事人的主要证据）在案佐证。（对于当事人有争议且对案件事实认定有实际影响的证据，应当写明采纳或者不采纳的意见。）

本院认为，……（写明判决的理由）。依照……（写明判决依据的法律以及相关司法解释的条、款、项、目）的规定，判决如下：

……（写明判决结果，参照一审请求履行法定职责类或者给付义务判决书样式）。

……（写明诉讼费用的负担）。

如不服本判决，可以在判决书送达之日起十五日内向本院递交上诉状，并按对方当事人的人数提出副本，上诉于 ×××× 人民法院。

审判员 ×××

×××× 年 ×× 月 ×× 日

（院印）

本件与原本核对无异

书记员 ×××

附：本判决适用的相关法律依据

【说　明】

一、本判决书适用于原告请求行政机关履行法定职责或给付类一审简易程序行政案件使用。

二、本判决书由首部、事实、理由、判决结果和尾部等五部分组成。

三、首部包括法院名称、文书种类、案号、诉讼参加人及其基本情况，以及案件由来、审判组织和审判方式等。

四、事实部分包括当事人的诉讼请求、事实和理由，法院认定的事实及证据。

五、理由部分包括判决的理由和判决所依据的法律。

六、判决结果是对案件实体问题的处理决定。判决结果要明确、具体、完整。

七、行政判决书经书记员核对无异后，应加盖“本件与原本核对无异”章。

八、附“本判决适用的法律依据”部分，根据案件的不同需要，应当将裁判文书中“本院认为”部分所适用的行政实体法律规范和裁判所直接依据的行政诉讼法和相关司法解释的相关条款的内容载入。

行政诉讼文书样式 47：行政调解书

（一审简易程序行政案件用）

××××人民法院

行政调解书

（一审简易程序行政案件用）

（××××）……行×……号

原告×××，……（写明姓名或名称等基本情况）。

法定代表人（或代表人）×××，……（写明姓名和职务）。

法定代理人（或指定代理人）×××，……（写明姓名等基本情况）。

委托代理人×××，……（写明姓名等基本情况）。

被告×××，……（写明姓名或名称等基本情况）。

法定代表人（或代表人）×××，……（写明姓名和职务）。

委托代理人×××，……（写明姓名等基本情况）。

第三人×××，……（写明姓名或名称等基本情况）。

法定代表人（或代表人）×××，……（写明姓名和职务）。

法定代理人（或指定代理人）×××，……（写明姓名等基本情况）。

委托代理人×××，……（写明姓名等基本情况）。

（当事人和其他诉讼参加人的列项和基本情况的写法，与一审行政判决书相同。）

原告×××不服被告×××（行政主体名称）……（行政行为），于××××年××月××日向本院提起行政诉讼。本院于××××年××月××日受理后依法由审判员×××适用简易程序公开（或不公开）开庭进行了审理。……（写明行政行为的内容、当事人的诉讼请求及简要事实）。

本案在审理过程中，经本院主持调解，双方当事人自愿达成如下协议：

……（写明协议的内容）。

……（写明诉讼费用的负担）。

上述协议，不违反法律规定，本院予以确认。

本调解书经双方当事人签收后，即具有法律效力。

审判员 ×××

××××年××月××日

（院印）

本件与原本核对无异

书记员 ×××

【说　　明】

一、本调解书适用于《中华人民共和国行政诉讼法》第六十条第一款但书规定的情形。

二、本样式供人民法院在当事人一方要求调解而达成调解协议时制作具有法律效力的行政调解书时使用。

三、“协议内容”，是指当事人自愿达成解决争讼的协议条款。“诉讼费用的负担”，如果是由双方当事人协商解决的，可以作为调解协议的最后一项内容予以写明；如果诉讼费用是由人民法院决定的，应当在协议内容之后另起一行写明。

四、行政调解书经书记员核对无异后，加盖“本件与原本核对无异”章。

行政诉讼文书样式 61：参加诉讼通知书

×××× 人民法院

参加诉讼通知书

（××××）……行 ×……号

×××：

本院受理 ×××（写明起诉人）诉 ×××（写明被告）……（写明案由）一案后，发现你与被诉行政行为（或与本案的处理结果）有利害关系，依据《中华人民共和国行政诉讼法》第二十九条的规定，通知你作为本案第三人参加诉讼，现将有关参加诉讼事项通知如下：

一、当事人在诉讼过程中，有权行使法律规定的诉讼权利，同时必须遵守诉讼秩序，履行诉讼义务。

二、自然人参加诉讼的，应当在接到本通知书之日起十五日内提交身份证明。法人或者其他组织参加诉讼的，应在接到本通知书之日起十五日内，提交法人或者其他组织资格证明以及法定代表人身份证明书或者负责人身份证明书。

三、如需委托代理人代为诉讼，应向本院递交由委托人签名或盖章的授权委托书。授权委托书应当载明委托事项和委托权限。

×××× 年 ×× 月 ×× 日

（院印）

【说　　明】

本通知书送达第三人。如有其他事项需要通知的，可另起一行增项续写。

行政诉讼文书样式62：行政机关负责人出庭通知书

×××× 人民法院

行政机关负责人出庭通知书

（××××）……行 ×……号

×××（写明被诉行政机关）：

本院已经依法受理原告（或上诉人）××× 与被告（或被上诉人）×××……（写明案由）一案，定于 ×××× 年 ×× 月 ×× 日 ×× 时在本院第 × 法庭（如具体时间和法庭未定，也可不写）开庭审理本案。根据《中华人民共和国行政诉讼法》第三条第三款（如有其他规定，可写：和……规定）的规定，现通知你单位委派一名负责人出庭应诉。

特此通知。

×××× 年 ×× 月 ×× 日

（院印）

【说　明】

本通知书样式供各级人民法院通知行政机关负责人出庭应诉。

行政诉讼文书样式 63：合议庭组成人员及书记员通知书

×××× 人民法院

合议庭组成人员及书记员通知书

（××××）……行 ×……号

×××：

本院受理原告（或上诉人）××× 与被告（或被上诉人）×××……（写明当事人的姓名或名称和案由）一案，根据《中华人民共和国行政诉讼法》第六十八条的规定，决定由 ××× 担任审判长，与审判员 ×××、×××（同时明确主审人员）组成合议庭进行审理，××× 担任书记员。

根据《中华人民共和国行政诉讼法》第五十五条和《最高人民法院关于执行〈中华人民共和国行政诉讼法〉若干问题的解释》第四十七条的规定，当事人认为审判人员与本案有利害关系或者有其他关系可能影响公正审判的，有权申请回避，但应当说明理由；当事人申请回避，可以在开庭前提出；申请回避事由在案件开始审理后知道的，应当在法庭辩论终结前提出。

以上事项，特此通知。

×××× 年 ×× 月 ×× 日

（院印）

【说　　明】

本通知书样式供各级人民法院在立案、确定合议庭组成人员之后，通知当事人时使用。

行政诉讼文书样式64：变更合议庭组成人员及书记员通知书

××××人民法院

变更合议庭组成人员及书记员通知书

（××××）……行×……号

×××：

本院受理的原告（或上诉人）×××与被告（或被上诉人）×××……（写明当事人姓名或名称和案由）一案，因……（写明变更理由），需变更本案合议庭组成人员，决定由×××担任审判长，与审判员×××、×××组成合议庭（同时明确主审人员）进行审理，×××担任书记员。

根据《中华人民共和国行政诉讼法》第五十五条和《最高人民法院关于执行〈中华人民共和国行政诉讼法〉若干问题的解释》第四十七条的规定，当事人认为审判人员与本案有利害关系或者有其他关系可能影响公正审判的，有权申请回避，但应当说明理由；可以在开庭前提出；申请回避事由在案件开始审理后知道的，应当在法庭辩论终结前提出。

以上事项，特此通知。

××××年××月××日

（院印）

【说　明】

本通知书样式供各级人民法院在变更审判人员和重新组成合议庭之后通知当事人时使用。

行政诉讼文书样式100：审理报告

（一审行政案件用）

关于……（写明当事人姓名或名称和案由）一案的审理报告

（一审行政案件用）

（××××）……行初……号

一、案件的由来和审理经过

……（写明原告的姓名或名称）因不服……（写明被告的机关名称、案由）一案，向本院提起诉讼。本院受理后，依法组成合议庭，由审判员（或代理审判员）×××担任审判长，审判员（或代理审判员）×××、×××参加评议，×××主审，并于××××年××月××日公开（或不公开）开庭审理了本案。……（写明当事人参加诉讼和到庭情况）。本案现已审理完毕。

二、当事人和其他诉讼参加人的基本情况

……（分项写明当事人和其他诉讼参加人的基本情况。具体写法，可参照一审行政判决书样式写）。

三、当事人的诉讼请求和理由

……（首先，写明被告的行政行为或行政处罚决定、复议决定及其所依据的事实、证据或根据，或者没有依法实施行政行为的情况；其次，写明原告起诉所陈述的事实、理由及其诉讼请求；再次，写明被告的答辩以及第三人的意见等内容。这部分内容的叙述，不要照抄原告起诉状、被告原行政行为决定、答辩状和第三人意见，要作必要的归纳提炼，但应比行政裁判文书中叙述的内容详细、具体一些。如果这部分内容较多或情节比较复杂，可以分段书写）。

四、事实和证据的分析与认定

……（详细写明法院经审理查证后所认定的事实及其证据和根据。行政案件的事实，主要有三类：其一是被告对原告的行政处罚、行政强制措施或其他行政行为所依据的事实；其二是被告的行政行为是否违反了法律规定，以致侵犯了原告的人身、财产和经营自主等权益的事实；其三是被告是否拒绝或拒不答复原告申请履行的法定职责，以致原告的某种权益受到损失的事实。本部分应写明的是本院经审理查证之后，确认原告起诉的有关上述三方面的事实，哪些是真实的或全部是真实的，有哪些可靠的证据足以证明；哪些是错误的或全部是错误的，有哪些否定的理由和根据。如果当事人对上述事实和证据提出异议或互相争执的，应当有重点地逐条分析评论，列举足够的理由和根据，将真伪予以辨清）。

五、需要说明的问题

……（主要写明与本案有关联、需要另行说明的一些问题，以及案件的背景情况，不同的反映和意见等）。

六、处理意见和理由

……（此项应当写明的内容，实际上就是行政判决书中的理由和判决两项内容的更为具体、详细的叙述。要根据法院审理查证后确认的事实和情节，依照有关的法律和行政法规，参照行政规章，参考有关的法学理论，对被告的行政行为，包括行政处罚决定、复议决定、其他行政行为和没有实施某种行政行为，是否合法、正确，哪些部分是或者全部是合法的、正确的，哪些部分是或者全部是违法的、错误的，以及原告的诉讼请求和理由、被告的答辩和理由、第三人的意见和理由是否成立，哪一些有根有据、合理合法，哪一些无根无据、无理违法等，进行分析论证，作出正确评定。在分析论证的基础上，提出解决案件实体问题的处理意见，写明根据的法律、法规或规章的具体条款项，提出维持、撤销、变更或者部分撤销、部分变更被告原行政处罚决定、其他处理决定，或者判决由被告在一定期限内履行某种法定职责，或者赔偿原告的损失等具体处理意见和理由。需要提出司法建议的，应当另起一行写明其内容，如建议什么问题和理由，向哪个单位提出建议等等）。

主审人：×××

××××年××月××日

【说　　明】

一、本审理报告样式，供各级人民法院审理第一审行政案件时使用。人民法院以裁定方式结案的，也应根据本样式撰写审理报告。

二、行政案件的审理报告标题应特定化，例如：《关于××不服××的××行为一案的审理报告》，等等。

行政诉讼文书样式103：司法建议书

（人民法院提出书面建议用）

××××人民法院

司法建议书

（人民法院提出书面建议用）

（××××）……行×……号

××××（主送单位名称）：

本院在审理×××诉×××……（写明当事人姓名或者名称和案由）一案中，发现……（写明发现行政行为存在的问题和提出建议的理由）。为此，特建议：

……（写明建议的具体事项）。

以上建议请研究处理，并尽快将处理结果函告本院。

抄送：××××（抄送机关名称）

××××年××月××日

（院印）

【说　　明】

一、本样式供各级人民法院在行政案件的审判和执行过程中发现有关单位存在重要问题，向该单位或其上级领导机关提出解决问题和改进工作的书面建议时使用。

二、"存在的问题"要书写清楚，"提出建议的理由"要有法律、法规和政策依据，建议的事项要具体明确，切实可行。特别是对有关人员的处理建议，要有确凿的事实根据和法律、法规或规章的依据。如涉及《中华人民共和国行政诉讼法》第九十六条第（四）项有关问题提出司法建议的，应当引用上述法条作为依据。

行政诉讼文书样式 112：行政诉讼答辩状

行政诉讼答辩状

答辩人 ×××，……（写明名称、地址、法定代表人等基本信息）。

法定代表人 ×××，……（写明姓名、职务等基本信息）。

委托代理人 ×××，……（写明姓名、工作单位等基本信息）。

因 ××× 诉我单位……（写明案由或起因）一案，现答辩如下：

答辩请求：……

事实和理由：……（写明答辩的观点、事实与理由）。

此致

×××× 人民法院

答辩人：×××（盖章）

×××× 年 ×× 月 ×× 日

（写明递交答辩状之日）

附：

1. 答辩状副本 × 份
2. 其他文件 × 份
3. 证物或书证 × 件

【说　明】

行政答辩状是行政诉讼中的被告（或被上诉人）针对原告（或上诉人）在行政起诉状（或上诉状）中提出的诉讼请求、事实与理由，向人民法院作出的书面答复，适用《中华人民共和国行政诉讼法》第六十七条的规定。

行政诉讼文书样式113：上诉状

上诉状

上诉人 ×××，……（写明姓名或名称等基本情况）。

被上诉人 ×××，……（写明姓名或名称等基本情况）。

上诉人 ××× 因……（写明案由）一案，不服 ×××× 人民法院 ×××× 年 ×× 月 ×× 日作出的（××××）……行 ×……号（判决或裁定），现提出上诉。

上诉请求：

……（写明具体的上诉请求）。

上诉理由：

……（写明不服原审判决和裁定的事实及理由）。

此致

×××× 人民法院

上诉人：×××（签名或者盖章）

×××× 年 ×× 月 ×× 日

附：上诉状副本 ×× 份

【说　　明】

一、本样式供行政案件的当事人对一审判决、裁定不服提起上诉用。

二、上诉状副本份数，应按被上诉人的人数提交。

三、有新证据的，应附上新的证据。

行政诉讼文书样式116：代表人身份证明书

（共同诉讼的当事人推选的代表人用）

代表人身份证明书

（共同诉讼的当事人推选的代表人用）

我们共同推选×××（姓名、性别、出生年月、身份证号等基本信息）为我方参加诉讼的代表人，其诉讼行为，对全体推选人发生效力。

特此证明。

此致

××××人民法院

推选人：×××（签字）

××××年××月××日

附：

1. 代表人地址

2. 代表人电话

行政诉讼文书样式117：授权委托书

（公民个人用）

授权委托书

（公民个人用）

委托人姓名：

受委托人姓名：　　　　　　　　性别：

工作单位：

住址：　　　　　　　　　　　　联系电话：

现委托 ××× 在我与 ×××……（写明案由）一案中，作为我参加诉讼的诉讼代理人。委托事项与权限如下：

……（写明委托事项及权限）。

委托人：×××（签名盖章）

受委托人：×××（签名盖章）

××××年××月××日

【说　　明】

一、公民当事人委托律师的，写明律师姓名和所在律所即可。委托其他公民的，写明受委托人的基本信息，如姓名、性别、年龄、工作单位、住址。

二、当事人根据《中华人民共和国行政诉讼法》第三十一条规定委托近亲属或者工作人员，或者委托当事人所在社区、单位以及有关社会团体推荐的公民，人民法院可以要求提供相应的证明材料。

三、委托他人代为诉讼，必须向人民法院提交由委托人签名或者盖章的授权委托书。

授权委托书必须记明委托事项和权限。诉讼代理人代为承认、放弃、变更诉讼请求，进行和解，提起反诉或者上诉，必须有委托人的特别授权。

侨居在国外的中华人民共和国公民从国外寄交或者托交的授权委托书，必须经中华人民共和国驻该国的使领馆证明；没有使领馆的，由与中华人民共和国有外交关系的第三国驻该国的使领馆证明，再转由中华人民共和国驻该第三国使领馆证明，或者由当地的爱国华侨团体证明。

行政诉讼文书样式 118：授权委托书

（法人单位用）

授权委托书

（法人单位用）

委托单位 ×××，……（写明名称、地址等基本信息）。

法定代表人（或负责人）×××，……（写明姓名、职务等基本信息）。

受委托人 ×××，……（写明受委托人的基本信息如姓名、性别、年龄、工作单位、住址；受委托人是律师的，则写明律师姓名和所在律所即可）。

现委托上列受委托人在……（写明案由）一案中，作为我方诉讼代理人。

代理人 ××× 的代理事项和权限为：

……

代理人 ××× 的代理事项和权限为：

……

委托单位：×××（盖章）

×××× 年 ×× 月 ×× 日

【说　明】

一、授权委托书应当写明几项必要内容：（1）委托人与被委托人的基本信息；（2）委托代理的事项和权限；（3）签字确认和时间。

二、当事人根据《中华人民共和国行政诉讼法》第三十一条规定委托近亲属或者工作人员，或者委托当事人所在社区、单位以及有关社会团体推荐的公民，人民法院可以要求提供相应的证明材料。

行政诉讼文书样式121：缓（或减、免）交诉讼费申请书

（申请缓交、减交或免交诉讼费用）

缓（或减、免）交诉讼费申请书

（申请缓交、减交或免交诉讼费用）

申请人×××，……（写明姓名等基本情况）。

申请事项：

……

申请理由：

……

此致

××××人民法院

申请人：×××（签字）

××××年××月××日

附：×××（相关证明文件）

【说　明】

本申请书适用于《诉讼费用交纳办法》第四十四条至第五十一条规定的情形。

第二章　常用国家赔偿案件文书样式

人民法院国家赔偿案件文书样式 1：国家赔偿申请书

（向人民法院申请国家赔偿用）

国家赔偿申请书

（向人民法院申请国家赔偿用）

赔偿请求人：……（写明姓名或名称等基本情况）。

赔偿义务机关：……（写明名称、住所地）。

法定代表人：……（写明姓名、职务）。

×××（赔偿请求人姓名或名称）因……（申请国家赔偿案由），审请 ×××（被申请人民法院名称）……（申请国家赔偿的具体要求）。

……（事实与理由，主要是认为人民法院及其工作人员侵权造成赔偿请求人合法权益损害的事实和根据，申请国家赔偿的法律依据等）。

此致

××× 人民法院

附：……（有关法律文书及证明材料目录）

赔偿请求人 ×××（签名或盖章）

×××× 年 ×× 月 ×× 日

制作说明

一、本申请书样式供赔偿请求人向作为赔偿义务机关的人民法院申请国家赔偿时使用。

二、赔偿请求人是自然人的，写明其姓名、性别、有效身份证件号码（包括身份证号、军官证号、护照号等）、民族、职业（或工作单位和职务）、住址、送达地址、联系电话；有别名或者曾用名，应在姓名之后用括号标明。赔偿请求人是法人的，写明其名称、住所地，并写明法定代表人的姓名和职务、联系电话。赔偿请求人是依法成立的不具备法人资格的其他组织的，写明其名称和住所地，并写明负责人姓名和职务、联系电话。赔偿请求人有法定代理人的，应写明其姓名、性别、职业（或工作单位和职务）及住址、联系电话。赔偿请求人有委托代理人的，应写明其姓名、性别、职业（或工作单位和职务）及住址、联系电话。

三、用 A4 纸打印或书写，书写时应字迹清楚，不要使用铅笔、圆珠笔或者红色、纯蓝色墨水等易褪色不易长期保存的工具材料书写。

四、“附：有关法律文书及证明材料目录”根据具体情况分别列项标注，附件目录应与提交的有关法律文书及证明材料相符。

人民法院国家赔偿案件文书样式5：受理案件通知书

（受理国家赔偿申请用）

×××人民法院

受理案件通知书

（受理国家赔偿申请用）

（××××）×法赔×号

×××（赔偿请求人姓名或名称）：

你（你单位）以……（申请国家赔偿的案由）为由，向本院申请国家赔偿。经审查，你（你单位）的国家赔偿申请符合立案条件，本院于××××年××月××日决定予以受理。（如有其他需要通知赔偿请求人的事项，写明"现将有关事项通知如下：……"）

特此通知。

××××年××月××日

（院印）

制作说明

一、本通知书样式依照《最高人民法院关于国家赔偿案件立案工作的规定》第四条的规定制定，供人民法院受理国家赔偿案件后，通知赔偿请求人时使用。

二、人民法院受理赔偿案件后，编立"（××××）……法赔……号"案号。其中，括号内"××××"为年号，括号后"……"为受理案件的法院代字，"法赔"代表本院作为赔偿义务机关的案件，"……号"为该类案件顺序编号。

人民法院国家赔偿案件文书样式6：不予受理案件决定书
（不受理国家赔偿申请用）

×××人民法院

不予受理案件决定书

（不受理国家赔偿申请用）

（××××）……法赔立……号

赔偿请求人：……（写明姓名或名称等基本情况）。

赔偿请求人……（姓名或名称）于××××年××月××日以……（申请国家赔偿的案由）为由，向本院申请国家赔偿。

经审查，本院认为，……（阐明不予受理的具体理由）。依照《最高人民法院关于国家赔偿案件立案工作的规定》第九条的规定，决定如下：

对赔偿请求人……（姓名或名称）的国家赔偿申请不予受理。

如不服本决定，可在决定书送达之日起三十日内，向×××（上级人民法院的名称）人民法院赔偿委员会申请作出赔偿决定。

××××年××月××日

（院印）

制作说明

一、本决定书样式依照《最高人民法院关于国家赔偿案件立案工作的规定》第九条的规定制定，供人民法院决定不予受理赔偿请求人的国家赔偿申请时使用。

二、人民法院不予受理案件决定书统一编立“法赔立”案号，以与受理后的案件案号相区别。

三、赔偿请求人是自然人的，写明其姓名、性别、民族、职业（或工作单位和职务）、住址；有别名或者曾用名，应在姓名之后用括号标明。赔偿请求人是法人的，写明其名称、住所地，并写明法定代表人的姓名和职务。赔偿请求人是依法成立的不具备法人资格的其他组织的，写明其名称和住所地，并写明负责人姓名和职务。赔偿请求人有法定代理人的，应写明其姓名、性别、职业（或工作单位和职务）及住址。赔偿请求人有委托代理人的，应写明其姓名、性别、职业（或工作单位和职务）及住址。

人民法院国家赔偿案件文书样式 11：决定书
（程序性驳回国家赔偿申请用）

×××人民法院

决定书

（程序性驳回国家赔偿申请用）

（××××）……法赔……号

赔偿请求人：……（写明姓名或名称等基本情况）。

×××（赔偿请求人姓名或名称）于××××年××月××日以……（申请国家赔偿的案由）为由，向本院申请国家赔偿。

经审查，本院认为，……（写明应予驳回国家赔偿申请的理由），依照……（法律及司法解释条文）的规定，决定如下：

驳回×××（赔偿请求人姓名或名称）的国家赔偿申请。

如不服本决定，可在决定书送达之日起三十日内向×××人民法院赔偿委员会申请作出赔偿决定。

××××年××月××日

（院印）

制作说明

一、本决定书样式供人民法院程序性驳回赔偿请求人的国家赔偿申请时使用。

二、赔偿请求人是自然人的，写明其姓名、性别、民族、职业（或工作单位和职务）、住址；有别名或者曾用名，应在姓名之后用括号标明。赔偿请求人是法人的，写明其名称、住所地，并写明法定代表人的姓名和职务。赔偿请求人是依法成立的不具备法人资格的其他组织的，写明其名称和住所地，并写明负责人姓名和职务。赔偿请求人有法定代理人的，应写明其姓名、性别、职业（或工作单位和职务）及住址。赔偿请求人有委托代理人的，应写明其姓名、性别、职业（或工作单位和职务）及住址。

三、人民法院决定驳回国家赔偿申请的理由，应根据案件的具体情况在“本院认为”部分进行充分的说理。

四、人民法院应告知赔偿请求人，不服本决定的，可以向上一级人民法院赔偿委员会申请国家赔偿。

人民法院国家赔偿案件文书样式 12：国家赔偿决定书

（作出国家赔偿决定用）

××××人民法院

国家赔偿决定书

（作出国家赔偿决定用）

（××××）……法赔……号

赔偿请求人：……（写明姓名或名称等基本情况）。

×××（赔偿请求人姓名或名称）于××××年××月××日以……（申请国家赔偿的案由）为由，向本院申请国家赔偿。……（人民法院依法审查的情况）。本案现已审查终结。

……（赔偿请求人申请事项及理由，人民法院听取赔偿请求人意见的，写明听取意见内容）。

经审查查明，……（人民法院认定的证据和查明的事实）。

……（如果与赔偿请求人达成协议的，写明协商事实和协议内容）。

本院认为，……（决定赔偿与否的理由或者认为协商协议内容合法有效）。依照……（法律及司法解释条文）的规定，决定如下：

（第一种情况，人民法院决定予以赔偿）

……（赔偿的方式及赔偿数额）。

（第二种情况，人民法院决定不予以赔偿）

驳回×××（赔偿请求人姓名或名称）关于……（申请事项）的国家赔偿申请。

（第三种情况，人民法院决定部分赔偿的）

一、……（赔偿的方式及赔偿数额）；

二、驳回×××（赔偿请求人姓名或名称）关于……（申请事项）的国家赔偿申请。

如不服本决定，可在本决定书送达之日起三十日内向×××人民法院赔偿委员会申请作出赔偿决定。

××××年××月××日

（院印）

制作说明

一、本决定书样式供人民法院对案件实体作出决定时使用。

二、人民法院对国家赔偿案件实体作出决定的，文书名称为“国家赔偿决定书”。

三、赔偿请求人是自然人的，写明其姓名、性别、民族、职业（或工作单位和职务）、住址；有别名或者曾用名，应在姓名之后用括号标明。赔偿请求人是法人的，写明其名称、住所地，并写明法定代表人的姓名和职务。赔偿请求人是依法成立的不具备法人资格的其他组织的，写明其名称和住所地，并写明负责人姓名和职务。赔偿请求人有法定代理人的，应写明其姓名、性别、职业（或工作单位和职务）及住址。赔偿请求人有委托代理人的，应写明其姓名、性别、职业（或工作单位和职务）及住址。

四、人民法院作为赔偿义务机关与赔偿请求人达成协议的，在“经审查查明”之后说明达成协议的情况及协议内容，并在“本院认为”部分阐明依法赔偿的依据，对赔偿协议加以确认。

五、“本院认为”部分应注重说理，阐述赔偿或不予赔偿的理由和法律依据。如果涉及违法归责或过错归责的案件，则应在“本院认为”部分增加对违法或过错认定的内容。

六、决定主文根据是否赔偿的不同情况分别写明，如果人民法院对赔偿请求人申请国家赔偿事项予以部分赔偿的，应当先写予以赔偿的部分，后写不予赔偿的部分。

七、国家赔偿决定主文中赔偿金额涉及国家上年度职工平均工资标准，且作出决定时尚未公布该标准的，应当在决定主文后注明“本院于××××年度国家赔偿金标准公布后十五日内，以通知书的形式确定具体的赔偿数额”。

人民法院国家赔偿案件文书样式 14：通知书

（国家上年度职工平均工资公布后确定赔偿金额用）

××× 人民法院

通知书

（国家上年度职工平均工资公布后确定赔偿金额用）

（××××）……法赔……号

×××：

本院审查的你（你单位）申请国家赔偿一案，已于××××年××月××日作出（××××）×法赔×号国家赔偿决定。由于国家××××年度职工平均工资尚未公布，本院作出的（××××）×法赔字第×号国家赔偿决定书中未确定具体的赔偿数额。依照最高人民法院××××年××月××日公布的××××年度国家赔偿金标准，……（根据赔偿决定和××××年度国家赔偿金标准确定相应的赔偿金额）。

特此通知。

××××年××月××日

（院印）

制作说明

一、本通知书样式供人民法院在国家上年度职工平均工资公布后，确定赔偿金额时使用。

二、人民法院作出的国家赔偿决定，如果赔偿金额涉及国家上年度职工平均工资标准，且作出决定时尚未公布该标准的，应当在标准公布后十五日内作出通知。

三、本通知书的案号与原生效国家赔偿决定书的案号一致，不另设案号。

人民法院国家赔偿案件文书样式 15：国家赔偿申请书

（向人民法院赔偿委员会申请国家赔偿用）

国家赔偿申请书

（向人民法院赔偿委员会申请国家赔偿用）

赔偿请求人：……（写明姓名或名称等基本情况）。

赔偿义务机关：……（写明名称、住所地）。

法定代表人：……（写明姓名、职务）。

复议机关：……（写明名称、住所地）。

法定代表人：……（写明姓名、职务）。

×××（赔偿请求人姓名或名称）因……（申请国家赔偿的案由），申请×××（赔偿义务机关名称）……（申请国家赔偿的具体要求）。

……（事实与理由：主要是认为赔偿义务机关及其工作人员侵权造成赔偿请求人合法权益损害的事实和根据；已经向赔偿义务机关申请国家赔偿、向复议机关申请复议，认为赔偿义务机关、复议机关作出决定错误的理由，或者逾期不作出决定的事实和证据；根据有关法律规定应当获得国家赔偿的理由）。

……（证据和证据来源，证人姓名和住址）。

此致

×××人民法院赔偿委员会

附：……（本国家赔偿申请书副本三份和有关法律文书及证明材料目录）

赔偿请求人×××（签名或盖章）

××××年××月××日

制作说明

一、本申请书样式供赔偿请求人向人民法院赔偿委员会申请作出赔偿决定时使用。

二、赔偿请求人是自然人的，写明其姓名、性别、有效身份证件号码（包括身份证号、军官证号、护照号等）、民族、职业（或工作单位和职务）、住址、送达地址、联系电话；有别名或者曾用名，应在姓名之后用括号标明。赔偿请求人是法人的，写明其名称、住所地，并写明法定代表人的姓名和职务、联系电话。赔偿请求人是依法成立的不具备法人资格的其他组织的，写明其名称和住所地，并写明负责人姓名和职务、联系电话。赔偿请求人有法定代理人的，应写明其姓名、性别、职业（或工作单位和职务）及住址、联系电话。赔偿请求人有委托代理人的，应写明其姓名、性别、职业（或工作单位和职务）及住址、联系电话。

三、赔偿请求人依法应向复议机关申请复议的，应当写明复议机关的决定内容或逾期不作出决定的情形。

四、国家赔偿申请书尾部的“×××人民法院赔偿委员会”为申请指向的人民法院赔偿委员会名称。

五、“附有关法律文书及证明材料”根据具体情况分别列项标注。

六、赔偿请求人提交的国家赔偿申请书用A4纸打印或书写，书写时应字迹清楚，避免使用铅笔、圆珠笔或者红色、纯蓝色墨水等易褪色不易长期保存的工具材料书写。

人民法院国家赔偿案件文书样式19：受理案件通知书（一）

（通知赔偿请求人用）

×××人民法院

受理案件通知书（一）

（通知赔偿请求人用）

（××××）……委赔……号

×××（赔偿请求人姓名或名称）：

你（你单位）以×××（赔偿义务机关名称）……（申请国家赔偿的案由）为由，向本院赔偿委员会申请作出赔偿决定。经审查，你（你单位）的申请符合立案条件，本院于××××年××月××日决定予以受理。（如有其他需要通知赔偿请求人的事项，写明“现将有关事项通知如下：……”）

特此通知。

××××年××月××日

（院印）

制作说明

一、本通知书样式依照《最高人民法院关于国家赔偿案件立案工作的规定》第五条、第六条、第七条、第八条、第九条的规定制定，供人民法院受理国家赔偿案件后，通知赔偿请求人时使用。

二、人民法院受理赔偿案件后，编立“（××××）……委赔……号”案号。其中，括号内“××××”为年号，括号后“……”为受理案件的法院代字，“委赔”代表人民法院赔偿委员会审理的案件，“……号”为该类案件顺序编号。

人民法院国家赔偿案件文书样式20：受理案件通知书（二）

（通知赔偿义务机关或复议机关用）

×××人民法院

受理案件通知书（二）

（通知赔偿义务机关或复议机关用）

（××××）……委赔……号

×××（赔偿义务机关或复议机关名称）：

×××（赔偿请求人姓名或名称）以你单位（赔偿义务机关名称）……（申请国家赔偿的案由）为由，向本院赔偿委员会申请作出赔偿决定。经审查，×××（赔偿请求人姓名或名称）的申请符合立案条件，本院于×××年××月××日决定予以受理。

现随文发送国家赔偿申请书副本一份，并将有关事项通知如下：

一、你单位自收到国家赔偿申请书副本之日起十日内向本院提交书面答辩意见及你单位法定代表人身份证明书；需要委托代理人的，应提交授权委托书和委托代理人的身份证明书。

二、为便于公正审理该案，请你单位自收到国家赔偿申请书副本之日起十日内向本院递交……（具体写明要递交的有关案卷材料）。

特此通知。

附：1. 国家赔偿申请书或者《申请国家赔偿登记表》副本一份

2. 证据清单副本一份

××××年××月××日

（院印）

制作说明

一、本通知书样式依照《最高人民法院关于国家赔偿案件立案工作的规定》第五条、

第六条、第七条、第八条、第九条的规定制定，供人民法院受理国家赔偿案件后，通知赔偿义务机关、复议机关时使用。

二、人民法院受理赔偿案件后，编立“（××××）……委赔……号”案号。其中，括号内“××××”为年号，括号后“……”为受理案件的法院代字，“委赔”代表人民法院赔偿委员会审理的案件，“……号”为该类案件顺序编号。

人民法院国家赔偿案件文书样式 23：关于……一案的审理报告

（承办人撰写审理报告用）

关于……一案的审理报告

（承办人撰写审理报告用）

（××××）……委赔……号

一、赔偿请求人、赔偿义务机关及复议机关的基本情况

赔偿请求人：……（写明姓名或名称等基本情况）。

赔偿义务机关：……（写明名称、住所地）。

法定代表人：……（写明姓名、职务）。

委托代理人：……（写明姓名等基本情况）。

复议机关：……（写明名称、住所地）。

法定代表人：……（写明姓名、职务）。

委托代理人：……（写明姓名等基本情况）。

二、案件由来及处理经过

×××（赔偿请求人姓名或名称）因……（申请国家赔偿的案由）申请×××（赔偿义务机关名称）国家赔偿一案，……（不服赔偿义务机关或复议机关的决定，或上述机关逾期不作出决定等情形），向本院赔偿委员会申请作出赔偿决定。

三、申请国家赔偿事项及理由

……（写明赔偿请求人提出的申请事项及其理由、所陈述的事实及其依据。对此部分应作必要的归纳，力求简明扼要）。

四、赔偿义务机关的答辩意见以及复议机关的意见

……（对赔偿义务机关的答辩意见以及复议机关的意见，要作必要的归纳提炼）。

五、审理认定的案件事实……

（写明经审理认定的案件基本事实及所依据的证据。如果当事人对证据和事实互相存在争议的，应当有重点地逐项分析论证）。

六、其他需要说明的问题

……（写明与本案处理有关的问题）。

七、处理意见及理由

……（对赔偿请求人的申请理由能否成立作出分析评定，对赔偿义务机关及复议机关的决定是否正确作出分析评定，根据认定的事实和有关法律规定提出处理意见）。

承办人 ×××

××××年××月××日

制作说明

一、本报告文书样式供人民法院赔偿委员会审理案件过程中，承办人撰写审理报告时使用。

二、标题中“关于……一案”按照“关于×××（赔偿请求人姓名或名称）申请×××（赔偿义务机关名称）……（申请国家赔偿的案由）一案”格式撰写。

三、赔偿请求人是自然人的，写明其姓名、性别、民族，职业（或工作单位和职务）、住址；有别名或者曾用名，应在姓名之后用括号标明。赔偿请求人是法人的，写明其名称、住所地，并写明法定代表人的姓名和职务。赔偿请求人是依法成立的不具备法人资格的其他组织的，写明其名称和住所地，并写明负责人姓名和职务。赔偿请求人有法定代理人的，应写明其姓名、性别、职业（或工作单位和职务）及住址。赔偿请求人有委托代理人的，应写明其姓名、性别、职业（或工作单位和职务）及住址。

四、人民法院作为赔偿义务机关办理的国家赔偿案件，人民法院赔偿委员会审查处理的申诉、检察机关提出检察意见以及重新审查的国家赔偿案件等，其审查或审理报告可参照本文书样式。

五、“案件由来”部分采取直接叙述案件来源的方式。

六、“申请国家赔偿事项及理由”系指向本院赔偿委员会申请的事项及理由。除不按照原文陈述不能准确表达之外，采用概括表述方式。

七、“其他需要说明的问题”系指对案件处理有影响，由承办人根据实际情况确定。

八、国家赔偿案件均应当撰写审查或审理报告。

人民法院国家赔偿案件文书样式29：国家赔偿决定书

（作出国家赔偿决定用）

×××人民法院赔偿委员会

国家赔偿决定书

（作出国家赔偿决定用）

（××××）……委赔……号

赔偿请求人：……（写明姓名或名称等基本情况）。

赔偿义务机关：……（写明名称、住所地）。

法定代表人：……（写明姓名、职务）。

委托代理人：……（写明姓名等基本情况）。

复议机关：……（写明名称、住所地）。

法定代表人：……（写明姓名、职务）。

委托代理人：……（写明姓名等基本情况）。

×××（赔偿请求人姓名或名称）因……（申请国家赔偿的案由）申请×××（赔偿义务机关名称）国家赔偿一案，……（不服赔偿义务机关或复议机关的决定，或赔偿义务机关、复议机关逾期不作出决定等情形），向本院赔偿委员会申请作出赔偿决定。本院赔偿委员会依法对本案进行了审理，现已审理终结。

……（赔偿义务机关的处理情况、复议机关的复议情况，赔偿请求人申请事项及理由；人民法院赔偿委员会审理时进行过质证的，写明质证内容）。

经审理查明，……（人民法院赔偿委员会认定的证据和查明的事实）。

本院赔偿委员会认为，……（作出国家赔偿决定的理由）。依照……（法律及司法解释条文）的规定，决定如下：

（第一种情况，赔偿义务机关或者复议机关逾期不作决定，人民法院赔偿委员会决定赔偿的）

……（赔偿的方式及赔偿数额）。

（第二种情况，赔偿义务机关或者复议机关逾期不作决定，人民法院赔偿委员会决定不予赔偿的）

驳回 ×××（赔偿请求人姓名或名称）关于……（申请事项）的国家赔偿申请。

（第三种情况，赔偿义务机关或者复议机关不予受理或程序性驳回国家赔偿申请，人民法院赔偿委员会作出决定的）

一、撤销……（机关名称和文号）决定；

二、……（赔偿的方式及赔偿数额）或者驳回 ×××（赔偿请求人姓名或名称）关于……（申请事项）的国家赔偿申请。

（第四种情况，人民法院赔偿委员会维持原复议决定或者赔偿义务机关决定的）

维持……（机关名称和文号）决定。

（第五种情况，人民法院赔偿委员会撤销复议决定或者赔偿义务机关决定，重新作出决定的）

一、撤销……（机关名称和文号）（国家赔偿）决定。

二、……（赔偿的方式及赔偿数额）或者驳回 ×××（赔偿请求人姓名或名称）关于……（申请事项）的国家赔偿申请。

（第六种情况，人民法院赔偿委员会变更复议决定或者赔偿义务机关决定的）

一、撤销……（原决定主文的事项）；

二、维持……（原决定主文的事项）；

三、……（其他决定的事项，如果变更决定的赔偿金额高于原赔偿决定且赔偿金已支付的，则应写明予以扣除）。

本决定为发生法律效力的决定。

××××年××月××日

（院印）

制作说明

一、本决定书样式供人民法院赔偿委员会审理后，对案件实体作出决定时使用。

二、人民法院赔偿委员会对国家赔偿案件实体作出决定的，文书名称为“国家赔偿决定书”。

三、赔偿请求人是自然人的，写明其姓名、性别、民族、职业（或工作单位和职务）、住址；有别名或者曾用名，应在姓名之后用括号标明。赔偿请求人是法人的，写明其名称、住所地，并写明法定代表人的姓名和职务。赔偿请求人是依法成立的不具备法人资格的其他组织的，写明其名称和住所地，并写明负责人姓名和职务。赔偿请求人有法定代理人的，应写明其姓名、性别、职业（或工作单位和职务）及住址。赔偿请求人有委托代理人的，应写明其姓名、性别、职业（或工作单位和职务）及住址。

四、“经审理查明”部分按照时间逻辑顺序写明查明的案件事实。

五、“本院赔偿委员会认为”部分着重说理，阐述赔偿或者不予赔偿的理由和法律依据。经过审判委员会讨论的案件应当写明“经本院审判委员会讨论决定”字样。如果涉及违法归责或过错归责的案件，则应在“本院赔偿委员会认为”部分增加对违法或过错认定的内容。

六、国家赔偿决定主文中赔偿金额涉及国家上年度职工平均工资标准，且作出决定时尚未公布该标准的，应当在决定主文后注明“本院赔偿委员会于 ×××× 年度国家赔偿金标准公布后十五日内，以通知书的形式确定具体的赔偿数额”。

七、国家赔偿决定中涉及返还财产的，应当写明返还财产的履行期限。

人民法院国家赔偿案件文书样式30：国家赔偿决定书
（确认国家赔偿协议用）

×××人民法院赔偿委员会

国家赔偿决定书

（确认国家赔偿协议用）

（××××）……委赔……号

赔偿请求人：……（写明姓名或名称等基本情况）。

赔偿义务机关：……（写明名称、住所地）。

法定代表人：……（写明姓名、职务）。

委托代理人：……（写明姓名等基本情况）。

复议机关：……（写明名称、住所地）。

法定代表人：……（写明姓名、职务）。

委托代理人：……（写明姓名等基本情况）。

×××（赔偿请求人姓名或名称）因……（申请国家赔偿的案由）申请×××（赔偿义务机关名称）国家赔偿一案，……（不服赔偿义务机关或复议机关的决定，或赔偿义务机关、复议机关逾期不作出决定等情形），向本院赔偿委员会申请作出赔偿决定。本院赔偿委员会依法对本案进行了审理，现已审理终结。

……（赔偿义务机关的处理情况、复议机关的复议情况，赔偿请求人申请事项及理由）。

本案在审理过程中，×××（赔偿请求人姓名或名称）与×××（赔偿义务机关名称）自愿达成如下协议：

……（具体写明协议内容）。

本院赔偿委员会审查认为，上述协议不违反法律规定，依照《最高人民法院关于人民法院赔偿委员会审理国家赔偿案件程序的规定》第十一条的规定，决定如下：

……（根据协议内容，写出决定主文）。

本决定为发生法律效力的决定。

××××年××月××日

（院印）

制作说明

一、本决定书样式依照《最高人民法院关于人民法院赔偿委员会审理国家赔偿案件程序的规定》第十一条的规定制定，供人民法院赔偿委员会对赔偿请求人和赔偿义务机关协商达成协议予以确认时使用。

二、人民法院赔偿委员会对协议予以确认所作出的决定，文书名称为“国家赔偿决定书”。

三、赔偿请求人是自然人的，写明其姓名、性别、民族、职业（或工作单位和职务）、住址；有别名或者曾用名，应在姓名之后用括号标明。赔偿请求人是法人的，写明其名称、住所地，并写明法定代表人的姓名和职务。赔偿请求人是依法成立的不具备法人资格的其他组织的，写明其名称和住所地，并写明负责人姓名和职务。赔偿请求人有法定代理人的，应写明其姓名、性别、职业（或工作单位和职务）及住址。赔偿请求人有委托代理人的，应写明其姓名、性别、职业（或工作单位和职务）及住址。

人民法院国家赔偿案件文书样式37：通知书

（国家上年度职工平均工资公布后确定赔偿金额用）

×××人民法院赔偿委员会

通知书

（国家上年度职工平均工资公布后确定赔偿金额用）

（××××）……委赔（委赔再或委赔提或委赔监）……号

×××（赔偿请求人姓名或名称、赔偿义务机关及复议机关名称）：

本院赔偿委员会审理的×××（赔偿请求人姓名或名称，如果该通知书送达给赔偿请求人，则为你或你单位）申请×××（赔偿义务机关名称，如果该通知书送达给赔偿义务机关，则为你单位）国家赔偿一案，已于××××年××月××日作出（××××）……委赔（委赔再或委赔提或委赔监）……号国家赔偿决定。由于国家××××年度职工平均工资尚未公布，本院赔偿委员会作出的（××××）……委赔（委赔再或委赔提或委赔监）……号国家赔偿决定书中未确定具体的赔偿数额。依照最高人民法院××××年××月××日公布的××××年度国家赔偿金标准，……（根据国家赔偿决定和××××年度国家赔偿金标准确定相应的赔偿金额）。

特此通知。

××××年××月××日

（院印）

制作说明

一、本通知书样式供人民法院赔偿委员会在国家上年度职工平均工资公布后，确定赔偿金时使用。

二、人民法院赔偿委员会作出的国家赔偿决定，如果赔偿金额涉及国家上年度职工平均工资标准，且作出决定时尚未公布该标准的，应当在标准公布后十五日内作出通知。

三、本通知书的案号与原生效国家赔偿决定书的案号一致，不另设案号。

人民法院国家赔偿案件文书样式 38：司法建议书

×××人民法院

司法建议书

（××××）……法建……号

×××（主送单位名称）：

本院赔偿委员会在审理……（当事人姓名或者名称和案号、案由）一案中，发现……（有关单位存在的重要问题和提出建议的理由）。为此，特建议：

……（建议的具体事项）。

以上建议请研究处理，并将处理结果于收到本建议书之日起×日内函告本院赔偿委员会。

联系人：××× 联系方式：××××

××××年××月××日

（院印）

抄送：×××（单位名称）

附：相关××决定书×份及其他相关材料

制作说明

一、本建议书样式依照《最高人民法院关于加强司法建议工作的意见》的规定制作，供人民法院赔偿委员会在赔偿案件审理过程中向相关单位提出书面建议时使用。

二、人民法院赔偿委员会提出司法建议的，统一编立“×法建”案号。

三、司法建议书的抄送单位根据需要确定，一般抄送主送单位的主管机关。不需要抄送的，予以省略。

四、人民法院赔偿委员会建议的内容通常为追偿、追责、解决问题和改进工作建议等。

五、存在的重要问题要明确，提出建议的理由要有法律依据，建议的事项要具体明确，切实可行。

附：

部分未收录的文书样式索引

行政诉讼文书样式 6：行政判决书
（一审行政裁决类案件用）
行政诉讼文书样式 43：适用简易程序建议书
（适用简易程序征求当事人意见用）
行政诉讼文书样式 44：行政裁定书
（简易程序转为普通程序用）
行政诉讼文书样式 50：决定书
（不予准许当事人申请法院调查收集证据用）
行政诉讼文书样式 51：复议决定书
（驳回当事人申请法院调查收集证据的复议申请用）
行政诉讼文书样式 52：复议决定书
（撤销不予准许当事人申请法院调查收集证据决定用）
行政诉讼文书样式 53：复议决定书
（停止执行或驳回停止执行的申请复议决定用）
行政诉讼文书样式 54：决定书
（不予准许一并审理民事争议用）
行政诉讼文书样式 55：复议决定书
行政诉讼文书样式 58：决定书
（提前解除拘留用）
行政诉讼文书样式 59：复议决定书
（拘留、罚款决定复议用）

行政诉讼文书样式 60：应诉通知书

（通知被告和被上诉人用）

行政诉讼文书样式 66：举证通知书

（原告、第三人举证用）

行政诉讼文书样式 67：通知书

（准许延长举证期限用）

行政诉讼文书样式 68：通知书

（不予准许延长举证期限用）

行政诉讼文书样式 69：通知书

（因公告送达变更举证期限用）

行政诉讼文书样式 70：通知书

（准许当事人申请法院调查收集证据用）

行政诉讼文书样式 71：通知书

（调取证据用）

行政诉讼文书样式 72：通知书

（证据保全担保用）

行政诉讼文书样式 73：通知书

（驳回证据保全申请用）

行政诉讼文书样式 74：通知书

（人民法院通知当事人交换证据、召开庭前会议用）

行政诉讼文书样式 77：通知书

（准许 / 不予准许对法院勘验结论重新勘验申请用）

行政诉讼文书样式 78：通知书

（准许证人出庭作证用）

行政诉讼文书样式 79：通知书

（不予准许证人出庭作证用）

行政诉讼文书样式 80：通知书

（法院依当事人申请通知证人出庭作证用）

行政诉讼文书样式 81：通知书

（法院依职权通知证人出庭作证用）

行政诉讼文书样式 82：通知书

（准许具有专门知识人员出庭协助质证用）

行政诉讼文书样式 83：通知书

（不予准许具有专门知识人员出庭协助质证用）

行政诉讼文书样式 84：通知书

（具有专门知识人员出庭协助质证用）

行政诉讼文书样式 85：通知书

（对新的证据提出意见或者举证用）

行政诉讼文书样式 86：证据收据

行政诉讼文书样式 88：执行拘留通知书（回执）

行政诉讼文书样式 89：通知书

（提前解除拘留用）

行政诉讼文书样式 90：通知书（回执）

（提前解除拘留用）

行政诉讼文书样式 94：驳回申诉通知书

（当事人在法定期限届满后向人民法院申诉用）

行政诉讼文书样式 95：通知书

（公民起诉的立案通知用）

行政诉讼文书样式 96：通知书

（法人、其他组织起诉的立案通知用）

行政诉讼文书样式 97：延长审理期限报告

行政诉讼文书样式 98：延期审理的批复

（一审延期用）

行政诉讼文书样式 119：公民财产保全申请书

（申请财产保全用）

行政诉讼文书样式 120：保全证据申请书

（申请保全证据用）

行政诉讼文书样式 122：参加诉讼申请书

（申请参加诉讼用）

行政诉讼文书样式123：不公开审理申请书

（申请案件不公开审理用）

行政诉讼文书样式124：申请书

（单独申请一并审理民事争议用）

行政诉讼文书样式125：申请书

（单独请求一并审查规范性文件用）

行政诉讼文书样式126：适用简易程序暨移送非集中管辖法院审理建议书

（适用简易程序暨移送非集中管辖法院审理征求当事人意见用）

行政诉讼文书样式127：延期举证申请书

（申请延期举证用）

行政诉讼文书样式128：停止执行申请书

（申请停止执行用）

行政诉讼文书样式129：先予执行申请书

（申请先予执行用）

行政诉讼文书样式130：证人出庭申请书

（申请证人出庭用）

行政诉讼文书样式131：重新鉴定申请书

（申请重新鉴定用）

行政诉讼文书样式132：重新勘验申请书

（申请重新勘验用）

人民法院国家赔偿案件文书样式2：申请国家赔偿登记表

（向人民法院口头提出国家赔偿申请用）

人民法院国家赔偿案件文书样式3：×××人民法院国家赔偿申请收讫凭证

（收到国家赔偿申请材料用）

人民法院国家赔偿案件文书样式4：×××人民法院补正通知书

（通知赔偿请求人补正材料用）

人民法院国家赔偿案件文书样式7：×××人民法院通知书

（人民法院听取意见用）

人民法院国家赔偿案件文书样式8：×××人民法院决定书

（准许撤回国家赔偿申请用）

人民法院国家赔偿案件文书样式 9：××× 人民法院决定书
（决定中止审查用）
人民法院国家赔偿案件文书样式 10：××× 人民法院决定书
（决定终结审查用）
人民法院国家赔偿案件文书样式 13：××× 人民法院支付国家赔偿金申请书
（人民法院申请赔偿金用）
人民法院国家赔偿案件文书样式 16：申请国家赔偿登记表
（向人民法院赔偿委员会口头提出国家赔偿申请用）
人民法院国家赔偿案件文书样式 17：××× 人民法院国家赔偿申请收讫凭证
（收到国家赔偿申请材料用）
人民法院国家赔偿案件文书样式 18：××× 人民法院补正通知书
（通知赔偿请求人补正材料用）
人民法院国家赔偿案件文书样式 21：××× 人民法院不予受理案件决定书
（不受理国家赔偿申请用）
人民法院国家赔偿案件文书样式 22：××× 人民法院通知书
（通知参加质证用）
人民法院国家赔偿案件文书样式 24：××× 人民法院决定书
（准许或不准许撤回国家赔偿申请用）
人民法院国家赔偿案件文书样式 25：××× 人民法院决定书
（决定中止审理用）
人民法院国家赔偿案件文书样式 26：××× 人民法院决定书
（决定终结审理用）
人民法院国家赔偿案件文书样式 27：××× 人民法院决定书
（程序性驳回国家赔偿申请用）
人民法院国家赔偿案件文书样式 28：××× 人民法院决定书
（指令复议机关或者作为赔偿义务机关的人民法院作出决定用）

最高人民法院
印发《关于修改〈关于人民法院案件案号的若干规定〉的决定》的通知

（法〔2018〕335 号）

各省、自治区、直辖市高级人民法院，解放军军事法院，新疆维吾尔自治区高级人民法院生产建设兵团分院；本院各单位：

根据审判工作需要，最高人民法院决定对《关于人民法院案件案号的若干规定》部分条款进行调整，并确定部分案件的专门审判代字，现予以印发，自 2019 年 1 月 1 日起施行。

执行中发现情况和问题请及时报告最高人民法院。

最高人民法院

2018 年 12 月 7 日

最高人民法院关于修改《关于人民法院案件案号的若干规定》的决定

根据审判工作需要，对《关于人民法院案件案号的若干规定》作如下修改：

一、将第二条修改为："案号的基本要素为收案年度、法院代字、专门审判代字、类型代字、案件编号。

收案年度是收案的公历自然年，用阿拉伯数字表示。

法院代字是案件承办法院的简化标识，用中文汉字、阿拉伯数字表示。

专门审判代字是最高人民法院确定的专门审判类别简称，用 1 个中文汉字表示。

类型代字是案件类型的简称，用中文汉字表示。

案件编号是收案的次序号，用阿拉伯数字表示。”

二、将第三条第一款修改为：“案号各基本要素的编排规格为：‘（’+收案年度+‘）’+法院代字+专门审判代字+类型代字+案件编号+‘号’。”

三、将第五条第二款第三项修改为：“（三）省、自治区、直辖市高级人民法院所辖的铁路、海事、知识产权、油田、林业、农垦专门中级法院，各省、自治区高级人民法院所辖的跨行政区划中级法院以及为省（自治区）内部分县级行政区划人民法院对应设立的中级法院，数字代码分别按71，72，73，74，75-80，81-85，87-95以及96-99确定；”

四、将第十条第一款修改为：“相同专门审判和类型代字的案件编号，按照案件在同一收案年度内的收案顺序，以顺位自然数编排，但第二款规定情形除外。”

专利等知识产权案件的专门审判代字

人民法院审理《全国人民代表大会常务委员会关于专利等知识产权案件诉讼程序若干问题的决定》所确定的案件，其专门审判代字为“知”。

最高人民法院

关于印发《关于人民法院案件案号的若干规定》及配套标准的通知

法〔2015〕137号

本院各业务单位；各省、自治区、直辖市高级人民法院，解放军军事法院，新疆维吾尔自治区高级人民法院生产建设兵团分院：

最高人民法院审判委员会第1645次会议审议通过《关于人民法院案件案号的若干规定》（以下简称《规定》）及配套标准，现予以印发。

执行中发现情况和问题请及时报告最高人民法院。

联系人：最高人民法院研究室统计工作办公室

联系方式：010-67557245（电话），67557208（传真）

2015年5月13日

关于人民法院案件案号的若干规定

为统一规范人民法院案件案号的编制、使用与管理，根据有关法律、行政法规、司法解释及最高人民法院规范性文件规定，结合工作实际，制定本规定。

一、一般规定

第一条 本规定所称的案号是指用于区分各级法院办理案件的类型和次序的简要标识，由中文汉字、阿拉伯数字及括号组成。

第二条 案号的基本要素为收案年度、法院代字、类型代字、案件编号。

收案年度是收案的公历自然年，用阿拉伯数字表示。

法院代字是案件承办法院的简化标识，用中文汉字、阿拉伯数字表示。

类型代字是案件类型的简称，用中文汉字表示。

案件编号是收案的次序号，用阿拉伯数字表示。

第三条 案号各基本要素的编排规格为：“（”+收案年度+“）”+法院代字+类型代字+案件编号+“号”。

每个案件编定的案号均应具有唯一性。

二、法院代字

第四条 最高人民法院的法院代字为“最高法”。

各省、自治区、直辖市高级人民法院的法院代字与其所在省、自治区、直辖市行政区划简称一致，但第三款规定情形除外。

内蒙古自治区高级人民法院、中国人民解放军军事法院、新疆维吾尔自治区高级人民法院生产建设兵团分院的法院代字分别为“内”“军”“兵”。

第五条 中级、基层法院的法院代字，分别由所属高院的法院代字与其数字代码组合而成。

中级、基层法院的数字代码，分别由两位、四位阿拉伯数字表示，并按下列规则确定：

（一）各省、自治区按地级市、地区、自治州、盟等地级行政区划设置的中级法院和按县、自治县、县级市、旗、自治旗、市辖区、林区、特区等县级行政区划设置的基层法院，数字代码分别与其相应行政区划代码（即三层六位层次码）的中间两位、后四位数字一致；

（二）直辖市、中国人民解放军军事法院、新疆维吾尔自治区高级人民法院生产建设兵团分院所辖的中级法院，数字代码均按01–20确定；

（三）省、自治区、直辖市高级人民法院所辖的铁路、海事、知识产权、油田、林业、农垦专门中级法院，各省、自治区高级人民法院所辖的跨行政区划中级法院以及为省（自治区）直辖县级行政区划人民法院对应设立的中级法院，数字代码分别按71、72、73、74、75–80、81–85，87–95以及96–99确定；

（四）中国人民解放军军事法院和新疆维吾尔自治区高级人民法院生产建设兵团分院所辖的基层法院，以及在同一高院辖区内铁路、油田、林业、农垦专门中级法院所辖的铁路、油田、林业、农垦基层法院，数字代码的前两位与其中院数字代码一致，后两位均按01–40确定；

（五）地级市未设县级行政区划单位时，该市中级法院所辖基层法院的数字代码，前两位与该中院数字代码一致，后两位按71–80确定；

（六）在同一高院辖区内无铁路专门中院的铁路基层法院，其数字代码前两位为86，后两位按01–20确定；

（七）非林业、农垦专门中院所辖的林业、农垦基层法院及为非行政区划建制的开发区、新区、园区、库区、矿区等特别设立的基层法院，数字代码的前两位与其所属中院数字代码一致，后两位在91–99范围内确定。

前款第（二）项至第（七）项所列中级、基层法院，分别同属一个高院、中院的，综合设立先后、建制等因素编制数字代码顺序。

第六条 确定中级、基层法院的所属各省、自治区、直辖市高院，以人、财、物统一管理为标准。

本规定第五条第二款第（七）项所列基层法院的所属中院是指在同一高院辖区内主要承担该基层法院案件二审职权的中级法院。

三、类型代字

第七条 确定案件的类型代字，应结合案件所涉事项的法律关系性质与适用程序的特点。

类型代字应简练、贴切反映该类型案件的核心特征，用3个以内中文汉字表示。

每一类型案件的类型代字均应具有唯一性。

第八条 案件合并审理或并用多个程序办理时，以必须先决的事项及所适用程序作为确定类型代字的依据。

四、案件编号

第九条 不同法院承办或同一法院承办不同类型代字的案件，其编号均应单独编制。

第十条 同一类型代字的案件编号，按照案件在同一收案年度内的收案顺序，以顺位自然数编排，但第二款规定情形除外。

刑事复核案件的编号以8位自然数为固定长度，由承办法院随机确定，且不得依序编制。

五、案号管理

第十一条 案号的基本要素、规格及编制规则，由最高人民法院统一制定。

第十二条 各省、自治区、直辖市高级人民法院、中国人民解放军军事法院、新疆维吾尔自治区高级人民法院生产建设兵团分院及其所辖中级、基层法院的法院代字，由最高人民法院定期统一发布。

第十三条 行政区划发生变更但对应的中级、基层法院未作相应调整前，法院代字按原行政区划代码编制。

中级、基层法院因其原适用的第五条第二款所列规则情形发生变化的，法院代字按变化后情形应适用的编码规则编制。

第十四条 案件类型的具体划分及其代字，由最高人民法院另行制定标准。

第十五条 法律、行政法规的制定、修改、废止致使案件类型发生变化的，最高人民法院应及时调整案件类型及其代字标准。

最高人民法院制定、修改、废止司法解释或规范性文件将导致案件类型发生变化的，应同步调整案件类型及其代字标准。

第十六条 具体案件的案号编制，由各级法院的立案或承担相应职责的部门负责。

六、附　　则

第十七条 本规定自 2016 年 1 月 1 日起施行。

最高人民法院以前涉及案号的其他规定与本规定不一致的，以本规定为准。

本规定施行前已经编制案号但尚未办结的案件，其案号不因本规定的施行而变更。

附件 1：人民法院案件类型及其代字标准

附件 2：各级法院代字表（节录）

附件 3：人民法院案件收、立案信息登记表

附件 1：

人民法院案件类型及其代字标准

案件类型	类型代字
一、管辖案件	
（一）刑事管辖案件	
01. 刑事提级管辖案件 02. 刑事指定管辖案件	刑辖
（二）民事管辖案件	
01. 民事提级管辖案件 02. 民事指定管辖案件 03. 民事移交管辖审批案件 04. 民事管辖协商案件	民辖
05. 民事管辖上诉案件	民辖终
06. 民事管辖监督案件	民辖监
（三）行政管辖案件	
01. 行政提级管辖案件 02. 行政指定管辖案件	行辖
03. 行政管辖上诉案件	行辖终
（四）行政赔偿管辖案件	
01. 行政赔偿指定管辖案件 02. 行政赔偿管辖协商案件	赔辖
03. 行政赔偿管辖上诉案件	赔辖终
二、刑事案件	
（一）刑事一审案件	刑初
（二）刑事二审案件	刑终
（三）刑事审判监督案件	
01. 刑事依职权再审审查案件	刑监
02. 刑事申诉再审审查案件	刑申

03. 刑事抗诉再审审查案件	刑抗
04. 刑事再审案件	刑再
（四）申请没收违法所得案件	刑没
（五）刑事复核案件	
01. 死刑复核案件 02. 法定刑以下判处刑罚复核案件 03. 特殊假释复核案件	刑核
（六）强制医疗案件	
01. 申请强制医疗审查案件	刑医
02. 解除强制医疗审查案件	刑医解
03. 强制医疗复议案件	刑医复
04. 强制医疗监督案件	刑医监
（七）停止执行死刑案件	
01. 停止执行死刑请求审查案件	
02. 依职权停止执行死刑案件	刑止
03. 停止执行死刑调查案件	刑止调
04. 停止执行死刑调查审核案件	刑止核
（八）刑罚与执行变更案件	
01. 刑罚与执行变更审查案件	刑更
02. 刑罚与执行变更监督案件	刑更监
03. 刑罚与执行变更备案案件	刑更备
（九）其他刑事案件	刑他
三、民事案件	
（一）民事一审案件	民初
（二）民事二审案件	民终
（三）民事审判监督案件	
01. 民事依职权再审审查案件	民监
02. 民事申请再审审查案件	民申
03. 民事抗诉再审审查案件	民抗

04. 民事再审案件	民再
（四）第三人撤销之诉案件	民撤
（五）特别程序案件	
01. 选民资格案件 02. 宣告失踪、死亡案件 03. 财产代管人申请变更代管案件 04. 行为能力认定案件 05. 监护人指定异议案件 06. 监护关系变更案件 07. 财产无主认定案件 08. 实现担保物权案件 09. 调解协议司法确认案件 10. 设立海事赔偿责任限制基金案件 11. 海事债权登记与受偿案件 12. 撤销仲裁裁决案件	民特
13. 民事特别程序监督案件	民特监
（六）催告案件	
01. 船舶优先权催告案件 02. 公示催告案件	民催
（七）督促案件	
01. 申请支付令审查案件	民督
02. 支付令监督案件	民督监
（八）破产案件	
01. 破产清算案件 02. 破产重整案件 03. 破产和解案件	民破
（九）强制清算案件	民算
（十）其他民事案件	民他

四、行政案件	
（一）行政一审案件	行初
（二）行政二审案件	行终
（三）行政审判监督案件	
01. 行政依职权再审审查案件	行监
02. 行政申请再审审查案件	行申
03. 行政抗诉再审审查案件	行抗
04. 行政再审案件	行再
（四）行政非诉审查案件	
01. 非诉行政行为申请执行审查案件	行审
02. 非诉行政行为申请执行审查复议案件	行审复
（五）其他行政案件	行他
五、国家赔偿与司法救助案件	
（一）行政赔偿案件	
01. 行政赔偿一审案件	行赔初
02. 行政赔偿二审案件	行赔终
03. 行政赔偿依职权再审审查案件	行赔监
04. 行政赔偿申请再审审查案件	行赔申
05. 行政赔偿抗诉再审审查案件	行赔抗
06. 行政赔偿再审案件	行赔再
（二）司法赔偿案件	
01. 法院作为赔偿义务机关自赔案件	法赔
02. 赔偿委员会审理赔偿案件	委赔
03. 司法赔偿监督审查案件	委赔监
04. 司法赔偿监督上级法院赔偿委员会重审案件	委赔提
05. 司法赔偿监督本院赔偿委员会重审案件	委赔再
（三）其他赔偿案件	赔他
（四）司法救助案件	
01. 刑事司法救助案件	司救刑

02. 民事司法救助案件	司救民
03. 行政司法救助案件	司救行
04. 国家赔偿司法救助案件	司救赔
05. 执行司法救助案件	司救执
06. 涉诉信访司法救助案件	司救访
（五）其他司法救助案件	司救他
六、区际司法协助案件	
（一）认可与执行申请审查案件	
01. 认可与执行台湾地区法院裁判审查案件 02. 认可与执行台湾地区仲裁裁决审查案件	认台
03. 认可与执行香港特区法院裁判审查案件 04. 认可与执行香港特区仲裁裁决审查案件	认港
05. 认可与执行澳门特区法院裁判审查案件 06. 认可与执行澳门特区仲裁裁决审查案件	认澳
07. 认可与执行审查复议案件	认复
08. 认可与执行审查其他案件	认他
（二）送达文书案件	
01. 请求台湾地区法院送达文书审查案件	请台送
02. 请求香港特区法院送达文书审查案件	请港送
03. 请求澳门特区法院送达文书审查案件	请澳送
04. 台湾地区法院请求送达文书审查案件 05. 协助台湾地区法院送达文书案件	台请送
06. 香港特区法院请求送达文书审查案件 07. 协助香港特区法院送达文书案件	港请送
08. 澳门特区法院请求送达文书审查案件 09. 协助澳门特区法院送达文书案件	澳请送
（三）调查取证案件	
01. 请求台湾地区法院调查取证审查案件	请台调
02. 请求香港特区法院调查取证审查案件	请港调

03. 请求澳门特区法院调查取证审查案件	请澳调
04. 台湾地区法院请求调查取证审查案件 05. 协助台湾地区法院调查取证案件	台请调
06. 香港特区法院请求调查取证审查案件 07. 协助香港特区法院调查取证案件	港请调
08. 澳门特区法院请求调查取证审查案件 09. 协助澳门特区法院调查取证案件	澳请调
（四）被判刑人移管案件	
01. 接收在台湾地区被判刑人案件	请移管
02. 向台湾地区移管被判刑人案件	助移管
（五）罪赃移交案件	
01. 接收台湾地区移交罪赃案件	请移赃
02. 向台湾地区移交罪赃案件	助移赃
七、国际司法协助案件	
（一）承认与执行申请审查案件	
01. 承认与执行外国法院裁判审查案件 02. 承认与执行国外仲裁裁决审查案件	协外认
03. 承认与执行审查其他案件	协他
（二）送达文书案件	
01. 外国法院请求送达文书审查案件 02. 送达外国法院文书案件	协外送
03. 请求外国法院送达文书审查案件	请外送
（三）调查取证案件	
01. 外国法院请求调查取证审查案件 02. 外国法院请求调查取证实施案件	协外调
03. 请求外国法院调查取证审查案件	请外调
（四）被判刑人移管案件	
01. 接收在外国被判刑人案件	请外移
02. 向外国移管被判刑人案件	协外移

（五）引渡案件	
01. 请求外国引渡案件	请外引
02. 协助外国引渡案件	协外引
八、司法制裁案件	
（一）司法制裁审查案件	
01. 司法拘留案件	
02. 司法罚款案件	司惩
（二）司法制裁复议案件	司惩复
九、非诉保全审查案件	
（一）非诉财产保全审查案件	财保
（二）非诉行为保全审查案件	行保
（三）非诉行为保全复议案件	行保复
（四）非诉证据保全审查案件	证保
十、执行类案件	
（一）执行实施类案件	
01. 首次执行案件	执
02. 恢复执行案件	执恢
03. 财产保全执行案件	执保
（二）执行审查类案件	
01. 执行异议案件	执异
02. 执行复议案件	执复
03. 执行监督案件	执监
04. 执行协调案件	执协
（三）其他执行案件	执他

附件 2

各级法院代字表（节录）

法院名称	法院代字	区划代码	对应行政区划	类型
最高人民法院	**最高法**			
内蒙古自治区高级人民法院	**内**	**150000**	**内蒙古自治区**	**1**
内蒙古自治区呼和浩特市中级人民法院	**内 01**	**150100**	**呼和浩特市**	**1**
呼和浩特市新城区人民法院	内 0102	150102	呼和浩特市新城区	1
呼和浩特市回民区人民法院	内 0103	150103	呼和浩特市回民区	1
呼和浩特市玉泉区人民法院	内 0104	150104	呼和浩特市玉泉区	1
呼和浩特市赛罕区人民法院	内 0105	150105	呼和浩特市赛罕区	1
土默特左旗人民法院	内 0121	150121	土默特左旗	1
托克托县人民法院	内 0122	150122	托克托县	1
和林格尔县人民法院	内 0123	150123	和林格尔县	1
清水河县人民法院	内 0124	150124	清水河县	1
武川县人民法院	内 0125	150125	武川县	1
内蒙古自治区包头市中级人民法院	**内 02**	**150200**	**包头市**	**1**
包头市东河区人民法院	内 0202	150202	包头市东河区	1
包头市昆都仑区人民法院	内 0203	150203	包头市昆都仑区	1
包头市青山区人民法院	内 0204	150204	包头市青山区	1
包头市石拐区人民法院	内 0205	150205	包头市石拐区	1
包头市白云鄂博矿区人民法院	内 0206	150206	包头市白云鄂博矿区	1
包头市九原区人民法院	内 0207	150207	包头市九原区	1
土默特右旗人民法院	内 0221	150221	土默特右旗	1
固阳县人民法院	内 0222	150222	固阳县	1
达尔罕茂明安联合旗人民法院	内 0223	150223	达尔罕茂明安联合旗	1
包头稀土高新技术产业开发区人民法院	内 0291			4
内蒙古自治区乌海市中级人民法院	**内 03**	**150300**	**乌海市**	**1**
乌海市海勃湾区人民法院	内 0302	150302	乌海市海勃湾区	1

乌海市海南区人民法院	内 0303	150303	乌海市海南区	1
乌海市乌达区人民法院	内 0304	150304	乌海市乌达区	1
内蒙古自治区赤峰市中级人民法院	**内 04**	**150400**	**赤峰市**	**1**
赤峰市红山区人民法院	内 0402	150402	赤峰市红山区	1
赤峰市元宝山区人民法院	内 0403	150403	赤峰市元宝山区	1
赤峰市松山区人民法院	内 0404	150404	赤峰市松山区	1
阿鲁科尔沁旗人民法院	内 0421	150421	阿鲁科尔沁旗	1
巴林左旗人民法院	内 0422	150422	巴林左旗	1
巴林右旗人民法院	内 0423	150423	巴林右旗	1
林西县人民法院	内 0424	150424	林西县	1
克什克腾旗人民法院	内 0425	150425	克什克腾旗	1
翁牛特旗人民法院	内 0426	150426	翁牛特旗	1
喀喇沁旗人民法院	内 0428	150428	喀喇沁旗	1
宁城县人民法院	内 0429	150429	宁城县	1
敖汉旗人民法院	内 0430	150430	敖汉旗	1
内蒙古自治区通辽市中级人民法院	**内 05**	**150500**	**通辽市**	**1**
通辽市科尔沁区人民法院	内 0502	150502	通辽市科尔沁区	1
科尔沁左翼中旗人民法院	内 0521	150521	科尔沁左翼中旗	1
科尔沁左翼后旗人民法院	内 0522	150522	科尔沁左翼后旗	1
开鲁县人民法院	内 0523	150523	开鲁县	1
库伦旗人民法院	内 0524	150524	库伦旗	1
奈曼旗人民法院	内 0525	150525	奈曼旗	1
扎鲁特旗人民法院	内 0526	150526	扎鲁特旗	1
霍林郭勒市人民法院	内 0581	150581	霍林郭勒市	1
内蒙古自治区鄂尔多斯市中级人民法院	**内 06**	**150600**	**鄂尔多斯市**	**1**
鄂尔多斯市东胜区人民法院	内 0602	150602	鄂尔多斯市东胜区	1
达拉特旗人民法院	内 0621	150621	达拉特旗	1
准格尔旗人民法院	内 0622	150622	准格尔旗	1
鄂托克前旗人民法院	内 0623	150623	鄂托克前旗	1
鄂托克旗人民法院	内 0624	150624	鄂托克旗	1

杭锦旗人民法院	内 0625	150625	杭锦旗	1
乌审旗人民法院	内 0626	150626	乌审旗	1
伊金霍洛旗人民法院	内 0627	150627	伊金霍洛旗	1
鄂尔多斯康巴什新区人民法院	内 0691			4
内蒙古自治区呼伦贝尔市中级人民法院	**内 07**	**150700**	**呼伦贝尔市**	**1**
呼伦贝尔市海拉尔区人民法院	内 0702	150702	呼伦贝尔市海拉尔区	1
阿荣旗人民法院	内 0721	150721	阿荣旗	1
莫力达瓦达斡尔族自治旗人民法院	内 0722	150722	莫力达瓦达斡尔族自治旗	1
鄂伦春自治旗人民法院	内 0723	150723	鄂伦春自治旗	1
鄂温克族自治旗人民法院	内 0724	150724	鄂温克族自治旗	1
陈巴尔虎旗人民法院	内 0725	150725	陈巴尔虎旗	1
新巴尔虎左旗人民法院	内 0726	150726	新巴尔虎左旗	1
新巴尔虎右旗人民法院	内 0727	150727	新巴尔虎右旗	1
满洲里市人民法院	内 0781	150781	满洲里市	1
牙克石市人民法院	内 0782	150782	牙克石市	1
扎兰屯市人民法院	内 0783	150783	扎兰屯市	1
额尔古纳市人民法院	内 0784	150784	额尔古纳市	1
根河市人民法院	内 0785	150785	根河市	1
内蒙古自治区巴彦淖尔市中级人民法院	**内 08**	**150800**	**巴彦淖尔市**	**1**
巴彦淖尔市临河区人民法院	内 0802	150802	临河区	1
五原县人民法院	内 0821	150821	五原县	1
磴口县人民法院	内 0822	150822	磴口县	1
乌拉特前旗人民法院	内 0823	150823	乌拉特前旗	1
乌拉特中旗人民法院	内 0824	150824	乌拉特中旗	1
乌拉特后旗人民法院	内 0825	150825	乌拉特后旗	1
杭锦后旗人民法院	内 0826	150826	杭锦后旗	1
内蒙古自治区乌兰察布市中级人民法院	**内 09**	**150900**	**乌兰察布市**	**1**
乌兰察布市集宁区人民法院	内 0902	150902	集宁区	1

卓资县人民法院	内 0921	150921	卓资县	1
化德县人民法院	内 0922	150922	化德县	1
商都县人民法院	内 0923	150923	商都县	1
兴和县人民法院	内 0924	150924	兴和县	1
凉城县人民法院	内 0925	150925	凉城县	1
察哈尔右翼前旗人民法院	内 0926	150926	察哈尔右翼前旗	1
察哈尔右翼中旗人民法院	内 0927	150927	察哈尔右翼中旗	1
察哈尔右翼后旗人民法院	内 0928	150928	察哈尔右翼后旗	1
四子王旗人民法院	内 0929	150929	四子王旗	1
丰镇市人民法院	内 0981	150981	丰镇市	1
内蒙古自治区兴安盟中级人民法院	**内 22**	**152200**	**兴安盟**	**1**
乌兰浩特市人民法院	内 2201	152201	乌兰浩特市	1
阿尔山市人民法院	内 2202	152202	阿尔山市	1
科尔沁右翼前旗人民法院	内 2221	152221	科尔沁右翼前旗	1
科尔沁右翼中旗人民法院	内 2222	152222	科尔沁右翼中旗	1
扎赉特旗人民法院	内 2223	152223	扎赉特旗	1
突泉县人民法院	内 2224	152224	突泉县	1
内蒙古自治区锡林郭勒盟中级人民法院	**内 25**	**152500**	**锡林郭勒盟**	**1**
二连浩特市人民法院	内 2501	152501	二连浩特市	1
锡林浩特市人民法院	内 2502	152502	锡林浩特市	1
阿巴嘎旗人民法院	内 2522	152522	阿巴嘎旗	1
苏尼特左旗人民法院	内 2523	152523	苏尼特左旗	1
苏尼特右旗人民法院	内 2524	152524	苏尼特右旗	1
东乌珠穆沁旗人民法院	内 2525	152525	东乌珠穆沁旗	1
西乌珠穆沁旗人民法院	内 2526	152526	西乌珠穆沁旗	1
太仆寺旗人民法院	内 2527	152527	太仆寺旗	1
镶黄旗人民法院	内 2528	152528	镶黄旗	1
正镶白旗人民法院	内 2529	152529	正镶白旗	1
正蓝旗人民法院	内 2530	152530	正蓝旗	1

多伦县人民法院	内 2531	152531	多伦县	1
内蒙古自治区阿拉善盟中级人民法院	**内 29**	**152900**	**阿拉善盟**	**1**
阿拉善左旗人民法院	内 2921	152921	阿拉善左旗	1
阿拉善右旗人民法院	内 2922	152922	阿拉善右旗	1
额济纳旗人民法院	内 2923	152923	额济纳旗	1
呼和浩特铁路运输中级法院	**内 71**			**3**
包头铁路运输法院	内 7101			3
呼和浩特铁路运输法院	内 7102			3
海拉尔铁路运输法院	内 7103			3
通辽铁路运输法院	内 7104			3
西藏自治区高级人民法院	**藏**	**540000**	**西藏自治区**	**1**
西藏自治区拉萨市中级人民法院	**藏 01**	**540100**	**拉萨市**	**1**
拉萨市城关区人民法院	藏 0102	540102	拉萨市城关区	1
林周县人民法院	藏 0121	540121	林周县	1
当雄县人民法院	藏 0122	540122	当雄县	1
尼木县人民法院	藏 0123	540123	尼木县	1
曲水县人民法院	藏 0124	540124	曲水县	1
堆龙德庆县人民法院	藏 0125	540125	堆龙德庆县	1
达孜县人民法院	藏 0126	540126	达孜县	1
墨竹工卡县人民法院	藏 0127	540127	墨竹工卡县	1
西藏自治区日喀则市中级人民法院	**藏 02**	**540200**	**日喀则市**	**1**
日喀则市桑珠孜区人民法院	藏 0201	540201	日喀则市桑珠孜区	1
南木林县人民法院	藏 0221	540221	南木林县	1
江孜县人民法院	藏 0222	540222	江孜县	1
定日县人民法院	藏 0223	540223	定日县	1
萨迦县人民法院	藏 0224	540224	萨迦县	1
拉孜县人民法院	藏 0225	540225	拉孜县	1
昂仁县人民法院	藏 0226	540226	昂仁县	1
谢通门县人民法院	藏 0227	540227	谢通门县	1

白朗县人民法院	藏 0228	540228	白朗县	1
仁布县人民法院	藏 0229	540229	仁布县	1
康马县人民法院	藏 0230	540230	康马县	1
定结县人民法院	藏 0231	540231	定结县	1
仲巴县人民法院	藏 0232	540232	仲巴县	1
亚东县人民法院	藏 0233	540233	亚东县	1
吉隆县人民法院	藏 0234	540234	吉隆县	1
聂拉木县人民法院	藏 0235	540235	聂拉木县	1
萨嘎县人民法院	藏 0236	540236	萨嘎县	1
岗巴县人民法院	藏 0237	540237	岗巴县	1
西藏自治区昌都市中级人民法院	**藏 03**	**540300**	**昌都市**	**1**
昌都市卡若区人民法院	藏 0302	540303	昌都市卡诺区	1
江达县人民法院	藏 0321	540322	江达县	1
贡觉县人民法院	藏 0322	540323	贡觉县	1
类乌齐县人民法院	藏 0323	540324	类乌齐县	1
丁青县人民法院	藏 0324	540325	丁青县	1
察雅县人民法院	藏 0325	540326	察雅县	1
八宿县人民法院	藏 0326	540327	八宿县	1
左贡县人民法院	藏 0327	540328	左贡县	1
芒康县人民法院	藏 0328	540329	芒康县	1
洛隆县人民法院	藏 0329	540332	洛隆县	1
边坝县人民法院	藏 0330	540333	边坝县	1
西藏自治区山南地区中级人民法院	**藏 22**	**542200**	**山南地区**	**1**
乃东县人民法院	藏 2221	542221	乃东县	1
扎囊县人民法院	藏 2222	542222	扎囊县	1
贡嘎县人民法院	藏 2223	542223	贡嘎县	1
桑日县人民法院	藏 2224	542224	桑日县	1
琼结县人民法院	藏 2225	542225	琼结县	1
曲松县人民法院	藏 2226	542226	曲松县	1

措美县人民法院	藏 2227	542227	措美县	1
洛扎县人民法院	藏 2228	542228	洛扎县	1
加查县人民法院	藏 2229	542229	加查县	1
隆子县人民法院	藏 2231	542231	隆子县	1
错那县人民法院	藏 2232	542232	错那县	1
浪卡子县人民法院	藏 2233	542233	浪卡子县	1
西藏自治区那曲地区中级人民法院	**藏 24**	**542400**	**那曲地区**	**1**
那曲县人民法院	藏 2421	542421	那曲县	1
嘉黎县人民法院	藏 2422	542422	嘉黎县	1
比如县人民法院	藏 2423	542423	比如县	1
聂荣县人民法院	藏 2424	542424	聂荣县	1
安多县人民法院	藏 2425	542425	安多县	1
申扎县人民法院	藏 2426	542426	申扎县	1
索县人民法院	藏 2427	542427	索县	1
班戈县人民法院	藏 2428	542428	班戈县	1
巴青县人民法院	藏 2429	542429	巴青县	1
尼玛县人民法院	藏 2430	542430	尼玛县	1
双湖县人民法院	藏 2431	542431	双湖县	1
西藏自治区阿里地区中级人民法院	**藏 25**	**542500**	**阿里地区**	**1**
普兰县人民法院	藏 2521	542521	普兰县	1
札达县人民法院	藏 2522	542522	札达县	1
噶尔县人民法院	藏 2523	542523	噶尔县	1
日土县人民法院	藏 2524	542524	日土县	1
革吉县人民法院	藏 2525	542525	革吉县	1
改则县人民法院	藏 2526	542526	改则县	1
措勤县人民法院	藏 2527	542527	措勤县	1
西藏自治区林芝地区中级人民法院	**藏 26**	**542600**	**林芝地区**	**1**
林芝县人民法院	藏 2621	542621	林芝县	1
工布江达县人民法院	藏 2622	542622	工布江达县	1

米林县人民法院	藏 2623	542623	米林县	1
墨脱县人民法院	藏 2624	542624	墨脱县	1
波密县人民法院	藏 2625	542625	波密县	1
察隅县人民法院	藏 2626	542626	察隅县	1
朗县人民法院	藏 2627	542627	朗县	1
甘肃省高级人民法院	**甘**	**620000**	**甘肃省**	**1**
甘肃省兰州市中级人民法院	**甘 01**	**620100**	**兰州市**	**1**
兰州市城关区人民法院	甘 0102	620102	兰州市城关区	1
兰州市七里河区人民法院	甘 0103	620103	兰州市七里河区	1
兰州市西固区人民法院	甘 0104	620104	兰州市西固区	1
兰州市安宁区人民法院	甘 0105	620105	兰州市安宁区	1
兰州市红古区人民法院	甘 0111	620111	兰州市红古区	1
永登县人民法院	甘 0121	620121	永登县	1
皋兰县人民法院	甘 0122	620122	皋兰县	1
榆中县人民法院	甘 0123	620123	榆中县	1
兰州市新区人民法院	甘 0191			4
甘肃省嘉峪关市中级人民法院	**甘 02**	**620200**	**嘉峪关市**	**1**
嘉峪关市城区人民法院	甘 0271			6
甘肃省金昌市中级人民法院	**甘 03**	**620300**	**金昌市**	**1**
金昌市金川区人民法院	甘 0302	620302	金昌市金川区	1
永昌县人民法院	甘 0321	620321	永昌县	1
甘肃省白银市中级人民法院	**甘 04**	**620400**	**白银市**	**1**
白银市白银区人民法院	甘 0402	620402	白银市白银区	1
白银市平川区人民法院	甘 0403	620403	白银市平川区	1
靖远县人民法院	甘 0421	620421	靖远县	1
会宁县人民法院	甘 0422	620422	会宁县	1
景泰县人民法院	甘 0423	620423	景泰县	1
甘肃省天水市中级人民法院	**甘 05**	**620500**	**天水市**	**1**
天水市秦州区人民法院	甘 0502	620502	天水市秦州区	1

天水市麦积区人民法院	甘 0503	620503	天水市麦积区	1
清水县人民法院	甘 0521	620521	清水县	1
秦安县人民法院	甘 0522	620522	秦安县	1
甘谷县人民法院	甘 0523	620523	甘谷县	1
武山县人民法院	甘 0524	620524	武山县	1
张家川回族自治县人民法院	甘 0525	620525	张家川回族自治县	1
甘肃省武威市中级人民法院	**甘 06**	**620600**	**武威市**	**1**
武威市凉州区人民法院	甘 0602	620602	武威市凉州区	1
民勤县人民法院	甘 0621	620621	民勤县	1
古浪县人民法院	甘 0622	620622	古浪县	1
天祝藏族自治县人民法院	甘 0623	620623	天祝藏族自治县	1
甘肃省张掖市中级人民法院	**甘 07**	**620700**	**张掖市**	**1**
张掖市甘州区人民法院	甘 0702	620702	张掖市甘州区	1
肃南裕固族自治县人民法院	甘 0721	620721	肃南裕固族自治县	1
民乐县人民法院	甘 0722	620722	民乐县	1
临泽县人民法院	甘 0723	620723	临泽县	1
高台县人民法院	甘 0724	620724	高台县	1
山丹县人民法院	甘 0725	620725	山丹县	1
甘肃省平凉市中级人民法院	**甘 08**	**620800**	**平凉市**	**1**
平凉市崆峒区人民法院	甘 0802	620802	平凉市崆峒区	1
泾川县人民法院	甘 0821	620821	泾川县	1
灵台县人民法院	甘 0822	620822	灵台县	1
崇信县人民法院	甘 0823	620823	崇信县	1
华亭县人民法院	甘 0824	620824	华亭县	1
庄浪县人民法院	甘 0825	620825	庄浪县	1
静宁县人民法院	甘 0826	620826	静宁县	1
甘肃省酒泉市中级人民法院	**甘 09**	**620900**	**酒泉市**	**1**
酒泉市肃州区人民法院	甘 0902	620902	酒泉市肃州区	1
金塔县人民法院	甘 0921	620921	金塔县	1

瓜州县人民法院	甘 0922	620922	瓜州县	1
肃北蒙古族自治县人民法院	甘 0923	620923	肃北蒙古族自治县	1
阿克塞哈萨克族自治县人民法院	甘 0924	620924	阿克塞哈萨克族自治县	1
玉门市人民法院	甘 0981	620981	玉门市	1
敦煌市人民法院	甘 0982	620982	敦煌市	1
甘肃省庆阳市中级人民法院	**甘 10**	**621000**	**庆阳市**	**1**
庆阳市西峰区人民法院	甘 1002	621002	庆阳市西峰区	1
庆城县人民法院	甘 1021	621021	庆城县	1
环县人民法院	甘 1022	621022	环县	1
华池县人民法院	甘 1023	621023	华池县	1
合水县人民法院	甘 1024	621024	合水县	1
正宁县人民法院	甘 1025	621025	正宁县	1
宁县人民法院	甘 1026	621026	宁县	1
镇原县人民法院	甘 1027	621027	镇原县	1
庆阳林区基层法院	甘 1091			3
甘肃省定西市中级人民法院	**甘 11**	**621100**	**定西市**	**1**
定西市安定区人民法院	甘 1102	621102	定西市安定区	1
通渭县人民法院	甘 1121	621121	通渭县	1
陇西县人民法院	甘 1122	621122	陇西县	1
渭源县人民法院	甘 1123	621123	渭源县	1
临洮县人民法院	甘 1124	621124	临洮县	1
漳县人民法院	甘 1125	621125	漳县	1
岷县人民法院	甘 1126	621126	岷县	1
甘肃省陇南市中级人民法院	**甘 12**	**621200**	**陇南市**	**1**
陇南市武都区人民法院	甘 1202	621202	陇南市武都区	1
成县人民法院	甘 1221	621221	成县	1
文县人民法院	甘 1222	621222	文县	1
宕昌县人民法院	甘 1223	621223	宕昌县	1

康县人民法院	甘 1224	621224	康县	1
西和县人民法院	甘 1225	621225	西和县	1
礼县人民法院	甘 1226	621226	礼县	1
徽县人民法院	甘 1227	621227	徽县	1
两当县人民法院	甘 1228	621228	两当县	1
甘肃省临夏回族自治州中级人民法院	**甘 29**	**622900**	**临夏回族自治州**	**1**
临夏市人民法院	甘 2901	622901	临夏市	1
临夏县人民法院	甘 2921	622921	临夏县	1
康乐县人民法院	甘 2922	622922	康乐县	1
永靖县人民法院	甘 2923	622923	永靖县	1
广河县人民法院	甘 2924	622924	广河县	1
和政县人民法院	甘 2925	622925	和政县	1
东乡族自治县人民法院	甘 2926	622926	东乡族自治县	1
积石山保安族东乡族撒拉族自治县人民法院	甘 2927	622927	积石山保安族东乡族撒拉族自治县	1
甘肃省甘南藏族自治州中级人民法院	**甘 30**	**623000**	**甘南藏族自治州**	**1**
合作市人民法院	甘 3001	623001	合作市	1
临潭县人民法院	甘 3021	623021	临潭县	1
卓尼县人民法院	甘 3022	623022	卓尼县	1
舟曲县人民法院	甘 3023	623023	舟曲县	1
迭部县人民法院	甘 3024	623024	迭部县	1
玛曲县人民法院	甘 3025	623025	玛曲县	1
碌曲县人民法院	甘 3026	623026	碌曲县	1
夏河县人民法院	甘 3027	623027	夏河县	1
甘肃矿区人民法院	甘 3091			4
兰州铁路运输中级法院	**甘 71**			**3**
兰州铁路运输法院	甘 7101			3
武威铁路运输法院	甘 7102			3
甘肃省林区中级法院	**甘 75**			**3**
卓尼林区基层法院	甘 7501			3

迭部林区基层法院	甘 7502			3
舟曲林区基层法院	甘 7503			3
文县林区基层法院	甘 7504			3
青海省高级人民法院	**青**	**630000**	**青海省**	**1**
青海省西宁市中级人民法院	**青 01**	**630100**	**西宁市**	**1**
西宁市城东区人民法院	青 0102	630102	西宁市城东区	1
西宁市城中区人民法院	青 0103	630103	西宁市城中区	1
西宁市城西区人民法院	青 0104	630104	西宁市城西区	1
西宁市城北区人民法院	青 0105	630105	西宁市城北区	1
大通回族土族自治县人民法院	青 0121	630121	大通回族土族自治县	1
湟中县人民法院	青 0122	630122	湟中县	1
湟源县人民法院	青 0123	630123	湟源县	1
青海省海东市中级人民法院	**青 02**	**632100**	**海东市**	**1**
海东市乐都区人民法院	青 0202	632123	海东市乐都区	1
平安县人民法院①	青 0221	630203	海东市平安区	1
民和回族土族自治县人民法院	青 0222	632122	民和回族土族自治县	1
互助土族自治县人民法院	青 0223	632126	互助土族自治县	1
化隆回族自治县人民法院	青 0224	632127	化隆回族自治县	1
循化撒拉族自治县人民法院	青 0225	632128	循化撒拉族自治县	1
青海省海北藏族自治州中级人民法院	**青 22**	**632200**	**海北藏族自治州**	**1**
门源回族自治县人民法院	青 2221	632221	门源回族自治县	1
祁连县人民法院	青 2222	632222	祁连县	1
海晏县人民法院	青 2223	632223	海晏县	1
刚察县人民法院	青 2224	632224	刚察县	1
青海省黄南藏族自治州中级人民法院	**青 23**	**632300**	**黄南藏族自治州**	**1**
同仁县人民法院	青 2321	632321	同仁县	1
尖扎县人民法院	青 2322	632322	尖扎县	1

① 平安县已变更为市辖区，但法院尚未相应调整，故仍按照原行政区划代码编制法院代字。

泽库县人民法院	青 2323	632323	泽库县	1
河南蒙古族自治县人民法院	青 2324	632324	河南蒙古族自治县	1
青海省海南藏族自治州中级人民法院	**青 25**	**632500**	**海南藏族自治州**	**1**
共和县人民法院	青 2521	632521	共和县	1
同德县人民法院	青 2522	632522	同德县	1
贵德县人民法院	青 2523	632523	贵德县	1
兴海县人民法院	青 2524	632524	兴海县	1
贵南县人民法院	青 2525	632525	贵南县	1
青海省果洛藏族自治州中级人民法院	**青 26**	**632600**	**果洛藏族自治州**	**1**
玛沁县人民法院	青 2621	632621	玛沁县	1
班玛县人民法院	青 2622	632622	班玛县	1
甘德县人民法院	青 2623	632623	甘德县	1
达日县人民法院	青 2624	632624	达日县	1
久治县人民法院	青 2625	632625	久治县	1
玛多县人民法院	青 2626	632626	玛多县	1
青海省玉树藏族自治州中级人民法院	**青 27**	**632700**	**玉树藏族自治州**	**1**
玉树市人民法院	青 2701	632721	玉树市	1
杂多县人民法院	青 2722	632722	杂多县	1
称多县人民法院	青 2723	632723	称多县	1
治多县人民法院	青 2724	632724	治多县	1
囊谦县人民法院	青 2725	632725	囊谦县	1
曲麻莱县人民法院	青 2726	632726	曲麻莱县	1
青海省海西蒙古族藏族自治州中级人民法院	**青 28**	**632800**	**海西蒙古族藏族自治州**	**1**
格尔木市人民法院	青 2801	632801	格尔木市	1
德令哈市人民法院	青 2802	632802	德令哈市	1
乌兰县人民法院	青 2821	632821	乌兰县	1
都兰县人民法院	青 2822	632822	都兰县	1
天峻县人民法院	青 2823	632823	天峻县	1

大柴旦矿区人民法院	青 2891			4
冷湖矿区人民法院	青 2892			4
茫崖矿区人民法院	青 2893			4
西宁铁路运输法院	青 8601			3
新疆维吾尔自治区高级人民法院	**新**	**650000**	**新疆维吾尔自治区**	**1**
新疆维吾尔自治区乌鲁木齐市中级人民法院	**新 01**	**650100**	**乌鲁木齐市**	**1**
乌鲁木齐市天山区人民法院	新 0102	650102	乌鲁木齐市天山区	1
乌鲁木齐市沙依巴克区人民法院	新 0103	650103	乌鲁木齐市沙依巴克区	1
乌鲁木齐市新市区人民法院	新 0104	650104	乌鲁木齐市新市区	1
乌鲁木齐市水磨沟区人民法院	新 0105	650105	乌鲁木齐市水磨沟区	1
乌鲁木齐市头屯河区人民法院	新 0106	650106	乌鲁木齐市头屯河区	1
乌鲁木齐市达板城区人民法院	新 0107	650107	乌鲁木齐市达板城区	1
乌鲁木齐市米东区人民法院	新 0109	650109	乌鲁木齐市米东区	1
乌鲁木齐县人民法院	新 0121	650121	乌鲁木齐县	1
新疆维吾尔自治区克拉玛依市中级人民法院	**新 02**	**650200**	**克拉玛依市**	**1**
克拉玛依市独山子区人民法院	新 0202	650202	克拉玛依市独山子区	1
克拉玛依市克拉玛依区人民法院	新 0203	650203	克拉玛依市克拉玛依区	1
克拉玛依市白碱滩区人民法院	新 0204	650204	克拉玛依市白碱滩区	1
克拉玛依市乌尔禾区人民法院	新 0205	650205	克拉玛依市乌尔禾区	1
新疆维吾尔自治区吐鲁番市中级人民法院	**新 21**	**652100**	**吐鲁番市**	**1**
吐鲁番市高昌区人民法院	新 2101	652101	吐鲁番市高昌区	1
鄯善县人民法院	新 2122	652122	鄯善县	1
托克逊县人民法院	新 2123	652123	托克逊县	1
新疆维吾尔自治区哈密地区中级人民法院	**新 22**	**652200**	**哈密地区**	**1**
哈密市人民法院	新 2201	652201	哈密市	1

巴里坤哈萨克自治县人民法院	新 2222	652222	巴里坤哈萨克自治县	1
伊吾县人民法院	新 2223	652223	伊吾县	1
新疆维吾尔自治区昌吉回族自治州中级人民法院	**新 23**	**652300**	**昌吉回族自治州**	**1**
昌吉市人民法院	新 2301	652301	昌吉市	1
阜康市人民法院	新 2302	652302	阜康市	1
呼图壁县人民法院	新 2323	652323	呼图壁县	1
玛纳斯县人民法院	新 2324	652324	玛纳斯县	1
奇台县人民法院	新 2325	652325	奇台县	1
吉木萨尔县人民法院	新 2327	652327	吉木萨尔县	1
木垒哈萨克自治县人民法院	新 2328	652328	木垒哈萨克自治县	1
新疆维吾尔自治区博尔塔拉蒙古自治州中级人民法院	**新 27**	**652700**	**博尔塔拉蒙古自治州**	**1**
博乐市人民法院	新 2701	652701	博乐市	1
阿拉山口市人民法院	新 2702	652702	阿拉山口市	1
精河县人民法院	新 2722	652722	精河县	1
温泉县人民法院	新 2723	652723	温泉县	1
新疆维吾尔自治区巴音郭楞蒙古自治州中级人民法院	**新 28**	**652800**	**巴音郭楞蒙古自治州**	**1**
库尔勒市人民法院	新 2801	652801	库尔勒市	1
轮台县人民法院	新 2822	652822	轮台县	1
尉犁县人民法院	新 2823	652823	尉犁县	1
若羌县人民法院	新 2824	652824	若羌县	1
且末县人民法院	新 2825	652825	且末县	1
焉耆回族自治县人民法院	新 2826	652826	焉耆回族自治县	1
和静县人民法院	新 2827	652827	和静县	1
和硕县人民法院	新 2828	652828	和硕县	1
博湖县人民法院	新 2829	652829	博湖县	1

新疆维吾尔自治区阿克苏地区中级人民法院	**新 29**	**652900**	**阿克苏地区**	**1**
阿克苏市人民法院	新 2901	652901	阿克苏市	1
温宿县人民法院	新 2922	652922	温宿县	1
库车县人民法院	新 2923	652923	库车县	1
沙雅县人民法院	新 2924	652924	沙雅县	1
新和县人民法院	新 2925	652925	新和县	1
拜城县人民法院	新 2926	652926	拜城县	1
乌什县人民法院	新 2927	652927	乌什县	1
阿瓦提县人民法院	新 2928	652928	阿瓦提县	1
柯坪县人民法院	新 2929	652929	柯坪县	1
新疆维吾尔自治区克孜勒苏柯尔克孜自治州中级人民法院	**新 30**	**653000**	**克孜勒苏柯尔克孜自治州**	**1**
阿图什市人民法院	新 3001	653001	阿图什市	1
阿克陶县人民法院	新 3022	653022	阿克陶县	1
阿合奇县人民法院	新 3023	653023	阿合奇县	1
乌恰县人民法院	新 3024	653024	乌恰县	1
新疆维吾尔自治区喀什地区中级人民法院	**新 31**	**653100**	**喀什地区**	**1**
喀什市人民法院	新 3101	653101	喀什市	1
疏附县人民法院	新 3121	653121	疏附县	1
疏勒县人民法院	新 3122	653122	疏勒县	1
英吉沙县人民法院	新 3123	653123	英吉沙县	1
泽普县人民法院	新 3124	653124	泽普县	1
莎车县人民法院	新 3125	653125	莎车县	1
叶城县人民法院	新 3126	653126	叶城县	1
麦盖提县人民法院	新 3127	653127	麦盖提县	1
岳普湖县人民法院	新 3128	653128	岳普湖县	1
伽师县人民法院	新 3129	653129	伽师县	1
巴楚县人民法院	新 3130	653130	巴楚县	1

塔什库尔干塔吉克自治县人民法院	新 3131	653131	塔什库尔干塔吉克自治县	1
新疆维吾尔自治区和田地区中级人民法院	**新 32**	**653200**	**和田地区**	**1**
和田市人民法院	新 3201	653201	和田市	1
和田县人民法院	新 3221	653221	和田县	1
墨玉县人民法院	新 3222	653222	墨玉县	1
皮山县人民法院	新 3223	653223	皮山县	1
洛浦县人民法院	新 3224	653224	洛浦县	1
策勒县人民法院	新 3225	653225	策勒县	1
于田县人民法院	新 3226	653226	于田县	1
民丰县人民法院	新 3227	653227	民丰县	1
新疆维吾尔自治区高级人民法院伊犁哈萨克自治州分院	**新 40**	**654000**	**伊犁哈萨克自治州**	**1**
伊宁市人民法院	新 4002	654002	伊宁市	1
奎屯市人民法院	新 4003	654003	奎屯市	1
霍尔果斯市人民法院	新 4004	654004	霍尔果斯市	1
伊宁县人民法院	新 4021	654021	伊宁县	1
察布查尔锡伯自治县人民法院	新 4022	654022	察布查尔锡伯自治县	1
霍城县人民法院	新 4023	654023	霍城县	1
巩留县人民法院	新 4024	654024	巩留县	1
新源县人民法院	新 4025	654025	新源县	1
昭苏县人民法院	新 4026	654026	昭苏县	1
特克斯县人民法院	新 4027	654027	特克斯县	1
尼勒克县人民法院	新 4028	654028	尼勒克县	1
新疆维吾尔自治区伊犁哈萨克自治州塔城地区中级人民法院	**新 42**	**654200**	**塔城地区**	**1**
塔城市人民法院	新 4201	654201	塔城市	1
乌苏市人民法院	新 4202	654202	乌苏市	1
额敏县人民法院	新 4221	654221	额敏县	1

沙湾县人民法院	新 4223	654223	沙湾县	1
托里县人民法院	新 4224	654224	托里县	1
裕民县人民法院	新 4225	654225	裕民县	1
和布克赛尔蒙古自治县人民法院	新 4226	654226	和布克赛尔蒙古自治县	1
新疆维吾尔自治区伊犁哈萨克自治州阿勒泰地区中级人民法院	**新 43**	**654300**	**阿勒泰地区**	**1**
阿勒泰市人民法院	新 4301	654301	阿勒泰市	1
布尔津县人民法院	新 4321	654321	布尔津县	1
富蕴县人民法院	新 4322	654322	富蕴县	1
福海县人民法院	新 4323	654323	福海县	1
哈巴河县人民法院	新 4324	654324	哈巴河县	1
青河县人民法院	新 4325	654325	青河县	1
吉木乃县人民法院	新 4326	654326	吉木乃县	1
乌鲁木齐铁路运输中级法院	**新 71**			**3**
乌鲁木齐铁路运输法院	新 7101			3
库尔勒铁路运输法院	新 7102			3
哈密铁路运输法院	新 7103			3
新疆维吾尔自治区高级人民法院生产建设兵团分院	兵			7
新疆生产建设兵团第一师中级人民法院	**兵 01**			**7**
新疆生产建设兵团金银川垦区人民法院	兵 0101			7
新疆生产建设兵团阿克苏垦区人民法院	兵 0102			7
新疆生产建设兵团阿拉尔垦区人民法院	兵 0103			7
阿拉尔市人民法院	新 9002	659002	阿拉尔市	1
新疆生产建设兵团第二师中级人民法院	**兵 02**			**7**
新疆生产建设兵团库尔勒垦区人民法院	兵 0201			7
铁门关市人民法院	新 9006	659006	铁门关市	1
新疆生产建设兵团乌鲁克垦区人民法院	兵 0202			7
新疆生产建设兵团焉耆垦区人民法院	兵 0203			7

新疆生产建设兵团第三师中级人民法院	**兵 03**			**7**
新疆生产建设兵团喀什垦区人民法院	兵 0301			7
新疆生产建设兵团图木舒克垦区人民法院	兵 0302			7
图木舒克市人民法院	新 9003	659003	图木舒克市	1
新疆生产建设兵团第四师中级人民法院	**兵 04**			**7**
新疆生产建设兵团霍城垦区人民法院	兵 0401			7
新疆生产建设兵团伊宁垦区人民法院	兵 0402			7
新疆生产建设兵团昭苏垦区人民法院	兵 0403			7
新疆生产建设兵团第五师中级人民法院	**兵 05**			**7**
新疆生产建设兵团博乐垦区人民法院	兵 0501			7
新疆生产建设兵团塔斯海垦区人民法院	兵 0502			7
双河市人民法院	新 9007	659007	双河市	1
新疆生产建设兵团第六师中级人民法院	**兵 06**			**7**
新疆生产建设兵团五家渠垦区人民法院	兵 0601			7
五家渠市人民法院	新 9004	659004	五家渠市	1
新疆生产建设兵团奇台垦区人民法院	兵 0602			7
新疆生产建设兵团芳草湖垦区人民法院	兵 0603			7
新疆生产建设兵团第七师中级人民法院	**兵 07**			**7**
新疆生产建设兵团奎屯垦区人民法院	兵 0701			7
新疆生产建设兵团车排子垦区人民法院	兵 0702			7
新疆生产建设兵团第八师中级人民法院	**兵 08**			**7**
新疆生产建设兵团下野地垦区人民法院	兵 0801			7
新疆生产建设兵团莫索湾垦区人民法院	兵 0802			7
石河子市人民法院	新 9001	659001	石河子市	1
新疆生产建设兵团第九师中级人民法院	**兵 09**			**7**
新疆生产建设兵团额敏垦区人民法院	兵 0901			7
新疆生产建设兵团叶尔盖提垦区人民法院	兵 0902			7
新疆生产建设兵团第十师中级人民法院	**兵 10**			**7**
新疆生产建设兵团北屯垦区人民法院	兵 1001			7

北屯市人民法院	新 9005	659005	北屯市	1
新疆生产建设兵团巴里巴盖垦区人民法院	兵 1002			7
新疆生产建设兵团第十二师中级人民法院	**兵 11**			**7**
新疆生产建设兵团乌鲁木齐垦区人民法院	兵 1101			7
新疆生产建设兵团三坪垦区人民法院	兵 1102			7
新疆生产建设兵团第十三师中级人民法院	**兵 12**			**7**
新疆生产建设兵团巴里坤垦区人民法院	兵 1201			7
新疆生产建设兵团哈密垦区人民法院	兵 1202			7
新疆生产建设兵团第十四师中级人民法院	**兵 13**			**7**
新疆生产建设兵团和田垦区人民法院	兵 1301			7

【说明】：

（一）本表将地方各级法院区分为 7 种类型，分别用 1–7 表示，其中：

“1”表示按行政区划设置的高级、中级、基层法院；

“2”表示直辖市中级法院以及各省、自治区跨行政区划设置的中院；

“3”表示铁路、海事、知识产权、林业、油田、农垦专门中级、基层法院；

“4”表示为非行政区划建制的开发区、新区、园区、库区、矿区等特别设立的基层法院；

“5”表示为省（自治区）直辖县级行政区划人民法院对应设立的中院；

“6”表示为未设县级行政区划的地级市中级法院对应设立的基层法院；

“7”表示中国人民解放军军事法院、新疆维吾尔自治区高级人民法院生产建设兵团分院及所辖中级、基层法院。

（二）虽然《规定》第六条规定：确定中级、基层法院的所属各省、自治区、直辖市高院，以人、财、物统一管理为标准。但此项改革尚未落实，故上表仅作为法院代字标准使用，不作为将来确定人、财、物统一管理的依据。

（三）上表所列法院名称系按照《最高人民法院关于地方各级人民法院和专门人民法院印章管理的规定》（法发〔2002〕10 号）确定。

（四）此次发布的全国法院代字表是在各高院呈报（截至 2015 年 4 月 9 日）的基础上编定，行政区划代码参考中华人民共和国民政部编制《中华人民共和国乡镇行政区划简册（2015）》以及民政部官网2015年5月发布的《2015年3月中华人民共和国县以上行政区划代码》。

（五）行政区划变更而法院尚未相应调整的，2016年1月1日起法院进行相应调整后，相关法院应按《规定》重新编制法院代字。

（六）法院代字与办理案件的法院名称一一对应，变更后也不再应用于其他法院。

附件 3：

人民法院案件收、立案信息登记表

本案案号		承办部门	
收案来源		案由	
当事人情况	（姓名或名称）	（案件地位）	（身份证件号）
关联案件情况（载明此前所经历程序或一并审理的案件）	（案号）	（结案日期）	（原审承办人）
收案日期		收案部门	
收案人		审查人	
立案审查结果		登记立案日期	
标的数额		拟适用程序	
法定审限	（月数）	（天数）	

【说明】

此表所载信息项目供参考，对具体编排顺序、载体等，各级法院可结合实际情况掌握。

ᠨᠢᠭᠡᠳᠦᠭᠡᠷ ᠪᠦᠯᠦᠭ ᠪᠠᠶᠢᠭᠤᠯᠤᠯᠭ᠎ᠠ ᠬᠤᠷᠢᠶᠠᠩᠭᠤᠢ ᠠᠷᠠᠳ ᠲᠥᠯᠦᠭᠡᠯᠡᠭᠴᠢᠨ ᠦ ᠬᠤᠷᠠᠯ ᠤᠨ
ᠪᠠᠶᠢᠩᠭ᠎ᠠ ᠶᠢᠨ ᠬᠣᠷᠢᠶ᠎ᠠ ᠶᠢᠨ ᠵᠢᠱᠢᠶ᠎ᠡ (ᠬᠡᠪ ᠵᠠᠭᠪᠤᠷ)

ᠠᠷᠠᠳ ᠲᠥᠯᠦᠭᠡᠯᠡᠭᠴᠢᠨ ᠦ ᠬᠤᠷᠠᠯ ᠤᠨ ᠪᠠᠶᠢᠩᠭ᠎ᠠ ᠶᠢᠨ ᠬᠣᠷᠢᠶ᠎ᠠ ᠶᠢᠨ ᠵᠢᠱᠢᠶ᠎ᠡ 1 : ᠠᠷᠠᠳ ᠲᠥᠯᠦᠭᠡᠯᠡᠭᠴᠢᠨ ᠦ ᠰᠣᠩᠭᠤᠭᠤᠯᠢ ᠶᠢᠨ ᠬᠣᠷᠢᠶ᠎ᠠ

(ᠨᠢᠭᠡᠳᠦᠭᠡᠷ ᠤᠳᠠᠭ᠎ᠠ ᠶᠢᠨ ᠠᠷᠠᠳ ᠲᠥᠯᠦᠭᠡᠯᠡᠭᠴᠢᠨ ᠦ ᠬᠤᠷᠠᠯ ᠤᠨ ᠬᠤᠷᠠᠯᠳᠠᠢ ᠳᠤ ᠪᠠᠲᠤᠯᠠᠭᠰᠠᠨ ᠪᠠᠶᠢᠭᠤᠯᠤᠯᠭ᠎ᠠ ᠶᠢᠨ ᠲᠤᠬᠠᠢ ᠶᠢᠨ ᠵᠠᠷᠯᠢᠭ)

×××××ᠬᠣᠲᠠ ᠶᠢᠨ ᠪᠠᠭᠤᠯᠲᠠ ᠶᠢᠨ ᠵᠢᠱᠢᠶ᠎ᠡ

ᠠᠷᠠᠳ ᠲᠥᠯᠦᠭᠡᠯᠡᠭᠴᠢᠨ ᠦ ᠬᠤᠷᠠᠯ ᠤᠨ ᠪᠠᠶᠢᠩᠭ᠎ᠠ ᠶᠢᠨ ᠬᠣᠷᠢᠶ᠎ᠠ

(ᠨᠢᠭᠡᠳᠦᠭᠡᠷ ᠤᠳᠠᠭ᠎ᠠ ᠶᠢᠨ ᠠᠷᠠᠳ ᠲᠥᠯᠦᠭᠡᠯᠡᠭᠴᠢᠨ ᠦ ᠬᠤᠷᠠᠯ ᠤᠨ ᠬᠤᠷᠠᠯᠳᠠᠢ ᠳᠤ ᠪᠠᠲᠤᠯᠠᠭᠰᠠᠨ ᠪᠠᠶᠢᠭᠤᠯᠤᠯᠭ᠎ᠠ ᠶᠢᠨ ᠲᠤᠬᠠᠢ ᠶᠢᠨ ᠵᠠᠷᠯᠢᠭ)

(××××)……ᠠᠷᠠᠳ ᠤᠨ ……ᠵᠠᠷᠯᠢᠭ

ᠰᠤᠩᠭᠤᠭᠳᠠᠭᠰᠠᠨ ×××……(ᠲᠤᠰ ᠬᠤᠷᠠᠯ ᠪᠡᠷ ᠪᠠᠲᠤᠯᠠᠭᠰᠠᠨ ᠲᠤᠬᠠᠢ ᠶᠢᠨ ᠵᠠᠷᠯᠢᠭ ᠢ ᠰᠣᠩᠭᠤᠭᠤᠯᠢ ᠪᠣᠯᠭᠠᠪᠠ)..
ᠲᠤᠰ ᠬᠤᠷᠠᠯ ᠳᠤ ᠲᠥᠯᠦᠭᠡᠯᠡᠭᠴᠢ ᠰᠣᠩᠭᠤᠭᠳᠠᠪᠠ ×××……(ᠲᠤᠰ ᠬᠤᠷᠠᠯ᠂ ᠲᠤᠬᠠᠢ ᠶᠢᠨ ᠵᠠᠷᠯᠢᠭ ᠢ ᠰᠣᠩᠭᠤᠭᠤᠯᠢ ᠪᠣᠯᠭᠠᠪᠠ)..
ᠨᠢᠭᠡᠳᠦᠭᠡᠷ ᠰᠣᠩᠭᠤᠭᠳᠠᠭᠰᠠᠨ (ᠪᠦᠬᠦ ᠬᠤᠷᠠᠯ ᠲᠥᠯᠦᠭᠡᠯᠡᠭᠴᠢᠨ ᠰᠣᠩᠭᠤᠭᠳᠠᠭᠰᠠᠨ᠂ ᠲᠤᠰ ᠬᠤᠷᠠᠯ ᠳᠤ ᠲᠥᠯᠦᠭᠡᠯᠡᠭᠴᠢ ᠰᠣᠩᠭᠤᠭᠳᠠᠭᠰᠠᠨ) ×××……(ᠲᠤᠰ ᠬᠤᠷᠠᠯ ᠪᠡᠷ ᠪᠠᠲᠤᠯᠠᠭᠰᠠᠨ ᠲᠤᠬᠠᠢ ᠶᠢᠨ ᠢ

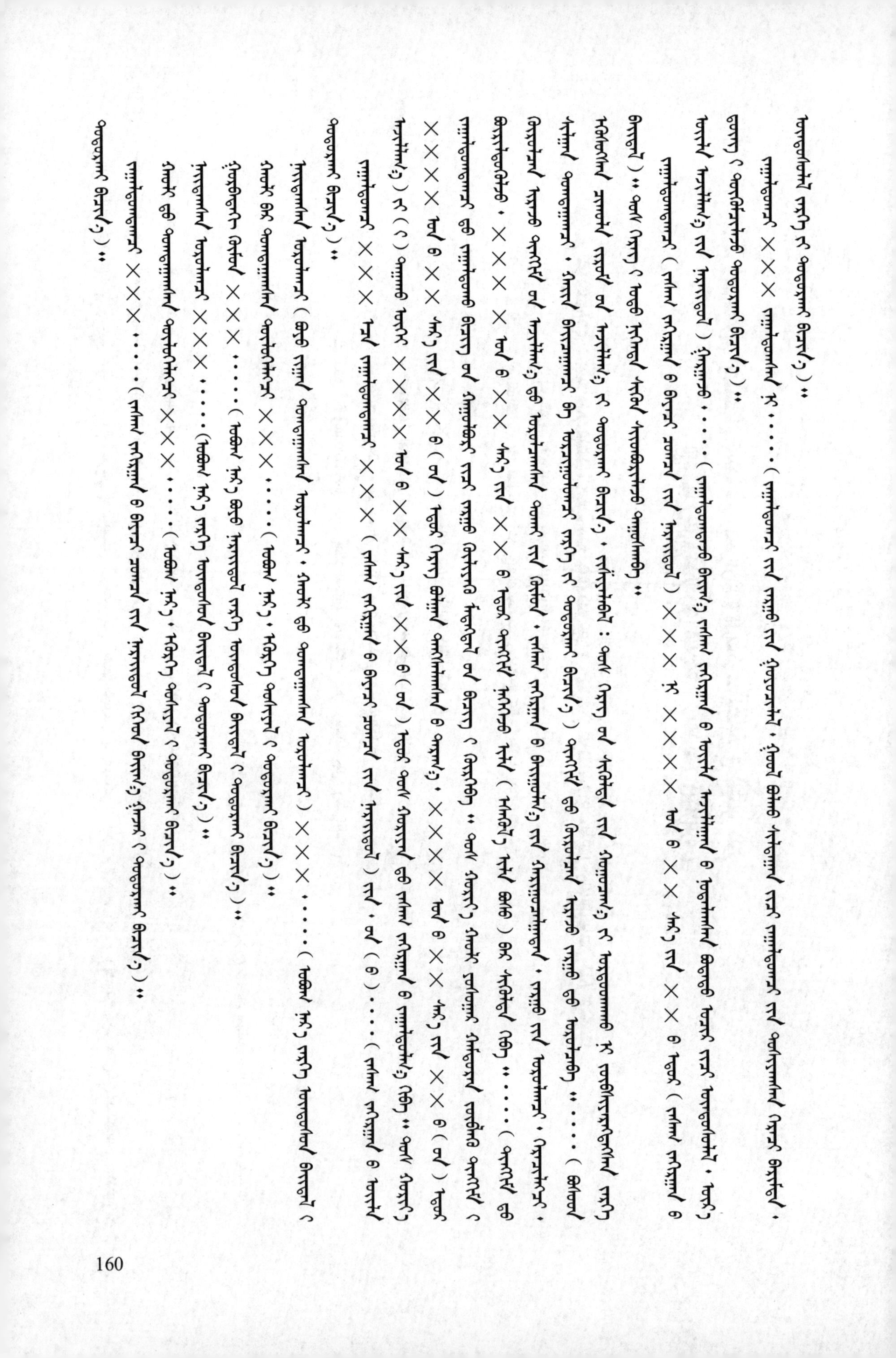

ᠠᠯᠢᠪᠠ ᠰᠤᠷᠭᠠᠭᠤᠯᠢ ᠪᠣᠯᠤᠨ᠎ᠠ ::

ᠪᠣ ᠠᠯᠢᠪᠠ ᠰᠤᠷᠭᠠᠭᠤᠯᠢ ᠪᠠᠢᠭ᠎ᠠ ᠶᠢᠨ ᠠᠵᠢᠯᠲᠠᠨ ᠤ᠋ ᠪᠠᠢᠳᠠᠯ ᠢ ᠮᠡᠳᠡᠭᠦᠯᠬᠦ ᠶᠢᠨ ᠲᠤᠯᠠᠭ᠎ᠠ ᠵᠠᠷᠯᠠᠯ ᠤ᠋ ᠨᠢ × × × × ᠰᠤᠷᠭᠠᠭᠤᠯᠢ ᠳᠤ ᠬᠦᠷᠭᠡᠨ ᠡ᠂ ᠬᠠᠷᠢᠭᠤ ᠪᠢᠴᠢᠭ ᠢ᠋ ᠪᠣᠯᠤᠨ᠎ᠠ

ᠪᠣᠯ ᠠᠯᠢᠪᠠ ᠠᠵᠢᠯᠲᠠᠨ ᠤ᠋ ᠪᠠᠢᠳᠠᠯ ᠢ ᠮᠡᠳᠡᠭᠦᠯᠬᠦ ᠶᠢᠨ ᠲᠤᠯᠠᠭ᠎ᠠ᠂ ᠠᠯᠢᠪᠠ ᠠᠵᠢᠯᠲᠠᠨ ᠤ᠋ ᠪᠠᠢᠭ᠎ᠠ ᠶᠢᠨ ᠪᠠᠢᠳᠠᠯ ᠢ ᠮᠡᠳᠡᠭᠦᠯᠬᠦ ᠶᠢᠨ ᠬᠠᠷᠢᠭᠤ ᠪᠢᠴᠢᠭ ᠪᠣᠯᠤᠨ᠎ᠠ

....(ᠬᠡᠯᠡᠬᠦ ᠶᠢᠨ ᠰᠢᠯᠭᠠᠯᠲᠠ ᠳᠤ ᠬᠠᠷᠢᠭᠤᠯᠬᠤ ᠶᠢ ᠮᠡᠳᠡᠭᠦᠯᠬᠦ ᠪᠠᠢᠨ᠎ᠠ)::

....(ᠠᠯᠢᠪᠠ ᠠᠵᠢᠯᠲᠠᠨ ᠤ᠋ ᠪᠠᠢᠳᠠᠯ ᠢ ᠮᠡᠳᠡᠭᠦᠯᠬᠦ ᠪᠠᠢᠨ᠎ᠠ)::

ᠬᠣᠶᠠᠷ ᠠᠯᠢᠪᠠ ᠠᠵᠢᠯ :

ᠠᠯᠢᠪᠠ ᠰᠤᠷᠭᠠᠭᠤᠯᠢ ᠶᠢᠨ ᠪᠠᠢᠭ᠎ᠠ ᠶᠢᠨ ᠠᠵᠢᠯ ᠤ᠋ᠨ ᠪᠠᠢᠳᠠᠯ ᠢ ᠮᠡᠳᠡᠭᠦᠯᠬᠦ᠂ ᠲᠣᠭᠠ ᠪᠠᠷᠢᠮᠲᠠ᠂ ᠪᠠᠢᠳᠠᠯ᠂ ᠠᠰᠠᠭᠤᠳᠠᠯ (ᠳᠤ ᠬᠠᠷᠢᠭᠤᠯᠬᠤ ᠶᠢ ᠮᠡᠳᠡᠭᠦᠯᠬᠦ ᠪᠠᠢᠨ᠎ᠠ

ᠪᠣᠯ ᠰᠢᠯᠭᠠᠯᠲᠠ ᠶᠢᠨ ᠬᠠᠷᠢᠭᠤ ᠪᠣᠯ .....(ᠠᠯᠢᠪᠠ ᠰᠢᠯᠭᠠᠯᠲᠠ ᠶᠢᠨ ᠠᠯᠢᠪᠠ ᠠᠵᠢᠯᠲᠠᠨ ᠤ᠋ ᠰᠢᠯᠭᠠᠯᠲᠠ ᠶᠢ ᠮᠡᠳᠡᠭᠦᠯᠬᠦ ᠪᠠᠢᠨ᠎ᠠ)::.....(ᠠᠯᠢᠪᠠ ᠠᠵᠢᠯᠲᠠᠨ ᠤ᠋ ᠪᠠᠢᠳᠠᠯ ᠢ ᠮᠡᠳᠡᠭᠦᠯᠬᠦ ᠪᠠᠢᠨ᠎ᠠ)::

ᠠᠯᠢᠪᠠ ᠪᠠᠢᠭᠤᠯᠤᠯᠭ᠎ᠠ ᠶᠢᠨ ᠬᠠᠷᠢᠭᠤ ᠪᠢᠴᠢᠭ ᠢ ᠮᠡᠳᠡᠭᠦᠯᠬᠦ ᠪᠠᠢᠨ᠎ᠠ ::

ᠬᠠᠷᠢᠭᠤ ᠪᠠᠷ ᠠᠵᠢᠯ ᠪᠠᠢᠭᠤᠯᠬᠤ ×.....(ᠠᠯᠢᠪᠠ ᠰᠢᠯᠭᠠᠯᠲᠠ ᠶᠢᠨ ᠪᠠᠢᠭᠤᠯᠤᠯᠭ᠎ᠠ ᠶᠢᠨ ᠬᠠᠷᠢᠭᠤ ᠪᠢᠴᠢᠭ ᠢ ᠮᠡᠳᠡᠭᠦᠯᠬᠦ ᠪᠠᠢᠨ᠎ᠠ:: ᠪᠣᠯ ᠶᠢᠨ ᠠᠵᠢᠯ ᠤ᠋

ᠬᠠᠷᠢᠭᠤ ᠶᠢ ᠮᠡᠳᠡᠭᠦᠯᠬᠦ ᠪᠠᠢᠨ᠎ᠠ)::

ᠪᠣᠯ ᠰᠢᠯᠭᠠᠯᠲᠠ ᠶᠢᠨ ᠮᠡᠳᠡᠭᠦᠯᠬᠦ ᠠᠵᠢᠯ ᠤ᠋ ᠨᠢ ᠰᠢᠢᠳᠪᠦᠷᠢᠯᠡᠬᠦ ᠶᠢ ᠮᠡᠳᠡᠭᠦᠯᠬᠦ ᠬᠣᠶᠠᠷ : .....(ᠠᠯᠢᠪᠠ ᠰᠢᠯᠭᠠᠯᠲᠠ ᠶᠢᠨ ᠰᠢᠢᠳᠪᠦᠷᠢ ᠶᠢ ᠮᠡᠳᠡᠭᠦᠯᠬᠦ

ᠪᠠᠢᠭᠤᠯᠤᠯᠭ᠎ᠠ ᠰᠢᠯᠭᠠᠯᠲᠠ).....(ᠠᠵᠢᠯ ᠤ᠋ᠨ ᠪᠠᠢᠳᠠᠯ ᠤ᠋ ᠠᠵᠢᠯ ᠤ᠋ᠨ ᠬᠠᠷᠢᠭᠤ ᠶᠢ ᠮᠡᠳᠡᠭᠦᠯᠬᠦ ᠪᠠᠢᠨ᠎ᠠ)::

ᠠᠵᠢᠯ ᠤ᠋ᠨ ᠬᠠᠷᠢᠭᠤ ᠶᠢᠨ ᠠᠵᠢᠯ ᠤ᠋ᠨ ᠮᠡᠳᠡᠭᠦᠯᠬᠦ (ᠠᠵᠢᠯ ᠤ᠋ᠨ ᠬᠠᠷᠢᠭᠤ ᠶᠢᠨ ᠠᠵᠢᠯ ᠤ᠋ᠨ ᠮᠡᠳᠡᠭᠦᠯᠬᠦ᠂ ᠠᠵᠢᠯ ᠤ᠋ᠨ ᠬᠠᠷᠢᠭᠤ ᠶᠢᠨ ᠠᠵᠢᠯ ᠤ᠋ᠨ ᠮᠡᠳᠡᠭᠦᠯᠬᠦ

ᠪᠠᠢᠨ᠎ᠠ)::

ᠪᠣᠯ ᠰᠢᠯᠭᠠᠯᠲᠠ ᠶᠢᠨ ᠮᠡᠳᠡᠭᠦᠯᠬᠦ ᠠᠵᠢᠯ ᠤ᠋ᠨ ᠪᠠᠢᠳᠠᠯ ᠢ ᠮᠡᠳᠡᠭᠦᠯᠬᠦ : .....(ᠠᠵᠢᠯ ᠤ᠋ᠨ ᠪᠠᠢᠳᠠᠯ ᠤ᠋ᠨ ᠮᠡᠳᠡᠭᠦᠯᠬᠦ ᠶᠢᠨ ᠬᠠᠷᠢᠭᠤ ᠶᠢ ᠮᠡᠳᠡᠭᠦᠯᠬᠦ

ᠪᠠᠢᠭᠤᠯᠤᠯᠭ᠎ᠠ ᠶᠢᠨ ᠮᠡᠳᠡᠭᠦᠯᠬᠦ ᠪᠠᠢᠨ᠎ᠠ)::

ᠰᠢᠯᠭᠠᠯᠲᠠ ᠶᠢᠨ × × × ᠮᠡᠳᠡᠭᠦᠯᠬᠦ ×.....(ᠰᠢᠯᠭᠠᠯᠲᠠ ᠶᠢᠨ ᠠᠵᠢᠯ᠂ ᠠᠵᠢᠯ ᠤ᠋ᠨ ᠬᠠᠷᠢᠭᠤ ᠶᠢᠨ ᠰᠢᠯᠭᠠᠯᠲᠠ ᠶᠢᠨ ᠮᠡᠳᠡᠭᠦᠯᠬᠦ ᠠᠵᠢᠯ ᠤ᠋ᠨ ᠪᠠᠢᠳᠠᠯ᠂

ᠮᠡᠳᠡᠭ)·· 2 ......::

ᠳᠠᠭᠠᠯᠳᠤᠭᠤᠯᠬᠤ × × × ᠪᠣᠯ ᠰᠢᠯᠭᠠᠯᠲᠠ ᠶᠢᠨ ᠮᠡᠳᠡᠭᠦᠯᠬᠦ ᠠᠵᠢᠯ ᠤ᠋ᠨ ᠪᠠᠢᠳᠠᠯ᠂ ᠪᠠᠢᠭᠤᠯᠤᠯᠭ᠎ᠠ ᠶᠢᠨ ᠮᠡᠳᠡᠭᠦᠯᠬᠦ : 1 .....(ᠠᠵᠢᠯ ᠤ᠋ᠨ ᠪᠠᠢᠳᠠᠯ ᠤ᠋ᠨ ᠬᠠᠷᠢᠭᠤ ᠶᠢᠨ ᠮᠡᠳᠡᠭᠦᠯᠬᠦ

ᠳᠠᠭᠠᠯᠳᠤᠭᠤᠯᠬᠤ × × × ᠰᠢᠯᠭᠠᠯᠲᠠ ᠮᠡᠳᠡᠭᠦᠯᠬᠦ ×.....(ᠳᠠᠭᠠᠯᠳᠤᠭᠤᠯᠬᠤ ᠶᠢᠨ ᠰᠢᠯᠭᠠᠯᠲᠠ ᠮᠡᠳᠡᠭᠦᠯᠬᠦ ᠰᠢᠯᠭᠠᠯᠲᠠ ᠶᠢᠨ ᠠᠵᠢᠯ ᠤ᠋ᠨ ᠬᠠᠷᠢᠭᠤ ᠶᠢ ᠮᠡᠳᠡᠭᠦᠯᠬᠦ ᠪᠠᠢᠨ᠎ᠠ)::

[illegible] ᠪᠣᠯ ...

2. [illegible] ...

1. [illegible] ...

[illegible] ...

〔[illegible]〕

ᠲᠠᠢᠯᠪᠤᠷᠢ : [illegible]

ᠪᠢᠴᠢᠭᠴᠢ ×××

[illegible]

([illegible] ᠤ ᠲᠠᠮᠠᠭ᠎ᠠ)

×××× ᠣᠨ ᠤ ×× ᠰᠠᠷ᠎ᠠ ᠶᠢᠨ ×× ᠤ ᠡᠳᠦᠷ

ᠭᠡᠷᠡᠴᠢ ×××

ᠭᠡᠷᠡᠴᠢ ×××

ᠭᠡᠷᠡᠴᠢ [illegible] ×××

ᠪᠣᠯᠤᠭᠰᠠᠨ ᠳᠤ ᠬᠠᠷᠢᠶᠠᠯᠠᠭᠳᠠᠬᠤ ᠰᠤᠷᠭᠠᠭᠤᠯᠢ ᠶᠢᠨ ᠬᠡᠪᠯᠡᠯ ᠦᠨ ᠬᠣᠶᠠᠷ ᠣᠷᠣᠨ ᠤ ᠰᠤᠳᠤᠯᠭᠠᠨ ᠤ ᠭᠠᠷᠴᠠᠭ 《(2014) ᠤᠨ 0101 ᠳᠤᠭᠠᠷ ᠬᠡᠪᠯᠡᠯ 1 ᠳᠤᠭᠠᠷ》ᠳᠤ ᠨᠡᠢᠲᠡᠯᠡᠭᠰᠡᠨ᠃

3. ᠬᠣᠶᠠᠷ ᠣᠷᠣᠨ ᠤ ᠬᠠᠮᠲᠤ ᠰᠤᠷᠭᠠᠭᠤᠯᠢ ᠶᠢ ᠬᠥᠭᠵᠢᠭᠦᠯᠬᠦ᠂ ᠰᠤᠷᠭᠠᠯᠲᠠ ᠶᠢᠨ ᠬᠠᠮᠲᠤᠷᠠᠨ ᠠᠵᠢᠯᠯᠠᠭᠠ ᠶᠢ ᠪᠡᠬᠢᠵᠢᠭᠦᠯᠬᠦ ᠶᠢ ᠲᠠᠨ ᠪᠣᠯᠭᠠᠨ᠎ᠠ᠃

ᠰᠤᠷᠭᠠᠭᠤᠯᠢ ᠶᠢ ᠬᠥᠭᠵᠢᠭᠦᠯᠬᠦ ᠲᠤᠬᠠᠢ ᠬᠣᠶᠠᠷ ᠣᠷᠣᠨ ᠤ ᠬᠠᠮᠲᠤ ᠶᠢᠨ ᠬᠥᠲᠦᠯᠪᠦᠷᠢ ᠶᠢ ᠲᠣᠭᠲᠠᠭᠠᠬᠤ᠂ ᠰᠤᠷᠭᠠᠯᠲᠠ ᠶᠢᠨ ᠠᠵᠢᠯ ᠢ ᠳᠡᠭᠡᠷᠡ ᠥᠷᠭᠡᠵᠢᠭᠦᠯᠬᠦ᠂ ᠰᠤᠷᠭᠠᠭᠤᠯᠢ ᠶᠢᠨ ᠬᠦᠮᠦᠵᠢᠯ ᠢ ᠰᠠᠢᠵᠢᠷᠠᠭᠤᠯᠬᠤ ᠵᠡᠷᠭᠡ ᠪᠡᠷ ᠬᠣᠶᠠᠷ ᠣᠷᠣᠨ ᠤ ᠬᠠᠮᠲᠤᠷᠠᠨ ᠠᠵᠢᠯᠯᠠᠭᠠ ᠶᠢ ᠪᠡᠬᠢᠵᠢᠭᠦᠯᠬᠦ ᠬᠡᠷᠡᠭᠲᠡᠢ᠂ ᠰᠤᠷᠭᠠᠯᠲᠠ ᠶᠢᠨ ᠬᠥᠲᠦᠯᠪᠦᠷᠢ ᠶᠢ ᠰᠠᠢᠵᠢᠷᠠᠭᠤᠯᠬᠤ ᠪᠡᠷ ᠬᠢᠴᠢᠶᠡᠨᠭᠦᠶ᠎ᠡ ᠪᠠᠶᠢᠨ᠎ᠠ᠃ ᠰᠤᠷᠭᠠᠭᠤᠯᠢ ᠶᠢᠨ ᠬᠥᠭᠵᠢᠯ ᠢ ᠳᠡᠮᠵᠢᠬᠦ ᠳᠤ ᠬᠣᠶᠠᠷ ᠣᠷᠣᠨ ᠤ ᠬᠠᠮᠲᠤᠷᠠᠨ ᠠᠵᠢᠯᠯᠠᠭᠠ ᠶᠢᠨ ᠬᠡᠯᠡᠯᠴᠡᠭᠡᠨ ᠢ ᠥᠷᠭᠡᠵᠢᠭᠦᠯᠬᠦ ᠬᠡᠷᠡᠭᠲᠡᠢ᠃ ᠰᠤᠷᠭᠠᠭᠤᠯᠢ ᠶᠢᠨ ᠪᠠᠢᠭᠤᠯᠤᠯᠭ᠎ᠠ ᠶᠢᠨ ᠬᠠᠮᠲᠤᠷᠠᠯ ᠢ ᠪᠡᠬᠢᠵᠢᠭᠦᠯᠬᠦ᠂ ᠰᠤᠷᠭᠠᠭᠤᠯᠢ ᠶᠢᠨ ᠬᠥᠭᠵᠢᠯ ᠦᠨ ᠪᠣᠳᠯᠣᠭ᠎ᠠ ᠶᠢ ᠳᠡᠭᠡᠭᠰᠢᠯᠡᠭᠦᠯᠬᠦ ᠬᠡᠷᠡᠭᠲᠡᠢ᠃ ᠰᠤᠷᠭᠠᠭᠤᠯᠢ ᠶᠢ ᠬᠥᠭᠵᠢᠭᠦᠯᠬᠦ ᠳᠤ ᠬᠣᠶᠠᠷ ᠣᠷᠣᠨ ᠤ ᠬᠠᠮᠲᠤ ᠶᠢᠨ ᠬᠦᠴᠦᠨ ᠢ ᠨᠢᠭᠡᠳᠬᠡᠬᠦ᠂ ᠬᠣᠶᠠᠷ ᠣᠷᠣᠨ ᠤ ᠰᠤᠷᠭᠠᠯᠲᠠ ᠶᠢᠨ ᠬᠠᠮᠲᠤᠷᠠᠯ ᠢ ᠪᠡᠬᠢᠵᠢᠭᠦᠯᠬᠦ ᠶᠢᠨ ᠲᠥᠯᠥᠭᠡ (ᠰᠤᠷᠭᠠᠯᠲᠠ ᠶᠢᠨ ᠬᠠᠮᠲᠤᠷᠠᠯ ᠤᠨ · · · · 》ᠳᠤ ᠳᠤᠷᠠᠳᠤᠭᠰᠠᠨ ᠰᠤᠷᠭᠠᠭᠤᠯᠢ ᠶᠢᠨ ᠬᠥᠭᠵᠢᠯ ᠦᠨ ᠪᠣᠳᠯᠣᠭ᠎ᠠ ᠶᠢ ᠬᠡᠷᠡᠭᠵᠢᠭᠦᠯᠬᠦ᠂ ᠰᠤᠷᠭᠠᠯᠲᠠ ᠶᠢᠨ ᠬᠥᠲᠦᠯᠪᠦᠷᠢ ᠶᠢ 《ᠬᠣᠶᠠᠷ ᠣᠷᠣᠨ ᠤ ᠬᠠᠮᠲᠤ (ᠰᠤᠷᠭᠠᠯᠲᠠ ᠶᠢᠨ ᠬᠠᠮᠲᠤᠷᠠᠯ ᠤᠨ ᠭᠡᠷ᠎ᠡ ᠶᠢ ᠳᠠᠭᠠᠨ ᠰᠤᠷᠭᠠᠭᠤᠯᠢ ᠶᠢᠨ ᠬᠥᠭᠵᠢᠯ ᠢ ᠳᠡᠮᠵᠢᠬᠦ ᠶᠢ ᠲᠠᠨ ᠪᠣᠯᠭᠠᠨ᠎ᠠ᠃ ᠬᠣᠶᠠᠷ ᠣᠷᠣᠨ ᠤ ᠰᠤᠷᠭᠠᠭᠤᠯᠢ ᠶᠢᠨ ᠬᠥᠭᠵᠢᠯ ᠦᠨ ᠬᠡᠷᠡᠭᠴᠡᠭᠡ ᠶᠢ ᠬᠠᠩᠭᠠᠬᠤ ᠳᠤ ᠬᠠᠮᠲᠤ ᠶᠢᠨ ᠬᠦᠴᠦᠨ ᠢ ᠨᠢᠭᠡᠳᠬᠡᠬᠦ᠂ ᠰᠤᠷᠭᠠᠯᠲᠠ ᠶᠢᠨ ᠬᠠᠮᠲᠤᠷᠠᠯ ᠤᠨ ᠠᠵᠢᠯ ᠢ ᠶᠡᠬᠡᠳᠬᠡᠬᠦ ᠶᠢ ᠲᠠᠨ ᠪᠣᠯᠭᠠᠨ᠎ᠠ᠃

ᠬᠣᠶᠠᠷ ᠣᠷᠣᠨ ᠤ ᠰᠤᠷᠭᠠᠯᠲᠠ ᠶᠢᠨ ᠬᠠᠮᠲᠤᠷᠠᠯ ᠤᠨ ᠠᠵᠢᠯ ᠢ ᠪᠡᠬᠢᠵᠢᠭᠦᠯᠬᠦ ᠳᠤ ᠰᠤᠷᠭᠠᠭᠤᠯᠢ ᠶᠢᠨ ᠬᠥᠭᠵᠢᠯ ᠦᠨ ᠬᠡᠷᠡᠭᠴᠡᠭᠡ᠂ ᠬᠣᠶᠠᠷ ᠣᠷᠣᠨ ᠤ ᠬᠠᠮᠲᠤ ᠶᠢᠨ ᠪᠣᠳᠯᠣᠭ᠎ᠠ ᠳᠤ ᠲᠦᠰᠢᠭᠯᠡᠬᠦ ᠬᠡᠷᠡᠭᠲᠡᠢ᠃
《 ᠰᠤᠷᠭᠠᠯᠲᠠ ᠶᠢᠨ ᠬᠠᠮᠲᠤᠷᠠᠯ ᠤᠨ · · · · 》ᠳᠤ ᠲᠣᠳᠣᠷᠬᠠᠢᠯᠠᠭᠰᠠᠨ ᠪᠠᠶᠢᠨ᠎ᠠ᠂ ᠬᠣᠶᠠᠷ ᠣᠷᠣᠨ ᠤ ᠰᠤᠷᠭᠠᠯᠲᠠ ᠶᠢᠨ ᠬᠠᠮᠲᠤᠷᠠᠯ ᠢ ᠪᠡᠬᠢᠵᠢᠭᠦᠯᠬᠦ ᠶᠢᠨ ᠲᠥᠯᠥᠭᠡ ᠰᠤᠷᠭᠠᠭᠤᠯᠢ ᠶᠢᠨ ᠬᠥᠭᠵᠢᠯ ᠢ ᠳᠡᠮᠵᠢᠨ᠎ᠡ᠃ ᠰᠤᠷᠭᠠᠭᠤᠯᠢ ᠶᠢᠨ ᠬᠠᠮᠲᠤᠷᠠᠯ ᠤᠨ ᠠᠵᠢᠯ ᠢ ᠪᠡᠬᠢᠵᠢᠭᠦᠯᠬᠦ ᠶᠢᠨ ᠲᠥᠯᠥᠭᠡ ᠬᠣᠶᠠᠷ ᠣᠷᠣᠨ ᠤ ᠬᠠᠮᠲᠤ ᠶᠢᠨ ᠪᠣᠳᠯᠣᠭ᠎ᠠ ᠶᠢ ᠬᠡᠷᠡᠭᠵᠢᠭᠦᠯᠬᠦ ᠶᠢ ᠲᠠᠨ ᠪᠣᠯᠭᠠᠨ᠎ᠠ᠃

4. ᠬᠣᠶᠠᠷ ᠣᠷᠣᠨ ᠤ ᠬᠠᠮᠲᠤ ᠠᠵᠢᠯᠯᠠᠭᠠ ᠶᠢᠨ ᠪᠣᠳᠯᠣᠭ᠎ᠠ ᠳᠤ ᠰᠤᠷᠭᠠᠭᠤᠯᠢ ᠶᠢᠨ ᠬᠥᠭᠵᠢᠯ ᠢ ᠳᠡᠮᠵᠢᠬᠦ᠂ ᠰᠤᠷᠭᠠᠭᠤᠯᠢ ᠶᠢᠨ ᠬᠥᠭᠵᠢᠯ ᠦᠨ ᠬᠣᠶᠠᠷ ᠣᠷᠣᠨ ᠤ ᠪᠣᠳᠯᠣᠭ᠎ᠠ ᠶᠢᠨ ᠬᠡᠷᠡᠭᠵᠢᠭᠦᠯᠬᠦ᠂ ᠰᠤᠷᠭᠠᠭᠤᠯᠢ ᠶᠢᠨ ᠬᠥᠲᠦᠯᠪᠦᠷᠢ ᠶᠢ ᠪᠡᠬᠢᠵᠢᠭᠦᠯᠬᠦ ᠶᠢᠨ ᠲᠥᠯᠥᠭᠡ ᠬᠠᠮᠲᠤ ᠶᠢᠨ ᠬᠦᠴᠦᠨ ᠢ ᠨᠢᠭᠡᠳᠬᠡᠬᠦ ᠬᠡᠷᠡᠭᠲᠡᠢ᠃ ᠰᠤᠷᠭᠠᠭᠤᠯᠢ ᠶᠢᠨ ᠬᠥᠭᠵᠢᠯ ᠦᠨ ᠲᠥᠯᠥᠭᠡ ᠬᠠᠮᠲᠤᠷᠠᠨ ᠠᠵᠢᠯᠯᠠᠬᠤ ᠶᠢᠨ ᠬᠡᠷᠡᠭᠴᠡᠭᠡ ᠪᠣᠯᠤᠨ ᠰᠤᠷᠭᠠᠯᠲᠠ ᠶᠢᠨ ᠬᠥᠲᠦᠯᠪᠦᠷᠢ ᠶᠢ ᠰᠠᠢᠵᠢᠷᠠᠭᠤᠯᠬᠤ᠂ ᠬᠣᠶᠠᠷ ᠣᠷᠣᠨ ᠤ ᠰᠤᠷᠭᠠᠯᠲᠠ ᠶᠢᠨ ᠬᠠᠮᠲᠤᠷᠠᠯ ᠢ ᠥᠷᠭᠡᠵᠢᠭᠦᠯᠬᠦ ᠰᠤᠷᠭᠠᠭᠤᠯᠢ ᠶᠢᠨ ᠬᠥᠭᠵᠢᠯ ᠦᠨ ᠪᠣᠳᠯᠣᠭ᠎ᠠ ᠶᠢ ᠲᠣᠳᠣᠷᠬᠠᠢᠯᠠᠬᠤ ᠬᠡᠷᠡᠭᠲᠡᠢ᠃ ᠬᠣᠶᠠᠷ ᠣᠷᠣᠨ ᠤ ᠰᠤᠷᠭᠠᠭᠤᠯᠢ ᠶᠢᠨ ᠬᠥᠭᠵᠢᠯ ᠦᠨ ᠬᠥᠲᠦᠯᠪᠦᠷᠢ ᠶᠢ ᠲᠣᠭᠲᠠᠭᠠᠬᠤ ᠪᠠᠶᠢᠨ᠎ᠠ᠃

5. ᠭᠦᠢᠴᠡᠳᠬᠡᠬᠦ ᠪᠠᠢᠳᠠᠯ ᠬᠠᠮᠲᠤ ᠳᠤ ᠲᠤᠰᠬᠠᠢᠯᠠᠭᠰᠠᠨ ᠪᠣᠯᠪᠠᠰᠤ ᠂ ᠭᠦᠢᠴᠡᠳᠬᠡᠬᠦ ᠪᠠᠢᠳᠠᠯ ᠤᠨ ᠲᠤᠰᠬᠠᠢᠯᠠᠭᠰᠠᠨ ᠶᠠᠪᠤᠴᠠ ᠳᠤ ᠳᠠᠭᠠᠰᠤᠭᠰᠠᠨ ᠂ ᠭᠦᠢᠴᠡᠳᠬᠡᠬᠦ ᠪᠠᠢᠳᠠᠯ ᠤᠨ ᠪᠣᠯᠤᠨ᠎ᠠ ᠳᠤᠷᠠᠰᠬᠠᠯ ᠢ ᠠᠯᠢᠪᠠ ᠦᠭᠡᠢ ᠲᠣᠭᠲᠠᠨ᠎ᠠ ᠃

6. ᠬᠣᠷᠢᠭᠯᠠᠭᠰᠠᠨ ᠬᠠᠷᠢᠶᠠᠯᠠᠯ ᠢ ᠬᠡᠷᠡᠭᠵᠢᠭᠦᠯᠬᠦ ᠶᠠᠪᠤᠳᠠᠯ ᠤᠨ ᠬᠡᠮᠵᠢᠶ᠎ᠡ ᠶᠢᠨ ᠳᠡᠭᠡᠷᠡ ᠬᠦᠷᠭᠡᠭᠰᠡᠨ ᠪᠣᠯᠪᠠᠰᠤ ᠂ ᠬᠠᠷᠢᠶᠠᠯᠠᠯ ᠤᠨ ᠰᠢᠭᠦᠨ ᠲᠠᠰᠤᠯᠤᠯ ᠤᠨ ᠬᠡᠮᠵᠢᠶ᠎ᠡ ᠪᠡᠷ ᠲᠣᠭᠲᠠᠭᠠᠨ᠎ᠠ ᠃ ᠬᠡᠷᠪᠡ ᠲᠤᠰ ᠬᠡᠷᠡᠭ ᠦᠨ ᠰᠢᠭᠦᠨ ᠲᠠᠰᠤᠯᠤᠯ ᠤᠨ ᠬᠠᠷᠢᠶᠠᠯᠠᠯ ᠳᠤ ᠬᠠᠮᠠᠭᠠᠷᠠᠭᠳᠠᠬᠤ ᠪᠣᠯᠤᠨ᠎ᠠ ᠃

7. ᠬᠡᠷᠡᠭ ᠦᠨ ᠰᠢᠭᠦᠯᠲᠡ ᠂ ᠰᠢᠭᠦᠨ ᠲᠠᠰᠤᠯᠬᠤ ᠶᠠᠪᠤᠴᠠ ᠳᠤ ᠬᠠᠮᠠᠭᠠᠷᠠᠬᠤ ᠪᠣᠯᠤᠨ᠎ᠠ ᠃ ᠬᠡᠷᠪᠡ ᠲᠤᠰ ᠬᠡᠷᠡᠭ ᠦᠨ 《 ×× ××× 》ᠶᠢᠨ ᠬᠠᠷᠢᠶᠠᠯᠠᠯ ᠤᠨ ᠰᠢᠭᠦᠨ ᠲᠠᠰᠤᠯᠤᠯ ᠢ ᠬᠦᠴᠦᠨ ᠲᠡᠢ ᠪᠣᠯᠭᠠᠪᠠ ᠂ 《 ××× 》ᠶᠢᠨ ᠬᠡᠷᠡᠭᠵᠢᠭᠦᠯᠬᠦ ᠪᠢᠴᠢᠭ ᠢ ᠬᠦᠯᠢᠶᠡᠨ ᠠᠪᠤᠭᠰᠠᠨ ᠪᠣᠯᠪᠠᠰᠤ ᠂ ××× ᠶᠢᠨ ᠬᠡᠷᠡᠭ ᠦᠨ ᠬᠠᠷᠢᠶᠠᠯᠠᠯ ᠢ ᠲᠣᠭᠲᠠᠭᠠᠨ᠎ᠠ ᠃ ×× ᠶᠢᠨ 《 ××× 》ᠪᠣᠯᠤᠨ ᠰᠢᠭᠦᠨ ᠲᠠᠰᠤᠯᠤᠯ ᠤᠨ ᠬᠦᠴᠦᠨ ᠢ ᠲᠣᠭᠲᠠᠭᠠᠨ᠎ᠠ ᠃ ××× ᠶᠢᠨ ᠬᠡᠷᠡᠭ ᠦᠨ ᠪᠠᠷᠢᠮᠲᠠ ᠪᠢᠴᠢᠭ (ᠬᠣᠤᠯᠢ ᠶᠢᠨ) ᠬᠠᠷᠢᠶᠠᠯᠠᠯ ᠤᠨ ᠰᠢᠭᠦᠨ ᠲᠠᠰᠤᠯᠤᠯ ᠳᠤ ᠲᠤᠰᠬᠠᠷᠯᠠᠬᠤ ᠬᠦᠷᠢᠶ᠎ᠡ ᠨᠢ ᠃

ᠶᠠᠷᠢᠭ᠎ᠠ ᠳᠤ ᠳᠠᠮᠵᠢᠭᠤᠯᠬᠤ ᠶᠢᠨ ᠬᠡᠯᠡ ᠳᠦ ᠪᠠᠶᠢᠳᠠᠯ ᠢ ᠲᠣᠳᠣᠷᠬᠠᠶᠢᠯᠠᠭᠰᠠᠨ ᠂ ᠶᠠᠷᠢᠭ᠎ᠠ ᠳᠤ ᠰᠢᠯᠵᠢᠬᠦ ᠦᠭᠡ ᠪᠡᠷ ᠂ ᠰᠢᠯᠵᠢᠬᠦ ᠶᠠᠷᠢᠭ᠎ᠠ ᠳᠤ ᠪᠠᠶᠢᠳᠠᠯ ᠢ ᠲᠣᠳᠣᠷᠬᠠᠶᠢᠯᠠᠭᠰᠠᠨ ᠂ ᠶᠠᠷᠢᠭ᠎ᠠ ᠶᠢᠨ ᠬᠡᠯᠡᠨ ᠦ ᠪᠠᠶᠢᠳᠠᠯ ᠢ ᠲᠣᠳᠣᠷᠬᠠᠶᠢᠯᠠᠭᠰᠠᠨ ᠪᠣᠯᠤᠨ᠎ᠠ ᠃ ᠲᠡᠭᠦᠨ ᠦ ᠬᠡᠯᠡᠨ ᠦ ᠰᠢᠨᠵᠢ ᠶᠢ ᠲᠣᠳᠣᠷᠬᠠᠶᠢᠯᠠᠬᠤ ᠳᠤ ᠶᠠᠷᠢᠭ᠎ᠠ ᠶᠢᠨ ᠬᠡᠯᠡᠨ ᠦ ᠪᠠᠶᠢᠳᠠᠯ ᠢ ᠲᠣᠳᠣᠷᠬᠠᠶᠢᠯᠠᠬᠤ ᠪᠣᠯᠤᠨ᠎ᠠ ᠃

(1) ᠲᠡᠭᠦᠨ ᠴᠢᠯᠡ ᠂ ᠲᠡᠭᠦᠨ ᠦ ᠬᠡᠯᠡᠨ ᠦ ᠰᠤᠳᠤᠯᠤᠯ ᠂ ᠲᠣᠳᠣᠷᠬᠠᠶᠢᠯᠠᠯ ᠶᠢᠨ ᠤᠳᠬ᠎ᠠ ᠶᠢ ᠪᠡᠶᠡᠯᠡᠭᠦᠯᠬᠦ ᠶᠢᠨ ᠲᠤᠯᠠ ᠂ ᠰᠢᠨᠵᠢ ᠶᠢᠨ ᠰᠢᠨᠵᠢᠯᠡᠯ ᠶᠢ ᠬᠠᠷᠢᠴᠠᠭᠤᠯᠪᠠᠯ ᠄

ᠰᠣᠨᠢᠷᠬᠠᠯ ᠲᠠᠢ ᠶᠠᠷᠢᠭ᠎ᠠ ᠶᠢᠨ ᠬᠡᠯᠡ ᠳᠦ ᠪᠣᠯᠤᠨ᠎ᠠ ᠃ ᠶᠠᠷᠢᠭ᠎ᠠ ᠲᠠᠢ ᠬᠠᠷᠢᠴᠠᠭᠤᠯᠤᠯ ᠲᠣᠳᠣᠷᠬᠠᠶᠢᠯᠠᠯ ᠢ ᠲᠣᠳᠣᠷᠬᠠᠶᠢᠯᠠᠬᠤ ᠶᠢᠨ ᠰᠢᠨᠵᠢ ᠶᠢ ᠬᠠᠷᠢᠴᠠᠭᠤᠯᠪᠠᠯ ᠂ ᠶᠠᠷᠢᠭ᠎ᠠ ᠶᠢᠨ ᠬᠡᠯᠡᠨ ᠦ ᠰᠢᠨᠵᠢ ᠶᠢ ᠲᠣᠳᠣᠷᠬᠠᠶᠢᠯᠠᠬᠤ ᠪᠣᠯᠤᠨ᠎ᠠ ᠃

2. ᠲᠡᠭᠦᠨ ᠴᠢᠯᠡ ᠶᠢᠨ ᠰᠤᠳᠤᠯᠤᠯ ᠂ ᠲᠣᠳᠣᠷᠬᠠᠶᠢᠯᠠᠯ ᠲᠠᠢ ᠶᠠᠷᠢᠭ᠎ᠠ ᠶᠢᠨ ᠬᠡᠯᠡᠨ ᠦ ᠰᠢᠨᠵᠢ ᠶᠢ ᠲᠣᠳᠣᠷᠬᠠᠶᠢᠯᠠᠨ ᠪᠣᠯᠤᠨ᠎ᠠ ᠃ ᠰᠣᠨᠢᠷᠬᠠᠯ ᠲᠠᠢ ᠬᠡᠯᠡᠨ ᠦ ᠰᠢᠨᠵᠢ ᠶᠢ ᠲᠣᠳᠣᠷᠬᠠᠶᠢᠯᠠᠭᠰᠠᠨ ᠪᠣᠯᠤᠨ᠎ᠠ ᠃ ᠲᠡᠭᠦᠨ ᠦ ᠬᠡᠯᠡᠨ ᠦ ᠰᠤᠳᠤᠯᠤᠯ ᠤᠨ ᠤᠳᠬ᠎ᠠ ᠶᠢ ᠲᠣᠳᠣᠷᠬᠠᠶᠢᠯᠠᠬᠤ ᠶᠢᠨ ᠬᠠᠮᠲᠤ ᠂ ᠶᠠᠷᠢᠭ᠎ᠠ ᠶᠢᠨ ᠰᠢᠨᠵᠢ ᠶᠢ ᠪᠠᠰᠠ ᠲᠣᠳᠣᠷᠬᠠᠶᠢᠯᠠᠨ᠎ᠠ ᠃ ᠬᠡᠯᠡᠨ ᠦ ᠰᠤᠳᠤᠯᠤᠯ ᠤᠨ ᠮᠠᠭᠠᠳ ᠪᠣᠯᠤᠨ᠎ᠠ ᠃

1. ᠬᠡᠯᠡᠨ ᠦ ᠰᠤᠳᠤᠯᠤᠯ ᠤᠨ ᠲᠣᠳᠣᠷᠬᠠᠶᠢᠯᠠᠯ ᠲᠠᠢ ᠶᠠᠷᠢᠭ᠎ᠠ ᠳᠤ ᠰᠢᠨᠵᠢᠯᠡᠨ ᠰᠤᠳᠤᠯᠬᠤ ᠶᠢᠨ ᠬᠠᠮᠲᠤ ᠂ ᠮᠣᠩᠭᠣᠯ ᠬᠡᠯᠡᠨ ᠦ ᠰᠤᠳᠤᠯᠤᠯ ᠤᠨ ᠲᠣᠳᠣᠷᠬᠠᠶᠢᠯᠠᠯ ᠦᠨ ᠰᠤᠳᠤᠯᠬᠤ ᠶᠠᠪᠤᠴᠠ ᠶᠢ ᠬᠠᠷᠢᠴᠠᠭᠤᠯᠪᠠᠯ ᠄

ᠲᠡᠭᠦᠨ ᠦ ᠶᠠᠷᠢᠭ᠎ᠠ ᠶᠢᠨ ᠪᠠᠶᠢᠳᠠᠯ ᠢ ᠲᠣᠳᠣᠷᠬᠠᠶᠢᠯᠠᠭᠰᠠᠨ ᠰᠤᠳᠤᠯᠭ᠎ᠠ ᠂ 《ᠲᠡᠭᠦᠨ ᠦ ᠰᠢᠨᠵᠢᠯᠡᠯ》 ᠳᠦ 《ᠲᠡᠭᠦᠨ ᠦ ᠰᠤᠳᠤᠯᠤᠯ》 ᠪᠠ 《ᠶᠠᠷᠢᠭ᠎ᠠ》 ᠳᠤ ᠰᠤᠳᠤᠯᠤᠭᠰᠠᠨ ᠪᠣᠯᠤᠨ᠎ᠠ ᠃

ᠲᠡᠭᠦᠨ ᠦ ᠰᠤᠳᠤᠯᠤᠯ ᠤᠨ ᠬᠡᠯᠡᠨ ᠦ ᠪᠣᠳᠣᠭ᠎ᠠ ᠶᠠᠷᠢᠭ᠎ᠠ ᠳᠤ ᠲᠣᠳᠣᠷᠬᠠᠶᠢᠯᠠᠭᠰᠠᠨ ᠂ ᠬᠡᠯᠡᠨ ᠦ ᠰᠢᠨᠵᠢ ᠶᠢᠨ ᠰᠤᠳᠤᠯᠤᠯ ᠲᠠᠢ ᠂ ᠲᠡᠭᠦᠨ ᠦ ᠰᠢᠨᠵᠢᠯᠡᠯ ᠢ ᠰᠤᠳᠤᠯᠤᠭᠰᠠᠨ ᠪᠣᠯᠤᠨ᠎ᠠ ᠃ ᠪᠣᠳᠣᠭ᠎ᠠ ᠶᠠᠷᠢᠭ᠎ᠠ ᠳᠤ ᠲᠣᠳᠣᠷᠬᠠᠶᠢᠯᠠᠭᠰᠠᠨ ᠶᠠᠷᠢᠭ᠎ᠠ ᠶᠢᠨ ᠪᠠᠶᠢᠳᠠᠯ ᠢ 《ᠪᠣᠳᠣᠭ᠎ᠠ ᠶᠠᠷᠢᠭ᠎ᠠ》 ᠳᠤ ᠰᠤᠳᠤᠯᠤᠭᠰᠠᠨ ᠪᠣᠯᠤᠨ᠎ᠠ ᠄ ᠬᠡᠯᠡᠨ ᠦ ᠰᠤᠳᠤᠯᠤᠯ ᠤᠨ ᠲᠣᠳᠣᠷᠬᠠᠶᠢᠯᠠᠯ ᠦᠨ ᠪᠣᠳᠣᠭ᠎ᠠ ᠶᠢᠨ ᠶᠠᠷᠢᠭ᠎ᠠ ᠳᠤ ᠶᠢᠳᠡᠪᠬᠢ ᠂ ᠪᠣᠳᠣᠭ ᠳᠠᠭᠤᠯ

ᠰᠤᠳᠤᠯᠤᠭᠰᠠᠨ ᠲᠠᠢ ᠲᠣᠳᠣᠷᠬᠠᠶᠢᠯᠠᠭᠰᠠᠨ ᠪᠣᠯᠤᠨ᠎ᠠ ᠃ ᠲᠡᠭᠦᠨ ᠦ ᠪᠣᠳᠣᠭ᠎ᠠ ᠲᠠᠢ ᠬᠠᠷᠢᠴᠠᠭᠤᠯᠬᠤ ᠳᠤ ᠰᠢᠨᠵᠢᠯᠡᠨ ᠲᠠᠢ ᠲᠣᠳᠣᠷᠬᠠᠶᠢᠯᠠᠭᠰᠠᠨ ᠪᠣᠯᠤᠨ᠎ᠠ ᠃

ᠪᠣᠯᠤᠨ᠎ᠠ ᠄ ᠬᠡᠷᠡᠭ ᠦᠨ ᠲᠡᠮᠳᠡᠭᠯᠡᠯ ᠢ ᠪᠦᠷᠢᠳᠬᠡᠬᠦ ᠠᠷᠭ᠎ᠠ ᠮᠠᠲ᠋ᠧᠷᠢᠶᠠᠯ ᠪᠣᠯᠤᠨ᠎ᠠ ᠂ ᠠᠯᠢᠪᠠ ᠶᠢᠨ ᠬᠡᠷᠡᠭ ᠦᠨ ᠲᠡᠮᠳᠡᠭᠯᠡᠯ ᠪᠣᠯᠤᠨ᠎ᠠ ᠂ ᠬᠡᠷᠡᠭ ᠦᠨ ᠲᠠᠯ᠎ᠠ ᠶᠢᠨ ᠬᠡᠷᠡᠭ ᠲᠦ ᠪᠠ ᠬᠡᠷᠡᠭ ᠂ ᠮᠡᠳᠡᠭᠳᠡᠬᠦᠨ ᠦ ᠲᠡᠭᠦᠨ ᠦ ᠶᠠᠪᠤᠳᠠᠯ ᠬᠡᠷᠡᠭ ᠦᠨ ᠭᠡᠷᠡᠴᠢ ᠮᠡᠳᠡᠭᠳᠡᠯ ᠢ ᠲᠣᠭᠲᠠᠭᠠᠬᠤ ᠪᠠ ᠬᠡᠷᠡᠭ ᠦᠨ ᠭᠡᠷᠡᠴᠢ ᠪᠣᠯᠭᠠᠬᠤ ᠪᠢᠴᠢᠭ ᠮᠠᠲ᠋ᠧᠷᠢᠶᠠᠯ ᠪᠣᠯᠤᠨ᠎ᠠ ᠄ ᠬᠡᠷᠡᠭ ᠦᠨ ᠭᠡᠷᠡᠴᠢ ᠪᠣᠯᠭᠠᠬᠤ ᠪᠢᠴᠢᠭ ᠮᠠᠲ᠋ᠧᠷᠢᠶᠠᠯ ᠢ ᠲᠣᠭᠲᠠᠭᠠᠬᠤ ᠳᠤ ᠂ ᠬᠡᠷᠡᠭ ᠦᠨ ᠮᠡᠳᠡᠭᠳᠡᠬᠦᠨ ᠦ ᠲᠡᠮᠳᠡᠭᠯᠡᠯ ᠪᠣᠯᠤᠨ᠎ᠠ ᠄ ᠬᠡᠷᠡᠭ ᠢ ᠪᠠᠷᠢᠮᠲᠠ ᠶᠢᠨ ᠬᠡᠷᠡᠭᠰᠡᠯ ᠢ ᠬᠡᠷᠡᠭ ᠦᠨ ᠭᠡᠷᠡᠴᠢ ᠪᠣᠯᠭᠠᠬᠤ ᠪᠢᠴᠢᠭ ᠮᠠᠲ᠋ᠧᠷᠢᠶᠠᠯ ᠢ ᠮᠡᠳᠡᠭᠳᠡᠬᠦ ᠪᠣᠯᠤᠨ᠎ᠠ ᠄ ᠬᠡᠷᠡᠭ ᠦᠨ ᠲᠣᠭᠲᠠᠭᠠᠯ ᠦᠨ ᠡᠷᠬᠡ ᠬᠡᠮᠵᠢᠶ᠎ᠡ ᠪᠣᠯ ᠬᠡᠷᠡᠭ ᠦᠨ ᠭᠡᠷᠡᠴᠢ ᠪᠣᠯᠭᠠᠬᠤ ᠪᠢᠴᠢᠭ ᠮᠠᠲ᠋ᠧᠷᠢᠶᠠᠯ ᠤᠨ ᠰᠢᠨᠵᠢ ᠴᠢᠨᠠᠷ ᠢ ᠲᠣᠳᠣᠷᠬᠠᠶᠢᠯᠠᠬᠤ ᠪᠠ ᠬᠡᠷᠡᠭ ᠢ ᠪᠠᠲᠤᠯᠠᠬᠤ ᠪᠣᠯᠤᠨ᠎ᠠ ᠄ ᠬᠡᠷᠡᠭ ᠦᠨ ᠲᠡᠮᠳᠡᠭᠯᠡᠯ ᠢ ᠪᠦᠷᠢᠳᠬᠡᠬᠦ ᠬᠡᠷᠡᠭᠰᠡᠯ ᠪᠠᠷ ᠳᠠᠮᠵᠢᠭᠤᠯᠬᠤ ᠲᠠᠯ᠎ᠠ ᠶᠢᠨ ᠬᠡᠷᠡᠭ ᠢ ᠪᠠᠷᠢᠮᠲᠠ ᠪᠣᠯᠭᠠᠨ᠎ᠠ ᠄

4. 《ᠬᠡᠷᠡᠭ ᠦᠨ ᠲᠠᠯ᠎ᠠ ᠶᠢᠨ ᠬᠡᠷᠡᠭ ᠦᠨ ᠡᠷᠬᠡ ᠪᠣᠯ ᠬᠡᠷᠡᠭ》 ᠪᠣᠯᠤᠨ 《ᠬᠡᠷᠡᠭ ᠦᠨ ᠲᠣᠭᠲᠠᠭᠠᠯ ᠤᠨ ᠬᠠᠤᠯᠢ》 ᠶᠢᠨ ᠳᠦᠷᠢᠮ ᠪᠡᠷ ᠂ ᠬᠡᠷᠡᠭ ᠦᠨ ᠲᠠᠯ᠎ᠠ ᠶᠢᠨ ᠲᠣᠭᠲᠠᠭᠠᠯ ᠢ ᠬᠡᠷᠡᠭᠵᠢᠭᠦᠯᠬᠦ ᠮᠠᠲ᠋ᠧᠷᠢᠶᠠᠯ ᠪᠣᠯᠬᠤ ᠂ ᠪᠣᠯᠣᠨ ᠪᠣᠯᠤᠨ᠎ᠠ ᠬᠡᠷᠡᠭ ᠦᠨ ᠲᠠᠯ᠎ᠠ ᠶᠢᠨ ᠬᠡᠷᠡᠭ ᠢ ᠲᠣᠭᠲᠠᠭᠠᠬᠤ ᠪᠢᠴᠢᠭ ᠮᠠᠲ᠋ᠧᠷᠢᠶᠠᠯ ᠂ ᠬᠡᠷᠡᠭ ᠦᠨ ᠲᠡᠮᠳᠡᠭᠯᠡᠯ ᠢ ᠪᠦᠷᠢᠳᠬᠡᠬᠦ ᠠᠷᠭ᠎ᠠ ᠬᠡᠮᠵᠢᠶ᠎ᠡ ᠄ ᠲᠣᠭᠲᠠᠭᠠᠯ ᠢ ᠬᠡᠷᠡᠭᠵᠢᠭᠦᠯᠬᠦ ᠲᠣᠭᠲᠠᠭᠠᠯ ᠤᠨ ᠪᠢᠴᠢᠭ ᠮᠠᠲ᠋ᠧᠷᠢᠶᠠᠯ ᠤᠨ ᠬᠡᠷᠡᠭᠰᠡᠯ ᠢ ᠮᠡᠳᠡᠭᠳᠡᠨ᠎ᠡ ᠄

3. ᠬᠡᠷᠡᠭ ᠦᠨ ᠲᠠᠯ᠎ᠠ ᠶᠢᠨ ᠮᠡᠳᠡᠭᠳᠡᠯ ᠂ ᠮᠡᠳᠡᠭᠳᠡᠯ ᠦᠨ ᠬᠡᠮᠵᠢᠶ᠎ᠡ ᠳᠦ ᠪᠠᠷ ᠂ ᠬᠡᠷᠡᠭ ᠦᠨ ᠲᠠᠯ᠎ᠠ ᠶᠢᠨ ᠬᠡᠮᠵᠢᠶ᠎ᠡ ᠳᠦ ᠪᠠᠭᠲᠠᠬᠤ ᠪᠠ ᠂ ᠬᠡᠷᠡᠭ ᠦᠨ ᠲᠠᠯ᠎ᠠ ᠶᠢᠨ ᠬᠡᠮᠵᠢᠶ᠎ᠡ ᠳᠦ ᠪᠠᠭᠲᠠᠭᠤᠯᠤᠨ ᠲᠣᠭᠲᠠᠭᠠᠬᠤ ᠪᠣᠯᠤᠨ᠎ᠠ ᠂ ᠪᠠᠷᠢᠮᠲᠠ ᠮᠡᠳᠡᠭᠳᠡᠯ ᠳᠦ ᠬᠠᠮᠢᠶᠠᠷᠤᠨ᠎ᠠ ᠄ ᠬᠡᠷᠡᠭ ᠦᠨ ᠲᠠᠯ᠎ᠠ ᠶᠢᠨ ᠬᠡᠮᠵᠢᠶ᠎ᠡ ᠳᠦ ᠪᠢᠴᠢᠭ ᠮᠠᠲ᠋ᠧᠷᠢᠶᠠᠯ ᠂ ᠮᠡᠳᠡᠭᠳᠡᠯ ᠦᠨ ᠬᠡᠷᠡᠭ ᠢ ᠬᠠᠮᠢᠶᠠᠷᠤᠭᠤᠯᠤᠨ᠎ᠠ ᠄ ᠲᠣᠭᠲᠠᠭᠠᠬᠤ ᠪᠠ ᠂ ᠲᠣᠭᠲᠠᠭᠠᠬᠤ ᠪᠢᠴᠢᠭ ᠮᠠᠲ᠋ᠧᠷᠢᠶᠠᠯ ᠂ ᠲᠣᠭᠲᠠᠭᠠᠬᠤ (ᠪᠢᠴᠢᠭ ᠮᠠᠲ᠋ᠧᠷᠢᠶᠠᠯ) ᠤᠨ ᠬᠡᠮᠵᠢᠶ᠎ᠡ ᠳᠦ ᠪᠠᠭᠲᠠᠬᠤ ᠂ ᠲᠣᠭᠲᠠᠭᠠᠬᠤ ᠪᠠᠷ ᠂ ᠬᠡᠷᠡᠭ ᠦᠨ ᠲᠠᠯ᠎ᠠ ᠶᠢᠨ ᠮᠡᠳᠡᠭᠳᠡᠯ ᠪᠠᠷ ᠬᠠᠮᠢᠶᠠᠷᠤᠭᠤᠯᠤᠨ᠎ᠠ ᠂ ᠲᠣᠭᠲᠠᠭᠠᠭᠰᠠᠨ ᠪᠠᠷ ᠮᠡᠳᠡᠭᠳᠡᠯ ᠦᠨ ᠬᠡᠷᠡᠭ ᠪᠣᠯᠤᠨ᠎ᠠ ᠄ ᠬᠡᠷᠡᠭ ᠦᠨ ᠲᠠᠯ᠎ᠠ ᠶᠢᠨ ᠬᠡᠮᠵᠢᠶ᠎ᠡ ᠳᠦ ᠪᠠᠷᠢᠮᠲᠠ ᠮᠡᠳᠡᠭᠳᠡᠯ ᠢ ᠲᠣᠭᠲᠠᠭᠠᠬᠤ ᠶᠢᠨ ᠬᠡᠷᠡᠭ ᠢ ᠬᠠᠮᠢᠶᠠᠷᠤᠭᠤᠯᠤᠨ᠎ᠠ ᠂ ᠬᠡᠷᠡᠭ ᠦᠨ ᠲᠠᠯ᠎ᠠ ᠶᠢᠨ ᠮᠡᠳᠡᠭᠳᠡᠯ ᠪᠠᠷ ᠲᠣᠭᠲᠠᠭᠠᠬᠤ ᠪᠣᠯᠤᠨ᠎ᠠ ᠄ ᠬᠡᠷᠡᠭ ᠦᠨ ᠲᠠᠯ᠎ᠠ ᠶᠢᠨ ᠬᠡᠮᠵᠢᠶ᠎ᠡ ᠳᠦ ᠲᠣᠭᠲᠠᠭᠠᠬᠤ ᠮᠡᠳᠡᠭᠳᠡᠯ ᠢ ᠬᠡᠷᠡᠭᠵᠢᠭᠦᠯᠬᠦ ᠶᠢᠨ ᠬᠠᠮᠲᠤ ᠂ ᠲᠣᠭᠲᠠᠭᠠᠬᠤ ᠮᠡᠳᠡᠭᠳᠡᠯ ᠢ ᠬᠡᠷᠡᠭ ᠦᠨ ᠲᠠᠯ᠎ᠠ ᠶᠢᠨ ᠬᠡᠷᠡᠭᠰᠡᠯ ᠪᠣᠯᠭᠠᠨ᠎ᠠ ᠄ ᠬᠡᠷᠡᠭ ᠦᠨ ᠲᠠᠯ᠎ᠠ ᠶᠢᠨ ᠬᠡᠮᠵᠢᠶ᠎ᠡ ᠳᠦ ᠪᠠᠭᠲᠠᠬᠤ ᠮᠡᠳᠡᠭᠳᠡᠯ ᠢ ᠬᠡᠷᠡᠭᠵᠢᠭᠦᠯᠬᠦ ᠪᠣᠯᠤᠨ᠎ᠠ ᠄

(2) ᠬᠡᠷᠡᠭ ᠦᠨ ᠲᠣᠭᠲᠠᠭᠠᠯ ᠤᠨ ᠮᠡᠳᠡᠭᠳᠡᠯ ᠢ ᠲᠣᠭᠲᠠᠭᠠᠬᠤ ᠪᠣᠯᠤᠨ᠎ᠠ ᠂ ᠪᠢᠳᠡ ᠬᠡᠷᠡᠭ ᠦᠨ ᠮᠡᠳᠡᠭᠳᠡᠯ ᠢ ᠲᠣᠭᠲᠠᠭᠠᠬᠤ ᠪᠣᠯᠤᠨ᠎ᠠ ᠄ ᠪᠢᠳᠡ ᠬᠡᠷᠡᠭ ᠦᠨ ᠲᠣᠳᠤᠷᠬᠠᠶᠢᠯᠠᠯ ᠤᠨ ᠪᠢᠴᠢᠭ ᠮᠠᠲ᠋ᠧᠷᠢᠶᠠᠯ ᠂ ᠬᠡᠷᠡᠭᠰᠡᠯ ᠢ ᠲᠣᠭᠲᠠᠭᠠᠬᠤ ᠪᠣᠯᠤᠨ᠎ᠠ ᠄ ᠬᠡᠷᠡᠭ ᠦᠨ ᠮᠡᠳᠡᠭᠳᠡᠯ ᠢ ᠲᠣᠭᠲᠠᠭᠠᠬᠤ ᠪᠣᠯᠤᠨ᠎ᠠ ᠄

ᠰᠤᠷᠭᠠᠭᠤᠯᠢ ᠶᠢᠨ ᠰᠤᠷᠬᠤ ᠬᠡᠷᠡᠭᠰᠡᠯ ᠢ ᠬᠠᠩᠭᠠᠬᠤ ᠳᠤ ᠴᠢᠬᠤᠯᠠ ᠠᠴᠢ ᠬᠣᠯᠪᠣᠭᠳᠠᠯ ᠲᠠᠢ ᠪᠣᠯᠤᠨ᠎ᠠ ᠃ ᠡᠨᠡ ᠨᠢ ᠰᠤᠷᠤᠯᠴᠠᠭᠰᠠᠳ ᠤᠨ ᠬᠡᠯᠡ ᠶᠢᠨ ᠴᠢᠳᠠᠪᠤᠷᠢ ᠶᠢ ᠳᠡᠭᠡᠭᠰᠢᠯᠡᠭᠦᠯᠬᠦ ᠳᠦ ᠲᠤᠰᠠᠲᠠᠢ ᠪᠣᠯᠤᠨ᠎ᠠ ᠃

5. 《ᠬᠡᠯᠡᠯᠭᠡ ᠪᠠ ᠦᠭᠡ ᠰᠠᠩ ᠰᠤᠷᠭᠠᠯᠲᠠ ᠶᠢ》 ᠬᠡᠮᠡᠨ ᠪᠡᠷ ᠲᠣᠭᠣᠴᠠᠭᠠᠨ ᠰᠢᠨᠵᠢᠯᠡᠭᠡ ᠶᠢ : (1) ᠬᠡᠯᠡᠨ ᠦ ᠪᠦᠲᠦᠴᠡ ᠭᠠᠷᠭᠠᠯᠲᠠ ᠶᠢᠨ ᠠᠷᠭ᠎ᠠ ᠳᠤ ᠪᠡᠨ ᠰᠤᠷᠭᠠᠭᠤᠯᠢ ᠶᠢᠨ ᠪᠠᠭᠰᠢ ᠨᠠᠷ ᠤᠨ ᠬᠡᠯᠡᠯᠭᠡ ᠶᠢᠨ ᠮᠡᠷᠭᠡᠵᠢᠯ ᠢ ᠳᠡᠭᠡᠭᠰᠢᠯᠡᠭᠦᠯᠬᠦ ᠃ 《ᠬᠡᠯᠡ ᠶᠢᠨ ᠰᠣᠶᠣᠯ ᠤᠨ ᠬᠦᠮᠦᠵᠢᠯ ᠪᠠ》 ᠬᠡᠮᠡᠨ ᠪᠡᠷ ᠳᠤᠷᠳᠠᠭᠰᠠᠨ ᠪᠠᠶᠢᠨ᠎ᠠ ᠄ ᠬᠡᠯᠡᠨ ᠦ ᠰᠤᠷᠭᠠᠯᠲᠠ ᠳᠤ ᠬᠡᠷᠡᠭᠯᠡᠬᠦ ᠠᠷᠭ᠎ᠠ ᠪᠠ ᠪᠣᠯᠪᠠᠰᠤᠷᠠᠯ ᠤᠨ ᠤᠳᠬ᠎ᠠ ᠶᠢ ᠲᠣᠳᠣᠷᠬᠠᠶᠢᠯᠠᠨ ᠬᠡᠯᠡᠯᠴᠡᠭᠰᠡᠨ ᠪᠠᠶᠢᠨ᠎ᠠ ᠄ (2) ᠪᠣᠯᠪᠠᠰᠤ ᠬᠡᠯᠡ ᠶᠢᠨ ᠰᠤᠷᠭᠠᠯᠲᠠ ᠶᠢᠨ ᠬᠡᠯᠡ ᠶᠢᠨ ᠪᠣᠯᠪᠠᠰᠤᠷᠠᠯ ᠤᠨ ᠠᠰᠠᠭᠤᠳᠠᠯ ᠢ ᠰᠤᠳᠤᠯᠤᠭᠰᠠᠨ ᠪᠠᠶᠢᠨ᠎ᠠ ᠃ (3) ᠬᠡᠯᠡ ᠶᠢᠨ ᠰᠤᠷᠭᠠᠯᠲᠠ ᠶᠢᠨ ᠠᠷᠭ᠎ᠠ ᠶᠢ ᠲᠠᠨᠢᠯᠴᠠᠭᠤᠯᠤᠭᠰᠠᠨ ᠪᠠᠶᠢᠨ᠎ᠠ ᠃ (4) ᠪᠣᠯᠪᠠᠰᠤ ᠬᠡᠯᠡ ᠶᠢᠨ ᠰᠤᠷᠭᠠᠯᠲᠠ ᠳᠤ ᠬᠡᠷᠡᠭᠯᠡᠬᠦ ᠠᠷᠭ᠎ᠠ ᠪᠠ ᠬᠡᠯᠡᠯᠴᠡᠬᠦ ᠴᠢᠳᠠᠪᠤᠷᠢ ᠶᠢ ᠳᠡᠭᠡᠭᠰᠢᠯᠡᠭᠦᠯᠬᠦ ᠲᠤᠬᠠᠢ ᠬᠡᠯᠡᠯᠴᠡᠭᠰᠡᠨ ᠪᠠᠶᠢᠨ᠎ᠠ ᠃ (5) ᠮᠣᠩᠭᠣᠯ ᠬᠡᠯᠡ ᠶᠢᠨ ᠬᠢᠴᠢᠶᠡᠯ ᠦᠨ ᠰᠤᠷᠭᠠᠯᠲᠠ ᠶᠢᠨ ᠠᠷᠭ᠎ᠠ ᠶᠢ ᠰᠢᠨᠵᠢᠯᠡᠭᠰᠡᠨ ᠪᠠᠶᠢᠨ᠎ᠠ ᠃ 《ᠪᠣᠯᠪᠠᠰᠤ ᠰᠤᠷᠭᠠᠭᠤᠯᠢ ᠶᠢᠨ ᠮᠣᠩᠭᠣᠯ ᠬᠡᠯᠡ ᠶᠢᠨ ᠬᠢᠴᠢᠶᠡᠯ》 ᠪᠡᠷ ᠳᠠᠮᠵᠢᠭᠤᠯᠤᠨ ᠮᠣᠩᠭᠣᠯ ᠬᠡᠯᠡ ᠶᠢᠨ ᠰᠤᠷᠭᠠᠯᠲᠠ ᠶᠢᠨ ᠠᠷᠭ᠎ᠠ ᠶᠢ ᠰᠢᠨᠵᠢᠯᠡᠭᠰᠡᠨ 《ᠥᠪᠥᠷ ᠮᠣᠩᠭᠣᠯ ᠤᠨ ᠪᠠᠭᠰᠢ ᠶᠢᠨ ᠶᠡᠬᠡ ᠰᠤᠷᠭᠠᠭᠤᠯᠢ ᠶᠢᠨ ᠡᠷᠳᠡᠮ ᠰᠢᠨᠵᠢᠯᠡᠬᠦ ᠤᠬᠠᠭᠠᠨ ᠤ ᠰᠡᠳᠬᠦᠯ》 (2015) 5 ᠳᠤᠭᠠᠷ ᠳᠡᠭᠡᠲᠦ 《ᠮᠣᠩᠭᠣᠯ ᠬᠡᠯᠡ ᠶᠢᠨ ᠰᠤᠷᠭᠠᠯᠲᠠ ᠳᠤ ᠬᠡᠷᠡᠭᠯᠡᠬᠦ ᠠᠷᠭ᠎ᠠ ᠶᠢᠨ ᠰᠤᠳᠤᠯᠭ᠎ᠠ》 ᠬᠡᠮᠡᠬᠦ ᠥᠭᠦᠯᠡᠯ ᠳᠦ ᠮᠣᠩᠭᠣᠯ ᠬᠡᠯᠡ ᠶᠢᠨ ᠰᠤᠷᠭᠠᠯᠲᠠ ᠶᠢᠨ ᠠᠷᠭ᠎ᠠ ᠶᠢ ᠬᠡᠷᠬᠢᠨ ᠪᠣᠯᠪᠠᠰᠤᠷᠠᠭᠤᠯᠬᠤ ᠲᠤᠬᠠᠢ ᠬᠡᠯᠡᠯᠴᠡᠭᠰᠡᠨ ᠪᠠᠶᠢᠨ᠎ᠠ ᠄ ① ᠰᠤᠷᠤᠯᠴᠠᠭᠴᠢ ᠶᠢᠨ ᠰᠤᠷᠬᠤ ᠶᠢᠨ ᠰᠣᠨᠢᠷᠬᠠᠯ ᠢ ᠥᠳᠭᠡᠬᠦ ᠬᠡᠷᠡᠭᠲᠡᠢ ᠪᠠᠶᠢᠨ᠎ᠠ ᠃ ② ᠮᠣᠩᠭᠣᠯ ᠬᠡᠯᠡ ᠶᠢᠨ ᠰᠤᠷᠭᠠᠯᠲᠠ ᠶᠢᠨ ᠴᠢᠨᠠᠷ ᠢ ᠳᠡᠭᠡᠭᠰᠢᠯᠡᠭᠦᠯᠬᠦ ᠬᠡᠷᠡᠭᠲᠡᠢ ᠃ ③ ᠮᠣᠩᠭᠣᠯ ᠬᠡᠯᠡ ᠶᠢᠨ ᠰᠤᠷᠭᠠᠯᠲᠠ ᠶᠢᠨ ᠠᠷᠭ᠎ᠠ ᠶᠢ ᠣᠯᠠᠨ ᠶᠠᠩᠵᠢ ᠪᠣᠯᠭᠠᠬᠤ ᠬᠡᠷᠡᠭᠲᠡᠢ ᠃ ④ ᠰᠤᠷᠤᠯᠴᠠᠭᠴᠢ ᠶᠢᠨ ᠪᠣᠳᠤᠯᠭ᠎ᠠ ᠶᠢ ᠬᠥᠭᠵᠢᠭᠦᠯᠬᠦ ᠬᠡᠷᠡᠭᠲᠡᠢ ᠃ ⑤ ᠳᠡᠭᠡᠮ ᠪᠣᠯᠪᠠᠰᠤᠷᠠᠯ ᠤᠨ ᠰᠤᠷᠭᠠᠯᠲᠠ ᠶᠢ ᠬᠡᠷᠡᠭᠵᠢᠭᠦᠯᠬᠦ ᠬᠡᠷᠡᠭᠲᠡᠢ ᠃ ⑥ ᠮᠣᠩᠭᠣᠯ ᠬᠡᠯᠡ ᠶᠢᠨ ᠰᠤᠷᠭᠠᠯᠲᠠ ᠶᠢᠨ ᠴᠢᠨᠠᠷ ᠢ ᠳᠡᠭᠡᠭᠰᠢᠯᠡᠭᠦᠯᠬᠦ ᠬᠡᠷᠡᠭᠲᠡᠢ ᠃

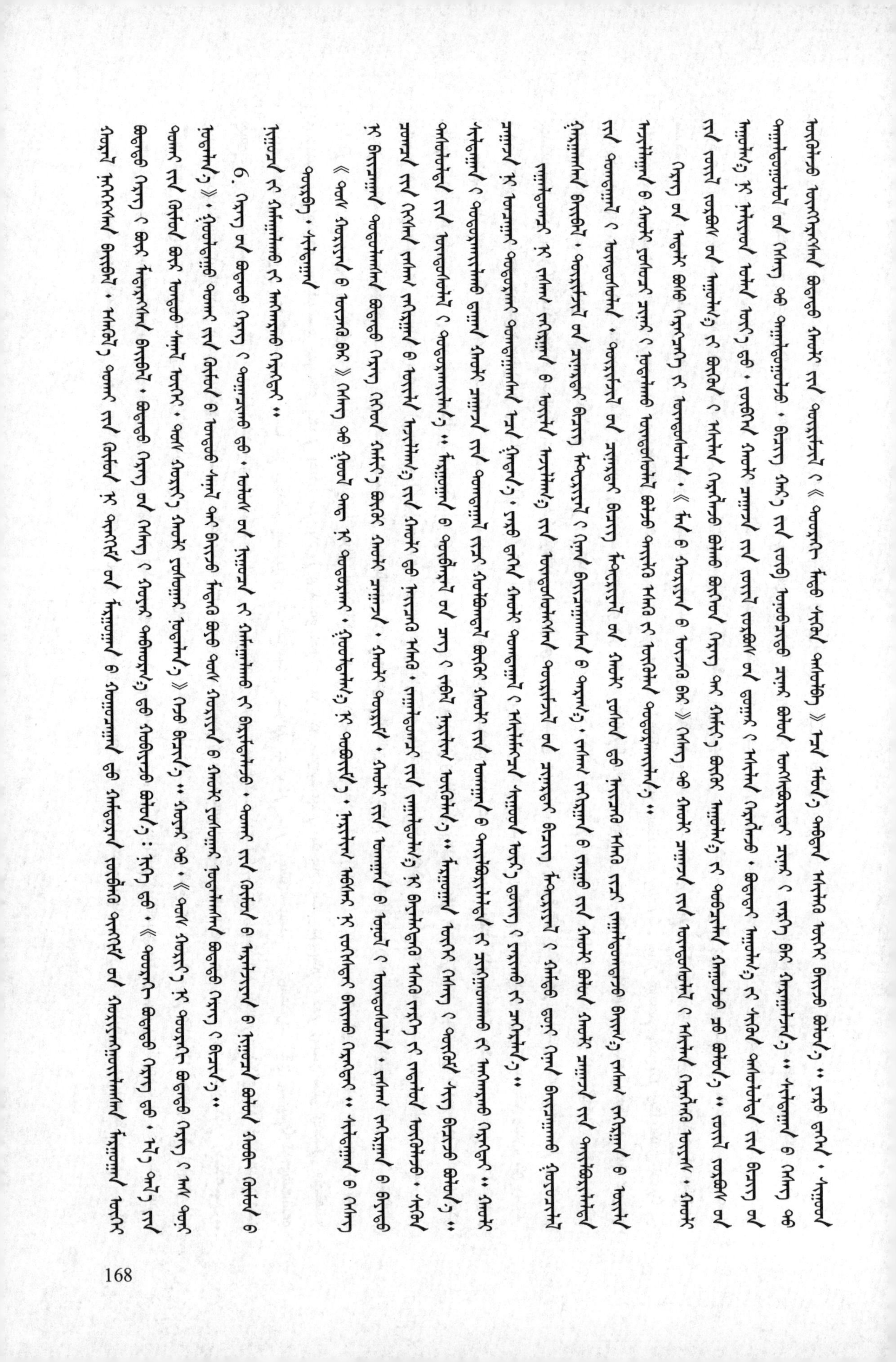

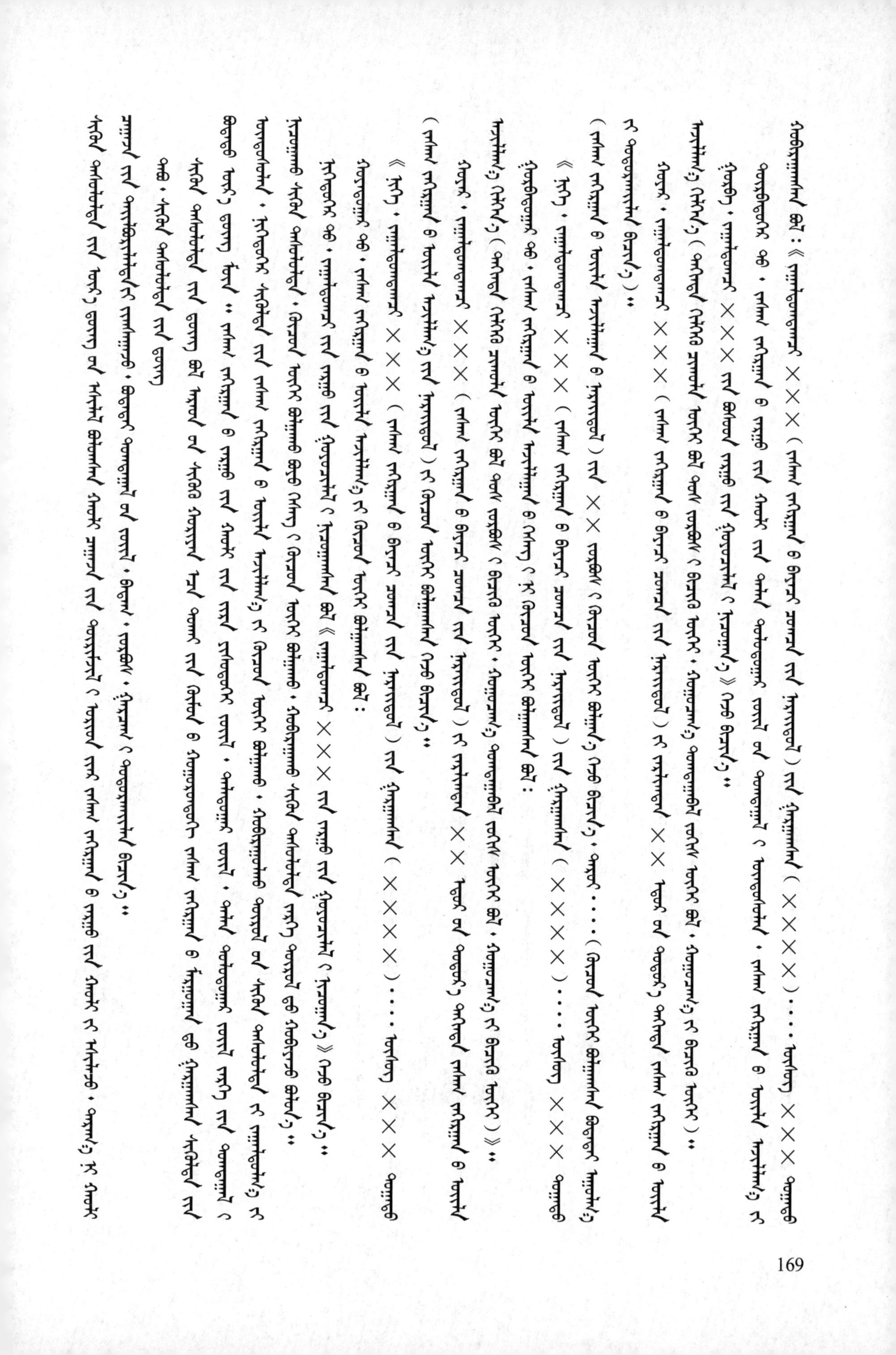

[illegible]

ᠪᠣᠯᠤᠨ᠎ᠠ ᠄

ᠬᠡᠯᠡᠯᠴᠡᠭᠡᠨ ᠦ ᠬᠡᠯᠡ ᠶᠢᠨ ᠪᠦᠷ ᠦ ᠵᠢᠷᠤᠮ ᠳᠤ ᠪᠣᠯᠤᠭᠰᠠᠨ ᠂ ᠲᠡᠷᠡ ᠶᠢᠨ ᠲᠤᠬᠠᠢ ᠶᠢᠨ ᠲᠣᠭᠠᠴᠠᠭᠠᠨ ᠳᠤ ᠬᠡᠷᠡᠭ ᠠᠯᠢ ᠶᠠᠮᠠᠷ ᠪᠠᠢᠳᠠᠯ ᠤᠳᠬ᠎ᠠ ᠶᠢ ᠪᠣᠯ ᠠᠯᠢ ᠪᠣᠯᠤᠨ ᠪᠡᠷ ᠲᠣᠭᠠᠴᠠᠭᠤᠯᠬᠤ

ᠤᠳᠬ᠎ᠠ ᠶᠢᠨ ᠠᠭᠤᠯᠭ᠎ᠠ ᠲᠠᠢ ᠠᠯᠢ ᠠᠭᠤᠯᠭᠠᠳᠠᠭ ᠰᠠᠨᠠᠭᠠᠨ ᠪᠠᠢᠳᠠᠭ ᠂ ᠠᠯᠢᠪᠠ ᠲᠡᠮᠳᠡᠭᠯᠡᠯ 1 · 2 · 3 · 4 ᠭᠡᠬᠦ ᠠᠭᠤᠯᠭᠠᠳᠠᠭ ᠲᠠᠢ ᠰᠠᠨᠠᠭᠠᠳᠠᠭ ᠄ ᠶᠠᠮᠠᠷ ᠴᠤ ᠪᠣᠯᠪᠠᠯ ᠂ ᠪᠣᠯᠣᠮᠵᠢᠲᠠᠢ ᠰᠠᠢᠬᠠᠨ ᠤ ᠶᠢᠨ

ᠬᠡᠯᠡᠬᠦ ᠶᠢᠨ ᠠᠭᠤᠯᠭᠠᠳᠠᠭ ᠂ ᠲᠣᠭᠠᠨ ᠲᠠᠢ ᠠᠯᠢᠪᠠ ᠠᠯᠢ ᠳᠤ ᠬᠡᠯᠡᠬᠦ ᠂ ᠠᠮᠠᠷ ᠢ ᠠᠮᠤᠷ ᠠᠯᠢ ᠳᠤ ᠬᠡᠯᠡᠬᠦ ᠂ ᠲᠣᠭᠠᠨ ᠲᠠᠢ ᠬᠡᠯᠡᠬᠦ ᠰᠠᠨᠠᠭᠠᠨ ᠂ ᠠᠮᠠᠷ ᠢ ᠬᠡᠯᠡᠬᠦ ᠰᠠᠨᠠᠭᠠᠨ ᠶᠢᠨ ᠠᠷᠢᠯᠭᠠᠬᠤ

ᠳᠤ ᠲᠣᠭᠠᠨ ᠢ ᠠᠮᠠᠷ ᠂ ᠰᠠᠨᠠᠭᠠᠯᠲᠠ ᠶᠢᠨ ᠬᠡᠯᠡᠬᠦ ᠰᠠᠨᠠᠭᠠᠨ ᠶᠢᠨ ᠠᠭᠤᠯᠭᠠᠳᠠᠭ ᠳᠤ ᠲᠣᠭᠠᠴᠠᠭᠠᠨ ᠢ ᠪᠣᠯᠭᠠᠬᠤ ᠲᠣᠭᠠᠨ ᠪᠤ ᠬᠡᠯᠡᠭᠰᠡᠨ ᠄ ᠳᠡᠭᠡᠷ᠎ᠡ ᠪᠠᠢᠯ ᠂ ᠲᠣᠭᠠᠨ ᠲᠠᠢ ᠪᠣᠯᠣᠨ ᠰᠠᠨᠠᠭᠠᠨ ᠬᠡᠯᠡᠬᠦ ᠶᠢᠨ ᠠᠭᠤᠯᠭᠠᠳᠠᠭ ᠂ ᠠᠮᠠᠷ ᠢ ᠲᠣᠭᠠᠨ ᠳᠤ

ᠬᠡᠯᠡᠬᠦ ᠰᠠᠨᠠᠭ᠎ᠠ ᠶᠢᠨ ᠰᠠᠨᠠᠭᠠᠯᠲᠠ ᠂ ᠲᠣᠭᠠᠴᠠᠨ ᠠᠭᠤᠯᠭᠠᠳᠠᠭ ᠶᠢᠨ ᠪᠣᠯᠣᠨ ᠪᠤ ᠠᠭᠤᠯᠭᠠᠳᠠᠭ ᠬᠡᠯᠡᠬᠦ ᠰᠠᠨᠠᠭᠠᠨ ᠶᠢᠨ ᠠᠭᠤᠯᠭᠠᠳᠠᠭ ᠳᠤ ᠰᠠᠨᠠᠭᠠᠳᠠᠭ ᠲᠣᠭᠠᠳᠠᠭ ᠨ ᠠᠭᠤᠯᠭᠠᠳᠠᠭᠤᠯᠬᠤ ᠰᠠᠨᠠᠭᠠᠯᠲᠠ ᠂ ᠠᠮᠠᠷ ᠶᠢᠨ ᠪᠣᠯᠣᠨ ᠶᠠᠮᠠᠷ ᠬᠡᠯᠡᠬᠦ

ᠲᠣᠭᠠᠨ ᠳᠤ ᠲᠣᠭᠠᠨ ᠪᠣᠯᠣ ᠲᠣᠭᠠᠴᠠᠭᠠᠨ ᠢ ᠲᠣᠭᠠᠴᠠᠭᠤᠯᠬᠤ ᠂ ᠶᠠᠮᠠᠷ ᠠᠭᠤᠯᠭᠠᠳᠠᠭ ᠶᠢᠨ ᠪᠣᠯᠣᠨ ᠳᠤ ᠬᠡᠯᠡᠬᠦ ᠪᠣᠯᠣᠨ ᠲᠣᠭᠠᠴᠠᠭᠤᠯᠬᠤ ᠢ ᠠᠭᠤᠯᠭᠠᠳᠠᠭᠤᠯᠬᠤ ᠲᠣᠭᠠᠨ ᠪᠤ ᠲᠣᠭᠠᠴᠠᠭᠤᠯᠬᠤ ᠪᠣᠯᠤᠨ᠎ᠠ ᠄

ᠠᠭᠤᠯᠭᠠᠨ᠎ᠠ ᠂ ᠠᠭᠤᠯᠭᠠᠳᠠᠭᠤᠯᠬᠤ

ᠠᠯᠢ ᠠᠯᠢ ᠪᠤ 《 ᠠᠯᠢ ᠪᠠᠢᠳᠠᠯ ᠤ ᠲᠣᠭ᠎ᠠ ᠶᠠᠮᠠᠷ ᠠᠯᠢ ᠢ ᠲᠣᠭᠠᠴᠠᠭᠤᠯᠬᠤ ᠪᠤ ᠲᠣᠭᠠᠨ ᠲᠣᠭᠠᠨ 》 ᠭᠡᠬᠦ ᠠᠭᠤᠯᠭᠠᠨ᠎ᠠ ᠢ ᠠᠭᠤᠯᠭᠠᠪᠠ ᠲᠣᠭᠠᠴᠠᠨ ᠄

ᠪᠣᠯᠣᠨ ᠶᠠᠮᠠᠷ ᠶᠠᠮᠠᠷ ᠠᠭᠤᠯᠭᠠᠳᠠᠭ ᠶᠢᠨ ᠪᠠᠢᠳᠠᠯ ᠳᠤ ᠲᠣᠭᠠᠨ ᠠᠭᠤᠯᠭᠠᠨ ᠳᠤ ᠶᠠᠮᠠᠷ ᠠᠭᠤᠯᠭᠠᠳᠠᠭ ᠰᠠᠨ ᠲᠣᠭᠠᠴᠠᠭᠤᠯᠬᠤ ᠶᠢᠨ ᠶᠠᠮᠠᠷ ᠲᠣᠭᠠᠨ ᠠᠯᠢ ᠂ ᠪᠣᠯᠣᠨ ᠶᠢᠨ ᠲᠣᠭᠠᠨ ᠶᠢᠨ ᠶᠠᠮᠠᠷ

ᠲᠣᠭᠠᠴᠠᠭᠠ ᠠᠭᠤᠯᠭᠠᠨ ᠳᠤ ᠪᠣᠯᠣᠭᠰᠠᠨ ᠤ ᠶᠠᠮᠠᠷ ᠂ ᠶᠠᠮᠠᠷ ᠠᠭᠤᠯᠭᠠᠳᠠᠭ ᠰᠠᠨ ᠲᠣᠭᠠᠴᠠᠭᠤᠯᠬᠤ ᠂ ᠪᠣᠯᠣᠨ ᠶᠢᠨ ᠲᠣᠭᠠᠨ ᠲᠣᠭᠠᠨ ᠲᠣᠭᠠᠴᠠᠭᠤᠯᠬᠤ ᠢ ᠠᠭᠤᠯᠭᠠᠳᠠᠭ ᠪᠣᠯᠣᠨ ᠠᠭᠤᠯᠭᠠᠨ᠎ᠠ ᠄

ᠶᠠᠮᠠᠷ ᠳᠤ ᠠᠯᠢ ᠪᠤ ᠲᠣᠭᠠᠨ ᠶᠢᠨ ᠲᠣᠭᠠᠨ ᠤ ᠠᠯᠢᠪᠠ ᠲᠣᠭᠠᠴᠠᠭᠤᠯᠬᠤ ᠂ ᠠᠭᠤᠯᠭᠠᠨ ᠲᠣᠭᠠᠨ ᠂ ᠲᠣᠭᠠᠨ ᠂ ᠲᠣᠭᠠᠴᠠᠭᠤᠯᠬᠤ ᠪᠣᠯᠣᠨ ᠠᠭᠤᠯᠭᠠᠨ ᠲᠣᠭᠠᠴᠠᠭᠤᠯᠬᠤ ᠶᠠᠮᠠᠷ ᠲᠣᠭᠠᠨ ᠂ ᠲᠣᠭᠠᠴᠠᠭᠤᠯᠬᠤ

ᠲᠣᠭᠠᠴᠠᠭᠤᠯᠬᠤ ᠂ ᠶᠠᠮᠠᠷ ᠳᠤ ᠠᠯᠢ

ᠭᠡᠬᠦ ᠪᠣᠯᠤᠨ᠎ᠠ ᠄

(ᠲᠣᠭᠠᠨ ᠲᠣᠭᠠᠴᠠᠭᠤᠯᠬᠤ ᠤ ᠲᠣᠭᠠᠨ ᠲᠣᠭᠠᠴᠠᠭᠤᠯᠬᠤ ᠶᠢᠨ ᠲᠣᠭᠠᠴᠠᠭᠤᠯᠬᠤ ᠠᠯᠢ ᠪᠣᠯᠣᠨ ᠲᠣᠭᠠᠨ) ᠢ ᠲᠣᠭᠠᠴᠠᠭᠤᠯᠬᠤ ····· ᠭᠡᠬᠦ ᠲᠣᠭᠠᠴᠠᠭᠤᠯᠬᠤ (ᠲᠣᠭᠠᠴᠠᠭᠤᠯᠬᠤ ᠪᠣᠯᠣᠨ ᠲᠣᠭᠠᠴᠠᠭᠤᠯᠬᠤ ᠢ ᠪᠣᠯᠤᠨ᠎ᠠ) ᠄ 》

ᠲᠠᠰᠤᠷᠬᠠᠢ ᠲᠡᠮᠳᠡᠭ ᠦᠨ ᠳᠤᠮᠳᠠ ᠪᠠᠢᠬᠤ ᠴᠡᠭ ᠦᠨ ᠲᠣᠭ᠎ᠠ (ᠵᠢ) ᠳᠠᠭᠠᠯᠳᠠ 2 : ᠲᠠᠰᠤᠷᠬᠠᠢ ᠲᠡᠮᠳᠡᠭ ᠦᠨ ᠵᠢᠱᠢᠶ᠎ᠡ ᠬᠡᠷᠡᠭᠯᠡᠭᠡ ᠶᠢᠨ ᠪᠢᠴᠢᠭ

(ᠵᠢᠱᠢᠶᠡᠯᠡᠪᠡᠯ ᠰᠤᠷᠤᠯᠴᠠᠭᠴᠢ ᠶᠢᠨ ᠪᠤᠯᠤᠨ ᠪᠠᠭᠰᠢ ᠶᠢᠨ ᠪᠤᠰᠤᠳ ᠤᠨ ᠬᠠᠷᠢᠯᠴᠠᠭ᠎ᠠ ᠳᠤ ᠶᠠᠭᠤ ᠶᠢ

ᠪᠢᠳᠡᠨᠡᠶᠢᠭᠡᠨ ᠪᠠᠷ ᠰᠤᠷᠤᠯᠴᠠᠭᠰᠠᠨ ᠪᠤᠯᠤᠨ᠎ᠠ ᠶᠢ ᠮᠡᠳᠡᠵᠦ ᠪᠣᠯᠬᠤ)

ᠲᠠᠰᠤᠷᠬᠠᠢ ᠲᠡᠮᠳᠡᠭ ᠦᠨ ᠵᠢᠱᠢᠶ᠎ᠡ ᠬᠡᠷᠡᠭᠯᠡᠭᠡ ᠶᠢᠨ ᠪᠢᠴᠢᠭ*

××× ᠪᠠᠭᠰᠢ ᠶᠢᠨ ᠵᠢᠱᠢᠶᠡᠯᠡᠭᠰᠡᠨ ᠢ

(ᠵᠢᠱᠢᠶᠡᠯᠡᠪᠡᠯ ᠰᠤᠷᠤᠯᠴᠠᠭᠴᠢ ᠶᠢᠨ ᠪᠤᠯᠤᠨ ᠪᠠᠭᠰᠢ ᠶᠢᠨ ᠪᠤᠰᠤᠳ ᠤᠨ ᠬᠠᠷᠢᠯᠴᠠᠭ᠎ᠠ ᠳᠤ ᠶᠠᠭᠤ ᠶᠢ

ᠪᠢᠳᠡᠨᠡᠶᠢᠭᠡᠨ ᠪᠠᠷ ᠰᠤᠷᠤᠯᠴᠠᠭᠰᠠᠨ ᠪᠤᠯᠤᠨ᠎ᠠ ᠶᠢ ᠮᠡᠳᠡᠵᠦ ᠪᠣᠯᠬᠤ)

ᠪᠣᠯᠤᠨ᠎ᠠ ..... ᠲᠠᠰᠤᠷᠬᠠᠢ ᠦᠭᠡ ..... (××××)

ᠲᠤᠬᠠᠢᠯᠠᠭᠰᠠᠨ ××× ..... (ᠲᠠᠰᠤᠷᠬᠠᠢ ᠲᠡᠮᠳᠡᠭ ᠦᠨ ᠬᠡᠷᠡᠭᠯᠡᠭᠡ ᠶᠢ ᠲᠠᠢᠯᠪᠤᠷᠢᠯᠠᠬᠤ ᠶᠢᠨ ᠮᠡᠳᠡᠭᠳᠡᠬᠦ ᠪᠣᠯᠤᠨ᠎ᠠ) ::

ᠶᠠᠭᠤ ᠶᠢ ᠲᠣᠳᠣᠷᠬᠠᠢᠯᠠᠭᠰᠠᠨ ᠲᠣᠳᠣᠷᠬᠠᠢᠯᠠᠭᠰᠠᠨ ××× ..... (ᠲᠠᠰᠤᠷᠬᠠᠢ ᠲᠡᠮᠳᠡᠭ᠂ ᠬᠡᠯᠡᠯᠴᠡᠬᠦ ᠪᠠᠢᠳᠠᠯ ᠢ ᠮᠡᠳᠡᠭᠳᠡᠬᠦ ᠪᠣᠯᠤᠨ᠎ᠠ) ::

ᠬᠡᠯᠡᠭᠳᠡᠬᠦ ᠬᠡᠯᠡᠭᠳᠡᠬᠦ (ᠪᠣᠯᠪᠠᠰᠤ ᠲᠤᠬᠠᠢ ᠲᠣᠳᠣᠷᠬᠠᠢᠯᠠᠭᠰᠠᠨ ᠬᠡᠯᠡᠭᠳᠡᠬᠦ᠂ ᠶᠠᠭᠤ ᠶᠢ ᠲᠣᠳᠣᠷᠬᠠᠢᠯᠠᠭᠰᠠᠨ ᠬᠡᠯᠡᠭᠳᠡᠬᠦ) ××× ..... (ᠲᠠᠰᠤᠷᠬᠠᠢ ᠲᠡᠮᠳᠡᠭ ᠦᠨ ᠬᠡᠷᠡᠭᠯᠡᠭᠡ ᠶᠢᠨ ᠪᠠᠢᠳᠠᠯ ᠢ

ᠮᠡᠳᠡᠭᠳᠡᠬᠦ ᠪᠣᠯᠤᠨ᠎ᠠ) ::

ᠲᠤᠬᠠᠢᠯᠠᠭᠰᠠᠨ ××× ..... (ᠲᠠᠰᠤᠷᠬᠠᠢ ᠲᠡᠮᠳᠡᠭ ᠦᠨ ᠪᠤᠰᠤᠳ ᠤᠨ ᠲᠠᠢᠯᠪᠤᠷᠢ ᠶᠢ ᠬᠡᠷᠡᠭᠯᠡᠬᠦ ᠶᠢᠨ ᠮᠡᠳᠡᠭᠳᠡᠬᠦ ᠪᠣᠯᠤᠨ᠎ᠠ) ::

ᠶᠠᠭᠤ ᠶᠢ ᠲᠣᠳᠣᠷᠬᠠᠢᠯᠠᠭᠰᠠᠨ ᠲᠣᠳᠣᠷᠬᠠᠢᠯᠠᠭᠰᠠᠨ ××× ᠂ (ᠲᠠᠰᠤᠷᠬᠠᠢ ᠲᠡᠮᠳᠡᠭ᠂ ᠬᠡᠯᠡᠯᠴᠡᠬᠦ ᠪᠠᠢᠳᠠᠯ ᠢ ᠮᠡᠳᠡᠭᠳᠡᠬᠦ ᠪᠣᠯᠤᠨ᠎ᠠ) ::

ᠬᠡᠯᠡᠭᠳᠡᠬᠦ ᠬᠡᠯᠡᠭᠳᠡᠬᠦ ××× ..... (ᠲᠠᠰᠤᠷᠬᠠᠢ ᠲᠡᠮᠳᠡᠭ ᠦᠨ ᠲᠠᠢᠯᠪᠤᠷᠢᠯᠠᠬᠤ ᠪᠠᠢᠳᠠᠯ ᠢ ᠮᠡᠳᠡᠭᠳᠡᠬᠦ ᠪᠣᠯᠤᠨ᠎ᠠ) ::

ᠪᠣᠯᠪᠠᠰᠤ ᠪᠢᠴᠢᠭ ××× ..... (ᠲᠠᠰᠤᠷᠬᠠᠢ ᠲᠡᠮᠳᠡᠭ ᠦᠨ ᠬᠡᠷᠡᠭᠯᠡᠭᠡ ᠶᠢ ᠲᠠᠢᠯᠪᠤᠷᠢᠯᠠᠬᠤ ᠶᠢᠨ ᠮᠡᠳᠡᠭᠳᠡᠬᠦ ᠪᠣᠯᠤᠨ᠎ᠠ) ::

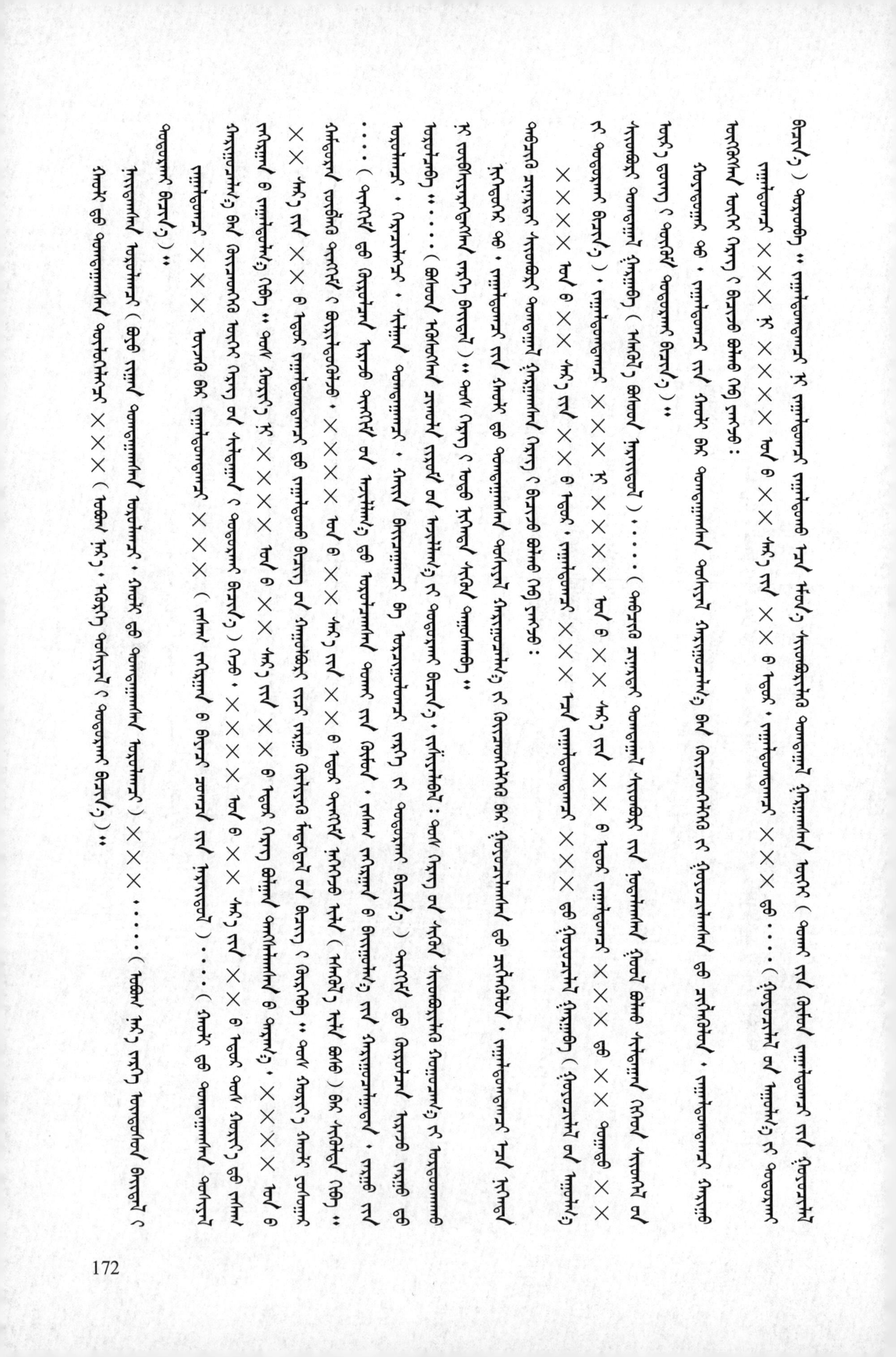

[illegible]

····(ᠬᠠᠮᠲᠤ ᠶᠢᠨ ᠠᠵᠢᠯᠯᠠᠭᠤᠯᠤᠯ ᠳᠤ ᠣᠷᠣᠯᠴᠠᠭᠤᠯᠬᠤ ᠢ ᠭᠡᠷᠡᠴᠢᠯᠡᠬᠦ ᠪᠢᠴᠢᠭ)᠃

····(ᠬᠤᠪᠢ ᠬᠦᠮᠦᠨ ᠤ ᠬᠤᠪᠢᠶᠠᠷᠢᠯᠠᠯ ᠶᠢᠨ ᠲᠡᠮᠳᠡᠭ ᠢ ᠭᠡᠷᠡᠴᠢᠯᠡᠬᠦ ᠪᠢᠴᠢᠭ)᠃

ᠬᠠᠮᠠᠭᠠᠯᠠᠯᠲᠠ ᠶᠢ ᠭᠡᠷᠡᠴᠢᠯᠡᠬᠦ ᠨᠢ:

ᠬᠠᠮᠠᠭᠠᠯᠠᠯᠲᠠ ᠶᠢᠨ ᠬᠠᠮᠲᠤ ᠶᠢᠨ ᠠᠵᠢᠯᠯᠠᠭ᠎ᠠ ᠨᠢ ᠬᠤᠪᠢ ᠬᠦᠮᠦᠨ ᠦ ᠬᠤᠪᠢᠶᠠᠷᠢᠯᠠᠯ ᠤᠨ ᠬᠠᠮᠠᠭᠠᠯᠠᠯᠲᠠ ᠶᠢᠨ ᠡᠷᠬᠡ ᠂ ᠡᠳ ᠂ ᠮᠥᠩᠭᠦ ᠂ ᠡᠳ ᠬᠥᠷᠦᠩᠭᠡ) ᠳᠤ ᠬᠠᠮᠠᠭᠠᠯᠠᠯ ᠢ ᠭᠡᠷᠡᠴᠢᠯᠡᠬᠦ ᠂ ᠬᠤᠪᠢ

ᠬᠦᠮᠦᠨ ᠦ ᠡᠷᠬᠡ ᠪᠠ ᠠᠰᠢᠭ ᠤᠨ ····(ᠬᠤᠪᠢ ᠬᠦᠮᠦᠨ ᠦ ᠬᠤᠪᠢ ᠬᠠᠮᠠᠭᠠᠯᠠᠯ ᠤᠨ ᠬᠤᠪᠢᠶᠠᠷᠢᠯᠠᠯ ᠢ ᠭᠡᠷᠡᠴᠢᠯᠡᠬᠦ ᠪᠢᠴᠢᠭ)᠃····(ᠬᠤᠪᠢ ᠬᠠᠮᠠᠭᠠᠯᠠᠯ ᠤᠨ ᠬᠤᠪᠢᠶᠠᠷᠢᠯᠠᠯ ᠤᠨ ᠡᠷᠬᠡ ᠶᠢᠨ

ᠲᠤᠰᠠᠯᠠᠮᠵᠢ ᠡᠷᠬᠡ ᠪᠣᠯᠤᠨ ᠠᠰᠢᠭ ᠲᠤ ᠲᠤᠰᠠᠯᠠᠭᠰᠠᠨ ᠢ ᠪᠠᠲᠤᠯᠠᠬᠤ ᠬᠤᠪᠢ ᠬᠦᠮᠦᠨ ᠦ ᠡᠷᠬᠡ ᠶᠢᠨ ᠬᠠᠮᠠᠭᠠᠯᠠᠯ ᠪᠣᠯᠤᠨ ᠠᠰᠢᠭ ᠢ ᠬᠠᠮᠠᠭᠠᠯᠠᠬᠤ ᠭᠡᠷᠡᠴᠢᠯᠡᠬᠦ ᠪᠢᠴᠢᠭ)᠃

ᠬᠤᠪᠢᠶᠠᠷᠢᠯᠠᠯ ᠪᠠ ᠬᠠᠷᠢᠯᠴᠠᠭ᠎ᠠ ᠪᠠᠲᠤᠯᠠᠭᠰᠠᠨ ᠭᠡᠷᠡᠴᠢᠯᠡᠭᠰᠡᠨ ᠢ ····(ᠬᠤᠪᠢ ᠬᠦᠮᠦᠨ ᠦ ᠪᠠᠲᠤᠯᠠᠭᠰᠠᠨ ᠭᠡᠷᠡᠴᠢᠯᠡᠭᠰᠡᠨ ᠪᠣᠯᠤᠨ ᠠᠰᠢᠭ ᠢ ᠭᠡᠷᠡᠴᠢᠯᠡᠬᠦ ᠪᠢᠴᠢᠭ ᠃ ᠭᠡᠷᠡ ᠶᠢᠨ ᠪᠠᠶᠢᠳᠠᠯ ᠤᠨ

ᠪᠢᠴᠢᠭ)᠃

ᠬᠣᠶᠠᠷ ᠬᠦᠮᠦᠨ ᠦ ᠬᠠᠮᠲᠤ ᠭᠡᠷᠡᠴᠢᠯᠡᠭᠰᠡᠨ ᠬᠠᠷᠢᠯᠴᠠᠭ᠎ᠠ ᠪᠠᠶᠢᠳᠠᠯ ᠢ ᠲᠤᠰᠠᠯᠠᠮᠵᠢ ᠶᠢ ᠭᠡᠷᠡᠴᠢᠯᠡᠬᠦ ᠨᠢ :····(ᠬᠤᠪᠢ ᠬᠦᠮᠦᠨ ᠦ ᠲᠤᠰᠠᠯᠠᠮᠵᠢ ᠶᠢᠨ ᠬᠠᠷᠢᠯᠴᠠᠭ᠎ᠠ ᠬᠤᠪᠢᠶᠠᠷᠢᠯᠠᠯ ᠢ ᠭᠡᠷᠡᠴᠢᠯᠡᠬᠦ

ᠪᠢᠴᠢᠭ ᠬᠦᠮᠦᠨ)····(ᠭᠡᠷᠡ ᠶᠢᠨ ᠪᠠᠶᠢᠳᠠᠯ ᠤᠨ ᠬᠠᠷᠢᠯᠴᠠᠭ᠎ᠠ ᠭᠡᠷᠡᠴᠢᠯᠡᠭᠰᠡᠨ ᠬᠤᠪᠢ ᠢ ᠭᠡᠷᠡᠴᠢᠯᠡᠬᠦ ᠪᠢᠴᠢᠭ)᠃

ᠭᠡᠷᠡᠯᠲᠡ ᠳᠤ ᠬᠤᠪᠢᠶᠠᠷᠢᠯᠠᠯ ᠪᠠ ᠬᠠᠷᠢᠯᠴᠠᠭ᠎ᠠ ᠬᠠᠷᠢᠯᠴᠠᠭ᠎ᠠ ᠭᠡᠷᠡᠴᠢᠯᠡᠬᠦ (ᠬᠠᠮᠲᠤ ᠭᠡᠷᠡᠯᠲᠡ ᠳᠤ ᠬᠤᠪᠢᠶᠠᠷᠢᠯᠠᠯ ᠡᠴᠡ ᠬᠠᠮᠲᠤ ᠬᠠᠷᠢᠯᠴᠠᠭ᠎ᠠ ᠪᠠᠶᠢᠳᠠᠯ ᠬᠤᠪᠢᠶᠠᠷᠢᠯᠠᠬᠤ ᠂ ᠭᠡᠷᠡᠯᠲᠡ ᠳᠤ ᠬᠤᠪᠢᠶᠠᠷᠢᠯᠠᠯ ᠡᠴᠡ ᠬᠠᠮᠲᠤ

ᠪᠢᠴᠢᠭ)᠃

ᠬᠣᠶᠠᠷ ᠬᠦᠮᠦᠨ ᠬᠠᠮᠲᠤ ᠬᠠᠷᠢᠯᠴᠠᠭ᠎ᠠ ᠭᠡᠷᠡᠴᠢᠯᠡᠬᠦ ᠨᠢ ᠬᠠᠷᠢᠯᠴᠠᠭ᠎ᠠ ᠪᠠᠶᠢᠳᠠᠯ ᠢ ᠪᠠᠲᠤᠯᠠᠭᠰᠠᠨ ᠲᠤᠬᠠᠢ :····(ᠬᠠᠷᠢᠯᠴᠠᠭ᠎ᠠ ᠪᠠᠶᠢᠳᠠᠯ ᠤᠨ ᠲᠤᠬᠠᠢ ᠪᠠᠷ ᠬᠠᠷᠢᠯᠴᠠᠭ᠎ᠠ ᠪᠣᠯᠤᠨ ᠠᠰᠢᠭ ᠢ ᠭᠡᠷᠡᠴᠢᠯᠡᠬᠦ

ᠲᠤᠰᠠᠯᠠᠮᠵᠢ ᠲᠤᠬᠠᠢ ᠢ ᠭᠡᠷᠡᠴᠢᠯᠡᠬᠦ ᠪᠢᠴᠢᠭ)᠃

ᠬᠠᠮᠢᠶᠠᠷᠤᠯᠬᠤ ᠪᠠᠶᠢᠳᠠᠯ ××× ᠭᠡᠷᠡᠴᠢᠯᠡᠭᠰᠡᠨ ᠢ ····(ᠬᠠᠮᠢᠶᠠᠷᠤᠯᠬᠤ ᠪᠠᠶᠢᠳᠠᠯ ᠤᠨ ᠬᠦᠮᠦᠨ ᠂ ᠬᠠᠮᠢᠶ᠎ᠠ ᠪᠠᠷ ᠬᠤᠪᠢᠶᠠᠷᠢᠯᠠᠬᠤ ᠪᠠ ᠬᠠᠮᠢᠶᠠᠷᠤᠯᠬᠤ ᠪᠠᠶᠢᠳᠠᠯ ᠤᠨ ᠬᠠᠮᠠᠭᠠᠯᠠᠬᠤ ᠬᠠᠷᠢᠯᠴᠠᠭ᠎ᠠ ᠪᠠᠶᠢᠳᠠᠯ ᠂

ᠲᠤᠬᠠᠢ)·· 2 ·····᠃

ᠭᠡᠷᠡᠴᠢᠯᠡᠭᠴᠢ ××× ᠬᠣᠶᠠᠷ ᠬᠦᠮᠦᠨ ᠢ ᠭᠡᠷᠡᠴᠢᠯᠡᠬᠦ ᠨᠢ ᠬᠠᠷᠢᠯᠴᠠᠭ᠎ᠠ ᠪᠠᠶᠢᠳᠠᠯ ᠂ ᠲᠤᠰᠠᠯᠠᠮᠵᠢ ᠶᠢᠨ ᠭᠡᠷᠡᠴᠢᠯᠡᠬᠦ : 1 ····(ᠬᠠᠷᠢᠯᠴᠠᠭ᠎ᠠ ᠪᠠᠶᠢᠳᠠᠯ ᠤᠨ ᠲᠤᠰᠠᠯᠠᠮᠵᠢ ᠪᠠᠷ ᠲᠤᠰᠠᠯᠠᠭᠰᠠᠨ

ᠭᠡᠷᠡᠴᠢᠯᠡᠭᠴᠢ ××× ᠲᠤᠰᠠᠯᠠᠭᠰᠠᠨ ᠢ ····(ᠭᠡᠷᠡᠴᠢᠯᠡᠭᠴᠢ ᠶᠢᠨ ᠬᠠᠷᠢᠶ᠎ᠠ ᠲᠤᠰᠠᠯᠠᠭᠰᠠᠨ ᠬᠠᠮᠢᠶᠠᠷᠤᠯᠬᠤ ᠪᠠᠷ ᠬᠠᠮᠢᠶ᠎ᠠ ᠪᠠᠷ ᠬᠤᠪᠢᠶᠠᠷᠢᠯᠠᠬᠤ ᠢ ᠭᠡᠷᠡᠴᠢᠯᠡᠬᠦ ᠪᠢᠴᠢᠭ)᠃

ᠲᠤᠰᠠᠯᠠᠮᠵᠢ ᠲᠤᠬᠠᠢ ᠢ ᠭᠡᠷᠡᠴᠢᠯᠡᠬᠦ ᠪᠢᠴᠢᠭ)᠃

ᠭᠡᠷᠡᠴᠢᠯᠡᠭᠴᠢ ××× ᠭᠡᠷᠡᠴᠢᠯᠡᠭᠰᠡᠨ ᠢ ····(ᠭᠡᠷᠡᠴᠢᠯᠡᠭᠴᠢ ᠶᠢᠨ ᠬᠠᠷᠢᠶ᠎ᠠ ᠶᠢᠨ ᠬᠠᠮᠢᠶᠠᠷᠤᠯᠬᠤ ᠂ ᠬᠠᠮᠢᠶ᠎ᠠ ᠪᠠᠷ ᠬᠤᠪᠢᠶᠠᠷᠢᠯᠠᠬᠤ ᠪᠠ ᠭᠡᠷᠡᠴᠢᠯᠡᠭᠴᠢ ᠶᠢᠨ ᠬᠠᠮᠠᠭᠠᠯᠠᠬᠤ ᠬᠠᠷᠢᠯᠴᠠᠭ᠎ᠠ ᠪᠠᠶᠢᠳᠠᠯ ᠂

ᠲᠤᠰᠠᠯᠠᠮᠵᠢ ᠬᠣᠶᠠᠷ ᠢ ᠭᠡᠷᠡᠴᠢᠯᠡᠭᠰᠡᠨ ᠭᠡᠷᠡᠯᠲᠡ ᠬᠠᠮᠠᠭᠠᠯᠠᠯᠲᠠ ᠳᠤ ᠪᠠᠶᠢᠭᠤᠯᠤᠯᠭ᠎ᠠ ᠶᠢᠨ ᠪᠠᠶᠢᠳᠠᠯ ᠢ ᠪᠠᠲᠤᠯᠠᠬᠤ ᠲᠤᠬᠠᠢ)᠃

ᠬᠠᠮᠢᠶᠠᠷᠤᠯᠬᠤ ᠲᠤᠰᠠᠯᠠᠭᠰᠠᠨ ᠡᠭᠦᠨ ᠡᠭᠦᠨ ᠡᠴᠡ ᠭᠡᠷᠡᠴᠢᠯᠡᠭᠴᠢ ᠶᠢᠨ ᠬᠤᠪᠢᠶᠠᠷᠢ ᠬᠠᠮᠢᠶᠠᠷᠤᠯᠬᠤ ᠡᠭᠦᠨ ᠢ ᠲᠤᠰᠠᠯᠠᠭᠰᠠᠨ ᠪᠠ ᠂ ᠡᠭᠦᠨ ᠡᠴᠡ ᠬᠠᠮᠠᠭᠠᠯᠠᠯᠲᠠ ᠶᠢᠨ ᠬᠠᠮᠲᠤ ᠶᠢᠨ ᠪᠠᠶᠢᠭᠤᠯᠬᠤ ᠨᠢ ᠲᠤᠬᠠᠢ ᠬᠣᠶᠠᠷ ᠤᠨ

ᠬᠣᠶᠠᠷ ᠮᠠᠨ ᠰᠤᠷᠭᠠᠭᠤᠯᠢ ᠶᠢᠨ ᠮᠣᠩᠭᠣᠯ ᠤᠨ ᠪᠠᠭᠰᠢ ᠨᠠᠷ ᠤᠨ ᠰᠤᠷᠭᠠᠭᠤᠯᠢ ᠳᠤ ᠪᠠᠢᠭ᠎ᠠ ᠃ ᠮᠣᠩᠭᠣᠯ ᠪᠠᠭᠰᠢ ᠨᠠᠷ ᠤᠨ ᠰᠤᠷᠭᠠᠯᠲᠠ ᠶᠢᠨ ᠠᠵᠢᠯ ᠤᠨ ᠲᠠᠯ᠎ᠠ ᠪᠠᠷ ᠰᠤᠷᠭᠠᠭᠤᠯᠢ ᠶᠢᠨ ᠮᠣᠩᠭᠣᠯ ᠬᠡᠯᠡ ᠪᠢᠴᠢᠭ ᠦᠨ ᠤᠳᠤᠷᠢᠳᠤᠯᠭ᠎ᠠ ᠶᠢ ×××

ᠳᠤ ᠮᠣᠩᠭᠣᠯ ᠤᠨ ᠰᠤᠷᠭᠠᠯᠲᠠ ᠶᠢᠨ ᠬᠥᠭᠵᠢᠯᠲᠡ ᠶᠢ ᠳᠡᠮᠵᠢᠨ ᠲᠤᠰᠠᠯᠠᠬᠤ ᠶᠢ ᠬᠦᠰᠡᠵᠦ ᠪᠠᠢᠨ᠎ᠠ ᠃

ᠰᠤᠷᠤᠭᠴᠢ ᠲᠥᠯᠦᠭᠡᠯᠡᠭᠴᠢ ×××

ᠰᠤᠷᠤᠭᠴᠢ ×××

ᠰᠤᠷᠤᠭᠴᠢ ×××

××× ᠣᠨ ᠤ ×× ᠰᠠᠷ᠎ᠠ ᠶᠢᠨ ×× ᠤ ᠡᠳᠦᠷ

(ᠰᠤᠷᠭᠠᠭᠤᠯᠢ ᠶᠢᠨ ᠲᠠᠮᠠᠭ᠎ᠠ)

ᠮᠠᠨ ᠪᠠᠭᠰᠢ ᠶᠢᠨ ᠰᠠᠨᠠᠯ ᠢ ᠰᠣᠨᠣᠰᠴᠤ ᠪᠠᠢᠨ᠎ᠠ

ᠪᠢᠴᠢᠪᠡ ×××

ᠲᠠᠢᠯᠪᠤᠷᠢᠯᠠᠯ : ᠮᠠᠨ ᠰᠤᠷᠭᠠᠭᠤᠯᠢ ᠶᠢᠨ ᠮᠣᠩᠭᠣᠯ ᠪᠠᠭᠰᠢ ᠨᠠᠷ ᠤᠨ ᠰᠠᠨᠠᠯ ᠢ ᠬᠦᠯᠢᠶᠡᠨ ᠠᠪᠴᠤ ᠪᠠᠢᠨ᠎ᠠ ᠃

〔 ᠵᠢᠱᠢᠶ᠎ᠡ 〕

ᠭᠤᠷᠪᠠ ᠂ ᠮᠠᠨ ᠰᠤᠷᠭᠠᠭᠤᠯᠢ ᠶᠢᠨ ᠮᠣᠩᠭᠣᠯ ᠪᠠᠭᠰᠢ ᠨᠠᠷ ᠤᠨ ᠰᠠᠨᠠᠯ ᠢ 《 ᠮᠣᠩᠭᠣᠯ ᠬᠡᠯᠡ ᠪᠢᠴᠢᠭ ᠦᠨ ᠠᠵᠢᠯ ᠤᠨ ᠲᠤᠬᠠᠢ ᠶᠢᠨ ᠳᠦᠷᠢᠮ 》 ᠦᠨ ᠳᠠᠭᠠᠤ ᠰᠢᠢᠳᠪᠦᠷᠢᠯᠡᠨ

ᠳᠤ ᠮᠡᠳᠡᠭᠦᠯᠦᠨ᠎ᠡ ᠃

ᠳᠥᠷᠪᠡ ᠂ ᠮᠣᠩᠭᠣᠯ ᠪᠠᠭᠰᠢ ᠨᠠᠷ ᠤᠨ ᠰᠠᠨᠠᠯ ᠳᠤ ᠮᠠᠨ ᠤ ᠬᠠᠷᠢᠭᠤ ᠂ ᠪᠠᠭᠰᠢ ᠨᠠᠷ ᠤᠨ ᠬᠠᠷᠢᠭᠤ (ᠰᠠᠨᠠᠯ ᠤᠨ ᠬᠠᠷᠢᠭᠤ ᠶᠢ ᠬᠠᠪᠰᠤᠷᠭᠠᠪᠠ) ᠬᠠᠷᠢᠭᠤ ᠪᠢᠴᠢᠭ ᠬᠠᠷᠢᠭᠤ ᠶᠢ ᠰᠢᠢᠳᠪᠦᠷᠢᠯᠡᠬᠦ ᠪᠠᠷ

ᠪᠣᠯᠭᠠᠨ᠎ᠠ ᠶᠢᠨ ᠰᠤᠷᠭᠠᠯᠲᠠ ᠶᠢᠨ ᠠᠵᠢᠯᠯᠠᠭᠤ ᠂ ᠮᠡᠳᠡᠭᠦᠯᠦᠭᠰᠡᠨ ᠂ ᠬᠦᠷᠭᠡᠭᠰᠡᠨ ᠭᠠᠵᠠᠷ ᠤᠨ ᠰᠢᠢᠳᠪᠦᠷᠢ ᠪᠠᠷ ᠪᠠᠢᠳᠠᠯ ᠢ ᠬᠠᠷᠢᠭᠤ ᠶᠢ ᠮᠣᠩᠭᠣᠯ ᠬᠡᠯᠡ ᠪᠢᠴᠢᠭ ᠦᠨ ᠠᠵᠢᠯ ᠤᠨ ᠲᠤ

ᠮᠡᠳᠡᠭᠡᠨ ᠢ ᠬᠠᠷᠢᠭᠤᠴᠠᠯᠠᠨ ᠲᠠᠰᠤᠷᠠᠯᠲᠠ ᠦᠭᠡᠢ ᠬᠢᠵᠦ ᠮᠣᠩᠭᠣᠯ ᠪᠠᠭᠰᠢ ᠨᠠᠷ ᠲᠤ ᠪᠠᠢᠳᠠᠯ ᠤᠨ ᠰᠢᠢᠳᠪᠦᠷᠢ ᠶᠢ ᠮᠡᠳᠡᠭᠳᠡᠭᠡᠳ ᠪᠠᠢᠨ᠎ᠠ ᠃

ᠬᠣᠶᠠᠷ ᠂ 《 ᠮᠠᠨ ᠰᠤᠷᠭᠠᠭᠤᠯᠢ ᠶᠢᠨ ᠬᠤᠷᠠᠯ ᠪᠠᠷ 》 ᠬᠠᠷᠢᠭᠤ ᠪᠡᠷ ᠰᠠᠨᠠᠯ ᠢ ᠰᠣᠨᠣᠰᠴᠤ ᠰᠢᠢᠳᠪᠦᠷᠢᠯᠡᠨ ᠬᠢᠵᠦ ᠪᠣᠯᠬᠤ ᠲᠤᠬᠠᠢ ᠪᠠᠷ ᠬᠠᠷᠢᠭᠤ ᠳᠤ ᠮᠣᠩᠭᠣᠯ ᠰᠤᠷᠭᠠᠯᠲᠠ ᠶᠢᠨ ᠠᠵᠢᠯ ᠢ ᠪᠠᠢᠨ᠎ᠠ ᠃

2. [illegible]

[illegible]

1. [illegible]

[illegible] (3) [illegible] (2) [illegible] (1) [illegible]

ᠪᠣ ᠂ ᠬᠠᠮᠤᠭ ᠤᠨ ᠡᠮᠦᠨ᠎ᠡ ᠬᠡᠯᠡᠬᠦ ᠶᠢᠨ ᠬᠠᠮᠲᠤ ᠰᠢᠯᠭᠠᠨ ᠪᠠᠢᠴᠠᠭᠠᠭᠰᠠᠨ ᠤ ᠳᠠᠷᠠᠭ᠎ᠠ ᠶᠢᠨ ᠵᠢᠱᠢᠶ᠎ᠡ ᠶᠢᠨ ᠪᠠᠶᠢᠳᠠᠯ ᠢ ᠬᠠᠷᠢᠴᠠᠭᠤᠯᠤᠨ ᠪᠢᠴᠢᠭᠳᠡᠬᠦ ᠶᠢᠨ ᠵᠢᠱᠢᠶ᠎ᠡ ᠳᠦ ᠠᠭᠤᠯᠭᠠᠭᠰᠠᠨ ᠦᠭᠡ ᠶᠢ ᠰᠢᠭᠤᠳ ᠬᠤᠪᠢᠯᠭᠠᠨ ᠪᠢᠴᠢᠭᠳᠡᠭᠰᠡᠨ ᠪᠢ ᠂ ᠬᠠᠷᠢᠨ ᠲᠡᠮᠳᠡᠭᠯᠡᠭᠰᠡᠨ ᠢ ᠲᠣᠳᠣᠷᠬᠠᠢ ᠪᠣᠯᠭᠠᠨ᠎ᠠ ᠂ ᠬᠠᠷᠢᠨ ᠲᠠᠢᠯᠪᠤᠷᠢ ᠳᠤ ᠪᠠᠭᠲᠠᠭᠠᠨ ᠮᠡᠳᠡᠭᠳᠡᠭᠰᠡᠨ ᠦ ᠬᠠᠷᠢᠭᠤᠴᠠᠯᠠᠭ᠎ᠠ ᠪᠣᠯᠭᠠᠨ ᠪᠢᠴᠢᠯᠭᠡ ᠳᠦ ᠳᠤᠷᠠᠳᠬᠠᠬᠤ ᠡᠰᠡᠬᠦ ᠶᠢ ᠲᠡᠮᠳᠡᠭᠯᠡᠵᠦ ᠪᠣᠯᠤᠨ᠎ᠠ ᠃

3. ᠲᠡᠮᠳᠡᠭᠯᠡᠭᠰᠡᠨ ᠦ ᠰᠠᠶᠢᠨ ᠳᠤ ᠮᠡᠳᠡᠭᠳᠡᠭᠰᠡᠨ ᠬᠡᠯᠡᠯᠴᠡᠭᠰᠡᠨ ᠬᠠᠷᠢᠭᠤᠴᠠᠯᠠᠭ᠎ᠠ ᠪᠣᠯ ᠪᠢᠴᠢᠭᠳᠡᠭᠰᠡᠨ ᠦᠶ᠎ᠡ ᠳᠤ ᠳᠠᠭᠠᠨ ᠪᠢᠴᠢᠭᠳᠡᠬᠦ ᠶᠢᠨ ᠵᠢᠱᠢᠶ᠎ᠡ ᠶᠢᠨ ᠬᠡᠯᠡᠯᠴᠡᠬᠦ ᠂ ᠲᠡᠮᠳᠡᠭᠯᠡᠭᠰᠡᠨ ᠦ ᠬᠠᠷᠢᠭᠤ ᠶᠢ ᠪᠢᠴᠢᠭᠳᠡᠬᠦ ᠶᠢᠨ ᠪᠣᠯᠤᠨ ᠪᠠᠶᠢᠳᠠᠯ ᠢ ᠰᠠᠶᠢᠨ ᠲᠠᠯ᠎ᠠ ᠲᠠᠢᠯᠪᠤᠷᠢᠯᠠᠵᠤ ᠪᠢᠴᠢᠭᠳᠡᠨ᠎ᠡ ᠂ ᠬᠠᠷᠢᠨ ᠲᠡᠮᠳᠡᠭᠯᠡᠭᠰᠡᠨ ᠦ ᠬᠡᠯᠡᠯᠴᠡᠭᠰᠡᠨ ᠲᠠᠢᠯᠪᠤᠷᠢ ᠳᠤ 《 ᠲᠡᠮᠳᠡᠭᠯᠡᠭᠰᠡᠨ ᠦ ᠪᠠᠶᠢᠳᠠᠯ ᠢ ᠬᠡᠯᠡᠬᠦ ᠶᠢᠨ ᠲᠠᠢᠯᠪᠤᠷᠢ ᠶᠢ 》 ᠭᠡᠵᠦ ᠪᠢᠴᠢᠨ ᠲᠡᠮᠳᠡᠭᠯᠡᠨ᠎ᠡ ᠃

4. ᠲᠡᠮᠳᠡᠭᠯᠡᠭᠰᠡᠨ ᠦ ᠰᠠᠶᠢᠨ ᠳᠤ ᠮᠡᠳᠡᠭᠳᠡᠭᠰᠡᠨ ᠬᠡᠯᠡᠯᠴᠡᠭᠰᠡᠨ ᠬᠠᠷᠢᠭᠤᠴᠠᠯᠠᠭ᠎ᠠ ᠪᠣᠯ ᠪᠢᠴᠢᠭᠳᠡᠭᠰᠡᠨ ᠦᠶ᠎ᠡ ᠳᠤ ᠪᠢᠴᠢᠭᠳᠡᠬᠦ ᠂ ᠬᠠᠷᠢᠨ ᠲᠡᠮᠳᠡᠭᠯᠡᠭᠰᠡᠨ ᠦ ᠪᠠᠶᠢᠳᠠᠯ ᠢ ᠰᠠᠶᠢᠨ ᠲᠠᠯ᠎ᠠ ᠲᠠᠢᠯᠪᠤᠷᠢᠯᠠᠨ ᠪᠢᠴᠢᠭᠳᠡᠭᠰᠡᠨ ᠦ ᠳᠠᠷᠠᠭ᠎ᠠ ᠬᠡᠯᠡᠯᠴᠡᠭᠰᠡᠨ ᠦ ᠲᠠᠢᠯᠪᠤᠷᠢ ᠶᠢ ᠬᠡᠯᠡᠭᠰᠡᠨ ᠪᠠᠶᠢᠳᠠᠯ ᠢ ᠲᠣᠳᠣᠷᠬᠠᠢ ᠪᠣᠯᠭᠠᠨ᠎ᠠ ᠃

5. ᠬᠠᠷᠢᠨ ᠲᠡᠮᠳᠡᠭᠯᠡᠭᠰᠡᠨ ᠦ ᠰᠠᠶᠢᠨ ᠳᠤ ᠮᠡᠳᠡᠭᠳᠡᠭᠰᠡᠨ ᠬᠡᠯᠡᠯᠴᠡᠭᠰᠡᠨ ᠪᠣᠯ ᠪᠢᠴᠢᠭᠳᠡᠭᠰᠡᠨ ᠦᠶ᠎ᠡ ᠳᠤ ᠪᠢᠴᠢᠭᠳᠡᠬᠦ ᠂ ᠲᠡᠮᠳᠡᠭᠯᠡᠭᠰᠡᠨ ᠦ ᠪᠠᠶᠢᠳᠠᠯ ᠢ ᠰᠠᠶᠢᠨ ᠲᠠᠯ᠎ᠠ ᠲᠠᠢᠯᠪᠤᠷᠢᠯᠠᠨ ᠪᠢᠴᠢᠭᠳᠡᠭᠰᠡᠨ ᠦ ᠳᠠᠷᠠᠭ᠎ᠠ ᠬᠡᠯᠡᠯᠴᠡᠬᠦ ᠲᠠᠢᠯᠪᠤᠷᠢ ᠶᠢ ᠬᠡᠯᠡᠭᠰᠡᠨ ᠪᠠᠶᠢᠳᠠᠯ ᠢ ᠲᠣᠳᠣᠷᠬᠠᠢ ᠪᠣᠯᠭᠠᠨ᠎ᠠ ᠂ ᠬᠠᠷᠢᠨ ᠲᠡᠮᠳᠡᠭᠯᠡᠭᠰᠡᠨ ᠦ ᠬᠡᠯᠡᠯᠴᠡᠭᠰᠡᠨ ᠲᠠᠢᠯᠪᠤᠷᠢ ᠳᠤ ᠪᠢᠴᠢᠭᠳᠡᠭᠰᠡᠨ ᠪᠣᠯᠤᠨ᠎ᠠ ᠄

ᠬᠡᠯᠡᠯᠴᠡᠭᠰᠡᠨ ᠪᠣ ᠂ ᠲᠡᠮᠳᠡᠭᠯᠡᠭᠰᠡᠨ ᠦ ᠰᠠᠶᠢᠨ ᠳᠤ ᠮᠡᠳᠡᠭᠳᠡᠭᠰᠡᠨ ᠦ ᠲᠠᠢᠯᠪᠤᠷᠢ ᠶᠢ ᠬᠡᠯᠡᠭᠰᠡᠨ ᠪᠠᠶᠢᠨ᠎ᠠ ᠄

《 ᠲᠡᠮᠳᠡᠭᠯᠡᠭᠰᠡᠨ × × × ᠦᠨ ᠰᠠᠶᠢᠨ ᠳᠤ ᠮᠡᠳᠡᠭᠳᠡᠭᠰᠡᠨ ᠦ ᠬᠠᠷᠢᠭᠤᠴᠠᠯᠠᠭ᠎ᠠ 》 ᠭᠡᠵᠦ ᠪᠢᠴᠢᠨ᠎ᠡ ᠃

ᠬᠡᠯᠡᠯᠴᠡᠭᠰᠡᠨ ᠪᠣ ᠂ ᠲᠡᠮᠳᠡᠭᠯᠡᠭᠰᠡᠨ ᠦ ᠪᠠᠶᠢᠳᠠᠯ ᠢ ᠲᠠᠢᠯᠪᠤᠷᠢᠯᠠᠨ ᠪᠢᠴᠢᠭᠳᠡᠭᠰᠡᠨ ᠪᠣᠯ ᠪᠢᠴᠢᠭᠳᠡᠭᠰᠡᠨ ᠦᠶ᠎ᠡ ᠳᠤ ᠬᠡᠯᠡᠯᠴᠡᠭᠰᠡᠨ ᠪᠠᠶᠢᠨ᠎ᠠ ᠄

《 ᠨᠡᠷ᠎ᠡ ᠂ ᠲᠡᠮᠳᠡᠭᠯᠡᠭᠰᠡᠨ × × × (ᠬᠠᠷᠢᠨ ᠲᠡᠮᠳᠡᠭᠯᠡᠭᠰᠡᠨ ᠦ ᠪᠢᠴᠢᠭᠡᠴᠢ ᠳᠠᠷᠤᠭ᠎ᠠ ᠶᠢᠨ ᠨᠡᠷᠡᠶᠢᠳᠦᠯ) ᠶᠢᠨ ᠬᠠᠷᠢᠭᠤᠴᠠᠭᠰᠠᠨ (× × × ×) . . . ᠪᠠᠶᠢᠷᠢ ᠳᠤ × × ᠪᠠᠶᠢᠭᠤᠯᠤᠯᠭ᠎ᠠ ᠂ ᠬᠠᠷᠢᠨ ᠲᠡᠮᠳᠡᠭᠯᠡᠭᠰᠡᠨ ᠦ ᠨᠡᠷᠡᠶᠢᠳᠦᠯ ᠦᠨ ᠪᠠᠶᠢᠳᠠᠯ (ᠪᠢᠴᠢᠭ ᠰᠣᠨᠢᠨ ᠪᠣᠯᠭᠠᠬᠤ ᠲᠡᠮᠳᠡᠭᠯᠡᠯ) . . . ᠰᠠᠨᠠᠯ ᠪᠢᠴᠢᠵᠦ᠂ ᠨᠠᠷᠢᠨ . . . ᠂ (ᠬᠠᠷᠢᠨ ᠲᠡᠮᠳᠡᠭᠯᠡᠭᠰᠡᠨ ᠦ ᠪᠠᠷᠢᠮᠲᠠᠯᠠᠨ ᠲᠡᠮᠳᠡᠭᠯᠡᠬᠦ) ᠂ ᠮᠡᠳᠡᠭᠳᠡᠨ ᠪᠢᠴᠢᠭ ᠪᠢᠴᠢᠨ᠎ᠡ ᠃

ᠵᠢᠱᠢᠶᠡᠯᠡᠪᠡᠯ ᠂ ᠲᠡᠮᠳᠡᠭᠯᠡᠭᠰᠡᠨ × × ᠳᠤ ᠪᠢᠴᠢᠭᠳᠡᠵᠦ ᠂ × × × ᠦᠨ ᠲᠡᠮᠳᠡᠭᠯᠡᠭᠰᠡᠨ ᠪᠣᠯᠤᠨ (ᠬᠦᠮᠦᠨ ᠦ ᠮᠡᠳᠡᠭᠳᠡᠭᠰᠡᠨ ᠬᠡᠯᠡᠯᠴᠡᠭᠰᠡᠨ ᠪᠢᠴᠢᠭᠳᠡᠬᠦ ᠶᠢᠨ ᠲᠠᠢᠯᠪᠤᠷᠢ) ᠪᠠᠷᠢᠮᠲᠠ ᠪᠢᠴᠢᠭ ᠃

ᠲᠡᠮᠳᠡᠭᠯᠡᠭᠰᠡᠨ ᠪᠣ ᠂ ᠪᠣᠯᠤᠨ 《 ᠬᠦᠮᠦᠨ ᠦ ᠮᠡᠳᠡᠭᠳᠡᠭᠰᠡᠨ ᠬᠡᠯᠡᠯᠴᠡᠭᠰᠡᠨ 》 ᠭᠡᠵᠦ ᠪᠢᠴᠢᠭᠳᠡᠨ᠎ᠡ ᠃ ᠮᠡᠳᠡᠭᠳᠡᠭᠰᠡᠨ ᠦ ᠬᠡᠯᠡᠯᠴᠡᠬᠦ ᠶᠢᠨ ᠪᠢᠴᠢᠭᠳᠡᠭᠰᠡᠨ ᠲᠡᠮᠳᠡᠭᠯᠡᠭᠰᠡᠨ ᠪᠣᠯᠤᠨ᠎ᠠ ᠂ ᠪᠣᠯᠤᠨ

ᠪᠢᠴᠢᠭᠳᠡᠬᠦ ᠲᠣᠮᠢᠶ᠎ᠠ ᠪᠢᠴᠢᠵᠦ) . . . (ᠬᠦᠮᠦᠨ ᠦ ᠮᠡᠳᠡᠭᠳᠡᠭᠰᠡᠨ ᠬᠡᠯᠡᠯᠴᠡᠭᠰᠡᠨ ᠪᠢᠴᠢᠭᠳᠡᠬᠦ ᠶᠢᠨ ᠲᠡᠮᠳᠡᠭᠯᠡᠭᠰᠡᠨ ᠪᠢᠴᠢᠭ ᠢ ᠪᠢᠴᠢᠨ ᠲᠡᠮᠳᠡᠭᠯᠡᠨ᠎ᠡ ᠃

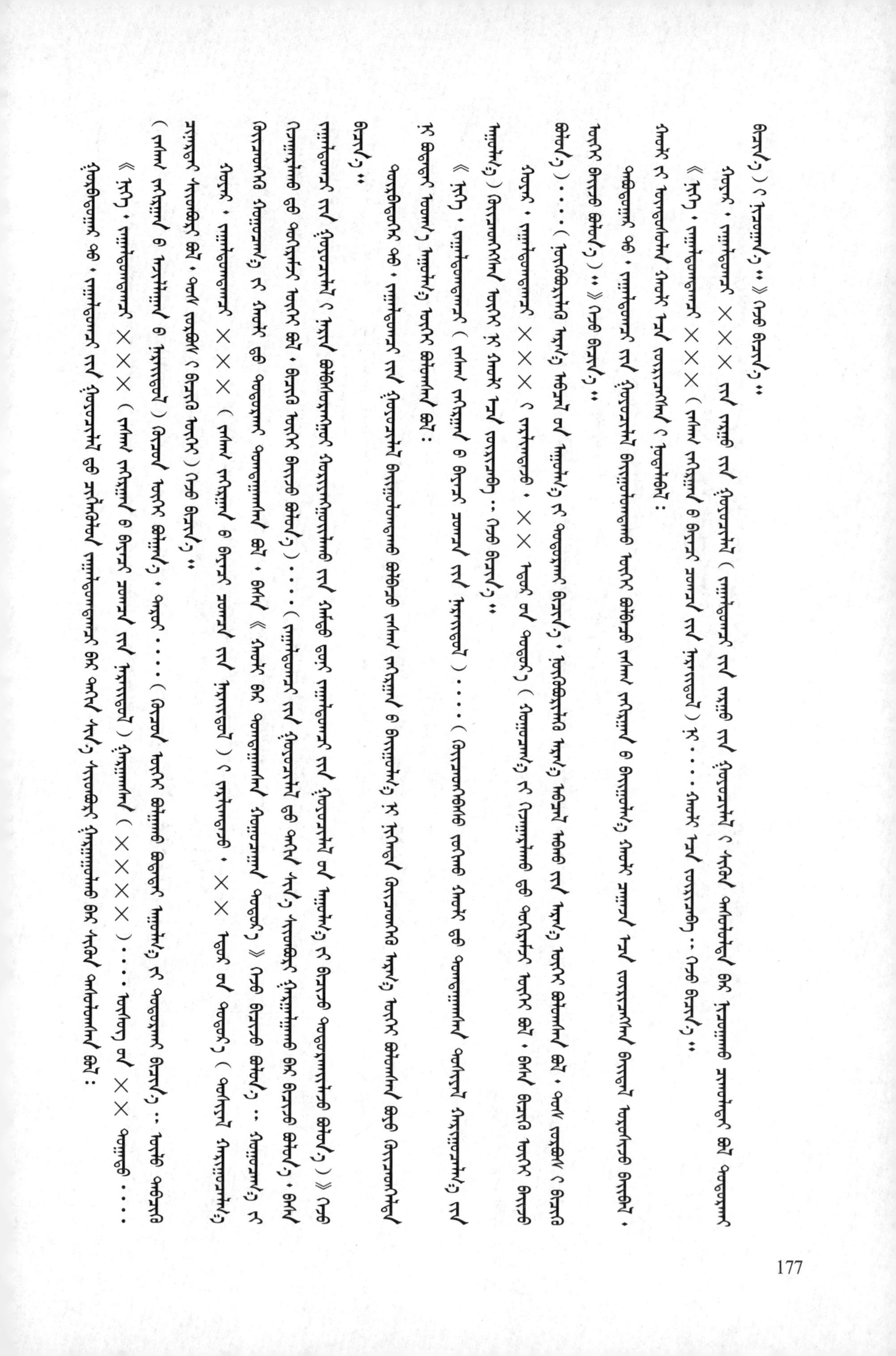

[illegible]

ᠬᠣᠰᠢᠭᠤᠨ ᠤ ᠨᠠᠮ ᠤᠨ ᠬᠣᠷᠢᠶᠠᠨ ᠤ ᠭᠡᠰᠢᠭᠦᠨ ᠢ ᠰᠣᠩᠭᠤᠭᠰᠠᠨ ᠲᠤᠬᠠᠢ 3 : ᠬᠣᠰᠢᠭᠤᠨ ᠤ ᠨᠠᠮ ᠤᠨ ᠬᠣᠷᠢᠶᠠᠨ ᠤ ᠪᠦᠭᠦᠳᠡ ᠬᠤᠷᠠᠯ ᠤᠨ ᠮᠡᠳᠡᠭᠳᠡᠯ

(ᠬᠣᠰᠢᠭᠤᠨ ᠤ ᠨᠠᠮ ᠤᠨ ᠬᠣᠷᠢᠶᠠᠨ ᠤ ᠳᠦᠭᠡᠷ ᠤᠳᠠᠭᠠ ᠶᠢᠨ ᠪᠦᠭᠦᠳᠡ ᠬᠤᠷᠠᠯ ᠢᠶᠠᠷ ᠪᠠᠲᠤᠯᠠᠭᠰᠠᠨ)

××× ᠣᠨ ᠤ ᠰᠠᠷ᠎ᠠ ᠶᠢᠨ ᠡᠳᠦᠷ ᠦᠨ

ᠬᠣᠰᠢᠭᠤᠨ ᠤ ᠨᠠᠮ ᠤᠨ ᠪᠦᠭᠦᠳᠡ ᠬᠤᠷᠠᠯ ᠤᠨ ᠮᠡᠳᠡᠭᠳᠡᠯ

(ᠬᠣᠰᠢᠭᠤᠨ ᠤ ᠨᠠᠮ ᠤᠨ ᠬᠣᠷᠢᠶᠠᠨ ᠤ ᠳᠦᠭᠡᠷ ᠤᠳᠠᠭᠠ ᠶᠢᠨ ᠪᠦᠭᠦᠳᠡ ᠬᠤᠷᠠᠯ ᠢᠶᠠᠷ ᠪᠠᠲᠤᠯᠠᠭᠰᠠᠨ)

ᠬᠣᠰᠢᠭᠤ ···· ᠬᠣᠲᠠ ᠬᠣᠷᠢᠶᠠ ···· (××××)

ᠰᠢᠨ᠎ᠡ ××× ····· (ᠡᠷᠡᠭᠲᠡᠢ ᠮᠣᠩᠭᠣᠯ ᠦᠨᠳᠦᠰᠦᠲᠡᠨ ᠢᠶᠡᠷ ᠰᠣᠩᠭᠤᠭᠳᠠᠪᠠ) ᠃

ᠭᠡᠰᠢᠭᠦᠨ ᠦ ᠬᠣᠷᠢᠶᠠᠨ ᠤ ××× ····· (ᠡᠷᠡᠭᠲᠡᠢ ᠂ ᠬᠠᠨ ᠦᠨᠳᠦᠰᠦᠲᠡᠨ ᠢᠶᠡᠷ ᠰᠣᠩᠭᠤᠭᠳᠠᠪᠠ) ᠃

ᠳᠠᠷᠤᠭ᠎ᠠ ᠨᠠᠷᠢᠯᠠᠭ᠎ᠠ (ᠪᠣᠯᠤᠨ ᠬᠣᠷᠢᠶᠠᠨ ᠤ ᠨᠠᠷᠢᠯᠠᠭ᠎ᠠ ᠂ ᠭᠡᠰᠢᠭᠦᠨ ᠦ ᠬᠣᠷᠢᠶᠠᠨ ᠤ ᠨᠠᠷᠢᠯᠠᠭ᠎ᠠ) ××× ····· (ᠡᠷᠡᠭᠲᠡᠢ ᠮᠣᠩᠭᠣᠯ ᠦᠨᠳᠦᠰᠦᠲᠡᠨ ᠢᠶᠡᠷ ᠰᠣᠩᠭᠤᠭᠳᠠᠪᠠ) ᠃

ᠰᠢᠨ᠎ᠡ ××× ····· (ᠬᠣᠰᠢᠭᠤᠨ ᠤ ᠨᠠᠮ ᠤᠨ ᠬᠣᠷᠢᠶᠠᠨ ᠤ ᠳᠠᠷᠤᠭ᠎ᠠ ᠪᠠᠢᠭᠰᠠᠨ ᠢᠶᠡᠷ ᠰᠣᠩᠭᠤᠭᠳᠠᠪᠠ) ᠃

ᠭᠡᠰᠢᠭᠦᠨ ᠦ ᠬᠣᠷᠢᠶᠠᠨ ᠤ ××× ᠂ (ᠡᠷᠡᠭᠲᠡᠢ ᠂ ᠬᠠᠨ ᠦᠨᠳᠦᠰᠦᠲᠡᠨ ᠢᠶᠡᠷ ᠰᠣᠩᠭᠤᠭᠳᠠᠪᠠ) ᠃

ᠳᠠᠷᠤᠭ᠎ᠠ ᠨᠠᠷᠢᠯᠠᠭ᠎ᠠ ××× ····· (ᠡᠷᠡᠭᠲᠡᠢ ᠮᠣᠩᠭᠣᠯ ᠦᠨᠳᠦᠰᠦᠲᠡᠨ ᠢᠶᠡᠷ ᠰᠣᠩᠭᠤᠭᠳᠠᠪᠠ) ᠃

ᠰᠢᠨ᠎ᠡ ᠰᠠᠯᠠᠭ᠎ᠠ ××× ····· (ᠡᠷᠡᠭᠲᠡᠢ ᠪᠣᠯᠤᠨ ᠮᠣᠩᠭᠣᠯ ᠦᠨᠳᠦᠰᠦᠲᠡᠨ ᠢᠶᠡᠷ ᠰᠣᠩᠭᠤᠭᠳᠠᠪᠠ) ᠃

ᠭᠡᠰᠢᠭᠦᠨ ᠦ ᠬᠣᠷᠢᠶᠠᠨ ᠤ ××× ····· (ᠡᠷᠡᠭᠲᠡᠢ ᠂ ᠬᠠᠨ ᠦᠨᠳᠦᠰᠦᠲᠡᠨ ᠢᠶᠡᠷ ᠰᠣᠩᠭᠤᠭᠳᠠᠪᠠ) ᠃

ᠳᠠᠷᠤᠭ᠎ᠠ ᠨᠠᠷᠢᠯᠠᠭ᠎ᠠ (ᠪᠣᠯᠤᠨ ᠬᠣᠷᠢᠶᠠᠨ ᠤ ᠨᠠᠷᠢᠯᠠᠭ᠎ᠠ ᠂ ᠭᠡᠰᠢᠭᠦᠨ ᠦ ᠬᠣᠷᠢᠶᠠᠨ ᠤ ᠨᠠᠷᠢᠯᠠᠭ᠎ᠠ) ××× ····· (ᠡᠷᠡᠭᠲᠡᠢ ᠮᠣᠩᠭᠣᠯ ᠦᠨᠳᠦᠰᠦᠲᠡᠨ ᠢᠶᠡᠷ ᠰᠣᠩᠭᠤᠭᠳᠠᠪᠠ) ᠃

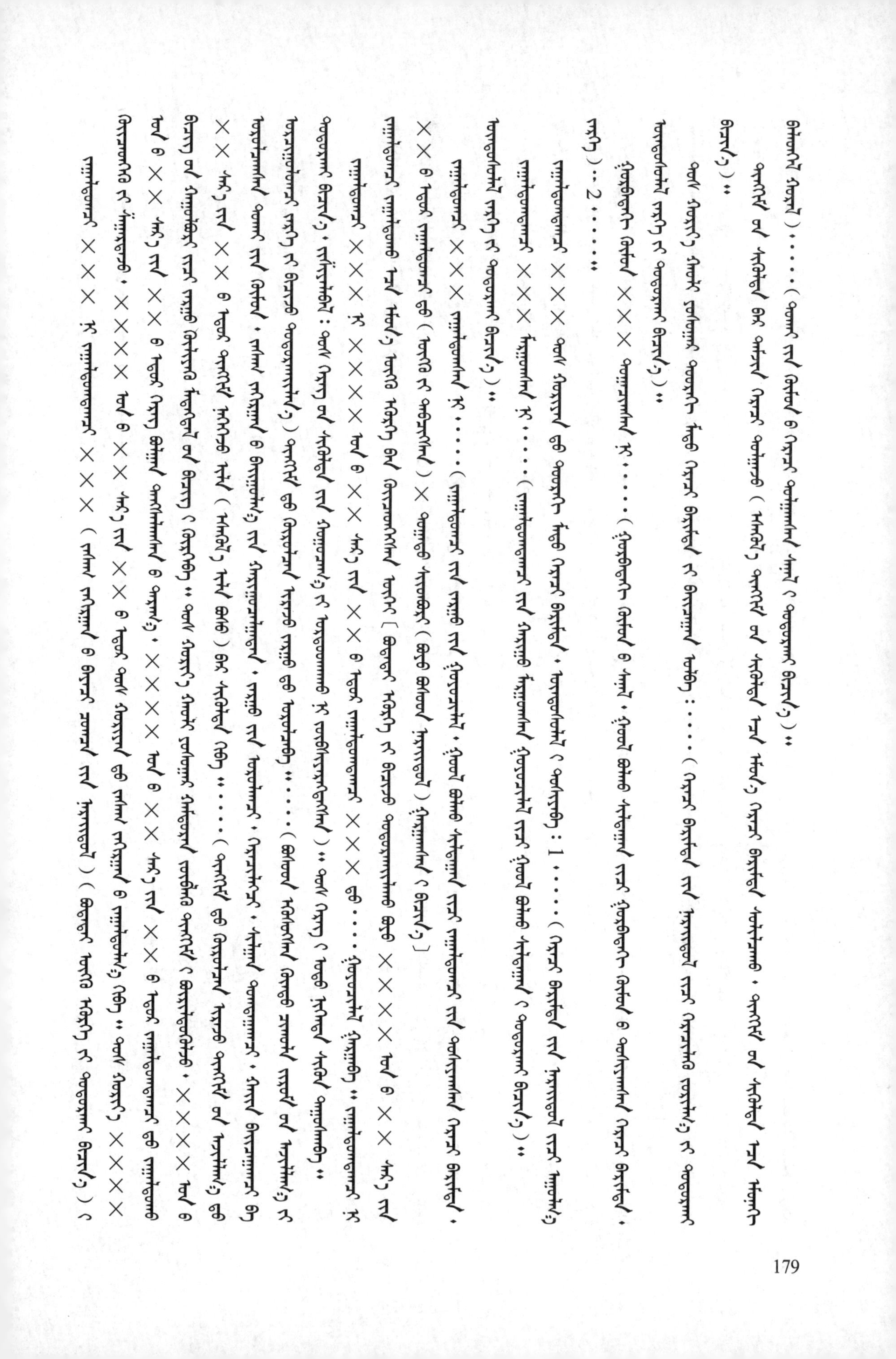

ᠡᠨᠡ ᠬᠤᠷᠠᠯ ᠳᠤ ᠣᠷᠣᠯᠴᠠᠭᠰᠠᠳ ᠤᠨ ᠪᠠᠢᠳᠠᠯ ᠢ ᠬᠡᠯᠡᠯᠴᠡᠭᠰᠡᠨ ᠦ ᠳᠠᠷᠠᠭ᠎ᠠ ᠨᠢ ᠳᠣᠣᠷᠠᠬᠢ ᠮᠡᠲᠦ : ....(ᠬᠤᠷᠠᠯ ᠤᠨ ᠬᠡᠯᠡᠯᠴᠡᠭᠰᠡᠨ ᠠᠰᠠᠭᠤᠳᠠᠯ ᠤᠨ ᠠᠭᠤᠯᠭ᠎ᠠ
ᠶᠢ ᠲᠣᠪᠴᠢᠯᠠᠨ ᠪᠢᠴᠢᠨ᠎ᠡ) ::

ᠬᠤᠷᠠᠯ ᠳᠤ ᠣᠷᠣᠯᠴᠠᠭᠰᠠᠳ ᠤᠨ ᠰᠠᠨᠠᠯ ᠪᠣᠳᠤᠯ ᠢ ᠲᠣᠪᠴᠢᠯᠠᠨ ᠪᠢᠴᠢᠨ᠎ᠡ :: ....(ᠬᠤᠷᠠᠯ ᠤᠨ ᠡᠵᠡᠮᠰᠢᠭᠴᠢ ᠶᠢᠨ ᠦᠭᠦᠯᠡᠭᠰᠡᠨ ᠦᠭᠡ ᠶᠢ ᠲᠣᠪᠴᠢᠯᠠᠨ ᠪᠢᠴᠢᠨ᠎ᠡ) ::

ᠡᠨᠡ ᠬᠤᠷᠠᠯ ᠤᠨ ᠬᠡᠯᠡᠯᠴᠡᠭᠰᠡᠨ ᠪᠣᠳᠤᠯ ᠢ ᠬᠡᠯᠡᠯᠴᠡᠭᠰᠡᠨ ᠦ ᠳᠠᠷᠠᠭ᠎ᠠ ᠬᠤᠷᠠᠯ ᠳᠤ ᠣᠷᠣᠯᠴᠠᠭᠰᠠᠳ ᠤᠨ ᠰᠠᠨᠠᠯ ᠢ ᠲᠣᠪᠴᠢᠯᠠᠨ ᠪᠢᠴᠢᠨ᠎ᠡ) ::

ᠡᠨᠡ ᠬᠤᠷᠠᠯ ᠤᠨ ᠲᠣᠭᠲᠠᠭᠠᠯ ᠢ ᠳᠣᠣᠷᠠᠬᠢ ᠮᠡᠲᠦ :
(....(ᠬᠤᠷᠠᠯ ᠤᠨ ᠲᠣᠭᠲᠠᠭᠠᠯ ᠤᠨ ᠠᠭᠤᠯᠭ᠎ᠠ ᠶᠢ ᠲᠣᠪᠴᠢᠯᠠᠨ ᠪᠢᠴᠢᠨ᠎ᠡ) ::
....(ᠬᠤᠷᠠᠯ ᠤᠨ ᠲᠣᠭᠲᠠᠭᠠᠯ ᠤᠨ ᠬᠡᠷᠡᠭᠵᠢᠭᠦᠯᠬᠦ ᠶᠢ ᠲᠣᠪᠴᠢᠯᠠᠨ ᠪᠢᠴᠢᠨ᠎ᠡ) ::

ᠡᠨᠡ ᠬᠤᠷᠠᠯ ᠤᠨ ᠲᠡᠮᠳᠡᠭᠯᠡᠯ ᠢ ×××× ᠣᠨ ᠤ ᠬᠤᠷᠠᠯ ᠤᠨ ᠲᠡᠮᠳᠡᠭᠯᠡᠯ ᠦᠨ ᠳᠡᠪᠲᠡᠷ ᠲᠦ ᠬᠠᠳᠠᠭᠠᠯᠠᠵᠤ ᠬᠤᠷᠠᠯ ᠳᠤ ᠣᠷᠣᠯᠴᠠᠭᠰᠠᠳ ᠲᠤ ᠲᠠᠷᠬᠠᠭᠠᠨ ᠬᠦᠷᠭᠡᠭᠦᠯᠦᠨ᠎ᠡ ::

ᠲᠡᠮᠳᠡᠭᠯᠡᠭᠴᠢ ×××

ᠡᠨᠡ ᠪᠢᠴᠢᠭ ᠦᠨ ᠬᠤᠪᠢ ᠶᠢ ᠪᠢᠴᠢᠭ ᠦᠨ ᠰᠠᠩ ᠳᠤ ᠬᠠᠳᠠᠭᠠᠯᠠᠨ᠎ᠠ

(ᠪᠠᠢᠭᠤᠯᠤᠯᠭ᠎ᠠ ᠶᠢᠨ ᠲᠠᠮᠠᠭ᠎ᠠ)
×××× ᠣᠨ ᠤ ×× ᠰᠠᠷ᠎ᠠ ᠶᠢᠨ ×× ᠤ ᠡᠳᠦᠷ

ᠭᠠᠷ ᠤᠰᠤᠭ ×××
ᠭᠠᠷ ᠤᠰᠤᠭ ×××
ᠭᠠᠷ ᠤᠰᠤᠭ ᠵᠢᠷᠤᠭᠤ ×××

ᠪᠢᠴᠢᠭᠰᠡᠨ ×××

ᠡᠬᠢ ᠰᠤᠷᠪᠤᠯᠵᠢ : ᠪᠦᠭᠦᠳᠡ ᠨᠠᠶᠢᠷᠠᠮᠳᠠᠬᠤ ᠮᠣᠩᠭᠣᠯ ᠠᠷᠠᠳ ᠤᠯᠤᠰ [illegible] ᠰᠢᠨ᠎ᠡ ᠦᠰᠦᠭ [illegible]

[illegible]

[illegible]

[illegible]

1. [illegible]

ᠪᠢᠴᠢᠭ ᠪᠢᠴᠢᠬᠦ ᠳᠦᠷᠢᠮ ᠶᠢᠨ ᠬᠡᠷᠡᠭᠯᠡᠭᠡ ᠳᠦ ᠪᠣᠯᠪᠠᠰᠤ ᠃ ᠲᠡᠷᠡ ᠴᠢᠬᠤᠯᠠ ᠳᠤ ᠬᠡᠷᠡᠭᠯᠡᠭᠳᠡᠨ᠎ᠡ ᠃ ᠵᠢᠱᠢᠶᠡᠯᠡᠪᠡᠯ ᠂ ᠲᠡᠷᠡ ᠨᠢ ᠰᠤᠷᠭᠠᠭᠤᠯᠢ ᠶᠢᠨ ᠪᠠᠭᠰᠢ ᠨᠠᠷ ᠤᠨ ᠪᠢᠴᠢᠭ ᠳᠤ ᠪᠣᠯᠤᠨ᠎ᠠ ᠂

ᠬᠡᠷᠡᠭᠯᠡᠭᠳᠡᠭᠰᠡᠨ ᠰᠤᠷᠭᠠᠭᠤᠯᠢ ᠶᠢᠨ ᠰᠤᠷᠤᠭᠴᠢᠳ (ᠰᠤᠷᠭᠠᠭᠤᠯᠢ ᠶᠢᠨ ᠨᠡᠷᠡ) ᠶᠢᠨ ×××(ᠬᠣᠲᠠ ᠰᠢᠶᠠᠨ ᠤ ᠪᠦᠰᠡ ᠶᠢᠨ ᠨᠡᠷᠡ) ᠶᠢᠨ ××× ᠰᠤᠷᠭᠠᠭᠤᠯᠢ ᠂ ᠲᠡᠷᠡ

ᠬᠡᠷᠡᠭᠯᠡᠭᠡ ᠳᠦ (ᠪᠢᠴᠢᠭ ᠪᠢᠴᠢᠬᠦ ᠳᠦᠷᠢᠮ) ᠶᠢᠨ ᠲᠤᠬᠠᠢ ᠪᠠᠷ ᠬᠡᠷᠡᠭᠯᠡᠨ᠎ᠡ ᠃ ᠭᠡᠵᠦ ᠪᠢᠴᠢᠨ᠎ᠡ ᠃

《 ᠲᠡᠷᠡ ᠂ ᠰᠤᠷᠭᠠᠭᠤᠯᠢ ××× (ᠬᠣᠲᠠ ᠰᠢᠶᠠᠨ ᠤ ᠪᠦᠰᠡ ᠶᠢᠨ ᠨᠡᠷᠡ) ᠶᠢᠨ ×××× ᠬᠣᠲᠠ ᠶᠢᠨ ×× ᠰᠢᠶᠠᠨ ᠤ ×× ᠶᠢᠨ ᠰᠤᠷᠭᠠᠭᠤᠯᠢ ᠳᠤ

ᠪᠢᠴᠢᠵᠡᠢ :

ᠵᠢᠱᠢᠶᠡ ᠨᠢ ᠂ ᠲᠡᠷᠡ ᠪᠢᠴᠢᠭ ᠲᠦ ᠬᠡᠷᠡᠭᠯᠡᠭᠳᠡᠭᠰᠡᠨ ᠦᠭᠡ ᠶᠢᠨ ᠬᠡᠯᠪᠡᠷᠢ ᠂ ᠰᠤᠷᠭᠠᠭᠤᠯᠢ ᠶᠢᠨ ᠨᠡᠷᠡ ᠶᠢ ᠪᠢᠴᠢᠬᠦ ᠳᠤ

ᠪᠣᠯᠤᠨ᠎ᠠ) 》 ᠭᠡᠵᠦ ᠪᠢᠴᠢᠨ᠎ᠡ ᠃

ᠬᠡᠷᠡᠭᠯᠡᠭᠳᠡᠭᠰᠡᠨ ᠰᠤᠷᠭᠠᠭᠤᠯᠢ ᠶᠢᠨ ᠨᠡᠷᠡ ᠶᠢ ᠪᠢᠴᠢᠬᠦ ᠳᠦ ᠂ ᠲᠡᠷᠡ ᠨᠢ ᠪᠦᠷᠢᠨ ᠨᠡᠷᠡ ᠶᠢ ᠪᠢᠴᠢᠬᠦ ᠬᠡᠷᠡᠭᠲᠡᠢ ᠪᠢᠰᠢ ᠂ ᠲᠣᠪᠴᠢ ᠨᠡᠷᠡ ᠶᠢ ᠬᠡᠷᠡᠭᠯᠡᠵᠦ ᠪᠣᠯᠤᠨ᠎ᠠ

ᠪᠢᠴᠢᠭ ᠲᠦ ᠪᠢᠴᠢᠬᠦ ᠳᠦᠷᠢᠮ ᠶᠢᠨ ᠬᠡᠯᠪᠡᠷᠢ ᠂ ᠲᠣᠪᠴᠢ ᠨᠡᠷᠡ ᠶᠢ ᠬᠡᠷᠡᠭᠯᠡᠬᠦ ᠂ ᠪᠦᠷᠢᠨ ᠨᠡᠷᠡ ᠶᠢ ᠬᠡᠷᠡᠭᠯᠡᠬᠦ ᠶᠢᠨ ᠬᠡᠮᠵᠢᠶ᠎ᠡ ᠪᠠᠷ ᠰᠢᠭᠤᠳ ᠪᠢᠴᠢᠬᠦ ᠳᠦ

ᠰᠤᠷᠭᠠᠭᠤᠯᠢ ᠶᠢᠨ ᠪᠠᠭᠰᠢ ᠨᠠᠷ ᠤᠨ ᠪᠢᠴᠢᠭ ᠢ ᠰᠤᠷᠭᠠᠭᠤᠯᠢ ᠳᠤ ᠬᠡᠷᠡᠭᠯᠡᠬᠦ ᠪᠠᠷ ᠪᠢᠴᠢᠵᠦ ᠪᠣᠯᠤᠨ᠎ᠠ ᠃ ᠰᠤᠷᠭᠠᠭᠤᠯᠢ ᠳᠤ

ᠪᠢᠴᠢᠭ ᠪᠢᠴᠢᠬᠦ ᠳᠦᠷᠢᠮ ᠶᠢᠨ ᠬᠡᠷᠡᠭᠯᠡᠭᠡ ᠳᠦ ᠪᠣᠯᠪᠠᠰᠤ ᠃ ᠲᠡᠷᠡ ᠴᠢᠬᠤᠯᠠ ᠳᠤ ᠬᠡᠷᠡᠭᠯᠡᠭᠳᠡᠨ᠎ᠡ ᠃ ᠵᠢᠱᠢᠶᠡᠯᠡᠪᠡᠯ ᠂ ᠲᠡᠷᠡ ᠨᠢ ᠰᠤᠷᠭᠠᠭᠤᠯᠢ ᠶᠢᠨ ᠪᠠᠭᠰᠢ ᠨᠠᠷ ᠤᠨ ᠪᠢᠴᠢᠭ ᠳᠤ ᠪᠣᠯᠤᠨ᠎ᠠ ᠂

《 ᠰᠤᠷᠭᠠᠭᠤᠯᠢ ××× (ᠬᠣᠲᠠ ᠰᠢᠶᠠᠨ ᠤ ᠪᠦᠰᠡ ᠶᠢᠨ ᠨᠡᠷᠡ) ᠤ ᠬᠡᠷᠡᠭᠯᠡᠭᠡ ᠂ ᠂ ᠂ ᠂ (ᠰᠤᠷᠭᠠᠭᠤᠯᠢ ᠰᠤᠷᠭᠠᠭᠤᠯᠢ ᠶᠢᠨ ᠬᠡᠷᠡᠭᠯᠡᠭᠡ ᠬᠣᠣᠰᠯᠠᠯ

ᠵᠢᠱᠢᠶᠡ ᠨᠢ ᠂ ᠲᠡᠷᠡ ᠪᠢᠴᠢᠭ ᠲᠦ ᠰᠤᠷᠭᠠᠭᠤᠯᠢ ᠶᠢᠨ ᠨᠡᠷᠡ ᠶᠢ ᠪᠦᠷᠢᠨ ᠪᠢᠴᠢᠬᠦ ᠶᠢᠨ ᠬᠡᠷᠡᠭᠯᠡᠭᠡ ᠪᠢᠴᠢᠵᠡᠢ :

《 ᠰᠤᠷᠭᠠᠭᠤᠯᠢ ××× ᠶᠢᠨ ᠨᠡᠷᠡ ᠶᠢᠨ ᠪᠢᠴᠢᠭ ᠤ ᠬᠡᠷᠡᠭᠯᠡᠭᠡ 》 ᠭᠡᠵᠦ ᠪᠢᠴᠢᠨ᠎ᠡ ᠃

ᠬᠡᠷᠡᠭᠯᠡᠨ᠎ᠡ ᠪᠡ ᠂ ᠲᠡᠷᠡ ᠪᠢᠴᠢᠭ ᠲᠦ ᠰᠤᠷᠭᠠᠭᠤᠯᠢ ᠶᠢᠨ ᠬᠡᠯᠪᠡᠷᠢ ᠶᠢ ᠬᠡᠷᠡᠭᠯᠡᠭᠰᠡᠨ ᠨᠡᠷᠡ ᠶᠢᠨ ᠪᠢᠴᠢᠭ ᠤ ᠬᠡᠷᠡᠭᠯᠡᠭᠡ ᠪᠡ :

ᠲᠡᠷᠡ ᠪᠢᠴᠢᠭ ᠲᠦ ᠶᠢᠨ ᠨᠡᠷᠡ ᠶᠢᠨ ᠬᠡᠯᠪᠡᠷᠢ ᠶᠢ ᠬᠡᠷᠡᠭᠯᠡᠬᠦ ᠨᠢ ᠪᠣᠯᠤᠨ᠎ᠠ ᠭᠡᠵᠦ ᠪᠢᠴᠢᠵᠦ ᠪᠣᠯᠤᠨ᠎ᠠ :

ᠪᠡ ᠂ ᠲᠡᠷᠡ ᠪᠢᠴᠢᠭ ᠲᠦ ᠶᠢᠨ ᠨᠡᠷᠡ ᠶᠢᠨ ᠬᠡᠯᠪᠡᠷᠢ

ᠬᠡᠷᠡᠭᠯᠡᠨ᠎ᠡ ᠬᠡᠷᠡᠭᠯᠡᠭᠳᠡᠳᠡᠭ᠃

ᠤ ᠬᠡᠷᠡᠭᠯᠡᠭᠡ ᠶᠢᠨ ᠪᠠᠢᠳᠠᠯ ᠤᠨ ᠬᠡᠷᠡᠭᠯᠡᠭᠡ ᠂ ᠰᠤᠷᠭᠠᠭᠤᠯᠢ ᠶᠢᠨ ᠨᠡᠷᠡ ᠶᠢᠨ ᠪᠢᠴᠢᠭ ᠲᠦ ᠬᠡᠷᠡᠭᠯᠡᠭᠰᠡᠨ ᠪᠢᠴᠢᠭ ᠲᠦ ᠪᠠᠢᠳᠠᠯ ᠤᠨ ᠬᠡᠷᠡᠭᠯᠡᠭᠡ ᠪᠠᠢᠨ᠎ᠠ ᠂ ᠪᠠᠢᠳᠠᠯ ᠤᠨ ᠬᠡᠷᠡᠭᠯᠡᠭᠡ ᠪᠠᠢᠳᠠᠯ

ᠬᠡᠷᠡᠭᠯᠡᠭᠡ ᠶᠢᠨ ᠰᠤᠷᠭᠠᠭᠤᠯᠢ ᠢ ᠬᠡᠷᠡᠭᠯᠡᠬᠦ ᠪᠠᠢᠨ᠎ᠠ ᠃ 3. ᠰᠤᠷᠭᠠᠭᠤᠯᠢ ᠶᠢᠨ ᠬᠡᠷᠡᠭᠯᠡᠭᠡ ᠪᠠᠢᠳᠠᠯ ᠂ ᠪᠠᠢᠳᠠᠯ ᠤᠨ ᠬᠡᠷᠡᠭᠯᠡᠭᠡ ᠪᠠᠢᠨ᠎ᠠ

ᠬᠡᠷᠡᠭᠯᠡᠭᠡ ᠪᠠᠢᠳᠠᠯ ᠂ ᠪᠠᠢᠳᠠᠯ ᠤᠨ ᠬᠡᠷᠡᠭᠯᠡᠭᠡ ᠶᠢᠨ ᠰᠤᠷᠭᠠᠭᠤᠯᠢ ᠳᠤ ᠬᠡᠷᠡᠭᠯᠡᠭᠡ ᠶᠢᠨ ᠪᠠᠢᠳᠠᠯ ᠤᠨ ᠬᠡᠷᠡᠭᠯᠡᠭᠡ ᠶᠢᠨ ᠪᠠᠢᠨ᠎ᠠ ᠃ 2. ᠬᠡᠷᠡᠭᠯᠡᠭᠡ ᠪᠠᠢᠳᠠᠯ ᠬᠡᠷᠡᠭᠯᠡᠭᠰᠡᠨ

ᠬᠡᠷᠡᠭᠯᠡᠭᠡ ᠳᠤ ᠰᠠᠢᠨ ᠬᠡᠷᠡᠭᠯᠡᠭᠡ ᠪᠠᠢᠳᠠᠯ ᠂ ᠰᠠᠢᠬᠠᠨ ᠰᠠᠢᠨ ᠤ ᠬᠡᠷᠡᠭᠯᠡᠭᠡ ᠂ ᠰᠤᠷᠭᠠᠭᠤᠯᠢ ᠶᠢᠨ ᠪᠠᠢᠳᠠᠯ ᠂ ᠬᠣᠲᠠ ᠰᠢᠶᠠᠨ ᠤ ᠰᠠᠢᠬᠠᠨ ᠂ ᠰᠠᠢᠬᠠᠨ

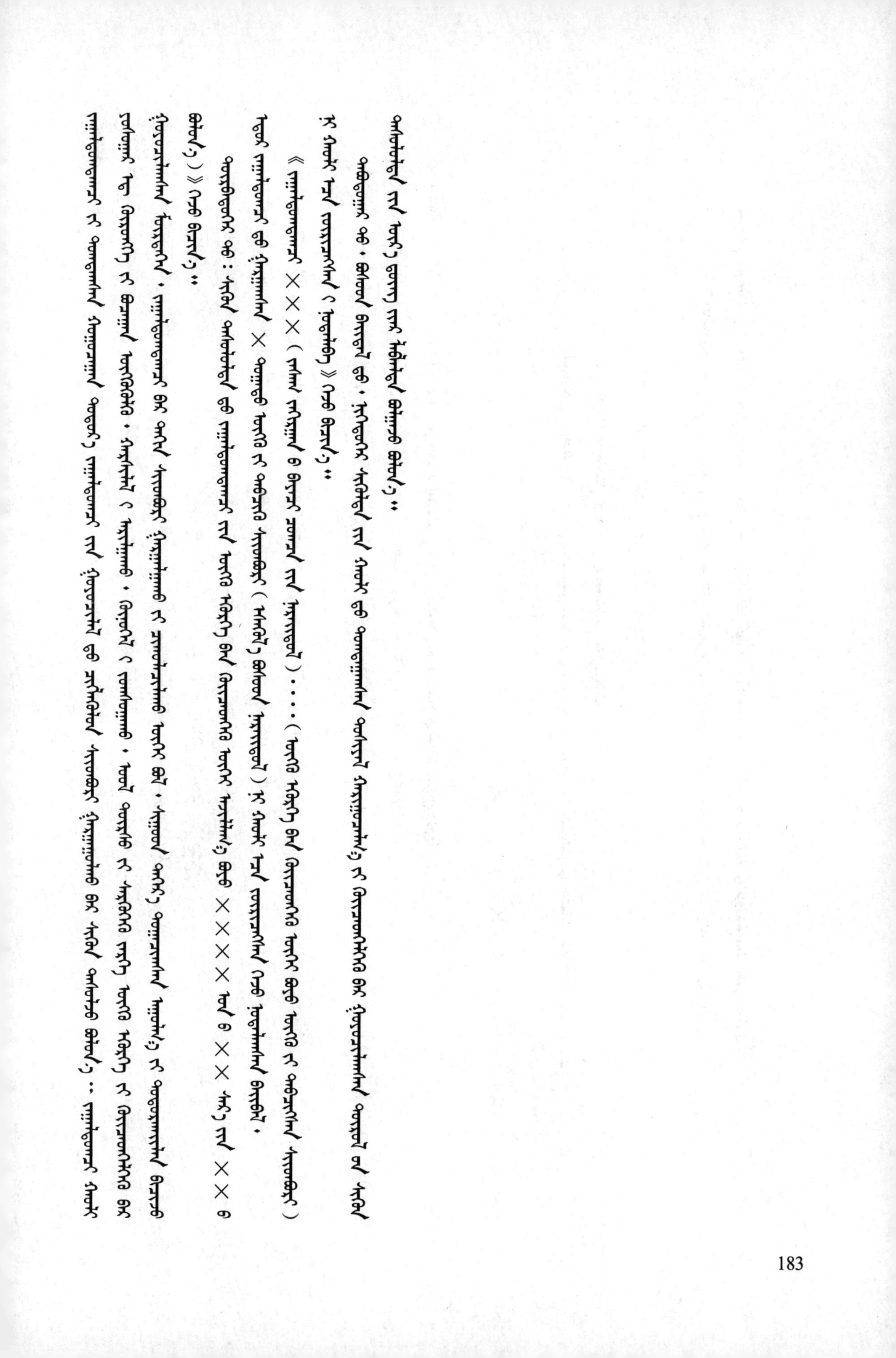

[illegible] ᠃ [illegible]) 》 [illegible] ᠃

[illegible] : [illegible] × × × × [illegible] × × [illegible] × × [illegible] × [illegible] ([illegible]) [illegible] ᠂

《 [illegible] × × × ([illegible]) …… ([illegible]) [illegible] 》 [illegible] ᠃

[illegible] ᠂ [illegible] ᠂ [illegible] ᠃

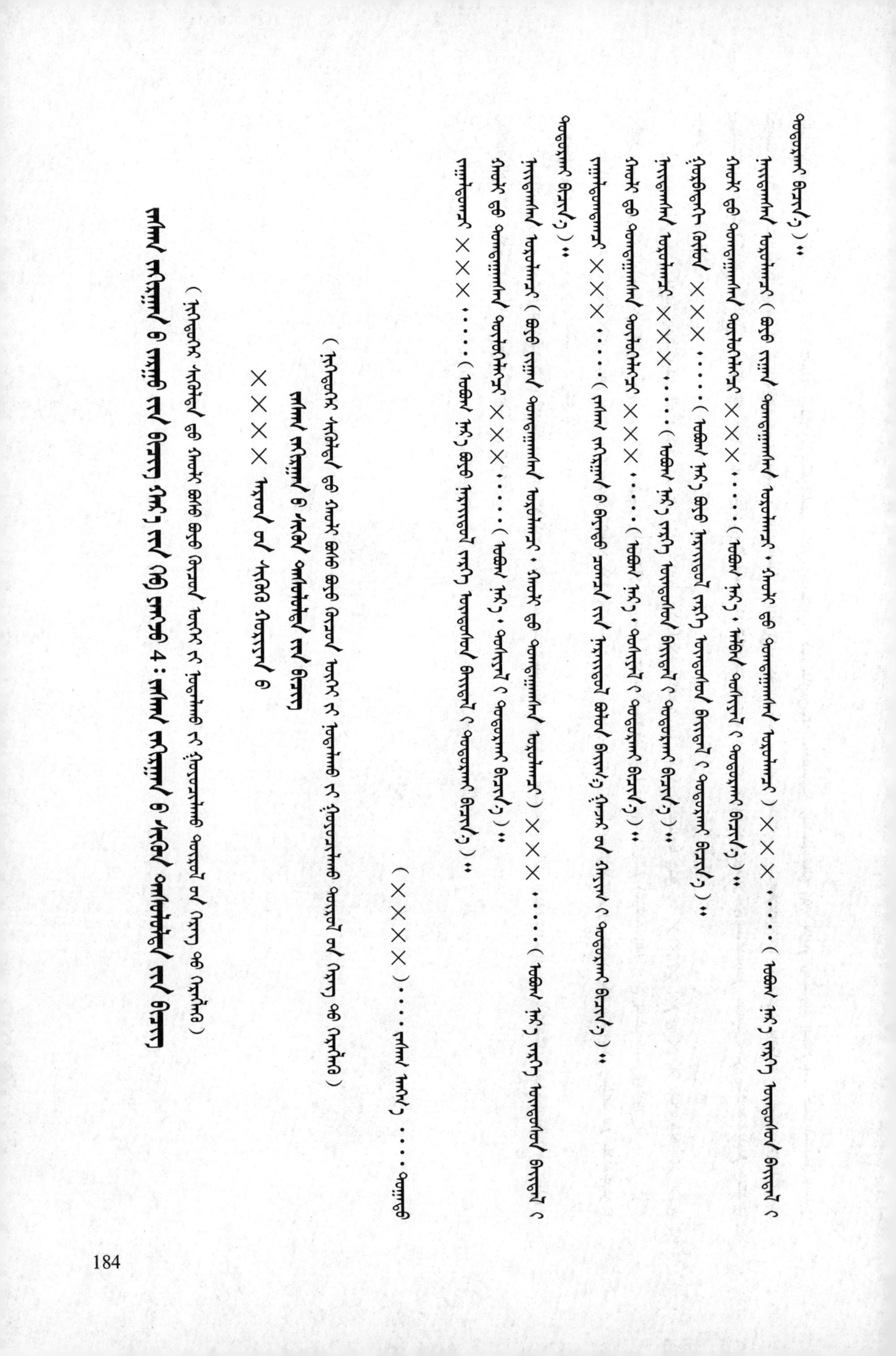

[illegible] 4 : [illegible]

([illegible])

×××× [illegible]

[illegible]

([illegible])

[illegible] …… [illegible] …… (××××)

[illegible] ××× …… ([illegible]) ::

[illegible] ××× …… ([illegible]) ::

[illegible] ([illegible]) ××× …… ([illegible]) ::

[illegible] ××× …… ([illegible]) ::

[illegible] ××× …… ([illegible]) ::

[illegible] ××× …… ([illegible]) ::

[illegible] ××× …… ([illegible]) ::

[illegible] ××× …… ([illegible]) ::

[illegible] ([illegible]) ××× …… ([illegible]) ::

ᠡᠨᠡ ᠬᠡᠷᠡᠭ ᠢ ᠬᠡᠯᠡᠯᠴᠡᠭᠡᠨ ᠦ ᠲᠣᠭᠲᠠᠭᠠᠯ ᠢ ᠬᠢᠭᠰᠡᠨ ᠦ ᠳᠠᠷᠠᠭ᠎ᠠ ᠨᠢᠭᠡᠳᠦᠭᠡᠷ ᠰᠢᠭᠦᠬᠦ ᠪᠠᠢᠭᠤᠯᠤᠯᠭ᠎ᠠ ᠶᠢᠨ ᠰᠢᠭᠦᠨ ᠲᠠᠰᠤᠯᠬᠤ ᠶᠣᠰᠤᠭᠠᠷ : …… (ᠬᠡᠷᠡᠭ ᠦᠨ ᠦᠨᠡᠨ ᠪᠠᠢᠳᠠᠯ ᠢ ᠲᠣᠳᠣᠷᠬᠠᠢᠯᠠᠭᠰᠠᠨ ᠤ ᠪᠠᠷᠢᠮᠲᠠ ᠪᠠᠢᠳᠠᠯ ᠂ ᠰᠢᠯᠭᠠᠨ ᠲᠣᠭᠲᠠᠭᠠᠭᠰᠠᠨ ᠦᠨᠳᠦᠰᠦ ᠶᠢ ᠪᠢᠴᠢᠨ᠎ᠡ) ··

ᠨᠡᠬᠡᠮᠵᠢᠯᠡᠭᠴᠢ ᠶᠢᠨ ××× ᠶᠢ …… ᠭᠡᠵᠦ ᠬᠦᠰᠡᠭᠰᠡᠨ ᠦ (ᠨᠡᠬᠡᠮᠵᠢᠯᠡᠭᠴᠢ ᠶᠢᠨ ᠬᠦᠰᠡᠯᠲᠡ ᠪᠠ ᠰᠢᠯᠲᠠᠭᠠᠨ ᠂ ᠨᠡᠬᠡᠮᠵᠢᠯᠡᠭᠴᠢ ᠶᠢᠨ ᠬᠦᠰᠡᠯᠲᠡ ᠶᠢ ᠪᠢᠴᠢᠨ᠎ᠡ) ·· 2. ……··

ᠨᠡᠬᠡᠮᠵᠢᠯᠡᠭᠳᠡᠭᠴᠢ ××× ᠪᠠᠢᠭᠤᠯᠤᠯᠭ᠎ᠠ ᠳᠤ ᠬᠠᠷᠢᠭᠤ ᠪᠠᠷ ᠦᠭᠡᠢ ᠪᠣᠯᠪᠠᠴᠤ ᠂ ᠰᠢᠭᠦᠬᠦ ᠪᠠᠢᠭᠤᠯᠤᠯᠭ᠎ᠠ ᠳᠤ : 1. …… (ᠬᠡᠷᠡᠭ ᠦᠨ ᠦᠨᠡᠨ ᠪᠠᠢᠳᠠᠯ ᠢ ᠲᠣᠳᠣᠷᠬᠠᠢᠯᠠᠭᠰᠠᠨ

ᠨᠡᠬᠡᠮᠵᠢᠯᠡᠭᠳᠡᠭᠴᠢ ××× …… (ᠨᠡᠬᠡᠮᠵᠢᠯᠡᠭᠴᠢ ᠶᠢᠨ ᠪᠠᠷᠢᠮᠲᠠ ᠨᠣᠳᠤᠯᠭ᠎ᠠ ᠶᠢ ᠬᠦᠯᠢᠶᠡᠨ ᠵᠥᠪᠰᠢᠶᠡᠷᠡᠭᠰᠡᠨ ᠪᠠᠢᠳᠠᠯ ᠢ ᠪᠢᠴᠢᠨ᠎ᠡ) ᠭᠡᠵᠦ ᠮᠡᠳᠡᠭᠳᠡᠭᠦᠯᠦᠭᠰᠡᠨ ··

ᠰᠢᠭᠦᠬᠦ ᠪᠠᠢᠭᠤᠯᠤᠯᠭ᠎ᠠ ᠨᠡᠬᠡᠮᠵᠢᠯᠡᠭᠴᠢ ᠶᠢᠨ ᠬᠦᠰᠡᠯᠲᠡ ᠪᠠ ᠰᠢᠯᠲᠠᠭᠠᠨ ᠂ ᠰᠢᠭᠦᠬᠦ ᠪᠠᠢᠭᠤᠯᠤᠯᠭ᠎ᠠ ᠶᠢᠨ ᠲᠣᠭᠲᠠᠭᠠᠭᠰᠠᠨ ᠦᠨᠳᠦᠰᠦ ᠶᠢ ᠪᠢᠴᠢᠨ᠎ᠡ) ᠭᠡᠵᠦ ᠲᠣᠭᠲᠠᠭᠠᠭᠰᠠᠨ ··

ᠬᠠᠷᠢᠭᠤᠴᠠᠭᠴᠢ ᠰᠢᠭᠦᠬᠦ ᠪᠠᠢᠭᠤᠯᠤᠯᠭ᠎ᠠ ᠶᠢᠨ ᠰᠢᠭᠦᠨ ᠲᠠᠰᠤᠯᠤᠯᠲᠠ ᠶᠢᠨ ᠲᠤᠬᠠᠢ (ᠬᠣᠶᠠᠷ ᠲᠠᠯ ᠤᠨ ᠨᠡᠷᠡᠰ ᠦᠨ ᠵᠢᠭᠰᠠᠭᠠᠯᠲᠠ) ·· ᠨᠡᠬᠡᠮᠵᠢᠯᠡᠭᠴᠢ ××× ᠶᠢ …… (ᠨᠡᠬᠡᠮᠵᠢᠯᠡᠭᠴᠢ ᠶᠢᠨ ᠬᠦᠰᠡᠯᠲᠡ ᠶᠢᠨ ᠦᠨᠳᠦᠰᠦ ᠂ (ᠰᠢᠭᠦᠬᠦ ᠪᠠᠢᠭᠤᠯᠤᠯᠭ᠎ᠠ ᠶᠢᠨ ᠬᠠᠭᠤᠯᠢ ᠶᠢᠨ ᠵᠦᠢᠯ ᠤᠨ ᠦᠨᠳᠦᠰᠦ) ᠵᠢᠱᠢᠶᠡᠯᠡᠯ …… (ᠨᠡᠬᠡᠮᠵᠢᠯᠡᠭᠴᠢ ᠶᠢᠨ ᠬᠠᠷᠢᠭᠤᠴᠠᠭᠴᠢ ᠶᠢᠨ ᠬᠠᠭᠤᠯᠢ ᠶᠢᠨ ᠪᠠᠷᠢᠮᠲᠠ ᠪᠣᠯᠤᠨ ᠡᠳ ᠡᠯᠡᠭᠡᠳ ᠬᠠᠷᠢᠭᠤᠴᠠᠭᠴᠢ (ᠨᠡᠬᠡᠮᠵᠢᠯᠡᠭᠴᠢ ᠶᠢᠨ ᠬᠠᠭᠤᠯᠢ ᠶᠢᠨ ᠵᠦᠢᠯ ᠦᠨ ᠵᠢᠷᠤᠮ ᠤᠨ ᠤᠷᠢᠳᠠᠯ)

ᠨᠡᠬᠡᠮᠵᠢᠯᠡᠭᠳᠡᠭᠴᠢ ××× (ᠬᠣᠶᠠᠷ ᠲᠠᠯ ᠤᠨ ᠲᠤᠬᠠᠢ ᠲᠣᠭᠲᠠᠭᠠᠯ ᠤᠨ ᠪᠣᠯᠤᠨ ᠬᠠᠷᠢᠭᠤ) ᠶᠢ ×××× ᠣᠨ ᠤ ×× ᠰᠠᠷ᠎ᠠ ᠶᠢᠨ ×× ᠤ ᠡᠳᠦᠷ …… ᠬᠡᠷᠡᠭ ᠪᠠᠢᠳᠠᠯ) ᠬᠠᠷᠢᠭᠤ ᠡᠨᠡ ᠬᠡᠷᠡᠭ ᠦᠨ ᠬᠠᠭᠤᠯᠢ ᠶᠣᠰᠤ ᠶᠢᠨ ᠵᠢᠷᠤᠮᠯᠠᠯ ᠲᠣᠭᠲᠠᠭᠠᠭᠰᠠᠨ ··

(ᠪᠠᠷᠢᠮᠲᠠ ᠨᠣᠲᠠᠯᠭᠠᠯᠲᠠ ᠬᠡᠷᠡᠭᠰᠡᠯ ᠨᠣᠭᠲᠠ ᠶᠢᠨ ᠵᠦᠢᠯ ᠦᠨ ᠦᠨᠳᠦᠰᠦ ᠶᠢ ᠪᠢᠴᠢᠨ᠎ᠡ ᠂ ᠬᠡᠷᠡᠭᠯᠡᠭᠰᠡᠨ : ᠡᠨᠡ ᠬᠡᠷᠡᠭ ᠲᠦ ᠬᠠᠷᠢᠭᠤᠯᠬᠤ ᠶᠢᠨ ᠲᠤᠰᠬᠠᠢ ᠶᠢᠨ ᠬᠡᠷᠡᠭᠯᠡᠭᠰᠡᠨ ᠶᠢ ᠨᠣᠲᠠᠯᠭᠠᠵᠤ ᠰᠢᠭᠦᠨ ᠲᠠᠰᠤᠯᠬᠤ ᠬᠠᠭᠤᠯᠢ ᠶᠢᠨ ᠦᠨᠳᠦᠰᠦᠯᠡᠯ ᠲᠠᠢ ᠂ ᠨᠡᠬᠡᠮᠵᠢᠯᠡᠭᠳᠡᠭᠴᠢ ᠂ ᠬᠠᠷᠢᠭᠤ ᠬᠦᠯᠢᠶᠡᠭᠰᠡᠨ ᠂ ᠰᠢᠭᠦᠬᠦ ᠪᠠᠢᠭᠤᠯᠤᠯᠭ᠎ᠠ ᠶᠢᠨ ᠬᠠᠭᠤᠯᠢ ᠶᠢᠨ ᠦᠨᠳᠦᠰᠦ ᠶᠢ ᠪᠢᠴᠢᠨ᠎ᠡ) ᠬᠠᠷᠢᠭᠤ ᠳᠤ ᠪᠠᠷᠢᠮᠲᠠ ᠬᠠᠷᠢᠭᠤ ᠵᠢᠷᠤᠮ ᠳᠤ ᠲᠣᠭᠲᠠᠭᠠᠬᠤ …… ᠂ ᠲᠣᠭᠲᠠᠭᠠᠯ ᠦᠨ ᠬᠡᠰᠡᠭ ᠪᠣᠯ …… ·· (ᠬᠠᠷᠢᠭᠤ ᠳᠤ ᠪᠠᠷᠢᠮᠲᠠ ᠬᠠᠷᠢᠭᠤᠴᠠᠭᠰᠠᠨ ᠬᠡᠷᠡᠭ ᠦᠨ ᠪᠠᠢᠳᠠᠯ ᠂ ᠬᠣᠶᠠᠷ ᠲᠠᠯ ᠤᠨ ᠪᠠᠷᠢᠮᠲᠠ ᠶᠢᠨ ᠲᠣᠭᠲᠠᠭᠠᠯ ᠂ ᠬᠠᠷᠢᠭᠤ ᠶᠢᠨ ᠬᠡᠷᠡᠭ ᠂ ᠨᠡᠬᠡᠮᠵᠢᠯᠡᠯ ᠂ ᠬᠡᠷᠡᠭᠯᠡᠭᠰᠡᠨ ᠂ ᠪᠢᠴᠢᠨ᠎ᠡ) ᠡᠨᠡ ᠬᠡᠷᠡᠭ ᠢ ᠬᠡᠯᠡᠯᠴᠡᠭᠡᠨ ᠦ ᠲᠣᠭᠲᠠᠭᠠᠯ ᠦᠨ ᠰᠢᠭᠦᠨ ᠲᠠᠰᠤᠯᠬᠤ ᠬᠠᠷᠢᠭᠤ ᠪᠣᠯᠪᠠᠰᠤᠷᠤᠯᠲᠠ ᠂ ×××× ᠣᠨ ᠤ ×× ᠰᠠᠷ᠎ᠠ ᠶᠢᠨ ×× ᠤ ᠡᠳᠦᠷ ᠬᠠᠷᠢᠭᠤ ᠪᠠᠢᠳᠠᠯ ᠲᠠᠢ (ᠪᠠᠢᠳᠠᠯ ᠲᠠᠢ ᠪᠠᠢᠨ᠎ᠠ) ᠣᠨ ᠤ ×× ᠰᠠᠷ᠎ᠠ ᠶᠢᠨ ×× ᠤ ᠡᠳᠦᠷ ᠨᠡᠬᠡᠮᠵᠢᠯᠡᠭᠳᠡᠭᠴᠢ ᠳᠤ ᠨᠡᠬᠡᠮᠵᠢᠯᠡᠬᠦ ᠶᠢᠨ ᠪᠢᠴᠢᠭ ᠲᠦ ᠪᠠᠷᠢᠮᠲᠠ ᠪᠠᠷ ᠬᠦᠷᠭᠡᠭᠰᠡᠨ ᠲᠦ ᠪᠢᠴᠢᠭ ᠦᠨ ᠬᠠᠷᠢᠭᠤ ·· ᠡᠨᠡ ᠳᠦ ᠬᠣᠶᠠᠷ ᠲᠠᠯ ᠤᠨ ᠨᠡᠬᠡᠮᠵᠢᠯᠡᠯ ᠲᠣᠭᠲᠠᠭᠠᠭᠰᠠᠨ ·· ᠡᠨᠡ ᠬᠡᠷᠡᠭ ᠢ ×××× ᠣᠨ ᠤ ×× ᠰᠠᠷ᠎ᠠ ᠶᠢᠨ ×× ᠤ ᠡᠳᠦᠷ ᠬᠠᠷᠢᠭᠤ ᠪᠣᠯᠤᠨ ᠪᠠᠷᠢᠮᠲᠠᠯᠠᠭᠰᠠᠨ ᠤ ᠬᠦᠷᠭᠡᠯᠲᠡ ××× ᠪᠠ ᠬᠠᠷᠢᠭᠤᠴᠠᠭᠰᠠᠨ ᠢ ᠰᠢᠭᠦᠨ ᠲᠠᠰᠤᠯᠬᠤ ᠳᠤ ᠪᠠᠷᠢᠮᠲᠠᠯᠠᠭᠰᠠᠨ ᠲᠣᠭᠲᠠᠭᠠᠯ ᠬᠦᠷᠭᠡᠭᠰᠡᠨ] ᠪᠠᠢᠳᠠᠯ ᠢ ᠰᠢᠭᠦᠨ ᠲᠠᠰᠤᠯᠬᠤ ᠳᠤ ×××× ᠣᠨ ᠤ ×× ᠰᠠᠷ᠎ᠠ ᠶᠢᠨ ×× ᠤ ᠡᠳᠦᠷ ᠡᠨᠡ ᠬᠠᠷᠢᠭᠤ ᠲᠠᠰᠤᠯᠤᠯᠲᠠ ᠪᠠ ᠨᠡᠬᠡᠮᠵᠢᠯᠡᠭᠳᠡᠭᠴᠢ ××× ᠤ …… (ᠬᠣᠶᠠᠷ ᠲᠠᠯ ᠤᠨ ᠲᠤᠬᠠᠢ ᠪᠠᠷᠢᠮᠲᠠ ᠶᠢᠨ ᠬᠠᠷᠢᠭᠤᠴᠠᠭᠰᠠᠨ) ᠬᠠᠷᠢᠭᠤ ᠳᠤ ᠨᠡᠬᠡᠮᠵᠢᠯᠡᠯ ᠦᠨ ᠲᠣᠭᠲᠠᠭᠠᠯ ᠪᠠᠷ ᠪᠠᠷᠢᠮᠲᠠᠯᠠᠭᠰᠠᠨ ᠬᠠᠷᠢᠭᠤ ᠶᠢ ᠬᠠᠷᠢᠭᠤ ᠶᠢᠨ ᠨᠡᠬᠡᠮᠵᠢᠯᠡᠯ ᠦᠨ ᠲᠣᠭᠲᠠᠭᠠᠯ ᠪᠠᠷ ᠪᠠᠷᠢᠮᠲᠠᠯᠠᠭᠰᠠᠨ ᠪᠣᠯ ᠰᠢᠭᠦᠨ ᠲᠠᠰᠤᠯᠬᠤ ᠪᠠ ᠪᠠᠷᠢᠮᠲᠠ ᠬᠠᠷᠢᠭᠤ ᠪᠠ ᠬᠠᠷᠢᠭᠤᠴᠠᠭᠰᠠᠨ ᠢ ᠰᠢᠭᠦᠨ ᠲᠠᠰᠤᠯᠬᠤ ᠳᠤ ᠪᠠᠷᠢᠮᠲᠠᠯᠠᠭᠰᠠᠨ ᠪᠣᠯ ᠂ ᠨᠡᠬᠡᠮᠵᠢᠯᠡᠭᠴᠢ ××× ᠪᠠ ᠬᠠᠷᠢᠭᠤᠯᠬᠤ ᠪᠠᠷᠢᠮᠲᠠᠯᠠᠭᠰᠠᠨ ××× (ᠬᠣᠶᠠᠷ ᠲᠠᠯ ᠤᠨ ᠲᠤᠬᠠᠢ ᠪᠠᠷᠢᠮᠲᠠ ᠶᠢᠨ ᠬᠠᠷᠢᠭᠤᠴᠠᠭᠰᠠᠨ) ᠶᠢ ᠬᠠᠷᠢᠭᠤ ᠪᠠ ᠬᠠᠷᠢᠭᠤᠴᠠᠭᠰᠠᠨ (ᠪᠠᠢᠳᠠᠯ ᠪᠠᠷᠢᠮᠲᠠ ᠪᠣᠯ) [ᠨᠡᠬᠡᠮᠵᠢᠯᠡᠭᠳᠡᠭᠴᠢ ᠬᠠᠷᠢᠭᠤ ᠳᠤ

ᠨᠡᠬᠡᠮᠵᠢᠯᠡᠭᠴᠢ ××× ᠪᠠ ᠨᠡᠬᠡᠮᠵᠢᠯᠡᠭᠳᠡᠭᠴᠢ ××× (ᠬᠣᠶᠠᠷ ᠲᠠᠯ ᠤᠨ ᠲᠤᠬᠠᠢ ᠪᠢᠴᠢᠭ ᠦᠨ ᠬᠠᠷᠢᠭᠤ ᠶᠢᠨ ᠪᠠᠷᠢᠮᠲᠠ) ᠤ ×××× ᠣᠨ ᠤ ×× ᠰᠠᠷ᠎ᠠ ᠶᠢᠨ ×× ᠤ

ᠰᠠᠨᠠᠯ ᠳᠤ ᠬᠠᠷᠢᠭᠤ ᠶᠢᠨ ᠬᠦᠷᠭᠡᠭᠰᠡᠨ (ᠰᠠᠨᠠᠯ ᠪᠡᠨ ᠬᠦᠷᠭᠡᠭᠰᠡᠨ ᠶᠢᠨ ᠬᠠᠷᠢᠭᠤ ᠪᠢᠴᠢᠭ ᠤᠨ ᠰᠠᠨᠠᠯ) ᠪᠠᠷ ᠰᠠᠨᠠᠯ ……
(ᠰᠠᠨᠠᠯ ᠤᠨ ᠬᠠᠷᠢᠭᠤ ᠶᠢᠨ ᠬᠦᠷᠭᠡᠭᠰᠡᠨ ᠪᠠᠢᠨ᠎ᠠ ᠭᠡᠵᠦ ᠮᠡᠳᠡᠭᠳᠡᠨ᠎ᠡ) ::
ᠰᠠᠨᠠᠯ ᠬᠣᠯᠪᠣᠭᠳᠠᠯ ᠲᠠᠢ ᠰᠠᠨᠠᠯ ᠢ ᠰᠢᠢᠳᠪᠦᠷᠢᠯᠡᠬᠦ ᠶᠢ ᠰᠢᠰᠢᠭᠦᠯᠦᠨ᠎ᠡ : …… (ᠰᠠᠨᠠᠯ ᠬᠣᠯᠪᠣᠭᠳᠠᠯ ᠤᠨ ᠰᠢᠢᠳᠪᠦᠷᠢ ᠶᠢ ᠮᠡᠳᠡᠭᠳᠡᠨ
ᠪᠣᠯᠤᠨ᠎ᠠ) ::
ᠰᠠᠨᠠᠯ ᠪᠡᠨ ᠬᠦᠷᠭᠡᠭᠰᠡᠨ ᠪᠢᠯᠡ ᠦᠵᠡᠯ ᠲᠡᠢ ᠦᠵᠡᠬᠦ ᠪᠡᠷ ᠰᠢᠢᠳᠪᠦᠷᠢᠯᠡᠭᠰᠡᠨ ᠢ …… (ᠰᠠᠨᠠᠯ ᠤᠨ ᠬᠦᠷᠭᠡᠭᠰᠡᠨ ᠳᠤ ᠮᠡᠳᠡᠭᠳᠡᠨ᠎ᠡ) ᠪᠣᠯ ᠬᠡᠮᠡᠨ ᠲᠤ ᠰᠠᠨᠠᠯ ᠤᠨ
ᠬᠡᠷᠡᠭᠵᠢᠭᠦᠯᠬᠦ ᠶᠢᠨ ᠠᠷᠭ᠎ᠠ ᠬᠡᠮᠵᠢᠶ᠎ᠡ ᠪᠡᠷ ᠰᠢᠢᠳᠪᠦᠷᠢᠯᠡᠬᠦ ᠳᠤ ᠬᠡᠷᠡᠭᠵᠢᠭᠦᠯᠬᠦ ᠶᠢᠨ ᠠᠷᠭ᠎ᠠ ᠬᠡᠮᠵᠢᠶ᠎ᠡ ᠶᠢ ᠮᠡᠳᠡᠭᠳᠡᠨ᠎ᠡ) ::
ᠰᠠᠨᠠᠯ ᠪᠡᠨ ᠬᠦᠷᠭᠡᠭᠰᠡᠨ ᠦ ᠬᠦᠷᠭᠡᠬᠦ ᠪᠡᠷ …… (ᠰᠠᠨᠠᠯ ᠬᠠᠷᠢᠭᠤᠴᠠᠬᠤ ᠬᠡᠷᠡᠭᠵᠢᠭᠦᠯᠬᠦ ᠶᠢᠨ ᠰᠢᠢᠳᠪᠦᠷᠢᠯᠡᠭᠰᠡᠨ ᠪᠣᠯᠤᠨ᠎ᠠ) :: ᠰᠠᠨᠠᠯ ᠤᠨ ᠬᠠᠷᠢᠭᠤ ᠶᠢᠨ
ᠪᠣᠯᠤᠮᠵᠢ ᠳᠤ ᠭᠠᠷᠭᠠᠬᠤ ᠶᠢᠨ ᠨᠥᠬᠦᠴᠡᠯ ᠭᠠᠷᠭᠠᠬᠤ ᠰᠢᠢᠳᠪᠦᠷᠢ ᠳᠤ ᠰᠠᠨᠠᠯ ᠤᠨ ᠪᠣᠯᠤᠨ᠎ᠠ) ᠦ ᠪᠣᠯᠤᠮᠵᠢ ᠶᠢᠨ ᠲᠤᠰ ᠬᠠᠷᠢᠭᠤ ᠶᠢᠨ ᠬᠠᠷᠢᠭᠤ ᠵᠢᠷᠤᠮ ᠤᠨ ᠰᠠᠨᠠᠯ ᠤᠨ
ᠰᠠᠨᠠᠯᠲᠠᠢ ᠪᠣᠯᠤᠨ᠎ᠠ ::
ᠬᠠᠷᠢᠭᠤᠴᠠᠬᠤ ᠲᠤᠰ ᠰᠠᠨᠠᠯ ᠢ ᠰᠢᠢᠳᠪᠦᠷᠢᠯᠡᠬᠦ ᠶᠢ ᠰᠢᠰᠢᠭᠦᠯᠦᠨ᠎ᠡ :
…… (ᠰᠠᠨᠠᠯ ᠬᠣᠯᠪᠣᠭᠳᠠᠯ ᠲᠠᠢ ᠰᠠᠨᠠᠯ ᠤᠨ ᠰᠢᠢᠳᠪᠦᠷᠢ ᠶᠢ ᠮᠡᠳᠡᠭᠳᠡᠨ᠎ᠡ) ::
…… (ᠬᠠᠷᠢᠭᠤ ᠶᠢᠨ ᠰᠢᠢᠳᠪᠦᠷᠢᠯᠡᠭᠰᠡᠨ ᠳᠤ ᠬᠡᠷᠡᠭᠵᠢᠭᠦᠯᠬᠦ ᠶᠢ ᠮᠡᠳᠡᠭᠳᠡᠨ᠎ᠡ) ::
ᠬᠣᠯᠪᠣᠭ᠎ᠠ ᠪᠠᠷ ᠰᠠᠨᠠᠯ ᠬᠣᠯᠪᠣᠭᠳᠠᠯ ᠢ ᠰᠢᠢᠳᠪᠦᠷᠢᠯᠡᠭᠰᠡᠨ ᠦ ᠪᠣᠯᠤᠮᠵᠢ ᠪᠠᠢᠨ᠎ᠠ · ᠰᠠᠨᠠᠯ ᠬᠣᠯᠪᠣᠭᠳᠠᠯ ᠲᠠᠢ ᠪᠣᠯᠪᠠᠴᠤ ᠬᠡᠷᠡᠭᠵᠢᠭᠦᠯᠬᠦ ᠶᠢᠨ ᠠᠷᠭ᠎ᠠ ᠬᠡᠮᠵᠢᠶ᠎ᠡ ᠳᠤ ᠪᠣᠯᠤᠮᠵᠢ ᠶᠢᠨ ᠰᠠᠨᠠᠯ ᠤᠨ
ᠪᠢᠳᠡ ᠰᠠᠨᠠᠯ ᠲᠠᠨ ᠤ ᠰᠢᠢᠳᠪᠦᠷᠢᠯᠡᠬᠦ ᠪᠤᠶᠤ ᠬᠠᠷᠢᠭᠤᠴᠠᠯᠭ᠎ᠠ · ᠬᠡᠷᠡᠭᠵᠢᠭᠦᠯᠬᠦ ᠶᠢᠨ ᠬᠡᠮᠵᠢᠶ᠎ᠡ ᠶᠢ ᠰᠠᠨᠠᠯ ᠤᠨ ᠪᠣᠯᠤᠮᠵᠢ ᠳᠤ ᠬᠠᠷᠢᠭᠤᠴᠠᠬᠤ · ×××× ᠰᠠᠨᠠᠯ ᠬᠣᠯᠪᠣᠭᠳᠠᠯ ᠤᠨ ᠪᠣᠯ
ᠰᠠᠨᠠᠯ ᠲᠠᠨ ᠤ ᠰᠢᠢᠳᠪᠦᠷᠢᠯᠡᠬᠦ ᠪᠠᠢᠨ᠎ᠠ ::

ᠲᠥᠯᠦᠭᠡᠯᠡᠭᠴᠢ ᠰᠠᠨᠠᠭᠴᠢ ×××
ᠲᠥᠯᠦᠭᠡᠯᠡᠭᠴᠢ ×××
ᠲᠥᠯᠦᠭᠡᠯᠡᠭᠴᠢ ×××

×××× ᠣᠨ ×× ᠰᠠᠷ᠎ᠠ ×× ᠤ ᠡᠳᠦᠷ
(ᠠᠯᠪᠠᠨ ᠪᠠᠢᠭᠤᠯᠭ᠎ᠠ ᠶᠢᠨ ᠲᠠᠮᠠᠭ᠎ᠠ)

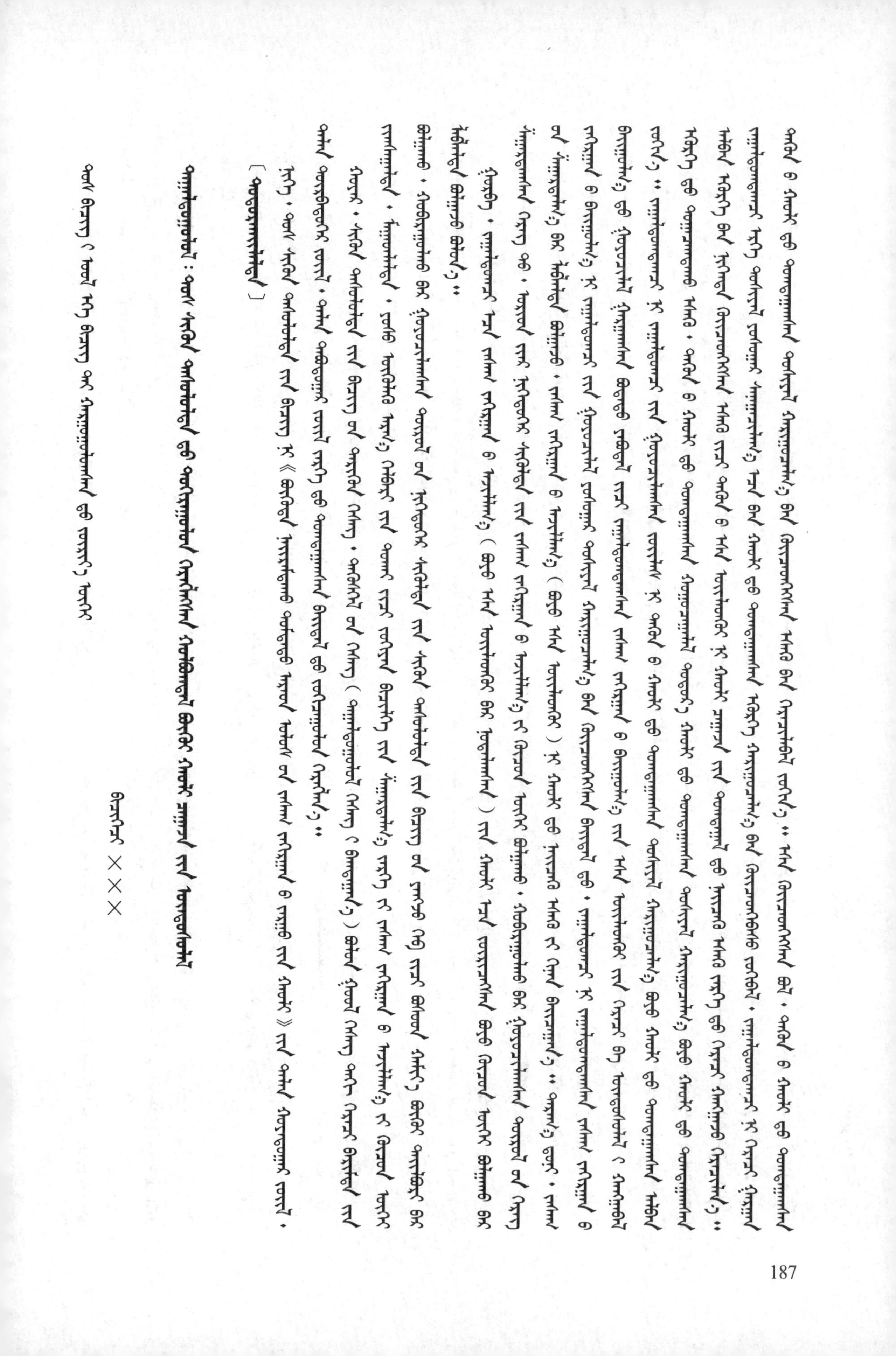

[illegible]

[illegible] ×××

[illegible]

〔[illegible]〕

[illegible]

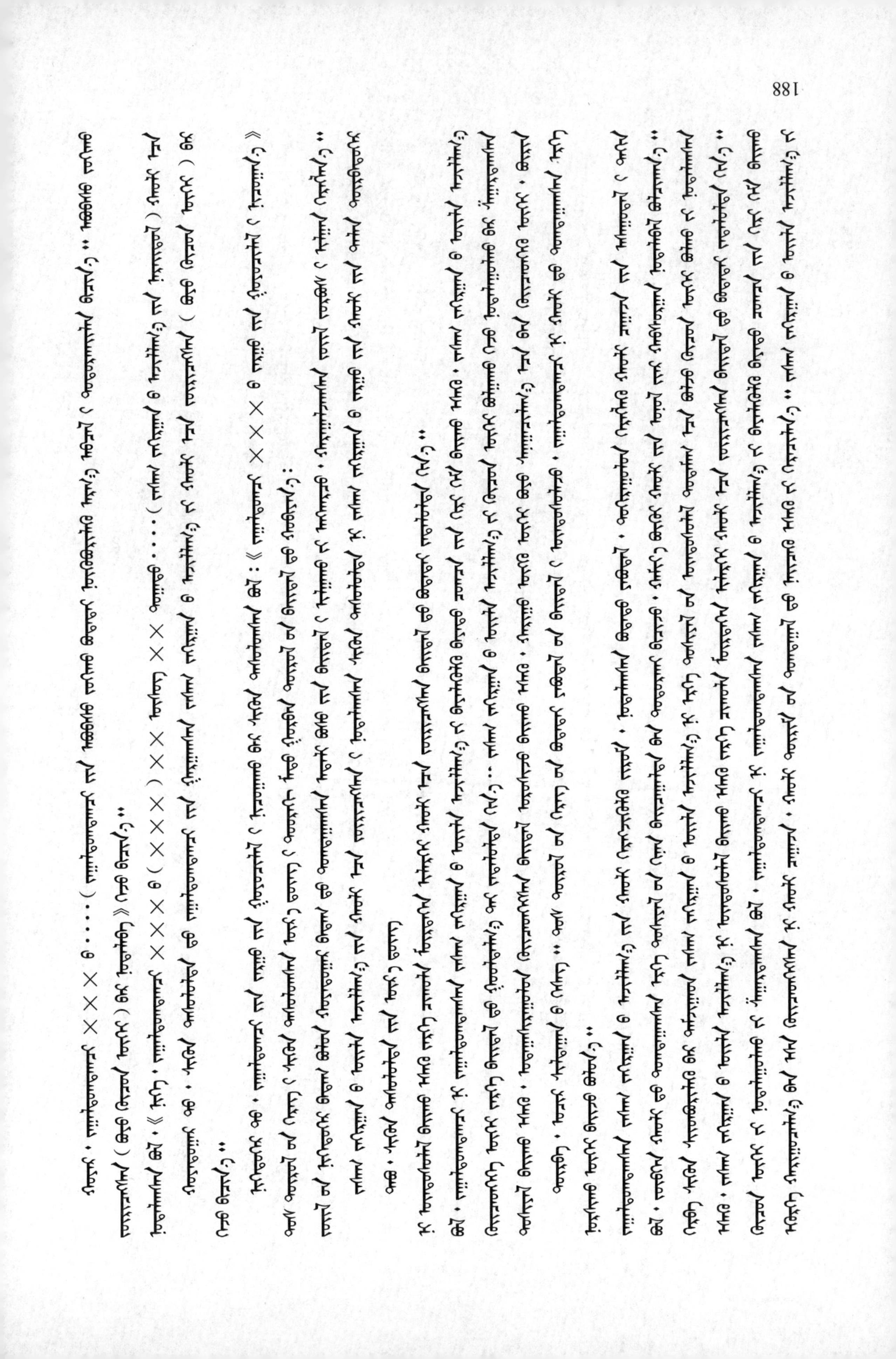

[illegible]

[illegible] ᠂ [illegible] ::) [illegible] 《 [illegible] 》 ᠭᠡᠵᠦ ᠪᠠᠢᠨ᠎ᠠ ::

[illegible] ᠂ [illegible]

[illegible] ᠂

《 [illegible] ᠂ [illegible] ××× ᠤ …… ([illegible]) [illegible]

[illegible] 》 ᠭᠡᠵᠦ ᠪᠠᠢᠨ᠎ᠠ ::

[illegible] ᠂ [illegible] ××× ᠤ …… ([illegible] ::) [illegible] ᠂ [illegible] 》 ᠭᠡᠵᠦ ᠪᠠᠢᠨ᠎ᠠ ::

ᠬᠠᠮᠲᠤ ᠠᠵᠢᠯᠯᠠᠭᠰᠠᠨ ᠤ ᠭᠡᠷ᠎ᠡ ᠶᠢᠨ ᠪᠢᠴᠢᠭ ᠬᠡᠯᠪᠡᠷᠢ ᠶᠢᠨ ᠵᠢᠱᠢᠶ᠎ᠡ 7 : ᠬᠠᠮᠲᠤ ᠶᠢᠨ ᠭᠡᠷ᠎ᠡ ᠶᠢᠨ ᠪᠢᠴᠢᠭ

(ᠬᠠᠮᠲᠤ ᠶᠢᠨ ᠭᠡᠷ᠎ᠡ ᠶᠢᠨ ᠨᠡᠷ᠎ᠡ)

××× ᠬᠠᠮᠲᠤ ᠶᠢᠨ ᠭᠡᠷ᠎ᠡ ᠶᠢᠨ ᠪᠢᠴᠢᠭ

(ᠬᠠᠮᠲᠤ ᠶᠢᠨ ᠭᠡᠷ᠎ᠡ ᠶᠢᠨ ᠨᠡᠷ᠎ᠡ)

ᠲᠠᠯ᠎ᠠ ᠪᠦᠷᠢ ᠶᠢᠨ ...... (××××)

ᠨᠢᠭᠡᠳᠦᠭᠡᠷ ᠲᠠᠯ᠎ᠠ (ᠨᠡᠷ᠎ᠡ) ×××...... (ᠨᠡᠷ᠎ᠡ ᠪᠢᠴᠢᠬᠦ) ᠪᠠ ᠬᠣᠶᠠᠳᠤᠭᠠᠷ ᠲᠠᠯ᠎ᠠ (ᠨᠡᠷ᠎ᠡ) ×××...... (ᠨᠡᠷ᠎ᠡ ᠪᠢᠴᠢᠬᠦ) ᠬᠠᠮᠲᠤ ᠶᠢᠨ ᠭᠡᠷ᠎ᠡ ᠶᠢᠨ ᠵᠦᠢᠯ ᠢ ᠲᠣᠭᠲᠠᠭᠠᠪᠠ ::

ᠭᠤᠷᠪᠠᠳᠤᠭᠠᠷ ᠲᠠᠯ᠎ᠠ ×××...... (ᠨᠡᠷ᠎ᠡ ᠪᠢᠴᠢᠬᠦ) ᠪᠠ ᠪᠤᠰᠤᠳ ᠲᠠᠯ᠎ᠠ ᠶᠢᠨ ᠵᠦᠢᠯ ᠢ ᠲᠣᠭᠲᠠᠭᠠᠪᠠ ::

190

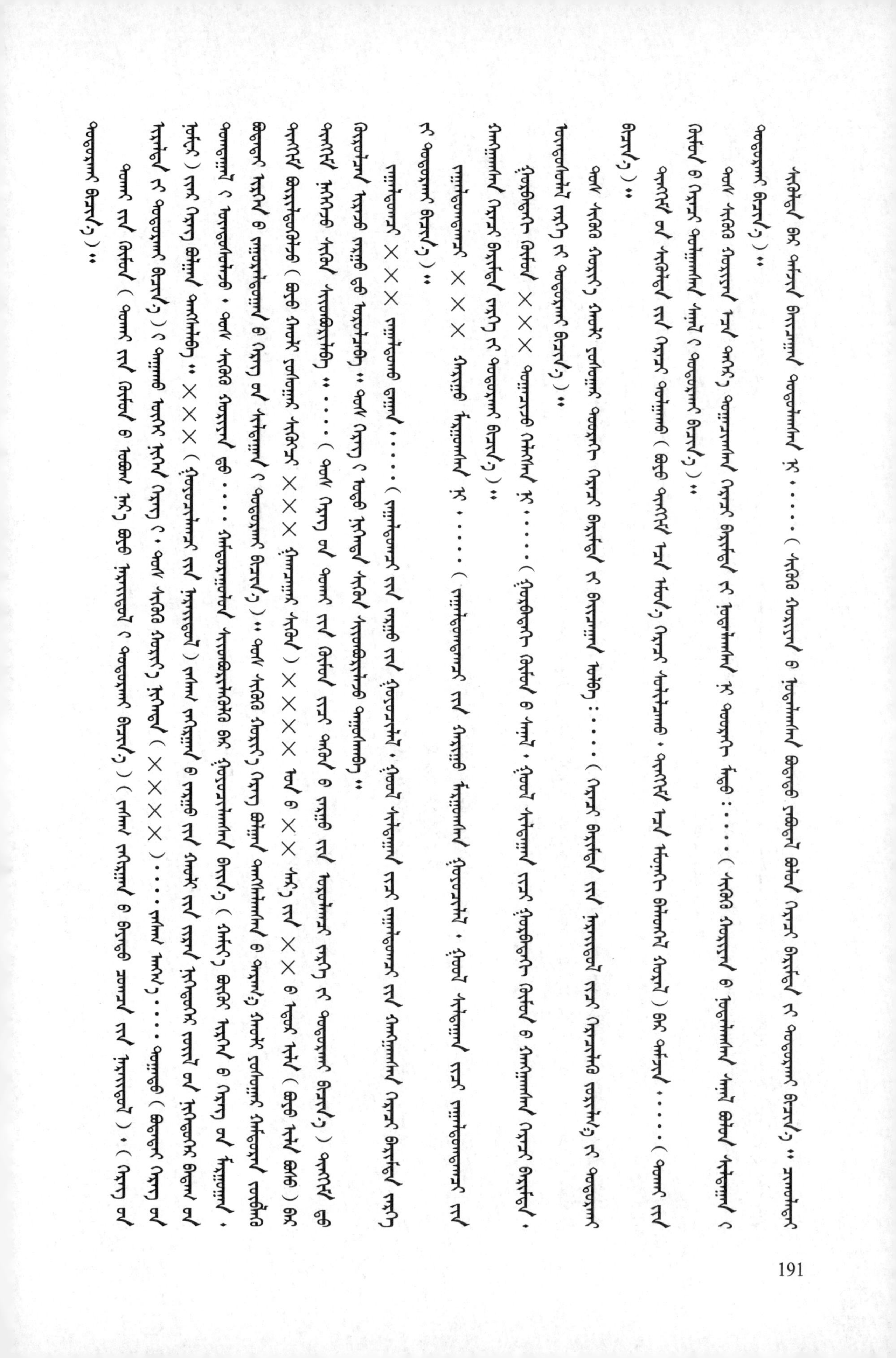

ᠶᠠᠮᠠᠷ ᠨᠢᠭᠡᠨ ᠪᠠᠶᠢᠭᠤᠯᠤᠯᠭ᠎ᠠ ᠶᠢᠨ ᠪᠤᠶᠤ ᠬᠤᠪᠢ ᠬᠦᠮᠦᠨ ᠦ ᠨᠡᠷ᠎ᠡ ᠪᠡᠷ ᠪᠢᠴᠢᠭᠰᠡᠨ ᠪᠠᠷᠢᠮᠲᠠ ᠶᠢᠨ ᠭᠠᠷᠴᠠᠭ ᠢ ᠲᠡᠮᠳᠡᠭᠯᠡᠨ ᠪᠠᠶᠢᠨ᠎ᠠ) ::
ᠮᠡᠳᠡᠭ ᠠᠯᠪᠠᠨ ᠪᠠᠶᠢᠭᠤᠯᠤᠯᠭ᠎ᠠ ᠶᠢᠨ ᠪᠤᠶᠤ …… (ᠠᠯᠪᠠᠨ ᠪᠠᠶᠢᠭᠤᠯᠤᠯᠭ᠎ᠠ ᠶᠢᠨ ᠨᠡᠷ᠎ᠡ ᠪᠢᠴᠢᠨ᠎ᠡ) :: ᠬᠣᠯᠪᠣᠭ᠎ᠠ ᠪᠠᠷᠢᠬᠤ ᠬᠦᠮᠦᠨ ᠦ ᠨᠡᠷ᠎ᠡ ᠪᠡᠷ ᠪᠡᠨ ᠲᠣᠮᠢᠯᠠᠵᠤ ᠨᠡᠷ᠎ᠡ ᠪᠢᠴᠢᠭᠰᠡᠨ ᠦ ᠬᠠᠮᠲᠤ ᠬᠣᠯᠪᠣᠭ᠎ᠠ ᠪᠠᠷᠢᠬᠤ ᠤᠲᠠᠰᠤ ᠶᠢᠨ ᠳ᠋ᠤᠭᠠᠷ ᠢ ᠪᠢᠴᠢᠨ᠎ᠡ
ᠠᠯᠪᠠᠨ ᠪᠠᠶᠢᠭᠤᠯᠤᠯᠭ᠎ᠠ ᠶᠢᠨ ᠵᠢᠷᠤᠮ ᠤᠨ …… (ᠠᠯᠪᠠᠨ ᠪᠠᠶᠢᠭᠤᠯᠤᠯᠭ᠎ᠠ ᠶᠢᠨ ᠳᠠᠷᠤᠮᠠᠯ ᠢ ᠳᠠᠷᠤᠨ᠎ᠠ) :: …… (ᠠᠯᠪᠠᠨ ᠪᠠᠶᠢᠭᠤᠯᠤᠯᠭ᠎ᠠ ᠶᠢᠨ ᠲᠣᠪᠴᠢ ᠨᠡᠷ᠎ᠡ ᠶᠢ ᠳᠠᠷᠤᠨ᠎ᠠ) ᠳᠠᠷᠤᠮᠠᠯ ᠤᠨ ᠦᠭᠡ ᠪᠠᠷ ᠵᠢᠰᠢᠶᠡᠯᠡᠪᠡᠯ ᠢ ᠲᠡᠮᠳᠡᠭᠯᠡᠬᠦ ᠳᠦ ᠬᠠᠮᠠᠭᠠᠯᠠᠭᠳᠠᠬᠤ ᠶᠢ ᠲᠡᠮᠳᠡᠭᠯᠡᠨ᠎ᠡ
ᠨᠡᠷ᠎ᠡ᠂ ᠪᠣᠯᠬᠤ᠂ ᠨᠠᠰᠤ᠂ ᠬᠠᠶᠢᠭ ᠢ ᠳᠠᠷᠤᠮᠠᠯ ᠪᠢᠴᠢᠨ᠎ᠡ) ᠭᠡᠷᠡᠴᠢᠯᠡᠭᠰᠡᠨ ᠠᠯᠪᠠᠨ ᠪᠠᠶᠢᠭᠤᠯᠤᠯᠭ᠎ᠠ ᠶᠢᠨ ᠲᠡᠮᠳᠡᠭ ᠳᠠᠷᠤᠨ᠎ᠠ:
…… (ᠠᠯᠪᠠᠨ ᠪᠠᠶᠢᠭᠤᠯᠤᠯᠭ᠎ᠠ ᠶᠢᠨ ᠨᠡᠷ᠎ᠡ ᠶᠢ ᠳᠠᠷᠤᠮᠠᠯ ᠪᠢᠴᠢᠨ᠎ᠡ) ::
…… (ᠬᠤᠪᠢ ᠬᠦᠮᠦᠨ ᠦ ᠳᠠᠷᠤᠮᠠᠯ ᠳᠤ ᠭᠠᠷ ᠤᠨ ᠦᠰᠦᠭ ᠵᠢᠷᠤᠨ᠎ᠠ) ::
ᠶᠠᠮᠠᠷ ᠨᠢᠭᠡᠨ ᠪᠠᠶᠢᠭᠤᠯᠤᠯᠭ᠎ᠠ ᠶᠢᠨ ᠭᠡᠷᠡᠴᠢᠯᠡᠭᠰᠡᠨ ᠲᠦ ᠮᠡᠳᠡᠭᠳᠡᠯ ᠦᠨ ᠣᠨᠴᠠ ᠭᠠᠷᠴᠠᠭ ᠤᠨ ᠳᠡᠭᠡᠷ᠎ᠡ ᠨᠢᠭᠡᠨ ᠶᠠᠮᠠᠷ ᠰᠡᠳᠦᠪ ᠢ ᠲᠡᠮᠳᠡᠭᠯᠡᠬᠦ ᠳᠦ ᠰᠡᠳᠦᠪ ᠦᠨ ᠬᠠᠮᠢᠶ᠎ᠠ ᠦᠭᠡᠢ ᠠᠯᠪᠠᠨ ᠪᠢᠴᠢᠭ ᠢ ᠰᠢᠭᠦᠬᠦ ᠦᠶ᠎ᠡ ᠳᠦ ᠬᠠᠮᠢᠶᠠᠷᠤᠯᠤᠨ
ᠪᠤᠢ ᠬᠦᠮᠦᠨ ᠢ ᠰᠢᠭᠦᠨ ᠲᠠᠰᠤᠯᠬᠤ ᠪᠠᠷ ᠲᠣᠭᠲᠠᠭᠠᠵᠤ᠂ ᠳᠠᠷᠤᠢ ᠳᠠᠷᠤᠢ ᠪᠠᠷ ᠰᠢᠪᠠᠭᠠ ᠶᠢᠨ ᠮᠡᠳᠡᠭᠳᠡᠯ ᠦᠨ ᠠᠷᠭ᠎ᠠ ᠬᠡᠮᠵᠢᠶᠡ ᠶᠢ ᠣᠯᠵᠤ XXXX ᠶᠢᠨ ᠬᠡᠷᠡᠭ ᠲᠦ ᠠᠯᠪᠠᠨ ᠪᠠᠶᠢᠭᠤᠯᠤᠯᠭ᠎ᠠ
ᠪᠤᠢ ᠬᠦᠮᠦᠨ ᠢ ᠰᠢᠭᠦᠨ ᠲᠠᠰᠤᠯᠬᠤ ᠪᠠᠶᠢᠳᠠᠯ ᠢ ᠬᠠᠷᠢᠭᠤᠴᠠᠵᠤ ᠪᠠᠶᠢᠨ᠎ᠠ ::

ᠰᠢᠭᠦᠭᠴᠢ ᠲᠣᠯᠣᠭᠠᠢᠯᠠᠭᠴᠢ XXX

ᠰᠢᠭᠦᠭᠴᠢ XXX

ᠰᠢᠭᠦᠭᠴᠢ XXX

XXXX ᠣᠨ ᠤ XX ᠰᠠᠷ᠎ᠠ ᠶᠢᠨ XX ᠡᠳᠦᠷ

(ᠠᠯᠪᠠᠨ ᠪᠠᠶᠢᠭᠤᠯᠤᠯᠭ᠎ᠠ ᠶᠢᠨ ᠲᠠᠮᠠᠭ᠎ᠠ)

ᠮᠡᠳᠡᠭᠳᠡᠯ ᠦᠨ ᠬᠠᠭᠤᠯᠪᠤᠷᠢ ᠶᠢ ᠬᠠᠷᠢᠭᠤᠴᠠᠬᠤ ᠪᠠᠶᠢᠳᠠᠯ ᠢ ᠨᠡᠷᠡᠯᠡᠬᠦ ᠪᠠᠷ ᠪᠢᠴᠢᠭ ᠦᠨ ᠨᠣᠮᠧᠷ

ᠪᠢᠴᠢᠭᠴᠢ XXX

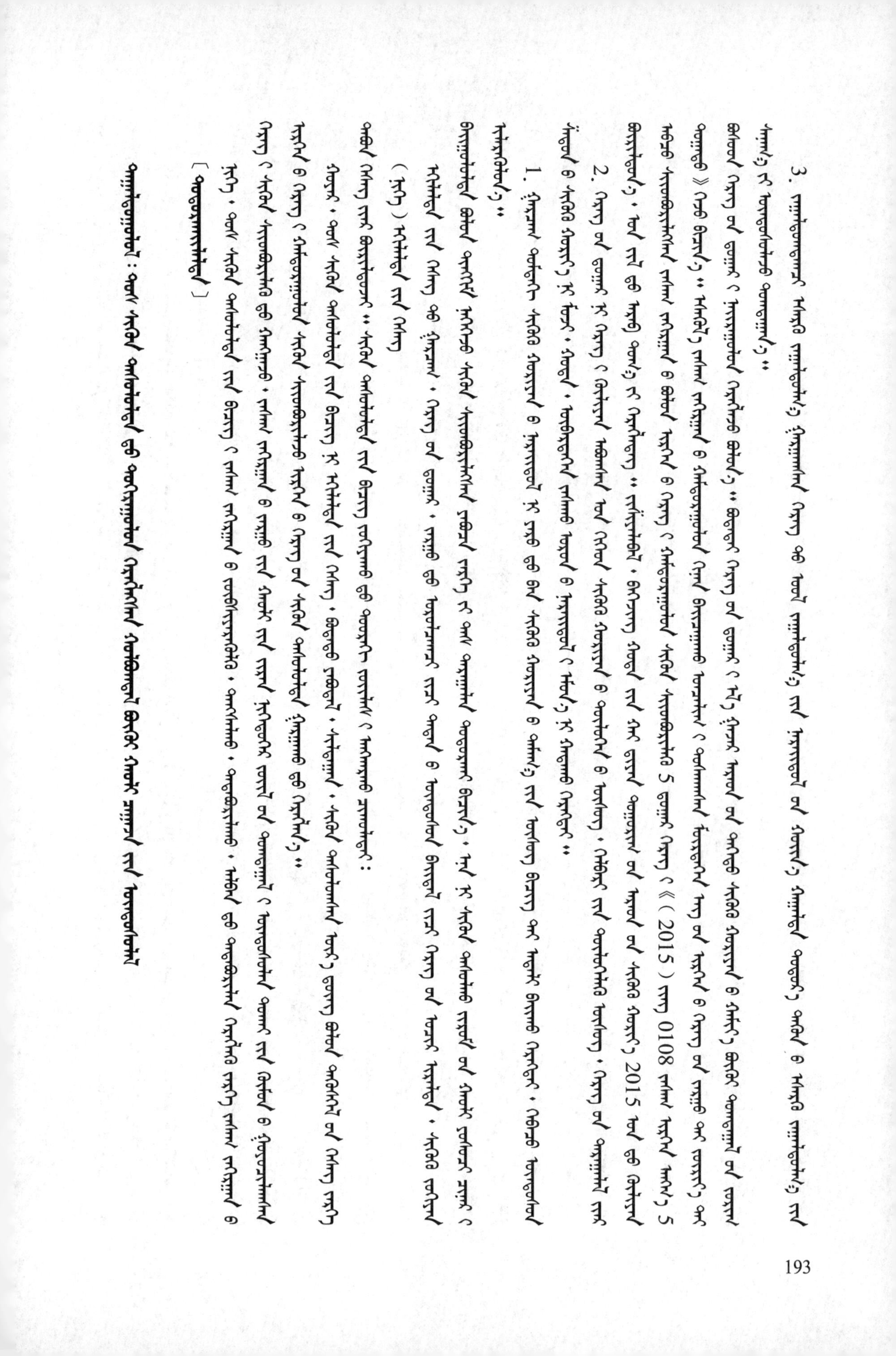

3. [illegible] ::

[illegible] :: [illegible] 《 [illegible] :: [illegible] 5 [illegible] 《 (2015) [illegible] 0108 [illegible] 5 [illegible] 2015 [illegible] :: [illegible] ::

2. [illegible] ::

1. [illegible] ::

[illegible]
([illegible]) [illegible]

[illegible] :: [illegible] :

[illegible] ::

[illegible]

〔 [illegible] 〕

[illegible] : [illegible]

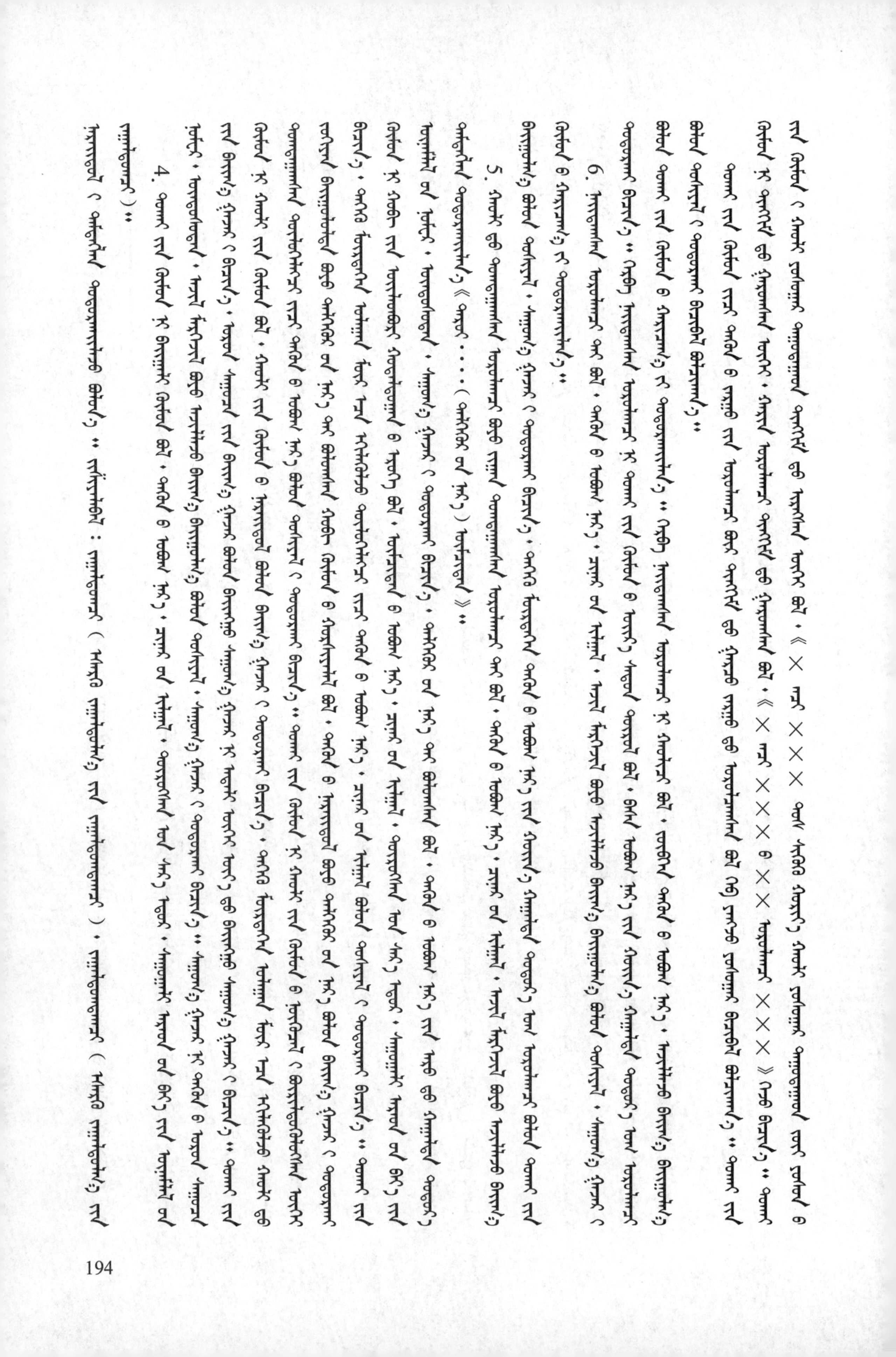

[illegible] ::

4. [illegible] ::

[illegible]

5. [illegible] 《 [illegible] ……([illegible]) [illegible] 》::

[illegible]

6. [illegible] ::

[illegible] ::

[illegible] ::

[illegible] 《 × [illegible] × × × [illegible] × × × [illegible] × × 》 [illegible] :: [illegible] 《 × [illegible] × × × [illegible]

ᠬᠠᠷᠢᠯᠴᠠᠭᠠᠨ ᠲᠠᠯ᠎ᠠ ᠪᠠᠷ ᠬᠠᠷᠢᠯᠴᠠᠬᠤ ᠳᠤ ᠲᠡᠭᠦᠨ ᠦ ᠵᠣᠷᠢᠯᠭ᠎ᠠ 〉 ᠭᠡᠵᠦ ᠪᠣᠯᠤᠨ᠎ᠠ ᠄ ᠬᠡᠯᠡ ᠶᠢᠨ ᠣᠷᠴᠢᠨ ᠪᠠᠷ ᠬᠠᠷᠢᠯᠴᠠᠭᠠᠨ ᠤ ᠵᠣᠷᠢᠯᠭ᠎ᠠ ᠶᠢ ᠲᠣᠳᠤᠷᠬᠠᠶᠢᠯᠠᠨ᠎ᠠ ᠂ ᠲᠡᠷ ᠭᠠᠵᠠᠷ ᠠᠴᠠ ᠂ ×××ᠬᠡᠮᠡᠬᠦ ᠬᠡᠯᠡᠯᠭᠡ ᠶᠢᠨ ᠬᠠᠷᠢᠯᠴᠠᠭ᠎ᠠ ᠪᠠᠷ ᠬᠡᠯᠡᠯᠭᠡ ᠲᠡᠷ 《ᠭᠠᠵᠠᠷ》 ᠭᠡᠵᠦ ᠪᠣᠯᠤᠨ᠎ᠠ ᠄

(ᠵᠢᠱᠢᠶ᠎ᠡ) ᠬᠡᠯᠡᠬᠦ ᠦᠭᠡ

ᠬᠡᠯᠡᠬᠦ ᠦᠭᠡ ᠶᠢᠨ ᠣᠷᠴᠢᠨ ᠳᠤ ᠬᠡᠯᠡ ᠶᠢᠨ ᠬᠡᠷᠡᠭᠯᠡᠭᠡ ᠶᠢᠨ ᠰᠢᠨᠵᠢ ᠂ ᠬᠡᠷᠡᠭᠯᠡᠭᠡᠨ ᠦ ᠬᠡᠯᠡᠬᠦ ᠦᠭᠡ ᠪᠣᠯᠤᠨ ᠬᠡᠯᠡᠯᠭᠡ ᠶᠢᠨ ᠲᠦᠷᠦᠯ ᠦᠨ ᠪᠦᠲᠦᠴ ᠢ ᠲᠣᠳᠤᠷᠬᠠᠶᠢᠯᠠᠬᠤ ᠪᠣᠯᠤᠨ᠎ᠠ ᠄

1. ᠬᠡᠯᠡ ᠶᠢᠨ ᠣᠷᠴᠢᠨ ᠤ ᠬᠡᠰᠡᠭ ᠦᠨ ᠲᠣᠳᠤᠷᠬᠠᠶᠢᠯᠠᠯ ᠤᠨ ᠬᠡᠯᠡᠬᠦ ᠦᠭᠡ ᠶᠢᠨ ᠬᠡᠷᠡᠭᠯᠡᠭᠡ ᠶᠢ ᠬᠡᠯᠡᠬᠦ ᠦᠭᠡ ᠂ ᠬᠡᠯᠡᠯᠴᠡᠭᠡᠨ ᠦ ᠬᠦᠮᠦᠰ ᠦᠨ ᠬᠠᠷᠢᠴᠠᠭ᠎ᠠ ᠶᠢᠨ ᠪᠠᠶᠢᠳᠠᠯ ᠂ ᠬᠡᠯᠡᠬᠦ ᠦᠭᠡ ᠶᠢᠨ ᠵᠣᠷᠢᠯᠭ᠎ᠠ ᠪᠠᠷ ᠲᠣᠳᠤᠷᠬᠠᠶᠢᠯᠠᠭᠳᠠᠨ᠎ᠠ ᠄ ᠲᠡᠭᠦᠨ ᠦ ᠬᠠᠮᠲᠤ ᠬᠡᠯᠡ ᠶᠢᠨ ᠣᠷᠴᠢᠨ ᠤ ᠬᠡᠰᠡᠭ ᠦᠨ ᠪᠦᠲᠦᠴ ᠢ ᠲᠣᠳᠤᠷᠬᠠᠶᠢᠯᠠᠬᠤ ᠂ ᠬᠡᠯᠡᠬᠦ ᠦᠭᠡ ᠶᠢᠨ ᠣᠷᠴᠢᠨ ᠳᠤ ᠪᠠᠶᠢᠬᠤ ᠬᠡᠯᠡᠯᠭᠡ ᠶᠢᠨ ᠰᠢᠨᠵᠢ ᠂ ᠬᠡᠯᠡᠬᠦ ᠦᠭᠡ ᠶᠢᠨ ᠪᠦᠲᠦᠴ ᠦᠨ ᠬᠡᠷᠡᠭᠯᠡᠭᠡ ᠶᠢ ᠲᠣᠳᠤᠷᠬᠠᠶᠢᠯᠠᠨ᠎ᠠ ᠄ ᠲᠡᠷ ᠴᠢᠯᠠᠭᠤ ᠪᠠᠷ ᠬᠡᠯᠡᠬᠦ ᠦᠭᠡ ᠶᠢᠨ ᠬᠡᠯᠪᠡᠷᠢ ᠶᠢ ᠲᠣᠳᠤᠷᠬᠠᠶᠢᠯᠠᠬᠤ ᠂ ᠬᠡᠯᠡ ᠶᠢᠨ ᠣᠷᠴᠢᠨ ᠤ ᠦᠭᠡ ᠶᠢᠨ ᠤᠳᠬ᠎ᠠ ᠶᠢ ᠲᠣᠳᠤᠷᠬᠠᠶᠢᠯᠠᠬᠤ ᠬᠡᠯᠪᠡᠷᠢ ᠪᠣᠯᠤᠨ᠎ᠠ ᠄

2. ᠬᠡᠯᠡᠬᠦ ᠬᠦᠮᠦᠨ ᠦ ᠰᠡᠳᠬᠢᠯᠭᠡ ᠬᠡᠯᠡ ᠶᠢᠨ ᠣᠷᠴᠢᠨ ᠳᠤ ᠲᠣᠳᠤᠷᠬᠠᠶᠢᠯᠠᠭᠳᠠᠬᠤ ᠨᠢ ᠄ ① ᠬᠡᠯᠡ ᠶᠢᠨ ᠣᠷᠴᠢᠨ ᠤ ᠲᠣᠳᠤᠷᠬᠠᠶᠢᠯᠠᠯ ᠲᠠᠢ ᠬᠠᠷᠢᠯᠴᠠᠯ ᠲᠠᠢ ᠬᠣᠯᠪᠣᠭᠳᠠᠨ᠎ᠠ ᠂ ᠬᠠᠷᠢᠯᠴᠠᠭᠠᠨ ᠤ ᠰᠡᠳᠬᠢᠯᠭᠡ ᠶᠢᠨ ᠨᠥᠬᠦᠴᠡᠯ ᠂ ᠬᠡᠯᠡᠯᠭᠡ ᠶᠢᠨ ᠵᠣᠷᠢᠯᠭ᠎ᠠ ᠪᠠᠷ ᠲᠣᠳᠤᠷᠬᠠᠶᠢᠯᠠᠭᠳᠠᠨ᠎ᠠ ᠄ ② ᠬᠡᠯᠡᠬᠦ ᠬᠦᠮᠦᠨ ᠦ ᠰᠡᠳᠬᠢᠯᠭᠡ ᠪᠠᠷ ᠲᠣᠳᠤᠷᠬᠠᠶᠢᠯᠠᠭᠳᠠᠬᠤ ᠨᠢ ᠂ ᠬᠡᠯᠡᠬᠦ ᠦᠭᠡ ᠶᠢᠨ ᠣᠷᠴᠢᠨ ᠤ ᠨᠥᠬᠦᠴᠡᠯ ᠢ ᠲᠣᠳᠤᠷᠬᠠᠶᠢᠯᠠᠨ᠎ᠠ ᠄ ③ ᠬᠡᠯᠡᠬᠦ ᠦᠭᠡ ᠶᠢᠨ ᠬᠡᠷᠡᠭᠯᠡᠭᠡ ᠶᠢ ᠲᠣᠳᠤᠷᠬᠠᠶᠢᠯᠠᠨ ᠬᠡᠯᠡᠬᠦ ᠪᠣᠯᠤᠨ᠎ᠠ ᠄

3. ᠬᠡᠯᠡᠬᠦ ᠦᠭᠡ ᠶᠢᠨ ᠣᠷᠴᠢᠨ ᠳᠤ ᠬᠡᠯᠡᠬᠦ ᠬᠦᠮᠦᠨ ᠦ ᠰᠡᠳᠬᠢᠯᠭᠡ ᠪᠠᠷ ᠲᠣᠳᠤᠷᠬᠠᠶᠢᠯᠠᠭᠳᠠᠬᠤ ᠂ ᠬᠡᠯᠡ ᠶᠢᠨ ᠣᠷᠴᠢᠨ ᠤ ᠬᠡᠷᠡᠭᠯᠡᠭᠡ ᠶᠢ ᠲᠣᠳᠤᠷᠬᠠᠶᠢᠯᠠᠨ ᠬᠡᠯᠡᠬᠦ ᠪᠣᠯᠤᠨ᠎ᠠ ᠄ ᠬᠡᠯᠡ ᠶᠢᠨ ᠣᠷᠴᠢᠨ ᠤ ᠬᠡᠷᠡᠭᠯᠡᠭᠡ ᠪᠣᠯ ᠰᠡᠳᠬᠢᠯᠭᠡ ᠶᠢ ᠲᠣᠳᠤᠷᠬᠠᠶᠢᠯᠠᠬᠤ ᠬᠡᠯᠡᠯᠭᠡ ᠶᠢᠨ ᠬᠡᠷᠡᠭᠯᠡᠭᠡ ᠪᠣᠯᠤᠨ᠎ᠠ ᠄

ᠠᠮᠢᠳᠤ ᠪᠣᠳᠠᠰ ᠤᠨ ᠬᠠᠷᠢᠯᠴᠠᠭ᠎ᠠ ᠨᠢ ᠣᠯᠠᠨ ᠶᠠᠩᠰᠤ ᠶᠢᠨ ᠠᠮᠢᠳᠤ ᠪᠣᠳᠠᠰ ᠤᠨ ᠬᠠᠮᠲᠤ ᠤᠷᠤᠰᠬᠤ ᠪᠠᠢᠭᠠᠯᠢ ᠶᠢᠨ ᠬᠠᠷᠢᠯᠴᠠᠭ᠎ᠠ ᠪᠣᠯᠣᠨ ᠠᠮᠢᠳᠤ ᠪᠣᠳᠠᠰ ᠤᠨ ᠲᠣᠭᠲᠠᠮᠠᠯ ᠪᠠᠢᠳᠠᠯ ᠢ ᠲᠤᠰᠬᠠᠯᠠᠨ ᠬᠠᠷᠢᠭᠤᠴᠠᠭᠤᠯᠤᠨ᠎ᠠ ᠃ ᠲᠠᠳᠠᠭᠠᠷ ᠪᠣᠯ ᠠᠮᠢᠳᠤ ᠪᠣᠳᠠᠰ ᠤᠨ ᠬᠣᠭᠣᠷᠣᠨᠳᠣ ᠶᠢᠨ ᠬᠠᠷᠢᠯᠴᠠᠭ᠎ᠠ ᠶᠢ ᠲᠣᠳᠣᠷᠠᠬᠠᠢ ᠪᠠᠢᠳᠠᠯ ᠢᠶᠠᠷ ᠬᠠᠷᠢᠭᠤᠴᠠᠭᠤᠯᠤᠨ ᠬᠠᠷᠠᠭᠤᠯᠤᠨ ᠢᠯᠡᠷᠡᠭᠦᠯᠳᠡᠭ ᠪᠠᠢᠭᠤᠯᠤᠯᠲᠠ ᠶᠢᠨ ᠪᠣᠳᠠᠲᠠᠢ ᠬᠡᠯᠪᠡᠷᠢ ᠪᠣᠯᠤᠨ᠎ᠠ ᠃

(ᠭᠤᠤ) ᠠᠮᠢᠳᠤᠷᠠᠯ ᠤᠨ ᠬᠠᠷᠢᠶ᠎ᠠ

ᠠᠮᠢᠳᠤᠷᠠᠯ ᠤᠨ ᠬᠠᠷᠢᠶ᠎ᠠ ᠪᠣᠯ ᠮᠠᠰᠢ ᠣᠯᠠᠨ ᠵᠦᠢᠯ ᠦᠨ ᠠᠮᠢᠳᠤ ᠪᠣᠳᠠᠰ ᠤᠨ ᠬᠠᠷᠢᠯᠴᠠᠭ᠎ᠠ ᠶᠢ ᠪᠠᠭᠲᠠᠭᠠᠭᠰᠠᠨ ᠨᠡᠭᠡ ᠪᠦᠬᠦᠯᠢ ᠪᠣᠯᠬᠤ ᠶᠢᠨ ᠬᠠᠮᠲᠤ ᠪᠡᠷ ᠲᠤᠰ ᠬᠦᠷᠢᠶ᠎ᠡ ᠳᠦ ᠠᠮᠢᠳᠤ ᠪᠣᠳᠠᠰ ᠨᠢ ᠮᠥᠨ ᠤᠯᠠᠮ ᠦᠷ᠎ᠡ ᠰᠠᠳᠤ ᠳᠤ ᠡᠵᠡᠮᠰᠢᠭᠰᠡᠨ ᠪᠠᠢᠳᠠᠯ ᠢᠶᠠᠷ ᠰᠢᠷᠭᠤᠭᠳᠠᠨ ᠠᠮᠢᠳᠤᠷᠠᠵᠤ ᠪᠠᠢᠳᠠᠭ ᠃ ᠲᠣᠰ ᠬᠦᠷᠢᠶ᠎ᠡ ᠶᠢᠨ ᠬᠡᠮᠵᠢᠶ᠎ᠡ ᠪᠣᠯ ᠲᠣᠳᠣᠷᠬᠠᠢ ᠬᠢᠯᠢ ᠬᠢᠵᠠᠭᠠᠷ ᠲᠠᠢ ᠪᠠᠢᠳᠠᠭ ᠪᠣᠯᠪᠠᠴᠤ ᠂ ᠪᠠᠳᠠᠷᠤᠩᠭᠤᠢ ᠰᠢᠨᠵᠢ ᠲᠠᠢ ᠪᠠᠢᠳᠠᠭ ᠂ ᠮᠥᠨ ᠲᠥᠭᠦᠷᠢᠭ ᠬᠦᠷᠢᠶ᠎ᠡ ᠳᠦ ᠠᠮᠢᠳᠤᠷᠠᠯ ᠤᠨ ᠵᠢᠭᠤᠯᠴᠢ ᠪᠠᠢᠳᠠᠯ ᠢ ᠣᠯᠵᠤ ᠬᠠᠷᠠᠭᠳᠠᠨ᠎ᠠ ᠃ ᠪᠠᠳᠠᠷᠤᠩᠭᠤᠢ ᠰᠢᠨᠵᠢ ᠨᠢ ᠂ ᠪᠠᠢᠭᠠᠯᠢ ᠶᠢᠨ ᠪᠠᠢᠭᠤᠯᠤᠯᠲᠠ ᠂ ᠬᠥᠳᠡᠯᠭᠡᠭᠡᠨ ᠂ ᠪᠡᠶ᠎ᠡ ᠶᠢᠨ ᠬᠡᠮᠵᠢᠶ᠎ᠡ ᠂ ᠳᠡᠯᠡᠬᠡᠢ ᠶᠢᠨ ᠬᠠᠷᠢᠯᠴᠠᠭ᠎ᠠ ᠶᠢᠨ ᠳᠠᠷᠤᠢ ᠶᠢᠨ ᠬᠤᠪᠢᠷᠠᠯ ᠬᠡᠯᠪᠡᠷᠢ ᠪᠣᠯᠤᠨ ᠠᠮᠢᠳᠤᠷᠠᠯ ᠤᠨ ᠬᠠᠷᠢᠶ᠎ᠠ ᠶᠢᠨ ᠵᠢᠭᠤᠯᠴᠢ ᠪᠠᠢᠳᠠᠯ ᠢ ᠲᠣᠭᠲᠠᠭᠠᠨ᠎ᠠ ᠃ ᠠᠮᠢᠳᠤ ᠪᠣᠳᠠᠰ ᠤᠨ ᠬᠠᠷᠢᠶ᠎ᠠ ᠶᠢᠨ ᠬᠦᠷᠢᠶ᠎ᠡ ᠶᠢ ᠲᠣᠭᠲᠠᠭᠠᠬᠤ ᠳᠤ ᠬᠦᠷᠦᠯ ᠦᠨ ᠬᠦᠯᠢᠶᠡᠯᠲᠡ ᠶᠢ ᠠᠮᠢᠳᠤᠷᠠᠯ ᠤᠨ ᠬᠠᠷᠢᠶ᠎ᠠ ᠭᠡᠨ᠎ᠡ

(ᠵᠢᠷᠤᠭ) ᠠᠮᠢᠳᠤ ᠪᠣᠳᠠᠰ ᠤᠨ ᠬᠠᠷᠢᠶ᠎ᠠ

2. ᠠᠮᠢᠳᠤ ᠪᠣᠳᠠᠰ ᠤᠨ ᠬᠣᠭᠣᠷᠣᠨᠳᠣᠬᠢ ᠬᠠᠷᠢᠯᠴᠠᠭ᠎ᠠ ᠂ ᠠᠮᠢᠳᠤ ᠪᠣᠳᠠᠰ ᠤᠨ ᠬᠣᠭᠣᠷᠣᠨᠳᠣ ᠶᠢᠨ ᠣᠷᠴᠢᠨ ᠲᠣᠭᠣᠷᠢᠨ ᠤ ᠬᠠᠷᠢᠯᠴᠠᠭ᠎ᠠ ᠪᠣᠯ ᠂ ᠡᠳᠡᠭᠡᠷ ᠪᠣᠯ ᠬᠦᠮᠦᠨ ᠤ ᠠᠮᠢᠳᠤᠷᠠᠯ ᠤᠨ ᠲᠣᠭᠲᠠᠮᠠᠯ ᠵᠢᠭᠤᠯᠴᠢ ᠪᠠᠢᠳᠠᠯ ᠢ ᠪᠠᠭᠲᠠᠭᠠᠭᠰᠠᠨ ᠂ ᠬᠣᠭᠣᠷᠣᠨᠳᠣ ᠶᠢᠨ ᠬᠠᠷᠢᠯᠴᠠᠭ᠎ᠠ ᠶᠢ ᠲᠣᠳᠣᠷᠬᠠᠢ ᠪᠣᠯᠭᠠᠬᠤ ᠶᠢᠨ ᠬᠠᠮᠲᠤ ᠂ ᠪᠦᠬᠦ ᠪᠠᠢᠳᠠᠯ ᠢ ᠬᠠᠷᠢᠭᠤᠴᠠᠭᠤᠯᠤᠨ ᠵᠢᠭᠤᠯᠴᠢᠯᠠᠵᠤ ᠂ ᠪᠦᠬᠦᠯᠢ ᠶᠢᠨ ᠲᠣᠭᠲᠠᠮᠠᠯ ᠪᠠᠢᠳᠠᠯ ᠢ ᠪᠦᠷᠢᠯᠳᠦᠭᠦᠯᠦᠨ᠎ᠡ ᠃ ᠡᠨᠡ ᠬᠦ ᠪᠣᠯ ᠬᠣᠭᠣᠷᠣᠨᠳᠣ ᠶᠢᠨ ᠬᠠᠷᠢᠯᠴᠠᠭ᠎ᠠ ᠳᠤ ᠬᠦᠷᠦᠯᠴᠡᠬᠦ ᠲᠠᠯ᠎ᠠ ᠂ ᠪᠠᠢᠳᠠᠯ ᠤᠨ ᠬᠠᠷᠢᠯᠴᠠᠭ᠎ᠠ ᠶᠢᠨ ᠦᠷ᠎ᠡ ᠳᠦᠩ ᠢ ᠬᠠᠷᠢᠭᠤᠴᠠᠭᠤᠯᠤᠨ ᠬᠣᠭᠣᠷᠣᠨᠳᠣ ᠶᠢᠨ ᠬᠡᠮᠵᠢᠶ᠎ᠡ ᠳᠦ ᠬᠦᠷᠬᠦ ᠶᠢᠨ ᠬᠠᠮᠲᠤ ᠂ ᠲᠡᠳᠡᠭᠡᠷ ᠦᠨ ᠬᠠᠷᠢᠯᠴᠠᠭ᠎ᠠ ᠪᠡᠷ ᠬᠣᠭᠣᠷᠣᠨᠳᠣ ᠶᠢᠨ ᠬᠠᠷᠢᠯᠴᠠᠭ᠎ᠠ ᠶᠢ ᠪᠦᠷᠢᠯᠳᠦᠭᠦᠯᠦᠨ᠎ᠡ ᠃ ᠡᠨᠡ ᠪᠣᠯ ᠪᠠᠢᠭᠠᠯᠢ ᠶᠢᠨ ᠵᠦᠢ ᠲᠣᠭᠲᠠᠮᠵᠢ ᠶᠢᠨ ᠲᠣᠭᠲᠠᠮᠠᠯ ᠬᠡᠯᠪᠡᠷᠢ ᠪᠣᠯᠤᠨ ᠂ ᠲᠡᠭᠦᠨ ᠦ ᠬᠦᠷᠢᠶ᠎ᠡ ᠶᠢᠨ ᠬᠣᠭᠣᠷᠣᠨᠳᠣ ᠳᠤ ᠬᠦᠷᠦᠯᠴᠡᠬᠦ ᠲᠣᠭᠲᠠᠮᠠᠯ ᠬᠤᠪᠢᠷᠠᠯ ᠢ ᠲᠣᠳᠣᠷᠬᠠᠢᠯᠠᠨ᠎ᠠ ᠃ ᠡᠨᠡ ᠬᠦ ᠲᠠᠯ᠎ᠠ ᠪᠣᠯ ᠣᠯᠠᠨ ᠵᠦᠢᠯ ᠦᠨ ᠬᠠᠷᠢᠯᠴᠠᠭ᠎ᠠ ᠶᠢᠨ ᠬᠣᠭᠣᠷᠣᠨᠳᠣᠬᠢ ᠬᠠᠷᠢᠯᠴᠠᠭ᠎ᠠ ᠶᠢ ᠪᠦᠷᠢᠯᠳᠦᠭᠦᠯᠦᠨ ᠬᠠᠮᠲᠤ ᠪᠡᠷ ᠠᠮᠢᠳᠤᠷᠠᠯ ᠤᠨ ᠲᠣᠭᠲᠠᠮᠠᠯ ᠪᠠᠢᠳᠠᠯ ᠢ ᠪᠦᠷᠢᠯᠳᠦᠭᠦᠯᠦᠨ᠎ᠡ ᠃

1. ᠠᠮᠢᠳᠤ ᠪᠣᠳᠠᠰ ᠤᠨ ᠬᠣᠭᠣᠷᠣᠨᠳᠣ ᠶᠢᠨ ᠬᠠᠷᠢᠯᠴᠠᠭ᠎ᠠ ᠳᠤ ᠂ ᠬᠦᠮᠦᠨ ᠪᠣᠯᠤᠨ ᠪᠤᠰᠤᠳ ᠠᠮᠢᠳᠤ ᠪᠣᠳᠠᠰ ᠤᠨ ᠬᠠᠷᠢᠯᠴᠠᠭ᠎ᠠ ᠶᠢᠨ ᠬᠣᠭᠣᠷᠣᠨᠳᠣ ᠳᠤ ᠂ ᠠᠮᠢᠳᠤ ᠪᠣᠳᠠᠰ ᠤᠨ ᠬᠣᠭᠣᠷᠣᠨᠳᠣ ᠶᠢᠨ ᠬᠠᠷᠢᠯᠴᠠᠭ᠎ᠠ ᠶᠢᠨ ᠲᠣᠭᠲᠠᠮᠠᠯ ᠬᠡᠯᠪᠡᠷᠢ ᠶᠢ ᠪᠦᠷᠢᠯᠳᠦᠭᠦᠯᠦᠨ ᠠᠮᠢᠳᠤ ᠪᠣᠳᠠᠰ ᠤᠨ ᠬᠣᠭᠣᠷᠣᠨᠳᠣ ᠶᠢᠨ ᠬᠠᠷᠢᠯᠴᠠᠭ᠎ᠠ ᠶᠢᠨ ᠪᠠᠢᠳᠠᠯ ᠢ ᠲᠣᠳᠣᠷᠬᠠᠢᠯᠠᠨ᠎ᠠ ᠃

(ᠵᠢᠷᠤᠭ) ᠠᠯᠪᠠᠳᠠᠬᠤ

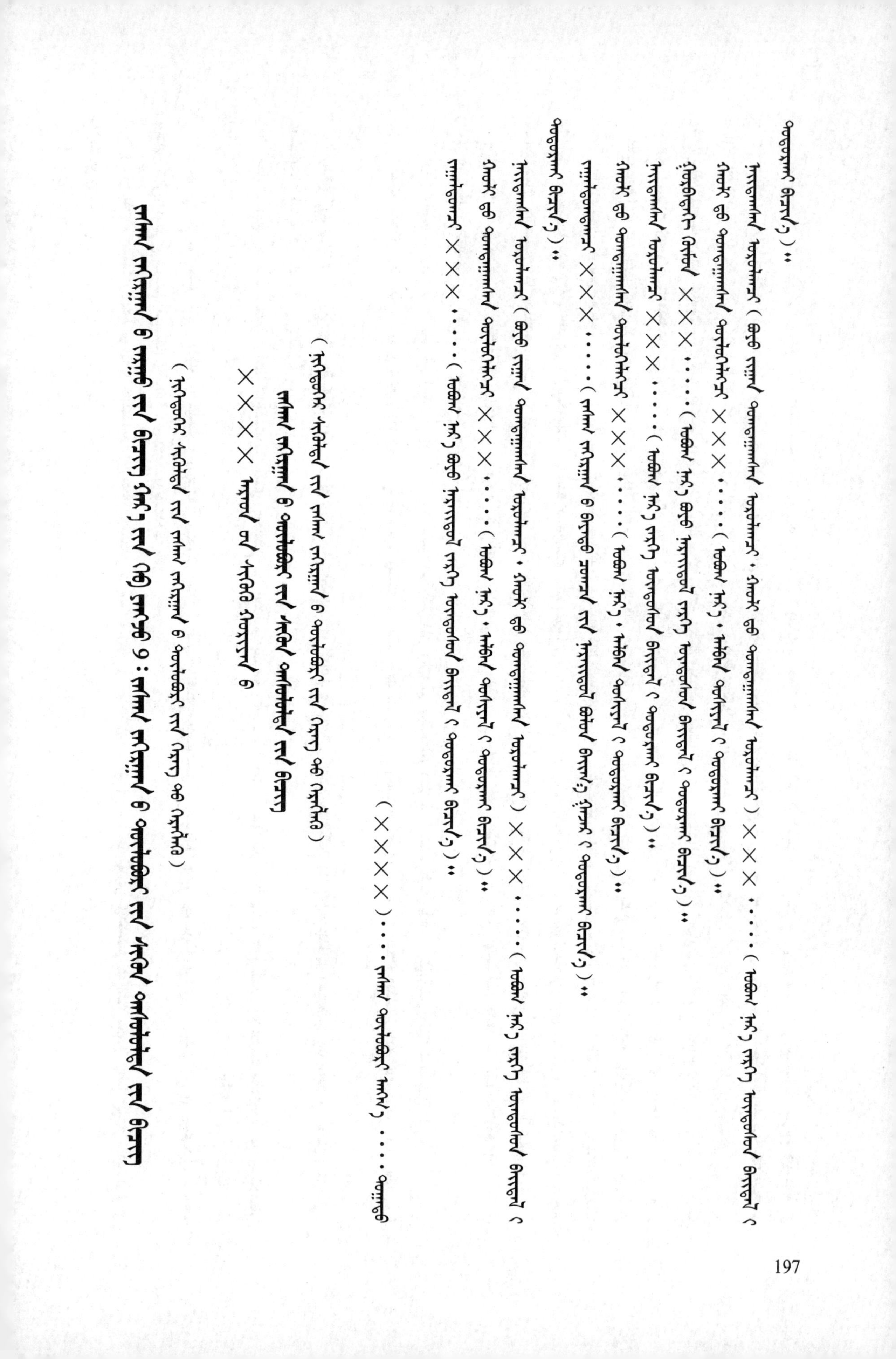

[illegible] 6 : [illegible]

([illegible])

×××× [illegible]

[illegible]

([illegible])

(××××) …… [illegible] …… [illegible]

[illegible] ××× ……([illegible]) ᠉

[illegible] ××× ……([illegible]) ᠉

[illegible] ([illegible]) ××× ……([illegible]) ᠉

[illegible] ××× ……([illegible]) ᠉

[illegible] ××× ……([illegible]) ᠉

[illegible] ××× ……([illegible]) ᠉

[illegible] ××× ……([illegible]) ᠉

[illegible] ××× ……([illegible]) ᠉

[illegible] ([illegible]) ××× ……([illegible]) ᠉

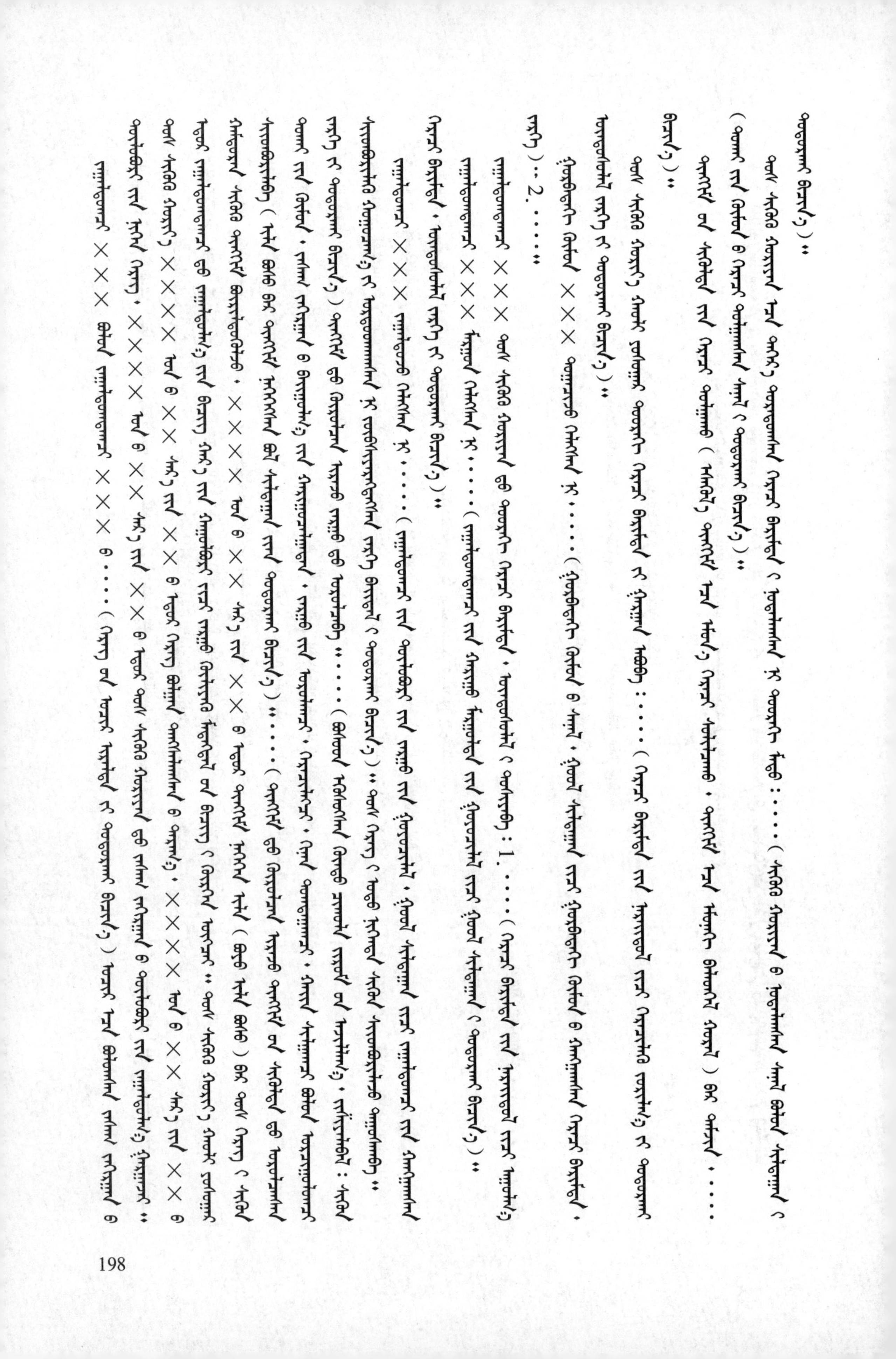

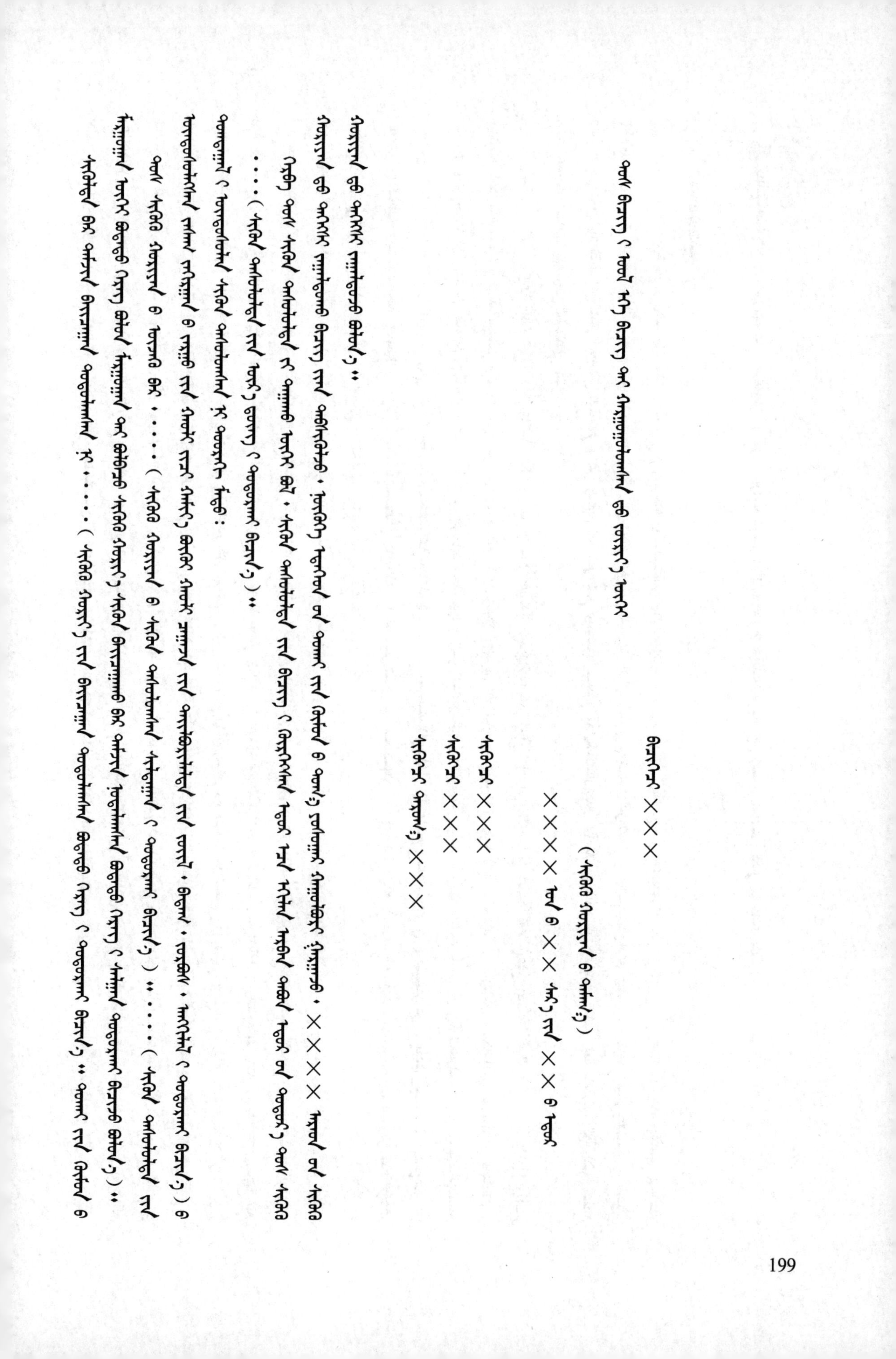

[illegible] …… ([illegible]) [illegible] :: [illegible] ([illegible]) ::
[illegible] …… ([illegible]) :: …… ([illegible]) [illegible] ([illegible]) [illegible] :
…… ([illegible]) ::
[illegible] ×××× [illegible] ::

[illegible] ×××
[illegible] ×××
[illegible] ×××

×××× [illegible] ×× [illegible] ×× [illegible] ×× [illegible]
([illegible])

[illegible]

[illegible] ×××

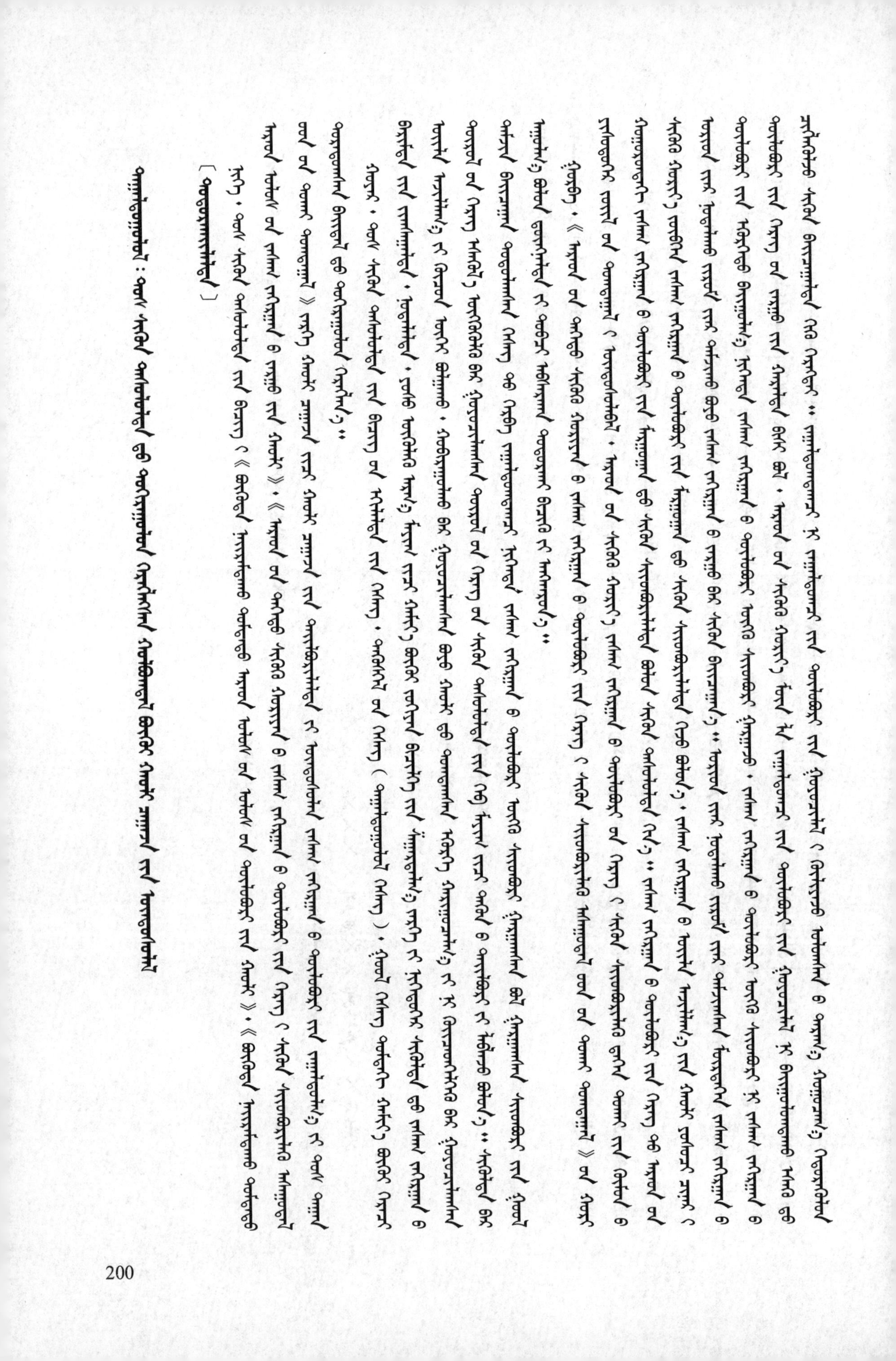

[illegible]

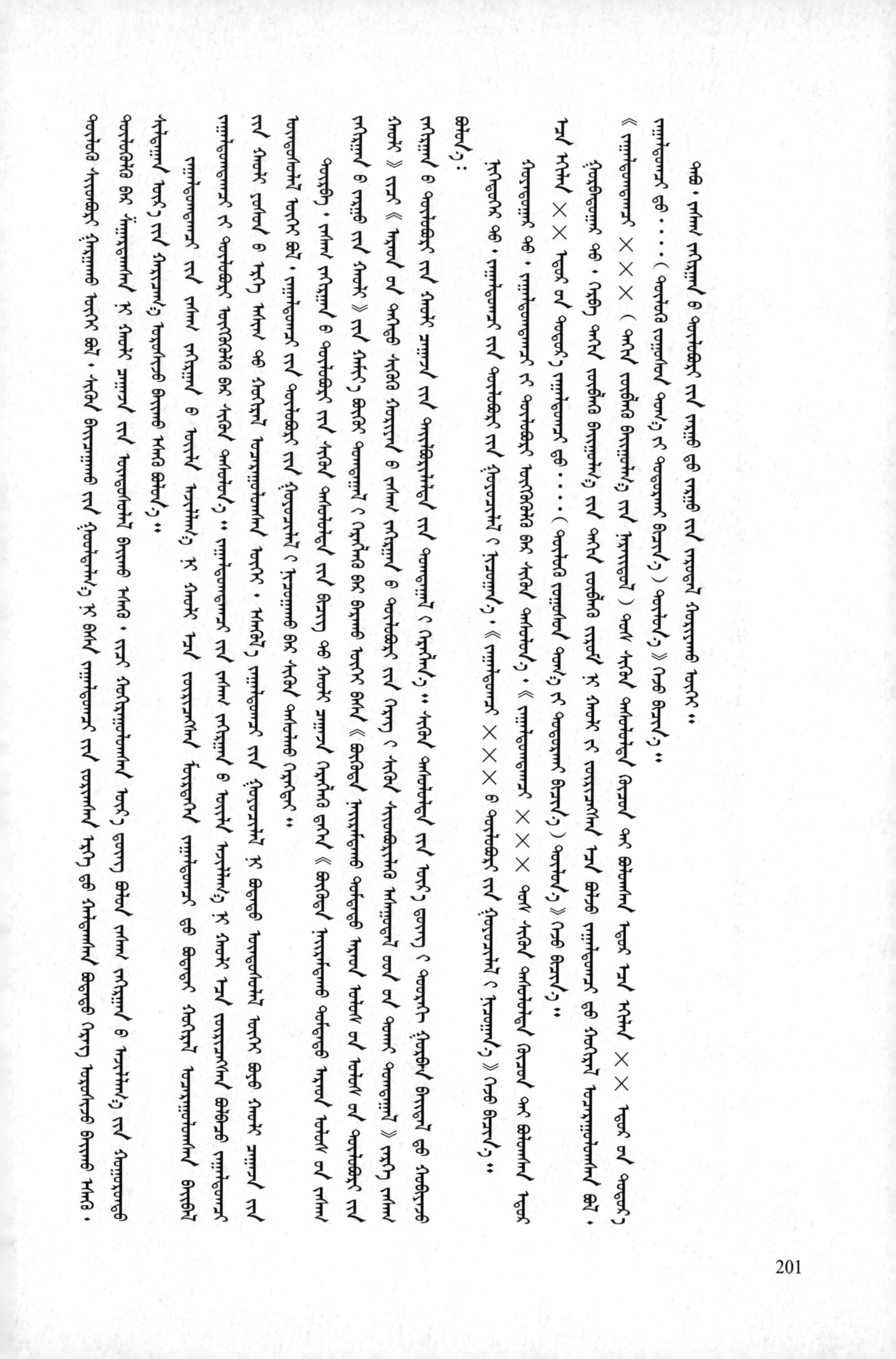

[illegible]

ᠠᠯᠪᠠᠨ ᠠᠯᠪᠠᠲᠠᠨ ᠤ ᠬᠠᠷᠢᠴᠠᠭ᠎ᠠ ᠳᠤ ᠪᠢᠴᠢᠭ ᠬᠡᠷᠭᠡ ᠳᠡᠭᠡᠷ᠎ᠡ ᠵᠢᠱᠢᠶ᠎ᠡ 10 : ᠠᠯᠪᠠᠨ ᠠᠯᠪᠠᠲᠠᠨ ᠤ ᠦᠨᠡᠯᠡᠭᠡᠨ ᠦ ᠪᠢᠴᠢᠭ

(ᠬᠡᠯᠡᠪᠦᠷᠢ ᠵᠢᠱᠢᠶ᠎ᠡ ᠳᠤ ᠠᠯᠪᠠᠨ ᠠᠯᠪᠠᠲᠠᠨ ᠤ ᠦᠨᠡᠯᠡᠭᠡ ᠳᠦ ᠬᠡᠷᠡᠭᠯᠡᠨ᠎ᠡ)

XXX ᠰᠤᠮᠤ ᠶᠢᠨ ᠠᠵᠢᠯᠯᠠᠭᠰᠠᠳ ᠤ

ᠠᠯᠪᠠᠨ ᠠᠯᠪᠠᠲᠠᠨ ᠤ ᠦᠨᠡᠯᠡᠭᠡᠨ ᠦ ᠪᠢᠴᠢᠭ

(ᠬᠡᠯᠡᠪᠦᠷᠢ ᠵᠢᠱᠢᠶ᠎ᠡ ᠳᠤ ᠠᠯᠪᠠᠨ ᠠᠯᠪᠠᠲᠠᠨ ᠤ ᠦᠨᠡᠯᠡᠭᠡ ᠳᠦ ᠬᠡᠷᠡᠭᠯᠡᠨ᠎ᠡ)

ᠪᠢᠴᠢᠭ……ᠠᠯᠪᠠᠨ ᠬᠠᠷᠢᠴᠠ……(XXXX)

ᠨᠡᠢᠲᠡᠯᠡᠭᠰᠡᠨ XXX……(ᠰᠤᠨᠢᠨ ᠨᠢᠭᠡ ᠳᠦ ᠶᠡᠷᠦᠩᠬᠡᠢ ᠪᠠᠢᠭᠤᠯᠤᠯᠭ᠎ᠠ ᠪᠠᠢᠭᠤᠯᠬᠤ ᠲᠤᠬᠠᠢ ᠮᠡᠳᠡᠭᠳᠡᠬᠦ ᠪᠢᠴᠢᠭ) ::

ᠵᠢᠭᠠᠬᠤ ᠪᠡᠷ ᠲᠤᠰᠬᠠᠭᠰᠠᠨ ᠲᠤᠰᠬᠠᠭᠰᠠᠨ XXX……(ᠰᠤᠨᠢᠨ ᠨᠢᠭᠡ ᠂ ᠬᠤᠶᠠᠷ ᠲᠤᠭᠠᠷᠬᠠᠢ ᠮᠡᠳᠡᠭᠳᠡᠬᠦ ᠪᠢᠴᠢᠭ) ::

ᠳᠡᠪᠰᠢᠭᠦᠯᠦᠨ ᠲᠤᠰᠬᠠᠭᠰᠠᠨ (ᠪᠠᠨ ᠳᠠᠷᠤᠭ᠎ᠠ ᠲᠤᠰᠬᠠᠭᠰᠠᠨ ᠂ ᠡᠰᠡᠪᠡᠯ ᠵᠢᠭᠠᠨ ᠲᠤᠰᠬᠠᠭᠰᠠᠨ ᠳᠡᠪᠰᠢᠭᠦᠯᠦᠨ) XXX……(ᠰᠤᠨᠢᠨ ᠨᠢᠭᠡ ᠳᠦ ᠶᠡᠷᠦᠩᠬᠡᠢ ᠪᠠᠢᠭᠤᠯᠤᠯᠭ᠎ᠠ ᠪᠠᠢᠭᠤᠯᠬᠤ ᠲᠤᠬᠠᠢ
ᠮᠡᠳᠡᠭᠳᠡᠬᠦ ᠪᠢᠴᠢᠭ) ::

ᠨᠡᠢᠲᠡᠯᠡᠭᠰᠡᠨ XXX……(ᠠᠯᠪᠠᠨ ᠠᠯᠪᠠᠲᠠᠨ ᠤ ᠪᠠᠢᠴᠠᠭᠠᠨ ᠳᠠᠭᠠᠨ ᠬᠠᠷᠢᠴᠠᠯᠭ᠎ᠠ ᠪᠠᠢᠭᠤᠯᠬᠤ ᠶᠢᠨ ᠲᠤᠬᠠᠢ ᠮᠡᠳᠡᠭᠳᠡᠬᠦ ᠪᠢᠴᠢᠭ) ::

ᠵᠢᠭᠠᠬᠤ ᠪᠡᠷ ᠲᠤᠰᠬᠠᠭᠰᠠᠨ ᠲᠤᠰᠬᠠᠭᠰᠠᠨ XXX……(ᠰᠤᠨᠢᠨ ᠨᠢᠭᠡ ᠂ ᠬᠤᠶᠠᠷ ᠲᠤᠭᠠᠷᠬᠠᠢ ᠮᠡᠳᠡᠭᠳᠡᠬᠦ ᠪᠢᠴᠢᠭ) ::

ᠲᠠᠰᠤᠯᠤᠨ XXX……(ᠰᠤᠨᠢᠨ ᠨᠢᠭᠡ ᠳᠦ ᠶᠡᠷᠦᠩᠬᠡᠢ ᠪᠠᠢᠭᠤᠯᠤᠯᠭ᠎ᠠ ᠪᠠᠢᠭᠤᠯᠬᠤ ᠲᠤᠬᠠᠢ ᠮᠡᠳᠡᠭᠳᠡᠬᠦ ᠪᠢᠴᠢᠭ) ::

ᠨᠡᠢᠲᠡᠯᠡᠭᠰᠡᠨ ᠲᠤᠰᠬᠠᠭᠰᠠᠨ (ᠪᠠᠨ ᠳᠠᠷᠤᠭ᠎ᠠ ᠲᠤᠰᠬᠠᠭᠰᠠᠨ ᠂ ᠡᠰᠡᠪᠡᠯ ᠵᠢᠭᠠᠨ ᠲᠤᠰᠬᠠᠭᠰᠠᠨ ᠲᠤᠰᠬᠠᠭᠰᠠᠨ) XXX……(ᠰᠤᠨᠢᠨ ᠨᠢᠭᠡ ᠳᠦ ᠶᠡᠷᠦᠩᠬᠡᠢ ᠪᠠᠢᠭᠤᠯᠤᠯᠭ᠎ᠠ ᠪᠠᠢᠭᠤᠯᠬᠤ ᠲᠤᠬᠠᠢ
ᠮᠡᠳᠡᠭᠳᠡᠬᠦ ᠪᠢᠴᠢᠭ) ::

ᠰᠢᠢᠳᠪᠦᠷᠢᠯᠡᠭᠰᠡᠨ ×××× ᠨᠢ ᠰᠢᠢᠳᠪᠦᠷᠢᠯᠡᠭᠰᠡᠨ ××× (ᠲᠣᠭᠠᠴᠠ ᠲᠣᠭᠠᠴᠠᠭᠠᠨ ᠤ ᠪᠠᠷᠢᠮᠲᠠ ᠳᠤᠭᠠᠷ ᠲᠠᠢ) ᠤ (ᠲᠣᠭᠠᠴᠠ ᠲᠣᠭᠠᠴᠠᠭᠠᠨ ᠤ ᠬᠠᠷᠢᠭᠤᠴᠠᠯᠭ᠎ᠠ ᠶᠢ) ᠳᠤ ᠮᠡᠳᠡᠭᠳᠡᠭᠰᠡᠨ ᠰᠠᠷ᠎ᠠ ᠶᠢᠨ ×××× ᠣᠨ ᠤ ×××× ᠂ ×× ᠣᠨ ᠤ ×× ᠰᠠᠷ᠎ᠠ ᠶᠢᠨ ×× ᠤ ᠡᠳᠦᠷ ᠦᠨ ᠲᠣᠭᠠᠴᠠᠭᠠᠨ ᠤ ᠪᠠᠷᠢᠮᠲᠠ ᠳᠤ ᠰᠢᠢᠳᠪᠦᠷᠢᠯᠡᠭᠰᠡᠨ ×× ᠣᠨ ᠤ ×× ᠰᠠᠷ᠎ᠠ ᠶᠢᠨ ×× ᠤ ᠡᠳᠦᠷ ᠦᠨ ᠰᠢᠢᠳᠪᠦᠷᠢ ᠶᠢᠨ ᠬᠠᠷᠢᠭᠤᠴᠠᠯᠭ᠎ᠠ ᠳᠤ ᠬᠠᠮᠢᠶᠠᠷᠤᠯᠤᠭᠰᠠᠨ ×× ᠣᠨ ᠤ ×××× ᠂ ×××× ᠣᠨ ᠤ ×× ᠰᠠᠷ᠎ᠠ ᠶᠢᠨ ×× ᠤ ᠡᠳᠦᠷ (ᠳᠠᠩᠰᠠ ᠳᠤᠭᠠᠷ ᠨᠢ) ᠪᠣᠯᠵᠠᠭᠠ ᠶᠢᠨ ᠬᠤᠭᠤᠴᠠᠭ᠎ᠠ ᠳᠤ ᠲᠣᠭᠠᠴᠠᠭᠠᠨ ᠤ ᠪᠠᠷᠢᠮᠲᠠ ᠪᠣᠯᠭᠠᠨ ᠬᠠᠷᠢᠭᠤᠴᠠᠯᠭ᠎ᠠ ᠪᠠᠨ ᠬᠦᠷᠭᠡᠭᠦᠯᠦᠭᠰᠡᠨ ᠪᠠᠢᠨ᠎ᠠ ᠃ ᠲᠣᠭᠠᠴᠠ ᠲᠣᠭᠠᠴᠠᠭᠠᠨ ᠤ ᠪᠠᠷᠢᠮᠲᠠ ᠳᠤᠭᠠᠷ ᠲᠠᠢ ᠂ ᠲᠣᠭᠠᠴᠠᠭᠠᠨ ᠤ ᠬᠠᠷᠢᠭᠤᠴᠠᠯᠭ᠎ᠠ ᠳᠤ ᠪᠣᠯᠵᠠᠭᠠ ᠶᠢᠨ ᠬᠤᠭᠤᠴᠠᠭ᠎ᠠ ᠶᠢ ᠲᠣᠳᠣᠷᠬᠠᠢᠯᠠᠭᠰᠠᠨ ᠪᠠᠢᠨ᠎ᠠ ᠃ ...... (ᠪᠠᠷᠢᠮᠲᠠ) ᠲᠡᠭᠦᠨ ᠦ ᠬᠠᠷᠢᠭᠤᠴᠠᠯᠭ᠎ᠠ ᠳᠤ ᠲᠣᠭᠠᠴᠠᠭᠠᠨ ᠤ ᠪᠠᠷᠢᠮᠲᠠ ᠶᠢ ᠬᠦᠷᠭᠡᠭᠦᠯᠦᠭᠰᠡᠨ ᠪᠠᠢᠨ᠎ᠠ ᠃ ...... (ᠪᠠᠷᠢᠮᠲᠠ) ᠬᠠᠷᠢᠭᠤᠴᠠᠯᠭ᠎ᠠ ᠶᠢᠨ ᠪᠠᠷᠢᠮᠲᠠ ᠶᠢ ᠨᠣᠲᠠᠯᠠᠭᠰᠠᠨ ᠪᠠᠢᠨ᠎ᠠ ᠃

ᠲᠡᠭᠦᠨ ᠢ ᠬᠡᠷᠡᠭ ᠦᠨ ᠪᠠᠢᠴᠠᠭᠠᠯᠲᠠ ᠶᠢᠨ ᠪᠠᠷᠢᠮᠲᠠ ᠪᠣᠯᠭᠠᠨ ᠬᠦᠯᠢᠶᠡᠨ ᠵᠦᠪᠰᠢᠶᠡᠷᠡᠬᠦ ᠪᠢᠰᠢ ᠂ ᠲᠡᠭᠦᠨ ᠦ ᠬᠡᠷᠡᠭ ᠦᠨ ᠪᠠᠢᠴᠠᠭᠠᠯᠲᠠ ᠳᠤ ...... (ᠪᠠᠷᠢᠮᠲᠠ ᠲᠣᠭᠠᠴᠠᠭᠠᠨ ᠤ ᠬᠠᠷᠢᠭᠤᠴᠠᠯᠭ᠎ᠠ ᠪᠠᠢᠨ᠎ᠠ) ᠃ ᠲᠡᠭᠦᠨ ᠦ ᠪᠠᠷᠢᠮᠲᠠ ᠳᠤ ᠬᠠᠮᠢᠶᠠᠷᠤᠯᠤᠭᠰᠠᠨ ᠵᠦᠢᠯ ᠬᠦᠯᠢᠶᠡᠨ ᠵᠦᠪᠰᠢᠶᠡᠷᠡᠬᠦ ᠪᠠᠢᠨ᠎ᠠ ᠃

ᠵᠠᠷᠯᠢᠭ ᠢᠶᠠᠷ ᠰᠢᠢᠳᠪᠦᠷᠢᠯᠡᠬᠦ ᠨᠢ᠄

...... (ᠪᠠᠷᠢᠮᠲᠠ ᠶᠢᠨ ᠬᠣᠯᠪᠣᠭᠳᠠᠯ ᠲᠠᠢ ᠪᠠᠢᠨ᠎ᠠ) ᠃

...... (ᠲᠣᠭᠠᠴᠠ ᠲᠣᠭᠠᠴᠠᠭᠠᠨ ᠤ ᠬᠠᠷᠢᠭᠤᠴᠠᠯᠭ᠎ᠠ ᠪᠠᠢᠨ᠎ᠠ) ᠃

ᠲᠣᠭᠠᠴᠠᠭᠠᠨ ᠤ ᠪᠠᠷᠢᠮᠲᠠ ᠶᠢ ᠬᠦᠯᠢᠶᠡᠨ ᠵᠦᠪᠰᠢᠶᠡᠷᠡᠬᠦ ᠪᠣᠯᠪᠠᠰᠤ ᠂ ᠲᠡᠭᠦᠨ ᠦ ᠬᠠᠷᠢᠭᠤᠴᠠᠯᠭ᠎ᠠ ᠳᠤ ᠲᠣᠭᠠᠴᠠᠭᠠᠨ ᠤ ᠪᠠᠷᠢᠮᠲᠠ ᠶᠢ ᠬᠦᠷᠭᠡᠭᠦᠯᠦᠭᠰᠡᠨ ᠪᠠᠢᠨ᠎ᠠ ᠃

ᠲᠡᠭᠦᠨ ᠦ ᠰᠢᠢᠳᠪᠦᠷᠢ ᠶᠢᠨ ᠬᠠᠷᠢᠭᠤᠴᠠᠯᠭ᠎ᠠ ᠳᠤ ᠲᠣᠭᠠᠴᠠᠭᠠᠨ ᠤ ᠪᠠᠷᠢᠮᠲᠠ ᠪᠣᠯᠭᠠᠨ ᠬᠦᠯᠢᠶᠡᠨ ᠵᠦᠪᠰᠢᠶᠡᠷᠡᠬᠦ ᠰᠢᠢᠳᠪᠦᠷᠢ ᠶᠢ ᠬᠡᠷᠡᠭᠵᠢᠭᠦᠯᠬᠦ ᠲᠠᠢ ᠪᠣᠯᠪᠠᠰᠤ ᠂ ᠲᠡᠭᠦᠨ ᠦ ᠰᠢᠢᠳᠪᠦᠷᠢ ᠶᠢᠨ ᠬᠦᠴᠦᠨ ᠲᠠᠢ ᠪᠣᠯᠬᠤ ᠡᠳᠦᠷ ᠡᠴᠡ ᠡᠬᠢᠯᠡᠨ ᠬᠦᠴᠦᠨ ᠲᠠᠢ ᠪᠣᠯᠤᠨ᠎ᠠ ᠃

ᠰᠢᠭᠦᠭᠴᠢ ᠳᠠᠷᠤᠭ᠎ᠠ ×××

ᠰᠢᠭᠦᠭᠴᠢ ×××

ᠰᠢᠭᠦᠭᠴᠢ ×××

×××× ᠣᠨ ᠤ ×× ᠰᠠᠷ᠎ᠠ ᠶᠢᠨ ×× ᠤ ᠡᠳᠦᠷ

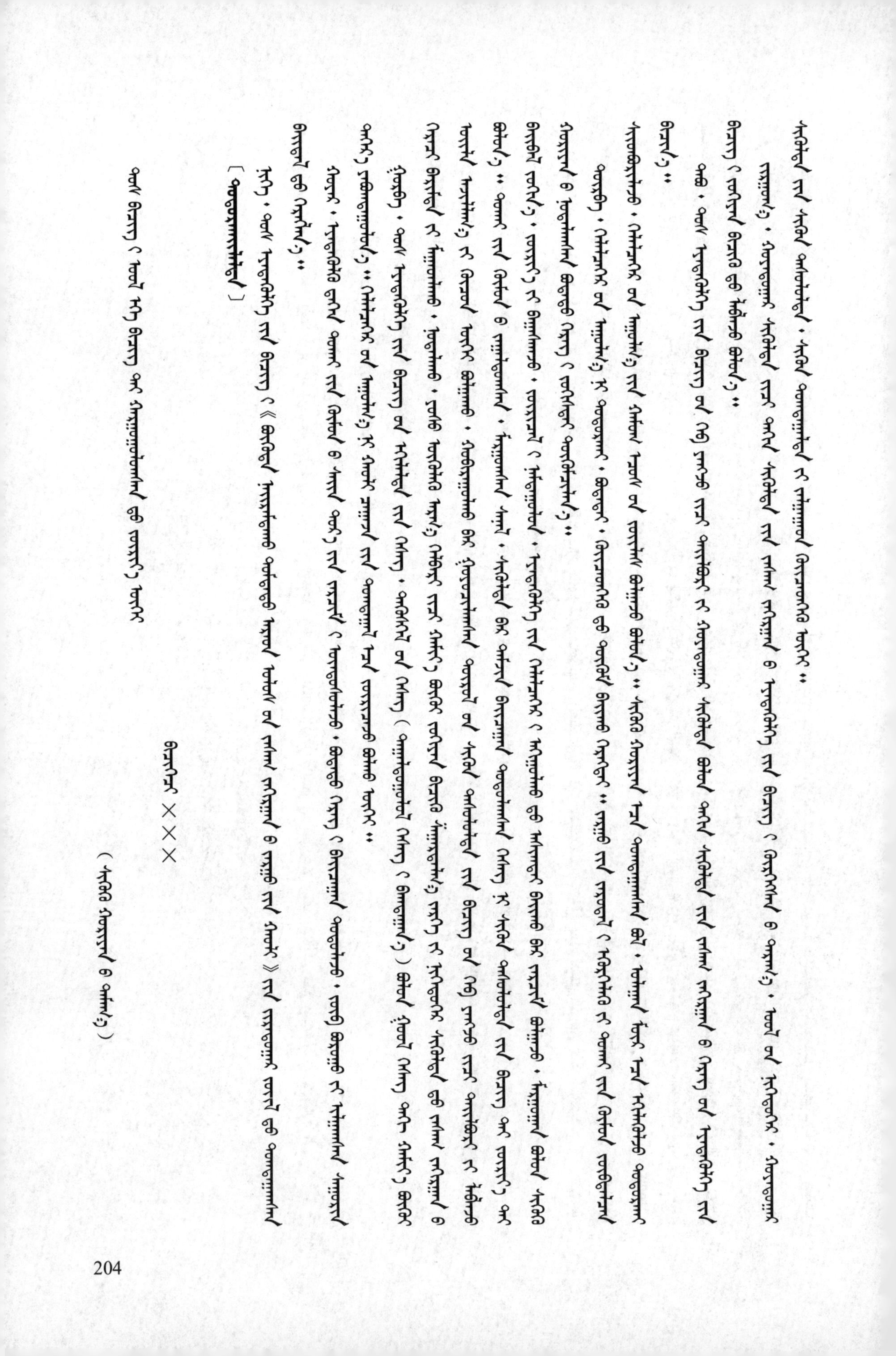

×××

[illegible]

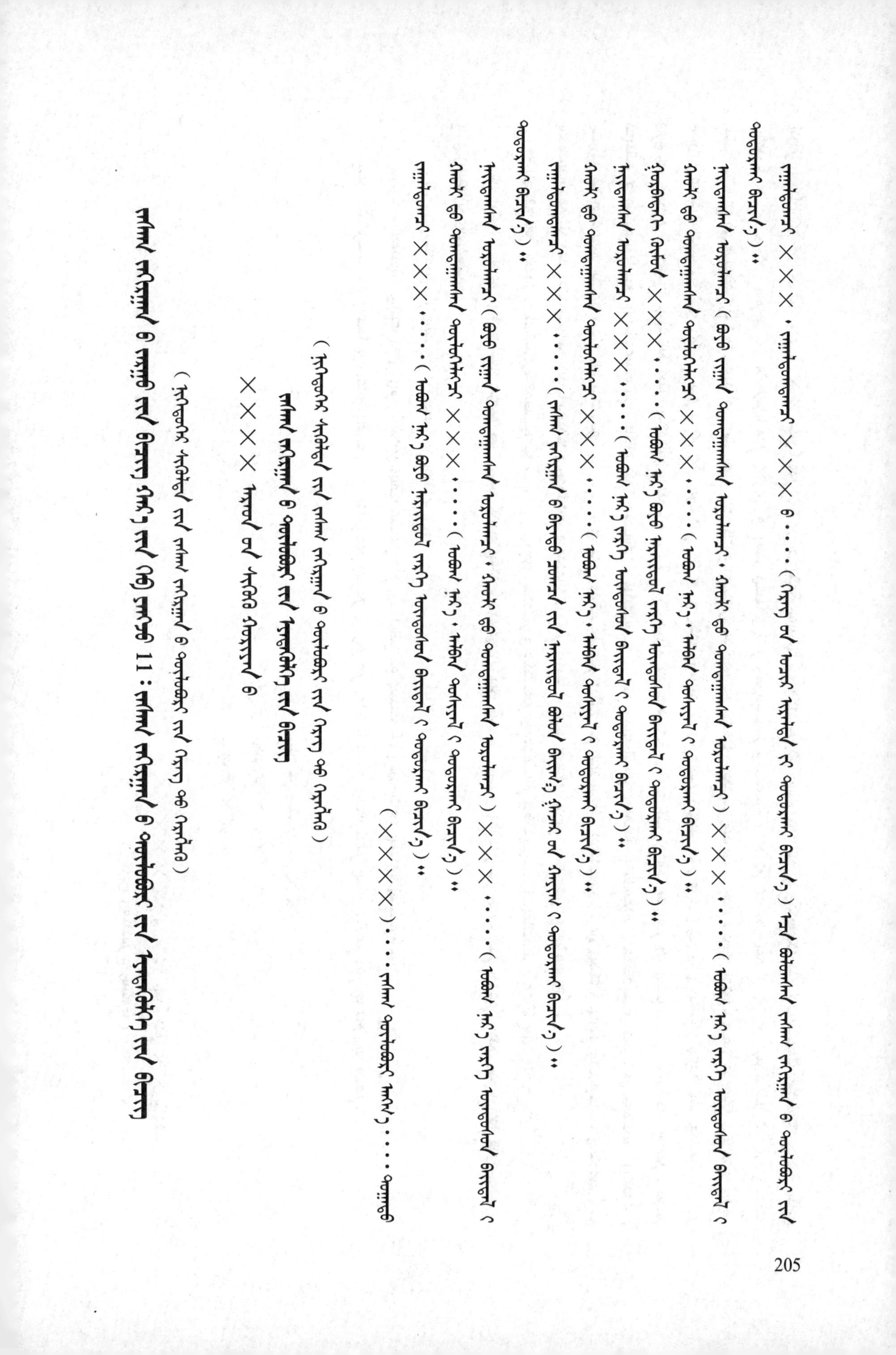

[illegible] 11 : [illegible]

([illegible])

[illegible] ×××× [illegible]

[illegible]

([illegible])

[illegible] ….[illegible]….(××××)

[illegible] ×××……([illegible]) ::

[illegible] ×××……([illegible]) ::

[illegible] ([illegible]) ×××……([illegible]) ::

[illegible] ×××……([illegible]) ::

[illegible] ×××……([illegible]) ::

[illegible] ×××……([illegible]) ::

[illegible] ×××……([illegible]) ::

[illegible] ×××……([illegible]) ::

[illegible] ([illegible]) ×××……([illegible]) ::

[illegible] ×××，[illegible] ×××……([illegible]) [illegible]

ᠨᠢᠭᠡᠨ ᠲᠠᠯ ᠂ ×××× ᠣᠨ ᠤ ×× ᠰᠠᠷ᠎ᠠ ᠶᠢᠨ ×× ᠤ ᠡᠳᠦᠷ ᠡᠴᠡ ᠬᠣᠶᠠᠷ ᠲᠠᠯ ᠤᠨ ᠭᠠᠷ ᠤᠨ ᠦᠰᠦᠭ ᠵᠢᠷᠤᠭᠰᠠᠨ ᠡᠳᠦᠷ ᠡᠴᠡ ᠬᠦᠴᠦᠨ ᠲᠡᠢ ᠪᠣᠯᠤᠨ᠎ᠠ ᠃ ᠡᠨᠡ ᠭᠡᠷ᠎ᠡ ᠶᠢᠨ ×××× ᠣᠨ ᠤ ×× ᠰᠠᠷ᠎ᠠ ᠶᠢᠨ ×× ᠤ ᠡᠳᠦᠷ ᠬᠦᠷᠲᠡᠯ᠎ᠡ ᠬᠦᠴᠦᠨ ᠲᠡᠢ ᠪᠣᠯᠤᠨ᠎ᠠ ᠃ ×××× ᠣᠨ ᠤ ×× ᠰᠠᠷ᠎ᠠ ᠶᠢᠨ ×× ᠤ ᠡᠳᠦᠷ ᠬᠦᠷᠦᠭᠰᠡᠨ ᠦ ᠳᠠᠷᠠᠭ᠎ᠠ ᠬᠣᠶᠠᠷ ᠲᠠᠯ ᠤᠨ ᠬᠡᠯᠡᠯᠴᠡᠭᠡᠨ ᠦ ᠦᠨᠳᠦᠰᠦᠨ ᠳᠡᠭᠡᠷ᠎ᠡ ᠰᠤᠩᠭᠠᠵᠤ ᠪᠣᠯᠤᠨ᠎ᠠ ᠃ ᠡᠨᠡ ᠭᠡᠷ᠎ᠡ ᠶᠢᠨ ᠬᠤᠭᠤᠴᠠᠭ᠎ᠠ ᠳᠤᠤᠰᠬᠤ ᠡᠴᠡ ᠡᠮᠦᠨ᠎ᠡ ×××× ᠣᠨ ᠤ ×× ᠰᠠᠷ᠎ᠠ ᠶᠢᠨ ×× ᠤ ᠡᠳᠦᠷ ᠬᠦᠷᠲᠡᠯ᠎ᠡ (ᠬᠣᠶᠠᠷ ᠰᠠᠷ᠎ᠠ ᠶᠢᠨ ᠡᠮᠦᠨ᠎ᠡ) ᠨᠢ ᠡᠨᠡ ᠭᠡᠷ᠎ᠡ ᠶᠢ ᠰᠤᠩᠭᠠᠬᠤ ᠡᠰᠡᠬᠦ (ᠰᠤᠩᠭᠠᠬᠤ ᠦᠭᠡᠢ) ᠶᠢ ᠮᠡᠳᠡᠭᠳᠡᠬᠦ ᠦᠦᠷᠭᠡ ᠲᠡᠢ ᠂ ᠰᠤᠩᠭᠠᠬᠤ ᠦᠭᠡᠢ ᠪᠣᠯ ᠬᠣᠶᠠᠷ ᠲᠠᠯ ᠤᠨ ᠬᠡᠯᠡᠯᠴᠡᠭᠡᠨ ᠦ ᠳᠠᠷᠠᠭ᠎ᠠ ᠰᠢᠢᠳᠪᠦᠷᠢᠯᠡᠨ᠎ᠡ ᠃ ᠬᠡᠷᠪᠡ ᠬᠣᠶᠠᠷ ᠲᠠᠯ ᠤᠨ ᠨᠢᠭᠡᠨ ᠲᠠᠯ ᠠ ᠡᠨᠡ ᠭᠡᠷ᠎ᠡ ᠶᠢ ᠰᠤᠩᠭᠠᠬᠤ ᠦᠭᠡᠢ ᠪᠣᠯ ᠂ ᠨᠦᠭᠦᠭᠡ ᠲᠠᠯ ᠠ ᠮᠡᠳᠡᠭᠳᠡᠬᠦ ᠦᠦᠷᠭᠡ ᠲᠡᠢ ᠂ ᠡᠭᠦᠨ ᠦ ᠲᠤᠯᠠ ᠂ ᠡᠨᠡ ᠭᠡᠷ᠎ᠡ ᠶᠢᠨ ᠬᠤᠭᠤᠴᠠᠭ᠎ᠠ ᠳᠤᠤᠰᠬᠤ ᠡᠳᠦᠷ ᠡᠴᠡ ᠬᠦᠴᠦᠨ ᠦᠭᠡᠢ ᠪᠣᠯᠤᠨ᠎ᠠ ᠃ …… (ᠬᠦᠴᠦᠨ ᠦᠭᠡᠢ ᠪᠣᠯᠬᠤ ᠶᠢᠨ ᠪᠠᠢᠳᠠᠯ ᠢ ᠵᠢᠭᠠᠵᠤ ᠪᠢᠴᠢᠨ᠎ᠡ) ᠃

ᠬᠣᠶᠠᠷ ᠲᠠᠯ ᠤᠨ ᠬᠡᠯᠡᠯᠴᠡᠭᠡᠨ ᠦ ᠦᠨᠳᠦᠰᠦᠨ ᠳᠡᠭᠡᠷ᠎ᠡ ᠂ …… (ᠬᠡᠷᠡᠭᠵᠢᠭᠦᠯᠬᠦ ᠠᠷᠭ᠎ᠠ ᠂ ᠲᠤᠰᠬᠠᠢ ᠡᠷᠬᠡ ᠂ ᠦᠦᠷᠭᠡ ᠂ ᠬᠠᠷᠢᠭᠤᠴᠠᠯᠭ᠎ᠠ ᠶᠢᠨ ᠬᠡᠮᠵᠢᠶ᠎ᠡ ᠂ ᠳᠦᠷᠢᠮ ᠵᠢᠭᠠᠵᠤ ᠪᠢᠴᠢᠨ᠎ᠡ) …… (ᠬᠡᠯᠡᠯᠴᠡᠭᠡᠨ ᠦ ᠨᠥᠬᠦᠴᠡᠯ ᠢ ᠵᠢᠭᠠᠵᠤ ᠪᠢᠴᠢᠨ᠎ᠡ) ᠃ ᠡᠨᠡ ᠭᠡᠷ᠎ᠡ ᠶᠢᠨ ᠬᠡᠷᠡᠭᠵᠢᠭᠦᠯᠬᠦ ᠶᠠᠪᠤᠴᠠ ᠳᠤ ᠭᠠᠷᠤᠭᠰᠠᠨ ᠠᠰᠠᠭᠤᠳᠠᠯ ᠢ ᠬᠣᠶᠠᠷ ᠲᠠᠯ ᠡᠪ ᠬᠠᠷᠢᠯᠴᠠᠨ ᠬᠡᠯᠡᠯᠴᠡᠵᠦ ᠰᠢᠢᠳᠪᠦᠷᠢᠯᠡᠨ᠎ᠡ ᠃

ᠬᠡᠯᠡᠯᠴᠡᠨ ᠲᠣᠬᠢᠷᠠᠯᠴᠠᠵᠤ ᠳᠡᠢ ᠴᠢᠳᠠᠬᠤ ᠦᠭᠡᠢ ᠪᠣᠯ ᠂ …… (ᠬᠣᠶᠠᠷ ᠲᠠᠯ ᠤᠨ ᠲᠣᠬᠢᠷᠠᠯᠴᠠᠭᠰᠠᠨ ᠠᠷᠭ᠎ᠠ ᠶᠢ ᠵᠢᠭᠠᠵᠤ ᠪᠢᠴᠢᠨ᠎ᠡ) ᠃

ᠡᠨᠡ ᠭᠡᠷ᠎ᠡ ᠶᠢᠨ ᠬᠡᠷᠡᠭᠵᠢᠭᠦᠯᠬᠦ ᠶᠠᠪᠤᠴᠠ ᠳᠤ ᠂ ᠡᠨᠡ ᠬᠣᠶᠠᠷ ᠲᠠᠯ ᠠ ᠬᠠᠮᠲᠤ ᠪᠠᠷ ᠂ ᠨᠢᠭᠡᠨ ᠲᠠᠯ ᠠ ᠳᠤᠷ᠎ᠠ ᠪᠡᠨ ᠡᠨᠡ ᠭᠡᠷ᠎ᠡ ᠶᠢ ᠥᠭᠡᠷᠡᠴᠢᠯᠡᠬᠦ ᠡᠰᠡᠬᠦ ᠪᠣᠯᠪᠠᠰᠤ ᠦᠭᠡᠢ ᠬᠡᠯᠡᠯᠴᠡᠬᠦ ᠦᠭᠡᠢ ᠂ ᠬᠦᠴᠦᠨ ᠦᠭᠡᠢ ᠪᠣᠯᠭᠠᠬᠤ ᠦᠭᠡᠢ ᠃

…… (ᠨᠡᠮᠡᠯᠲᠡ ᠶᠢᠨ ᠨᠥᠬᠦᠴᠡᠯ ᠢ ᠵᠢᠭᠠᠵᠤ ᠪᠢᠴᠢᠨ᠎ᠡ) ᠃

ᠲᠠᠪᠤᠨ ᠲᠡᠭᠦᠰᠭᠡᠬᠦ ᠨᠡᠮᠡᠯᠲᠡ ᠶᠢ ᠬᠣᠶᠠᠷ ᠲᠠᠯ ᠠ ᠬᠡᠯᠡᠯᠴᠡᠨ ᠲᠣᠭᠲᠠᠭᠠᠨ᠎ᠠ ᠃ ᠡᠨᠡ ᠭᠡᠷ᠎ᠡ ᠬᠣᠶᠠᠷ ᠬᠤᠪᠢ ᠃

ᠡᠨᠡ ᠭᠡᠷ᠎ᠡ ᠶᠢᠨ ᠬᠤᠪᠢ ᠶᠢ ᠬᠣᠶᠠᠷ ᠲᠠᠯ ᠠ ᠨᠢᠭᠡ ᠨᠢᠭᠡ ᠬᠤᠪᠢ ᠬᠠᠳᠠᠭᠠᠯᠠᠬᠤ ᠪᠥᠭᠡᠳ ᠬᠠᠤᠯᠢ ᠶᠢᠨ ᠬᠦᠴᠦᠨ ᠲᠡᠢ ᠠᠳᠠᠯᠢ ᠃

ᠲᠥᠯᠦᠭᠡᠯᠡᠭᠴᠢ ᠬᠣᠲᠠ ×××

ᠲᠥᠯᠦᠭᠡᠯᠡᠭᠴᠢ ×××

ᠲᠥᠯᠦᠭᠡᠯᠡᠭᠴᠢ ×××

×××× ᠣᠨ ᠤ ×× ᠰᠠᠷ᠎ᠠ ᠶᠢᠨ ×× ᠤ ᠡᠳᠦᠷ

(ᠭᠡᠷ᠎ᠡ ᠲᠣᠬᠢᠷᠠᠯᠴᠠᠭᠰᠠᠨ ᠤ ᠡᠳᠦᠷ)

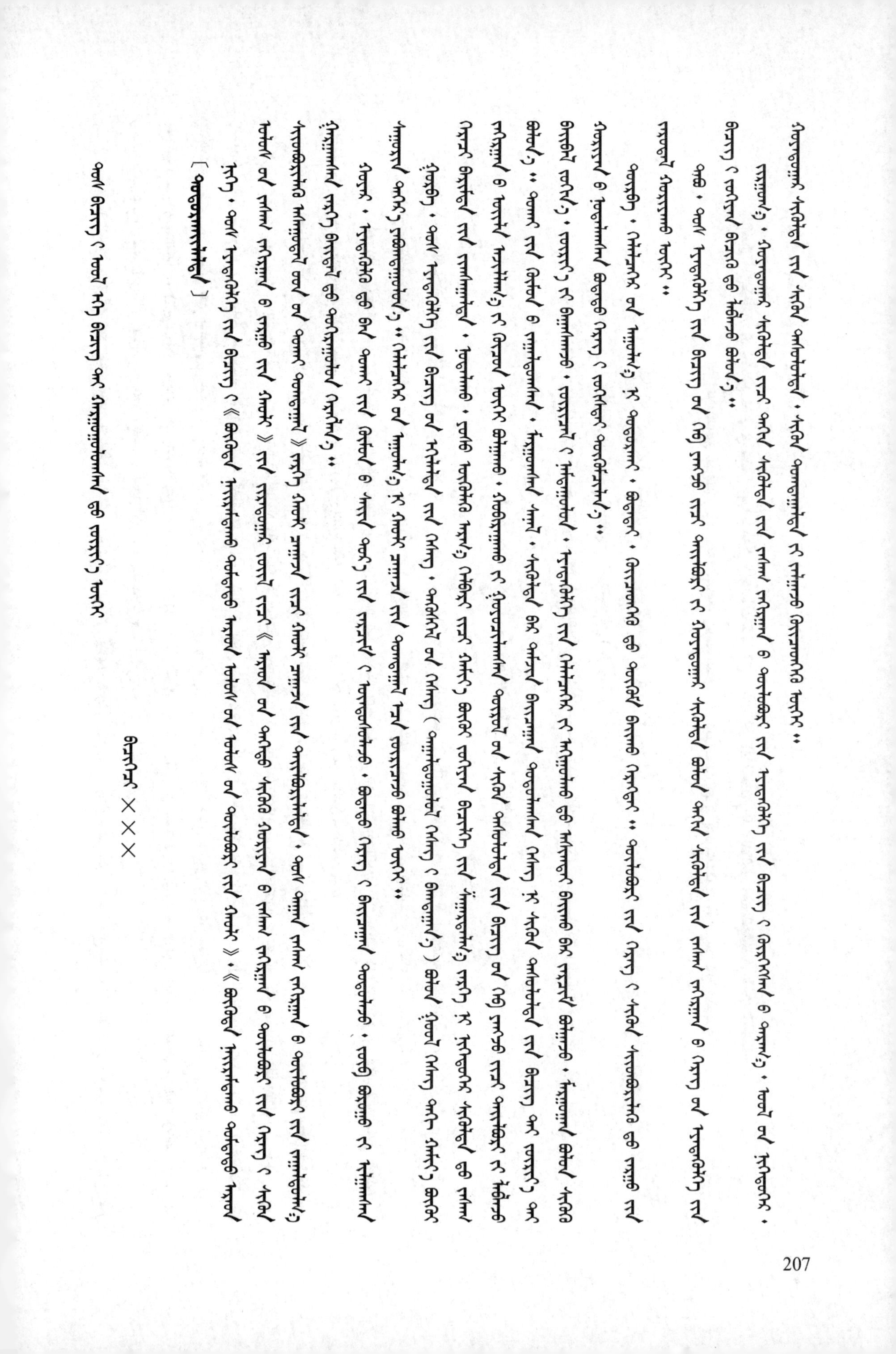

[illegible]

[illegible]

[illegible]

[illegible]

[illegible]

[illegible]

[illegible]

〔[illegible]〕

[illegible] ×××

[illegible]

ᠮᠣᠩᠭᠣᠯ ᠬᠡᠯᠡᠨ ᠦ ᠰᠤᠷᠭᠠᠭᠤᠯᠢ ᠶᠢᠨ ᠪᠠᠭᠰᠢ ᠨᠠᠷ ᠤᠨ (ᠪ) ᠰᠡᠳᠦᠪ 12 : ᠮᠣᠩᠭᠣᠯ ᠬᠡᠯᠡᠨ ᠦ ᠪᠢᠴᠢᠭ ᠰᠤᠷᠤᠯᠴᠠᠭᠠᠨ ᠤ ᠪᠠᠭᠰᠢ

(ᠬᠡᠷᠡᠭᠯᠡᠭᠡᠨ ᠦ ᠲᠤᠬᠠᠢ ᠪᠢᠴᠢᠭ ᠤᠨ ᠰᠤᠷᠤᠯᠴᠠᠭᠠ ᠶᠢᠨ ᠲᠤᠬᠠᠢ ᠪᠤᠯᠤᠨ ᠰᠣᠨᠢᠨ ᠪᠢᠴᠢᠭ ᠦᠨ ᠵᠢᠱᠢᠶ᠎ᠡ)

××× ᠰᠤᠷᠭᠠᠭᠤᠯᠢ ᠶᠢᠨ ᠮᠣᠩᠭᠣᠯ ᠬᠡᠯᠡᠨ ᠦ ᠪᠢᠴᠢᠭ ᠰᠤᠷᠤᠯᠴᠠᠭᠠᠨ ᠤ ᠪᠠᠭᠰᠢ

(ᠬᠡᠷᠡᠭᠯᠡᠭᠡᠨ ᠦ ᠲᠤᠬᠠᠢ ᠪᠢᠴᠢᠭ ᠤᠨ ᠰᠤᠷᠤᠯᠴᠠᠭᠠ ᠶᠢᠨ ᠲᠤᠬᠠᠢ ᠪᠤᠯᠤᠨ ᠰᠣᠨᠢᠨ ᠪᠢᠴᠢᠭ ᠦᠨ ᠵᠢᠱᠢᠶ᠎ᠡ)

ᠬᠦᠨᠳᠦᠲᠦ ……ᠮᠣᠩᠭᠣᠯ ᠪᠠᠭᠰᠢ……(×××)

ᠰᠤᠷᠭᠠᠭᠤᠯᠢ ᠬᠢᠴᠢᠶᠡᠯ ᠦᠨ ᠨᠢᠭᠡ ᠨᠢ (ᠪᠠᠭᠰᠢ ᠶᠢᠨ ×××) ×××，(ᠰᠤᠷᠤᠭᠴᠢ ᠨᠠᠷ ᠤᠨ ᠬᠡᠷᠡᠭᠯᠡᠭᠡ ᠪᠡᠨ ᠪᠢᠴᠢᠵᠦ ᠪᠤᠯᠤᠨ᠎ᠠ) ᠃

ᠰᠤᠷᠭᠠᠭᠤᠯᠢ ᠬᠢᠴᠢᠶᠡᠯ ᠦᠨ ᠨᠢᠭᠡ ᠨᠢ (ᠪᠠᠭᠰᠢ ᠶᠢᠨ ×××) ×××，(ᠰᠤᠷᠤᠭᠴᠢ ᠨᠠᠷ ᠤᠨ ᠬᠡᠷᠡᠭᠯᠡᠭᠡ ᠪᠡᠨ ᠪᠢᠴᠢᠵᠦ ᠪᠤᠯᠤᠨ᠎ᠠ) ᠃

(ᠮᠡᠳᠡᠭᠡ ᠶᠢᠨ ᠪᠠᠶᠢᠳᠠᠯ ᠢ ᠰᠢᠨᠵᠢᠯᠡᠬᠦ ᠳᠦ ᠮᠣᠩᠭᠣᠯ ᠬᠡᠯᠡᠨ ᠦ ᠪᠢᠴᠢᠭ ᠰᠤᠷᠤᠯᠴᠠᠭᠠᠨ ᠤ ᠪᠠᠭᠰᠢ ᠶᠢᠨ ᠬᠡᠷᠡᠭᠯᠡᠭᠡ ᠶᠢ ᠬᠡᠷᠬᠢᠨ ᠪᠢᠴᠢᠬᠦ ᠪᠤᠯᠤᠨ᠎ᠠ) ᠃

ᠰᠤᠷᠭᠠᠭᠤᠯᠢ ᠬᠢᠴᠢᠶᠡᠯ ××× ᠦ……(ᠪᠠᠭᠰᠢ ᠶᠢᠨ ᠬᠡᠷᠡᠭᠯᠡᠭᠡ) ᠶᠢᠨ ×××，××× ᠰᠤᠷᠭᠠᠭᠤᠯᠢ ᠶᠢᠨ ᠮᠣᠩᠭᠣᠯ ᠬᠡᠯᠡᠨ ᠦ ᠪᠢᠴᠢᠭ ᠰᠤᠷᠤᠯᠴᠠᠭᠠ ᠶᠢᠨ ᠬᠢᠴᠢᠶᠡᠯ ᠦᠨ ᠰᠤᠷᠤᠭᠴᠢ ᠳᠤ ᠪᠠᠭᠰᠢ……ᠮᠣᠩᠭᠣᠯ ᠪᠠᠭᠰᠢ……(×××) ᠦ (ᠪᠠᠭᠰᠢ ᠶᠢᠨ ᠬᠡᠷᠡᠭᠯᠡᠭᠡ ᠶᠢᠨ ᠬᠡᠷᠡᠭ ᠪᠡᠨ ᠪᠢᠴᠢᠵᠦ ᠪᠤᠯᠤᠨ᠎ᠠ) ᠪᠣᠯᠤᠨ ᠰᠤᠷᠭᠠᠭᠤᠯᠢ ᠶᠢᠨ ᠪᠠᠭᠰᠢ ᠶᠢᠨ ᠬᠡᠷᠡᠭᠯᠡᠭᠡ……(ᠪᠠᠭᠰᠢ ᠶᠢᠨ ᠬᠡᠷᠡᠭᠯᠡᠭᠡ) ᠶᠢᠨ ᠬᠡᠷᠡᠭ ᠪᠡᠨ ᠪᠢᠴᠢᠵᠦ ᠪᠤᠯᠤᠨ᠎ᠠ ᠃ ᠮᠣᠩᠭᠣᠯ ᠬᠡᠯᠡᠨ ᠦ ᠪᠠᠭᠰᠢ ᠶᠢᠨ ᠬᠡᠷᠡᠭᠯᠡᠭᠡ ᠪᠡᠨ ᠪᠢᠴᠢᠵᠦ ᠪᠤᠯᠤᠨ᠎ᠠ ᠃ ᠮᠣᠩᠭᠣᠯ ᠬᠡᠯᠡᠨ ᠦ ᠪᠠᠭᠰᠢ ᠶᠢᠨ ᠰᠤᠷᠭᠠᠭᠤᠯᠢ ᠶᠢᠨ «ᠮᠣᠩᠭᠣᠯ ᠬᠡᠯᠡ» ᠪᠢᠴᠢᠭ ᠦᠨ ᠰᠤᠷᠤᠯᠴᠠᠭᠠ ᠶᠢᠨ ᠪᠠᠭᠰᠢ ᠨᠠᠷ ᠤᠨ ᠬᠡᠷᠡᠭᠯᠡᠭᠡ ᠪᠡᠨ ᠪᠢᠴᠢᠵᠦ ᠪᠤᠯᠤᠨ᠎ᠠ (ᠪᠠᠭᠰᠢ ᠶᠢᠨ ᠬᠡᠷᠡᠭᠯᠡᠭᠡ) ᠶᠢᠨ……᠃

ᠮᠣᠩᠭᠣᠯ ᠪᠢᠴᠢᠭ ᠦᠨ ᠬᠡᠯᠡ ᠪᠢᠴᠢᠭ ᠦᠨ ᠰᠤᠷᠭᠠᠭᠤᠯᠢ ᠶᠢᠨ ᠪᠠᠭᠰᠢ ᠨᠠᠷ ᠤᠨ ᠬᠠᠮᠲᠤ

ᠰᠤᠷᠤᠭᠴᠢ XXX

ᠰᠤᠷᠤᠭᠴᠢ XXX

ᠰᠤᠷᠤᠭᠴᠢ ᠲᠥᠯᠦᠭᠡᠯᠡᠭᠴᠢ XXX

XXXX ᠣᠨ ᠤ XX ᠰᠠᠷ᠎ᠠ ᠶᠢᠨ XX ᠤ ᠡᠳᠦᠷ

(ᠰᠤᠷᠭᠠᠭᠤᠯᠢ ᠵᠠᠬᠢᠷᠭᠠᠨ ᠤ ᠲᠠᠮᠠᠭ᠎ᠠ)

ᠪᠢᠴᠢᠪᠡ XXX

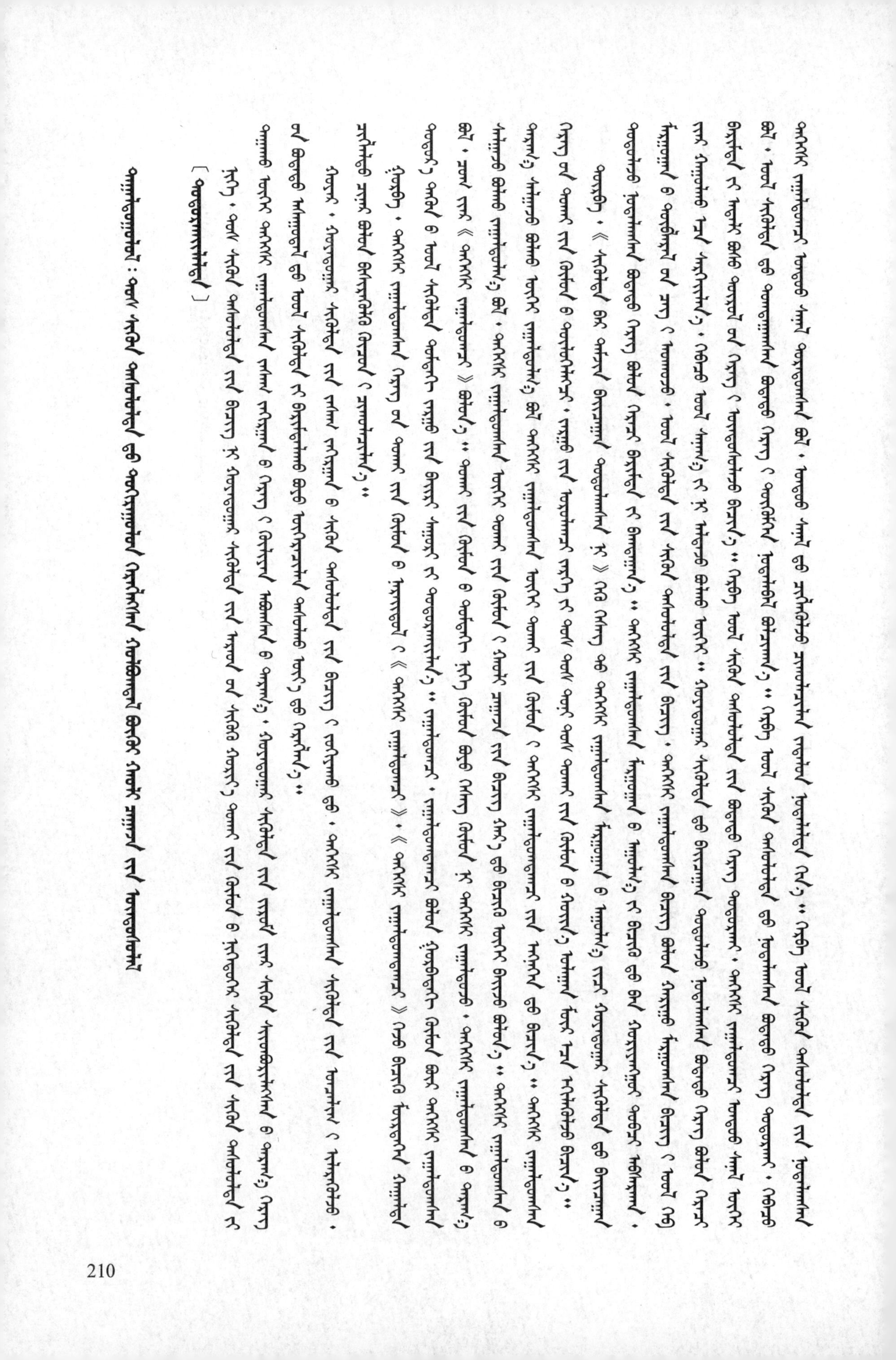

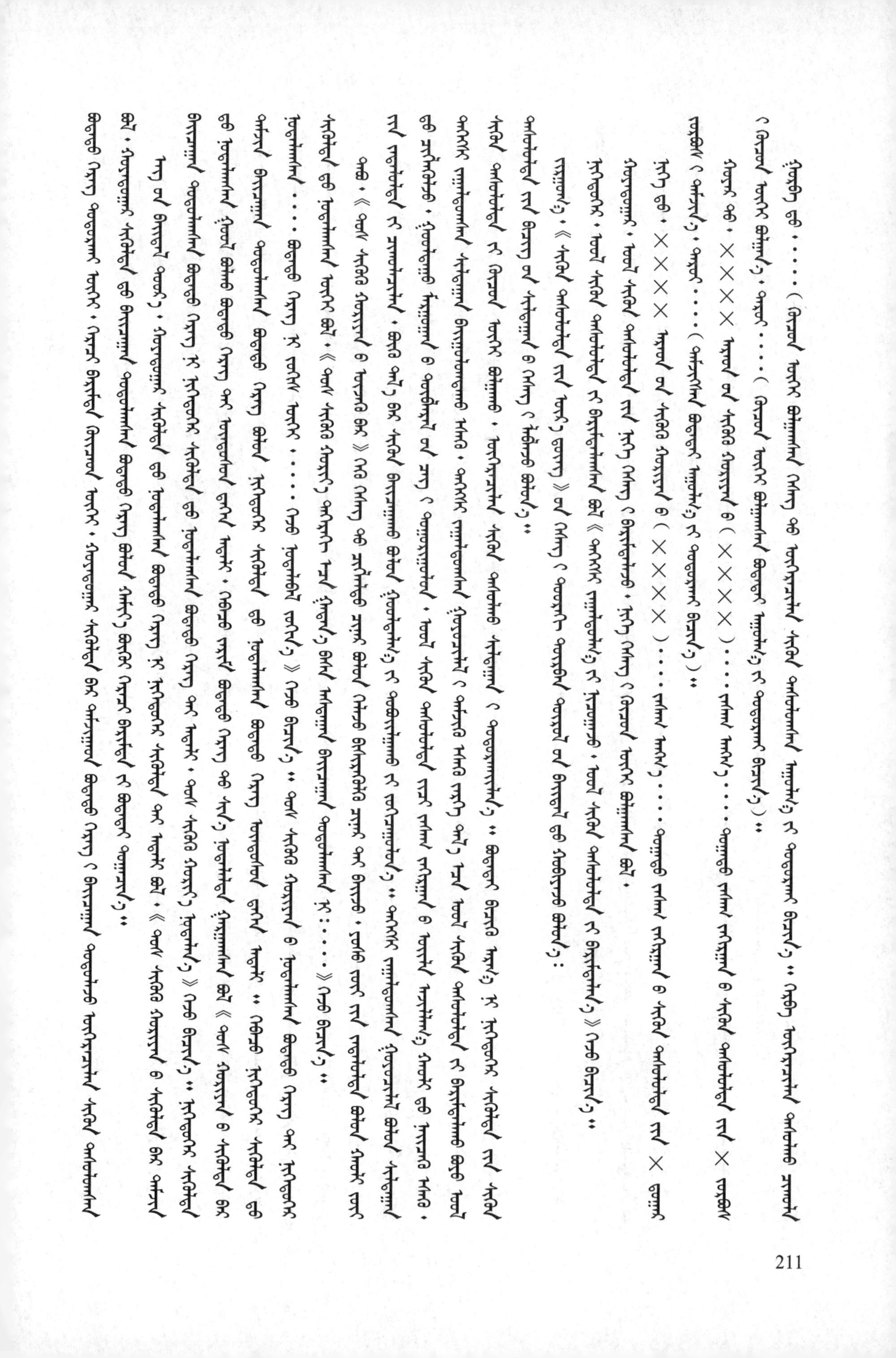

ᠬᠡᠷᠡᠭᠰᠡᠨ ᠦ ᠶᠠᠮᠠᠷ ᠬᠤᠤᠯᠢ ᠵᠦᠢ ᠶᠢᠨ ᠪᠠᠷᠢᠮᠲᠠ ᠳᠤ ᠲᠤᠰ ᠲᠡᠭᠡᠳᠦ ᠶᠢᠨ ᠪᠠᠷᠢᠮᠲᠠ ᠶᠢ ᠪᠠᠲᠤᠯᠠᠬᠤ ᠶᠢ ᠬᠦᠰᠡᠨ ᠭᠤᠶᠤᠴᠢᠯᠠᠵᠠᠢ ::

ᠶᠠᠭᠤ · ᠡᠨᠡ ᠲᠤᠰ ᠲᠡᠭᠡᠳᠦ ᠶᠢᠨ ᠰᠢᠭᠦᠨ ᠲᠠᠰᠤᠯᠬᠤ ᠨᠢᠭᠡᠳᠦᠭᠡᠷ ᠲᠤᠰ ᠰᠢᠭᠦᠬᠦ ᠶᠢᠨ ᠬᠡᠷᠡᠭᠰᠡᠨ ᠦ ᠶᠠᠮᠠᠷ ᠬᠤᠤᠯᠢ ᠵᠦᠢ ᠶᠢᠨ ᠪᠠᠷᠢᠮᠲᠠ ᠶᠢ ᠪᠠᠲᠤᠯᠠᠬᠤ · ᠵᠢᠴᠢ ᠬᠠᠷᠢᠭᠤᠴᠠᠭᠤᠯᠬᠤ ᠶᠠᠯᠠᠳᠤ ᠲᠠᠰᠤᠯᠬᠤ ᠶᠢᠨ ᠲᠠᠯ᠎ᠠ ᠶᠢᠨ ᠨᠡᠬᠡᠮᠵᠢᠯᠡᠯ ᠢ ᠬᠦᠯᠢᠶᠡᠨ ᠠᠪᠬᠤ ᠦᠭᠡᠢ ::

ᠬᠤᠷᠢᠭᠳᠠᠭᠰᠠᠨ · ᠰᠢᠭᠦᠨ ᠲᠠᠰᠤᠯᠬᠤ ᠶᠢᠨ ᠬᠤᠤᠯᠢ ᠵᠦᠢ ᠶᠢᠨ ᠪᠠᠷᠢᠮᠲᠠ ᠳᠤ ᠶᠠᠮᠠᠷ ᠪᠡᠷ ᠲᠤᠰ ᠲᠡᠭᠡᠳᠦ ᠶᠢᠨ ᠰᠢᠭᠦᠬᠦ ᠶᠢᠨ ᠬᠡᠷᠡᠭ ᠢ ᠵᠢᠭᠠᠵᠤ ᠬᠡᠯᠡᠯᠴᠡᠬᠦ ᠡᠷᠬᠡ ᠶᠢ ᠲᠤᠭᠲᠠᠭᠠᠭᠰᠠᠨ ᠭᠡᠵᠦ · ᠬᠡᠷᠡᠭ ᠦᠨ ᠪᠠᠶᠢᠳᠠᠯ ᠢ ᠨᠤᠲᠠᠯᠠᠨ ᠲᠣᠳᠤᠷᠬᠠᠢᠯᠠᠵᠤ ᠲᠠᠰᠤᠯᠬᠤ · ᠬᠡᠷᠡᠭᠰᠡᠨ ᠦ ᠶᠠᠮᠠᠷ ᠬᠤᠤᠯᠢ ᠵᠦᠢ ᠶᠢᠨ ᠪᠠᠷᠢᠮᠲᠠ ᠶᠢ ᠬᠦᠯᠢᠶᠡᠨ ᠠᠪᠬᠤ ᠦᠭᠡᠢ ᠪᠣᠯᠭᠠᠵᠠᠢ :: ᠰᠢᠭᠦᠨ ᠲᠠᠰᠤᠯᠬᠤ ᠨᠢᠭᠡᠳᠦᠭᠡᠷ ᠲᠤᠰ ᠰᠢᠭᠦᠬᠦ ᠶᠢᠨ ᠬᠡᠷᠡᠭ ᠦᠨ ᠠᠵᠢᠯ ᠢ ᠬᠦᠯᠢᠶᠡᠨ ᠠᠪᠤᠭᠠᠳ ᠬᠡᠷᠡᠭᠰᠡᠨ ᠦ ᠪᠠᠷᠢᠮᠲᠠ ᠶᠢ ᠲᠣᠭᠲᠠᠭᠠᠵᠤ ᠮᠡᠳᠡᠭᠳᠡᠭᠦᠯᠪᠡ :: ᠶᠠᠭᠤ ᠪᠣᠯᠪᠠᠴᠤ ᠲᠤᠰ ᠲᠡᠭᠡᠳᠦ ᠶᠢᠨ ᠰᠢᠭᠦᠨ ᠲᠠᠰᠤᠯᠬᠤ ᠨᠢᠭᠡᠳᠦᠭᠡᠷ ᠲᠤᠰ ᠰᠢᠭᠦᠬᠦ ᠶᠢᠨ ᠬᠡᠷᠡᠭ ᠢ ᠵᠢᠭᠠᠬᠤ ᠶᠠᠮᠠᠷ ᠬᠤᠤᠯᠢ ᠵᠦᠢ ᠶᠢᠨ ᠪᠠᠷᠢᠮᠲᠠ ᠦᠭᠡᠢ ᠪᠣᠯᠤᠭᠰᠠᠨ ᠲᠤᠯᠠ · ᠬᠡᠷᠡᠭᠰᠡᠨ ᠦ ᠶᠠᠮᠠᠷ ᠬᠤᠤᠯᠢ ᠵᠦᠢ ᠶᠢᠨ ᠪᠠᠷᠢᠮᠲᠠ ᠶᠢ ᠬᠦᠯᠢᠶᠡᠨ ᠠᠪᠬᠤ ᠦᠭᠡᠢ ::

ᠬᠤᠷᠢᠭᠳᠠᠭᠰᠠᠨ · ᠰᠢᠭᠦᠨ ᠲᠠᠰᠤᠯᠬᠤ ᠨᠢᠭᠡᠳᠦᠭᠡᠷ ᠲᠤᠰ ᠲᠡᠭᠡᠳᠦ ᠶᠢᠨ ᠰᠢᠭᠦᠬᠦ ᠶᠢᠨ ᠬᠡᠷᠡᠭ ᠢ ᠵᠢᠭᠠᠵᠤ ᠬᠡᠯᠡᠯᠴᠡᠬᠦ ᠦᠭᠡᠢ ᠭᠡᠵᠦ ᠮᠡᠳᠡᠭᠳᠡᠭᠦᠯᠪᠡ :: ᠶᠠᠭᠤ ᠬᠤᠷᠢᠭᠳᠠᠭᠰᠠᠨ · ᠰᠢᠭᠦᠨ ᠲᠠᠰᠤᠯᠬᠤ ᠶᠢᠨ ᠡᠷᠬᠡ ᠪᠦᠬᠦᠢ ᠲᠤᠰ ᠲᠡᠭᠡᠳᠦ ᠶᠢᠨ ᠰᠢᠭᠦᠬᠦ ᠶᠢᠨ ᠬᠤᠤᠯᠢ ᠵᠦᠢ ᠶᠢᠨ ᠶᠠᠮᠤᠨ ᠪᠠᠷ ᠰᠢᠢᠳᠪᠦᠷᠢᠯᠡᠭᠦᠯᠪᠡ (ᠡᠨᠡ ᠪᠤᠯ ᠶᠠᠭᠤ ᠪᠡᠷ ᠴᠢᠨ ᠰᠢᠭᠦᠨ ᠲᠠᠰᠤᠯᠬᠤ) ::

ᠬᠠᠷᠢᠭᠤ ᠨᠢ · ····· (ᠬᠤᠷᠢᠭᠳᠠᠭᠰᠠᠨ ᠰᠢᠭᠦᠨ ᠲᠠᠰᠤᠯᠬᠤ ᠶᠢᠨ ᠶᠠᠮᠠᠷ ᠬᠤᠤᠯᠢ ᠵᠦᠢ ᠶᠢᠨ ᠪᠠᠷᠢᠮᠲᠠ ᠶᠢ ᠲᠣᠳᠤᠷᠬᠠᠢᠯᠠᠬᠤ ᠦᠭᠡᠢ ᠪᠣᠯ ᠲᠤᠰ ᠲᠤᠰ ᠬᠡᠷᠡᠭ ᠢ ᠬᠦᠯᠢᠶᠡᠨ ᠠᠪᠬᠤ) :: ᠭᠡᠵᠦ ᠰᠢᠢᠳᠪᠦᠷᠢᠯᠡᠵᠡᠢ [(ᠬᠤᠷᠢᠭᠳᠠᠭᠰᠠᠨ ᠨᠢ) ᠬᠤᠷᠢᠭᠳᠠᠭᠰᠠᠨ (ᠨᠡᠷ᠎ᠡ ᠨᠢ) ᠭᠡᠵᠦ ᠮᠡᠳᠡᠭᠳᠡᠭᠦᠯᠪᠡ] ::

ᠳᠤ ᠬᠠᠷᠢᠭᠤᠴᠠᠭᠤᠯᠬᠤ ᠪᠣᠯ ᠳᠡᠭᠡᠳᠦ ᠰᠢᠭᠦᠬᠦ ᠶᠢᠨ ᠰᠢᠭᠦᠨ ᠲᠠᠰᠤᠯᠬᠤ ᠶᠢᠨ ᠰᠢᠭᠦᠬᠦ ᠶᠢᠨ ᠶᠠᠮᠤᠨ ᠳᠤ ᠪᠢᠴᠢᠭ ᠪᠠᠷ ᠭᠠᠷᠭᠠᠬᠤ ᠪᠠ ᠳᠡᠭᠡᠳᠦ ᠰᠢᠭᠦᠬᠦ ᠶᠢᠨ ᠰᠢᠭᠦᠨ ᠲᠠᠰᠤᠯᠬᠤ ᠶᠢᠨ ᠶᠠᠮᠤᠨ [ᠪᠠᠷ ᠳᠠᠮᠵᠢᠭᠤᠯᠤᠨ ····× ×

ᠨᠡᠷᠡᠳᠦᠶᠢᠨ ᠪᠣᠯᠭᠠᠬᠤ (×××× ᠣᠨ ×× ᠰᠠᠷ᠎ᠠ ×× ᠡᠳᠦᠷ) ×××× ᠣᠨ ᠤ ×× ᠰᠠᠷ᠎ᠠ ᠶᠢᠨ ×× ᠡᠳᠦᠷ (×××× ᠰᠢᠭᠦᠬᠦ ᠶᠢᠨ ᠶᠠᠮᠤᠨ ᠳᠤ ᠳᠡᠭᠡᠳᠦ ᠰᠢᠭᠦᠬᠦ) ×××× · ᠪᠠᠷ ᠬᠠᠷᠢᠭᠤᠴᠠᠭᠤᠯᠬᠤ

ᠪᠣᠯᠤᠨ᠎ᠠ ::

ᠶᠠᠭᠤ ᠨᠢ · ×××× ᠬᠤᠲᠠ ᠶᠢᠨ ᠰᠢᠭᠦᠬᠦ ᠶᠢᠨ ᠶᠠᠮᠤᠨ ᠤ (××××) ···· ᠳᠡᠭᠡᠳᠦ ᠰᠢᠭᠦᠬᠦ ···· ᠳᠡᠭᠡᠳᠦ ᠰᠢᠭᠦᠬᠦ ᠶᠢᠨ ᠰᠢᠭᠦᠨ ᠲᠠᠰᠤᠯᠬᠤ ᠶᠢᠨ ᠬᠤᠤᠯᠢ ᠵᠦᠢ ᠶᠢᠨ ᠪᠠᠷᠢᠮᠲᠠ

ᠬᠠᠷᠢᠭᠤᠴᠠᠭᠤᠯᠤᠯᠲᠠ ᠪᠠᠨ ᠬᠦᠯᠢᠶᠡᠨ ᠠᠪᠤᠭᠰᠠᠨ :

ᠬᠦᠯᠢᠶᠡᠨ ᠠᠪᠤᠭᠰᠠᠨ · ᠲᠤᠰ ᠲᠡᠭᠡᠳᠦ ᠶᠢᠨ ᠬᠡᠷᠡᠭᠰᠡᠨ ᠦ ᠶᠠᠮᠠᠷ ᠬᠤᠤᠯᠢ ᠵᠦᠢ ᠶᠢᠨ ᠪᠠᠷᠢᠮᠲᠠ ᠶᠢ ᠲᠣᠳᠤᠷᠬᠠᠢᠯᠠᠬᠤ ᠳᠤ ᠳᠡᠭᠡᠳᠦ ᠰᠢᠭᠦᠬᠦ ᠶᠢᠨ ᠰᠢᠭᠦᠨ ᠲᠠᠰᠤᠯᠬᠤ ᠳᠤ ᠳᠡᠭᠡᠳᠦ ᠰᠢᠭᠦᠬᠦ ᠶᠢᠨ ᠶᠠᠮᠤᠨ ᠳᠤ

ᠨᠡᠷᠡᠳᠦᠶᠢᠨ ᠪᠣᠯᠭᠠᠬᠤ · ××× (ᠬᠤᠷᠢᠭᠳᠠᠭᠰᠠᠨ ᠤ ᠨᠡᠷ᠎ᠡ ᠶᠢᠨ ᠲᠠᠯ᠎ᠠ) ᠶᠢᠨ ᠰᠢᠭᠦᠨ ᠲᠠᠰᠤᠯᠬᠤ ᠶᠢ ᠬᠦᠯᠢᠶᠡᠨ ᠠᠪᠬᠤ ᠦᠭᠡᠢ ᠭᠡᠵᠦ ᠮᠡᠳᠡᠭᠳᠡᠭᠦᠯᠪᠡ ::

ᠬᠠᠷᠢᠭᠤᠴᠠᠭᠤᠯᠪᠠ ::

ᠶᠠᠭᠤ ᠨᠢ · ×××× ᠬᠤᠲᠠ ᠶᠢᠨ ᠰᠢᠭᠦᠬᠦ ᠶᠢᠨ ᠶᠠᠮᠤᠨ ᠤ (××××) ···· ᠳᠡᠭᠡᠳᠦ ᠰᠢᠭᠦᠬᠦ ···· ᠳᠡᠭᠡᠳᠦ ᠰᠢᠭᠦᠬᠦ ᠶᠢᠨ ᠰᠢᠭᠦᠨ ᠲᠠᠰᠤᠯᠬᠤ ᠶᠢᠨ ᠬᠤᠤᠯᠢ ᠳᠤ

ᠬᠦᠯᠢᠶᠡᠨ ᠠᠪᠤᠭᠰᠠᠨ · ᠲᠤᠰ ᠲᠡᠭᠡᠳᠦ ᠶᠢᠨ ᠬᠡᠷᠡᠭᠰᠡᠨ ᠦ ᠶᠠᠮᠠᠷ ᠬᠤᠤᠯᠢ ᠵᠦᠢ ᠶᠢᠨ ᠪᠠᠷᠢᠮᠲᠠ · ᠲᠤᠰ ᠰᠢᠭᠦᠨ ᠲᠠᠰᠤᠯᠬᠤ ᠶᠢᠨ ᠬᠡᠷᠡᠭ ᠦᠨ ᠪᠠᠶᠢᠳᠠᠯ ᠢ ᠬᠦᠯᠢᠶᠡᠨ ᠠᠪᠬᠤ :

ᠶᠠᠭᠤ ᠪᠡᠷ ᠴᠢᠨ ᠰᠢᠭᠦᠨ ᠲᠠᠰᠤᠯᠬᠤ (ᠡᠨᠡ ᠪᠤᠯ ᠶᠠᠭᠤ ᠪᠡᠷ ᠴᠢᠨ)〉::

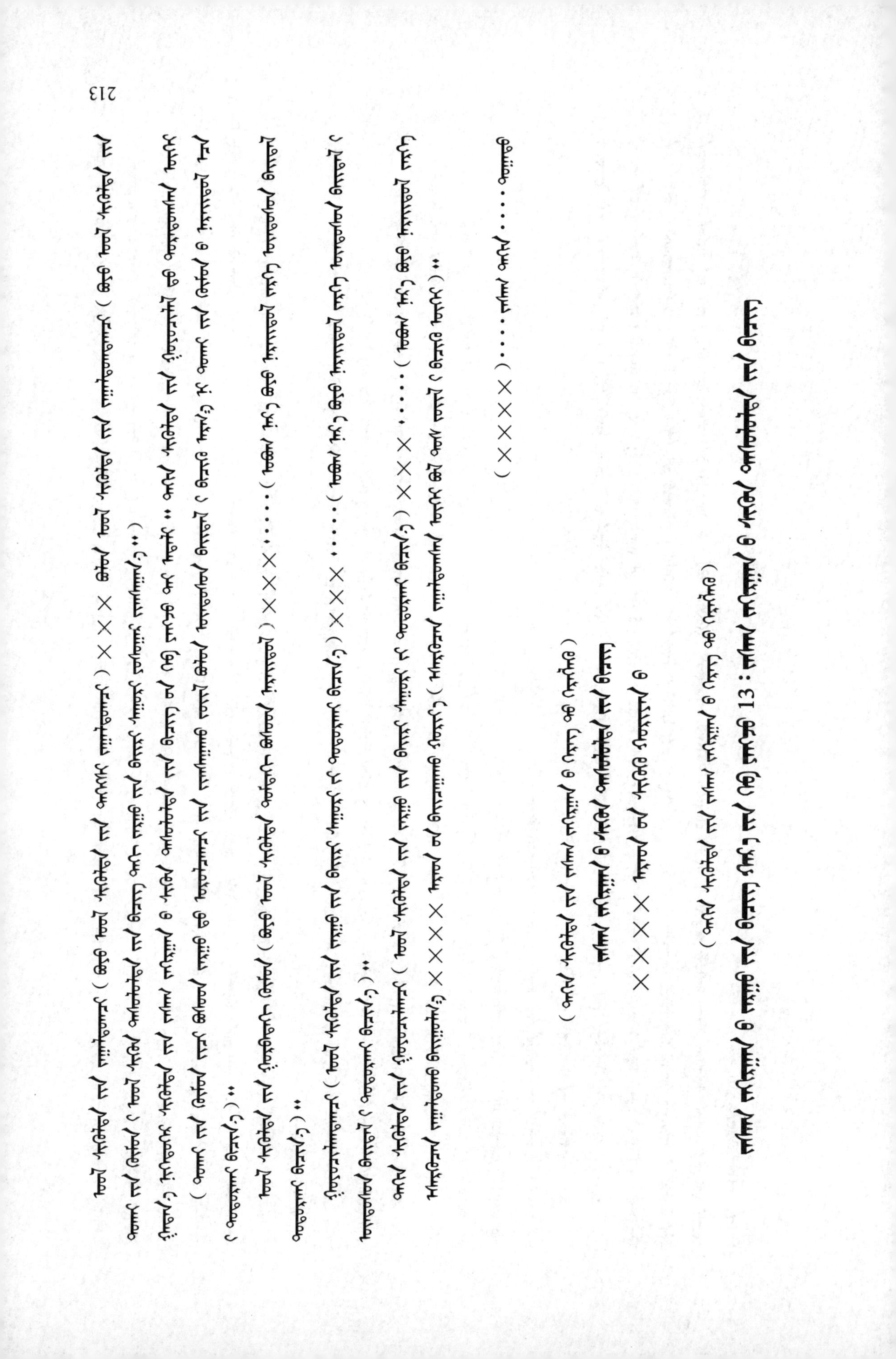

[illegible] ︵ [illegible] ︶ ××× [illegible] ︵ [illegible] ︶ [illegible]
[illegible] ︵ [illegible] ︶ [illegible] ᠄
︵ [illegible] ︶ ᠄
[illegible] ︵ [illegible] ︶ ××× ..... ︵ [illegible] ︶ [illegible]
[illegible] ︵ [illegible] ︶ ᠄
[illegible] ︵ [illegible] ︶ ××× ..... ︵ [illegible] ︶ [illegible]
[illegible] ︵ [illegible] ︶ ××× ..... ︵ [illegible] ︶ [illegible]
[illegible] ××× [illegible] ︵ [illegible] ︶ ᠄

︵ ××× ︶ ..... [illegible] ..... [illegible]

︵ [illegible] ︶

[illegible]

××× [illegible]

︵ [illegible] ︶

[illegible] 13 : [illegible]

ᠠᠮᠢᠳᠤ ᠶᠢᠨ ᠬᠠᠶᠠᠭ ×××× ᠪᠢᠴᠢᠭ᠌ (ᠪᠢᠴᠢᠭ᠌ ᠤᠨ ᠬᠡᠯᠡ ᠶᠢᠨ ᠰᠤᠳᠤᠯᠤᠯ ᠢ ᠲᠡᠮᠳᠡᠭᠯᠡᠭᠰᠡᠨ ᠪᠠᠢᠨ᠎ᠠ) ᠬᠡᠯᠡᠨ ᠪᠢᠴᠢᠭ᠌ ᠤᠨ (ᠪᠢᠴᠢᠭ᠌ ××××) ×××× ᠰᠤᠷᠪᠤᠯᠵᠢ ᠶᠢᠨ ᠰᠤᠳᠤᠯᠤᠯ ᠢ ×××× ᠦ ×× ᠶᠢᠨ ×× ᠦ ᠬᠡᠰᠡᠭ ᠲᠦ (××××) .... ᠮᠡᠳᠡᠭᠳᠡᠬᠦ ᠦᠭᠡ .... ᠲᠡᠮᠳᠡᠭᠯᠡᠭᠰᠡᠨ ᠪᠢᠴᠢᠭ ᠤᠨ ᠬᠡᠯᠡ ᠶᠢᠨ ᠰᠤᠳᠤᠯᠤᠯ ᠢ

[illegible]

ᠰᠢᠯᠭᠠᠯᠲᠠ ᠪᠠᠷ᠂ ×××× ᠬᠣᠲᠠ ᠶᠢᠨ ᠪᠠᠭᠤᠷᠢ ᠱᠢᠭᠦᠬᠦ ᠶᠠᠮᠤᠨ ×××× ᠣᠨ ᠤ ×× ᠰᠠᠷ᠎ᠠ ᠶᠢᠨ ×× ᠤ ᠡᠳᠦᠷ ᠬᠣᠷᠢᠭᠯᠠᠯ ᠤᠨ ᠲᠣᠭᠲᠠᠭᠠᠯ ᠭᠠᠷᠭᠠᠭᠰᠠᠨ ᠪᠣᠯᠪᠠ ᠄ ᠬᠣᠷᠢᠭᠯᠠᠭᠰᠠᠨ ᠬᠦᠮᠦᠨ ᠤ ᠪᠠᠢᠳᠠᠯ ᠰᠢᠯᠭᠠᠨ ᠲᠣᠭᠲᠠᠭᠠᠭᠰᠠᠨ ᠲᠡᠭᠦᠨ ᠦ ᠰᠠᠨᠠᠯ ᠪᠣᠯᠪᠠ ᠄

ᠰᠢᠯᠭᠠᠪᠠ᠂ ᠬᠡᠷᠡᠭ ᠤᠯᠤᠭᠰᠠᠳ ᠤᠨ ᠪᠠᠢᠳᠠᠯ ᠢ ᠮᠡᠳᠡᠭᠰᠡᠨ ᠤᠨ ᠳᠠᠷᠠᠭ᠎ᠠ ᠡᠨᠡ ᠬᠡᠷᠡᠭ ᠪᠡᠷ ᠲᠡᠷᠡ ᠬᠡᠷᠡᠭ ᠦᠨ ᠬᠠᠷᠢᠭᠤᠴᠠᠭᠴᠢ ᠲᠣᠭᠲᠠᠭᠠᠯ ᠬᠠᠷᠢᠭᠤᠴᠠᠯᠭ᠎ᠠ ᠶᠢ ᠳᠠᠭᠠᠵᠤ ᠪᠠᠢᠬᠤ ᠪᠣᠯᠪᠠ ᠄ ᠬᠠᠷᠢᠭᠤ ᠪᠠᠷ ᠳᠠᠭᠠᠵᠤ ᠭᠦᠢᠴᠡᠳᠬᠡᠭᠰᠡᠨ᠂ ᠡᠨᠡ ᠬᠡᠷᠡᠭ ᠦᠨ ᠬᠣᠯᠪᠣᠭᠳᠠᠯ ᠢ ᠬᠠᠷᠢᠭᠤᠴᠠᠭᠤᠯᠪᠠ ᠄

ᠰᠢᠯᠭᠠᠪᠠ᠂ ᠡᠨᠡ ᠬᠡᠷᠡᠭ ᠦᠨ ᠬᠣᠯᠪᠣᠭᠳᠠᠯ ᠲᠠᠢ ᠬᠦᠮᠦᠨ ᠬᠦᠮᠦᠰ ᠦᠨ ᠬᠡᠷᠡᠭ ᠤᠯᠤᠭᠰᠠᠳ ᠤᠨ ᠪᠠᠢᠳᠠᠯ ᠪᠠᠢᠳᠠᠯ ᠢ ᠪᠠᠷᠢᠮᠲᠠ ᠪᠡᠷ ᠪᠠᠲᠤᠯᠠᠭᠰᠠᠨ᠂ ᠰᠢᠭᠦᠭᠰᠡᠨ ᠪᠡᠷ ᠪᠣᠯ ᠬᠠᠷᠢᠭᠤᠴᠠᠭᠤᠯᠬᠤ ᠬᠡᠷᠡᠭᠲᠡᠢ ᠪᠡᠷ ᠬᠠᠷᠢᠭᠤᠴᠠᠭᠤᠯᠤᠨ ᠦᠵᠡᠭᠦᠯᠦᠭᠰᠡᠨ ᠰᠢᠯᠭᠠᠯᠲᠠ ᠶᠢᠨ ᠲᠣᠭᠲᠠᠭᠠᠯ ᠢ ᠦᠵᠡᠵᠦ ᠪᠣᠯᠬᠤ ᠪᠣᠯᠪᠠ ᠄

ᠲᠣᠭᠲᠠᠭᠠᠯ ᠬᠠᠷᠢᠭᠤ ᠶᠢ ᠪᠠᠲᠤᠯᠠᠭᠰᠠᠨ ᠪᠠᠢᠳᠠᠯ ᠢᠶᠠᠷ ᠬᠣᠷᠢᠭᠯᠠᠯ ᠢ ᠲᠣᠭᠲᠠᠭᠠᠭᠰᠠᠨ ᠲᠣᠭᠲᠠᠭᠠᠯ ᠬᠠᠷᠢᠭᠤᠯᠠᠭᠴᠢ ᠪᠠᠲᠤᠯᠠᠭᠰᠠᠨ᠂ ᠰᠢᠯᠭᠠᠯᠲᠠ ᠬᠡᠷᠡᠭ ᠦᠨ ᠪᠠᠷ ᠰᠢᠭᠦᠨ ᠲᠣᠭᠲᠠᠭᠠᠭᠰᠠᠨ ᠬᠡᠷᠡᠭ ᠦᠨ ᠲᠤᠬᠠᠢ ᠲᠠᠢ ᠬᠠᠷᠢᠭᠤ ᠬᠡᠷᠡᠭ ᠦᠨ ᠳᠠᠭᠠᠭ᠎ᠠ᠂ ᠵᠠᠭᠠᠯᠳᠤᠭᠴᠢ ᠶᠢᠨ ᠪᠠᠷ ᠪᠠᠷᠢᠮᠲᠠ ᠲᠠᠢ ᠪᠠᠢᠳᠠᠯ ᠤᠨ ᠬᠣᠯᠪᠣᠭᠳᠠᠯ ᠢ ᠬᠠᠷᠢᠭᠤ ᠪᠠᠷ ᠬᠡᠷᠡᠭ ᠦᠨ ᠲᠠᠢ ᠲᠣᠭᠲᠠᠭᠠᠭᠰᠠᠨ ᠤ ᠬᠠᠷᠢᠭᠤ᠂ ᠰᠢᠳᠬᠡᠯ ᠨᠡᠢᠲᠡ ᠰᠢᠯᠭᠠᠬᠤ ᠬᠠᠷᠢᠭᠤ ᠬᠡᠷᠡᠭ ᠪᠣᠯᠬᠤ ᠳᠤ ᠰᠢᠯᠭᠠᠨ ᠲᠣᠭᠲᠠᠭᠠᠬᠤ ᠲᠤᠬᠠᠢ ᠪᠠᠷ ᠬᠠᠷᠢᠭᠤᠴᠠᠭᠤᠯᠪᠠ᠂ ᠰᠢᠯᠭᠠᠯᠲᠠ ᠬᠡᠷᠡᠭ ᠦᠨ ᠪᠠᠷ ᠰᠢᠭᠦᠨ ᠬᠡᠷᠡᠭ ᠦᠨ ᠲᠠᠢ ᠬᠡᠷᠡᠭ ᠤᠯᠤᠭᠰᠠᠳ᠂ ᠬᠡᠷᠡᠭ ᠦᠨ ᠬᠣᠯᠪᠣᠭᠳᠠᠯ ᠢ ᠰᠢᠯᠭᠠᠯᠲᠠ ᠰᠢᠯᠭᠠᠬᠤ

ᠰᠢᠭᠦᠪᠡ᠂ ᠡᠨᠡ ᠬᠡᠷᠡᠭ ᠤᠯᠤᠭᠰᠠᠳ ᠤᠨ ᠪᠠᠢᠳᠠᠯ ᠢ ᠬᠦ ᠪᠠᠷ ᠬᠡᠷᠡᠭ ᠤᠨ ᠬᠣᠷᠢᠭᠯᠠᠯ ᠤᠨ ᠬᠣᠯᠪᠣᠭᠳᠠᠯ ᠲᠠᠢ ᠬᠠᠷᠢᠭᠤ ᠪᠠᠢᠳᠠᠯ ᠤᠨ ᠰᠢᠯᠭᠠᠯᠲᠠ ᠶᠢᠨ ᠲᠣᠭᠲᠠᠭᠠᠯ ᠪᠠᠷ ᠬᠠᠷᠢᠭᠤ ᠲᠠᠢ ᠲᠣᠭᠲᠠᠭᠠᠯ
〔ᠲᠣᠭᠲᠠᠭᠠᠭᠰᠠᠨ ᠲᠣᠭᠲᠠᠭᠠᠯ〕

ᠲᠠᠢᠯᠪᠤᠷᠢ : ᠡᠨᠡ ᠬᠡᠷᠡᠭ ᠤᠯᠤᠭᠰᠠᠳ ᠤᠨ ᠪᠠᠢᠳᠠᠯ ᠢ ᠬᠣᠷᠢᠭᠯᠠᠯ ᠤᠨ ᠲᠣᠭᠲᠠᠭᠠᠯ ᠬᠠᠷᠢᠭᠤᠴᠠᠭᠤᠯᠬᠤ ᠰᠢᠯᠭᠠᠯᠲᠠ ᠪᠢᠴᠢᠭ ᠰᠢᠨᠡ ᠬᠡᠯᠪᠡᠷᠢ ᠳᠦ ᠲᠣᠭᠲᠠᠭᠠᠪᠠ

ᠪᠢᠴᠢᠭᠡᠴᠢ ×××

ᠡᠨᠡ ᠪᠢᠴᠢᠭ ᠦᠨ ᠡᠬᠡ ᠬᠤᠪᠢ ᠪᠢᠴᠢᠭ ᠲᠠᠢ ᠬᠠᠷᠢᠴᠠᠭᠤᠯᠤᠨ ᠲᠤᠯᠭᠠᠪᠠ ᠵᠥᠪ ᠪᠣᠯᠤᠨ᠎ᠠ

(ᠰᠢᠭᠦᠬᠦ ᠶᠠᠮᠤᠨ ᠤ ᠲᠠᠮᠠᠭ᠎ᠠ)

×××× ᠣᠨ ᠤ ×× ᠰᠠᠷ᠎ᠠ ᠶᠢᠨ ×× ᠤ ᠡᠳᠦᠷ

ᠰᠢᠭᠦᠭᠴᠢ ×××

ᠰᠢᠭᠦᠭᠴᠢ ×××

ᠰᠢᠭᠦᠭᠴᠢ ᠳᠠᠷᠤᠭ᠎ᠠ ×××

ᠵᠢᠱᠢᠶᠡᠯᠡᠪᠡᠯ ᠂ ᠡᠨᠡ ᠰᠤᠷᠭᠠᠭᠤᠯᠢ ᠶᠢᠨ ×××× ᠣᠨ ᠤ ×× ᠰᠠᠷ᠎ᠠ ᠶᠢᠨ ×× ᠤ ᠡᠳᠦᠷ (××××) .... ᠬᠤᠷᠠᠯ ᠬᠤᠷᠢᠶᠠᠨ (ᠪᠢᠴᠢᠭ) .... ᠪᠣᠯᠤᠨ᠎ᠠ
ᠬᠤᠷᠠᠯ ᠬᠤᠷᠢᠶᠠᠨ ᠤ ᠠᠵᠢᠯ ᠬᠡᠷᠡᠭᠵᠢᠭᠦᠯᠬᠦ ᠲᠠᠢ ᠪᠣᠯᠪᠠᠰᠤ ᠂ ᠡᠨᠡ ᠬᠡᠯᠡᠨ ᠳᠦ ᠡᠷᠬᠢᠮ ᠲᠡᠭᠦᠨᠡᠴᠡ ᠪᠣᠢ ᠃
ᠵᠢᠱᠢᠶᠡᠯᠡᠪᠡᠯ ᠂ ×××× ᠰᠤᠷᠭᠠᠭᠤᠯᠢ ᠳᠤ ᠡᠨᠡ ᠰᠤᠷᠭᠠᠭᠤᠯᠢ ×××× ᠣᠨ ᠤ ×× ᠰᠠᠷ᠎ᠠ ᠶᠢᠨ ×× ᠤ ᠡᠳᠦᠷ (××××) .... ᠬᠤᠷᠠᠯ ᠬᠤᠷᠢᠶᠠᠨ (ᠪᠢᠴᠢᠭ) .... ᠪᠣᠯᠤᠨ᠎ᠠ ᠬᠤᠷᠠᠯ ᠬᠤᠷᠢᠶᠠᠨ ᠤ ᠠᠵᠢᠯ ᠬᠡᠷᠡᠭᠵᠢᠭᠦᠯᠬᠦ ᠲᠠᠢ ᠪᠣᠯᠪᠠᠰᠤ ᠂ ᠡᠨᠡ ᠰᠤᠷᠭᠠᠭᠤᠯᠢ ᠶᠢᠨ ᠡᠨᠡ ᠬᠡᠯᠡᠨ ᠳᠦ ᠡᠷᠬᠢᠮ ᠲᠡᠭᠦᠨ ᠢ ᠮᠡᠳᠡᠭᠳᠡᠪᠡ ᠃
ᠵᠢᠱᠢᠶᠡᠯᠡᠪᠡᠯ ᠂ ᠡᠨᠡ ᠰᠤᠷᠭᠠᠭᠤᠯᠢ ×××× ᠣᠨ ᠤ ×× ᠰᠠᠷ᠎ᠠ ᠶᠢᠨ ×× ᠤ ᠡᠳᠦᠷ (××××) .... ᠬᠤᠷᠠᠯ ᠬᠤᠷᠢᠶᠠᠨ (ᠪᠢᠴᠢᠭ) .... ᠪᠣᠯᠤᠨ᠎ᠠ ᠬᠤᠷᠠᠯ ᠬᠤᠷᠢᠶᠠᠨ ᠤ ᠠᠵᠢᠯ ᠬᠡᠷᠡᠭᠵᠢᠭᠦᠯᠬᠦ ᠲᠠᠢ ᠪᠣᠯᠪᠠᠰᠤ ᠂ ᠡᠨᠡ ᠬᠡᠯᠡᠨ ᠦ ᠮᠡᠳᠡᠭᠳᠡᠯ ᠡᠷᠬᠢᠮ ᠲᠡᠭᠦᠨᠡᠴᠡ ᠪᠣᠢ ᠃

ᠮᠡᠳᠡᠭᠳᠡᠯ ᠂ « ᠡᠷᠬᠢᠮ ᠲᠡᠭᠦᠨ ᠦ ᠪᠠᠢᠳᠠᠯ ᠮᠡᠳᠡᠭᠳᠡᠯ » ᠭᠡᠳᠡᠭ ᠨᠢ ᠡᠨᠡ ᠡᠷᠬᠢᠮ ᠲᠡᠭᠦᠨ ᠤ ᠵᠢᠭᠠᠯᠳᠤᠷ ᠢ ᠲᠣᠳᠣᠷᠬᠠᠢᠯᠠᠬᠤ ᠡᠷᠬᠢᠮ ᠲᠡᠭᠦᠨ ᠳᠦ ᠪᠠᠢᠳᠠᠯ ᠮᠡᠳᠡᠭᠳᠡᠬᠦ ᠬᠡᠪ ᠵᠠᠭᠠᠯ ᠢ ᠬᠡᠯᠡᠨ ᠡ ᠃ ᠡᠨᠡ ᠬᠡᠪ ᠵᠠᠭᠠᠯ ᠨᠢ ᠭᠣᠣᠯ ᠲᠥᠯᠥᠪ ᠢ ᠲᠣᠳᠣᠷᠬᠠᠢᠯᠠᠨ ᠪᠢᠴᠢᠬᠦ ᠶᠣᠰᠤᠲᠠᠢ ᠃
ᠶᠠᠭ ᠤᠨ ᠪᠠᠢᠳᠠᠯ ᠮᠡᠳᠡᠭᠳᠡᠬᠦ ᠂ ᠬᠡᠷᠪᠡ ᠡᠷᠬᠢᠮ ᠲᠡᠭᠦᠨ ᠳᠦ ᠮᠡᠳᠡᠭᠳᠡᠬᠦ ᠬᠡᠪ ᠵᠠᠭᠠᠯ ᠨᠢ ᠲᠣᠳᠣ ᠡᠷᠬᠢᠮ ᠲᠡᠭᠦᠨ ᠡᠴᠡ ᠪᠤᠰᠤ ᠪᠣᠯ ᠂ « ᠡᠨᠡ ᠰᠤᠷᠭᠠᠭᠤᠯᠢ ᠶᠢᠨ ᠤ ᠡᠷᠬᠢᠮ ᠲᠡᠭᠦᠨ ᠦ ᠪᠠᠢᠳᠠᠯ ᠮᠡᠳᠡᠭᠳᠡᠯ ᠬᠡᠪ ᠵᠠᠭᠠᠯ ᠨᠢ ᠲᠣᠳᠣ ᠡᠷᠬᠢᠮ ᠲᠡᠭᠦᠨ ᠳᠦ ᠪᠠᠢᠳᠠᠯ ᠮᠡᠳᠡᠭᠳᠡᠬᠦ ᠬᠡᠪ ᠵᠠᠭᠠᠯ ᠪᠣᠯᠤᠨ᠎ᠠ ᠂ ᠡᠨᠡ ᠰᠤᠷᠭᠠᠭᠤᠯᠢ ᠶᠢᠨ ᠮᠡᠳᠡᠭᠳᠡᠯ » ᠭᠡᠵᠦ ᠪᠢᠴᠢᠨ᠎ᠡ ᠃ ᠲᠣᠳᠣ ᠡᠷᠬᠢᠮ ᠲᠡᠭᠦᠨ ᠳᠦ ᠮᠡᠳᠡᠭᠳᠡᠬᠦ ᠲᠣᠳᠣᠷᠬᠠᠢ ᠬᠡᠪ ᠵᠠᠭᠠᠯ ᠲᠡᠢ ᠡᠷᠬᠢᠮ ᠲᠡᠭᠦᠨ ᠪᠠᠢᠳᠠᠯ ᠮᠡᠳᠡᠭᠳᠡᠯ ᠃ ᠬᠡᠷᠪᠡ ᠭᠠᠳᠠᠭᠠᠳᠤ ᠬᠡᠪ ᠵᠠᠭᠠᠯ ᠢ ᠳᠤ ᠪᠢᠴᠢᠪᠡᠯ ᠮᠡᠳᠡᠭᠳᠡᠯ ᠬᠡᠪᠰᠢᠯ ᠪᠣᠯᠤᠨ᠎ᠠ « ᠡᠨᠡ ᠰᠤᠷᠭᠠᠭᠤᠯᠢ ᠶᠢᠨ ᠤ ᠡᠷᠬᠢᠮ ᠲᠡᠭᠦᠨ ᠪᠠ ᠪᠠᠢᠳᠠᠯ ᠮᠡᠳᠡᠭᠳᠡᠯ ᠬᠡᠪ ᠵᠠᠭᠠᠯ ᠨᠢ ᠲᠣᠳᠣ ᠡᠷᠬᠢᠮ ᠲᠡᠭᠦᠨ ᠳᠦ ᠪᠠᠢᠳᠠᠯ ᠮᠡᠳᠡᠭᠳᠡᠯ ᠬᠡᠪ ᠵᠠᠭᠠᠯ ᠨᠢ ᠲᠣᠳᠣ ᠡᠷᠬᠢᠮ ᠲᠡᠭᠦᠨ ᠳᠦ ᠮᠡᠳᠡᠭᠳᠡᠬᠦ ᠂ ᠲᠣᠳᠣ ᠡᠷᠬᠢᠮ ᠲᠡᠭᠦᠨ ᠳᠦ ᠪᠠᠢᠳᠠᠯ ᠮᠡᠳᠡᠭᠳᠡᠯ ᠨᠢ ᠭᠣᠣᠯ ᠲᠥᠯᠥᠪ ᠢ ᠪᠢᠴᠢᠨ᠎ᠡ » ᠭᠡᠵᠦ ᠪᠢᠴᠢᠨ᠎ᠡ ᠃ ᠡᠨᠡ ᠰᠤᠷᠭᠠᠭᠤᠯᠢ ᠶᠢᠨ ᠤ ᠮᠡᠳᠡᠭᠳᠡᠯ ᠬᠡᠪ ᠵᠠᠭᠠᠯ ᠢ ᠳᠤ ᠬᠡᠯᠡᠬᠦ ..... ᠭᠡᠵᠦ ᠮᠡᠳᠡᠭᠳᠡᠯ ᠬᠡᠪ ᠵᠠᠭᠠᠯ ᠨᠢ ᠲᠣᠳᠣ ᠡᠷᠬᠢᠮ ᠲᠡᠭᠦᠨ ᠳᠦ ᠪᠠᠢᠳᠠᠯ ᠮᠡᠳᠡᠭᠳᠡᠯ ᠪᠣᠯ ᠂ « ᠡᠨᠡ ᠰᠤᠷᠭᠠᠭᠤᠯᠢ ᠶᠢᠨ ᠬᠠᠮᠤᠭ ᠤᠨ ᠲᠥᠯᠥᠪ ᠢ ᠪᠢᠴᠢᠬᠦ ᠮᠡᠳᠡᠭᠳᠡᠯ ᠨᠢ : .... » ᠭᠡᠵᠦ ᠪᠢᠴᠢᠨ᠎ᠡ ᠃
ᠵᠢᠱᠢ ᠂ « ᠡᠨᠡ ᠰᠤᠷᠭᠠᠭᠤᠯᠢ ᠶᠢᠨ ᠤ ᠰᠤᠷᠭᠠᠭᠤᠯᠢ ᠪᠠ » ᠭᠡᠳᠡᠭ ᠨᠢ ᠲᠣᠳᠣᠷᠬᠠᠢ ᠪᠣᠯᠭᠠᠬᠤ ᠪᠠᠢᠳᠠᠯ ᠮᠡᠳᠡᠭᠳᠡᠯ ᠤ ᠪᠣᠯᠪᠠᠰᠤ ᠂ ᠲᠡᠷᠡ ᠴᠠᠭ ᠲᠤ ᠲᠣᠳᠣᠷᠬᠠᠢᠯᠠᠨ ᠪᠠᠢᠳᠠᠯ ᠬᠡᠯᠡᠬᠦ ᠴᠠᠭ ᠲᠤ ᠲᠣᠳᠣᠷᠬᠠᠢᠯᠠᠨ ᠲᠣᠭᠲᠠᠭᠠᠬᠤ ᠂ ᠪᠠᠢᠳᠠᠯ ᠨᠢ ᠪᠣᠯ ᠡᠨᠡ ᠮᠡᠳᠡᠭᠳᠡᠯ ᠨᠢ ᠬᠡᠯᠡᠨ ᠦ ᠵᠦᠢᠯᠴᠡᠯ ᠪᠠᠢᠳᠠᠯ ᠲᠣᠳᠣᠷᠬᠠᠢᠯᠠᠬᠤ ᠳᠤ ᠲᠤᠰᠠᠯᠠᠨ᠎ᠠ ᠃ ᠡᠷᠬᠢᠮ ᠲᠡᠭᠦᠨ ᠲᠠᠢ ᠬᠣᠯᠪᠣᠭᠳᠠᠯ ᠪᠠᠢᠳᠠᠯ ᠪᠡᠷ ᠮᠡᠳᠡᠭᠳᠡᠬᠦ ᠵᠦᠢᠯ ᠳᠦ ᠂ ᠲᠣᠭᠲᠠᠭᠠᠯ ᠬᠣᠯᠪᠣᠭᠳᠠᠯ ᠤ ᠬᠡᠷᠡᠭᠵᠢᠭᠦᠯᠬᠦ ᠶᠢᠨ ᠠᠷᠭ᠎ᠠ ᠵᠠᠮ ᠢ ᠲᠣᠳᠣᠷᠬᠠᠢᠯᠠᠨ ᠪᠢᠴᠢᠬᠦ ᠰᠢᠭᠠᠷᠳᠠᠯᠭ᠎ᠠ ᠲᠠᠢ ᠪᠠᠢᠳᠠᠭ ᠃ ᠡᠷᠬᠢᠮ ᠲᠡᠭᠦᠨ ᠲᠠᠢ ᠬᠣᠯᠪᠣᠭᠳᠠᠬᠤ ᠪᠤᠶᠤ ᠂ ᠡᠷᠬᠢᠮ ᠲᠡᠭᠦᠨ ᠲᠠᠢ ᠬᠣᠯᠪᠣᠭᠳᠠᠬᠤ ᠪᠤᠶᠤ ᠂ ᠲᠣᠳᠣ ᠡᠷᠬᠢᠮ ᠲᠡᠭᠦᠨ ᠦ ᠠᠵᠢᠯ ᠤᠨ ᠪᠠᠢᠳᠠᠯ ᠢ ᠲᠣᠳᠣᠷᠬᠠᠢᠯᠠᠬᠤ ᠳᠤ ᠲᠤᠰᠠᠯᠠᠬᠤ ᠃ ᠡᠷᠬᠢᠮ ᠲᠡᠭᠦᠨ ᠦ ᠠᠵᠢᠯ ᠤᠨ ᠪᠠᠢᠳᠠᠯ ᠢ ᠲᠣᠳᠣᠷᠬᠠᠢᠯᠠᠬᠤ ᠳᠤ ᠲᠤᠰᠠᠯᠠᠬᠤ ᠲᠥᠯᠥᠭᠡ ᠨᠢ ᠲᠤᠰ ᠠᠵᠢᠯ ᠤᠨ ᠪᠠᠢᠳᠠᠯ ᠢ ᠲᠣᠳᠣᠷᠬᠠᠢᠯᠠᠨ ᠪᠢᠴᠢᠬᠦ ᠬᠡᠷᠡᠭᠲᠡᠢ ᠃
ᠲᠣᠳᠣᠷᠬᠠᠢᠯᠠᠪᠠᠯ ᠂ « ᠡᠷᠬᠢᠮ ᠲᠡᠭᠦᠨ ᠦ ᠠᠵᠢᠯ ᠤᠨ ᠪᠠᠢᠳᠠᠯ » ᠢ ᠮᠡᠳᠡᠭᠳᠡᠯ ᠦᠨ ᠲᠣᠭᠲᠠᠭᠠᠯ ᠲᠠᠢ ᠬᠣᠯᠪᠣᠭᠳᠠᠭᠤᠯᠤᠨ ᠪᠢᠴᠢᠪᠡᠯ ᠰᠠᠢᠨ ᠃ ᠵᠢᠱᠢᠶᠡᠯᠡᠪᠡᠯ :
216

[illegible]᠃

[illegible]

[illegible] ᠪᠠᠢᠨ᠎ᠠ᠃

[illegible] 《[illegible]》 [illegible]

[illegible] ᠪᠠᠢᠨ᠎ᠠ᠃ [illegible]

[illegible] 《[illegible]

[illegible] ᠪᠠᠢᠨ᠎ᠠ᠃ 《[illegible]

[illegible]

ᠤ [illegible] (××××) × [illegible] × [illegible] ×× [illegible] 》 [illegible] ᠪᠠᠢᠨ᠎ᠠ᠃

[illegible] 《 ×××× ᠠᠷᠠᠳ ᠤᠨ [illegible] ×××× ᠣᠨ ᠤ ×× ᠰᠠᠷ᠎ᠠ ᠶᠢᠨ ××

[illegible] (.... [illegible] ᠪᠠᠢᠨ᠎ᠠ᠃ [illegible] ᠪᠠᠢᠨ᠎ᠠ᠃)

[illegible])

[illegible] × [illegible] .... ([illegible] ᠪᠠᠢᠨ᠎ᠠ᠃ [illegible]

[illegible] ×××× ᠠᠷᠠᠳ ᠤᠨ [illegible] ×××× ᠣᠨ ᠤ ×× ᠰᠠᠷ᠎ᠠ ᠶᠢᠨ ×× ᠤ ᠡᠳᠦᠷ (××××) .... [illegible] .... [illegible]

[illegible] × [illegible] .... ([illegible] ᠪᠠᠢᠨ᠎ᠠ᠃)

[illegible] ×××× [illegible] ×××× ᠣᠨ ᠤ ×× ᠰᠠᠷ᠎ᠠ ᠶᠢᠨ ×× ᠤ ᠡᠳᠦᠷ (××××) .... [illegible] .... [illegible]

[illegible] :

[illegible] .... ([illegible] ᠪᠠᠢᠨ᠎ᠠ᠃ [illegible] ᠪᠠᠢᠨ᠎ᠠ᠃)

[illegible] ᠪᠠᠢᠨ᠎ᠠ᠃)

[illegible] ([illegible]

[illegible] ×××× [illegible] ×××× ᠣᠨ ᠤ ×× ᠰᠠᠷ᠎ᠠ ᠶᠢᠨ ×× ᠤ ᠡᠳᠦᠷ (××××) .... [illegible] .... [illegible]

[illegible] :

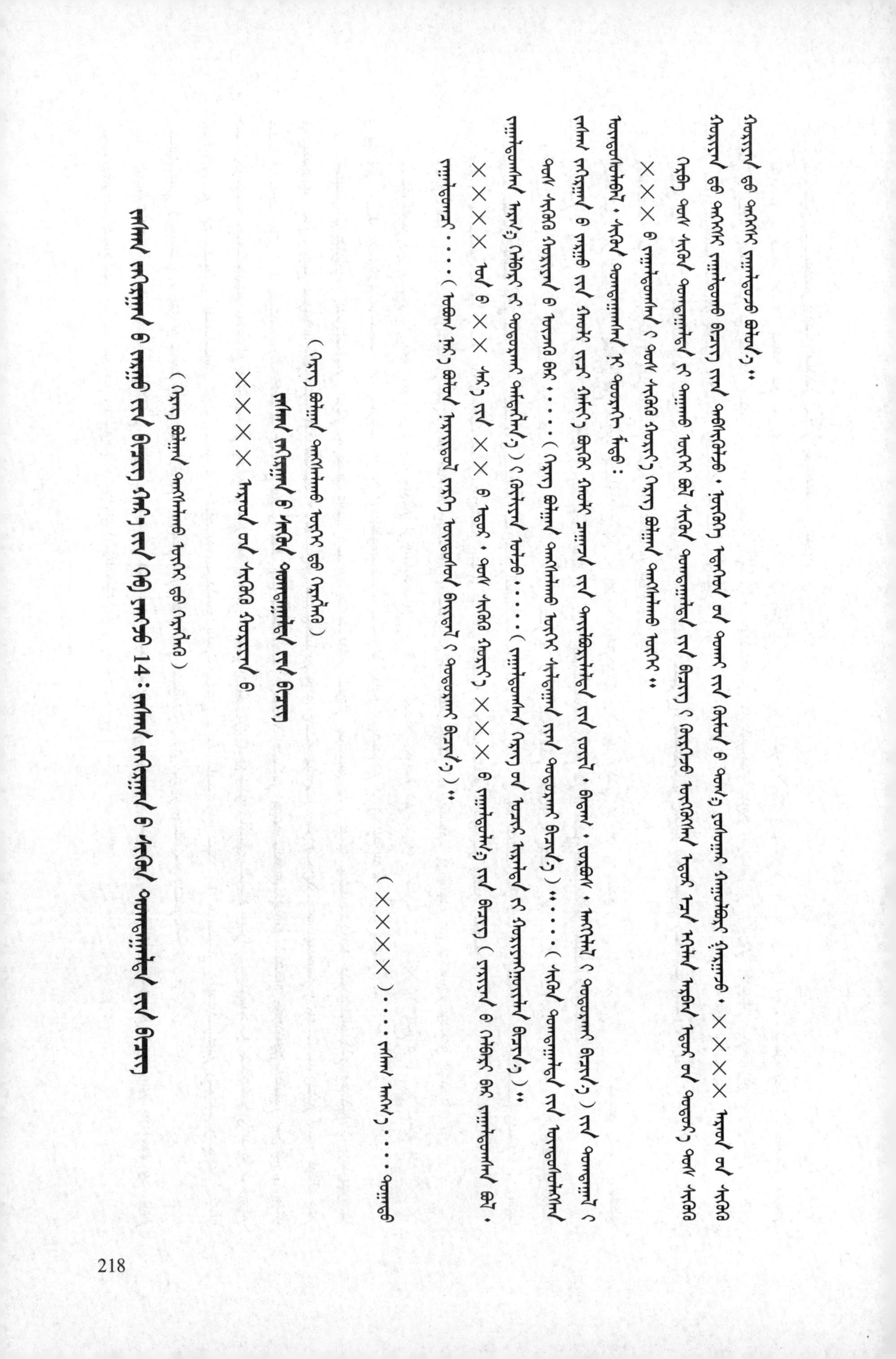

ᠠᠷᠪᠠᠨ · ᠬᠣᠶᠠᠷ ᠳᠤᠭᠠᠷ ᠵᠦᠢᠯ ᠳᠦ ᠪᠢᠴᠢᠭ ᠲᠦ ᠭᠠᠷ ᠤᠨ ᠦᠰᠦᠭ ᠵᠢᠷᠤᠭ ᠳᠠᠷᠤᠵᠤ ᠬᠡᠷᠡᠭᠵᠢᠭᠦᠯᠬᠦ ᠡᠴᠡ ᠡᠬᠢᠯᠡᠨ ᠬᠦᠴᠦᠨ ᠲᠡᠢ ᠪᠣᠯᠤᠨ᠎ᠠ ::
ᠬᠡᠷᠡᠭᠵᠢᠭᠦᠯᠦᠨ ᠪᠢᠴᠢᠭ ᠲᠦ ᠳᠤᠷᠰᠤᠨ᠎ᠠ ::
ᠪᠢᠴᠢᠭᠰᠡᠨ ᠬᠦᠮᠦᠨ ᠦ ᠨᠡᠷ᠎ᠡ · ᠭᠠᠷ ᠪᠢᠴᠢᠭᠯᠡᠭᠰᠡᠨ ᠪᠡᠷ ᠭᠡᠷᠡᠴᠢᠯᠡᠯ ᠬᠡᠷᠡᠭᠵᠢᠭᠦᠯᠬᠦ ᠳᠦ ᠵᠣᠪᠰᠢᠶᠠᠷᠴᠤ ᠪᠠᠢᠭ᠎ᠠ · ᠡᠨᠡ ᠪᠢᠴᠢᠭ ᠢ ᠭᠠᠷ ᠤᠨ ᠦᠰᠦᠭ ᠵᠢᠷᠤᠭ ᠳᠠᠷᠤᠵᠤ ᠭᠡᠷᠡᠴᠢ
ᠪᠣᠯᠭᠠ · ᠡᠨᠡ ᠬᠣᠶᠠᠷ ᠳᠤᠭᠠᠷ ᠵᠦᠢᠯ ᠳᠦ ᠪᠢᠴᠢᠭ ᠤᠨ ᠬᠡᠷᠡᠭᠵᠢᠭᠦᠯᠬᠦ ᠬᠤᠭᠤᠴᠠᠭ᠎ᠠ ᠳᠤ ᠬᠤᠪᠢ ᠬᠡᠷᠡᠭᠵᠢᠭᠦᠯᠦᠨ ᠳᠦ ᠪᠢᠴᠢᠭ ᠪᠠ ᠬᠤᠪᠢᠶᠠᠷᠢ ᠶᠢᠨ ᠬᠡᠷᠡᠭᠵᠢᠭᠦᠯᠦᠨ ᠳᠦ
[ᠬᠡᠷᠡᠭᠵᠢᠭᠦᠯᠦᠯᠲᠡ]

ᠡᠨᠡ ᠪᠢᠴᠢᠭ ᠢ ᠭᠤᠷᠪᠠ ᠬᠤᠪᠢ ᠪᠢᠴᠢᠭ ᠦᠨ ᠬᠡᠷᠡᠭᠵᠢᠭᠦᠯᠦᠨ ᠳᠦ ᠬᠠᠳᠠᠭᠠᠯᠠᠵᠤ ᠪᠠᠢᠨ᠎ᠠ

ᠪᠢᠴᠢᠭᠴᠢ ×××

(ᠭᠠᠷ ᠤᠨ ᠦᠰᠦᠭ ᠦᠨ ᠲᠡᠮᠳᠡᠭ)
×××× ᠣᠨ ᠤ ×× ᠰᠠᠷ᠎ᠠ ᠶᠢᠨ ×× ᠤ ᠡᠳᠦᠷ

ᠭᠡᠷᠡᠴᠢ ×××
ᠭᠡᠷᠡᠴᠢ ×××
ᠭᠡᠷᠡᠴᠢ ᠪᠢᠴᠢᠭᠴᠢ ×××

....(ᠬᠦᠷ ᠲᠡᠯ᠎ᠡ ᠶᠢᠨ ᠰᠤᠷᠭᠠᠭᠤᠯᠢ ᠶᠢᠨ ᠪᠠᠶᠢᠳᠠᠯ ᠤᠨ ᠲᠤᠬᠠᠢ ᠶᠢᠨ ᠰᠤᠷᠭᠠᠭᠤᠯᠢ ᠬᠥᠲᠦᠯᠪᠦᠷᠢ ᠳᠦ ᠪᠢᠴᠢᠭ ᠰᠠᠨ ᠳᠤ ᠵᠢᠷᠤᠮᠯᠠᠯ ᠤᠨ ᠠᠯᠪᠠ ᠪᠠ ᠂ ᠵᠢᠷᠤᠮᠯᠠᠯ ᠤᠨ ᠬᠠᠷᠢᠭᠤᠯᠲᠠ ᠶᠢ ᠠᠮᠢᠳᠤᠷᠠᠯ

....(ᠰᠤᠷᠭᠠᠭᠤᠯᠢ ᠶᠢᠨ ᠰᠤᠷᠭᠠᠭᠤᠯᠢ ᠶᠢᠨ ᠪᠠᠶᠢᠳᠠᠯ ᠤᠨ ᠲᠤᠬᠠᠢ ᠶᠢᠨ ᠰᠤᠷᠭᠠᠭᠤᠯᠢ ᠶᠢ ᠪᠢᠴᠢᠨ᠎ᠡ) ::

ᠲᠡᠭᠦᠨ ᠦ ᠪᠠᠶᠢᠳᠠᠯ ᠤᠨ ᠲᠤᠬᠠᠢ ᠶᠢᠨ ᠰᠤᠷᠭᠠᠭᠤᠯᠢ ᠶᠢᠨ ᠬᠥᠲᠦᠯᠪᠦᠷᠢ ᠂ ᠰᠤᠷᠭᠠᠭᠤᠯᠢ ᠶᠢᠨ ᠬᠥᠲᠦᠯᠪᠦᠷᠢ ᠶᠢᠨ ᠲᠤᠬᠠᠢ 《 ᠪᠢᠴᠢᠭ 》(ᠪᠢᠴᠢᠨ᠎ᠡ) ::

ᠲᠡᠭᠦᠨ ᠦ ᠪᠠᠶᠢᠳᠠᠯ 《 ᠂ ᠪᠢᠴᠢᠭ ᠦᠨ ᠬᠥᠲᠦᠯᠪᠦᠷᠢ (ᠰᠤᠷᠭᠠᠭᠤᠯᠢ ᠶᠢᠨ ᠪᠠᠶᠢᠳᠠᠯ ᠤᠨ ᠲᠤᠬᠠᠢ ᠂ ᠰᠤᠷᠭᠠᠭᠤᠯᠢ ᠶᠢᠨ ᠬᠥᠲᠦᠯᠪᠦᠷᠢ ᠶᠢᠨ ᠲᠤᠬᠠᠢ) ᠪᠠ ᠪᠠᠶᠢᠳᠠᠯ (ᠪᠢᠴᠢᠭ

ᠪᠢᠴᠢᠭ) ᠂ ᠪᠢᠴᠢᠭ ᠦᠨ (ᠪᠢᠴᠢᠭ ᠦᠨ) XXX ᠰᠤᠷᠭᠠᠭᠤᠯᠢ ᠶᠢᠨ ᠬᠥᠲᠦᠯᠪᠦᠷᠢ ᠶᠢᠨ ᠲᠤᠬᠠᠢ ᠂ ᠪᠢᠴᠢᠭ ᠦᠨ ᠬᠥᠲᠦᠯᠪᠦᠷᠢ

ᠲᠡᠭᠦᠨ ᠦ ᠪᠠᠶᠢᠳᠠᠯ ᠂ ᠲᠤᠬᠠᠢ (ᠪᠢᠴᠢᠨ᠎ᠡ) ....ᠰᠤᠷᠭᠠᠭᠤᠯᠢ ᠶᠢᠨ XXX ᠰᠤᠷᠭᠠᠭᠤᠯᠢ ᠶᠢᠨ XXX ᠪᠣᠯᠤᠨᠠ

ᠮᠣᠩᠭᠣᠯ ᠬᠡᠯᠡᠨ ᠦ ᠪᠢᠴᠢᠭ ᠦᠨ ᠬᠡᠯᠡ ᠶᠢᠨ 21 ᠳᠦ ᠪᠢᠴᠢᠨ᠎ᠡ) ::

(ᠤᠯᠤᠰ ᠤᠨ ᠪᠠᠶᠢᠳᠠᠯ ᠂ ᠮᠣᠩᠭᠣᠯ ᠬᠡᠯᠡᠨ ᠦ ᠪᠢᠴᠢᠭ ᠦᠨ ᠬᠡᠯᠡ ᠶᠢᠨ ᠪᠠᠶᠢᠳᠠᠯ ᠤᠨ ᠲᠤᠬᠠᠢ ᠳᠤ

ᠪᠣᠯᠤᠨᠠ XXX ....(ᠰᠤᠷᠭᠠᠭᠤᠯᠢ ᠶᠢᠨ ᠪᠠᠶᠢᠳᠠᠯ ᠤᠨ ᠲᠤᠬᠠᠢ ᠶᠢᠨ ᠪᠢᠴᠢᠨ᠎ᠡ) ::

ᠪᠣᠯᠤᠨᠠ XXX ....(ᠰᠤᠷᠭᠠᠭᠤᠯᠢ ᠶᠢᠨ ᠪᠠᠶᠢᠳᠠᠯ ᠤᠨ ᠲᠤᠬᠠᠢ ᠶᠢᠨ ᠪᠢᠴᠢᠨ᠎ᠡ) ::

ᠪᠣᠯᠤᠨᠠ XXX ....(ᠰᠤᠷᠭᠠᠭᠤᠯᠢ ᠶᠢᠨ ᠪᠠᠶᠢᠳᠠᠯ ᠤᠨ ᠲᠤᠬᠠᠢ ᠶᠢᠨ ᠪᠢᠴᠢᠨ᠎ᠡ) ::

ᠪᠠᠶᠢᠳᠠᠯ ....XX ᠮᠣᠩᠭᠣᠯ ᠬᠡᠯᠡ ....(XXXX)

(ᠪᠢᠴᠢᠭ ᠦᠨ ᠬᠡᠯᠪᠡᠷᠢ ᠶᠢᠨ ᠰᠤᠷᠭᠠᠭᠤᠯᠢ)

ᠮᠣᠩᠭᠣᠯ ᠬᠡᠯᠡᠨ ᠦ ᠰᠤᠷᠭᠠᠭᠤᠯᠢ ᠶᠢᠨ ᠪᠢᠴᠢᠭ

XXXX ᠰᠤᠷᠭᠠᠭᠤᠯᠢ ᠶᠢᠨ ᠪᠢᠴᠢᠭ

(ᠪᠢᠴᠢᠭ ᠦᠨ ᠬᠡᠯᠪᠡᠷᠢ ᠶᠢᠨ ᠰᠤᠷᠭᠠᠭᠤᠯᠢ)

ᠮᠣᠩᠭᠣᠯ ᠬᠡᠯᠡᠨ ᠦ ᠪᠢᠴᠢᠭ ᠦᠨ ᠬᠡᠯᠡ ᠶᠢᠨ ᠪᠢᠴᠢᠭ 21 : ᠮᠣᠩᠭᠣᠯ ᠬᠡᠯᠡᠨ ᠦ ᠰᠤᠷᠭᠠᠭᠤᠯᠢ ᠶᠢᠨ ᠪᠢᠴᠢᠭ

ᠪᠢᠴᠢᠭᠰᠡᠨ XXX

[illegible]

([illegible])

ᠬᠣᠲᠠ ᠤ XX [illegible] XX ᠤ [illegible] XXXX

[illegible] XXX
[illegible] XXX
[illegible] XXX

[illegible] ᠪᠠᠢᠨ᠎ᠠ ::

[illegible] · [illegible] · XXXX [illegible]
[illegible]
····· ([illegible] ᠪᠢᠴᠢᠭ) ::
[illegible] XXX [illegible] ::

[illegible] 》 [illegible] :

《 [illegible] 〈 [illegible] 〉 [illegible] · [illegible] · [illegible] · [illegible] ([illegible]) · [illegible] :
[illegible] ····· ([illegible]) :: ····· ([illegible]) [illegible] · [illegible] · [illegible] ([illegible]) ::
[illegible] ····· ([illegible]) ::

[illegible] · [illegible] · [illegible] :: [illegible]

〔ᠳᠦᠭᠦᠨᠰᠢᠯᠡᠯ〕

ᠨᠢᠭᠡ ᠂ ᠪᠠᠷ ᠲᠡᠷᠡ [illegible] ᠃

ᠬᠣᠶᠠᠷ ᠂ ᠲᠡᠷᠡ [illegible] ᠃

ᠬᠡᠷᠡᠭᠯᠡᠬᠦ ᠲᠠᠢᠯᠪᠤᠷᠢ)

ᠡᠰᠡᠪᠡᠯ …… ᠮᠣᠩᠭᠣᠯ × …… (××××)

(ᠬᠡᠷᠡᠭᠯᠡᠬᠦ ᠪᠠᠶᠢᠳᠠᠯ ᠢ ᠦᠨᠳᠦᠰᠦᠯᠡᠨ ᠪᠡᠯᠡᠳᠬᠡᠨ᠎ᠡ)

ᠠᠷᠠᠳ ᠤᠨ ᠰᠢᠭᠦᠬᠦ ᠶᠠᠮᠤᠨ ᠤ ᠲᠣᠭᠲᠠᠭᠠᠯ ᠤᠨ ᠪᠢᠴᠢᠭ᠌

×××× ᠠᠷᠠᠳ ᠤᠨ ᠰᠢᠭᠦᠬᠦ ᠶᠠᠮᠤᠨ ᠤ

(ᠬᠡᠷᠡᠭᠯᠡᠬᠦ ᠪᠠᠶᠢᠳᠠᠯ ᠢ ᠦᠨᠳᠦᠰᠦᠯᠡᠨ ᠪᠡᠯᠡᠳᠬᠡᠨ᠎ᠡ)

ᠠᠷᠠᠳ ᠤᠨ ᠰᠢᠭᠦᠬᠦ ᠶᠠᠮᠤᠨ ᠤ ᠲᠣᠭᠲᠠᠭᠠᠯ ᠤᠨ ᠪᠢᠴᠢᠭ᠌ 22 : ᠠᠷᠠᠳ ᠤᠨ ᠰᠢᠭᠦᠬᠦ ᠶᠠᠮᠤᠨ ᠤ ᠲᠣᠭᠲᠠᠭᠠᠯ ᠤᠨ ᠪᠢᠴᠢᠭ᠌

[illegible]

〔[illegible]〕

[illegible] ×××

[illegible]

([illegible])

×××× [illegible] ×× [illegible] ×× [illegible]

ᠰᠢᠭᠦᠭᠴᠢ ×××

ᠰᠢᠭᠦᠭᠴᠢ ×××

ᠰᠢᠭᠦᠭᠴᠢ [illegible] ×××

ᠬᠣᠲᠠ ᠬᠣᠰᠢᠭᠤᠨ ᠤ ᠬᠤᠷᠠᠯ ᠤᠨ ᠲᠣᠭᠲᠠᠭᠠᠯ ᠤᠨ ᠦᠯᠦᠭᠡᠷ ᠶᠢᠨ ᠬᠡᠪ 23 : ᠬᠣᠲᠠ ᠬᠣᠰᠢᠭᠤᠨ ᠤ ᠠᠵᠢᠯ ᠬᠡᠷᠡᠭᠵᠢᠭᠦᠯᠬᠦ ᠶᠢᠨ ᠲᠤᠬᠠᠢ

(ᠵᠢᠱᠢᠶ᠎ᠡ ᠶᠢᠨ ᠪᠢᠴᠢᠭᠯᠡᠭᠰᠡᠨ ᠪᠡᠷ ᠬᠠᠷᠢᠴᠠᠭᠤᠯᠤᠨ᠎ᠠ)

×××× ᠬᠤᠷᠠᠯ ᠤᠨ ᠠᠪᠤᠯᠳᠤᠭᠰᠠᠨ ᠤ

ᠬᠣᠲᠠ ᠬᠣᠰᠢᠭᠤᠨ ᠤ ᠠᠵᠢᠯ ᠬᠡᠷᠡᠭᠵᠢᠭᠦᠯᠬᠦ ᠶᠢᠨ ᠲᠤᠬᠠᠢ

(ᠵᠢᠱᠢᠶ᠎ᠡ ᠶᠢᠨ ᠪᠢᠴᠢᠭᠯᠡᠭᠰᠡᠨ ᠪᠡᠷ ᠬᠠᠷᠢᠴᠠᠭᠤᠯᠤᠨ᠎ᠠ)

ᠪᠣᠯᠤᠭᠰᠠᠨ …… × ᠣᠨ …… (××××)

ᠨᠢᠭᠡᠳᠦᠭᠡᠷ ×××…… (ᠲᠤᠰ ᠭᠠᠷᠴᠠᠭ ᠪᠠᠷ ᠠᠭᠤᠯᠭ᠎ᠠ ᠶᠢ ᠲᠣᠪᠴᠢᠯᠠᠨ ᠪᠢᠴᠢᠬᠦ ᠪᠣᠯᠤᠨ᠎ᠠ) ::

ᠬᠣᠶᠠᠳᠤᠭᠠᠷ ×××…… (ᠲᠤᠰ ᠭᠠᠷᠴᠠᠭ ᠪᠠᠷ ᠠᠭᠤᠯᠭ᠎ᠠ ᠶᠢ ᠲᠣᠪᠴᠢᠯᠠᠨ ᠪᠢᠴᠢᠬᠦ ᠪᠣᠯᠤᠨ᠎ᠠ) ::

ᠭᠤᠷᠪᠠᠳᠤᠭᠠᠷ ᠪᠦᠯᠦᠭ ×××…… (ᠲᠤᠰ ᠭᠠᠷᠴᠠᠭ ᠪᠠᠷ ᠠᠭᠤᠯᠭ᠎ᠠ ᠶᠢ ᠲᠣᠪᠴᠢᠯᠠᠨ ᠪᠢᠴᠢᠬᠦ ᠪᠣᠯᠤᠨ᠎ᠠ) ::

ᠬᠠᠷᠢᠶ᠎ᠠ ᠶᠢᠨ ᠪᠠᠢᠭᠤᠯᠤᠯᠭ᠎ᠠ ᠶᠢᠨ ᠪᠠᠶᠢᠳᠠᠯ ᠳᠤ ᠪᠠᠷ ᠪᠠᠷᠢᠮᠲᠠ ᠪᠠᠷ ᠬᠣᠲᠠ ᠬᠣᠰᠢᠭᠤᠨ ᠤ ᠠᠵᠢᠯ ᠬᠡᠷᠡᠭᠵᠢᠭᠦᠯᠬᠦ ᠶᠢᠨ ᠲᠤᠬᠠᠢ ᠭᠠᠷᠭᠠᠭᠰᠠᠨ ᠳᠤ ᠭᠠᠷᠴᠠᠭ ᠪᠣᠯᠤᠨ᠎ᠠ ::)

(ᠣᠳᠣᠬᠠᠨ ᠤ ᠪᠠᠶᠢᠳᠠᠯ ᠤᠨ ᠲᠣᠭᠠᠴᠠᠭᠠᠨ ᠤ ᠲᠤᠰᠬᠠᠢ ᠨᠢ ᠮᠡᠳᠡᠭᠳᠡᠬᠦ ᠪᠠᠢᠳᠠᠯ ᠪᠠᠷᠢᠮᠲᠠ ᠶᠢᠨ ᠪᠣᠯᠪᠠ ᠪᠠ ᠂ ᠣᠳᠣᠬᠠᠨ ᠤ ᠪᠠᠶᠢᠳᠠᠯ ᠤᠨ ᠲᠣᠭᠠᠴᠠᠭᠠᠨ ᠬᠠᠮᠢᠶ᠎ᠠ ᠪᠠᠷᠢᠮᠲᠠ ᠶᠢ ᠢᠯᠡ

ᠬᠠᠮᠤᠭ ᠬᠡᠷᠡᠭᠵᠢᠭᠦᠯᠬᠦ ××× ᠤ ᠬᠡᠷᠡᠭᠵᠢᠭᠦᠯᠬᠦ ××× ᠢ ᠬᠡᠷᠡᠭᠵᠢᠭᠦᠯᠵᠦ ᠪᠠ ᠠᠵᠢᠯ ᠠᠵᠢᠯᠯᠠᠭᠤᠯᠤᠯᠲᠠ …… (ᠪᠠᠢᠭ᠎ᠠ ᠳᠤ ᠪᠢᠷ ᠲᠣᠭᠠᠴᠠᠭᠠᠨ ᠪᠠ ᠲᠣᠳᠤᠷᠬᠠᠢᠯᠠᠨ᠎ᠠ

ᠪᠣᠯᠤᠨ᠎ᠠ) ᠠᠵᠢᠯ ᠪᠠᠢᠭ᠎ᠠ ᠶᠢᠨ ᠬᠡᠷᠡᠭᠵᠢᠭᠦᠯᠬᠦ ××× ᠬᠤᠷᠠᠯ ×××× ᠣᠨ ᠤ ×× ᠰᠠᠷ᠎ᠠ ᠶᠢᠨ ×× ᠤ ᠡᠳᠦᠷ ᠬᠤᠷᠠᠯ ᠠᠵᠢᠯ ᠭᠠᠷᠬᠤ ᠳᠤ ᠵᠢᠱᠢᠶ᠎ᠡ ᠶᠢᠨ ᠪᠢᠴᠢᠭᠯᠡᠭᠰᠡᠨ

ᠪᠠᠶᠢᠳᠠᠯ ᠠᠵᠢᠯᠯᠠᠭᠤᠯᠤᠯᠲᠠ …… (ᠪᠠᠶᠢᠳᠠᠯ ᠳᠤ ᠪᠣᠯᠪᠠᠰᠤᠷᠠᠩᠭᠤᠢ ᠨᠢ ᠲᠣᠳᠤᠷᠬᠠᠢᠯᠠᠨ ᠪᠣᠯᠤᠨ᠎ᠠ) ᠬᠡᠷᠡᠭᠵᠢᠭᠦᠯᠦᠨ᠎ᠡ ::

ᠠᠵᠢᠯ ᠠᠭᠤᠯᠭ᠎ᠠ ᠪᠠᠶᠢᠳᠠᠯ ᠤ ᠬᠤᠷᠠᠯ ᠪᠢᠷ …… (ᠵᠢᠱᠢᠶ᠎ᠡ ᠶᠢᠨ ᠪᠢᠴᠢᠭᠯᠡᠭᠰᠡᠨ ᠪᠢᠷ ᠠᠵᠢᠯᠯᠠᠭᠤᠯᠬᠤ ᠲᠤᠬᠠᠢ ᠶᠢᠨ ᠲᠣᠳᠤᠷᠬᠠᠢᠯᠠᠨ ᠪᠣᠯᠤᠨ᠎ᠠ) :: 《 ᠪᠠᠢᠭ᠎ᠠ ᠶᠢᠨ ᠬᠡᠷᠡᠭᠵᠢᠭᠦᠯᠬᠦ ᠠᠵᠢᠯᠯᠠᠭᠤᠯᠬᠤ

ᠬᠤᠷᠠᠯ ᠬᠤᠷᠠᠯ ᠤᠨ ᠬᠣᠲᠠ ᠬᠣᠰᠢᠭᠤᠨ ᠤ ᠬᠤᠷᠠᠯ ᠶᠢᠨ ᠠᠵᠢᠯ 》 ᠶᠢᠨ ᠠᠵᠢᠯ ᠠᠵᠢᠯᠯᠠᠭᠤᠯᠬᠤ ᠪᠠᠢᠳᠠᠯ ᠳᠤ ᠠᠵᠢᠯᠯᠠᠭᠤᠯᠤᠨ ᠬᠡᠷᠡᠭᠵᠢᠭᠦᠯᠬᠦ ᠂ ᠠᠵᠢᠯ ᠠᠵᠢᠯᠯᠠᠭᠤᠯᠬᠤ ᠪᠠ ᠠᠵᠢᠯ ᠲᠤᠬᠠᠢ :

…… (ᠵᠢᠱᠢᠶ᠎ᠡ ᠶᠢᠨ ᠪᠢᠴᠢᠭᠯᠡᠭᠰᠡᠨ ᠶᠢᠨ ᠬᠡᠷᠡᠭᠵᠢᠭᠦᠯᠬᠦ ᠶᠢᠨ ᠠᠵᠢᠯ ᠤ ᠬᠤᠷᠠᠯ ᠪᠠᠷᠢᠮᠲᠠ ᠲᠣᠳᠤᠷᠬᠠᠢᠯᠠᠨ ᠪᠣᠯᠤᠨ᠎ᠠ) ::

ᠲᠤᠰ ᠬᠠᠷᠢᠶ᠎ᠠ ᠮᠡᠳᠡᠭᠳᠡᠯ ᠢ ᠰᠢᠭᠦᠬᠦ ᠶᠠᠮᠤᠨ ᠤ ᠬᠡᠷᠡᠭ ᠦᠨ ᠲᠡᠮᠳᠡᠭᠯᠡᠯ ᠳᠤ ᠬᠠᠳᠠᠭᠠᠯᠠᠨ᠎ᠠ᠃

ᠬᠣᠶᠠᠷ᠂ ᠲᠤᠰ ᠬᠠᠷᠢᠶ᠎ᠠ ᠮᠡᠳᠡᠭᠳᠡᠯ ᠢ ᠰᠢᠭᠦᠬᠦ ᠶᠠᠮᠤᠨ ᠤ ᠲᠠᠮᠠᠭ᠎ᠠ ᠳᠠᠷᠤᠭᠰᠠᠨ ᠤ ᠳᠠᠷᠠᠭ᠎ᠠ ᠬᠦᠴᠦᠨ ᠲᠡᠢ ᠪᠣᠯᠤᠨ᠎ᠠ᠃ ᠲᠤᠰ ᠮᠡᠳᠡᠭᠳᠡᠯ ᠢ ᠬᠠᠷᠢᠶᠠᠯᠠᠬᠤ ᠪᠠᠢᠭᠤᠯᠭ᠎ᠠ ᠳᠤ ᠬᠦᠷᠭᠡᠨ᠎ᠡ᠃
ᠲᠤᠰ ᠬᠠᠷᠢᠶ᠎ᠠ ᠮᠡᠳᠡᠭᠳᠡᠯ ᠢ ᠬᠡᠷᠡᠭ ᠦᠨ ᠳᠠᠩᠰᠠ ᠳᠤ ᠬᠠᠳᠠᠭᠠᠯᠠᠨ᠎ᠠ᠃

ᠰᠢᠭᠦᠭᠴᠢ ᠳᠠᠷᠤᠭ᠎ᠠ ×××
ᠰᠢᠭᠦᠭᠴᠢ ×××
ᠰᠢᠭᠦᠭᠴᠢ ×××

×××× ᠣᠨ ᠤ ×× ᠰᠠᠷ᠎ᠠ ᠶᠢᠨ ×× ᠤ ᠡᠳᠦᠷ
(ᠰᠢᠭᠦᠬᠦ ᠶᠠᠮᠤᠨ ᠤ ᠲᠠᠮᠠᠭ᠎ᠠ)

ᠲᠤᠰ ᠬᠠᠭᠤᠯᠪᠤᠷᠢ ᠶᠢ ᠡᠬᠡ ᠬᠠᠭᠤᠯᠪᠤᠷᠢ ᠲᠠᠢ ᠲᠤᠯᠭᠠᠨ ᠬᠢᠨᠠᠪᠠ ᠵᠥᠪ ᠪᠣᠯᠤᠨ᠎ᠠ

ᠪᠢᠴᠢᠭᠡᠴᠢ ×××

〔ᠲᠠᠢᠯᠪᠤᠷᠢᠯᠠᠯ〕

ᠨᠢᠭᠡ᠂ ᠲᠤᠰ ᠬᠠᠷᠢᠶ᠎ᠠ ᠮᠡᠳᠡᠭᠳᠡᠯ ᠢ ᠰᠢᠭᠦᠬᠦ ᠶᠠᠮᠤᠨ ᠤ《ᠳᠤᠮᠳᠠᠳᠤ ᠠᠷᠠᠳ ᠤᠨ ᠪᠦᠭᠦᠳᠡ ᠨᠠᠢᠷᠠᠮᠳᠠᠬᠤ ᠤᠯᠤᠰ ᠤᠨ ᠡᠷᠦᠭᠦ ᠶᠢᠨ ᠬᠡᠷᠡᠭ ᠦᠨ ᠵᠠᠷᠭᠤ ᠶᠢᠨ ᠬᠠᠤᠯᠢ》ᠶᠢᠨ ᠵᠢᠭᠠᠮᠵᠢ ᠶᠢ ᠦᠨᠳᠦᠰᠦᠯᠡᠨ ᠪᠣᠯᠪᠠᠰᠤᠷᠠᠭᠤᠯᠤᠨ᠎ᠠ᠃

ᠬᠣᠶᠠᠷ᠂ ᠪᠠᠢᠴᠠᠭᠠᠨ ᠰᠢᠯᠭᠠᠬᠤ ᠶᠠᠮᠤᠨ ᠤ ᠬᠠᠷᠢᠶ᠎ᠠ ᠮᠡᠳᠡᠭᠳᠡᠯ ᠢ ᠰᠢᠭᠦᠬᠦ ᠶᠠᠮᠤᠨ ᠤ ᠲᠠᠮᠠᠭ᠎ᠠ ᠳᠠᠷᠤᠵᠤ ᠬᠦᠷᠭᠡᠨ᠎ᠡ᠃

ᠬᠠᠮᠲᠤ ᠬᠠᠮᠲᠤᠷᠠᠯ ᠤᠨ ᠪᠠᠢᠭᠤᠯᠤᠯᠭ᠎ᠠ ᠶᠢᠨ ᠪᠢᠴᠢᠭ ᠦᠨ ᠦᠯᠢᠭᠡᠷ 24 : ᠬᠠᠮᠲᠤ ᠬᠠᠮᠲᠤᠷᠠᠯ ᠤᠨ ᠤᠷᠢᠯᠭ᠎ᠠ ᠶᠢᠨ ᠪᠢᠴᠢᠭ

(ᠪᠠᠢᠭᠤᠯᠤᠯᠭ᠎ᠠ ᠶᠢᠨ ᠨᠡᠷ᠎ᠡ ᠶᠢ ᠪᠢᠴᠢᠨ᠎ᠡ ᠬᠠᠮᠲᠤ ᠬᠠᠮᠲᠤᠷᠠᠯ ᠤᠨ ᠨᠡᠷ᠎ᠡ ᠶᠢ ᠪᠢᠴᠢᠨ᠎ᠡ)

ᠬᠠᠮᠲᠤ ᠬᠠᠮᠲᠤᠷᠠᠯ ᠤᠨ ᠤᠷᠢᠯᠭ᠎ᠠ ᠶᠢᠨ ᠪᠢᠴᠢᠭ

×××× ᠲᠤᠬᠠᠢ ᠶᠢᠨ ᠮᠡᠳᠡᠭᠳᠡᠯ ᠦᠨ

(ᠪᠠᠢᠭᠤᠯᠤᠯᠭ᠎ᠠ ᠶᠢᠨ ᠨᠡᠷ᠎ᠡ ᠶᠢ ᠪᠢᠴᠢᠨ᠎ᠡ ᠬᠠᠮᠲᠤ ᠬᠠᠮᠲᠤᠷᠠᠯ ᠤᠨ ᠨᠡᠷ᠎ᠡ ᠶᠢ ᠪᠢᠴᠢᠨ᠎ᠡ)

ᠬᠦᠨᠳᠦᠳᠦ ……ᠬᠠᠮᠲᠤ……(××××)

ᠨᠢᠭᠡᠳᠦᠭᠡᠷ ×××……(ᠬᠠᠮᠲᠤ ᠬᠠᠮᠲᠤᠷᠠᠯ ᠤᠨ ᠠᠭᠤᠯᠭ᠎ᠠ ᠶᠢ ᠲᠤᠪᠴᠢ ᠪᠢᠴᠢᠨ᠎ᠡ) ::

ᠬᠤᠶᠠᠳᠤᠭᠠᠷ ×××……(ᠬᠠᠮᠲᠤ ᠬᠠᠮᠲᠤᠷᠠᠯ ᠤᠨ ᠠᠭᠤᠯᠭ᠎ᠠ ᠶᠢ ᠲᠤᠪᠴᠢ ᠪᠢᠴᠢᠨ᠎ᠡ) ::

ᠭᠤᠷᠪᠠᠳᠤᠭᠠᠷ ×××……(ᠬᠠᠮᠲᠤ ᠬᠠᠮᠲᠤᠷᠠᠯ ᠤᠨ ᠠᠭᠤᠯᠭ᠎ᠠ ᠶᠢ ᠲᠤᠪᠴᠢ ᠪᠢᠴᠢᠨ᠎ᠡ) ::

(ᠪᠠᠢᠭᠤᠯᠤᠯᠭ᠎ᠠ ᠶᠢᠨ ᠠᠯᠪᠠᠨ ᠲᠤᠰᠢᠶᠠᠯ ᠤᠨ ᠪᠠᠢᠳᠠᠯ ᠢ ᠪᠢᠴᠢᠨ᠎ᠡ) ᠬᠠᠮᠲᠤ ᠬᠠᠮᠲᠤᠷᠠᠯ ᠤᠨ ᠤᠷᠢᠯᠭ᠎ᠠ ᠶᠢᠨ ᠪᠢᠴᠢᠭ ᠦᠨ ᠦᠯᠢᠭᠡᠷ ᠢ ᠲᠤᠰ ᠪᠢᠴᠢᠭ ᠢ ᠪᠢᠴᠢᠨ᠎ᠡ ::

ᠭᠠᠷᠴᠠᠭ ᠲᠤ (××× ᠤᠨ ᠪᠠᠢᠭᠤᠯᠤᠯᠭ᠎ᠠ) ᠶᠢᠨ ××× ᠪᠠᠢᠭᠤᠯᠤᠯᠭ᠎ᠠ ᠶᠢᠨ ……(ᠬᠠᠮᠲᠤ ᠶᠢᠨ ᠪᠢᠴᠢᠭ ᠢ ᠪᠢᠴᠢᠨ᠎ᠡ) ::

ᠬᠠᠮᠲᠤ ᠬᠠᠮᠲᠤᠷᠠᠯ ᠤᠨ ᠪᠠᠢᠭᠤᠯᠤᠯᠭ᠎ᠠ ᠶᠢᠨ ᠪᠢᠴᠢᠭ ᠦᠨ ᠦᠯᠢᠭᠡᠷ ᠲᠤ ××× ᠤᠨ (ᠪᠠᠢᠭᠤᠯᠤᠯᠭ᠎ᠠ ᠶᠢᠨ ᠨᠡᠷ᠎ᠡ) ᠢ ᠪᠢᠴᠢᠨ᠎ᠡ ::

ᠬᠠᠮᠲᠤ ᠬᠠᠮᠲᠤᠷᠠᠯ ᠤᠨ ᠤᠷᠢᠯᠭ᠎ᠠ ᠶᠢᠨ ᠪᠢᠴᠢᠭ ᠦᠨ ᠬᠠᠮᠲᠤ ᠶᠢᠨ ᠪᠢᠴᠢᠭ ᠢ ᠪᠢᠴᠢᠨ᠎ᠡ ::

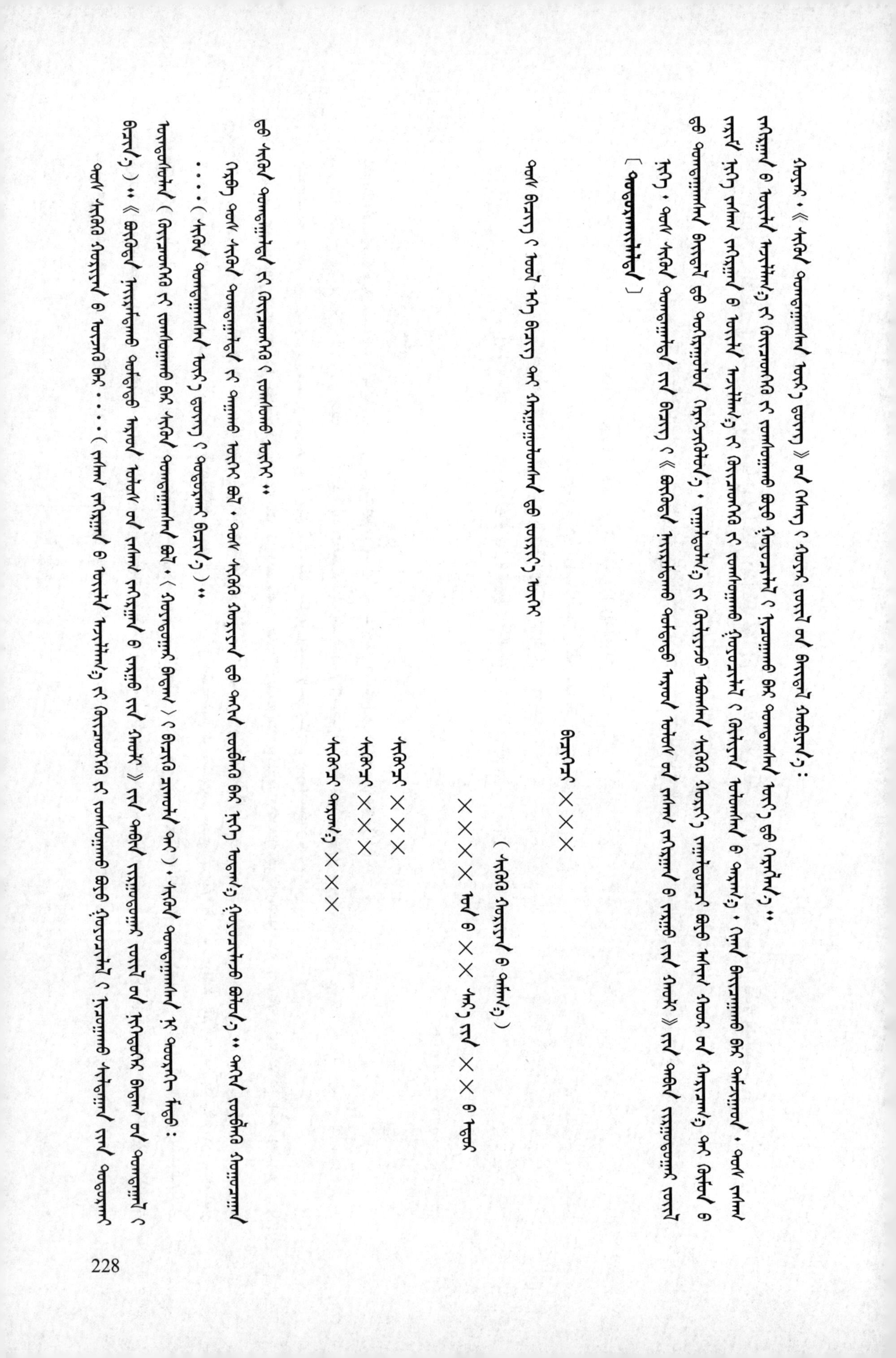

[illegible] ([illegible]) ::
[illegible] « [illegible] » [illegible] ([illegible]) ::
[illegible] :
. . . . ([illegible]) ::
[illegible] ::

[illegible] ××× [illegible]
[illegible] ×××
[illegible] ×××

[illegible] ×× [illegible] ×× [illegible] ×× [illegible] ××××
([illegible])

[illegible]

[illegible] ×××

〔 [illegible] 〕

[illegible] « [illegible] » [illegible] ::
« [illegible] » [illegible] :

ᠨᠢᠭᠡᠳᠦᠭᠡᠷ ᠪᠣᠯ ᠂ ᠪᠠᠷᠢᠮᠲᠠᠯᠠᠭᠰᠠᠨ ᠤ ᠬᠠᠷᠢᠶᠠᠯᠠᠭᠰᠠᠨ ᠪᠦᠬᠦ ᠂ 《 ᠪᠦᠬᠦ ᠨᠡᠢᠲᠡ ᠶᠢᠨ ᠲᠤᠰᠬᠠᠢ ᠠᠵᠢᠯ ᠤᠨ ᠪᠠᠷᠢᠮᠲᠠᠯᠠᠭᠰᠠᠨ ᠤ ᠬᠠᠷᠢᠶᠠᠯᠠᠭᠰᠠᠨ ᠤ ᠪᠠᠷᠢᠮᠲᠠ (ᠪᠠᠷᠢᠮᠲᠠᠯᠠᠭᠰᠠᠨ ᠤ ᠬᠠᠷᠢᠶᠠᠯᠠᠭᠰᠠᠨ ᠪᠢᠴᠢᠭ ᠪᠣᠯ · · ·) ᠪᠠᠷᠢᠮᠲᠠᠯᠠᠭᠰᠠᠨ ᠤ ᠬᠠᠷᠢᠶᠠᠯᠠᠭᠰᠠᠨ ᠶᠢᠨ ᠪᠠᠢᠳᠠᠯ ᠬᠣᠶᠠᠳᠤᠭᠠᠷ

ᠪ ᠮᠡᠳᠡᠭᠳᠡᠯ ᠬᠠᠷᠢᠶᠠᠯᠠᠭᠰᠠᠨ ᠤ ᠨᠡᠷᠡᠲᠦ ᠪᠠᠢᠭᠤᠯᠤᠯᠭ᠎ᠠ (ᠪᠠᠢᠳᠠᠯ) ᠤᠨ ᠪᠠᠷᠢᠮᠲᠠᠯᠠᠭᠰᠠᠨ ᠤ ᠬᠠᠷᠢᠶᠠᠯᠠᠭᠰᠠᠨ 》 ᠶᠢᠨ ᠪᠠᠢᠳᠠᠯ ::

ᠭᠤᠷᠪᠠᠳᠤᠭᠠᠷ ᠪᠣᠯ ᠂ ᠬᠠᠷᠢᠶᠠᠯᠠᠭᠰᠠᠨ ᠤ ᠪᠠᠢᠭᠤᠯᠤᠯᠭ᠎ᠠ ᠂ 《 ᠪᠦᠬᠦ ᠨᠡᠢᠲᠡ (ᠪᠦᠬᠦ ᠨᠠᠢᠷᠠᠮᠳᠠᠬᠤ ᠤᠯᠤᠰ ᠤᠨ ᠲᠤᠰᠬᠠᠢ ᠪᠠᠢᠳᠠᠯ) ××× ᠤ ᠭᠤᠷᠪᠠᠳᠤᠭᠠᠷ ᠤᠨ ᠬᠠᠷᠢᠶᠠᠯᠠᠭᠰᠠᠨ 》 ᠶᠢᠨ

ᠪᠠᠢᠳᠠᠯ ::

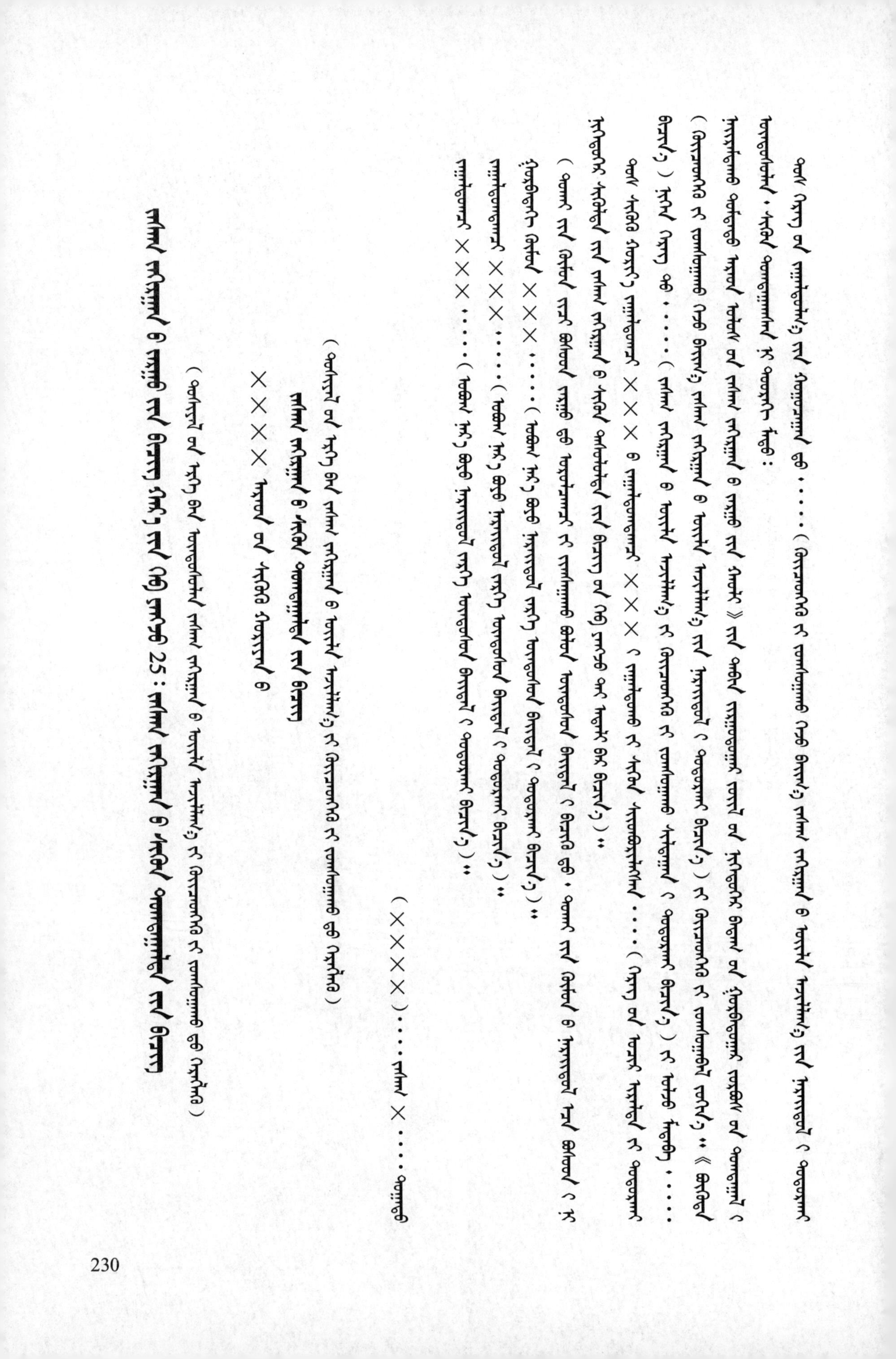

[illegible] (2) [illegible] 25 : [illegible]

([illegible])

[illegible]

[illegible] ××××

([illegible])

[illegible] …… × …… (××××)

[illegible] ([illegible]) …… ××× [illegible] ×××

[illegible] ([illegible]) …… ××× [illegible] ×××

[illegible] ([illegible]) …… ××× [illegible] ×××

[illegible] ([illegible]) ::

[illegible] ([illegible]) …… ××× [illegible] ××× [illegible] ([illegible]) ::

[illegible] …… ([illegible]) …… [illegible] ([illegible]) :: 《 [illegible] 》 [illegible] :

ᠪᠠᠢᠭ᠎ᠠ ᠭᠡᠵᠦ ᠦᠵᠡᠵᠦ ᠪᠠᠢᠨ᠎ᠠ᠃

ᠬᠠᠮᠲᠤᠷᠠᠯᠴᠠᠭᠤᠯᠤᠨ ᠪᠠᠢᠭᠤᠯᠬᠤ ᠳᠤ ᠬᠠᠷᠢᠯᠴᠠᠭᠤᠯᠤᠨ ᠦᠵᠡᠵᠦ ᠪᠠᠢᠨ᠎ᠠ᠂ ᠰᠢᠯᠭᠠᠭᠤᠯᠤᠯᠲᠠ ᠶᠢᠨ ᠪᠠᠢᠴᠠᠭᠠᠨ ᠲᠣᠭᠲᠠᠭᠠᠬᠤ ᠱᠢᠭᠦᠬᠦ ᠶᠠᠮᠤᠨ ᠦ ᠬᠡᠷᠡᠭ ᠦᠨ ᠵᠠᠷᠳᠠᠯ ᠤᠨ ᠤ ᠬᠠᠷᠢᠶ᠎ᠠ ᠬᠠᠷᠢᠶᠠᠯᠠᠯ ᠤᠨ ᠲᠣᠭᠲᠠᠭᠠᠯ ᠢ ᠪᠠᠷᠢᠮᠲᠠᠯᠠᠬᠤ ᠦᠭᠡᠢ ᠬᠠᠮᠲᠤᠷᠠᠯᠴᠠᠨ ᠬᠠᠷᠠ ᠬᠡᠯᠡᠨ ᠬᠠᠮᠲᠤᠷᠠᠯᠴᠠᠭᠠᠨ ᠤ ᠪᠢᠴᠢᠭ ᠢ 《 ᠪᠦᠬᠦ ᠨᠡᠢᠳᠡ ᠵᠠᠰᠠᠭ ᠲᠥᠷᠦ ᠶᠢᠨ ᠬᠤᠷᠠᠯ ᠤᠨ ᠪᠠᠢᠩᠭ᠎ᠠ ᠶᠢᠨ ᠬᠣᠷᠢᠶ᠎ᠠ ᠶᠢᠨ ᠬᠠᠷᠢᠶᠠᠯᠠᠯ 》 ᠤᠨ ᠬᠣᠶᠠᠷ ᠳᠤᠭᠠᠷ ᠵᠦᠢᠯ ᠳᠦ
〔 ᠬᠠᠮᠲᠤᠷᠠᠯᠴᠠᠭᠤᠯᠤᠨ 〕

ᠪᠢᠴᠢᠭᠡᠴᠢ XXX

ᠡᠨᠡ ᠪᠢᠴᠢᠭ ᠢ ᠡᠬᠡ ᠬᠡᠪ ᠪᠢᠴᠢᠭ ᠲᠠᠢ ᠲᠤᠯᠭᠠᠨ ᠬᠢᠨᠠᠭᠰᠠᠨ ᠳᠤ ᠵᠥᠷᠢᠴᠡᠯᠳᠡᠭᠰᠡᠨ ᠦᠭᠡᠢ

(ᠱᠢᠭᠦᠬᠦ ᠶᠠᠮᠤᠨ ᠤ ᠲᠠᠮᠠᠭ᠎ᠠ)

XXXX ᠣᠨ ᠤ XX ᠰᠠᠷ᠎ᠠ ᠶᠢᠨ XX ᠤ ᠡᠳᠦᠷ

ᠱᠢᠭᠦᠭᠴᠢ XXX

ᠱᠢᠭᠦᠭᠴᠢ XXX

ᠱᠢᠭᠦᠭᠴᠢ ᠳᠠᠷᠤᠭ᠎ᠠ XXX

ᠰᠢᠭᠦᠨ ᠲᠠᠰᠤᠯᠬᠤ ᠳᠤ ᠬᠡᠷᠡᠭ ᠬᠠᠮᠲᠤᠷᠠᠯᠴᠠᠭᠤᠯᠬᠤ ᠶᠢᠨ ᠪᠠᠢᠴᠠᠭᠠᠯᠲᠠ ᠶᠢᠨ ᠲᠣᠭᠲᠠᠭᠠᠯ ᠢ ᠬᠡᠷᠡᠭᠯᠡᠨ᠎ᠡ᠃

ᠪᠠᠢᠴᠠᠭᠠᠨ ᠬᠠᠷᠠ ᠬᠡᠷᠡᠭ ᠬᠠᠮᠲᠤᠷᠠᠯᠴᠠᠭᠤᠯᠤᠨ ᠤ ᠲᠣᠭᠲᠠᠭᠠᠬᠤ ᠬᠡᠯᠡᠨ ᠪᠠ᠂ ᠬᠠᠷᠠ ᠱᠢᠭᠦᠬᠦ ᠶᠠᠮᠤᠨ ᠳᠤ ᠬᠠᠷᠢ ᠲᠣᠭᠲᠠᠭᠠᠯ ᠤᠨ ᠳᠠᠭᠠᠤ ᠰᠢᠭᠤᠳ ᠬᠦᠴᠦᠨ ᠲᠡᠭᠦᠯᠳᠦᠷ ᠪᠣᠯᠤᠨ᠎ᠠ᠃ ᠬᠠᠷᠢ ᠲᠣᠭᠲᠠᠭᠠᠯ ᠪᠠᠢᠬᠤ (ᠶᠢᠨ ᠪᠠᠢᠴᠠᠭᠠᠯᠲᠠ ᠶᠢᠨ ᠲᠣᠭᠲᠠᠭᠠᠨ᠎ᠠ᠃

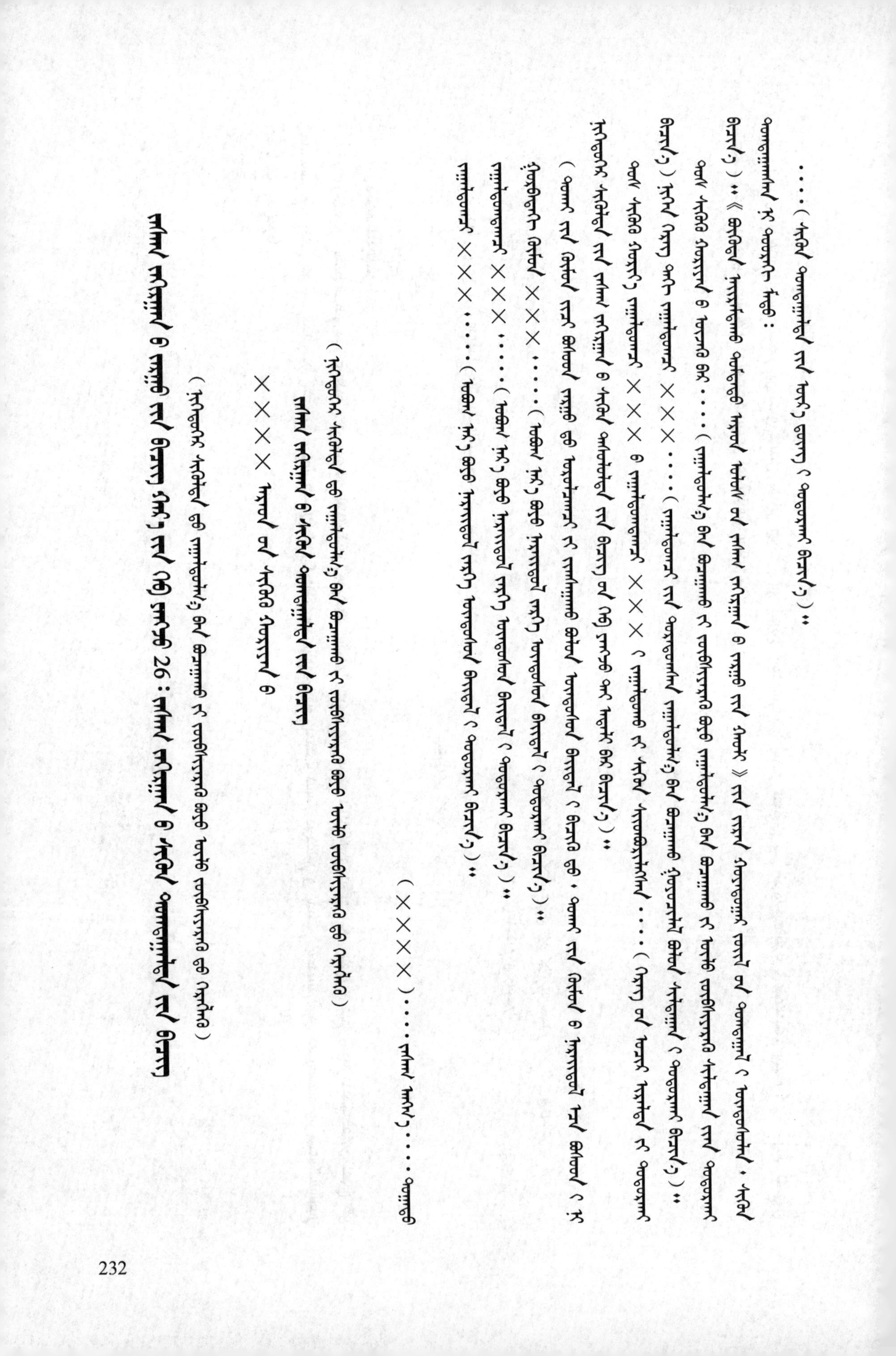

[illegible] 26 : [illegible]

([illegible])

×××× [illegible]

[illegible]

([illegible])

[illegible] …… [illegible] ……(××××)

[illegible] ××× ……([illegible]) ᠃

[illegible] ××× ……([illegible]) ᠃

[illegible] ××× ……([illegible]) ᠃

([illegible] ، [illegible]) ᠃

[illegible] ××× [illegible] ××× [illegible] ……([illegible]) [illegible]

[illegible] ([illegible] ××× ……([illegible]) ᠃

[illegible] ……([illegible]) ᠃ 《 [illegible] 》 [illegible] ، [illegible] :

……([illegible]) ᠃

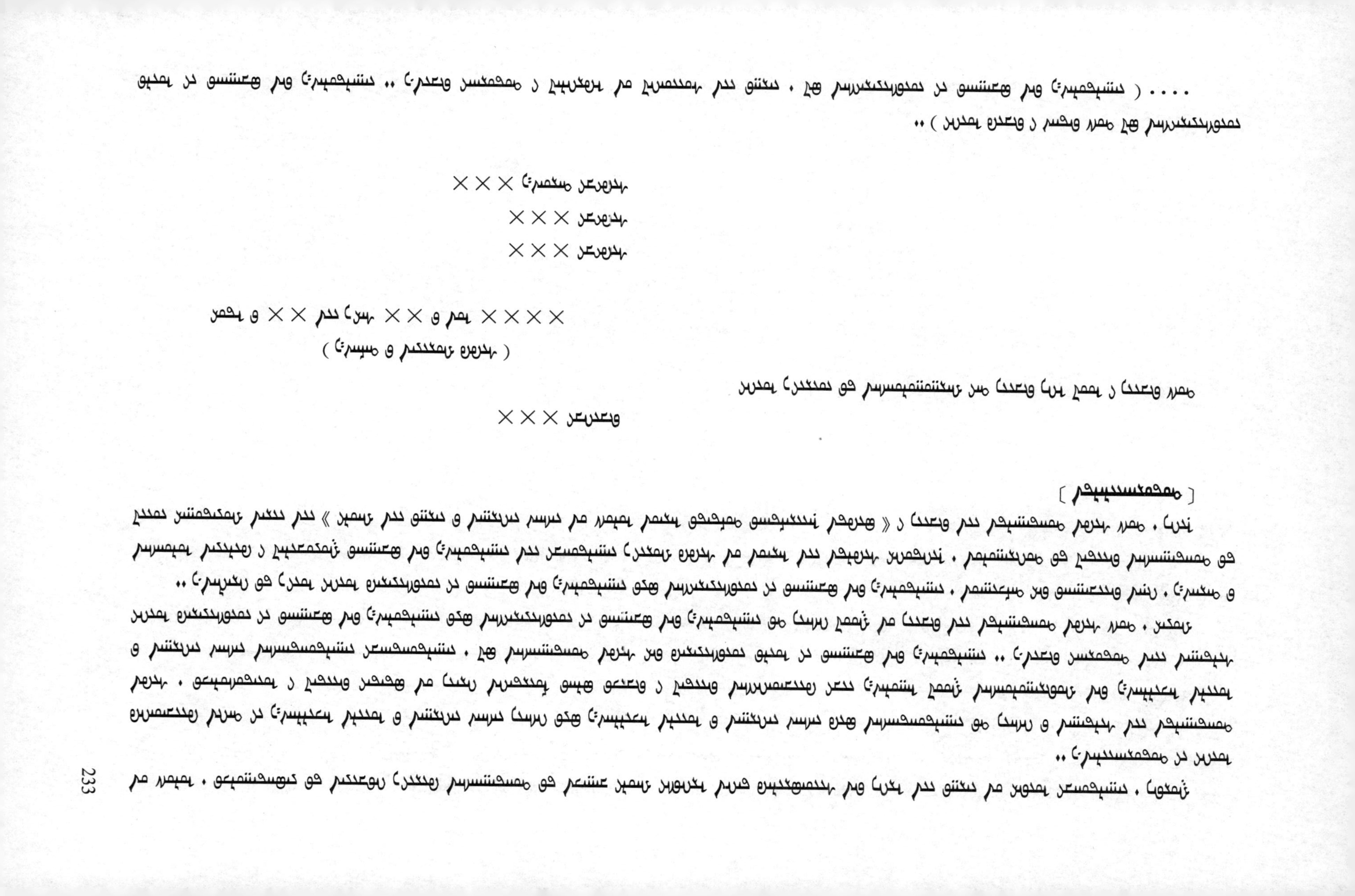

.... ([illegible]) ::

[illegible] XXX
[illegible] XXX
[illegible] XXX

XXXX [illegible] XX [illegible] XX [illegible]
([illegible])

[illegible]

[illegible] XXX

〔 [illegible] 〕

ᠡᠨᠡ ᠂ ᠪᠣᠯ [illegible] ᠪᠢᠴᠢᠭ ᠦᠨ 《 [illegible] 》 [illegible] ::

[illegible] ::

[illegible] ::

ᠮᠣᠩᠭᠣᠯ ᠬᠡᠯᠡ ᠂ ᠨᠡᠶᠢᠲᠡ ᠶᠢᠨ ᠮᠣᠩᠭᠣᠯ ᠬᠡᠯᠡ ᠪᠢᠴᠢᠭ ᠦᠨ ᠬᠡᠮ ᠬᠡᠮᠵᠢᠶ᠎ᠡ ᠶᠢ ᠮᠣᠩᠭᠣᠯ ᠬᠡᠯᠡ ᠶᠢᠨ ᠰᠢᠨᠵᠢᠯᠡᠬᠦ ᠤᠬᠠᠭᠠᠨ ᠤ ᠰᠢᠨᠵᠢᠯᠡᠭᠡ ᠪᠠᠷ ᠲᠣᠭᠲᠠᠭᠠᠨ᠎ᠠ ᠃ ᠬᠡᠯᠡ ᠬᠡᠷᠡᠭᠯᠡᠯ ᠦᠨ ᠰᠢᠨᠵᠢᠯᠡᠭᠡ ᠮᠠᠨ ᠤ ᠬᠡᠯᠡ ᠬᠡᠷᠡᠭᠯᠡᠯ ᠦᠨ ᠪᠠᠶᠢᠳᠠᠯ ᠢ ᠲᠣᠭᠲᠠᠭᠠᠬᠤ ᠂ ᠬᠡᠯᠡ ᠵᠦᠢ ᠶᠢᠨ ᠵᠢᠭᠠᠬᠤ ᠶᠢ ᠪᠡᠶ᠎ᠡ ᠪᠡᠶ᠎ᠡ ᠳᠦ ᠪᠠᠲᠤᠯᠠᠬᠤ ᠳᠤ ᠲᠤᠰᠠᠯᠠᠨ᠎ᠠ ᠃

ᠵᠢᠱᠢᠶ᠎ᠡ ᠂ 《 ᠮᠣᠩᠭᠣᠯ ᠪᠢᠴᠢᠭᠯᠡᠯ ᠦᠨ ᠳᠦᠷᠢᠮ 》 ᠤᠨ ᠬᠠᠮᠤᠭ ᠤᠨ ᠡᠬᠢᠨ ᠳᠦ ᠪᠢᠴᠢᠭᠰᠡᠨ ᠨᠢ ᠄

ᠡᠨᠡ ᠨᠢ ᠂ ᠰᠢᠨᠵᠢᠯᠡᠭᠡ ᠶᠢᠨ ᠠᠷᠭ᠎ᠠ ᠶᠢ ᠬᠡᠷᠡᠭᠯᠡᠭᠰᠡᠨ ᠪᠡᠷ ᠂ (ᠰᠢᠨᠵᠢᠯᠡᠭᠡ × × × ᠤ ᠰᠢᠨᠵᠢᠯᠡᠭᠡ ᠶᠢᠨ ᠠᠷᠭ᠎ᠠ ᠶᠢ ᠬᠡᠷᠡᠭᠯᠡᠭᠦᠯᠦᠨ) ᠭᠡᠵᠦ ᠪᠠᠶᠢᠨ᠎ᠠ ᠃

ᠬᠡᠷᠡᠭᠯᠡᠭᠡᠨ ᠨᠢ ᠂ ᠰᠢᠨᠵᠢᠯᠡᠭᠡ ᠶᠢᠨ ᠠᠷᠭ᠎ᠠ ᠶᠢ ᠰᠢᠨ᠎ᠡ ᠬᠡᠷᠡᠭᠯᠡᠭᠰᠡᠨ ᠪᠡᠷ ᠂ (ᠰᠢᠨᠵᠢᠯᠡᠭᠡ × × × ᠤ ᠰᠢᠨᠵᠢᠯᠡᠭᠡ ᠶᠢᠨ ᠠᠷᠭ᠎ᠠ ᠶᠢ ᠬᠡᠷᠡᠭᠯᠡᠭᠦᠯᠬᠦ ᠪᠣᠯᠪᠠᠰᠤ ᠂ ᠪᠠᠰᠠ ᠪᠤᠰᠤᠳ ᠤ ᠮᠣᠩᠭᠣᠯ ᠰᠤᠷᠭᠠᠭᠤᠯᠢ) ᠭᠡᠵᠦ ᠪᠠᠶᠢᠨ᠎ᠠ ᠃

ᠡᠨᠡ ᠂ ᠰᠢᠨᠵᠢᠯᠡᠭᠡ ᠶᠢᠨ ᠠᠷᠭ᠎ᠠ ᠬᠡᠷᠡᠭᠯᠡᠭᠡ ᠳᠦ ᠨᠡᠶᠢᠲᠡ ᠪᠣᠯᠪᠠ ᠂ ᠲᠡᠷᠡ ᠴᠠᠭ ᠡᠴᠡ ᠬᠣᠶᠢᠰᠢ ᠮᠣᠩᠭᠣᠯ ᠰᠤᠷᠭᠠᠭᠤᠯᠢ ᠳᠤ ᠂ ᠬᠡᠷᠡᠭᠯᠡᠭᠰᠡᠨ ᠪᠡᠷ ᠪᠠᠶᠢᠳᠠᠯ ᠤᠨ ᠮᠣᠩᠭᠣᠯ ᠰᠤᠷᠭᠠᠭᠤᠯᠢ ᠭᠡᠵᠦ ᠪᠠᠶᠢᠨ᠎ᠠ ᠃

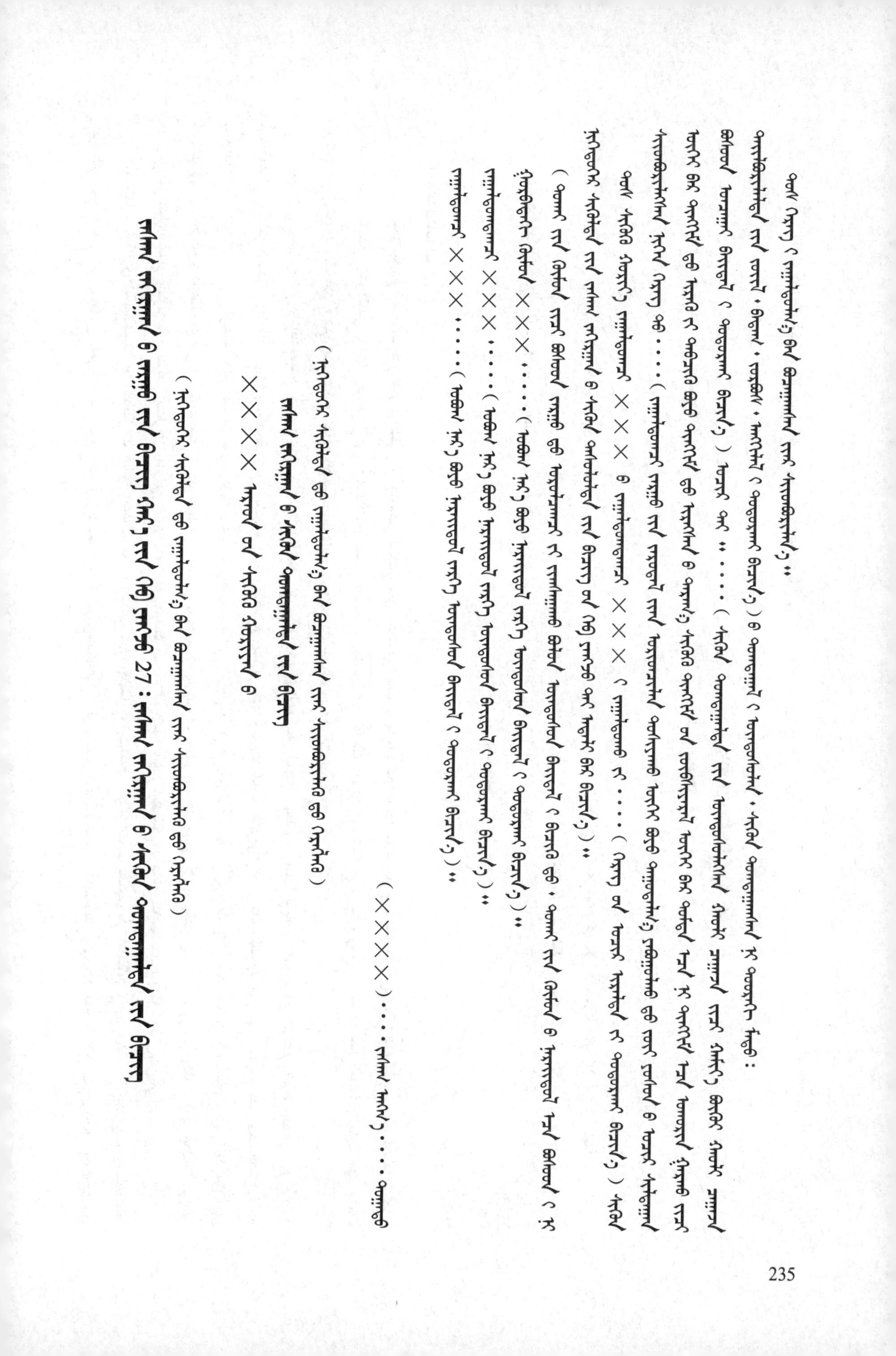

[illegible] 27 : [illegible]

([illegible])

×××× [illegible]

[illegible]

([illegible])

[illegible] .... [illegible] .... (××××)

[illegible] ××× ····· ([illegible]) ᠃

[illegible] ××× ····· ([illegible]) ᠃

[illegible] ××× ····· ([illegible]) ᠃

([illegible] · [illegible]) ᠃

[illegible] ××× [illegible] ××× [illegible] .... ([illegible]) [illegible] .... ([illegible]) [illegible] ᠃

[illegible] · [illegible] · [illegible] · [illegible] ([illegible]) [illegible] · [illegible] :

[illegible] ᠃

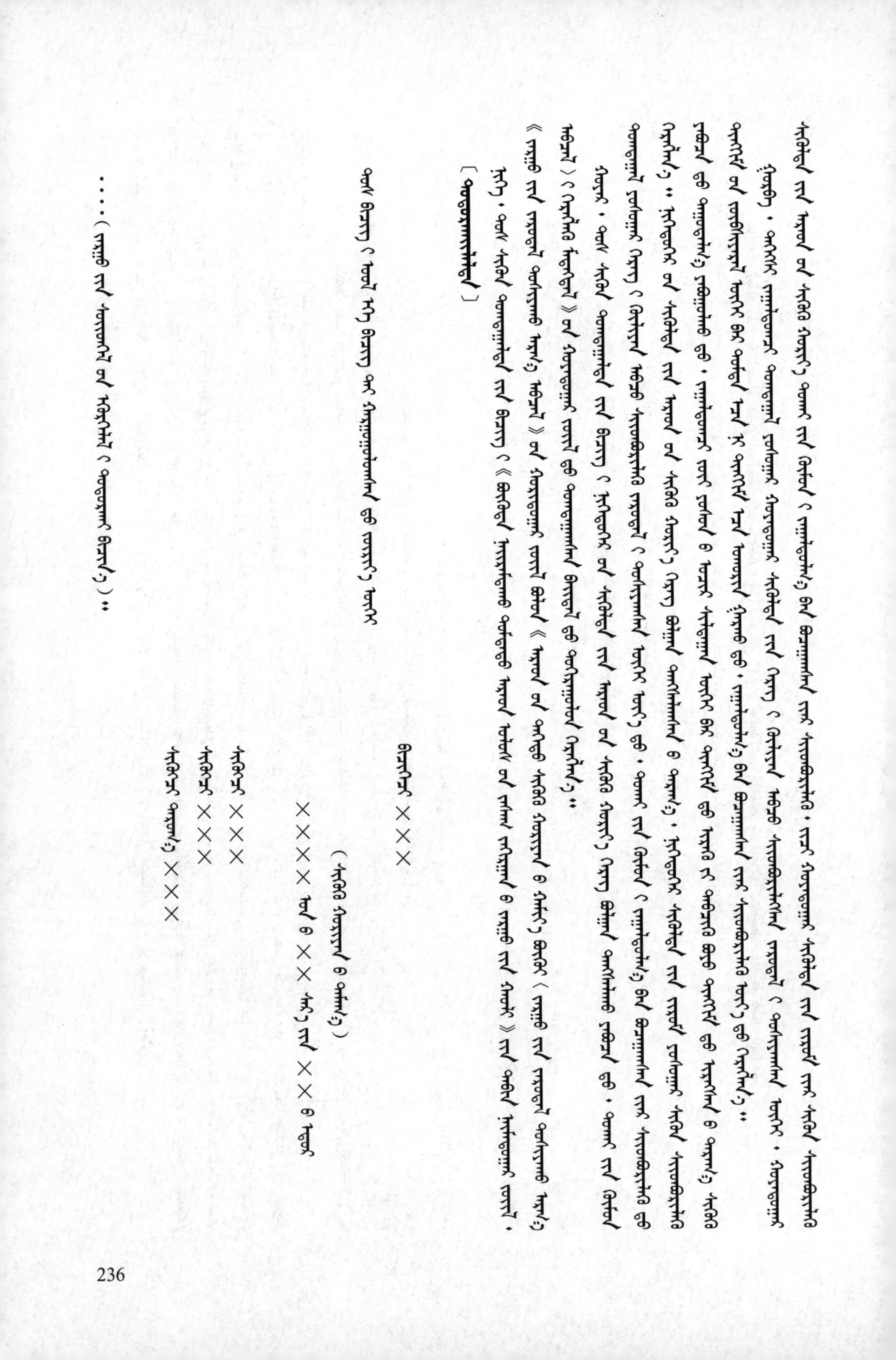

…… ([illegible]) ᠄

XXX [illegible]

XXX [illegible]

XXX [illegible]

XXXX ᠣᠨ ᠤ XX ᠰᠠᠷ᠎ᠠ ᠶᠢᠨ XX ᠤ ᠡᠳᠦᠷ

([illegible])

[illegible]

XXX [illegible]

〔 [illegible] 〕

[illegible] ᠄

[illegible] ᠄

[illegible] ᠄

ᠬᠦᠮᠦᠨ ᠳᠦ ᠣᠷᠣᠯᠴᠠᠭᠰᠠᠳ ᠬᠦᠨᠳᠦᠯᠡᠭᠰᠡᠨ ᠳᠦ ᠂ ᠣᠨᠴᠠᠭᠠᠢ ᠰᠠᠨᠠᠭᠠᠲᠠᠢ ᠬᠦᠮᠦᠨ ᠦ ᠬᠠᠷᠢᠮ ᠡᠭᠦᠰᠬᠡᠯ ᠬᠠᠷᠢᠮ ᠪᠠᠷ ᠣᠨᠴᠠᠭᠠᠢ ᠳᠤ ᠬᠦᠮᠦᠨ ᠦ ᠣᠯᠠᠨ ᠪᠣᠯᠤᠨ ᠳᠤ ᠡᠭᠦᠰᠬᠡᠨ ᠤ ᠣᠨᠴᠠᠭᠠᠢ ᠡᠷᠳᠡᠮ ᠣᠯᠠᠨ ᠳᠤ ᠬᠠᠷᠢᠯᠴᠠᠭᠠᠨ ᠬᠠᠷᠢᠮ ᠪᠠᠷ ᠣᠨᠴᠠᠭᠠᠢ ᠡᠷᠬᠢ ᠶᠢᠨ ᠣᠯᠠᠨ ᠡᠷᠬᠢ ᠬᠠᠷᠢᠮ ᠢ ᠰᠤᠷᠭᠠᠬᠤ ᠳᠤ ᠂ ᠬᠦᠮᠦᠵᠢᠯ ᠦᠨ ᠡᠷᠳᠡᠮ ᠶᠢᠨ ᠰᠠᠨᠠᠭ᠎ᠠ ᠳᠤ ᠡᠷᠳᠡᠮ ᠬᠦᠮᠦᠵᠢᠯ ᠰᠤᠷᠤᠯᠴᠠᠭᠰᠠᠳ ᠪᠠᠷ ᠪᠠᠶᠢᠭᠤᠯᠤᠯᠲᠠ ᠶᠢᠨ ᠬᠦᠮᠦᠵᠢᠯᠲᠡᠢ ᠪᠠᠷ ᠣᠨᠴᠠᠭᠠᠢ ᠬᠠᠷᠢᠮ ᠳᠤ ᠬᠦᠮᠦᠵᠢᠯ ᠦᠨ ᠡᠷᠳᠡᠮ ᠶᠢᠨ ᠣᠨᠴᠠᠯᠢᠭ ᠶᠢᠨ ᠪᠣᠯᠤᠨ ᠤ ᠣᠨ ᠤ ᠶᠢᠨ ᠰᠠᠶᠢᠬᠠᠨ ᠪᠠᠶᠢᠳᠠᠯ ᠪᠣᠯᠤᠨ᠎ᠠ ᠃ ᠡᠷᠳᠡᠮ ᠣᠨᠴᠠᠯᠢᠭ ᠶᠢᠨ ᠬᠦᠮᠦᠨ ᠬᠠᠷᠢᠮ ᠳᠤ ᠣᠨᠴᠠᠯᠠᠭᠰᠠᠨ ᠪᠡᠷ ᠄

《 ᠡᠮᠡᠷ ᠠᠷᠭ᠎ᠠ ᠤ ᠰᠤᠷᠭᠠᠭᠰᠠᠳ ᠪᠠᠷ ᠪᠠᠶᠢᠭᠤᠯᠤᠯᠲᠠ ᠶᠢᠨ ᠬᠦᠮᠦᠵᠢᠭᠦᠯᠦᠭᠰᠡᠳ ᠂ ᠡᠨᠡ ᠬᠦᠮᠦᠵᠢᠯ ᠳᠤ ᠣᠯᠠᠨ ᠶᠢᠨ ᠰᠠᠨᠠᠭ᠎ᠠ ᠶᠢᠨ ᠬᠠᠷᠢᠯᠴᠠᠭ᠎ᠠ ᠡᠷᠳᠡᠮ ᠶᠢᠨ ᠡᠷᠬᠢᠮ ᠣᠨᠴᠠᠯᠢᠭ ᠬᠠᠷᠢᠯᠴᠠᠨ ᠪᠠᠶᠢᠭᠤᠯᠤᠭᠰᠠᠳ ᠃ 》

....(ᠡᠭᠦᠨ ᠦ ᠬᠦᠮᠦᠵᠢᠯ ᠳᠤ ᠰᠤᠷᠭᠠᠭᠤᠯᠢ ᠶᠢᠨ ᠣᠨᠴᠠᠯᠢᠭ ᠪᠣᠯᠤᠨ᠎ᠠ) ᠃

ᠡᠮᠡᠷ ᠡᠷᠳᠡᠮ ᠣᠨᠴᠠᠯᠢᠭ ᠪᠡᠷ ᠬᠦᠮᠦᠨ ᠳᠤ ᠡᠷᠳᠡᠮ ᠶᠢᠨ ᠡᠷᠳᠡᠮ ᠣᠨᠴᠠᠯᠢᠭ ᠪᠣᠯᠤᠨ᠎ᠠ 〉

ᠬᠠᠷᠢᠶ᠎ᠠ ᠬᠠᠷᠢᠶᠠᠯᠠᠯ ᠤᠨ ᠠᠰᠠᠭᠤᠨ ᠯᠠᠪᠯᠠᠯ ᠤᠨ ᠪᠢᠴᠢᠭ ᠤᠨ ᠬᠡᠯᠪᠡᠷᠢ 28 : ᠬᠠᠷᠢᠶ᠎ᠠ ᠬᠠᠷᠢᠶᠠᠯᠠᠯ ᠤᠨ ᠠᠰᠠᠭᠤᠨ ᠯᠠᠪᠯᠠᠭᠰᠠᠨ ᠲᠡᠮᠳᠡᠭᠯᠡᠯ

(ᠠᠰᠠᠭᠤᠨ ᠯᠠᠪᠯᠠᠭᠰᠠᠨ ᠪᠡᠷ ᠠᠰᠠᠭᠤᠭᠰᠠᠨ ᠤ ᠬᠤᠪᠢ)

ᠬᠣᠶᠠᠳᠤᠭᠠᠷ ᠤᠳᠠᠭ᠎ᠠ ᠶᠢᠨ ᠠᠰᠠᠭᠤᠨ ᠯᠠᠪᠯᠠᠯ ×××ᠲᠡᠢ

ᠬᠠᠷᠢᠶ᠎ᠠ ᠬᠠᠷᠢᠶᠠᠯᠠᠯ ᠤᠨ ᠠᠰᠠᠭᠤᠨ ᠯᠠᠪᠯᠠᠭᠰᠠᠨ ᠲᠡᠮᠳᠡᠭᠯᠡᠯ

(ᠠᠰᠠᠭᠤᠨ ᠯᠠᠪᠯᠠᠭᠰᠠᠨ ᠪᠡᠷ ᠠᠰᠠᠭᠤᠭᠰᠠᠨ ᠤ ᠬᠤᠪᠢ)

ᠮᠡᠳᠡᠭᠦ …… × ᠬᠠᠷᠢᠶ᠎ᠠ ……(××××)

…… (ᠨᠡᠷ᠎ᠡ ᠪᠡᠨ ᠪᠢᠴᠢᠬᠦ) …… ××× ᠰᠤᠷᠪᠤᠯᠵᠢᠯᠠᠭᠴᠢ ᠶᠢᠨ ᠭᠠᠷ ᠤᠨ ᠦᠰᠦᠭ (ᠨᠡᠷ᠎ᠡ ᠪᠡᠨ ᠪᠢᠴᠢᠨ᠎ᠡ) ••

…… (ᠨᠡᠷ᠎ᠡ ᠪᠡᠨ ᠪᠢᠴᠢᠬᠦ) …… ××× ᠰᠤᠷᠪᠤᠯᠵᠢᠯᠠᠭᠰᠠᠨ ᠤ ᠭᠠᠷ ᠤᠨ ᠦᠰᠦᠭ (ᠨᠡᠷ᠎ᠡ ᠪᠡᠨ ᠪᠢᠴᠢᠨ᠎ᠡ) ••

…… (ᠨᠡᠷ᠎ᠡ ᠪᠡᠨ ᠪᠢᠴᠢᠬᠦ) …… ××× ᠲᠡᠮᠳᠡᠭᠯᠡᠭᠴᠢ ᠶᠢᠨ ᠭᠠᠷ ᠤᠨ ᠦᠰᠦᠭ (ᠨᠡᠷ᠎ᠡ ᠪᠡᠨ ᠪᠢᠴᠢᠨ᠎ᠡ) ••

(ᠠᠰᠠᠭᠤᠨ ᠯᠠᠪᠯᠠᠭᠰᠠᠨ ᠤ ᠳᠠᠷᠠᠭ᠎ᠠ ᠠᠰᠠᠭᠤᠭᠳᠠᠭᠰᠠᠨ ᠬᠦᠮᠦᠨ ᠦ ᠭᠠᠷ ᠤᠨ ᠦᠰᠦᠭ ᠵᠢᠷᠤᠮᠠᠭᠰᠠᠨ ᠨᠢ ᠪᠠᠢᠨ᠎ᠠ ᠂ ᠬᠠᠷᠢᠶ᠎ᠠ ᠬᠠᠷᠢᠶᠠᠯᠠᠯ ᠤᠨ ᠦᠭᠡ ᠶᠢ ᠠᠰᠠᠭᠤᠨ ᠯᠠᠪᠯᠠᠭᠰᠠᠨ ᠤ ᠳᠠᠷᠠᠭ᠎ᠠ ᠪᠢᠴᠢᠭ᠌ ᠤᠨ ᠬᠡᠯᠪᠡᠷᠢ ᠪᠡᠷ ᠪᠠᠢᠭᠤᠯᠤᠨ᠎ᠠ ᠂ ᠨᠡᠷ᠎ᠡ ᠪᠡᠨ ᠪᠢᠴᠢᠵᠦ ᠭᠠᠷ ᠤᠨ ᠦᠰᠦᠭ ᠵᠢᠷᠤᠮᠠᠨ᠎ᠠ) ••

ᠡᠨᠡ ᠬᠦ ᠦᠭᠡ ᠶᠢ ᠰᠤᠷᠪᠤᠯᠵᠢᠯᠠᠭᠰᠠᠨ ᠰᠤᠷᠪᠤᠯᠵᠢᠯᠠᠭᠴᠢ ××× ᠪᠠ ××× ᠰᠤᠷᠪᠤᠯᠵᠢᠯᠠᠭᠰᠠᠨ (ᠪᠢᠴᠢᠭ ᠢ ᠰᠤᠷᠪᠤᠯᠵᠢᠯᠠᠭᠰᠠᠨ ᠪᠣᠯᠪᠠ) …… ᠮᠢᠨᠤ ᠭᠠᠷ ᠤᠨ ᠦᠰᠦᠭ ᠪᠣᠯᠤᠨ᠎ᠠ ᠂ ᠬᠦᠮᠦᠨ ᠦ ᠬᠦᠴᠦᠨ ᠦᠭᠡᠢ (ᠠᠰᠠᠭᠤᠭᠳᠠᠭᠰᠠᠨ ᠤ ᠭᠠᠷ ᠤᠨ ᠦᠰᠦᠭ) ••

…… (ᠬᠡᠷᠡᠭ ᠮᠡᠳᠡᠭᠦᠯᠦᠭᠰᠡᠨ ᠦ ᠲᠣᠭᠲᠠᠭᠰᠠᠨ ᠪᠣᠯᠤᠨ᠎ᠠ) ••

ᠮᠣᠩᠭᠣᠯᠴᠢᠯᠠᠭᠰᠠᠨ ᠶᠢ ᠮᠡᠳᠡᠭᠦᠯᠬᠦ :

[illegible]

[illegible]

[illegible]

[illegible]

[illegible]

[illegible]

[illegible]

ᠪᠢᠴᠢᠪᠡ ×××

[illegible]

(ᠠᠯᠪᠠᠨ ᠪᠠᠢᠭᠤᠯᠭ᠎ᠠ ᠶᠢᠨ ᠲᠠᠮᠠᠭ᠎ᠠ)

×××× ᠣᠨ ᠤ ×× ᠰᠠᠷ᠎ᠠ ᠶᠢᠨ ×× ᠤ ᠡᠳᠦᠷ

[illegible] ×××

[illegible] ×××

[illegible] ×××

····([illegible]) ::

1. 《ᠮᠣᠩᠭᠣᠯ ᠤᠨ ᠨᠢᠭᠤᠴᠠ ᠲᠣᠪᠴᠢᠶᠠᠨ ᠤ 〈ᠪᠢᠴᠢᠭᠯᠡᠯ ᠰᠤᠳᠤᠯᠤᠯ ᠤᠨ ᠬᠡᠯᠡᠨ ᠦ ᠰᠤᠳᠤᠯᠭ᠎ᠠ ᠶᠢᠨ ᠳᠡᠭᠡᠷᠡᠬᠢ〉 ᠶᠢᠨ ᠰᠢᠨᠵᠢᠯᠡᠯ ᠲᠡᠢ ᠪᠠᠢᠨ᠎ᠠ

ᠰᠤᠳᠤᠯᠭ᠎ᠠ ᠶᠢᠨ ᠤᠨ ᠬᠡᠯᠡᠨ ᠰᠢᠨᠵᠢᠯᠡᠬᠦ ᠤᠬᠠᠭᠠᠨ》 ᠤ ᠬᠣᠶᠠᠷ ᠳᠤᠭᠠᠷ ᠬᠡᠰᠡᠭ : 《ᠰᠤᠳᠤᠯᠭ᠎ᠠ ᠶᠢᠨ ᠠᠷᠭ᠎ᠠ ᠪᠠᠷ ᠬᠡᠯᠡᠨ ᠦ ᠰᠤᠳᠤᠯᠭ᠎ᠠ ᠶᠢ ᠬᠢᠭᠰᠡᠨ · ᠬᠡᠯᠡ ᠶᠢᠨ ᠰᠢᠨᠵᠢᠯᠡᠭᠡᠨ :

(1) ᠰᠤᠳᠤᠯᠤᠯ ᠤᠨ ᠰᠡᠳᠦᠪ · ᠬᠡᠯᠡᠨ ᠦ ᠪᠠᠶᠢᠳᠠᠯ ᠬᠡᠯᠡᠨ ᠦ ᠬᠡᠷᠡᠭᠯᠡᠭᠡ ᠶᠢ ᠬᠡᠯᠡ ᠶᠢᠨ ᠰᠢᠨᠵᠢᠯᠡᠬᠦ ᠤᠬᠠᠭᠠᠨ ᠤ ᠪᠠᠢᠷᠢ ᠰᠠᠭᠤᠷᠢ ::

(2) ᠰᠤᠳᠤᠯᠤᠯ ᠬᠡᠯᠡ ᠶᠢᠨ ᠪᠠᠢᠳᠠᠯ ᠬᠡᠷᠡᠭᠯᠡᠭᠡ ᠶᠢᠨ ᠲᠣᠭᠠᠴᠠᠭᠠ ᠪᠡᠷ · ᠬᠡᠯᠡ ᠶᠢ ᠰᠢᠨᠵᠢᠯᠡᠬᠦ ᠠᠷᠭ᠎ᠠ ᠶᠢᠨ ᠰᠢᠨᠵᠢᠯᠡᠭᠡ ::

(3) ᠬᠡᠯᠡ ᠬᠡᠷᠡᠭᠯᠡᠯ ᠦᠨ ᠰᠤᠳᠤᠯᠭ᠎ᠠ ᠶᠢᠨ ᠪᠠᠢᠳᠠᠯ ᠪᠠᠷ ᠪᠠᠷᠢᠮᠲᠠ ᠶᠢᠨ ᠪᠣᠯᠪᠠᠰᠤᠷᠠᠭᠤᠯᠬᠤ · ᠬᠡᠯᠡ ᠶᠢᠨ ᠬᠡᠯᠡᠨ ᠦ ᠪᠣᠯᠪᠠᠰᠤᠷᠠᠯ ᠰᠢᠨᠵᠢᠯᠡᠬᠦ · ᠬᠡᠯᠡ ᠬᠡᠷᠡᠭᠯᠡᠯ ᠦᠨ

ᠪᠣᠯᠪᠠᠰᠤᠷᠠᠯ ᠤᠨ ᠰᠠᠭᠤᠷᠢ ::

(4) ᠬᠡᠯᠡ ᠬᠡᠷᠡᠭᠯᠡᠯ ᠦᠨ ᠰᠤᠳᠤᠯᠭ᠎ᠠ ᠶᠢᠨ ᠪᠠᠢᠳᠠᠯ ᠢ ᠰᠢᠨᠵᠢᠯᠡᠬᠦ ᠠᠷᠭ᠎ᠠ ᠪᠠᠷ ᠬᠡᠯᠡ ᠶᠢᠨ ᠪᠠᠢᠳᠠᠯ ᠤᠨ ᠬᠡᠯᠡᠨ ᠦ ᠰᠤᠳᠤᠯᠭ᠎ᠠ ᠶᠢ ᠬᠢᠵᠦ ᠪᠣᠯᠬᠤ ::

(5) ᠬᠡᠯᠡ ᠶᠢ ᠬᠡᠯᠡᠨ ᠦ ᠬᠡᠷᠡᠭᠯᠡᠯ ᠦᠨ ᠰᠤᠳᠤᠯᠭ᠎ᠠ ᠶᠢᠨ ᠰᠢᠨᠵᠢᠯᠡᠬᠦ · ᠬᠡᠯᠡ ᠪᠣᠯᠪᠠᠰᠤᠷᠠᠯ ᠤᠨ ᠰᠤᠳᠤᠯᠤᠯ ᠪᠠᠷ ᠬᠡᠯᠡ ᠶᠢᠨ ᠰᠤᠳᠤᠯᠭ᠎ᠠ ᠶᠢ ᠬᠢᠭᠰᠡᠨ ::

(6) ᠬᠡᠯᠡ ᠶᠢᠨ ᠬᠡᠷᠡᠭᠯᠡᠯ ᠦᠨ ᠰᠤᠳᠤᠯᠭ᠎ᠠ ᠶᠢᠨ ᠪᠠᠢᠳᠠᠯ · ᠬᠡᠯᠡ ᠶᠢᠨ ᠪᠠᠢᠳᠠᠯ ᠤᠨ ᠬᠡᠯᠡᠨ ᠦ ᠬᠡᠯᠡ ᠶᠢᠨ ᠬᠡᠷᠡᠭᠯᠡᠯ ᠦᠨ ᠰᠢᠨᠵᠢᠯᠡᠭᠡ ᠬᠡᠯᠡ

ᠰᠤᠳᠤᠯᠭ᠎ᠠ ᠶᠢᠨ ᠰᠢᠨᠵᠢᠯᠡᠬᠦ ᠪᠠᠢᠳᠠᠯ · ᠬᠡᠯᠡ ᠶᠢᠨ ᠬᠡᠯᠡᠨ ᠦ ᠬᠡᠯᠡ ᠶᠢᠨ ᠰᠤᠳᠤᠯᠭ᠎ᠠ ᠬᠢᠵᠦ ::

(7) ᠪᠠᠢᠳᠠᠯ ᠬᠡᠯᠡ ᠶᠢᠨ ᠰᠢᠨᠵᠢᠯᠡᠭᠡᠨ ᠦ ᠠᠷᠭ᠎ᠠ ᠪᠠᠢᠳᠠᠯ ::

ᠬᠡᠯᠡ ᠶᠢᠨ ᠰᠢᠨᠵᠢᠯᠡᠭᠡᠨ ᠦ ᠰᠤᠳᠤᠯᠭ᠎ᠠ ᠶᠢᠨ ᠬᠡᠯᠡᠨ ᠦ ᠰᠢᠨᠵᠢᠯᠡᠭᠡ ᠶᠢᠨ ᠬᠡᠷᠡᠭᠯᠡᠯ · ᠬᠡᠯᠡ ᠶᠢᠨ ᠰᠢᠨᠵᠢᠯᠡᠭᠡ ::》

2. 《ᠮᠣᠩᠭᠣᠯ ᠤᠨ ᠨᠢᠭᠤᠴᠠ ᠲᠣᠪᠴᠢᠶᠠᠨ ᠤ 〈ᠪᠢᠴᠢᠭᠯᠡᠯ ᠰᠤᠳᠤᠯᠤᠯ ᠤᠨ ᠬᠡᠯᠡᠨ ᠦ ᠰᠤᠳᠤᠯᠭ᠎ᠠ ᠶᠢᠨ ᠳᠡᠭᠡᠷᠡᠬᠢ〉 ᠶᠢᠨ ᠰᠢᠨᠵᠢᠯᠡᠯ ᠲᠡᠢ ᠪᠠᠢᠨ᠎ᠠ

ᠰᠤᠳᠤᠯᠭ᠎ᠠ ᠶᠢᠨ ᠤᠨ ᠬᠡᠯᠡᠨ ᠰᠢᠨᠵᠢᠯᠡᠬᠦ ᠤᠬᠠᠭᠠᠨ》 ᠤ ᠬᠣᠶᠠᠷ ᠳᠤᠭᠠᠷ ᠬᠡᠰᠡᠭ : 〈ᠰᠤᠳᠤᠯᠭ᠎ᠠ ᠶᠢᠨ ᠠᠷᠭ᠎ᠠ ᠪᠠᠷ ᠬᠡᠯᠡᠨ ᠦ ᠰᠤᠳᠤᠯᠭ᠎ᠠ ᠶᠢ ᠬᠢᠭᠰᠡᠨ · ᠬᠡᠯᠡ ᠶᠢᠨ ᠰᠢᠨᠵᠢᠯᠡᠭᠡ :

(1) ᠰᠤᠳᠤᠯᠤᠯ ᠤᠨ ᠰᠡᠳᠦᠪ · ᠬᠡᠯᠡᠨ ᠦ ᠪᠠᠶᠢᠳᠠᠯ ᠬᠡᠯᠡᠨ ᠦ ᠬᠡᠷᠡᠭᠯᠡᠭᠡ ᠶᠢ ᠬᠡᠯᠡ ᠶᠢᠨ ᠰᠢᠨᠵᠢᠯᠡᠬᠦ ᠤᠬᠠᠭᠠᠨ〉

(2) ᠰᠤᠳᠤᠯᠤᠯ ᠪᠠᠢᠳᠠᠯ ᠪᠣᠯᠪᠠᠰᠤᠷᠠᠯ ᠬᠡᠯᠡ ᠶᠢᠨ ᠬᠡᠯᠡᠨ ᠦ ᠰᠤᠳᠤᠯᠭ᠎ᠠ ᠶᠢᠨ ᠬᠡᠷᠡᠭᠯᠡᠯ ᠦᠨ ᠪᠣᠯᠪᠠᠰᠤᠷᠠᠯ ᠤᠨ ᠰᠢᠨᠵᠢᠯᠡᠭᠡ · ᠬᠡᠯᠡ ᠬᠡᠯᠡᠨ ᠦ ᠰᠤᠳᠤᠯᠤᠯ ᠪᠠᠢᠳᠠᠯ ᠢ ᠰᠤᠳᠤᠯᠭ᠎ᠠ ᠶᠢᠨ

ᠬᠡᠯᠡ ᠪᠠᠷ ᠰᠢᠨᠵᠢᠯᠡᠨ᠎ᠡ ::

ᠪᠠᠷ ᠰᠢᠨᠵᠢᠯᠡᠭᠡᠨ ᠦ ᠬᠡᠯᠡ ᠶᠢᠨ ᠬᠡᠯᠡᠨ ᠦ ᠬᠡᠯᠡᠨ ᠦ ᠰᠢᠨᠵᠢᠯᠡᠭᠡ ᠪᠠᠷ ᠬᠡᠯᠡᠨ ᠦ (1) (2) (3) ᠬᠡᠰᠡᠭ ᠤᠨ ᠰᠢᠨᠵᠢᠯᠡᠯ ᠦᠨ ᠰᠤᠳᠤᠯᠭ᠎ᠠ ᠶᠢᠨ ᠰᠢᠨᠵᠢᠯᠡᠭᠡᠨ ᠦ 90 ᠣᠨ ᠤ ᠪᠦᠲᠦᠭᠡᠯ

ᠪᠣᠯᠪᠠᠰᠤᠷᠠᠯ ᠰᠤᠳᠤᠯᠭ᠎ᠠ ᠪᠠᠢᠳᠠᠯ ᠬᠡᠯᠡ ᠪᠠᠷ · ᠰᠤᠳᠤᠯᠭ᠎ᠠ ᠰᠢᠨᠵᠢᠯᠡᠭᠡᠨ ᠦ ᠬᠡᠯᠡ ᠶᠢᠨ ᠰᠢᠨᠵᠢᠯᠡᠭᠡ · ᠪᠣᠯᠪᠠᠰᠤᠷᠠᠯ ᠤᠨ ᠰᠢᠨᠵᠢᠯᠡᠭᠡ ᠶᠢᠨ ᠰᠤᠳᠤᠯᠭ᠎ᠠ ::》

3. 《ᠮᠣᠩᠭᠣᠯ ᠤᠨ ᠨᠢᠭᠤᠴᠠ ᠲᠣᠪᠴᠢᠶᠠᠨ ᠤ ᠪᠢᠴᠢᠭᠯᠡᠯ ᠰᠤᠳᠤᠯᠤᠯ ᠤᠨ ᠬᠡᠯᠡ ᠶᠢᠨ ᠰᠤᠳᠤᠯᠭ᠎ᠠ ᠶᠢᠨ ᠳᠡᠭᠡᠷᠡᠬᠢ》 ᠶᠢᠨ ᠭᠤᠷᠪᠠᠳᠤᠭᠠᠷ ᠬᠡᠰᠡᠭ : ᠰᠤᠳᠤᠯᠭ᠎ᠠ ᠶᠢᠨ ᠠᠷᠭ᠎ᠠ ᠪᠠᠷ ᠬᠡᠯᠡ ᠶᠢ ᠰᠢᠨᠵᠢᠯᠡᠭᠡᠨ ᠦ ᠰᠤᠳᠤᠯᠭ᠎ᠠ ᠶᠢᠨ

ᠰᠢᠨᠵᠢᠯᠡᠭᠡ :

(1) ᠬᠡᠯᠡ ᠬᠡᠷᠡᠭᠯᠡᠯ ᠦᠨ ᠰᠤᠳᠤᠯᠭ᠎ᠠ ᠶᠢᠨ ᠪᠠᠢᠳᠠᠯ ᠢ ᠰᠢᠨᠵᠢᠯᠡᠬᠦ · ᠪᠣᠯᠪᠠᠰᠤᠷᠠᠯ ᠤᠨ ᠰᠢᠨᠵᠢᠯᠡᠭᠡ ᠶᠢᠨ ᠰᠤᠳᠤᠯᠭ᠎ᠠ ᠶᠢᠨ ᠬᠡᠯᠡ ᠶᠢᠨ ᠪᠣᠯᠪᠠᠰᠤᠷᠠᠯ ᠤᠨ ᠪᠠᠢᠳᠠᠯ ᠢ ᠰᠢᠨᠵᠢᠯᠡᠨ᠎ᠡ ::

(2) ᠨᠢᠭᠡ ᠬᠦᠮᠦᠨ ᠦ ᠡᠳᠦᠷ ᠦᠨ ᠪᠦᠲᠦᠭᠡᠯ ᠢ ᠬᠡᠮᠵᠢᠶᠡᠯᠡᠬᠦ ᠶᠢᠨ ᠬᠡᠮᠵᠢᠶᠡᠭᠦᠷ ᠪᠣᠯᠭᠠᠨ᠎ᠠ᠂ ᠲᠡᠭᠦᠨ ᠳᠦ ᠪᠣᠳᠣᠭᠳᠠᠭᠰᠠᠨ ᠪᠣᠯᠤᠨ᠎ᠠ᠃

(3) ᠨᠢᠭᠡ ᠬᠦᠮᠦᠨ ᠦ ᠡᠳᠦᠷ ᠦᠨ ᠪᠦᠲᠦᠭᠡᠯ ᠪᠣᠯᠤᠨ ᠪᠦᠲᠦᠭᠡᠯ ᠦᠨ ᠬᠡᠮᠵᠢᠶ᠎ᠡ ᠪᠠᠷ ᠬᠡᠮᠵᠢᠶᠡᠯᠡᠨ᠎ᠡ᠂ ᠨᠢᠭᠡ ᠬᠡᠰᠡᠭ ᠦᠨ ᠪᠣᠳᠣᠭᠳᠠᠭᠰᠠᠨ ᠪᠣᠯᠤᠨ᠎ᠠ᠃

(4) ᠨᠢᠭᠡ ᠬᠦᠮᠦᠨ ᠦ ᠡᠳᠦᠷ ᠦᠨ ᠪᠦᠲᠦᠭᠡᠯ ᠢ ᠬᠡᠮᠵᠢᠶᠡᠯᠡᠬᠦ ᠶᠢᠨ ᠬᠠᠮᠲᠤ ᠬᠥᠳᠡᠯᠮᠦᠷᠢ ᠶᠢᠨ ᠴᠠᠭ ᠢ ᠪᠠᠰᠠ ᠪᠣᠳᠣᠬᠤ ᠬᠡᠷᠡᠭᠲᠡᠢ᠃

(5) ᠪᠦᠬᠦ ᠬᠦᠮᠦᠨ ᠦ ᠬᠡᠮᠵᠢᠶᠡᠯᠲᠡ ᠶᠢᠨ ᠬᠠᠮᠢᠶ᠎ᠠ ᠨᠢᠭᠡ ᠬᠦᠮᠦᠨ ᠦ ᠪᠦᠲᠦᠭᠡᠯ ᠦᠨ ᠬᠡᠮᠵᠢᠶᠡᠯᠡᠭᠰᠡᠨ ᠪᠠᠶᠢᠳᠠᠯ ᠢ ᠳᠤᠷᠰᠠᠨ᠎ᠠ᠂ ᠨᠢᠭᠡ ᠬᠦᠮᠦᠨ ᠦ ᠢ ᠪᠣᠳᠣᠭᠳᠠᠭᠰᠠᠨ ᠪᠣᠯᠤᠨ᠎ᠠ᠃

(6) ᠪᠦᠲᠦᠭᠡᠯ ᠦᠨ ᠬᠡᠮᠵᠢᠶ᠎ᠡ ᠶᠢ ᠬᠡᠮᠵᠢᠶᠡᠯᠡᠭᠦᠯᠦᠭᠰᠡᠨ ᠪᠣᠯᠤᠨ᠎ᠠ᠃

4.《ᠪᠣᠯᠣᠪᠠᠰᠤᠷᠠᠯ ᠤᠨ ᠬᠥᠭᠵᠢᠯ ᠦᠨ ᠦᠨᠳᠦᠰᠦᠯᠡᠯ ᠤᠨ ᠪᠣᠳᠣᠯᠭ᠎ᠠ》ᠶᠢᠨ ᠳᠤᠭᠠᠷ ᠪᠦᠯᠦᠭ ᠦᠨ ᠠᠭᠤᠯᠭ᠎ᠠ ᠪᠣᠯ᠄《ᠪᠦᠲᠦᠭᠡᠯ ᠦᠨ ᠬᠡᠮᠵᠢᠶ᠎ᠡ ᠶᠢᠨ ᠬᠡᠮᠵᠢᠶᠡᠯᠡᠬᠦ ᠶᠢᠨ ᠪᠣᠳᠣᠭᠳᠠᠭᠰᠠᠨ ᠪᠠᠶᠢᠳᠠᠯ》ᠢ ᠬᠡᠮᠵᠢᠶᠡᠯᠡᠭᠰᠡᠨ ᠦ ᠨᠢᠭᠡ ᠬᠡᠰᠡᠭ᠄

(1) ᠬᠡᠮᠵᠢᠶᠡᠯᠡᠭᠰᠡᠨ ᠪᠣᠯᠤᠨ᠎ᠠ᠂ ᠬᠡᠮᠵᠢᠶᠡᠯᠡᠭᠰᠡᠨ ᠪᠣᠯᠤᠨ ᠪᠦᠲᠦᠭᠡᠯ ᠦᠨ ᠨᠢᠭᠡ ᠪᠠᠷ ᠲᠣᠭᠠᠴᠠᠭᠰᠠᠨ᠃

(2) ᠬᠡᠮᠵᠢᠶᠡᠯᠡᠭᠰᠡᠨ ᠪᠣᠯᠤᠨ᠎ᠠ᠂ ᠪᠦᠲᠦᠭᠡᠯ ᠦᠨ ᠬᠡᠮᠵᠢᠶ᠎ᠡ ᠪᠣᠯᠤᠨ ᠪᠦᠲᠦᠭᠡᠯ ᠦᠨ ᠬᠡᠮᠵᠢᠶᠡᠯᠡᠭᠰᠡᠨ ᠪᠠᠶᠢᠳᠠᠯ ᠢ ᠪᠣᠯᠤᠨ᠎ᠠ᠃

(3) ᠬᠡᠮᠵᠢᠶ᠎ᠡ ᠪᠣᠯᠤᠨ ᠨᠢᠭᠡ ᠬᠦᠮᠦᠨ ᠦ ᠡᠳᠦᠷ ᠦᠨ ᠪᠦᠲᠦᠭᠡᠯ ᠢ ᠬᠡᠮᠵᠢᠶᠡᠯᠡᠨ᠎ᠡ᠃

(4) ᠬᠡᠮᠵᠢᠶᠡᠯᠲᠡ ᠪᠣᠳᠣᠭᠳᠠᠭᠰᠠᠨ᠂ ᠬᠡᠮᠵᠢᠶᠡᠯᠲᠡ ᠪᠣᠳᠣᠭᠳᠠᠭᠰᠠᠨ ᠪᠦᠲᠦᠭᠡᠯ ᠦᠨ ᠪᠣᠳᠣᠭᠳᠠᠭᠰᠠᠨ ᠪᠣᠯᠤᠨ ᠲᠣᠭᠠᠴᠠᠭᠰᠠᠨ ᠪᠠᠶᠢᠳᠠᠯ ᠪᠠᠷ ᠬᠡᠮᠵᠢᠶᠡᠯᠡᠨ᠎ᠡ᠂ ᠨᠢᠭᠡ ᠬᠦᠮᠦᠨ ᠦ ᠡᠳᠦᠷ ᠦᠨ ᠪᠦᠲᠦᠭᠡᠯ ᠢ ᠬᠡᠮᠵᠢᠶᠡᠯᠡᠨ᠎ᠡ᠃ ᠪᠣᠳᠣᠭᠳᠠᠭᠰᠠᠨ ᠨᠢᠭᠡ ᠬᠦᠮᠦᠨ ᠦ ᠪᠦᠲᠦᠭᠡᠯ ᠢ ᠬᠡᠮᠵᠢᠶᠡᠯᠡᠨ᠎ᠡ᠃

ᠪᠣᠯᠤᠨ᠎ᠠ᠃

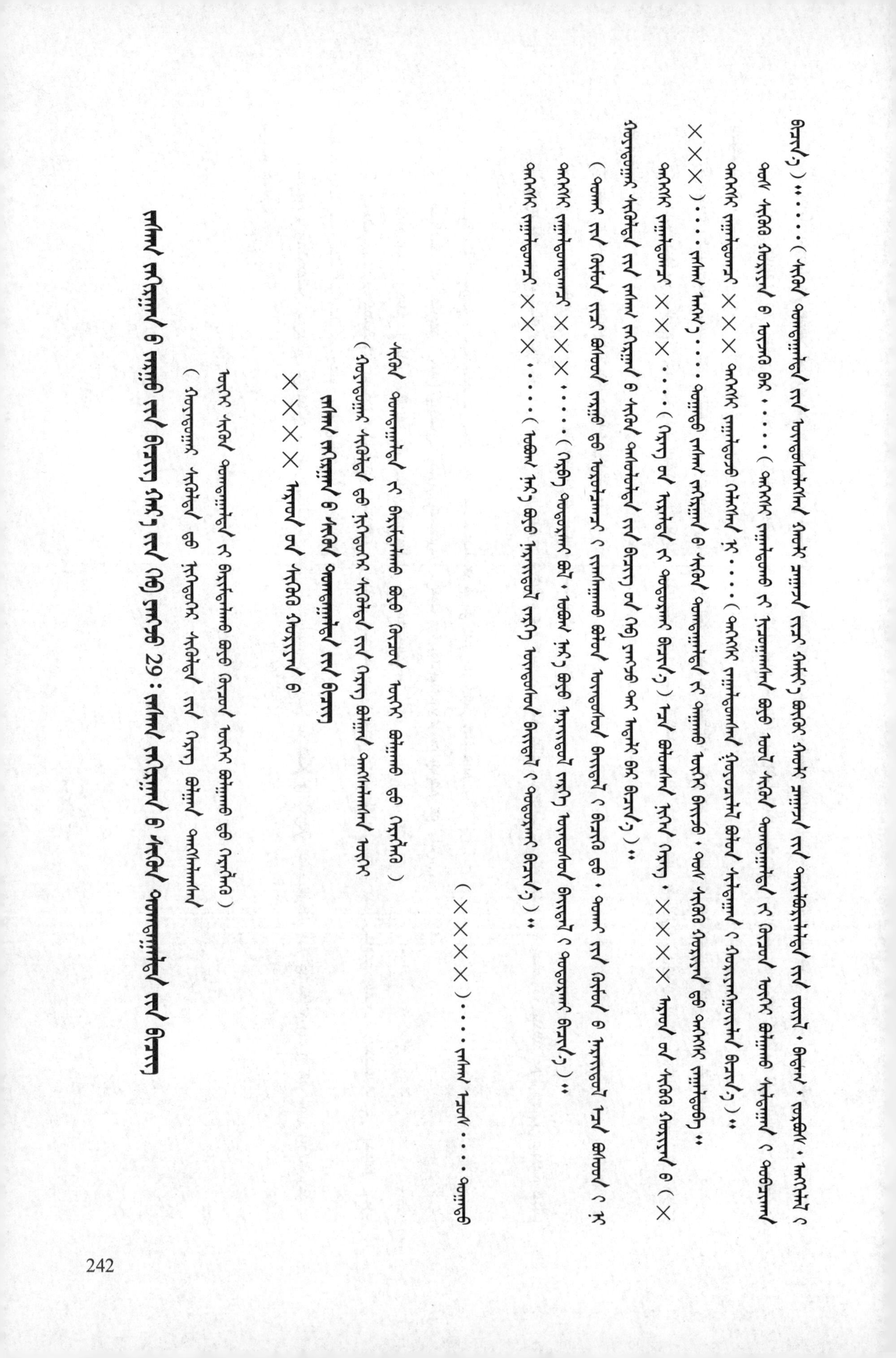

[illegible] 29 : [illegible]

([illegible])

× × × × [illegible]

[illegible]

([illegible])

(× × × ×) .... [illegible] .... [illegible]

[illegible] × × × ..... ([illegible]) ::

[illegible] × × × ..... ([illegible]) ::

([illegible]) ::

[illegible] × × × .... ([illegible]) [illegible] × × × × [illegible] (×

× × ×) .... [illegible] .... [illegible] ::

[illegible] × × × [illegible] .... ([illegible]) ::

[illegible] ..... ([illegible])

[illegible] ([illegible]) :: .....

ᠪᠣᠯᠪᠠᠰᠤᠷᠠᠯ ᠪᠢᠴᠢᠭ᠌) ᠤ ᠬᠠᠷᠢᠭᠤᠴᠠᠯᠭ᠎ᠠ ᠶᠢ ᠲᠣᠳᠣᠷᠬᠠᠢᠯᠠᠨ᠂ ᠬᠠᠷᠢᠭᠤ ᠬᠠᠷᠢᠭᠤᠴᠠᠯᠭ᠎ᠠ ᠳᠤ ᠣᠷᠣᠭᠤᠯᠵᠤ ᠪᠢᠴᠢᠨ᠎ᠡ᠄

……(ᠬᠠᠷᠢᠭᠤ ᠬᠠᠷᠢᠭᠤᠴᠠᠯᠭ᠎ᠠ ᠶᠢᠨ ᠬᠤᠪᠢ ᠬᠡᠰᠡᠭ ᠦᠨ ᠪᠣᠯᠪᠠᠰᠤᠷᠠᠯ ᠪᠢᠴᠢᠭ᠌)᠃

ᠡᠨᠡ ᠬᠠᠷᠢᠭᠤ ᠬᠠᠷᠢᠭᠤᠴᠠᠯᠭ᠎ᠠ ᠪᠡᠷ ᠬᠡᠷᠡᠭ ᠦᠨ ᠬᠠᠷᠢᠭᠤ ᠬᠠᠷᠢᠭᠤᠴᠠᠯᠭ᠎ᠠ ᠪᠣᠯᠤᠨ᠎ᠠ᠃

ᠭᠡᠷᠡᠴᠢ ×××

ᠭᠡᠷᠡᠴᠢ ×××

ᠭᠡᠷᠡᠴᠢ ᠪᠢᠴᠢᠭᠡᠴᠢ ×××

×××× ᠣᠨ ᠤ ×× ᠰᠠᠷ᠎ᠠ ᠶᠢᠨ ×× ᠤ ᠡᠳᠦᠷ

(ᠭᠡᠷ᠎ᠡ ᠪᠠᠢᠭᠤᠯᠤᠭᠰᠠᠨ ᠤ ᠡᠳᠦᠷ)

ᠡᠨᠡ ᠪᠢᠴᠢᠭ ᠢ ᠬᠣᠶᠠᠷ ᠬᠤᠪᠢ ᠪᠢᠴᠢᠭ ᠰᠠ ᠭᠠᠷ ᠤᠨ ᠦᠰᠦᠭ ᠵᠢᠷᠤᠭᠰᠠᠨ ᠢᠶᠠᠷ ᠬᠦᠴᠦᠨ ᠲᠡᠢ

ᠪᠢᠴᠢᠭᠰᠡᠨ ×××

〔ᠲᠣᠪᠴᠢᠯᠠᠯ〕

ᠡᠨᠳᠡ᠂ ᠡᠨᠡ ᠬᠠᠷᠢᠭᠤ ᠬᠠᠷᠢᠭᠤᠴᠠᠯᠭ᠎ᠠ ᠶᠢᠨ《ᠪᠢᠴᠢᠭ᠌ ᠬᠡᠯᠡᠯᠴᠡᠭᠡ ᠶᠢᠨ ᠬᠡᠯᠪᠡᠷᠢ ᠶᠢ ᠬᠡᠷᠡᠭᠯᠡᠬᠦ》ᠳᠤ ᠬᠠᠮᠢᠶᠠᠷᠤᠯᠬᠤ ᠬᠣᠶᠠᠷ ᠲᠦᠷᠦᠯ ᠦᠨ ᠬᠠᠷᠢᠭᠤᠴᠠᠯᠭ᠎ᠠ ᠶᠢ ᠲᠡᠮᠳᠡᠭᠯᠡᠪᠡ᠂ ᠨᠢᠭᠡ᠂ ᠲᠡᠷᠡ ᠨᠢ ᠬᠠᠷᠢᠭᠤᠴᠠᠯᠭ᠎ᠠ ᠳᠤ

ᠪᠠᠢᠭ᠎ᠠ ᠶᠢᠨ (1) (2) ᠵᠡᠷᠭᠡ ᠬᠡᠰᠡᠭ᠂《ᠪᠢᠴᠢᠭ᠌ ᠬᠡᠯᠡᠯᠴᠡᠭᠡ ᠶᠢᠨ ᠬᠡᠯᠪᠡᠷᠢ》ᠳᠤ ᠲᠠᠢ ᠬᠡᠰᠡᠭ ᠦᠨ ᠦᠭᠡ ᠶᠢᠨ ᠬᠡᠯᠪᠡᠷᠢ ᠶᠢᠨ ᠲᠦᠷᠦᠯ ᠳᠤ

ᠶᠠᠷᠢᠯᠴᠠᠭᠤᠯᠤᠨ ᠬᠡᠷᠡᠭᠯᠡᠵᠦ ᠪᠠᠢᠭ᠎ᠠ ᠨᠢ ᠪᠣᠯ ᠮᠠᠰᠢ ᠴᠢᠬᠤᠯᠠ》ᠶᠢᠨ ᠬᠡᠷᠡᠭᠯᠡᠭᠡᠨ ᠳᠤ ᠬᠠᠷᠢᠭᠤᠴᠠᠭᠰᠠᠨ ᠪᠠᠢᠳᠠᠯ ᠢ ᠬᠠᠷᠠᠭᠤᠯᠵᠠᠢ᠃

ᠰᠢᠯᠭᠠᠨ᠂《ᠬᠠᠷᠢᠭᠤ ᠬᠠᠷᠢᠭᠤᠴᠠᠯᠭ᠎ᠠ ᠶᠢᠨ ᠬᠣᠶᠠᠷ ᠲᠦᠷᠦᠯ》ᠳᠤ ᠲᠤᠰ ᠪᠦᠷᠢ ᠶᠢᠨ ᠬᠡᠯᠪᠡᠷᠢ ᠳᠦ ᠪᠠᠢᠳᠠᠭ ᠪᠠᠷ ᠬᠡᠯᠪᠡᠷᠢᠯᠡᠵᠡᠢ᠄

ᠨᠡᠶᠢᠲᠡᠯᠡᠭᠰᠡᠨ ᠪᠣ᠂ ᠡᠨᠡ ᠬᠠᠷᠢᠭᠤ ᠬᠠᠷᠢᠭᠤᠴᠠᠯᠭ᠎ᠠ ᠶᠢᠨ ᠪᠢᠴᠢᠭᠯᠡᠯ᠂

《ᠮᠣᠩᠭᠣᠯ ᠦᠨᠳᠦᠰᠦᠲᠡᠨ ᠦ ᠨᠡᠢᠲᠡ ᠶᠢᠨ᠂ ᠡᠨᠡ ᠬᠠᠷᠢᠭᠤ ᠬᠠᠷᠢᠭᠤᠴᠠᠯᠭ᠎ᠠ ᠶᠢᠨ ᠪᠢᠴᠢᠭᠯᠡᠯ》ᠭᠡᠵᠦ ᠪᠠᠢᠨ᠎ᠠ᠃

ᠭᠠᠷᠭᠠᠭᠰᠠᠨ ᠪᠣ᠂ ᠡᠨᠡ ᠬᠠᠷᠢᠭᠤ ᠬᠠᠷᠢᠭᠤᠴᠠᠯᠭ᠎ᠠ ᠶᠢᠨ ᠲᠣᠬᠠᠢ ᠶᠠᠷᠢᠨ ᠪᠠᠢᠨ᠎ᠠ᠂

《1. ×××× ᠬᠣᠰᠢᠭᠤᠨ ᠤ ᠰᠤᠷᠭᠠᠭᠤᠯᠢ ᠶᠢᠨ ᠰᠤᠷᠭᠠᠨ ᠬᠦᠮᠦᠵᠢᠯ ᠤ (××××) …… ᠰᠡᠳᠦᠪ ᠰᠡᠳᠦᠪ …… ᠰᠡᠳᠦᠪ ᠰᠡᠳᠦᠪ ᠰᠤᠷᠭᠠᠨ ᠤ ᠬᠦᠮᠦᠵᠢᠯ ᠦᠨ ᠪᠢᠴᠢᠯᠭᠡ》 ᠭᠡᠳᠡᠭ ᠪᠢᠴᠢᠭ ::

2. 《ᠮᠣᠩᠭᠣᠯ ᠬᠡᠯᠡᠨ ᠦ ×××× ᠬᠣᠰᠢᠭᠤᠨ ᠤ ᠰᠤᠷᠭᠠᠭᠤᠯᠢ ᠶᠢᠨ ᠬᠡᠯᠡᠨ ᠪᠠ ᠬᠡᠯᠡᠨ ᠪᠢᠴᠢᠭ ᠰᠤᠷᠭᠠᠨ ᠬᠦᠮᠦᠵᠢᠭᠦᠯᠦᠯᠲᠡ ᠪᠠ ᠰᠤᠷᠭᠠᠭᠤᠯᠢ》 ᠭᠡᠳᠡᠭ ᠪᠢᠴᠢᠭ ::

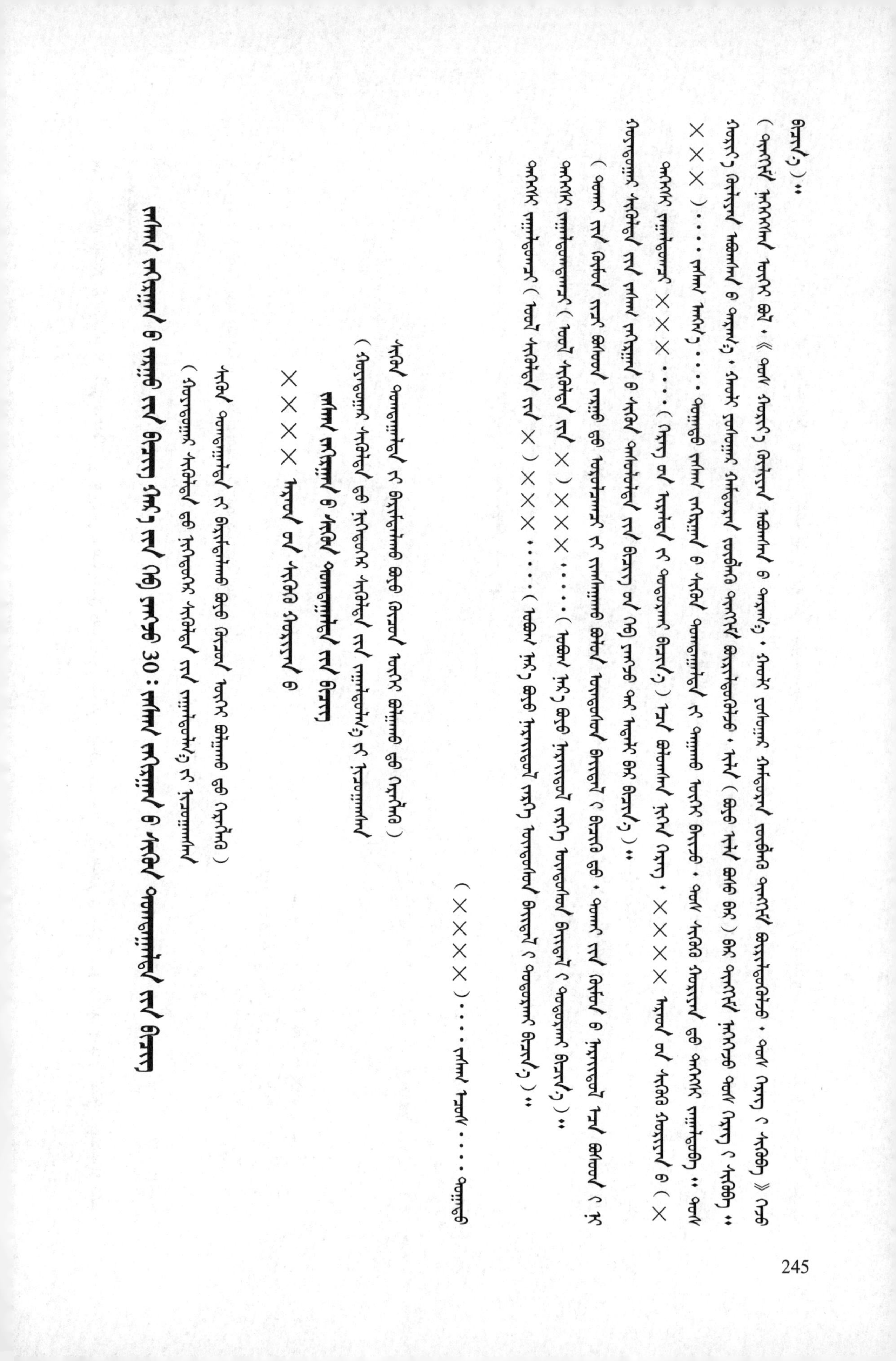

[illegible] 30 : [illegible]

([illegible]
[illegible])

× × × × [illegible]

[illegible]

([illegible]
[illegible])

[illegible] . . . . [illegible] . . . . (× × × ×)

[illegible] ([illegible] ×) × × × . . . . . ([illegible]) ::

[illegible] ([illegible] ×) × × × . . . . . ([illegible]) ::

([illegible] . [illegible] . [illegible]) ::

[illegible] × × × . . . . ([illegible]) [illegible] . × × × × [illegible] (×
× × ×) . . . . [illegible] . . . . [illegible] . [illegible] :: [illegible] . [illegible] . [illegible] ([illegible]) [illegible] ::
([illegible] . « [illegible] . [illegible] . [illegible] » [illegible]) ::

ᠵᠢᠱᠢᠶ᠎ᠡ᠂ ᠨᠢᠭᠡ ᠶᠠᠮᠠᠷ ᠪᠠᠢᠭᠤᠯᠤᠯᠭ᠎ᠠ ᠶᠢᠨ ᠪᠠᠢᠭᠤᠯᠭ᠎ᠠ ᠶᠢᠨ 《ᠪᠦᠬᠦ ᠨᠡᠢᠲᠡ ᠶᠢᠨ ᠬᠤᠷᠠᠯ ᠤᠨ ᠰᠢᠢᠳᠪᠦᠷᠢ》 ᠶᠢᠨ ᠵᠢᠭᠠᠯᠲᠠ

[ᠤᠷᠢᠯᠭ᠎ᠠ ᠶᠢᠨ ᠪᠢᠴᠢᠭ]

ᠨᠢᠭᠡ ᠪᠠᠢᠭᠤᠯᠭ᠎ᠠ ᠶᠢᠨ ᠬᠤᠷᠠᠯ ᠤᠨ ᠪᠠᠢᠭᠤᠯᠭ᠎ᠠ ᠳᠤ ᠮᠡᠳᠡᠭᠳᠡᠬᠦ ᠨᠢ ᠲᠣᠪᠴᠢ ᠪᠠᠢᠨ᠎ᠠ

××× ᠪᠠᠢᠭᠤᠯᠤᠯᠭ᠎ᠠ

××××ᠣᠨ ×× ᠰᠠᠷ᠎ᠠ ×× ᠡᠳᠦᠷ

(ᠶᠠᠮᠠᠷ ᠬᠡᠮᠵᠢᠶ᠎ᠡ ᠪᠡᠷ)

ᠶᠠᠮᠠᠷ ×××

ᠶᠠᠮᠠᠷ ×××

ᠶᠠᠮᠠᠷ ᠬᠡᠮᠵᠢᠶ᠎ᠡ ×××

ᠨᠢᠭᠡ ᠶᠠᠮᠠᠷ ᠪᠠᠢᠭᠤᠯᠤᠯᠭ᠎ᠠ ᠪᠠᠷ ᠤᠷᠢᠯᠠᠵᠤ ᠨᠢ ᠶᠠᠮᠠᠷ ᠪᠠᠢᠭᠤᠯᠤᠯᠭ᠎ᠠ ᠪᠣᠯᠤᠨ᠎ᠠ ::

……(ᠶᠠᠮᠠᠷ ᠪᠠᠢᠭᠤᠯᠤᠯᠭ᠎ᠠ ᠶᠢᠨ ᠬᠤᠷᠠᠯ ᠤᠨ ᠬᠤᠪᠢ ᠶᠢ ᠪᠢᠴᠢᠬᠦ) ::

ᠶᠠᠮᠠᠷ ᠪᠠᠢᠭᠤᠯᠤᠯᠭ᠎ᠠ ᠶᠢ ᠪᠤᠯᠭᠠᠬᠤ ᠬᠡᠷᠡᠭ:

ᠬᠠᠮᠲᠤᠷᠠᠯᠴᠠᠭᠤᠯᠬᠤ ᠬᠠᠮᠤᠭ ᠴᠢᠬᠤᠯᠠ ᠶᠢᠨ ᠬᠡᠷᠡᠭ ᠪᠣᠯᠬᠤ ᠪᠠᠢᠳᠠᠯ ᠶᠢᠨ ᠬᠤᠷᠠᠯ᠂ ᠪᠣᠯᠤᠨ᠂ ᠬᠤᠪᠢ᠂ ᠮᠠᠰᠢ ᠶᠢᠨ ᠪᠣᠯᠤᠨ ᠪᠣᠯᠤᠨ᠎ᠠ) ᠶᠢᠨ ᠪᠠᠢᠭᠤᠯᠤᠯᠲᠠ ᠶᠢᠨ ᠬᠠᠮᠲᠤᠷᠠᠯᠴᠠᠭᠤᠯᠬᠤ᠂

ᠨᠢᠭᠡ ᠬᠤᠷᠠᠯᠳᠤᠭᠠᠨ ᠤ ᠬᠠᠮᠤᠭ ᠪᠣᠯ …… (ᠬᠤᠷᠠᠯᠳᠤᠭᠠᠨ ᠶᠠᠮᠠᠷ ᠶᠢᠨ ᠶᠠᠮᠠᠷ ᠪᠠᠢᠭᠤᠯᠤᠯᠭ᠎ᠠ ᠶᠢᠨ ᠪᠣᠯᠤᠨ᠎ᠠ) :: …… (ᠶᠠᠮᠠᠷ ᠪᠠᠢᠭᠤᠯᠤᠯᠲᠠ ᠶᠢᠨ

ᠪᠣᠯᠬᠤ ᠬᠡᠷᠡᠭ ᠪᠣᠯᠤᠨ ᠬᠠᠮᠲᠤᠷᠠᠯᠴᠠᠭᠤᠯᠬᠤ ᠶᠢᠨ ᠪᠣᠯᠤᠨ᠎ᠠ) ::

ᠶᠠᠮᠠᠷ ᠪᠣᠯ ᠮᠠᠰᠢ ᠪᠣᠯᠤᠨ ᠪᠠᠢᠭᠤᠯᠤᠯᠲᠠ ᠶᠢ ……(ᠬᠤᠷᠠᠯᠳᠤᠭᠠᠨ ᠶᠠᠮᠠᠷ ᠪᠣᠯ ᠬᠠᠮᠤᠭ ᠬᠠᠮᠲᠤᠷᠠᠯᠴᠠᠭᠤᠯᠬᠤ ᠬᠤᠪᠢ ᠶᠢᠨ ᠬᠡᠷᠡᠭ ᠪᠣᠯᠤᠨ ᠬᠠᠮᠤᠭ ᠬᠠᠮᠲᠤ᠂ ᠬᠠᠮᠲᠤ ᠪᠣᠯᠬᠤ

ᠠᠷᠢᠭᠤᠨ ᠬᠠᠮᠲᠤᠷᠠᠯᠴᠠᠭᠤᠯᠬᠤ ××× ᠠᠷᠢᠭᠤᠨ ᠬᠠᠮᠲᠤᠷᠠᠯᠴᠠᠭᠤᠯᠤᠭᠴᠢ ᠶᠢ ……(ᠠᠷᠢᠭᠤᠨ ᠬᠠᠮᠲᠤᠷᠠᠯᠴᠠᠭᠤᠯᠤᠨ ᠬᠡᠷᠡᠭᠵᠢᠭᠦᠯᠬᠦ ᠪᠣᠯᠤᠨ ᠶᠠᠮᠠᠷ ᠪᠠᠢᠭᠤᠯᠤᠯᠲᠠ ᠶᠢᠨ ᠬᠤᠷᠠᠯᠳᠤᠭᠠᠨ ᠪᠣᠯᠤᠨ᠎ᠠ) ::

ᠬᠠᠮᠲᠤᠷᠠᠯᠴᠠᠭᠤᠯᠬᠤ ᠬᠡᠷᠡᠭᠵᠢᠭᠦᠯᠬᠦ ᠶᠢᠨ ᠬᠡᠷᠡᠭ ᠪᠣᠯᠬᠤ ᠶᠢᠨ ᠪᠠᠢᠭᠤᠯᠤᠯᠲᠠ ᠶᠢᠨ ᠪᠣᠯᠤᠨ᠎ᠠ) ::

……(ᠬᠤᠷᠠᠯ ᠶᠠᠮᠠᠷ ᠪᠣᠯ ᠬᠠᠮᠤᠭ ᠬᠠᠮᠲᠤᠷᠠᠯᠴᠠᠭᠤᠯᠬᠤ ᠶᠠᠮᠠᠷ ᠪᠠᠢᠭᠤᠯᠤᠯᠲᠠ ᠶᠢᠨ ᠬᠤᠷᠠᠯᠳᠤᠭᠠᠨ ᠪᠣᠯᠤᠭᠰᠠᠨ ᠪᠣᠯᠤᠨ᠎ᠠ᠂ ᠠᠷᠢᠭᠤᠨ ᠬᠠᠮᠲᠤᠷᠠᠯᠴᠠᠭᠤᠯᠬᠤ ᠶᠢᠨ

2. ᠪᠦᠯᠦᠭ ᠭᠠᠷᠴᠠᠭ ᠤᠨ ×××× ᠬᠡᠰᠡᠭ ᠦᠨ ᠲᠣᠭᠠᠨ ᠲᠡᠮᠳᠡᠭ ᠢ ᠪᠠᠭ᠎ᠠ ᠬᠠᠭᠠᠯᠲᠠ ᠳᠤ ᠲᠡᠮᠳᠡᠭᠯᠡᠨ᠎ᠡ᠃ 》ᠭᠡᠵᠦ ᠪᠢᠴᠢᠨ᠎ᠡ᠃
ᠪᠢᠴᠢᠨ᠎ᠡ᠃ ᠭᠡᠵᠦ ᠪᠢᠴᠢᠨ᠎ᠡ᠃

《1. ×××× ᠬᠡᠰᠡᠭ ᠦᠨ ᠲᠣᠭᠠᠨ ᠲᠡᠮᠳᠡᠭ ᠦᠨ (××××)…… ᠨᠢᠭᠡ ᠬᠡᠰᠡᠭ……ᠨᠢᠭᠡ ᠨᠢᠭᠡᠳᠦᠭᠡᠷ ᠦᠨ ᠲᠣᠭᠠᠨ ᠲᠡᠮᠳᠡᠭ ᠦᠨ ᠪᠦᠯᠦᠭ ᠬᠡᠰᠡᠭ ᠲᠡᠮᠳᠡᠭ
ᠲᠡᠮᠳᠡᠭᠯᠡᠬᠦ ᠪᠡᠷ᠂ ᠬᠡᠰᠡᠭ ᠲᠣᠭᠠᠨ ᠲᠡᠮᠳᠡᠭ ᠦᠨ ᠪᠦᠯᠦᠭ ᠬᠡᠰᠡᠭ ᠪᠢᠴᠢᠯᠭᠡ᠂ ᠬᠡᠰᠡᠭᠯᠡᠬᠦ ᠲᠣᠭᠠᠨ ᠲᠡᠮᠳᠡᠭᠯᠡᠯ᠂
《ᠲᠠᠢᠯᠪᠤᠷᠢ ᠪᠢᠴᠢᠯᠭᠡ ᠶᠢᠨ ᠬᠡᠯᠡᠪᠦᠷᠢ᠂ ᠬᠡᠰᠡᠭ ᠲᠣᠭᠠᠨ ᠲᠡᠮᠳᠡᠭ ᠦᠨ ᠪᠢᠴᠢᠯᠭᠡ》 ᠭᠡᠵᠦ ᠪᠢᠴᠢᠨ᠎ᠡ᠃
ᠲᠡᠮᠳᠡᠭᠯᠡᠬᠦ ᠪᠡᠷ᠂ ᠲᠠᠢᠯᠪᠤᠷᠢ ᠪᠢᠴᠢᠯᠭᠡ ᠶᠢᠨ ᠬᠡᠯᠡᠪᠦᠷᠢ᠂ ᠬᠡᠰᠡᠭ ᠲᠣᠭᠠᠨ ᠲᠡᠮᠳᠡᠭ ᠦᠨ ᠪᠢᠴᠢᠯᠭᠡ᠂
ᠵᠢᠱᠢᠶ᠎ᠡ᠂ 《ᠲᠣᠭᠠᠨ ᠲᠡᠮᠳᠡᠭ ᠦᠨ ᠬᠡᠯᠡᠪᠦᠷᠢ ᠶᠢᠨ》 ᠳᠤ ᠪᠠᠢᠬᠤ ᠶᠢᠨ ᠠᠷᠭ᠎ᠠ ᠶᠢ ᠪᠠᠷᠢᠮᠲᠠᠯᠠᠨ᠎ᠠ᠄
ᠲᠡᠮᠳᠡᠭᠯᠡᠯ ᠦᠨ ᠲᠣᠭᠠᠨ ᠲᠡᠮᠳᠡᠭ ᠦᠨ ᠬᠡᠯᠡᠪᠦᠷᠢ ᠶᠢᠨ ᠪᠠᠢᠷᠢ ᠳᠤ ᠬᠠᠮᠢᠶᠠᠷᠠᠬᠤ ᠪᠠᠷ᠂ ᠲᠡᠮᠳᠡᠭᠯᠡᠬᠦ ᠪᠢᠴᠢᠯᠭᠡ ᠬᠡᠯᠡᠪᠦᠷᠢ ᠶᠢᠨ ᠣᠷᠣᠨ ᠳᠤ ᠪᠠᠢᠭ᠎ᠠ ᠪᠣᠯ᠃
ᠲᠡᠮᠳᠡᠭᠯᠡᠯ ᠦᠨ ᠬᠡᠯᠡ ᠶᠢᠨ ᠳᠤ ᠪᠠᠢᠷᠢ ᠪᠠᠷᠢᠮᠲᠠᠯᠠᠨ ᠪᠣᠯ᠂ ᠲᠡᠮᠳᠡᠭᠯᠡᠬᠦ ᠬᠡᠯᠡᠪᠦᠷᠢ ᠶᠢᠨ ᠲᠣᠭᠠᠨ ᠲᠡᠮᠳᠡᠭ ᠦᠨ ᠪᠠᠢᠷᠢ ᠶᠢᠨ ᠪᠠᠷᠢᠮᠲᠠᠯᠠᠨ᠎ᠠ᠃ ᠲᠡᠮᠳᠡᠭᠯᠡᠬᠦ ᠬᠡᠯᠡᠪᠦᠷᠢ ᠪᠠᠷ ᠪᠠᠢᠷᠢ ᠳᠤ ᠪᠠᠢᠭ᠎ᠠ ᠶᠢᠨ ᠲᠡᠮᠳᠡᠭᠯᠡᠬᠦ
ᠪᠢᠴᠢᠯᠭᠡ᠂ ᠲᠡᠮᠳᠡᠭᠯᠡᠬᠦ ᠬᠡᠯᠡᠪᠦᠷᠢ ᠶᠢᠨ ᠪᠠᠢᠷᠢ ᠳᠤ ᠪᠠᠷᠢᠮᠲᠠᠯᠠᠨ᠎ᠠ᠂ ᠪᠢᠴᠢᠯᠭᠡ ᠶᠢᠨ ᠬᠡᠯᠡᠪᠦᠷᠢ ᠳᠤ ᠪᠠᠢᠷᠢ ᠶᠢᠨ ᠲᠡᠮᠳᠡᠭᠯᠡᠬᠦ ᠪᠣᠯ
ᠪᠢᠴᠢᠯᠭᠡ ᠶᠢᠨ ᠲᠡᠮᠳᠡᠭᠯᠡᠬᠦ ᠪᠢᠴᠢᠯᠭᠡ ᠲᠣᠭᠠᠨ ᠲᠡᠮᠳᠡᠭ ᠦᠨ ᠬᠡᠯᠡᠪᠦᠷᠢ》 ᠦᠨ ᠪᠦᠯᠦᠭ ᠪᠢᠴᠢᠭ ᠢ ᠲᠣᠭᠠᠨ ᠲᠡᠮᠳᠡᠭ ᠦᠨ ᠪᠦᠯᠦᠭ ᠳᠤ ᠪᠢᠴᠢᠨ᠎ᠡ᠃
(1) ᠪᠢᠴᠢᠯᠭᠡ ᠲᠡᠮᠳᠡᠭᠯᠡᠯ ᠦᠨ 《ᠬᠡᠰᠡᠭ ᠦᠨ ᠲᠣᠭᠠᠨ ᠲᠡᠮᠳᠡᠭ ᠦᠨ ᠪᠦᠯᠦᠭ ᠬᠡᠰᠡᠭ ᠦᠨ ᠪᠢᠴᠢᠯᠭᠡ ᠲᠣᠭᠠᠨ ᠲᠡᠮᠳᠡᠭ ᠦᠨ ᠪᠠᠢᠷᠢ ᠶᠢᠨ ᠲᠡᠮᠳᠡᠭᠯᠡᠬᠦ ᠶᠢᠨ
(2) ᠲᠡᠮᠳᠡᠭᠯᠡᠯ ᠦᠨ ᠪᠢᠴᠢᠯᠭᠡ ᠶᠢᠨ

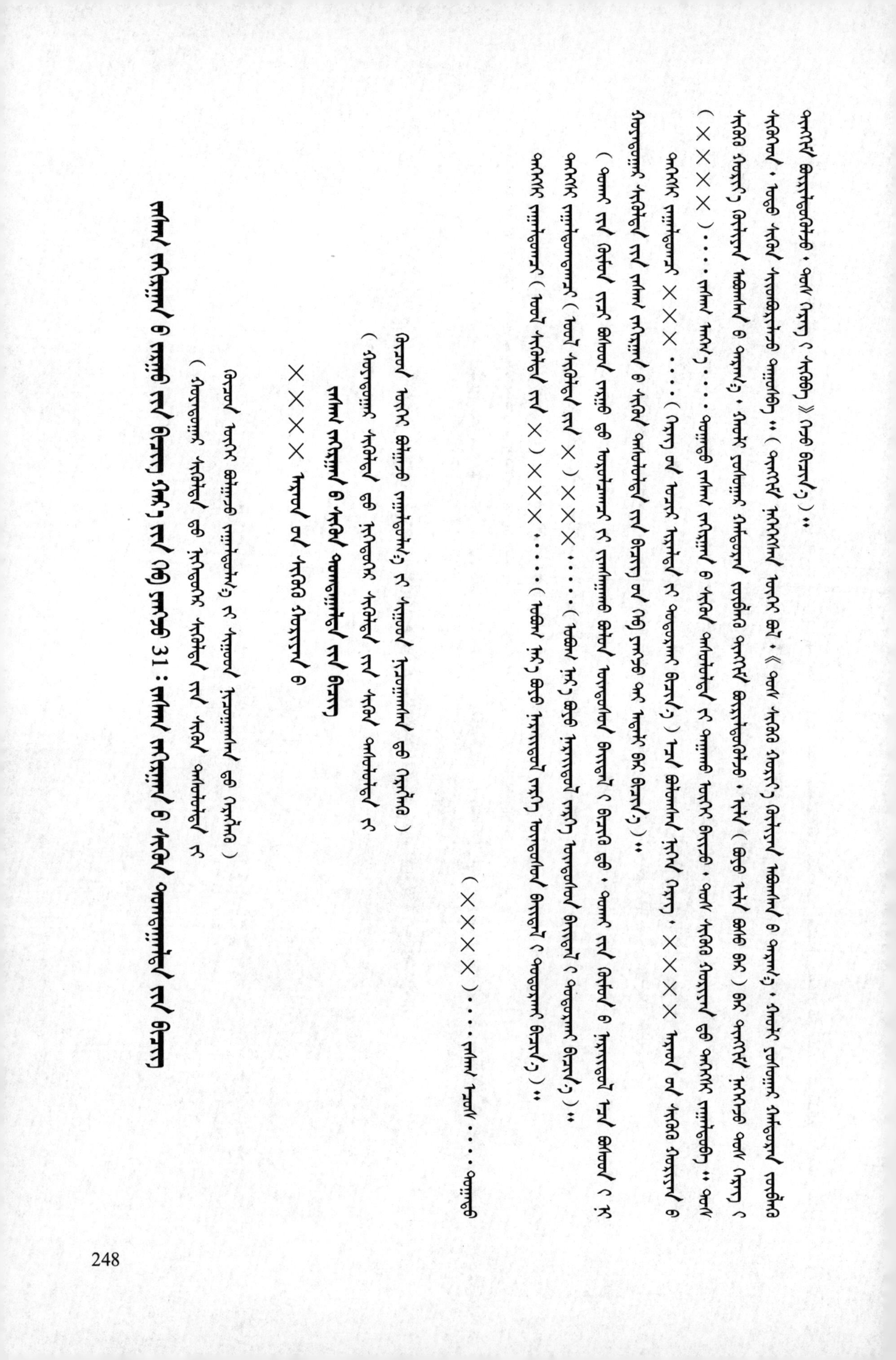

[illegible] 31 : [illegible]

([illegible]
[illegible])

×××× [illegible]

[illegible]

([illegible]
[illegible])

[illegible] …… [illegible] …… (××××)

[illegible] ([illegible] ×) ××× …… ([illegible]) ::

[illegible] ([illegible] ×) ××× …… ([illegible]) ::

([illegible]) ::

[illegible] ××× …… ([illegible]) [illegible] ××××, [illegible]

(××××) …… [illegible] …… [illegible] :: [illegible] ([illegible]) [illegible] 《 [illegible] 》 [illegible]) ::

ᠶᠢᠨ ᠬᠡᠷᠡᠭᠵᠢᠭᠦᠯᠬᠦ ᠪᠠᠶᠢᠴᠠ ᠶᠢᠨ (2) ᠳᠤᠭᠠᠷ ᠵᠦᠢᠯ ᠳᠦ《ᠬᠠᠮᠤᠭ ᠤᠨ ᠳᠡᠭᠡᠳᠦ ᠰᠢᠭᠦᠬᠦ ᠭᠠᠵᠠᠷ ᠤ〈ᠪᠦᠭᠦᠳᠡ ᠨᠠᠶᠢᠷᠠᠮᠳᠠᠬᠤ ᠳᠤᠮᠳᠠᠳᠤ ᠠᠷᠠᠳ ᠤᠯᠤᠰ ᠤᠨ ᠢᠷᠭᠡᠨ ᠬᠡᠷᠡᠭ ᠦᠨ ᠵᠠᠷᠭᠤ ᠶᠢᠨ

ᠡᠳᠡᠭᠡᠷ · ᠡᠨᠡ ᠰᠢᠭᠦᠯᠲᠡ ᠲᠣᠭᠲᠠᠭᠠᠯ ᠢ ᠪᠢᠴᠢᠭ ᠦᠨ《ᠪᠦᠭᠦᠳᠡ ᠨᠠᠶᠢᠷᠠᠮᠳᠠᠬᠤ ᠳᠤᠮᠳᠠᠳᠤ ᠠᠷᠠᠳ ᠤᠯᠤᠰ ᠤᠨ ᠢᠷᠭᠡᠨ ᠬᠡᠷᠡᠭ ᠦᠨ ᠵᠠᠷᠭᠤ ᠶᠢᠨ ᠬᠠᠤᠯᠢ》ᠶᠢᠨ ᠡᠳᠡᠭᠡᠷ ᠬᠠᠷᠢᠭᠤᠴᠠᠭᠤᠯᠬᠤ ᠵᠠᠰᠠᠪᠠᠯ

〔ᠲᠠᠮᠠᠭᠠᠯᠠᠭᠤᠯᠤᠨ ᠪᠠᠲᠤᠯᠠᠪᠠ〕

ᠡᠨᠡ ᠪᠢᠴᠢᠭ ᠢ ᠡᠬᠡ ᠪᠢᠴᠢᠭ ᠲᠠᠢ ᠬᠠᠷᠭᠤᠭᠤᠯᠵᠤ ᠦᠵᠡᠭᠰᠡᠨ ᠦ ᠬᠣᠶᠢᠨ᠎ᠠ ᠨᠢᠭᠡᠳᠦᠯ

ᠪᠢᠴᠢᠭᠴᠢ XXX

(ᠰᠢᠭᠦᠬᠦ ᠭᠠᠵᠠᠷ ᠤᠨ ᠲᠠᠮᠠᠭ᠎ᠠ)

XXXX ᠣᠨ ᠤ XX ᠰᠠᠷ᠎ᠠ ᠶᠢᠨ XX ᠤ ᠡᠳᠦᠷ

ᠰᠢᠭᠦᠭᠴᠢ XXX

ᠰᠢᠭᠦᠭᠴᠢ XXX

ᠰᠢᠭᠦᠭᠴᠢ ᠣᠷᠣᠯᠠᠭᠴᠢ XXX

ᠡᠨᠡ ᠰᠢᠭᠦᠯᠲᠡ ᠲᠣᠭᠲᠠᠭᠠᠯ ᠪᠣᠯ ᠬᠦᠷᠭᠡᠭᠰᠡᠨ ᠡᠴᠡ ᠰᠢᠭᠦᠯᠲᠡ ᠲᠣᠭᠲᠠᠭᠠᠯ ᠪᠣᠯᠤᠨ᠎ᠠ ::

ᠰᠡᠭᠦᠯ · XXX ᠤ ᠬᠠᠷᠢᠭᠤᠴᠠᠭᠤᠯᠤᠭᠴᠢ ᠶᠢᠨ ᠬᠠᠶᠢᠭ᠎ᠠ ::
ᠪᠣᠯᠭᠠᠨ᠎ᠠ ::

ᠡᠳᠡᠭᠡᠷ · XXXX ᠬᠠᠷᠢᠶᠠᠲᠤ ᠶᠢᠨ ᠰᠢᠭᠦᠬᠦ ᠭᠠᠵᠠᠷ ᠤ (XXXX) X ᠳᠤᠭᠠᠷ ᠬᠡᠷᠡᠭ XX ᠳᠤᠭᠠᠷ ᠳᠤᠭᠠᠷ ᠵᠦᠢᠯ ᠤ ᠰᠢᠭᠦᠬᠦ ᠬᠠᠷᠢᠭᠤᠴᠠᠭᠤᠯᠤᠯ ᠢ ᠪᠠᠲᠤᠯᠠᠬᠤ ᠲᠤᠬᠠᠢ
ᠲᠣᠭᠲᠠᠭᠠᠭᠰᠠᠨ ᠨᠢ ᠳᠣᠣᠷᠠᠬᠢ ᠮᠡᠲᠦ :
ᠰᠢᠭᠦᠬᠦ ᠬᠤᠷᠠᠯ ᠤᠨ ᠰᠢᠭᠦᠭᠰᠡᠨ ᠪᠡᠷ ᠰᠢᠭᠦᠬᠦ ᠬᠤᠷᠠᠯ ᠤᠨ ᠲᠣᠭᠲᠠᠭᠠᠯ ᠤᠨ ᠡᠷᠬᠡ · ᠪᠣᠯᠤᠨ · ᠬᠠᠷᠢᠭᠤ · ᠰᠢᠯᠵᠢᠬᠦ ᠶᠢᠨ ᠲᠣᠭᠲᠠᠭᠠᠯ ᠪᠣᠯᠤᠨ᠎ᠠ) ᠤ ᠲᠣᠭᠲᠠᠭᠠᠯ ᠤᠨ ᠰᠢᠭᠦᠯᠲᠡ · ᠰᠢᠭᠦᠬᠦ
ᠡᠨᠡ ᠬᠠᠷᠢᠶᠠᠲᠤ ᠶᠢᠨ ᠰᠢᠭᠦᠬᠦ ᠪᠠᠷ · · · · · (ᠬᠠᠷᠢᠭᠤᠴᠠᠭᠤᠯᠤᠯ ᠤᠨ ᠬᠡᠷᠡᠭ ᠦᠨ ᠲᠣᠭᠲᠠᠭᠠᠯ ᠤᠨ ᠲᠣᠭᠲᠠᠭᠠᠯ ᠪᠣᠯᠤᠨ᠎ᠠ) :: · · · · · (ᠰᠢᠭᠦᠬᠦ ᠲᠣᠭᠲᠠᠭᠠᠯ ᠤᠨ ᠰᠢᠭᠦᠯᠲᠡ ᠲᠣᠭᠲᠠᠭᠠᠯ
ᠪᠢᠴᠢᠭ ᠲᠦ ᠲᠤᠰ ᠬᠡᠰᠡᠭ ᠲᠦ ᠪᠠᠶᠢᠨ᠎ᠠ ::)
(ᠡᠨᠡ ᠤᠨ ᠪᠣᠯᠬᠤ ᠤ ᠬᠠᠷᠢᠭᠤᠴᠠᠭᠤᠯᠬᠤ ᠲᠣᠭᠲᠠᠭᠠᠭᠰᠠᠨ ᠪᠢᠰᠢ ᠬᠤᠷᠠᠯ ᠳᠤ ᠪᠦᠬᠦ ᠪᠢᠴᠢᠭ ᠦᠨ ᠲᠣᠭᠲᠠᠭᠠᠯ ᠳᠤᠷ ᠬᠠᠷᠢᠭᠤᠴᠠᠬᠤ ᠰᠢᠭᠦᠯᠲᠡ ᠲᠦ ᠲᠤᠰ ᠬᠡᠰᠡᠭ ᠦᠨ ᠰᠢᠭᠦᠬᠦ ᠲᠣᠭᠲᠠᠭᠠᠯ ᠤᠨ

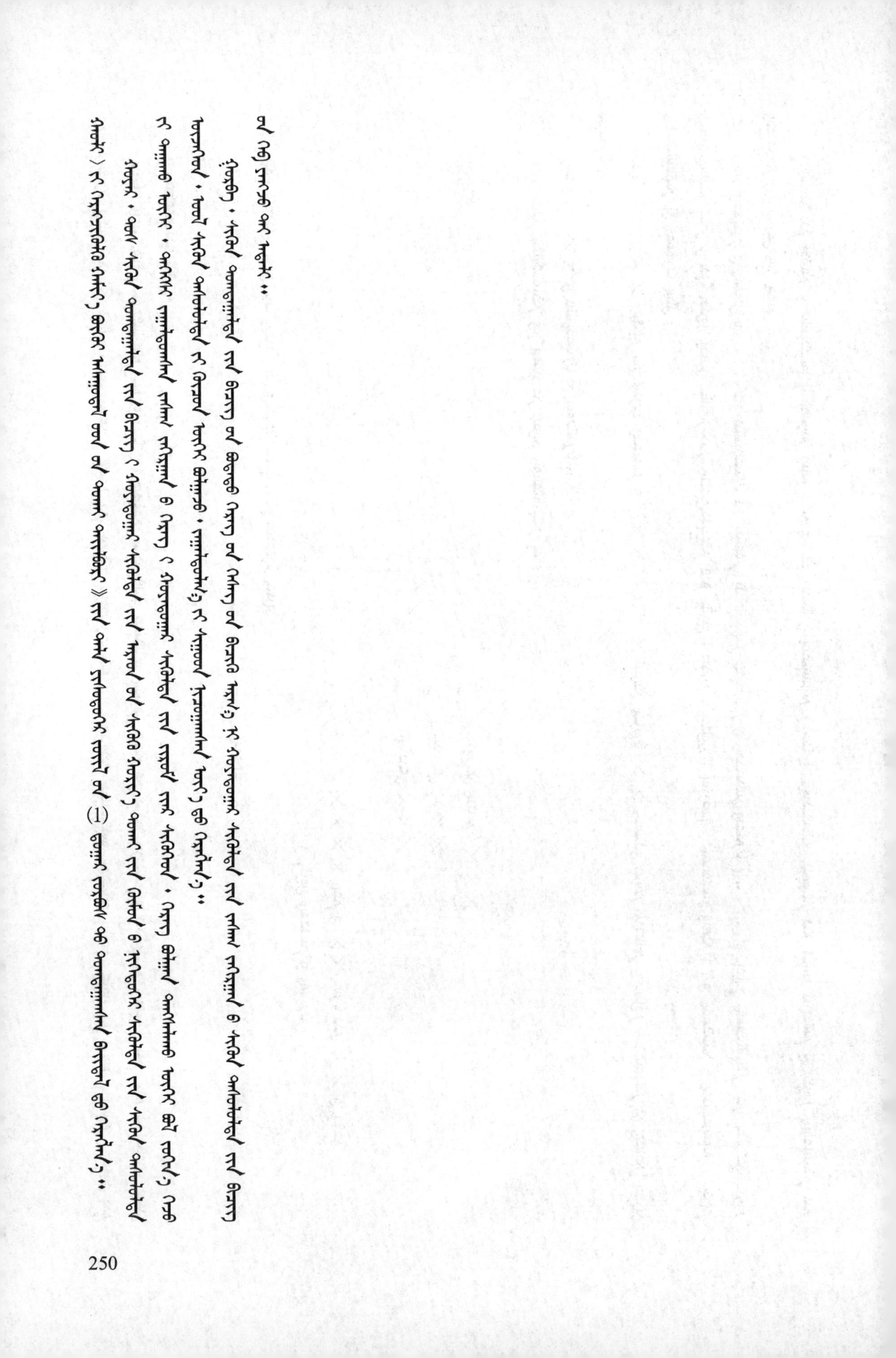

ᠨᠢ ᠣᠷᠣᠯᠴᠠᠨ᠎ᠠ ᠪᠠᠢᠨ᠎ᠠ:

《ᠪᠣᠯᠪᠠᠰᠤᠷᠠᠯ ᠬᠠᠮᠲᠤᠷᠠᠨ ᠠᠵᠢᠯᠯᠠᠬᠤ ᠬᠡᠯᠡᠯᠴᠡᠭᠡᠨ ᠦ ᠲᠠᠯᠠᠰ ᠲᠠᠯᠠᠭᠠᠨ ᠤ ᠭᠡᠷ᠎ᠡ ᠶᠢᠨ ᠵᠦᠢᠯ》ᠢᠶᠡᠷ ᠳᠠᠮᠵᠢᠭᠤᠯᠤᠨ ᠲᠣᠭᠲᠠᠭᠠᠭᠰᠠᠨ ᠳ᠋ᠤ ᠪᠦᠷᠢᠳᠬᠡᠯ ᠦᠨ ᠲᠠᠢᠯᠪᠤᠷᠢ᠂ ᠬᠣᠶᠠᠷ ᠪᠦᠷᠢᠳᠬᠡᠭᠰᠡᠨ

ᠪᠦᠷ ᠲᠠᠯᠠᠭᠠᠨ ᠤ ᠨᠡᠷ᠎ᠡ ᠪᠠ᠂ …… (ᠪᠦᠬᠦᠢ ᠲᠠᠯᠠᠰ ᠤᠨ ᠭᠠᠷ ᠤᠨ ᠦᠰᠦᠭ ᠢ ᠲᠠᠮᠠᠭ᠎ᠠ ᠳᠠᠷᠤᠭᠰᠠᠨ ᠡᠳᠦᠷ ᠡᠴᠡ ᠬᠦᠴᠦᠨ ᠲᠡᠢ ᠪᠣᠯᠣᠨ᠎ᠠ) ᠉

ᠪᠦᠷ ᠬᠣᠶᠠᠷ ᠲᠠᠯᠠᠭᠠᠨ ᠳᠤ ᠪᠦᠬᠦᠢ ᠲᠠᠯᠠᠰ ᠤᠨ ᠭᠠᠷ ᠤᠨ ᠦᠰᠦᠭ ᠪᠠ ᠲᠠᠮᠠᠭᠠᠯᠠᠭᠳᠠᠨ᠎ᠠ᠉

ᠬᠣᠶᠠᠷ ᠲᠠᠯᠠᠰ ᠬᠣᠶᠠᠷ ᠬᠤᠪᠢ ᠳᠤ᠂ ᠪᠦᠬᠦᠢ ᠲᠠᠯᠠᠭᠤᠯᠤᠭᠰᠠᠨ ×××…… (ᠪᠦᠬᠦᠢ ᠲᠠᠯᠠᠰ ᠤᠨ ᠭᠠᠷ ᠤᠨ ᠲᠠᠮᠠᠭ᠎ᠠ ᠢ ᠨᠢ ᠪᠠᠷᠢᠮᠲᠠ ᠪᠣᠯᠣᠨ᠎ᠠ) ᠪᠠ ᠬᠠᠷᠢᠭᠤ ᠲᠠᠮᠠᠭᠠᠯᠠᠭᠳᠠᠨ᠎ᠠ᠂

(××××) …… ᠲᠠᠯᠠᠰ ᠬᠡᠯᠡᠪᠡ …… ᠪᠦᠷᠢᠳᠬᠡᠯ ᠲᠠᠯᠠᠰ ᠲᠠᠯᠠᠭᠠᠨ ᠤ ᠨᠡᠷ᠎ᠡ ᠶᠢᠨ ᠠᠷᠭ᠎ᠠ ᠶᠢ ᠪᠦᠷᠢᠳᠬᠡᠯ ᠦᠨ ᠪᠠᠷᠢᠮᠲᠠ᠂ ᠪᠦᠷ ᠬᠣᠶᠠᠷ ᠲᠠᠯᠠᠭᠠᠨ ᠳᠤ ᠪᠦᠬᠦᠢ ᠲᠠᠯᠠᠭᠳᠠᠭᠰᠠᠨ᠉ ᠪᠦᠷ

ᠪᠦᠬᠦᠢ ᠲᠠᠯᠠᠭᠤᠯᠤᠭᠰᠠᠨ ×××…… (ᠬᠣᠲᠠ ᠶᠢᠨ ᠠᠯᠪᠠᠨ ᠭᠡᠷ ᠦᠨ ᠳᠠᠮᠵᠢᠭᠤᠯᠤᠨ ᠪᠦᠷᠢᠳᠬᠡᠭᠰᠡᠨ ᠪᠠᠷᠢᠮᠲᠠ) ᠠᠯᠢᠪᠠ ᠬᠠᠮᠲᠤ ᠬᠣᠲᠠ᠂ ×××× ᠬᠣᠰᠢᠭᠤ ᠶᠢᠨ ᠬᠣᠶᠠᠷ ᠲᠠᠯᠠᠭᠠᠨ ᠤ

ᠬᠠᠮᠲᠤᠷᠠᠯ ᠬᠣᠶᠠᠷᠯᠠᠨ ᠤ ᠲᠠᠯᠠᠰ ᠲᠠᠯᠠᠭᠠᠨ ᠤ ᠬᠣᠶᠠᠷ ᠠᠵᠢᠯᠯᠠᠬᠤ ᠶᠢᠨ ᠲᠣᠭᠲᠠᠭᠠᠯ ᠤᠨ ᠪᠠᠷᠢᠮᠲᠠ ᠳᠤ ᠭᠠᠷ ᠤᠨ ᠦᠰᠦᠭ ᠪᠠ ᠲᠠᠮᠠᠭ᠎ᠠ ᠪᠠ ᠪᠠᠷᠢᠮᠲᠠ) ᠉

(ᠬᠣᠲᠠ ᠶᠢᠨ ᠪᠠᠷᠠᠭ ᠤᠨ ᠪᠠᠷᠢᠮᠲᠠ ᠡᠳᠦᠷ ᠦᠨ ᠳᠠᠭᠠᠭᠤᠯᠤᠭᠰᠠᠨ ᠢ ᠡᠯᠡᠬᠦ ᠪᠢᠴᠢᠭ ᠦᠨ ᠪᠠᠷᠢᠮᠲᠠ ᠡᠳᠦᠷ ᠦᠨ ᠪᠠᠷᠢᠮᠲᠠ ᠳᠤ᠂ ᠬᠣᠲᠠ ᠶᠢᠨ ᠪᠠᠷᠠᠭ ᠤᠨ ᠬᠠᠮᠲᠤᠷᠠᠯ ᠤᠨ ᠪᠠᠷᠢᠮᠲᠠ ᠳᠤ ᠨᠢ)

ᠪᠦᠬᠦᠢ ᠲᠠᠯᠠᠭᠤᠯᠤᠭᠰᠠᠨ (ᠬᠣᠲᠠ ᠬᠣᠶᠠᠷ ᠲᠠᠯᠠᠭᠠᠨ ᠳᠤ ×) ×××…… (ᠪᠣᠯᠤᠨ ᠲᠠᠯᠠᠰ ᠪᠠᠷᠢᠮᠲᠠ ᠬᠠᠮᠲᠤᠷᠠᠯ ᠤᠨ ᠪᠦᠷᠢᠳᠬᠡᠯ ᠦᠨ ᠲᠠᠢᠯᠪᠤᠷᠢ ᠶᠢ ᠪᠦᠷᠢᠳᠬᠡᠭᠰᠡᠨ ᠪᠠᠷᠢᠮᠲᠠ) ᠉

ᠪᠦᠬᠦᠢ ᠲᠠᠯᠠᠭᠤᠯᠤᠭᠰᠠᠨ (ᠬᠣᠲᠠ ᠬᠣᠶᠠᠷ ᠲᠠᠯᠠᠭᠠᠨ ᠳᠤ ×) ×××…… (ᠪᠣᠯᠤᠨ ᠲᠠᠯᠠᠰ ᠪᠠᠷᠢᠮᠲᠠ ᠬᠠᠮᠲᠤᠷᠠᠯ ᠤᠨ ᠪᠦᠷᠢᠳᠬᠡᠯ ᠦᠨ ᠲᠠᠢᠯᠪᠤᠷᠢ ᠶᠢ ᠪᠦᠷᠢᠳᠬᠡᠭᠰᠡᠨ ᠪᠠᠷᠢᠮᠲᠠ) ᠉

ᠰᠣᠨᠣᠰᠴᠤ …… ᠲᠠᠯᠠᠰ ᠬᠡᠯᠡᠪᠡ …… (××××)

(ᠪᠢᠴᠢᠭ ᠦᠨ ᠬᠠᠮᠲᠤᠷᠠᠯ ᠤᠨ ᠪᠠᠷᠢᠮᠲᠠ ᠳᠤ ᠪᠦᠷᠢᠳᠬᠡᠭᠰᠡᠨ ᠨᠢ ᠪᠦᠬᠦᠢ ᠬᠠᠮᠲᠤᠷᠠᠯ ᠤᠨ ᠲᠠᠯᠠᠭᠤᠯᠤᠭᠰᠠᠨ ᠬᠣᠶᠠᠷ ᠲᠠᠯᠠᠭᠠᠨ ᠤ ᠪᠠᠷᠢᠮᠲᠠ)

ᠲᠠᠯᠠᠰ ᠲᠠᠯᠠᠭᠠᠨ ᠤ ᠬᠡᠯᠡᠯᠴᠡᠭᠡᠨ ᠦ ᠬᠣᠶᠠᠷ ᠲᠠᠯᠠᠭᠠᠨ ᠤ ᠲᠡᠮᠳᠡᠭᠯᠡᠯ ᠦᠨ ᠪᠢᠴᠢᠭ

×××× ᠬᠣᠰᠢᠭᠤ ᠶᠢᠨ ᠬᠣᠶᠠᠷ ᠲᠠᠯᠠᠭᠠᠨ ᠤ

(ᠪᠢᠴᠢᠭ ᠦᠨ ᠬᠠᠮᠲᠤᠷᠠᠯ ᠤᠨ ᠪᠠᠷᠢᠮᠲᠠ ᠳᠤ ᠪᠦᠷᠢᠳᠬᠡᠭᠰᠡᠨ ᠨᠢ ᠪᠦᠬᠦᠢ ᠬᠠᠮᠲᠤᠷᠠᠯ ᠤᠨ ᠲᠠᠯᠠᠭᠤᠯᠤᠭᠰᠠᠨ ᠬᠣᠶᠠᠷ ᠲᠠᠯᠠᠭᠠᠨ ᠤ ᠪᠠᠷᠢᠮᠲᠠ)

ᠲᠠᠯᠠᠰ ᠲᠠᠯᠠᠭᠠᠨ ᠤ ᠬᠡᠯᠡᠯᠴᠡᠭᠡᠨ ᠦ ᠪᠢᠴᠢᠭ ᠦᠨ ᠵᠢᠱᠢᠶ᠎ᠡ 32: ᠲᠠᠯᠠᠰ ᠲᠠᠯᠠᠭᠠᠨ ᠤ ᠬᠣᠶᠠᠷ ᠲᠠᠯᠠᠭᠠᠨ ᠤ ᠲᠡᠮᠳᠡᠭᠯᠡᠯ ᠦᠨ ᠪᠢᠴᠢᠭ

ᠭᠡᠷᠡᠭᠡ᠂ ᠬᠠᠮᠲᠤ ᠠᠵᠢᠯᠯᠠᠬᠤ ᠶᠢᠨ ᠪᠢᠴᠢᠭ ᠲᠤ ᠭᠠᠷ ᠤᠨ ᠦᠰᠦᠭ ᠵᠢᠷᠤᠭᠰᠠᠨ᠂ ᠬᠠᠮᠲᠤ ᠠᠵᠢᠯᠯᠠᠭᠰᠠᠨ ᠤ ᠭᠡᠷᠡᠴᠢᠯᠡᠭᠰᠡᠨ ᠬᠠᠮᠲᠤ ᠠᠵᠢᠯᠯᠠᠭᠴᠢ ᠪᠠᠨ ᠪᠡᠷ ᠪᠠᠲᠤᠯᠠᠵᠤ ᠬᠠᠷᠢᠭᠤᠴᠠᠭ᠎ᠠ ᠬᠦᠯᠢᠶᠡᠨ᠎ᠡ ᠭᠡᠵᠦ ᠲᠣᠭᠠᠴᠠᠨ᠎ᠠ᠂ ᠬᠡᠷᠪᠡ ᠬᠠᠮᠲᠤ ᠠᠵᠢᠯᠯᠠᠭᠴᠢ ᠪᠠᠨ ᠪᠡᠷ ᠪᠠᠲᠤᠯᠠᠬᠤ ᠶᠢᠨ ᠬᠠᠷᠢᠭᠤᠴᠠᠭ᠎ᠠ ᠬᠦᠯᠢᠶᠡᠬᠦ ᠵᠢ ᠪᠠᠲᠤᠯᠠᠭᠰᠠᠨ ᠦᠭᠡᠢ ᠪᠣᠯ ᠬᠠᠮᠲᠤ ᠠᠵᠢᠯᠯᠠᠬᠤ ᠶᠢᠨ ᠪᠢᠴᠢᠭ ᠬᠦᠴᠦᠨ ᠲᠡᠢ ᠪᠣᠯᠤᠨ᠎ᠠ ::

ᠭᠡᠷᠡᠭᠡ᠂ ᠡᠨᠡ ᠬᠠᠮᠲᠤ ᠠᠵᠢᠯᠯᠠᠬᠤ ᠶᠢᠨ ᠪᠢᠴᠢᠭ ᠦᠨ ᠭᠡᠷᠡᠴᠢᠯᠡᠭᠰᠡᠨ ᠬᠠᠮᠲᠤ ᠠᠵᠢᠯᠯᠠᠭᠰᠠᠳ ᠤᠨ ᠦᠨᠳᠦᠰᠦᠨ ᠬᠠᠤᠯᠢ ᠶᠢᠨ ᠬᠠᠷᠢᠭᠤᠴᠠᠭ᠎ᠠ᠂ ᠬᠠᠮᠲᠤ ᠠᠵᠢᠯᠯᠠᠭᠰᠠᠨ ᠤ ᠲᠤᠰᠠ ᠬᠡᠷᠡᠭ ᠬᠠᠮᠲᠤ ᠠᠵᠢᠯᠯᠠᠭᠴᠢ ᠪᠠᠨ ᠪᠡᠷ ᠳᠤ ᠬᠠᠮᠲᠤ ᠠᠵᠢᠯᠯᠠᠭᠴᠢ ᠶᠢᠨ 《 ᠬᠠᠮᠲᠤ ᠠᠵᠢᠯᠯᠠᠬᠤ ᠶᠢᠨ ᠪᠢᠴᠢᠭ 》 ᠦᠨ ᠵᠢᠱᠢᠶ᠎ᠡ ᠶᠢᠨ ᠭᠠᠷᠴᠠᠭ ᠳᠤ ᠲᠠᠢᠯᠪᠤᠷᠢᠯᠠᠭᠰᠠᠨ ᠳᠤ (10) ᠰᠡᠳᠦᠪ ᠦᠨ ᠬᠠᠮᠲᠤ ᠠᠵᠢᠯᠯᠠᠬᠤ ᠪᠢᠴᠢᠭ ᠢ ᠤᠳᠤᠷᠢᠳᠤᠨ᠎ᠠ ::

《 ᠬᠠᠮᠲᠤ ᠳᠤ ᠬᠠᠮᠲᠤ ᠠᠵᠢᠯᠯᠠᠭᠰᠠᠨ ᠤ 〈 ᠪᠠᠷᠢᠮᠲᠠ ᠪᠢᠴᠢᠭ ᠦᠨ ᠵᠢᠱᠢᠶ᠎ᠡ ᠬᠣᠶᠠᠷ ᠲᠠᠯ᠎ᠠ ᠳᠤ ᠲᠤᠰ ᠲᠤᠰ ᠠᠵᠢᠯ ᠤᠨ ᠬᠡᠷᠡᠭ ᠦᠨ ᠬᠡᠮᠵᠢᠶ᠎ᠡ 〉 ᠳᠤ ᠲᠤᠰᠬᠠᠶᠢᠷᠯᠠᠭᠰᠠᠨ ᠬᠡᠮᠵᠢᠶ᠎ᠡ ᠪᠣᠯᠤᠨ ᠬᠡᠷᠡᠭᠵᠢᠭᠦᠯᠬᠦ ᠶᠢᠨ

ᠬᠡᠮᠵᠢᠶ᠎ᠡ᠂ ᠡᠨᠡ ᠬᠠᠮᠲᠤ ᠠᠵᠢᠯᠯᠠᠬᠤ ᠶᠢᠨ 《 ᠪᠠᠷᠢᠮᠲᠠ ᠪᠢᠴᠢᠭ ᠦᠨ ᠵᠢᠱᠢᠶ᠎ᠡ ᠬᠣᠶᠠᠷ ᠲᠠᠯ᠎ᠠ ᠳᠤ ᠲᠤᠰ ᠲᠤᠰ ᠠᠵᠢᠯ ᠤᠨ ᠬᠡᠷᠡᠭ ᠦᠨ ᠬᠡᠮᠵᠢᠶ᠎ᠡ 》 ᠦᠨ ᠲᠠᠯ᠎ᠠ ᠶᠢᠨ ᠲᠤᠰᠬᠠᠶᠢᠷᠯᠠᠭᠰᠠᠨ ᠪᠠᠷᠢᠮᠲᠠ

〔 ᠲᠠᠢᠯᠪᠤᠷᠢᠯᠠᠯ 〕

ᠪᠢᠴᠢᠭᠰᠡᠨ ×××

ᠡᠨᠡ ᠪᠢᠴᠢᠭ ᠦᠨ ᠬᠤᠪᠢ ᠶᠢ ᠪᠢᠴᠢᠭ ᠲᠠᠢ ᠬᠠᠮᠲᠤ ᠬᠠᠳᠠᠭᠠᠯᠠᠵᠤ ᠪᠣᠯᠬᠤ ᠦᠭᠡᠢ

(ᠲᠠᠮᠠᠭ᠎ᠠ ᠳᠠᠷᠤᠭᠰᠠᠨ ᠤ ᠣᠷᠣᠨ)

×××× ᠣᠨ ᠤ ×× ᠰᠠᠷ᠎ᠠ ×× ᠤ ᠡᠳᠦᠷ

ᠭᠡᠷᠡᠴᠢ ×××

ᠭᠡᠷᠡᠴᠢ ×××

ᠭᠡᠷᠡᠴᠢ ᠬᠦᠮᠦᠨ ×××

ᠦᠭᠡᠢ) ::

ᠡᠨᠡ ᠬᠠᠮᠲᠤ ᠠᠵᠢᠯᠯᠠᠬᠤ ᠪᠠ ᠬᠡᠷᠡᠭ ᠳᠤ ᠬᠠᠮᠲᠤ ᠠᠵᠢᠯᠯᠠᠬᠤ ᠶᠢᠨ ᠲᠤᠰᠠ (ᠬᠠᠮᠲᠤ ᠠᠵᠢᠯᠯᠠᠭᠴᠢ ᠪᠠᠨ ᠪᠡᠷ ᠬᠠᠮᠲᠤ ᠳᠤ ᠲᠣᠬᠢᠷᠠᠭᠤᠯᠬᠤ ᠦᠭᠡᠢ ᠪᠠ᠂ ᠡᠨᠡ ᠬᠡᠮᠵᠢᠶ᠎ᠡ ᠶᠢᠨ ᠪᠠᠷᠢᠮᠲᠠ ᠲᠣᠬᠢᠷᠠᠭᠤᠯᠬᠤ ᠦᠭᠡᠢ ᠪᠠ᠂ ᠡᠨᠡ ᠪᠣᠯᠤᠨ ᠪᠠᠷᠢᠮᠲᠠ ᠦᠭᠡᠢ) ::

…… (ᠬᠠᠮᠲᠤ ᠠᠵᠢᠯᠯᠠᠭᠴᠢ ᠪᠠᠨ ᠪᠡᠷ ᠳᠤ ᠲᠣᠬᠢᠷᠠᠭᠤᠯᠬᠤ ᠪᠠ᠂ ᠲᠤᠰ ᠲᠤ ᠬᠡᠷᠡᠭᠵᠢᠭᠦᠯᠬᠦ ᠳᠤ ᠬᠠᠷᠢᠭᠤᠴᠠᠬᠤ ᠶᠢᠨ ᠬᠡᠮᠵᠢᠶ᠎ᠡ ᠪᠣᠯᠤᠨ᠎ᠠ᠂ ᠬᠠᠮᠲᠤ ᠠᠵᠢᠯᠯᠠᠭᠴᠢ ᠪᠠᠨ ᠪᠡᠷ ᠳᠤ ᠲᠣᠬᠢᠷᠠᠭᠤᠯᠬᠤ ᠬᠠᠮᠲᠤ ᠠᠵᠢᠯᠯᠠᠭᠴᠢ) ……

…… (ᠬᠠᠮᠲᠤ ᠠᠵᠢᠯᠯᠠᠭᠰᠠᠨ ᠤ ᠦᠭᠡᠢ ᠲᠤᠰ ᠬᠡᠮᠵᠢᠶ᠎ᠡ ᠶᠢᠨ ᠪᠣᠯᠤᠨ᠎ᠠ) ::

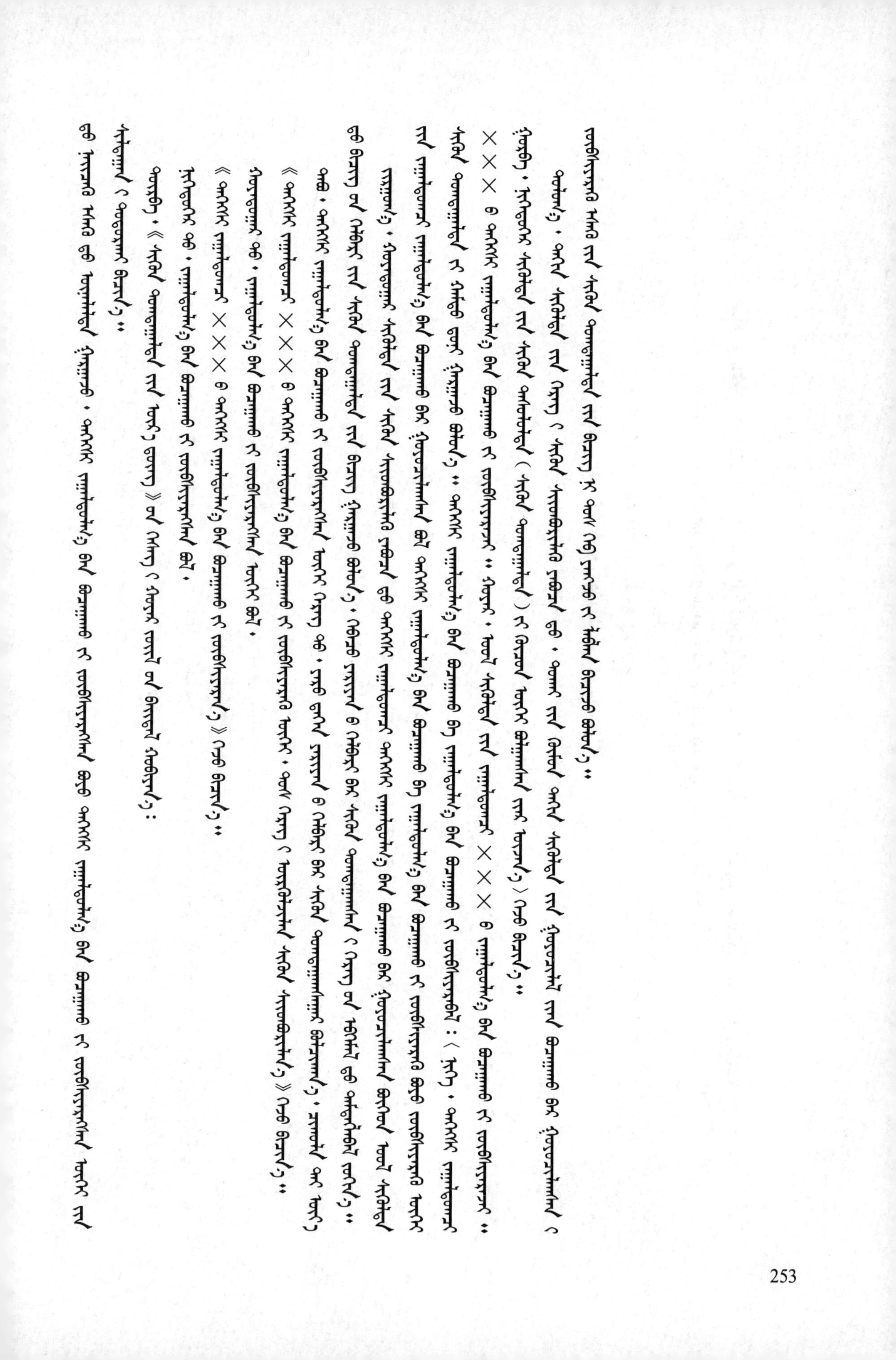

[illegible]

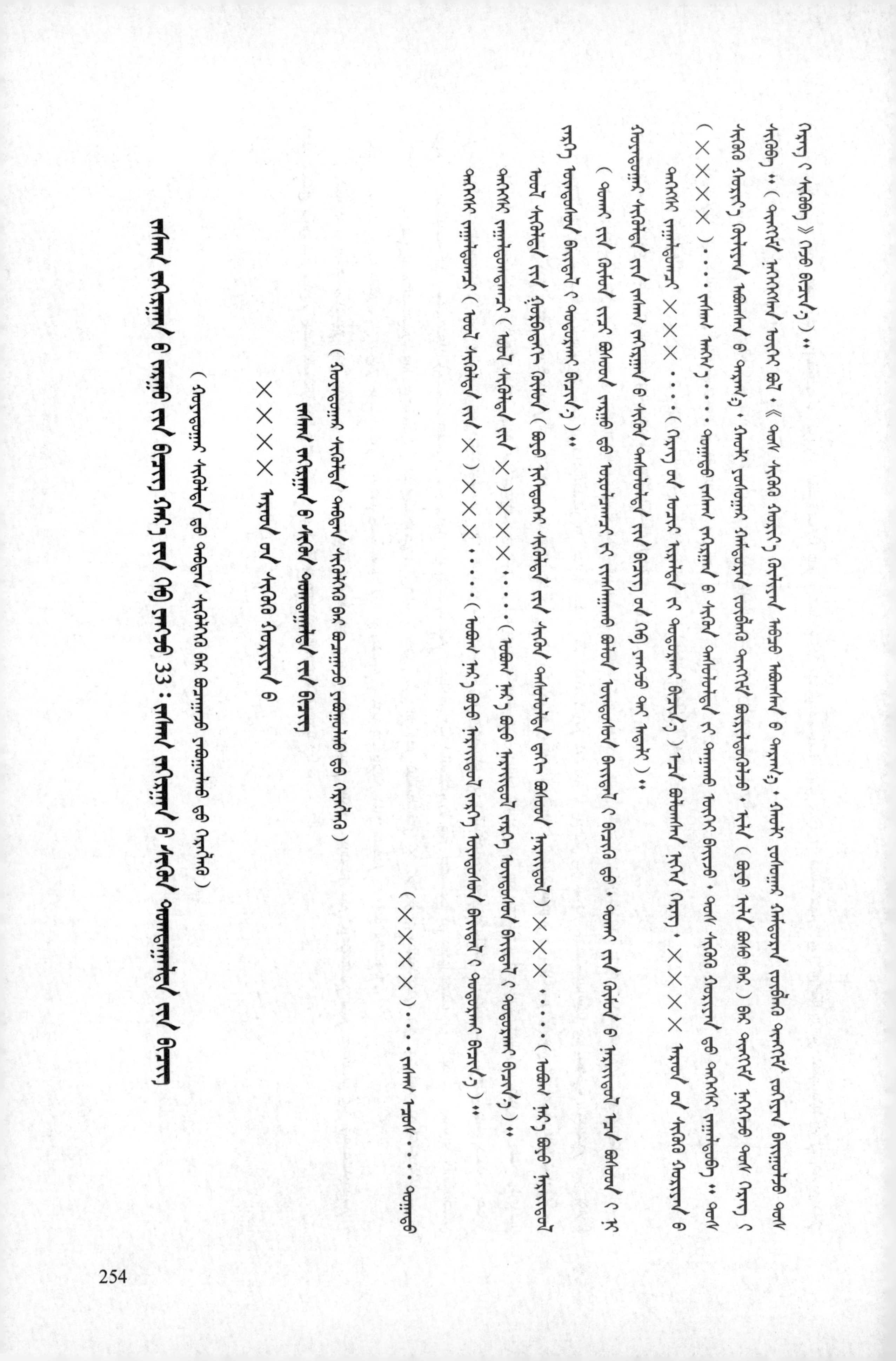

[illegible] 33 : [illegible]

([illegible])

[illegible] ××××

[illegible]

([illegible])

[illegible] (××××)

[illegible] (×) ××× …… ([illegible]) ∷

[illegible] (×) ××× …… ([illegible]) ∷

[illegible] ××× …… ([illegible]) ∷

([illegible]) ∷

[illegible] ××× …… ([illegible]) [illegible] ×××× [illegible]

(××××) …… [illegible] ∷ [illegible]

[illegible] ([illegible]) [illegible] 《 [illegible] 》 [illegible] ∷

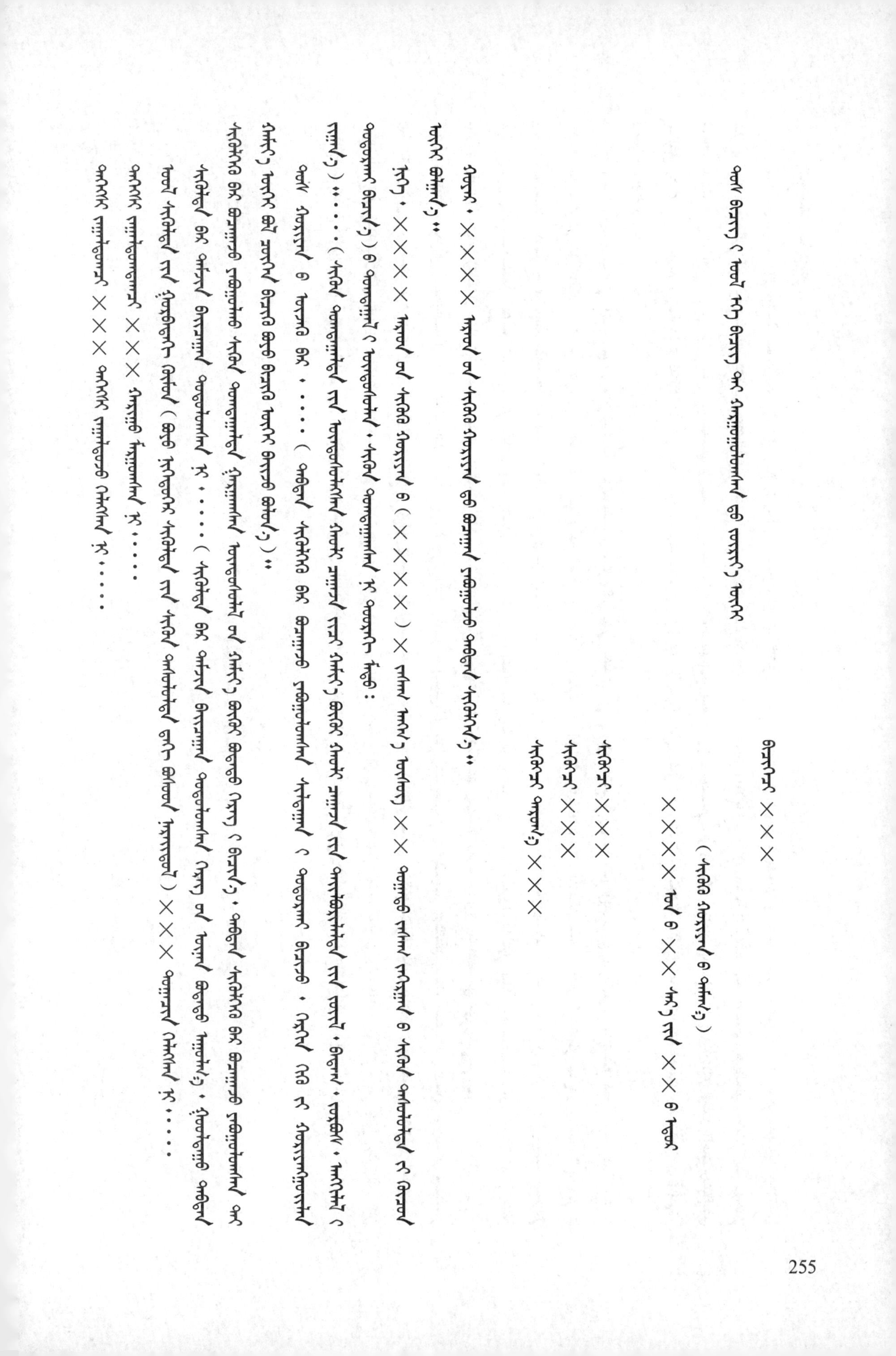

[illegible] ×××

[illegible]

([illegible])

×××× ᠣᠨ ᠤ ×× ᠰᠠᠷ᠎ᠠ ᠶᠢᠨ ×× ᠤ ᠡᠳᠦᠷ

[illegible] ×××

[illegible] ×××

[illegible] ×××

[illegible] · ×××× [illegible] · [illegible] ::

[illegible] ::

[illegible] · ×××× [illegible] (××××) × [illegible] ×× [illegible]) [illegible] :

[illegible]) :: · · · · · ([illegible]) · · · · · [illegible]) ::

[illegible] ([illegible]) ××× [illegible] · · · · ·

[illegible] ××× [illegible] · · · · ·

[illegible] ××× [illegible] · · · · ·

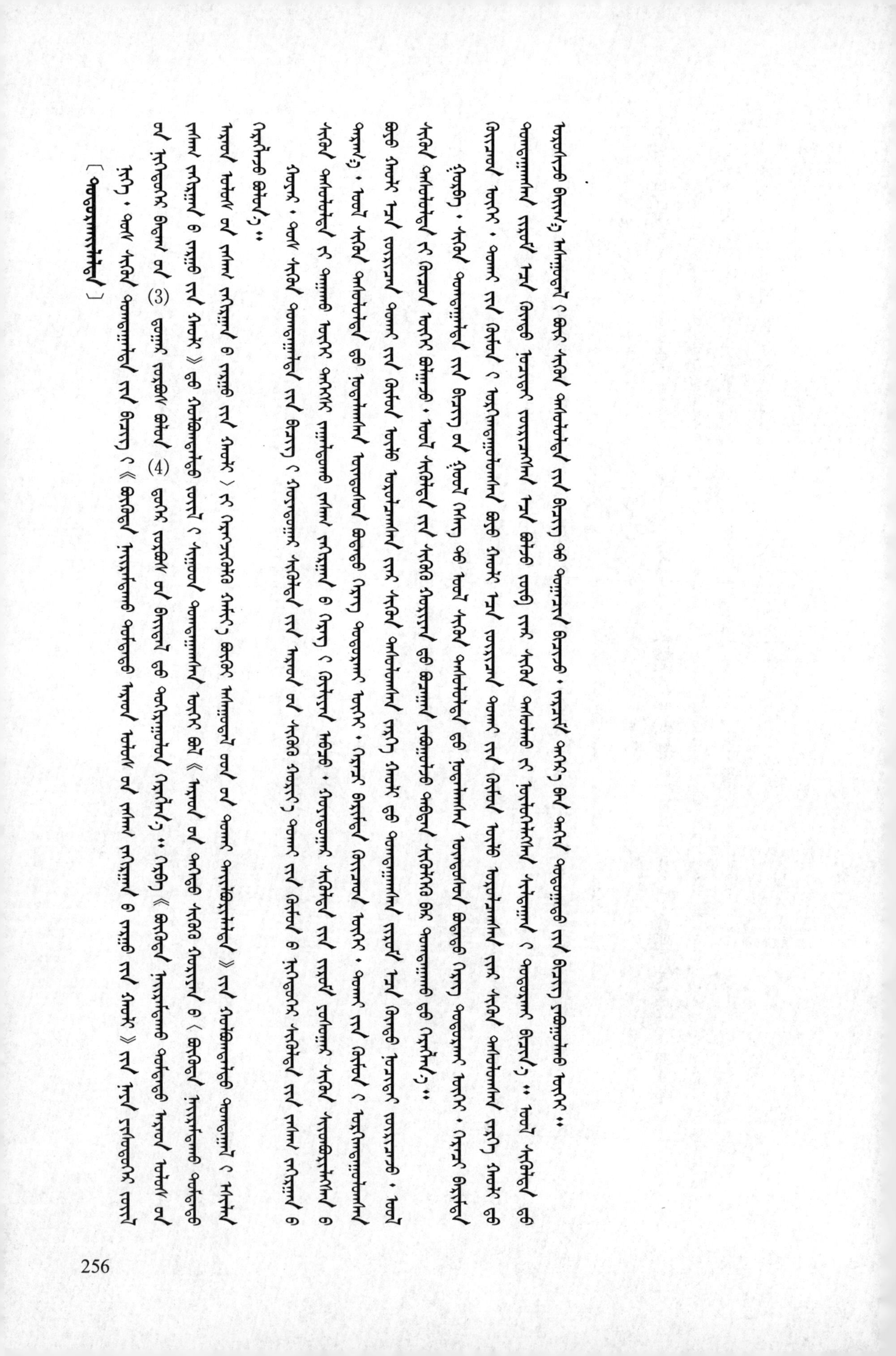

(3)

(4)

[illegible] [illegible] ᠤ [illegible] ᠶᠢᠨ ᠪᠢᠴᠢᠭ [illegible] ᠶᠢᠨ [illegible] 41 : [illegible] [illegible] ᠤ ᠠᠷᠪᠢᠲᠷ ᠲᠣᠭᠲᠠᠭᠠᠪᠤᠷᠢ ᠶᠢᠨ ᠪᠢᠴᠢᠭ

([illegible] [illegible] ᠶᠢᠨ ᠪᠢᠴᠢᠭ [illegible] ᠶᠢᠨ [illegible] [illegible] ᠤ [illegible] [illegible] [illegible] [illegible])

XXXX [illegible] ᠤᠨ [illegible] [illegible] ᠤ

[illegible] [illegible] ᠤ ᠠᠷᠪᠢᠲᠷ ᠲᠣᠭᠲᠠᠭᠠᠪᠤᠷᠢ ᠶᠢᠨ ᠪᠢᠴᠢᠭ

([illegible] [illegible] ᠶᠢᠨ ᠪᠢᠴᠢᠭ [illegible] ᠶᠢᠨ [illegible] [illegible] ᠤ [illegible] [illegible] [illegible] [illegible])

(XXXX) …… [illegible] X …… [illegible]

[illegible] [illegible] [illegible] XXXX [illegible] ᠤ XX [illegible] ᠶᠢᠨ XX ᠤ [illegible] [illegible] XXX ᠤ [illegible] XXX ᠤ [illegible] …… ([illegible] ᠤᠨ [illegible] [illegible] [illegible]) [illegible] [illegible] ᠤᠨ [illegible] XXXX (…… [illegible] X …… [illegible] [illegible] [illegible] ᠤ [illegible] [illegible] ᠶᠢᠨ ᠪᠢᠴᠢᠭ ([illegible] [illegible] ᠶᠢᠨ ᠪᠢᠴᠢᠭ [illegible] [illegible] ᠶᠢᠨ ᠪᠢᠴᠢᠭ) ᠤᠨ , [illegible] [illegible] [illegible] [illegible] [illegible] [illegible] , [illegible] [illegible] [illegible] , [illegible] [illegible] [illegible] [illegible] [illegible] :

[illegible] [illegible] [illegible] ᠤ XX ᠪᠢᠴᠢᠭ [illegible] …… ([illegible] [illegible] [illegible] [illegible] [illegible] [illegible] [illegible] ᠤ [illegible] [illegible] ᠤᠨ [illegible] [illegible] ᠤᠨ [illegible] [illegible] [illegible] [illegible] [illegible] [illegible]) , [illegible] …… ([illegible] [illegible] [illegible] [illegible] [illegible] [illegible]) [illegible] [illegible] ::

ᠠᠷᠪᠢᠲᠷᠴᠢ ᠳᠠᠷᠤᠭ᠎ᠠ XXX

ᠠᠷᠪᠢᠲᠷᠴᠢ XXX

ᠠᠷᠪᠢᠲᠷᠴᠢ XXX

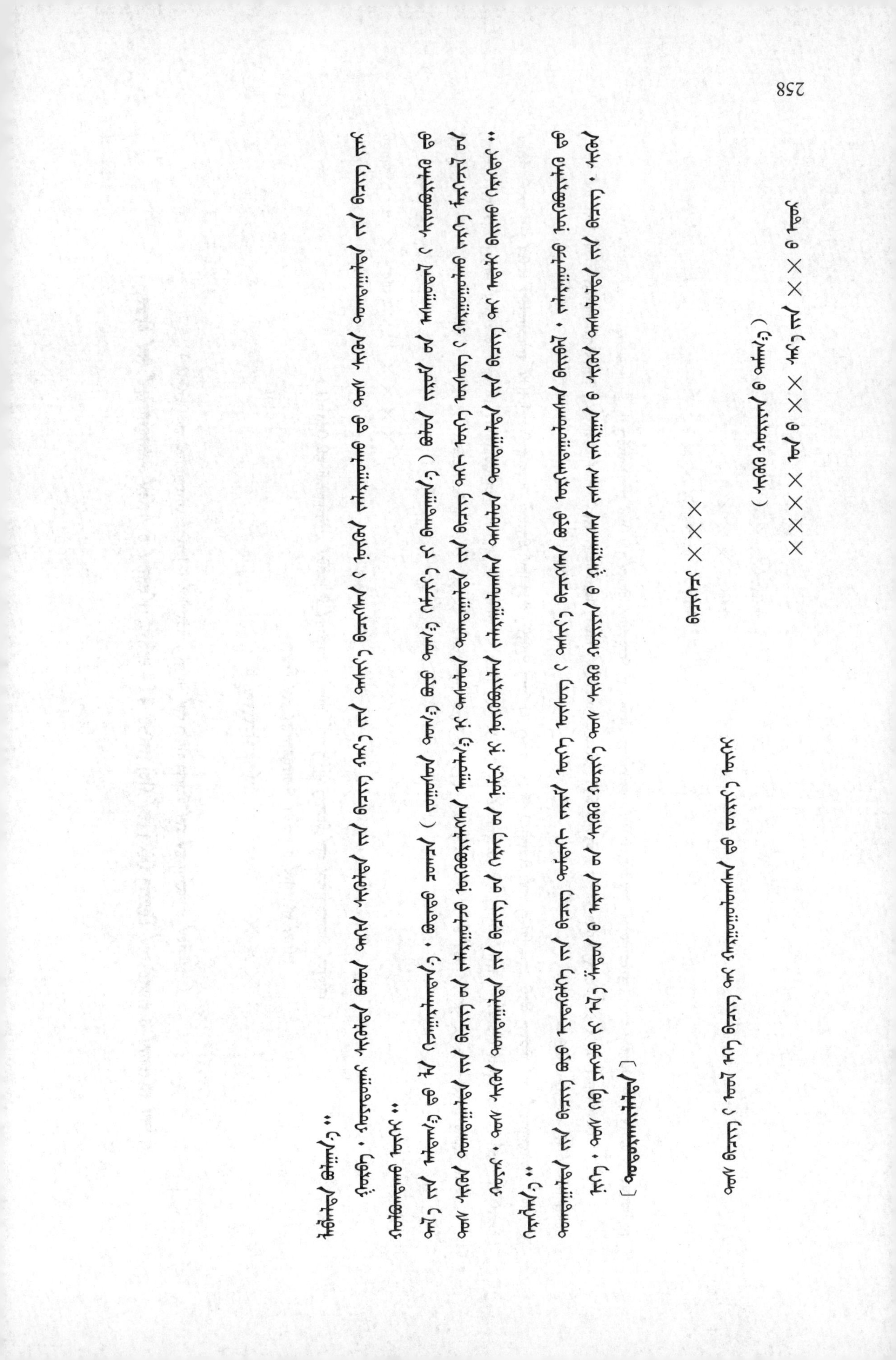

[illegible]

[illegible]

[illegible]

[illegible]

〔[illegible]〕

[illegible] ×××

[illegible]

([illegible])

×××× [illegible] ×× [illegible] ×× [illegible]

ᠬᠠᠮᠲᠤ ᠠᠵᠢᠯᠯᠠᠭᠠᠨ ᠤ ᠭᠡᠷ᠎ᠡ ᠶᠢᠨ ᠪᠢᠴᠢᠭ ᠮᠠᠶᠢᠭ ᠢᠨ (᠒) ᠵᠢᠱᠢᠶ᠎ᠡ 42 : ᠪᠠᠶᠢᠭᠤᠯᠤᠯᠭ᠎ᠠ ᠭᠠᠵᠠᠷ ᠤᠨ ᠬᠠᠮᠲᠤᠷᠠᠨ ᠠᠵᠢᠯᠯᠠᠬᠤ ᠵᠦᠢᠯ ᠳᠦ ᠪᠢᠴᠢᠭ

(ᠪᠠᠶᠢᠭᠤᠯᠤᠯᠭ᠎ᠠ ᠭᠠᠵᠠᠷ ᠤᠨ ᠬᠠᠮᠲᠤᠷᠠᠨ ᠠᠵᠢᠯᠯᠠᠬᠤ ᠪᠢᠴᠢᠭ ᠬᠡᠯᠡᠯᠴᠡᠭᠰᠡᠨ ᠪᠠᠶᠢᠳᠠᠯ ᠢ ᠮᠡᠳᠡᠭᠳᠡᠬᠦ ᠳᠤ ᠬᠡᠷᠡᠭᠯᠡᠨ᠎ᠡ)

×××× ᠪᠠᠶᠢᠭᠤᠯᠤᠯᠭ᠎ᠠ ᠳᠤ ᠬᠠᠮᠲᠤ ᠠᠵᠢᠯᠯᠠᠬᠤ ᠶᠢᠨ

ᠪᠠᠶᠢᠭᠤᠯᠤᠯᠭ᠎ᠠ ᠭᠠᠵᠠᠷ ᠤᠨ ᠬᠠᠮᠲᠤᠷᠠᠨ ᠠᠵᠢᠯᠯᠠᠬᠤ ᠵᠦᠢᠯ ᠳᠦ ᠪᠢᠴᠢᠭ

(ᠪᠠᠶᠢᠭᠤᠯᠤᠯᠭ᠎ᠠ ᠭᠠᠵᠠᠷ ᠤᠨ ᠬᠠᠮᠲᠤᠷᠠᠨ ᠠᠵᠢᠯᠯᠠᠬᠤ ᠪᠢᠴᠢᠭ ᠬᠡᠯᠡᠯᠴᠡᠭᠰᠡᠨ ᠪᠠᠶᠢᠳᠠᠯ ᠢ ᠮᠡᠳᠡᠭᠳᠡᠬᠦ ᠳᠤ ᠬᠡᠷᠡᠭᠯᠡᠨ᠎ᠡ)

ᠣᠨ ᠄ ᠄ ᠄ ᠄ ᠰᠠᠷ᠎ᠠ ᠄ ᠄ ᠄ ᠄ ᠡᠳᠦᠷ (××××)

×××:

ᠪᠣᠯ ᠪᠢᠴᠢᠭ ××× (ᠲᠣᠭᠲᠠᠭᠠᠯ ᠤᠨ ᠬᠣᠶᠠᠷ ᠲᠠᠯ᠎ᠠ ᠶᠢᠨ ᠨᠡᠷ᠎ᠡ) ᠄ ᠄ ᠄ (ᠬᠣᠶᠠᠷ ᠲᠠᠯ᠎ᠠ ᠶᠢᠨ ᠲᠣᠬᠢᠷᠠᠯᠴᠠᠭ᠎ᠠ ᠪᠠᠷ) ᠬᠠᠮᠲᠤ ᠪᠡᠷ ᠪᠢᠴᠢᠭᠰᠡᠨ ᠬᠡᠯᠪᠡᠷᠢ ᠡᠴᠡ (ᠨᠢᠭᠡ ᠬᠡᠰᠡᠭ ᠢ) ᠄ ᠄ ᠄ ᠬᠣᠶᠠᠷ ᠲᠠᠯ᠎ᠠ《 ᠪᠠᠶᠢᠭᠤᠯᠤᠯᠭ᠎ᠠ ᠨᠢᠭᠡᠳᠦᠯ ᠦᠨ ᠬᠠᠮᠲᠤ ᠠᠵᠢᠯᠯᠠᠭᠠᠨ ᠤ ᠭᠡᠷ᠎ᠡ ᠶᠢᠨ ᠬᠡᠯᠪᠡᠷᠢ 》ᠶᠢᠨ ᠬᠡᠷᠡᠭᠵᠢᠭᠦᠯᠦᠯᠲᠡ ᠶᠢ ᠪᠠᠲᠤᠯᠠᠨ (× ᠪᠠᠷ ᠳᠤᠭᠠᠷᠯᠠᠨ᠎ᠠ) ᠂ ᠪᠠᠶᠢᠭᠤᠯᠤᠯᠭ᠎ᠠ ᠭᠠᠵᠠᠷ ᠤᠨ ᠬᠠᠮᠲᠤᠷᠠᠨ ᠠᠵᠢᠯᠯᠠᠬᠤ ᠶᠢ ᠪᠠᠲᠤᠯᠠᠨ ᠬᠡᠷᠡᠭᠵᠢᠭᠦᠯᠦᠨ᠎ᠡ ::

《 ᠪᠠᠶᠢᠭᠤᠯᠤᠯᠭ᠎ᠠ ᠨᠢᠭᠡᠳᠦᠯ ᠦᠨ ᠬᠠᠮᠲᠤ ᠠᠵᠢᠯᠯᠠᠭᠠᠨ ᠤ ᠭᠡᠷ᠎ᠡ ᠶᠢᠨ ᠬᠡᠯᠪᠡᠷᠢ 》ᠶᠢᠨ ᠬᠡᠷᠡᠭᠵᠢᠭᠦᠯᠦᠯᠲᠡ ᠶᠢ ᠪᠠᠲᠤᠯᠠᠨ (× ᠪᠠᠷ ᠳᠤᠭᠠᠷᠯᠠᠨ᠎ᠠ) ᠂ ××× ᠪᠠᠶᠢᠭᠤᠯᠤᠯᠭ᠎ᠠ ᠪᠠᠷ ᠂ ××× ᠪᠠᠶᠢᠭᠤᠯᠤᠯᠭ᠎ᠠ ᠪᠠᠷ ᠬᠠᠮᠲᠤ ᠪᠠᠷ ᠬᠡᠷᠡᠭᠵᠢᠭᠦᠯᠦᠨ᠎ᠡ ᠂ ᠪᠢᠳᠡ ᠳᠤ ᠪᠠᠨ ᠬᠠᠷᠢᠭᠤᠴᠠᠯᠠᠬᠤ ᠪᠣᠯᠪᠠᠰᠤ ᠲᠤᠰ ᠪᠢᠴᠢᠭ ᠢ ᠬᠢᠨᠠᠨ ᠬᠠᠷᠢᠭᠤᠴᠠᠯᠠᠬᠤ ᠶᠢ ᠬᠦᠰᠡᠵᠦ ᠪᠠᠶᠢᠨ᠎ᠠ ::

ᠲᠤᠰ ᠪᠢᠴᠢᠭ ᠢ ᠪᠠᠲᠤᠯᠠᠨ ᠪᠠᠶᠢᠭᠤᠯᠤᠯᠭ᠎ᠠ ᠪᠠᠷ ᠲᠣᠭᠲᠠᠭᠠᠨ ᠬᠡᠷᠡᠭᠵᠢᠭᠦᠯᠬᠦ ᠪᠠᠷ ᠂ ᠬᠠᠷᠢᠭᠤᠴᠠᠯᠠᠬᠤ ᠪᠠᠷ ᠬᠦᠰᠡᠵᠦ ᠪᠠᠶᠢᠨ᠎ᠠ ᠂ ᠪᠢᠳᠡ ᠳᠤ ᠪᠠᠨ ᠬᠠᠷᠢᠭᠤᠴᠠᠯᠠᠬᠤ ᠪᠣᠯᠪᠠᠰᠤ ᠲᠤᠰ ᠪᠢᠴᠢᠭ ᠢ ᠬᠢᠨᠠᠨ ᠬᠠᠷᠢᠭᠤᠴᠠᠯᠠᠬᠤ ᠶᠢ ᠬᠦᠰᠡᠵᠦ ᠪᠠᠶᠢᠨ᠎ᠠ ::

ᠬᠡᠮᠵᠢᠶ᠎ᠡ ᠪᠣᠯᠪᠠᠰᠤ ᠂ ᠬᠠᠷᠢᠭᠤ ᠶᠢ ᠬᠦᠯᠢᠶᠡᠨ ᠠᠪᠬᠤ ᠪᠠᠷ ᠪᠠᠶᠢᠭ᠎ᠠ ᠂ ᠬᠠᠷᠢᠭᠤᠴᠠᠯᠠᠬᠤ ᠪᠠᠨ ᠲᠤᠰ ᠪᠢᠴᠢᠭ ᠳᠤ ᠬᠠᠷᠢᠭᠤᠴᠠᠯᠠᠬᠤ ᠶᠢ ᠬᠦᠰᠡᠵᠦ ᠪᠠᠶᠢᠨ᠎ᠠ ᠂ ᠬᠠᠷᠢᠭᠤ ᠶᠢ ᠬᠦᠯᠢᠶᠡᠨ ᠠᠪᠬᠤ ᠪᠣᠯᠪᠠᠰᠤ ᠪᠢᠳᠡ ᠳᠤ ᠪᠠᠨ ᠮᠡᠳᠡᠭᠳᠡᠨ᠎ᠡ ::

×××× ᠰᠤᠮᠤ ᠶᠢᠨ ×× ᠤ ×× ᠤ ᠶᠠᠮᠠᠨ

(ᠶᠠᠮᠠᠨ ᠤ ᠮᠡᠳᠡᠭᠡ)

〔ᠪᠣᠯᠪᠠᠰᠤᠷᠠᠭᠤᠯᠤᠯ᠎ᠠ〕

ᠡᠨᠡ᠂ ᠪᠣᠯ ᠮᠠᠯ ᠠᠵᠤ ᠠᠬᠤᠢ ᠶᠢᠨ 《ᠪᠠᠷᠢᠮᠲᠠ ᠬᠠᠷᠢᠭᠤᠴᠠᠭ᠎ᠠ ᠪᠣᠯᠭᠠᠬᠤ ᠠᠵᠢᠯ ᠠᠵᠢᠯᠯᠠᠭ᠎ᠠ ᠶᠢᠨ ᠲᠤᠰᠬᠠᠢ ᠶᠢᠨ ᠠᠵᠢᠯᠲᠠᠨ ᠤ ᠲᠤᠬᠠᠢ ᠳᠤ ᠪᠤᠢ ᠠᠵᠢᠯ ᠦᠢᠯᠡᠳᠪᠦᠷᠢ ᠶᠢᠨ ᠬᠠᠷᠢᠭᠤᠴᠠᠯᠭ᠎ᠠ ᠪᠣᠯᠤᠨ᠎ᠠ᠂ ᠡᠨᠡ ᠨᠢ ᠬᠠᠷᠢᠭᠤᠴᠠᠯᠭ᠎ᠠ ᠶᠢᠨ ᠬᠡᠯᠪᠡᠷᠢ ᠪᠡᠷ ᠪᠢᠴᠢᠭᠰᠡᠨ ᠪᠣᠯᠤᠨ᠎ᠠ᠂ ᠠᠵᠢᠯ ᠤᠨ ᠶᠠᠪᠤᠴᠠ ᠪᠣᠯᠤᠨ ᠦᠷ᠎ᠡ ᠳᠦᠩ ᠢ ᠲᠣᠳᠣᠷᠬᠠᠢ ᠶᠢᠨ ᠲᠣᠭᠠᠴᠠᠨ ᠪᠢᠴᠢᠵᠡᠢ᠃ ᠡᠨᠡ ᠬᠠᠷᠢᠭᠤ ᠨᠢ ᠠᠰᠠᠭᠤᠳᠠᠯ ᠢ ᠲᠣᠳᠣᠷᠬᠠᠢ ᠬᠠᠷᠢᠭᠤᠯᠵᠤ᠂ ᠪᠠᠷᠢᠮᠲᠠ ᠪᠠᠨ ᠢᠯᠡᠷᠬᠡᠢ ᠲᠣᠮᠢᠶᠠᠯᠠᠵᠤ᠂ ᠦᠭᠡ ᠬᠡᠯᠡ ᠪᠠᠨ ᠲᠣᠪᠴᠢ ᠲᠣᠳᠣᠷᠬᠠᠢ ᠪᠢᠴᠢᠭᠰᠡᠨ ᠪᠣᠯᠤᠨ᠎ᠠ᠃

ᠠᠯᠪᠠᠨ ᠠᠯᠪᠠᠨ ᠤ [illegible] ᠵᠢᠱᠢᠶ᠎ᠡ 45 : ᠠᠯᠪᠠᠨ ᠠᠯᠪᠠᠨ ᠤ [illegible]

([illegible])

[illegible] ᠤ ᠪᠢᠴᠢᠭ

×× [illegible]

[illegible] ××...... ([illegible]) ××

[illegible] ××...... ([illegible]) ××

[illegible] ××...... ([illegible]) ××

[illegible] ××...... ([illegible]) ××

[illegible] ××...... ([illegible]) ××

[illegible] ××...... ([illegible]) ××

[illegible] ××...... ([illegible]) ××

[illegible]......(×××)

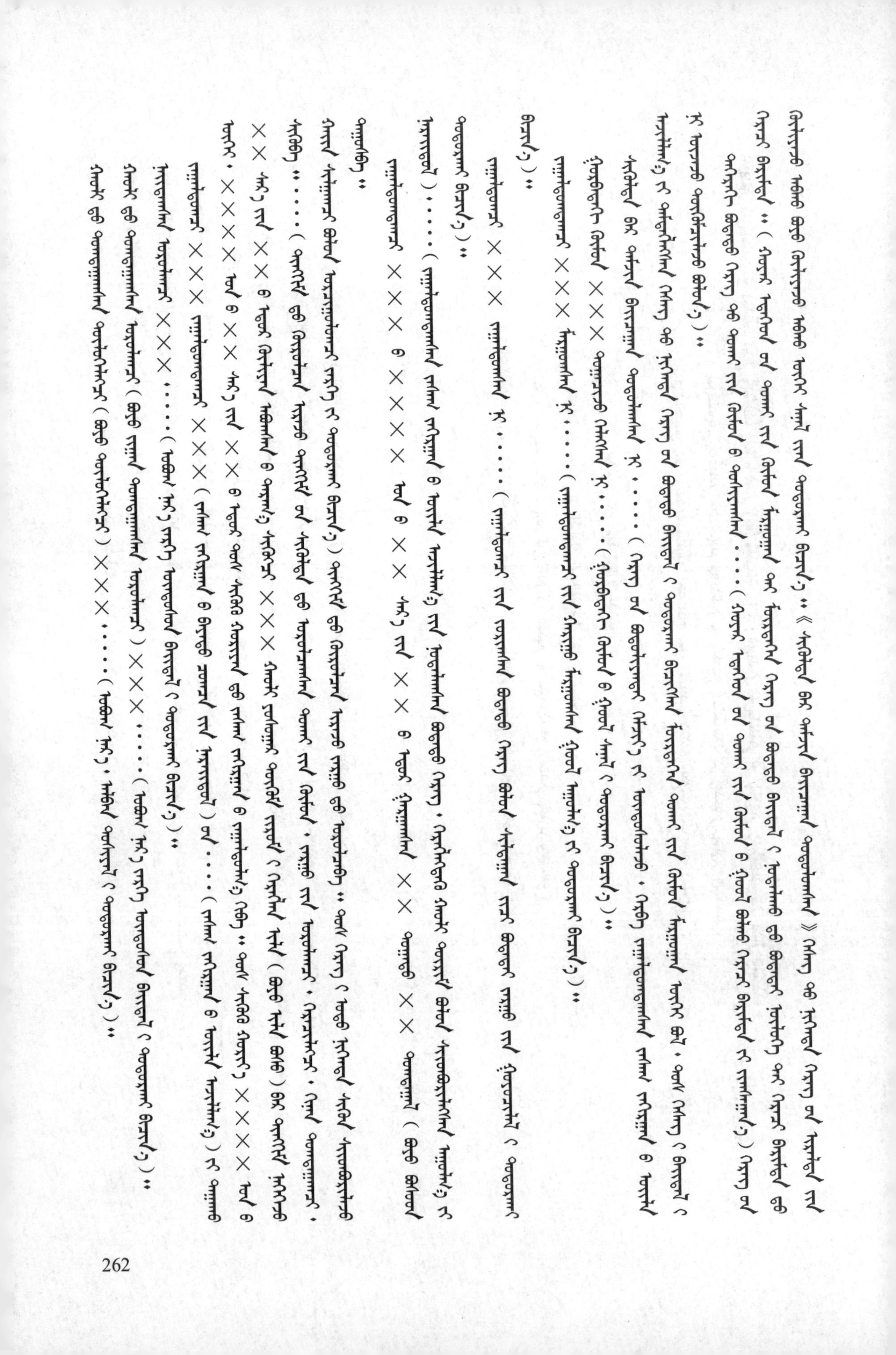

[illegible] ([illegible]) ××× …… ([illegible]) ::

[illegible] ([illegible]) ××× …… ([illegible]) ::

[illegible] ××× …… ([illegible]) ::

[illegible] ××× [illegible] ××× ([illegible]) …… ([illegible]) [illegible] · ×××× [illegible] ×× [illegible] ×× [illegible] :: [illegible] ×××× [illegible] ×× [illegible] ×× [illegible] ××× [illegible] ([illegible]) [illegible] :: …… ([illegible]) [illegible] ([illegible]) [illegible] :: [illegible] ::

[illegible] ××× × ×××× [illegible] ×× [illegible] ×× [illegible] ×× [illegible] ×× [illegible] ([illegible]) …… ([illegible]) [illegible] ([illegible]) ::

[illegible] ××× [illegible] …… ([illegible]) ::

[illegible] ××× [illegible] …… ([illegible]) ::

[illegible] ××× [illegible] …… ([illegible]) ::

[illegible] …… ([illegible]) [illegible] ([illegible]) ::

[illegible] …… ([illegible]) [illegible] :: ([illegible]) [illegible] :: 《 [illegible] 》 [illegible]

ᠡᠨᠡ ᠪᠢᠴᠢᠭ ᠦᠨ ᠬᠠᠮᠲᠤ ᠬᠢᠯ ᠪᠢᠴᠢᠭ ᠮᠠᠨ ᠬᠠᠷᠢᠯᠴᠠᠭᠤᠯᠤᠭᠰᠠᠨ ᠳᠤ ᠲᠤᠰᠬᠠᠢ ᠬᠠᠮᠲᠤ

ᠪᠢᠴᠢᠭᠴᠢ ×××

(ᠬᠠᠮᠲᠤ ᠬᠠᠪᠰᠤᠷᠤᠯᠲᠠ ᠶᠢᠨ ᠲᠠᠮᠠᠭ᠎ᠠ)

×××× ᠣᠨ ᠤ ×× ᠰᠠᠷ᠎ᠠ ᠶᠢᠨ ×× ᠤ ᠡᠳᠦᠷ

ᠬᠠᠮᠲᠤᠷᠠᠭᠴᠢ ×××

ᠬᠠᠮᠲᠤᠷᠠᠭᠴᠢ ×××

ᠬᠠᠮᠲᠤᠷᠠᠭᠴᠢ ᠲᠥᠯᠦᠭᠡᠴᠢ ×××

ᠬᠠᠮᠲᠤ ᠬᠠᠪᠰᠤᠷᠤᠯᠲᠠ ᠳᠤ ᠣᠷᠣᠯᠴᠠᠭᠰᠠᠳ ᠬᠡᠯᠡᠯᠴᠡᠭᠡᠷ ᠪᠢᠴᠢᠭ ᠤᠨ ᠳᠠᠭᠠᠭᠠᠷᠠ᠂ ᠬᠠᠮᠲᠤ ᠬᠠᠪᠰᠤᠷᠤᠯᠲᠠ ᠶᠢᠨ ᠬᠥᠷᠥᠩᠭᠡ ᠶᠢ ᠡᠬᠢᠯᠡᠨ ᠲᠥᠯᠥᠭᠡᠯᠡᠭᠰᠡᠨ᠂ ×××× ᠬᠠᠮᠲᠤ ᠳᠤ ᠡᠨᠡ ᠬᠠᠮᠲᠤ ᠬᠢᠯ ᠪᠢᠴᠢᠭ ᠢ ᠵᠢᠭᠠᠨ ᠬᠠᠷᠢᠯᠴᠠᠭᠤᠯᠤᠭᠰᠠᠨ ᠪᠡᠷ ᠬᠠᠮᠲᠤ ᠬᠠᠪᠰᠤᠷᠤᠯᠲᠠ ᠶᠢᠨ ᠵᠢᠷᠤᠮ ᠳᠦᠷᠢᠮ ᠢ ᠲᠣᠭᠲᠠᠭᠠᠨ᠎ᠠ ᠃ ᠡᠨᠡ ᠬᠠᠮᠲᠤ ᠬᠠᠪᠰᠤᠷᠤᠯᠲᠠ ᠶᠢᠨ ᠪᠢᠴᠢᠭ ᠢ ᠬᠠᠮᠲᠤ ᠬᠠᠪᠰᠤᠷᠤᠯᠲᠠ ᠳᠤ ᠣᠷᠣᠯᠴᠠᠭᠰᠠᠳ ᠰᠠᠨᠠᠯ ᠢ ᠨᠢᠭᠡᠳᠦᠭᠦᠯᠦᠨ ᠲᠣᠭᠲᠠᠭᠠᠵᠤ ᠪᠤᠢ

····(ᠰᠢᠨᠵᠢ ᠲᠠᠢ ᠨᠥᠬᠥᠷᠯᠡᠯ ᠦᠨ ᠬᠠᠷᠢᠯᠴᠠᠭ᠎ᠠ ᠶᠢ ᠲᠣᠳᠤᠷᠬᠠᠢᠯᠠᠨ᠎ᠠ)᠃

····(ᠬᠠᠮᠲᠤ ᠬᠠᠪᠰᠤᠷᠤᠯᠲᠠ ᠶᠢᠨ ᠬᠥᠷᠥᠩᠭᠡ ᠶᠢᠨ ᠬᠡᠮᠵᠢᠶ᠎ᠡ ᠪᠠ ᠬᠡᠯᠪᠡᠷᠢ ᠶᠢ ᠲᠣᠳᠤᠷᠬᠠᠢᠯᠠᠨ᠎ᠠ ᠂ ᠬᠠᠮᠲᠤᠷᠠᠭᠴᠢᠳ ᠤᠨ ᠣᠷᠣᠭᠤᠯᠬᠤ ᠬᠥᠷᠥᠩᠭᠡ ᠶᠢᠨ ᠬᠡᠮᠵᠢᠶ᠎ᠡ ᠪᠠ ᠬᠡᠯᠪᠡᠷᠢ ᠪᠣᠯᠤᠨ ᠣᠷᠣᠭᠤᠯᠬᠤ ᠬᠤᠭᠤᠴᠠᠭ᠎ᠠ ᠵᠢ ᠲᠣᠳᠤᠷᠬᠠᠢᠯᠠᠨ᠎ᠠ)᠃

ᠡᠨᠡ ᠬᠠᠮᠲᠤ ᠬᠠᠪᠰᠤᠷᠤᠯᠲᠠ ᠶᠢᠨ ᠭᠡᠷ᠎ᠡ ᠳᠦ ····(ᠬᠠᠮᠲᠤ ᠬᠠᠪᠰᠤᠷᠤᠯᠲᠠ ᠶᠢᠨ ᠣᠷᠣᠯᠭ᠎ᠠ ᠶᠢᠨ ᠬᠤᠪᠢᠶᠠᠷᠢ ᠶᠢ ᠲᠣᠳᠤᠷᠬᠠᠢᠯᠠᠨ᠎ᠠ ᠃) ····(ᠬᠠᠮᠲᠤ ᠬᠠᠪᠰᠤᠷᠤᠯᠲᠠ ᠶᠢᠨ ᠬᠠᠷᠢᠭᠤᠴᠠᠯᠭ᠎ᠠ ᠬᠤᠪᠢᠶᠠᠯᠴᠠᠬᠤ ᠳᠠᠷᠤᠭ᠎ᠠ ᠶᠢᠨ ᠬᠤᠪᠢᠶᠠᠷᠢ ᠶᠢᠨ ᠠᠷᠭ᠎ᠠ ᠶᠢ ᠲᠣᠳᠤᠷᠬᠠᠢᠯᠠᠨ᠎ᠠ) ᠤ ᠬᠠᠮᠲᠤ ᠬᠠᠪᠰᠤᠷᠤᠯᠲᠠ ᠶᠢᠨ ᠲᠣᠭᠲᠠᠭᠠᠯ ᠢ ᠲᠣᠳᠤᠷᠬᠠᠢᠯᠠᠨ᠎ᠠ ᠂ ᠠᠵᠢᠯ ᠂ ᠠᠵᠢᠯᠯᠠᠭᠠ ᠶᠢᠨ ᠬᠤᠪᠢᠶᠠᠷᠢ ᠶᠢᠨ ᠠᠷᠭ᠎ᠠ ᠪᠠ ᠬᠡᠮᠵᠢᠶ᠎ᠡ ᠪᠣᠯᠤᠨ ᠠᠷᠭ᠎ᠠ ᠵᠠᠮ ᠢ ᠲᠣᠳᠤᠷᠬᠠᠢᠯᠠᠨ᠎ᠠ ᠃

ᠳᠣᠣᠷᠠᠬᠢ ᠬᠡᠷᠡᠭ ᠢ ᠲᠣᠳᠤᠷᠬᠠᠢᠯᠠᠨ᠎ᠠ ᠄

ᠨᠢᠭᠡ ᠡᠨᠡ ᠬᠠᠮᠲᠤ ᠬᠠᠪᠰᠤᠷᠤᠯᠲᠠ ᠳᠤ ᠣᠷᠣᠯᠴᠠᠭᠰᠠᠳ ᠤᠨ ᠬᠠᠮᠲᠤ ᠬᠠᠪᠰᠤᠷᠤᠯᠲᠠ ᠶᠢᠨ ᠬᠡᠷᠡᠭ ᠢ ᠬᠡᠷᠡᠭᠵᠢᠭᠦᠯᠬᠦ ᠳᠤ ᠬᠠᠷᠢᠭᠤᠴᠠᠬᠤ ᠪᠠ ᠡᠷᠬᠡ ᠦᠬᠦᠷᠭᠡ ᠶᠢ ᠬᠤᠪᠢᠶᠠᠯᠴᠠᠨ᠎ᠠ᠃

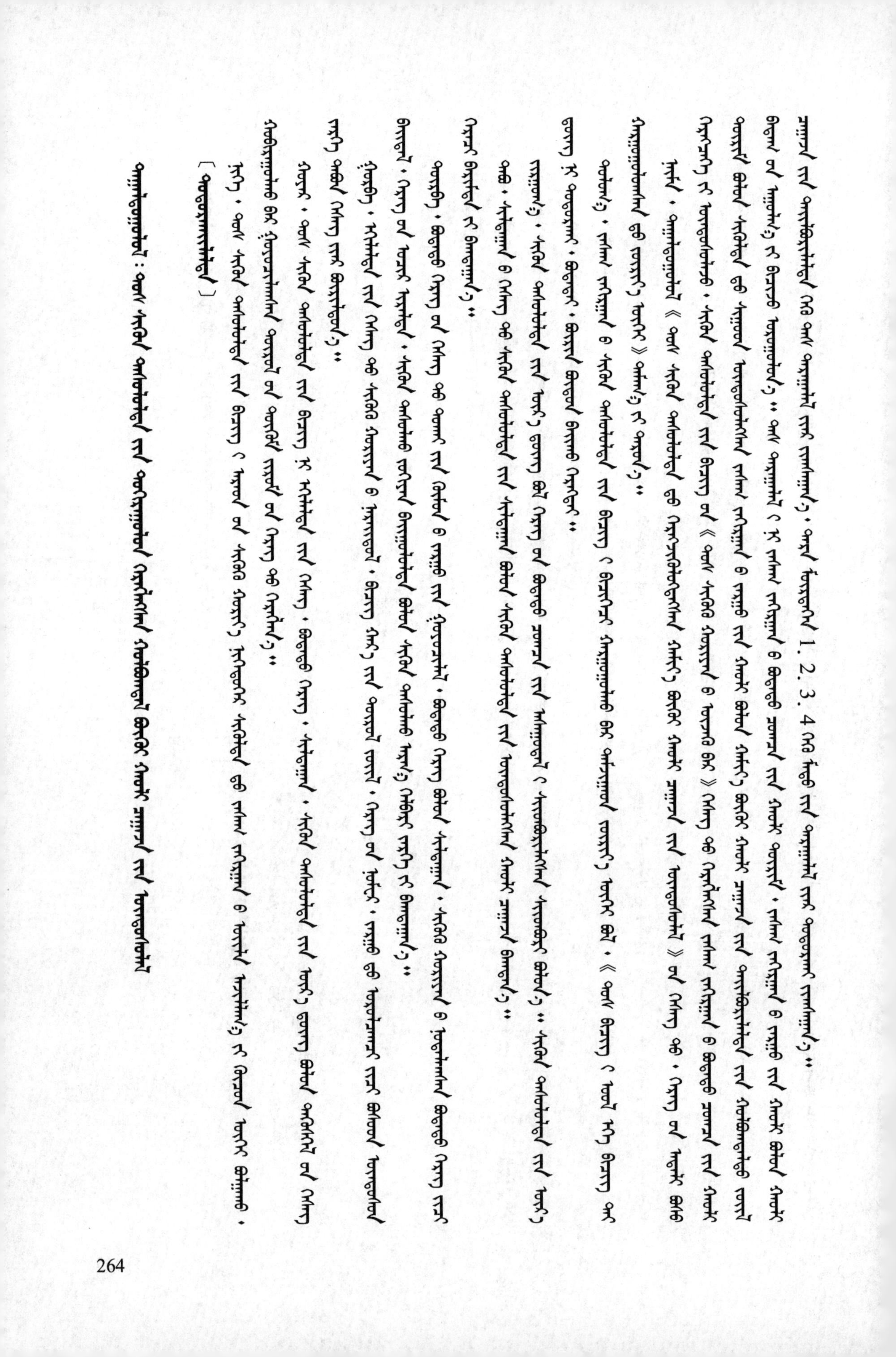

[illegible] 1. 2. 3. 4 [illegible]

[illegible]

[illegible]

[illegible]

[illegible]

[illegible]

[illegible]

[illegible]

〔[illegible]〕

[illegible]

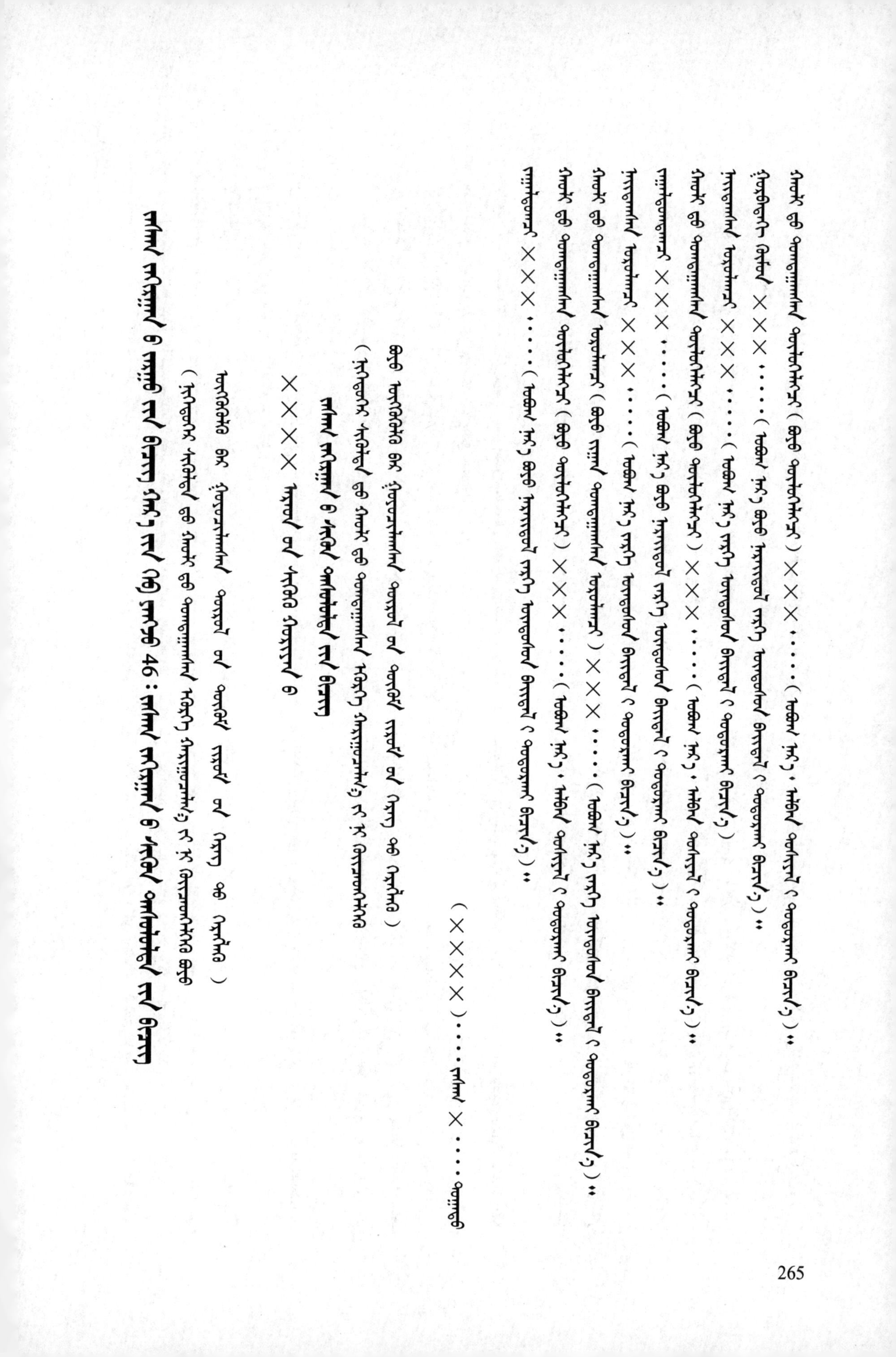

[illegible] 46 : [illegible]

([illegible]
[illegible])

XXXX [illegible]

[illegible]

([illegible]
[illegible])

(XXXX)····[illegible] X ····[illegible]

[illegible] XXX ·····([illegible]) ··
[illegible] ([illegible]) XXX ·····([illegible]) ··
[illegible] ([illegible]) XXX ·····([illegible]) ··
[illegible] XXX ·····([illegible]) ··
[illegible] XXX ·····([illegible]) ··
[illegible] ([illegible]) XXX ·····([illegible]) ··
[illegible] XXX ·····([illegible])
[illegible] XXX ·····([illegible]) ··
[illegible] ([illegible]) XXX ·····([illegible]) ··

ᠬᠡᠮᠡᠨ ᠪᠣᠯ ᠳᠠᠪᠲᠠᠭᠳᠠᠭᠰᠠᠨ ᠬᠡᠯᠪᠡᠷᠢ (ᠪᠣᠯᠤᠨ ᠬᠡᠯᠡᠨ ᠳᠠᠪᠲᠠᠭᠳᠠᠭᠰᠠᠨ ᠬᠡᠯᠪᠡᠷᠢ) ××× ..... (ᠶᠠᠭᠤᠮ ᠨᠢᠭᠡ ᠳᠠᠭᠤ ᠶᠢᠨ ᠲᠣᠭᠠᠴᠠᠯ ᠢ ᠲᠣᠳᠣᠷᠬᠠᠢ ᠪᠣᠯᠭᠠᠨ᠎ᠠ) ::

ᠳᠠᠪᠬᠤᠷᠯᠠᠭᠰᠠᠨ ᠬᠡᠯᠪᠡᠷᠢ ××× ..... (ᠶᠠᠭᠤᠮ ᠨᠢᠭᠡ ᠳᠠᠭᠤ ᠶᠢᠨ ᠲᠣᠭᠠᠴᠠᠯ ᠢ ᠲᠣᠳᠣᠷᠬᠠᠢ ᠪᠣᠯᠭᠠᠨ᠎ᠠ) ::

ᠳᠠᠪᠲᠠᠭᠳᠠᠭᠰᠠᠨ ××× ᠳᠠᠪᠲᠠᠭᠳᠠᠭᠰᠠᠭᠠᠷ ××× (ᠲᠣᠭᠠᠨ ᠲᠣᠭᠠᠴᠠᠭ᠎ᠠ ᠪᠠ ᠪᠢᠴᠢᠭ ᠦᠰᠦᠭ ᠦᠨ ᠬᠡᠯᠪᠡᠷᠢ) ᠪᠠ .... (ᠳᠠᠪᠲᠠᠭᠳᠠᠭᠰᠠᠨ ᠦᠨ ᠬᠡᠷᠡᠭᠯᠡᠭᠡᠨ ᠦ ᠦᠷ᠎ᠡ ᠳᠦᠩ ᠢ ᠲᠣᠳᠣᠷᠬᠠᠢᠯᠠᠭᠰᠠᠨ

ᠬᠡᠮᠡᠨ ᠪᠣᠯ ᠲᠣᠭᠠᠴᠠᠭᠰᠠᠨ ᠶᠠᠭᠤᠮ ᠠᠩᠬᠠᠷᠤᠯᠤᠭᠰᠠᠨ ᠪᠣᠯᠤᠨ ᠶᠠᠭᠤᠮ ᠤᠨ ᠣᠨᠴᠠᠯᠢᠭ ᠢ ᠲᠣᠳᠣᠷᠬᠠᠢᠯᠠᠨ᠎ᠠ) ᠬᠡᠮᠡᠨ ᠪᠣᠯ ᠲᠣᠭᠠᠴᠠᠭᠰᠠᠨ ᠶᠠᠭᠤᠮ ᠪᠠᠨ ᠣᠨᠴᠠᠭᠠᠢ ᠬᠡᠷᠡᠭᠯᠡᠭᠰᠡᠨ ᠬᠡᠪ ᠂ ×

××× ᠪᠣᠯ ᠪᠠ ×× ᠶᠢᠨ ᠨᠢ ×× ᠪᠠ ᠬᠣᠶᠠᠷ ᠬᠡᠯᠡᠬᠦ ᠲᠣᠭᠠᠨ ᠲᠣᠭᠠᠴᠠᠭ᠎ᠠ ᠪᠠ ᠳᠠᠪᠲᠠᠭᠳᠠᠬᠤ ᠶᠢ :: ᠲᠡᠷᠡ ᠬᠡᠮᠡᠬᠦ ×××× ᠪᠣᠯ ᠪᠠ ×× ᠶᠢᠨ ᠨᠢ ××

ᠪᠠ ᠬᠣᠶᠠᠷ ᠳᠠᠬᠢᠨ ᠳᠠᠪᠲᠠᠭᠳᠠᠭᠰᠠᠨ ᠪᠠ ᠲᠣᠭᠠᠴᠠᠭ᠎ᠠ ᠂ ᠬᠡᠮᠡᠨ ᠲᠣᠭᠠᠴᠠᠭᠰᠠᠨ ᠲᠣᠭᠠᠴᠠᠭᠤᠯ ××× ᠲᠣᠭᠠᠨ ᠲᠣᠭᠠᠴᠠᠭ᠎ᠠ ᠶᠢᠨ ᠨᠢᠭᠡ (ᠪᠣᠯ ᠨᠢᠭᠡ ᠪᠣᠯᠪᠠᠴᠤ) ᠪᠣᠯᠤᠨ ᠲᠣᠭᠠᠴᠠᠯ ᠳᠠᠭᠤᠨ ᠢ ᠲᠣᠳᠣᠷᠬᠠᠢᠯᠠᠨ᠎ᠠ :: .....

(ᠲᠣᠭᠠᠴᠠᠭ᠎ᠠ ᠪᠣᠯ ᠦᠭᠦᠯᠡᠬᠦ ᠬᠡᠯᠡᠬᠦ ᠲᠣᠭᠠᠴᠠᠭ᠎ᠠ ᠶᠢᠨ ᠪᠠᠶᠢᠳᠠᠯ ᠤᠨ ᠬᠡᠯᠪᠡᠷᠢ ᠪᠣᠯ ᠬᠡᠯᠡᠬᠦ ᠶᠠᠭᠤᠮ ᠢ ᠲᠣᠭᠠᠴᠠᠭᠰᠠᠨ ᠲᠣᠭ᠎ᠠ ᠶᠢᠨ ᠬᠡᠮᠵᠢᠶ᠎ᠡ ᠂ ᠲᠣᠭᠠᠨ ᠤ ᠬᠡᠯᠪᠡᠷᠢ ᠂ ᠲᠣᠭᠠᠴᠠᠭᠰᠠᠨ ᠂ ᠨᠢᠭᠡ ᠲᠣᠭᠠᠴᠠᠭᠤᠯ ᠂ ᠬᠡᠮᠡᠨ

ᠲᠣᠭᠠᠴᠠᠨ ᠪᠣᠯᠤᠨ ᠳᠠᠪᠲᠠᠭᠳᠠᠭᠰᠠᠨ ᠲᠣᠭᠠᠨ ᠳᠤ ᠲᠣᠳᠣᠷᠬᠠᠢᠯᠠᠨ᠎ᠠ) ᠲᠣᠭᠠᠴᠠᠭ᠎ᠠ ᠪᠠ ᠬᠡᠷᠡᠭᠯᠡᠭᠰᠡᠨ ᠬᠡᠯᠡᠬᠦ ᠲᠣᠭᠠᠨ ᠪᠠ ᠬᠡᠯᠪᠡᠷᠢᠯᠡᠨ᠎ᠡ :: ᠲᠡᠷᠡ ᠬᠡᠯᠡᠬᠦ ᠶᠢ ᠬᠡᠷᠡᠭ ᠨᠢᠭᠡ ᠪᠠᠶᠢᠳᠠᠯ ᠬᠣᠪᠢᠷᠠᠭᠤᠯᠤᠭᠰᠠᠨ

ᠲᠣᠭᠠᠴᠠᠨ᠎ᠠ ::

ᠨᠢᠭᠡᠳᠦᠭᠡᠷ ᠪᠣᠯ ᠂ ᠳᠠᠪᠲᠠᠭᠳᠠᠭᠰᠠᠨ ᠦᠨ ᠬᠡᠮᠡᠨ ᠪᠣᠯ ᠲᠣᠭᠠᠴᠠᠭᠰᠠᠨ ᠶᠠᠭᠤᠮ ᠠᠩᠬᠠᠷᠤᠯᠤᠭᠰᠠᠨ ᠢ ᠨᠢ ᠲᠣᠳᠣᠷᠬᠠᠢᠯᠠᠬᠤ ᠪᠣᠯᠤᠨ ᠳᠠᠪᠲᠠᠭᠳᠠᠬᠤ ᠶᠢ ᠬᠡᠷᠡᠭᠯᠡᠭᠰᠡᠨ ᠪᠣᠯ ᠂ ᠳᠠᠪᠲᠠᠭᠳᠠᠭᠰᠠᠨ

ᠲᠣᠭᠠᠴᠠᠯ ᠠᠩᠬᠠᠷᠤᠯᠤᠭᠰᠠᠨ ᠬᠡᠷᠡᠭᠯᠡᠭᠰᠡᠨ ᠶᠢ ᠂ ᠲᠣᠳᠣᠷᠬᠠᠢ ᠬᠠᠷᠠᠭᠳᠠᠨ᠎ᠠ :

×××× ᠪᠣᠯ ᠪᠠ ×× ᠶᠢᠨ ᠨᠢ ×× ᠪᠠ ᠬᠣᠶᠠᠷ ᠂ ᠳᠠᠪᠲᠠᠭᠳᠠᠭᠰᠠᠨ ××× ᠳᠠᠪᠲᠠᠭᠳᠠᠭᠰᠠᠭᠠᠷ ××× (ᠲᠣᠭᠠᠨ ᠲᠣᠭᠠᠴᠠᠭ᠎ᠠ ᠪᠠ ᠪᠢᠴᠢᠭ ᠦᠰᠦᠭ ᠦᠨ ᠬᠡᠯᠪᠡᠷᠢ)

ᠳᠠᠪᠲᠠᠭᠳᠠᠭᠰᠠᠨ ᠪᠠ ᠬᠣᠶᠠᠷ ×× ᠶᠢᠨ ᠨᠢ ×× ᠪᠠ ᠪᠣᠯ ×××× ᠳᠠᠪᠲᠠᠭᠳᠠᠭᠰᠠᠭᠠᠷ ᠂ ᠪᠠ ᠲᠣᠳᠣᠷᠬᠠᠢ (ᠲᠣᠳᠣᠷᠬᠠᠢᠯᠠᠨ᠎ᠠ ᠶᠢᠨ ᠲᠣᠭᠠᠴᠠᠭᠰᠠᠨ ᠢ ᠲᠣᠭᠠᠴᠠᠨ ᠪᠣᠯᠤᠨ᠎ᠠ) ᠲᠣᠳᠣᠷᠬᠠᠢ ᠬᠠᠷᠠᠭᠳᠠᠬᠤ ᠪᠠ .... (ᠪᠠ

ᠪᠠ ×× ᠲᠣᠭᠠᠴᠠᠭ᠎ᠠ ×× ᠲᠣᠭᠠᠴᠠᠨ (ᠪᠣᠯ ᠪᠦᠬᠦ ᠲᠣᠳᠣᠷᠬᠠᠢᠯᠠᠬᠤ) ᠲᠣᠭᠠᠴᠠᠨ ..... (ᠬᠡᠯᠡᠬᠦ ᠲᠣᠭᠠᠴᠠᠭᠰᠠᠨ ᠪᠠ ᠲᠣᠳᠣᠷᠬᠠᠢᠯᠠᠭᠰᠠᠨ ᠬᠡᠯᠪᠡᠷᠢ ᠶᠢᠨ ᠂ ᠲᠣᠭᠠᠴᠠᠭᠰᠠᠨ ᠬᠡᠮᠡᠨ ᠲᠣᠭᠠᠨ ᠪᠣᠯᠪᠠᠴᠤ

ᠲᠣᠭᠠᠴᠠᠯ ᠦᠨ ᠲᠣᠳᠣᠷᠬᠠᠢᠯᠠᠨ᠎ᠠ ᠢ ᠲᠣᠭᠠᠴᠠᠭᠤᠯᠬᠤ ᠪᠣᠯᠤᠨ᠎ᠠ) ::

ᠬᠣᠶᠠᠳᠤᠭᠠᠷ ᠪᠣᠯ ᠂ ᠳᠠᠪᠲᠠᠭᠳᠠᠭᠰᠠᠨ ᠦᠨ ᠬᠡᠮᠡᠨ ᠪᠣᠯ ᠲᠣᠭᠠᠴᠠᠭᠰᠠᠨ ᠶᠠᠭᠤᠮ ᠠᠩᠬᠠᠷᠤᠯᠤᠭᠰᠠᠨ ᠢ ᠨᠢ ᠲᠣᠳᠣᠷᠬᠠᠢᠯᠠᠬᠤ ᠪᠣᠯᠤᠨ ᠲᠣᠭᠠᠴᠠᠭᠤᠯ ᠢ ᠬᠡᠷᠡᠭᠯᠡᠭᠰᠡᠨ ᠪᠣᠯ ᠂ ᠳᠠᠪᠲᠠᠭᠳᠠᠭᠰᠠᠨ

ᠠᠩᠬᠠᠷᠤᠯᠤᠭᠰᠠᠨ ᠲᠣᠭᠠᠨ ᠲᠣᠭᠠᠴᠠᠭᠰᠠᠨ ᠪᠣᠯ ᠂ ᠲᠣᠳᠣᠷᠬᠠᠢ ᠬᠠᠷᠠᠭᠳᠠᠨ᠎ᠠ :

ᠳᠠᠪᠲᠠᠭᠳᠠᠭᠰᠠᠨ ××× ᠂ ×××× ᠪᠣᠯ ᠪᠠ ×× ᠶᠢᠨ ᠨᠢ ×× ᠪᠠ ᠬᠣᠶᠠᠷ ᠳᠠᠪᠲᠠᠭᠳᠠᠭᠰᠠᠭᠠᠷ ××× ᠪᠠ .... (ᠲᠣᠳᠣᠷᠬᠠᠢᠯᠠᠨ᠎ᠠ ᠶᠢᠨ ᠲᠣᠭᠠᠴᠠᠭᠰᠠᠨ ᠢ ᠲᠣᠭᠠᠴᠠᠨ

ᠪᠣᠯᠤᠨ᠎ᠠ) ᠲᠣᠳᠣᠷᠬᠠᠢᠯᠠᠨ᠎ᠠ ᠲᠣᠭᠠᠴᠠᠨ᠎ᠠ :: ᠳᠠᠪᠲᠠᠭᠳᠠᠭᠰᠠᠭᠠᠷ ᠳᠠᠪᠲᠠᠭᠳᠠᠭᠰᠠᠨ ᠲᠣᠭᠠᠴᠠᠭ᠎ᠠ ᠶᠢ ᠲᠣᠭᠠᠴᠠᠨ ᠬᠡᠯᠡᠬᠦ ᠲᠣᠭᠠᠴᠠᠭᠤᠯᠬᠤ ᠲᠣᠭᠠᠴᠠᠭᠰᠠᠨ ᠪᠣᠯᠤᠨ :: (ᠲᠣᠭᠠᠨ ᠦᠨ ᠲᠣᠭᠠᠴᠠᠨ ᠳᠠᠪᠲᠠᠭᠳᠠᠭᠰᠠᠨ

ᠦᠨ ᠲᠣᠭᠠᠴᠠᠭᠰᠠᠨ ᠲᠣᠳᠣᠷᠬᠠᠢᠯᠠᠨ᠎ᠠ ᠪᠠ ᠳᠠᠪᠲᠠᠭᠳᠠᠭᠰᠠᠭᠠᠷ ᠦᠨ ᠲᠣᠭᠠᠴᠠᠭᠤᠯᠬᠤ ᠲᠣᠭᠠᠴᠠᠭᠰᠠᠨ ᠲᠣᠭᠠᠨ ᠪᠠ ᠲᠣᠭᠠᠴᠠᠭᠤᠯ ᠬᠡᠮᠡᠨ ᠪᠣᠯ ᠲᠣᠭᠠᠨ ᠪᠠᠶᠢᠨ᠎ᠠ ᠪᠣᠯᠤᠨ᠎ᠠ) ::

ᠳᠠᠪᠲᠠᠭᠳᠠᠭᠰᠠᠨ ××× ᠳᠠᠪᠲᠠᠭᠳᠠᠭᠰᠠᠨ ᠨᠢ ..... (ᠳᠠᠪᠲᠠᠭᠳᠠᠭᠰᠠᠨ ᠦᠨ ᠲᠣᠭᠠᠴᠠᠭᠰᠠᠨ ᠪᠣᠯᠤᠨ ᠬᠡᠯᠡᠬᠦ ᠲᠣᠭᠠᠨ ᠲᠣᠭᠠᠴᠠᠭ᠎ᠠ ᠪᠣᠯᠤᠨ ᠲᠣᠭᠠᠨ ᠦᠨ ᠲᠣᠳᠣᠷᠬᠠᠢᠯᠠᠨ᠎ᠠ ᠢ ᠲᠣᠭᠠᠴᠠᠭᠤᠯ

ᠪᠣᠯᠤᠨ᠎ᠠ) ::

ᠬᠡᠷᠡᠭᠯᠡᠭᠳᠡᠭᠰᠡᠨ ××× ᠬᠡᠯᠡᠭᠳᠡᠭᠦᠨ ᠭᠡ᠂᠂᠂᠂᠂(ᠬᠡᠷᠡᠭᠯᠡᠭᠳᠡᠭᠰᠡᠨ ᠦ ᠪᠦᠬᠦ ᠬᠡᠯᠡᠭᠳᠡᠭᠦᠨ ᠦᠭᠡ ᠬᠡᠯᠡᠯᠭᠡ ᠶᠢ ᠬᠡᠷᠡᠭᠯᠡᠭᠰᠡᠨ ᠪᠠᠢᠨ᠎ᠠ) ::

ᠥᠭᠦᠯᠡᠭᠴᠢ ᠶᠢᠨ ××× ᠬᠡᠷᠡᠭᠯᠡᠭᠰᠡᠨ ᠠᠮᠢᠲᠠᠨ ᠭᠡ᠂᠂᠂᠂᠂(ᠥᠭᠦᠯᠡᠭᠴᠢ ᠶᠢᠨ ᠦ ᠥᠭᠡ ᠲᠤ ᠬᠡᠷᠡᠭᠯᠡᠭᠰᠡᠨ ᠪᠠᠢᠨ᠎ᠠ) ::

ᠵᠢᠱᠢᠶ᠎ᠡ ᠪᠠ ᠬᠡᠯᠡᠯᠭᠡ ᠶᠢᠨ ᠰᠢᠨᠵᠢᠯᠡᠯ ᠡᠳᠡᠭᠡᠷ ᠲᠤ ᠪᠠᠢᠭᠠ ᠬᠡᠷᠡᠭᠯᠡᠭᠰᠡᠨ ᠦᠭᠡ ᠶᠢ ᠣᠨᠴᠠᠯᠠᠨ ᠲᠡᠮᠳᠡᠭᠯᠡᠬᠦ ᠳᠦ ᠭᠡ᠂᠂᠂᠂᠂(ᠡᠳᠡᠭᠡᠷ ᠲᠤ ᠪᠦᠬᠦ ᠦᠭᠡ ᠶᠢ ᠬᠡᠷᠡᠭᠯᠡᠭᠰᠡᠨ ᠪᠠᠢᠨ᠎ᠠ) ᠡᠳᠡᠭᠡᠷ ᠪᠦᠬᠦ ᠦᠭᠡ ᠶᠢ ᠪᠤᠰᠤᠳ ᠬᠡᠯᠡᠯᠭᠡ ᠶᠢᠨ ᠬᠡᠷᠡᠭᠯᠡᠭᠰᠡᠨ ᠪᠠᠢᠨ᠎ᠠ ᠂ ᠪᠠᠢᠨ᠎ᠠ ᠦᠭᠡ ᠶᠢ ᠪᠦᠬᠦ ᠦᠭᠡ ᠳᠦ ᠬᠡᠷᠡᠭᠯᠡᠭᠰᠡᠨ ᠪᠠᠢᠨ᠎ᠠ

ᠭᠡᠵᠦ ᠬᠡᠷᠡᠭᠯᠡᠭᠰᠡᠨ ᠪᠠᠢᠨ᠎ᠠ) ::

ᠪᠠᠢᠨ᠎ᠠ :: (ᠪᠠᠢᠬᠤ ᠶᠢᠨ ᠦᠭᠡ ᠶᠢ ᠬᠡᠷᠡᠭᠯᠡᠭᠰᠡᠨ ᠦᠭᠡ ᠲᠤ ᠪᠠᠢᠭᠠ ᠪᠦᠬᠦ ᠪᠠᠢᠳᠠᠯ ᠢ ᠬᠡᠷᠡᠭᠯᠡᠭᠰᠡᠨ ᠳᠦ ᠪᠦᠬᠦ ᠦᠭᠡ ᠬᠡᠷᠡᠭᠯᠡᠭᠰᠡᠨ ᠲᠤ ᠪᠠᠢᠨ᠎ᠠ ᠳᠦ ᠪᠦᠬᠦ ᠪᠠᠢᠨ᠎ᠠ
ᠪᠠᠢᠭᠠ ᠪᠦᠬᠦ ᠦᠭᠡ ᠶᠢᠨ ᠪᠠᠢᠨ᠎ᠠ ᠲᠤ ᠪᠦᠬᠦ ᠦ ᠬᠡᠷᠡᠭᠯᠡᠭᠰᠡᠨ ᠂᠂᠂᠂(ᠪᠠᠢᠨ᠎ᠠ ᠲᠤ ᠪᠦᠬᠦ ᠦ ᠦᠭᠡ ᠪᠠᠢᠭᠠ ᠦᠭᠡ ᠪᠠᠢᠨ᠎ᠠ ᠶᠢ ᠬᠡᠷᠡᠭᠯᠡᠭᠰᠡᠨ) ᠦᠭᠡ ᠲᠤ ᠦᠭᠡ ᠪᠠᠢᠨ᠎ᠠ
ᠭᠡ ᠬᠡᠷᠡᠭᠯᠡᠭᠰᠡᠨ ᠪᠠᠢᠨ᠎ᠠ) ::

ᠬᠡᠷᠡᠭᠯᠡᠭᠰᠡᠨ ᠦᠭᠡ ᠶᠢᠨ ᠬᠡᠯᠡᠯᠭᠡ ᠶᠢ ᠬᠡᠷᠡᠭᠯᠡᠭᠰᠡᠨ ᠪᠠᠢᠨ᠎ᠠ ᠂ ᠪᠠᠢᠨ᠎ᠠ ᠂ ᠪᠠᠢᠨ᠎ᠠ ᠂ ᠪᠠᠢᠨ᠎ᠠ ᠶᠢ ᠬᠡᠷᠡᠭᠯᠡᠭᠰᠡᠨ ᠪᠠᠢᠨ᠎ᠠ) ᠦ ᠬᠡᠷᠡᠭᠯᠡᠭᠰᠡᠨ ᠶᠢ ᠬᠡᠷᠡᠭᠯᠡᠭᠰᠡᠨ ᠵᠢᠱᠢᠶ᠎ᠡ ᠬᠡᠯᠡᠯᠭᠡ
ᠪᠠᠢᠨ᠎ᠠ ᠵᠢᠱᠢᠶ᠎ᠡ ᠬᠡᠯᠡᠯᠭᠡ ᠦ ᠬᠡᠷᠡᠭᠯᠡᠭᠰᠡᠨ ᠪᠠᠢᠨ᠎ᠠ ᠂᠂᠂᠂᠂(ᠵᠢᠱᠢᠶ᠎ᠡ ᠬᠡᠯᠡᠯᠭᠡ ᠶᠢᠨ ᠦᠭᠡ ᠶᠢ ᠬᠡᠷᠡᠭᠯᠡᠭᠰᠡᠨ ᠪᠠᠢᠨ᠎ᠠ ::) ᠂᠂᠂᠂(ᠵᠢᠱᠢᠶ᠎ᠡ ᠬᠡᠯᠡᠯᠭᠡ ᠶᠢᠨ ᠬᠡᠷᠡᠭᠯᠡᠭᠰᠡᠨ ᠪᠠᠢᠨ᠎ᠠ
ᠪᠠᠢᠭᠠ ᠦᠭᠡ ᠶᠢᠨ ᠬᠡᠷᠡᠭᠯᠡᠭᠰᠡᠨ ᠪᠠᠢᠨ᠎ᠠ) ::

ᠭᠡ ᠬᠡᠷᠡᠭᠯᠡᠭᠰᠡᠨ ᠪᠣᠯᠤᠨ᠎ᠠ :

᠂᠂᠂᠂(ᠵᠢᠱᠢᠶ᠎ᠡ ᠬᠡᠯᠡᠯᠭᠡ ᠶᠢᠨ ᠦᠭᠡ ᠶᠢ ᠬᠡᠷᠡᠭᠯᠡᠭᠰᠡᠨ ᠪᠠᠢᠨ᠎ᠠ ᠂ ᠬᠡᠷᠡᠭᠯᠡᠭᠰᠡᠨ ᠵᠢᠱᠢᠶ᠎ᠡ ᠳᠦ ᠦᠭᠡ ᠳᠦ ᠬᠡᠷᠡᠭᠯᠡᠭᠳᠡᠭᠰᠡᠨ ᠪᠦᠬᠦ ᠬᠡᠷᠡᠭᠯᠡᠭᠳᠡᠭᠰᠡᠨ ᠦ ᠭᠡ ᠪᠠᠢᠨ᠎ᠠ ᠪᠠᠢᠳᠠᠯ
ᠪᠠᠢᠨ᠎ᠠ ᠦ ᠬᠡᠷᠡᠭᠯᠡᠭᠳᠡᠭᠰᠡᠨ ᠬᠡᠯᠡᠯᠭᠡ ᠲᠤ ᠦᠭᠡ ᠲᠤ ᠵᠢᠱᠢᠶ᠎ᠡ ᠬᠡᠯᠡᠯᠭᠡ ᠶᠢᠨ ᠪᠦᠬᠦ ᠲᠤ ᠪᠦᠬᠦ ᠦ ᠪᠠᠢᠨ᠎ᠠ) ::

᠂᠂᠂᠂(ᠪᠠᠢᠨ᠎ᠠ ᠶᠢᠨ ᠬᠡᠷᠡᠭᠯᠡᠭᠰᠡᠨ ᠲᠤ ᠪᠠᠢᠭᠠ ᠦ ᠬᠡᠷᠡᠭᠯᠡᠭᠰᠡᠨ ᠪᠠᠢᠨ᠎ᠠ) ::
ᠪᠠᠢᠬᠤ ᠪᠠᠢᠭᠠ ᠵᠢᠱᠢᠶ᠎ᠡ ᠬᠡᠯᠡᠯᠭᠡ ᠦ ᠪᠠᠢᠨ᠎ᠠ ᠬᠡᠷᠡᠭᠯᠡᠭᠰᠡᠨ ᠵᠢᠱᠢᠶ᠎ᠡ ᠵᠢᠱᠢᠶ᠎ᠡ ᠪᠠᠢᠨ᠎ᠠ ᠂ ᠵᠢᠱᠢᠶ᠎ᠡ ᠬᠡᠯᠡᠯᠭᠡ ᠶᠢᠨ ᠪᠠᠢᠭᠠ ᠲᠤ ᠦᠭᠡ ᠶᠢᠨ ᠪᠦᠬᠦ ᠲᠤ ᠬᠡᠷᠡᠭᠯᠡᠭᠰᠡᠨ ᠢ ᠪᠦᠬᠦ ᠪᠠᠢᠨ᠎ᠠ ᠶᠢᠨ ᠬᠡᠷᠡᠭᠯᠡᠭᠰᠡᠨ ᠪᠠᠢᠨ᠎ᠠ ᠂ ×××× ᠪᠠᠢᠨ᠎ᠠ ᠲᠤ
ᠵᠢᠱᠢᠶ᠎ᠡ ᠬᠡᠯᠡᠯᠭᠡ ᠳᠦ ᠪᠠᠢᠬᠤ ᠬᠡᠷᠡᠭᠯᠡᠭᠰᠡᠨ ᠪᠣᠯᠤᠨ᠎ᠠ ::

ᠵᠢᠱᠢᠶ᠎ᠡ ᠪᠠᠢᠨ᠎ᠠ ×××
ᠵᠢᠱᠢᠶ᠎ᠡ ×××
ᠵᠢᠱᠢᠶ᠎ᠡ ×××

ᠶᠠᠪᠤᠨ ᠂ ᠮᠡᠳᠡᠭᠳᠡᠭᠦᠯᠦᠯ 《 ᠪᠦᠬᠦ ᠶᠠᠭᠤᠮ ᠳᠤᠭᠤᠢᠯᠠᠩ ᠤᠨ ᠵᠢᠯᠤᠭᠤᠳᠤᠯᠭ᠎ᠠ ᠶᠢᠨ ᠬᠡᠯᠡᠯᠴᠡᠭᠡᠨ ᠪᠠᠷ ᠬᠤᠷᠠᠯ 》 ᠤᠨ ᠬᠡᠯᠡᠭᠰᠡᠨ ᠪᠡᠷ ᠂ ᠲᠤᠬᠠᠢ ᠶᠢᠨ ᠲᠦᠪᠰᠢᠨ ᠦ ᠮᠡᠳᠡᠭᠳᠡᠯ ᠢ ᠪᠠᠷ ᠲᠣᠭᠠᠴᠠᠨ᠎ᠠ ::

ᠮᠡᠳᠡᠭᠳᠡᠯ ᠂ ᠲᠣᠭ᠎ᠠ ᠪᠦᠷᠢᠳᠬᠡᠯ ᠦᠨ ᠶᠠᠭᠤᠮ ᠳᠤᠭᠤᠢᠯᠠᠩ ᠤᠨ ᠪᠠᠢᠳᠠᠯ ᠢ ᠬᠠᠮᠢᠶᠠᠷᠤᠭᠰᠠᠨ ᠪᠠᠢᠭᠤᠯᠤᠯᠭ᠎ᠠ ᠂ ᠪᠠᠢᠭᠤᠯᠤᠯᠭ᠎ᠠ ᠶᠢᠨ ᠬᠠᠮᠲᠤ ᠪᠠᠢᠳᠠᠯ ᠢ ᠲᠣᠳᠤᠷᠬᠠᠢᠯᠠᠭᠰᠠᠨ ᠪᠠᠢᠨ᠎ᠠ ::

ᠶᠠᠭᠤᠮ ᠳᠤᠭᠤᠢᠯᠠᠩ ᠤᠨ ᠲᠠᠯ᠎ᠠ ᠶᠢᠨ ᠬᠠᠮᠲᠤ ᠶᠠᠪᠤᠭᠳᠠᠬᠤ ᠮᠡᠳᠡᠭᠳᠡᠯ ᠪᠠᠷ ᠲᠣᠭᠠᠴᠠᠨ᠎ᠠ ::

ᠪᠦᠬᠦ ᠶᠠᠭᠤᠮ ᠳᠤᠭᠤᠢᠯᠠᠩ ᠤᠨ ᠪᠠᠢᠭᠤᠯᠤᠯᠭ᠎ᠠ ᠶᠢᠨ ᠬᠡᠯᠡᠯᠴᠡᠭᠡᠨ ᠦ ᠲᠣᠭ᠎ᠠ ᠪᠦᠷᠢᠳᠬᠡᠯ ᠂ ᠬᠠᠮᠲᠤ ᠶᠠᠪᠤᠭᠳᠠᠬᠤ ᠮᠡᠳᠡᠭᠳᠡᠯ ᠢ ᠲᠣᠳᠤᠷᠬᠠᠢᠯᠠᠨ᠎ᠠ ::

[ᠬᠠᠪᠰᠤᠷᠭᠠᠯᠲᠠ]

ᠮᠡᠳᠡᠭᠳᠡᠭᠦᠯᠦᠯ ᠄ ᠪᠦᠬᠦ ᠶᠠᠭᠤᠮ ᠳᠤᠭᠤᠢᠯᠠᠩ ᠤᠨ ᠪᠠᠢᠭᠤᠯᠤᠯᠭ᠎ᠠ ᠶᠢᠨ ᠬᠡᠯᠡᠯᠴᠡᠭᠡᠨ ᠦ ᠲᠣᠭ᠎ᠠ ᠪᠦᠷᠢᠳᠬᠡᠯ

ᠪᠦᠬᠦ ᠶᠠᠭᠤᠮ ᠳᠤᠭᠤᠢᠯᠠᠩ ᠤᠨ ᠬᠡᠯᠡᠯᠴᠡᠭᠡᠨ ᠦ ᠬᠤᠷᠠᠯ

ᠪᠠᠢᠭᠤᠯᠤᠯᠭ᠎ᠠ ××××

×××× ᠣᠨ ×× ᠰᠠᠷ᠎ᠠ ×× ᠡᠳᠦᠷ

(ᠬᠠᠪᠰᠤᠷᠭᠠᠯᠲᠠ ᠶᠢᠨ ᠲᠣᠭ᠎ᠠ)

ᠰᠤᠷᠭᠠᠨ ᠢ ᠬᠥᠭᠵᠢᠭᠦᠯᠦᠭᠰᠡᠨ᠂ ᠰᠤᠷᠭᠠᠨ ᠬᠦᠮᠦᠵᠢᠯ ᠦᠨ ᠪᠠᠢᠳᠠᠯ ᠢ 《ᠬᠣᠶᠠᠷ ᠰᠠᠢᠵᠢᠷᠠᠯ ᠤ ᠬᠠᠮᠤᠷᠤᠯ ᠪᠠᠷ》 ᠶᠢᠨ ᠬᠥ ᠢᠨᠴᠢᠯᠡᠯ ᠲᠡᠢ ᠰᠢᠨᠡᠳᠬᠡᠯ ᠤ ᠪᠣᠳᠤᠯᠭ᠎ᠠ ᠳᠣᠷ ᠢ ᠶᠢᠨ ᠰᠢᠨᠵᠢᠯᠡᠬᠦ ᠪᠦᠬᠦ ᠬᠥᠳᠡᠯᠦᠯ ᠦᠨ ᠬᠦᠷᠢᠶ᠎ᠡ ᠬᠥᠭᠵᠢᠭᠦᠯᠦᠯᠳᠡ ᠲᠠᠢ ᠰᠢᠨᠡᠳᠬᠡᠯ ᠦ ᠲᠦᠪᠰᠢᠨ ᠶᠢᠨ ᠰᠢᠨ᠎ᠡ ᠪᠦᠬᠦ ᠰᠢᠨ᠎ᠡ ᠬᠡᠯᠪᠡᠷᠢ ᠪᠣᠯᠤᠨ ᠰᠢᠨ᠎ᠡ ᠴᠢᠨᠠᠷ ᠶᠢᠨ ᠬᠠᠮᠲᠤ ᠠᠵᠢᠯᠯᠠᠭᠠᠨ ᠶᠢᠨ ᠰᠢᠨᠵᠢᠯᠡᠭᠡ ᠲᠠᠢ ᠪᠣᠳᠠᠯ ᠤᠨ ᠰᠢᠨᠡᠴᠢᠯᠡᠯ ᠢ ᠪᠣᠳᠠᠲᠠᠢ ᠬᠥᠭᠵᠢᠭᠦᠯᠦᠭᠰᠡᠨ ᠪᠡ᠃

ᠮᠣᠩᠭᠣᠯ ᠦᠨᠳᠦᠰᠦᠲᠡᠨ ᠦ ᠰᠤᠷᠭᠠᠭᠤᠯᠢ ᠶᠢᠨ ᠪᠢᠴᠢᠭ ᠪᠢᠴᠢᠬᠦ ᠶᠢᠨ ᠵᠢᠱᠢᠶ᠎ᠡ 47 : ᠮᠣᠩᠭᠣᠯ ᠦᠨᠳᠦᠰᠦᠲᠡᠨ ᠦ ᠲᠣᠭᠲᠠᠭᠠᠯ ᠤᠨ ᠪᠢᠴᠢᠭ

(ᠵᠠᠰᠠᠭ ᠤᠨ ᠬᠡᠯᠲᠡᠰ ᠦᠨ ᠪᠠᠶᠢᠴᠠᠭᠠᠯᠲᠠ ᠶᠢᠨ ᠮᠣᠩᠭᠣᠯ ᠦᠨᠳᠦᠰᠦᠲᠡᠨ ᠦ ᠬᠡᠯᠡ ᠪᠡᠷ ᠬᠡᠷᠡᠭᠯᠡᠬᠦ)

×××× ᠬᠣᠰᠢᠭᠤ ᠨᠤ ᠰᠢᠭᠦᠬᠦ ᠶᠢᠨ ᠭᠠᠵᠠᠷ ᠤᠨ

ᠮᠣᠩᠭᠣᠯ ᠦᠨᠳᠦᠰᠦᠲᠡᠨ ᠦ ᠲᠣᠭᠲᠠᠭᠠᠯ ᠤᠨ ᠪᠢᠴᠢᠭ

(ᠵᠠᠰᠠᠭ ᠤᠨ ᠬᠡᠯᠲᠡᠰ ᠦᠨ ᠪᠠᠶᠢᠴᠠᠭᠠᠯᠲᠠ ᠶᠢᠨ ᠮᠣᠩᠭᠣᠯ ᠦᠨᠳᠦᠰᠦᠲᠡᠨ ᠦ ᠬᠡᠯᠡ ᠪᠡᠷ ᠬᠡᠷᠡᠭᠯᠡᠬᠦ)

ᠵᠠᠷᠭᠤᠴᠢᠯᠠᠭᠴᠢ ××……(ᠡᠷᠡ ᠡᠮ᠎ᠡ ᠨᠠᠰᠤ ᠦᠨᠳᠦᠰᠦᠲᠡᠨ ᠠᠵᠢᠯ ᠤᠨ ᠭᠠᠵᠠᠷ ᠬᠠᠶᠢᠭ ᠵᠡᠷᠭᠡ) ᠪᠣᠯᠪᠠᠰᠤᠷᠠᠯ ᠵᠠᠷᠭᠤᠴᠢᠯᠠᠭᠴᠢ ××……(ᠡᠷᠡ ᠡᠮ᠎ᠡ ᠨᠠᠰᠤ ᠦᠨᠳᠦᠰᠦᠲᠡᠨ ᠠᠵᠢᠯ ᠤᠨ ᠭᠠᠵᠠᠷ ᠬᠠᠶᠢᠭ ᠵᠡᠷᠭᠡ) ᠃

ᠬᠠᠷᠢᠭᠤᠴᠠᠭᠴᠢ ᠶᠢᠨ ᠪᠣᠯᠪᠠᠰᠤᠷᠠᠯ ᠪᠠᠢᠴᠠᠭᠠᠨ ᠬᠢᠶᠠᠬᠤ (ᠪᠢᠯᠡ ᠠᠯᠪᠠᠨ ᠲᠤᠰᠢᠶᠠᠯ) ××……(ᠡᠷᠡ ᠡᠮ᠎ᠡ ᠂ ᠨᠠᠰᠤ ᠂ ᠠᠵᠢᠯ ᠤᠨ ᠭᠠᠵᠠᠷ ᠬᠠᠶᠢᠭ ᠵᠡᠷᠭᠡ) ᠃

ᠬᠠᠷᠢᠭᠤᠴᠠᠭᠴᠢ ××……(ᠡᠷᠡ ᠡᠮ᠎ᠡ ᠨᠠᠰᠤ ᠦᠨᠳᠦᠰᠦᠲᠡᠨ ᠠᠵᠢᠯ ᠤᠨ ᠭᠠᠵᠠᠷ ᠬᠠᠶᠢᠭ ᠵᠡᠷᠭᠡ) ××……(ᠡᠷᠡ ᠡᠮ᠎ᠡ ᠂ ᠨᠠᠰᠤ ᠂ ᠠᠵᠢᠯ ᠤᠨ ᠭᠠᠵᠠᠷ ᠬᠠᠶᠢᠭ ᠵᠡᠷᠭᠡ) ᠃

ᠬᠠᠷᠢᠭᠤᠴᠠᠭᠴᠢ ᠶᠢᠨ ᠪᠣᠯᠪᠠᠰᠤᠷᠠᠯ ᠪᠠᠢᠴᠠᠭᠠᠨ ᠬᠢᠶᠠᠬᠤ (ᠪᠢᠯᠡ ᠠᠯᠪᠠᠨ ᠲᠤᠰᠢᠶᠠᠯ) ××……(ᠡᠷᠡ ᠡᠮ᠎ᠡ ᠂ ᠨᠠᠰᠤ ᠂ ᠠᠵᠢᠯ ᠤᠨ ᠭᠠᠵᠠᠷ ᠬᠠᠶᠢᠭ ᠵᠡᠷᠭᠡ) ᠃

ᠬᠠᠷᠢᠭᠤᠴᠠᠭᠴᠢ ××……(ᠡᠷᠡ ᠡᠮ᠎ᠡ ᠨᠠᠰᠤ ᠦᠨᠳᠦᠰᠦᠲᠡᠨ ᠠᠵᠢᠯ ᠤᠨ ᠭᠠᠵᠠᠷ ᠬᠠᠶᠢᠭ ᠵᠡᠷᠭᠡ) ᠃

ᠵᠠᠷᠭᠤᠴᠢᠯᠠᠭᠴᠢ ××……(ᠡᠷᠡ ᠡᠮ᠎ᠡ ᠨᠠᠰᠤ ᠦᠨᠳᠦᠰᠦᠲᠡᠨ ᠠᠵᠢᠯ ᠤᠨ ᠭᠠᠵᠠᠷ ᠬᠠᠶᠢᠭ ᠵᠡᠷᠭᠡ) ᠃

ᠬᠠᠷᠢᠭᠤᠴᠠᠭᠴᠢ ᠶᠢᠨ ᠪᠣᠯᠪᠠᠰᠤᠷᠠᠯ ᠪᠠᠢᠴᠠᠭᠠᠨ ᠬᠢᠶᠠᠬᠤ (ᠪᠢᠯᠡ ᠠᠯᠪᠠᠨ ᠲᠤᠰᠢᠶᠠᠯ) ××……(ᠡᠷᠡ ᠡᠮ᠎ᠡ ᠂ ᠨᠠᠰᠤ ᠂ ᠠᠵᠢᠯ ᠤᠨ ᠭᠠᠵᠠᠷ ᠬᠠᠶᠢᠭ ᠵᠡᠷᠭᠡ) ᠃

ᠬᠠᠷᠢᠭᠤᠴᠠᠭᠴᠢ ᠶᠢᠨ ᠪᠣᠯᠪᠠᠰᠤᠷᠠᠯ ᠪᠠᠢᠴᠠᠭᠠᠨ ᠬᠢᠶᠠᠬᠤ (ᠪᠢᠯᠡ ᠠᠯᠪᠠᠨ ᠲᠤᠰᠢᠶᠠᠯ) ××……(ᠡᠷᠡ ᠡᠮ᠎ᠡ ᠨᠠᠰᠤ ᠦᠨᠳᠦᠰᠦᠲᠡᠨ ᠠᠵᠢᠯ ᠤᠨ ᠭᠠᠵᠠᠷ ᠬᠠᠶᠢᠭ ᠵᠡᠷᠭᠡ) ᠃

ᠵᠠᠷᠭᠤᠴᠢᠯᠠᠭᠴᠢ ××……(ᠡᠷᠡ ᠡᠮ᠎ᠡ ᠨᠠᠰᠤ ᠦᠨᠳᠦᠰᠦᠲᠡᠨ ᠠᠵᠢᠯ ᠤᠨ ᠭᠠᠵᠠᠷ ᠬᠠᠶᠢᠭ ᠵᠡᠷᠭᠡ) ᠃

ᠪᠢᠳᠡᠨ ×……ᠮᠣᠩᠭᠣᠯ ……(××××)

(ᠡᠨᠡ ᠳᠡᠷ ᠪᠢᠴᠢᠭ ᠪᠢᠴᠢᠭᠰᠡᠨ ᠨᠡᠢᠲᠡ ᠶᠢᠨ ᠬᠡᠷᠡᠭᠯᠡᠭᠰᠡᠨ ᠳᠦ ᠨᠣᠲᠠᠷᠢᠠᠲ ᠤᠨ ᠭᠠᠵᠠᠷ ᠪᠠᠷ ᠪᠠᠲᠤᠯᠠᠭᠰᠠᠨ ᠪᠢᠴᠢᠭ ᠦᠨ ᠭᠡᠷᠡᠴᠢᠯᠡᠯ ᠲᠡᠢ ᠪᠠᠢᠭ᠎ᠠ ᠨᠣᠲᠠᠷᠢᠠᠲ ᠤᠨ ᠲᠣᠭᠲᠠᠭᠠᠯ
ᠳᠡᠷ ᠪᠢᠴᠢᠭ ᠡᠴᠡ ᠬᠤᠪᠢ ᠪᠠᠷ ᠪᠢᠴᠢᠭᠳᠡᠨ᠎ᠡ ᠄)

ᠨᠣᠲᠠᠷᠢᠠᠲ ××× ᠨᠣᠲᠠᠷᠢᠠᠲ ××× (ᠨᠣᠲᠠᠷᠢᠠᠲ ᠤᠨ ᠭᠠᠵᠠᠷ ᠤᠨ ᠪᠢᠴᠢᠭ ᠲᠠᠢ ᠲᠣᠭᠲᠠᠭᠠᠯ) ᠤ ᠄᠄᠄᠄ (ᠨᠣᠲᠠᠷᠢᠠᠲ ᠤᠨ ᠭᠠᠵᠠᠷ ᠤᠨ ᠡᠷᠬᠡ ᠬᠦᠮᠦᠨ) ᠢ ᠪᠡᠷ

ᠪᠣᠯᠪᠠ᠂ ×××× ᠣᠨ ᠤ ×× ᠰᠠᠷ᠎ᠠ ᠶᠢᠨ ×× ᠤ ᠡᠳᠦᠷ ᠡᠨᠡ ᠲᠠᠮᠠᠭ᠎ᠠ ᠳᠠᠷᠤᠭᠰᠠᠨ ᠳᠤ ᠨᠣᠲᠠᠷᠢᠠᠲ ᠤᠨ ᠭᠠᠵᠠᠷ ᠤᠨ ᠬᠦᠮᠦᠨ ᠢ ᠳᠤᠤᠳᠠᠭᠰᠠᠨ ᠪᠡᠷ ᠄ ᠡᠨᠡ ᠲᠠᠮᠠᠭ᠎ᠠ ᠳᠠᠷᠤᠭᠰᠠᠨ ×××× ᠣᠨ ᠤ

×× ᠰᠠᠷ᠎ᠠ ᠶᠢᠨ ×× ᠤ ᠡᠳᠦᠷ ᠪᠢᠴᠢᠭᠰᠡᠨ ᠭᠡᠷᠡᠶᠦᠯᠡ ᠶᠢᠨ ᠬᠠᠮᠲᠤ ᠭᠡᠷᠡᠴᠢ ××× ᠲᠡᠳᠡᠨ ᠦ ᠬᠠᠮᠲᠤ ᠭᠠᠷ ᠤᠨ ᠦᠰᠦᠭ ᠵᠢᠷᠤᠯᠲᠠ (ᠬᠤᠷᠤᠭᠤ ᠶᠢᠨ ᠲᠡᠮᠳᠡᠭ) ᠪᠡᠷ ᠬᠠᠮᠲᠤ ᠭᠡᠷᠡᠴᠢᠯᠡᠪᠡ

ᠭᠡᠷᠡᠴᠢᠯᠡᠪᠡ ᠄ ᠄᠄᠄᠄ (ᠨᠣᠲᠠᠷᠢᠠᠲ ᠤᠨ ᠭᠠᠵᠠᠷ ᠤᠨ ᠲᠣᠭᠲᠠᠭᠠᠯ ᠢ ᠬᠦᠯᠢᠶᠡᠨ ᠠᠪᠬᠤ ᠶᠢ ᠄ ᠡᠨᠡ ᠲᠡᠷ ᠪᠢᠴᠢᠭ ᠤᠨ ᠤᠳᠤᠷᠢᠳᠤᠯᠭ᠎ᠠ ᠶᠢᠨ ᠬᠤᠪᠢ ᠵᠢᠷᠤᠯᠲᠠ ᠪᠣᠯᠤᠨ ᠬᠠᠮᠲᠤ ᠪᠢᠴᠢᠭ ᠢ ᠬᠠᠳᠠᠭᠠᠯᠠᠨ᠎ᠠ) ᠄

ᠡᠨᠡ ᠪᠢᠴᠢᠭ ᠢ ᠲᠠᠮᠠᠭ᠎ᠠ ᠳᠠᠷᠤᠭᠰᠠᠨ ᠪᠢᠴᠢᠭ ᠦᠨ ᠬᠤᠪᠢ ᠄ ᠡᠨᠡ ᠲᠠᠮᠠᠭ᠎ᠠ ᠳᠠᠷᠤᠭᠰᠠᠨ ᠪᠢᠴᠢᠭ ᠢ ᠪᠠᠲᠤᠯᠠᠭᠰᠠᠨ ᠄ ᠭᠡᠷᠡᠴᠢ ᠨᠣᠲᠠᠷᠢᠠᠲ ᠤᠨ ᠲᠡᠮᠳᠡᠭ ᠲᠡᠢ ᠪᠢᠴᠢᠭ ᠢ ᠬᠠᠳᠠᠭᠠᠯᠠᠨ ᠬᠣᠶᠠᠷ ᠬᠤᠪᠢ ᠪᠢᠴᠢᠭ

ᠬᠠᠮᠲᠤ ᠲᠣᠭᠲᠠᠭᠠᠯ ᠨᠣᠲᠠᠷᠢᠠᠲ ᠶᠢᠨ ᠬᠤᠪᠢ ᠶᠢ ᠬᠠᠳᠠᠭᠠᠯᠠᠨ᠎ᠠ ᠄

᠄᠄᠄᠄ (ᠨᠣᠲᠠᠷᠢᠠᠲ ᠤᠨ ᠲᠣᠭᠲᠠᠭᠠᠯ ᠢ ᠬᠦᠯᠢᠶᠡᠨ ᠠᠪᠤᠭᠰᠠᠨ ᠪᠢᠴᠢᠭ) ᠄

᠄᠄᠄᠄ (ᠨᠣᠲᠠᠷᠢᠠᠲ ᠤᠨ ᠪᠢᠴᠢᠭ ᠢ ᠬᠦᠯᠢᠶᠡᠨ ᠠᠪᠤᠭᠰᠠᠨ ᠪᠢᠴᠢᠭ) ᠄

ᠡᠨᠡ ᠪᠢᠴᠢᠭ ᠢ ᠨᠣᠲᠠᠷᠢᠠᠲ ᠤᠨ ᠭᠠᠵᠠᠷ ᠪᠡᠷ ᠪᠠᠲᠤᠯᠠᠭᠰᠠᠨ ᠪᠢᠴᠢᠭ ᠤᠨ ᠬᠠᠮᠲᠤ ᠬᠠᠳᠠᠭᠠᠯᠠᠨ᠎ᠠ ᠄

ᠨᠣᠲᠠᠷᠢᠠᠲ ×××
ᠨᠣᠲᠠᠷᠢᠠᠲ ×××
ᠨᠣᠲᠠᠷᠢᠠᠲ ᠬᠠᠮᠲᠤ ×××

×××× ᠣᠨ ᠤ ×× ᠰᠠᠷ᠎ᠠ ᠶᠢᠨ ×× ᠤ ᠡᠳᠦᠷ
(ᠲᠠᠮᠠᠭ᠎ᠠ ᠳᠠᠷᠤᠭᠰᠠᠨ ᠤ ᠬᠠᠮᠲᠤ)

ᠡᠨᠡ ᠪᠢᠴᠢᠭ ᠢ ᠭᠤᠷᠪᠠ ᠬᠤᠪᠢ ᠪᠢᠴᠢᠭ ᠡᠴᠡ ᠪᠦᠷᠢᠯᠳᠦᠭᠦᠯᠦᠨ ᠪᠠ ᠭᠡᠷᠡᠴᠢ ᠳᠦ ᠬᠠᠳᠠᠭᠠᠯᠠᠨ᠎ᠠ

ᠪᠢᠴᠢᠭᠰᠡᠨ ×××

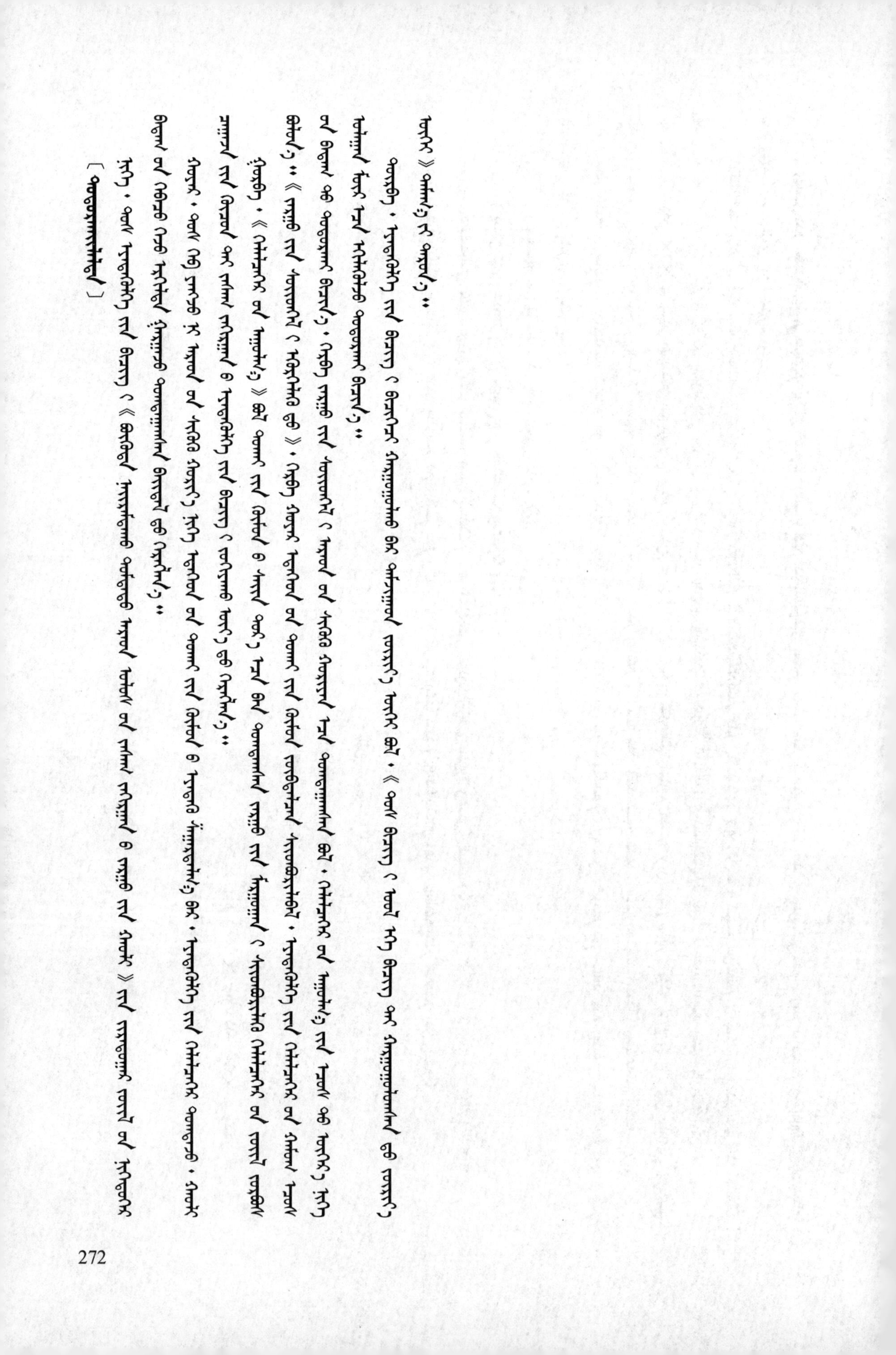

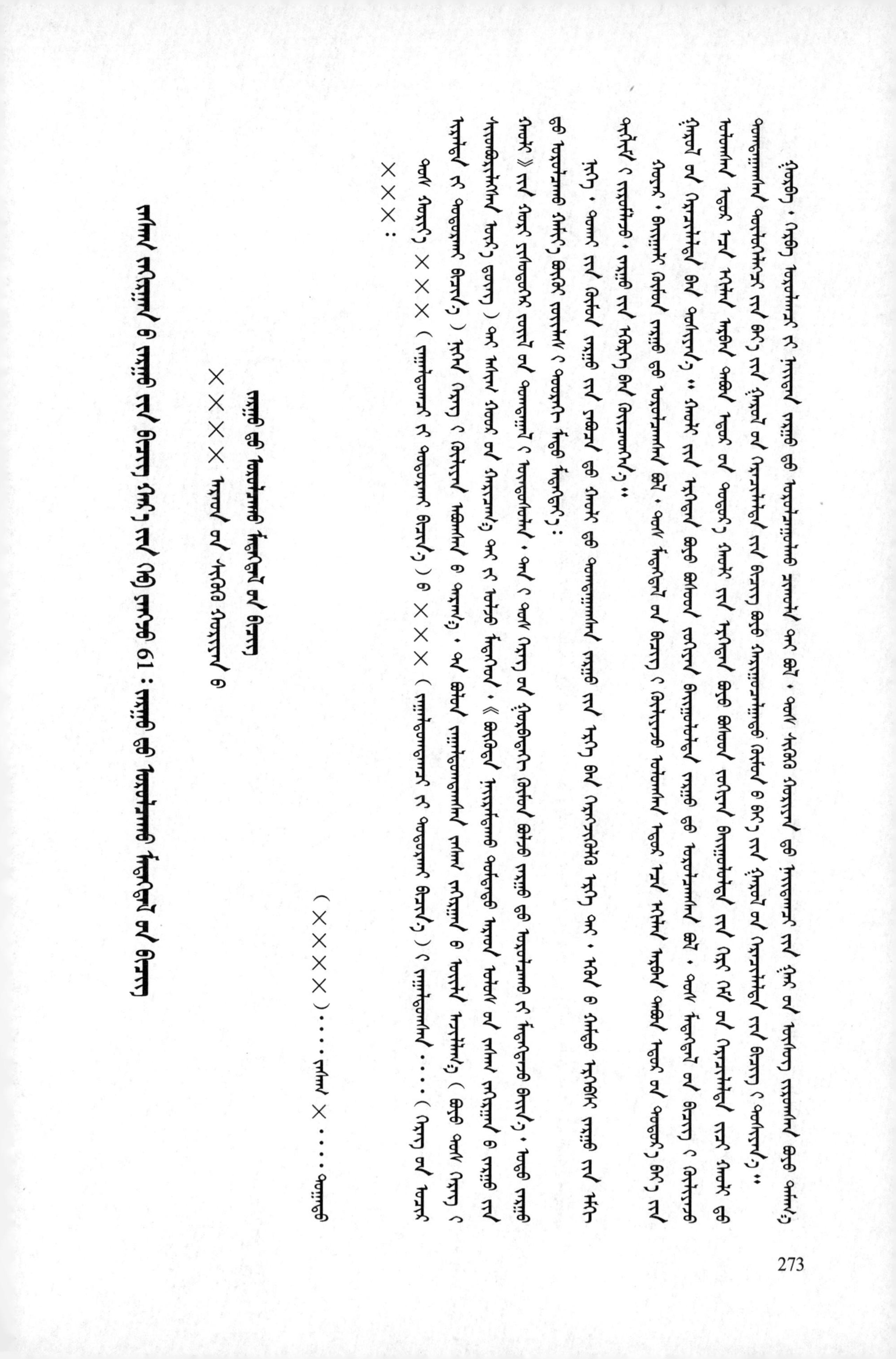

[illegible]

[illegible]

[illegible]

[illegible] ([illegible]) [illegible] ([illegible]) ××× ([illegible]) [illegible] ××× ([illegible]) ××× [illegible]

×××:

[illegible] …… × …… (××××)

[illegible]

×××× [illegible]

[illegible] 19: [illegible]

[illegible] ::

×××× [illegible] ×× [illegible] ×× [illegible]

([illegible])

〔[illegible]〕

[illegible] ::

ᠬᠣᠣᠰ ᠬᠡᠯᠡᠨ : 62 ᠳᠤᠭᠠᠷ ᠤᠨ ᠪᠠᠭᠰᠢ ᠶᠢᠨ ᠰᠤᠷᠭᠠᠭᠤᠯᠢ ᠶᠢᠨ ᠬᠣᠣᠰ ᠬᠡᠯᠡᠨ ᠦ
ᠪᠣᠯᠪᠠᠰᠤᠷᠠᠯ ᠤᠨ ᠰᠢᠨᠡᠳᠬᠡᠯ ᠦᠨ ᠬᠥᠭᠵᠢᠯ ᠢ ᠳᠡᠮᠵᠢᠬᠦ ᠲᠤᠬᠠᠢ

×××× ᠬᠣᠰᠢᠭᠤ ᠨᠤ ᠰᠤᠷᠭᠠᠨ ᠬᠦᠮᠦᠵᠢᠯ ᠦᠨ
ᠬᠣᠣᠰ ᠬᠡᠯᠡᠨ ᠦ ᠪᠣᠯᠪᠠᠰᠤᠷᠠᠯ ᠤᠨ ᠰᠢᠨᠡᠳᠬᠡᠯ ᠦᠨ ᠬᠥᠭᠵᠢᠯ ᠢ ᠳᠡᠮᠵᠢᠬᠦ ᠲᠤᠬᠠᠢ

(××××) ᠬᠣᠣᠰ × .... ᠮᠡᠳᠡᠭᠳᠡᠯ

××× (ᠰᠤᠷᠭᠠᠭᠤᠯᠢ ᠬᠣᠣᠰ ᠬᠡᠯᠡᠨ ᠦ ᠪᠣᠯᠪᠠᠰᠤᠷᠠᠯ ᠤᠨ ᠬᠡᠷᠡᠭᠵᠢᠯ ᠪᠠᠶᠢᠳᠠᠯ) : ᠲᠠ ᠨᠠᠷ ᠤᠨ ᠢᠷᠡᠭᠰᠡᠨ ᠰᠤᠷᠭᠠᠭᠤᠯᠢ (ᠪᠠᠭ᠎ᠠ ᠳᠤᠮᠳᠠ ᠰᠤᠷᠭᠠᠭᠤᠯᠢ) ××× ᠤ ᠰᠤᠷᠭᠠᠭᠤᠯᠢ (ᠪᠠᠭ᠎ᠠ ᠳᠤᠮᠳᠠ ᠰᠤᠷᠭᠠᠭᠤᠯᠢ ᠶᠢᠨ) ××× ᠢ ×× ᠣᠨ ᠤ ×××× ᠂ ᠢ ᠰᠠᠷ᠎ᠠ ᠶᠢᠨ ᠮᠡᠳᠡᠭᠳᠡᠯ ᠦᠨ ᠪᠢᠴᠢᠭ (ᠢᠷᠡᠭᠰᠡᠨ ᠪᠢᠴᠢᠭ ᠲᠤ ᠬᠡᠷᠡᠭᠵᠢᠯ ᠪᠠᠶᠢᠳᠠᠯ) ᠢ ᠬᠦᠯᠢᠶᠡᠨ ᠠᠪᠤᠭᠠᠳ ᠰᠤᠷᠭᠠᠭᠤᠯᠢ .... ᠰᠢᠨ᠎ᠡ ×× ᠤ ×× ᠣᠨ ᠳᠤ ×× ᠰᠠᠷ᠎ᠠ ᠶᠢᠨ ᠡᠬᠢᠯᠡᠯ ᠦᠨ × ᠤ ᠬᠤᠷᠠᠯ ᠢᠶᠠᠷ ᠬᠡᠯᠡᠯᠴᠡᠵᠦ (ᠰᠢᠶᠳᠪᠦᠷᠢ ᠭᠠᠷᠭᠠᠬᠤ ᠶᠠᠭᠤᠮᠠ ᠬᠡᠯᠡᠯᠴᠡᠵᠦ ᠮᠡᠳᠡᠭᠳᠡᠯ ᠤᠨ ᠪᠠᠷ ᠪᠠᠶᠢᠳᠠᠯ) ᠢ ᠬᠡᠯᠡᠯᠴᠡᠭᠰᠡᠨ ᠦ ᠳᠠᠷᠠᠭ᠎ᠠ ᠢᠨᠦ ᠳᠡᠭᠡᠷᠡᠬᠢ ᠬᠣᠣᠰ ᠬᠡᠯᠡᠨ ᠦ ᠰᠤᠷᠭᠠᠭᠤᠯᠢ ᠶᠢᠨ ᠬᠥᠮᠥᠨ ᠦ (ᠪᠠᠭᠰᠢ ᠨᠠᠷ ᠤᠨ) ᠪᠣᠯᠤᠨ ᠮᠡᠳᠡᠭᠳᠡᠯ ᠢ ᠬᠥᠮᠥᠨ ᠦ ᠪᠦᠷᠢᠯᠳᠦᠭᠦᠨ ᠢ ᠲᠣᠭᠲᠠᠭᠠᠵᠤ (ᠰᠢᠶᠳᠪᠦᠷᠢ ᠪᠣᠯᠭᠠᠬᠤ ᠮᠡᠳᠡᠭᠳᠡᠯ ᠪᠠᠶᠢᠳᠠᠯ) ᠢ ᠮᠡᠳᠡᠭᠳᠡᠬᠦ ᠪᠠᠶᠢᠳᠠᠯ ᠂ ᠪᠣᠯᠤᠨ .... ᠮᠡᠳᠡᠭᠳᠡᠯ (ᠲᠤᠰ ᠪᠢᠴᠢᠭ) ᠮᠡᠳᠡᠭᠳᠡᠯ ᠢ ᠳᠠᠮᠵᠢᠭᠤᠯᠬᠤ ᠂ ᠲᠤᠰ ᠪᠠᠨ ᠤ ᠪᠣᠯᠪᠠᠰᠤᠷᠠᠯ ᠤᠨ ᠬᠡᠯᠲᠡᠰ ᠦᠨ ᠬᠥᠭᠵᠢᠯ ᠢ ᠳᠡᠮᠵᠢᠬᠦ ᠶᠠᠪᠤᠳᠠᠯ ᠢ ᠬᠡᠷᠡᠭᠵᠢᠬᠦᠯᠬᠦ ᠶᠢ ᠰᠢᠢᠳᠪᠦᠷᠢᠯᠡᠪᠡ ᠃

ᠲᠤᠰ ᠤ ᠮᠡᠳᠡᠭᠳᠡᠯ ᠢ ᠳᠠᠮᠵᠢᠭᠤᠯᠤᠨ ᠢᠯᠡᠭᠡᠪᠡ ᠃

×××× ᠬᠣᠰᠢᠭᠤ ᠨᠤ ×× ᠣᠨ ᠤ ×× ᠰᠠᠷ᠎ᠠ ᠶᠢᠨ ×× ᠤ ᠡᠳᠦᠷ
(ᠰᠤᠷᠭᠠᠨ ᠬᠦᠮᠦᠵᠢᠯ ᠦᠨ ᠲᠠᠰᠤᠭ)

〔ᠲᠣᠪᠴᠢᠯᠠᠯ〕

ᠪᠣᠯ ᠮᠣᠩᠭᠣᠯ ᠤᠨ ᠪᠢᠴᠢᠭ ᠤᠨ ᠬᠡᠯᠡ ᠰᠤᠳᠤᠯᠤᠯ ᠤᠨ ᠲᠦᠭᠦᠬᠡ ᠶᠢᠨ ᠰᠤᠳᠤᠯᠭ᠎ᠠ ᠶᠢᠨ ᠠᠷᠭ᠎ᠠ ᠪᠠᠷ ᠪᠢᠴᠢᠭ ᠦᠨ ᠦᠰᠦᠭ ᠦᠨ ᠪᠦᠲᠦᠴᠡ ᠶᠢ ᠰᠢᠨᠵᠢᠯᠡᠨ ᠲᠣᠭᠲᠠᠭᠠᠬᠤ ᠳᠤ ᠴᠢᠬᠤᠯᠠ ᠠᠴᠢ ᠬᠣᠯᠪᠣᠭᠳᠠᠯ ᠲᠠᠢ

ᠪᠠᠶᠢᠳᠠᠯ ᠢ ᠮᠣᠩᠭᠣᠯ ᠪᠢᠴᠢᠭ ᠢᠶᠡᠷ ᠲᠣᠳᠣᠷᠬᠠᠢᠯᠠᠪᠠ᠃

ᠢᠷᠭᠡᠨ ᠬᠡᠷᠡᠭ ᠦ ᠵᠠᠷᠭᠤ ᠶᠢᠨ ᠪᠢᠴᠢᠭ ᠪᠠᠷᠢᠮᠲᠠ ᠶᠢᠨ ᠬᠡᠪ 63 : ᠰᠢᠭᠦᠨ ᠲᠤᠭᠲᠠᠭᠠᠯ
ᠮᠡᠳᠡᠭᠳᠡᠯ ᠤᠨ ᠪᠠᠲᠤᠯᠠᠭᠤᠯᠤᠯ ᠢᠶᠠᠨ ᠪᠤᠴᠠᠭᠠᠬᠤ ᠶᠢ ᠵᠦᠪᠰᠢᠶᠡᠷᠡᠭᠰᠡᠨ ᠵᠦᠪᠰᠢᠶᠡᠷᠡᠯ ᠤᠨ ᠪᠢᠴᠢᠭ

×××× ᠠᠷᠠᠳ ᠤᠨ ᠱᠦᠭᠦᠬᠦ ᠶᠠᠮᠤᠨ ᠤ

ᠰᠢᠭᠦᠨ ᠲᠤᠭᠲᠠᠭᠠᠯ ᠮᠡᠳᠡᠭᠳᠡᠯ ᠤᠨ ᠪᠠᠲᠤᠯᠠᠭᠤᠯᠤᠯ ᠢᠶᠠᠨ ᠪᠤᠴᠠᠭᠠᠬᠤ ᠶᠢ ᠵᠦᠪᠰᠢᠶᠡᠷᠡᠭᠰᠡᠨ ᠵᠦᠪᠰᠢᠶᠡᠷᠡᠯ ᠤᠨ ᠪᠢᠴᠢᠭ

(××××) .... ᠢᠷᠭᠡᠨ × .... ᠳ᠋ᠤᠭᠠᠷ

××× :

ᠲᠠ ᠠᠷᠠᠳ ᠤᠨ ᠱᠦᠭᠦᠬᠦ ᠶᠠᠮᠤᠨ ᠳ᠋ᠤ (ᠪᠤᠶᠤ ᠡᠰᠡᠷᠭᠦ ᠬᠦᠰᠡᠯᠲᠡ) ××× ᠪᠤᠯᠤᠨ ᠬᠦᠰᠡᠯᠲᠡ (ᠪᠤᠶᠤ ᠡᠰᠡᠷᠭᠦ ᠬᠦᠰᠡᠯᠲᠡ) ××× ᠦ .... (ᠬᠡᠷᠡᠭ ᠦᠨ ᠨᠡᠷ᠎ᠡ) ᠶᠢᠨ ᠬᠡᠷᠡᠭ ᠲᠦ ᠰᠢᠭᠦᠨ ᠲᠤᠭᠲᠠᠭᠠᠯ ᠤᠨ ᠮᠡᠳᠡᠭᠳᠡᠯ ᠢ ᠪᠠᠲᠤᠯᠠᠭᠤᠯᠬᠤ ᠪᠠᠷ ᠭᠤᠶᠤᠴᠢᠯᠠᠭᠰᠠᠨ ᠪᠠᠶᠢᠨ᠎ᠠ ᠃ 《ᠪᠦᠭᠦᠳᠡ ᠨᠠᠶᠢᠷᠠᠮᠳᠠᠬᠤ ᠳᠤᠮᠳᠠᠳᠤ ᠠᠷᠠᠳ ᠤᠯᠤᠰ ᠤᠨ ᠢᠷᠭᠡᠨ ᠬᠡᠷᠡᠭ ᠦ ᠵᠠᠷᠭᠤ ᠶᠢᠨ ᠬᠠᠤᠯᠢ》 ᠶᠢᠨ ᠮᠠᠭᠠᠳ ᠵᠦᠢᠯ ᠦᠨ ᠳᠦᠷᠢᠮ ᠢ ᠮᠦᠷᠳᠡᠨ᠎ᠡ ᠃ ××× ᠠᠷᠠᠳ ᠤᠨ ᠲᠤᠬᠠᠢ ᠶᠢᠨ ᠬᠤᠷᠠᠯ ᠪᠤᠶᠤ ᠃ ××× ᠃ ××× (ᠬᠦᠰᠡᠯᠲᠡ ᠪᠤᠶᠤ ᠰᠢᠭᠦᠭᠴᠢ ᠶᠢᠨ ᠨᠡᠷ᠎ᠡ) ᠪᠡᠷ ᠰᠢᠭᠦᠨ ᠲᠤᠭᠲᠠᠭᠠᠯ ᠠᠷᠠᠳ ᠤᠨ ᠪᠠᠲᠤᠯᠠᠭᠤᠯᠤᠯ ᠃ ××× ᠢ ᠪᠤᠴᠠᠭᠠᠬᠤ ᠪᠠᠶᠢᠨ᠎ᠠ ᠄᠄

《ᠪᠦᠭᠦᠳᠡ ᠨᠠᠶᠢᠷᠠᠮᠳᠠᠬᠤ ᠳᠤᠮᠳᠠᠳᠤ ᠠᠷᠠᠳ ᠤᠯᠤᠰ ᠤᠨ ᠢᠷᠭᠡᠨ ᠬᠡᠷᠡᠭ ᠦ ᠵᠠᠷᠭᠤ ᠶᠢᠨ ᠬᠠᠤᠯᠢ》 ᠶᠢᠨ ᠮᠠᠭᠠᠳ ᠵᠦᠢᠯ ᠪᠤᠯᠤᠨ 《ᠠᠷᠠᠳ ᠤᠨ ᠳᠡᠭᠡᠳᠦ ᠱᠦᠭᠦᠬᠦ ᠶᠠᠮᠤᠨ ᠤ 〈ᠪᠦᠭᠦᠳᠡ ᠨᠠᠶᠢᠷᠠᠮᠳᠠᠬᠤ ᠳᠤᠮᠳᠠᠳᠤ ᠠᠷᠠᠳ ᠤᠯᠤᠰ ᠤᠨ ᠢᠷᠭᠡᠨ ᠬᠡᠷᠡᠭ ᠦ ᠵᠠᠷᠭᠤ ᠶᠢᠨ ᠬᠠᠤᠯᠢ〉 ᠶᠢ ᠬᠡᠷᠡᠭᠵᠢᠭᠦᠯᠬᠦ ᠲᠤᠬᠠᠢ ᠲᠠᠶᠢᠯᠪᠤᠷᠢ》 ᠶᠢᠨ ᠮᠠᠭᠠᠳ ᠵᠦᠢᠯ ᠦᠨ ᠳᠦᠷᠢᠮ ᠢ ᠮᠦᠷᠳᠡᠨ᠎ᠡ ᠃ ᠲᠠ ᠶᠢᠨ ᠲᠤᠬᠠᠢ ᠶᠢᠨ ᠪᠠᠲᠤᠯᠠᠭᠤᠯᠤᠯ ᠢ ᠲᠠ ᠬᠤᠪᠢ ᠪᠡᠨ ᠭᠠᠷᠭᠠᠨ ᠵᠢᠷᠤᠮ ᠤᠨ ᠬᠤᠭᠤᠴᠠᠭ᠎ᠠ ᠳ᠋ᠤ ᠪᠤᠴᠠᠭᠠᠭᠠᠳ ᠱᠠᠭᠠᠷᠳᠠᠯᠭ᠎ᠠ ᠶᠢ ᠪᠡᠶᠡᠯᠡᠭᠦᠯᠬᠦ ᠦᠭᠡᠢ ᠪᠤᠯ ᠃ ᠲᠤᠰ ᠶᠠᠮᠤᠨ ᠪᠠᠲᠤᠯᠠᠭᠤᠯᠤᠯ ᠢ ᠬᠦᠯᠢᠶᠡᠨ ᠵᠦᠪᠰᠢᠶᠡᠷᠡᠬᠦ ᠦᠭᠡᠢ ᠄᠄ ᠲᠤᠰ ᠶᠢᠨ ᠲᠤᠬᠠᠢ ᠶᠢᠨ ᠪᠠᠲᠤᠯᠠᠭᠤᠯᠤᠯ ᠢ ᠬᠦᠯᠢᠶᠡᠨ ᠵᠦᠪᠰᠢᠶᠡᠷᠡᠬᠦ ᠪᠤᠯᠤᠨ᠎ᠠ ᠄᠄ ᠬᠦᠯᠢᠶᠡᠨ ᠵᠦᠪᠰᠢᠶᠡᠷᠡᠬᠦ ᠦᠭᠡᠢ ᠲᠤᠬᠠᠢ ᠶᠢᠨ ᠠᠷᠠᠳ ᠤᠨ ᠬᠦᠰᠡᠯᠲᠡ ᠪᠡᠨ ᠪᠠᠲᠤᠯᠠᠭᠤᠯᠤᠨ ᠃ ᠲᠤᠰ ᠶᠠᠮᠤᠨ ᠤ ᠱᠢᠢᠳᠪᠦᠷᠢᠯᠡᠯ ᠢ ᠬᠦᠯᠢᠶᠡᠨ ᠪᠤᠯᠤᠨ᠎ᠠ ᠄᠄

ᠬᠠᠮᠲᠤ ᠬᠠᠮᠢᠶᠠᠷᠤᠯ ᠤᠨ ᠬᠥᠭᠵᠢᠯᠲᠡ ᠶᠢ ᠬᠦᠰᠡᠶ᠎ᠡ᠃

×××× ᠣᠨ ᠤ ×× ᠰᠠᠷ᠎ᠠ ᠶᠢᠨ ×× ᠤ ᠡᠳᠦᠷ

(ᠠᠯᠪᠠᠨ ᠭᠠᠵᠠᠷ ᠤᠨ ᠲᠠᠮᠠᠭ᠎ᠠ)

〔ᠬᠠᠪᠰᠤᠷᠤᠯᠲᠠ〕

ᠬᠣᠷᠢᠶᠠ ᠬᠡᠪᠯᠡᠯ ᠤᠨ ᠪᠢᠴᠢᠭ ᠤᠨ ᠬᠡᠪ ᠵᠠᠭᠪᠤᠷ ᠢ ᠨᠢᠭᠡ ᠳᠤᠭᠠᠷ ᠤᠨ ᠪᠦᠯᠦᠭ ᠲᠦ ᠵᠢᠷᠤᠭᠰᠠᠨ ᠪᠣᠯᠬᠤ ᠳᠤ ᠲᠤᠰ ᠪᠦᠯᠦᠭ ᠦᠨ ᠬᠤᠪᠢ ᠳᠤ ᠬᠠᠪᠰᠤᠷᠭᠠᠨ ᠣᠷᠣᠭᠤᠯᠤᠭᠰᠠᠨ ᠪᠣᠯᠤᠨ᠎ᠠ ᠃ ᠬᠡᠪᠯᠡᠯ ᠦᠨ ᠪᠢᠴᠢᠭ ᠢ ᠬᠡᠷᠡᠭᠯᠡᠬᠦ ᠳᠦ ᠲᠤᠰᠠ ᠪᠣᠯᠭᠠᠨ᠎ᠠ᠃

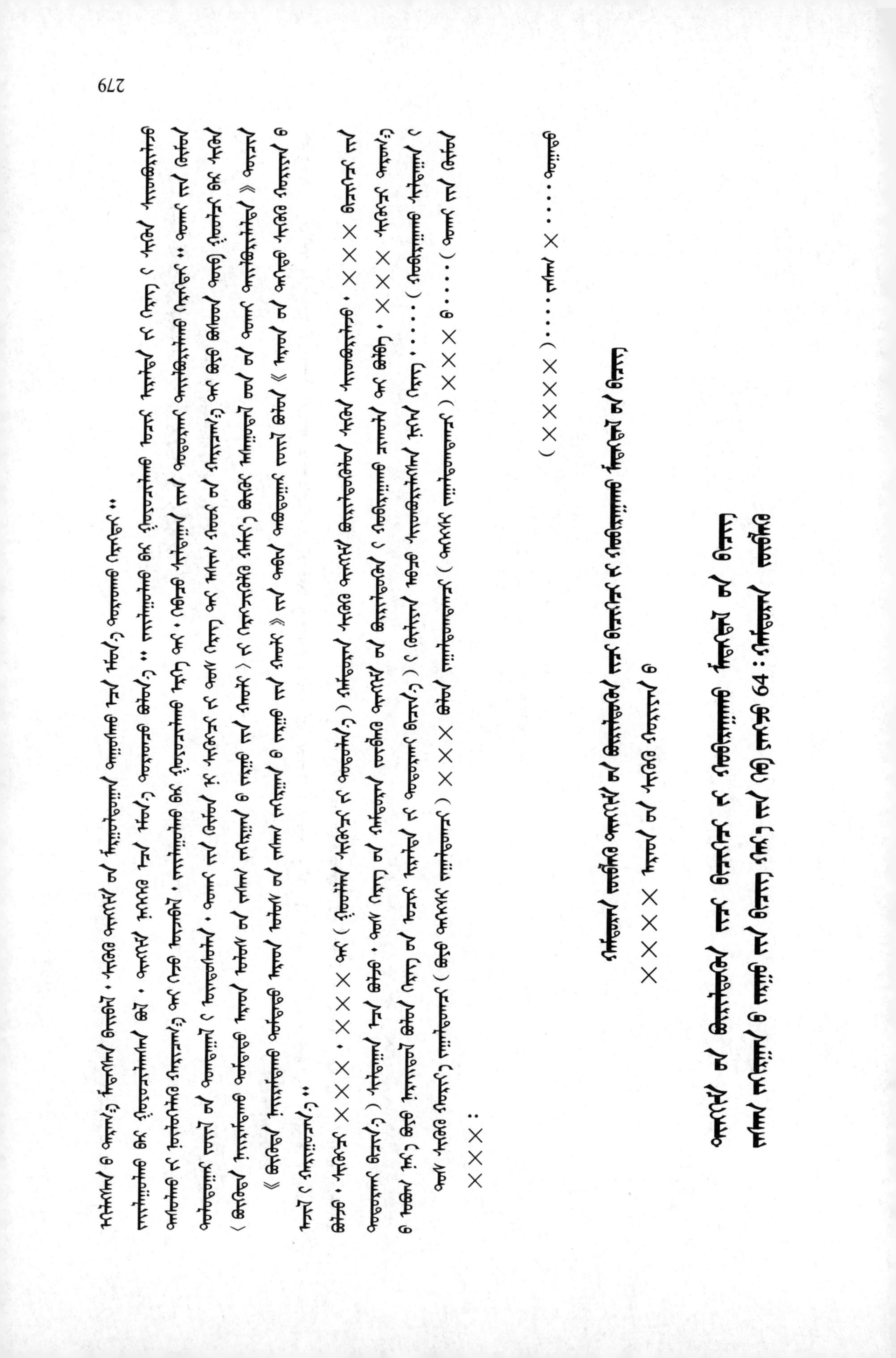

[illegible] ××× [illegible] ××× , ××× [illegible] ××× , ××× [illegible] ××× [illegible] ××× [illegible] ××× :

[illegible] (××××) [illegible] × [illegible]

[illegible]

××× [illegible]

[illegible] 64 : [illegible]

[illegible]

[illegible]

[ᠬᠠᠪᠰᠤᠷᠤᠯᠲᠠ]

[illegible]

×××× ᠣᠨ ᠤ ×× ᠰᠠᠷ᠎ᠠ ᠶᠢᠨ ×× ᠤ ᠡᠳᠦᠷ

(ᠪᠠᠢᠭᠤᠯᠤᠯᠭ᠎ᠠ ᠶᠢᠨ ᠲᠠᠮᠠᠭ᠎ᠠ)

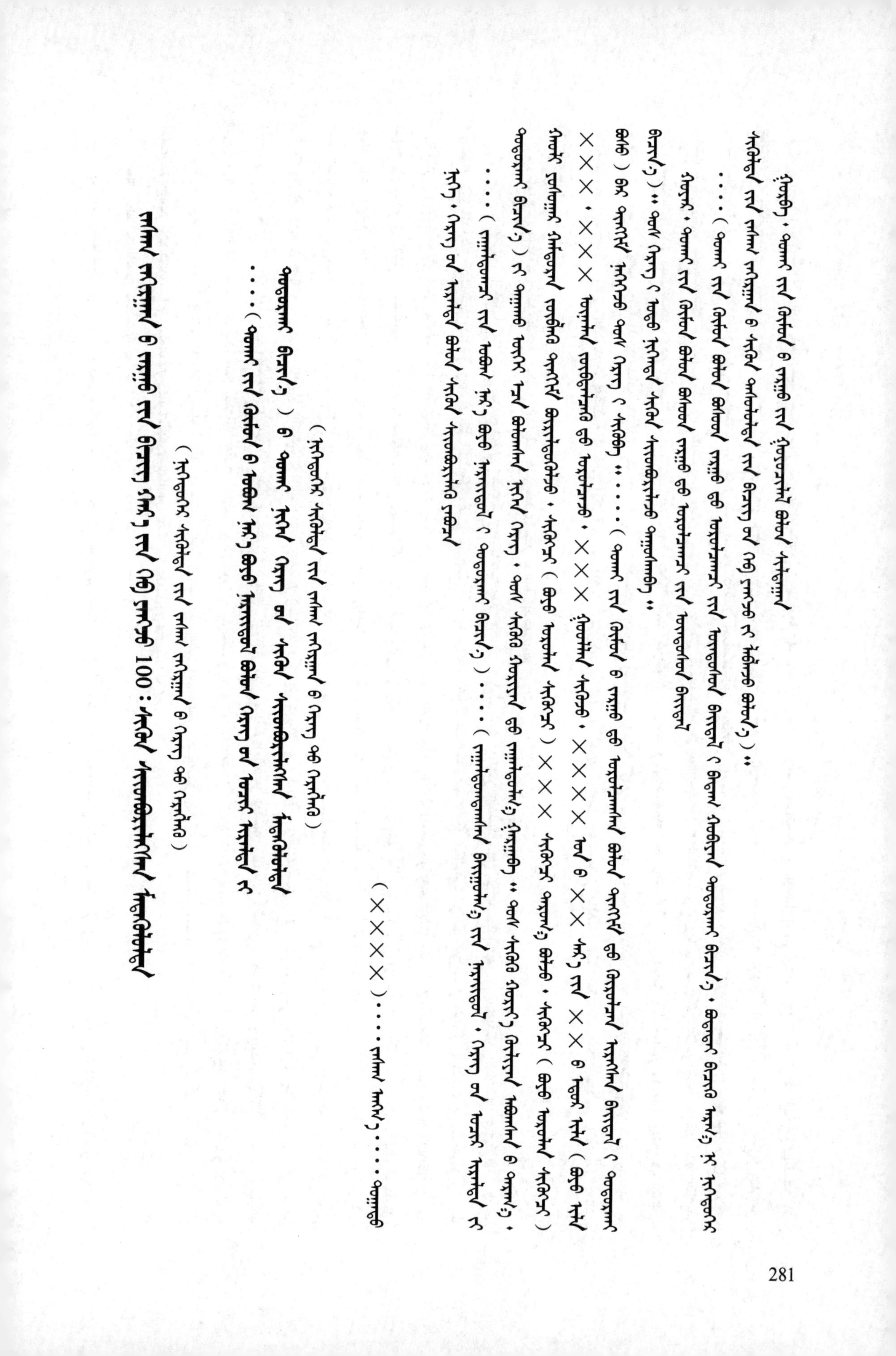

[illegible] 100 : [illegible]

([illegible])

[illegible] ([illegible]) ....

[illegible] ([illegible]) [illegible]

([illegible])

[illegible] .... [illegible] .... (××××)

[illegible] ([illegible]) .... ([illegible]) ....

[illegible] ([illegible]) [illegible] ::

([illegible]) ××× [illegible] ([illegible]) [illegible] ([illegible]) ××× [illegible] ([illegible]) [illegible]

[illegible] ([illegible]) [illegible] ×× [illegible] ×× [illegible] ×××× [illegible] ××× [illegible] ××× · ×××

[illegible] ([illegible]) .... :: [illegible] ([illegible]) [illegible]

[illegible] ([illegible]) :: [illegible] ::

[illegible]

[illegible] ([illegible]) ....

[illegible] ([illegible]) ::

[illegible]

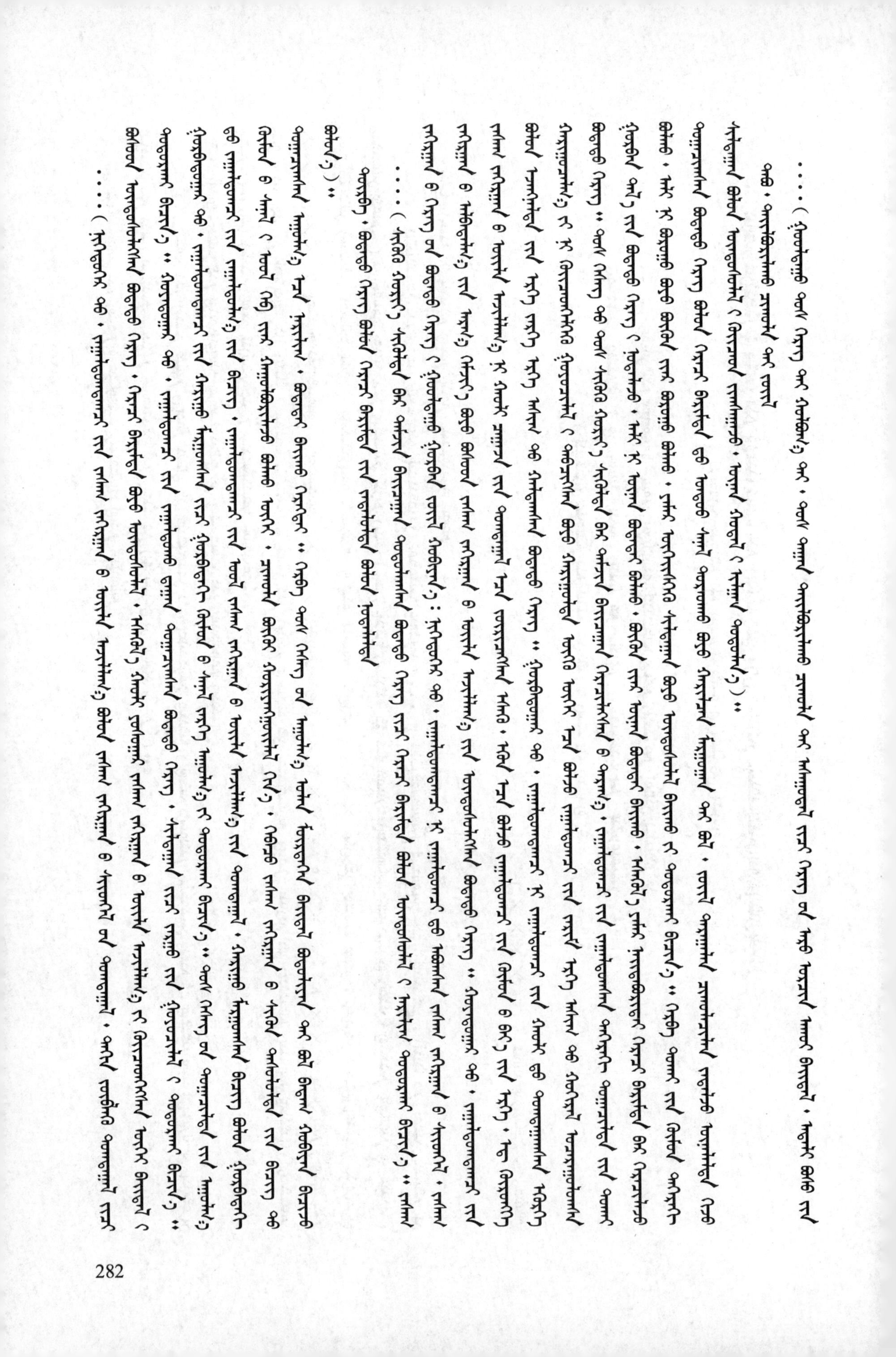

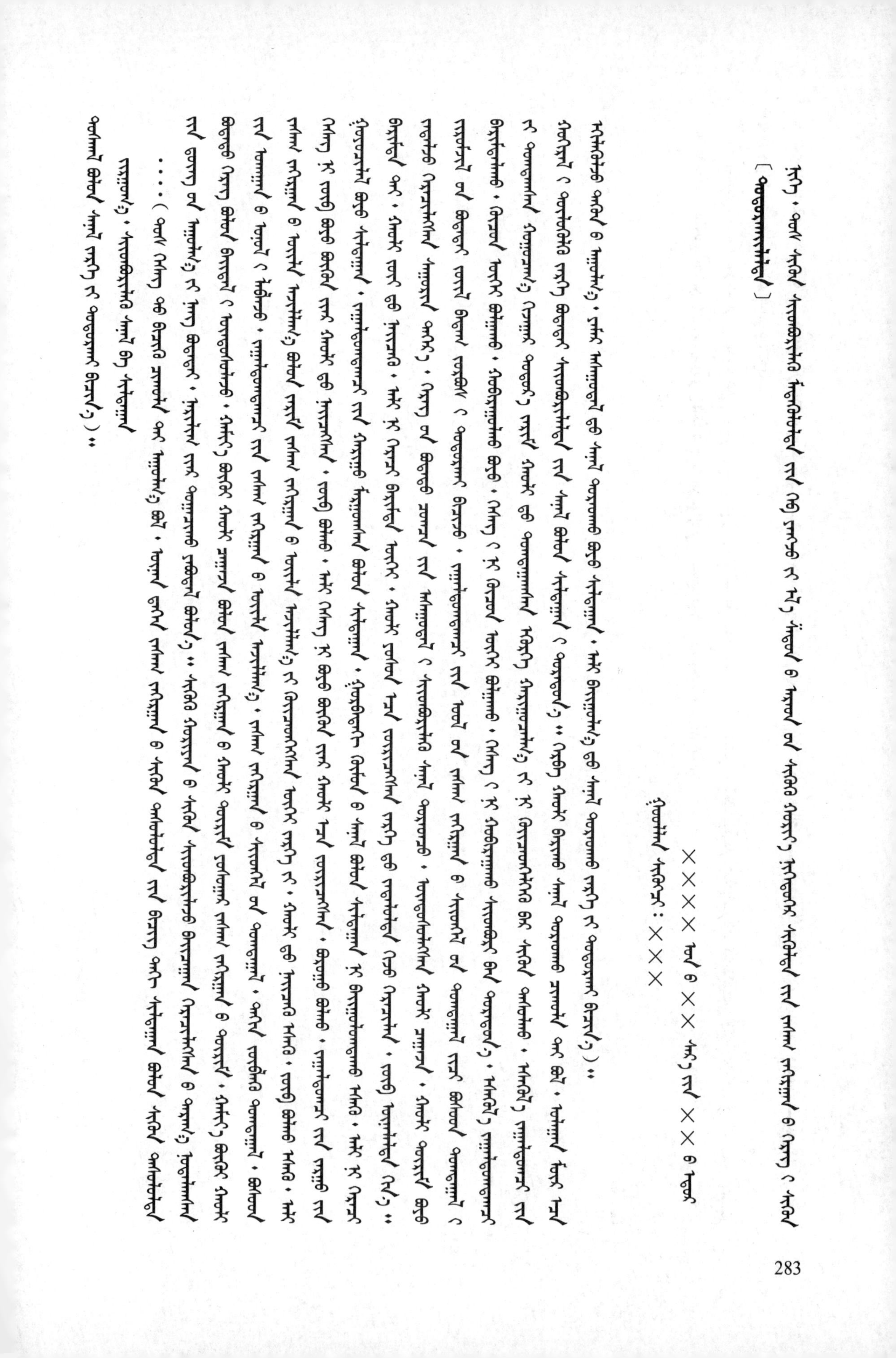

[illegible]

[illegible] ×××

×××× [illegible] ×× [illegible] ×× [illegible]

[illegible]

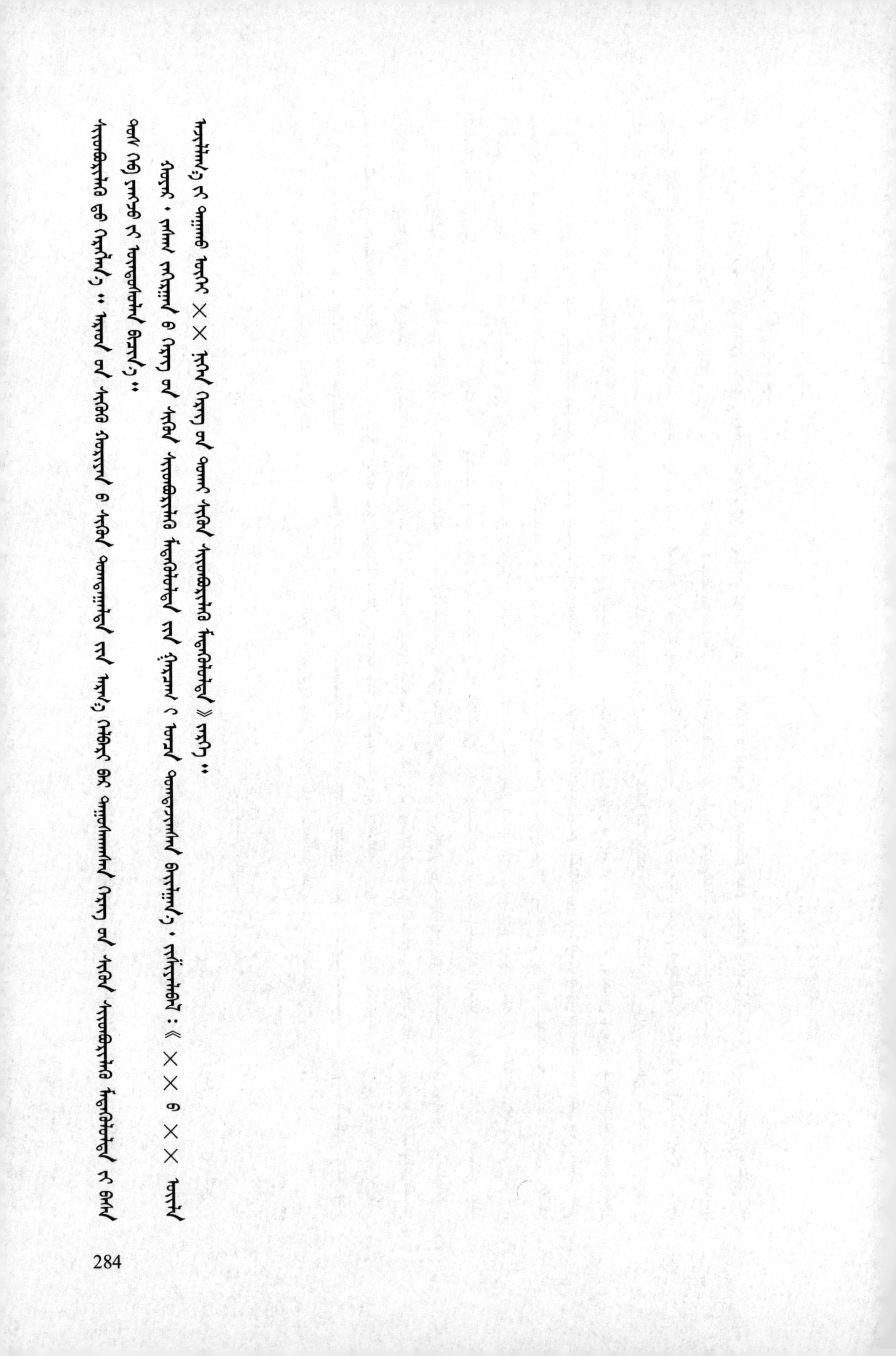

[illegible] :: [illegible]
[illegible] ::

[illegible] , [illegible] , [illegible] : 《×× ᠦ ××》 [illegible] ×× [illegible] ×× [illegible] 》 [illegible] ::

ᠠᠯᠪᠠᠨ ᠠᠯᠪᠠᠲᠠᠨ ᠤ ᠠᠵᠢᠯ ᠤᠨ ᠪᠢᠴᠢᠭ ᠬᠡᠯᠪᠡᠷᠢ ᠶᠢᠨ ᠵᠢᠱᠢᠶ᠎ᠡ 103 : ᠬᠤᠪᠢ ᠪᠠᠶᠢᠳᠠᠯ ᠮᠡᠳᠡᠭᠳᠡᠯ ᠦᠨ ᠪᠢᠴᠢᠭ

(ᠠᠯᠪᠠᠨ ᠤ ᠬᠡᠷᠡᠭ ᠬᠤᠪᠢ ᠪᠢᠴᠢᠭ ᠤᠨ ᠬᠡᠯᠪᠡᠷᠢ ᠶᠢᠨ ᠮᠡᠳᠡᠭᠳᠡᠯ ᠦᠨ ᠪᠢᠴᠢᠭ ᠮᠡᠳᠡᠭᠳᠡᠬᠦ ᠪᠡᠷ ᠬᠡᠷᠡᠭᠯᠡᠨ᠎ᠡ)

××× ᠠᠯᠪᠠᠨ ᠤ ᠬᠡᠷᠡᠭ ᠬᠤᠪᠢ ᠶᠢᠨ ᠬᠡᠷᠡᠭᠯᠡᠯ ᠦ
ᠬᠤᠪᠢ ᠪᠠᠶᠢᠳᠠᠯ ᠮᠡᠳᠡᠭᠳᠡᠯ ᠦᠨ ᠪᠢᠴᠢᠭ
(ᠠᠯᠪᠠᠨ ᠤ ᠬᠡᠷᠡᠭ ᠬᠤᠪᠢ ᠪᠢᠴᠢᠭ ᠤᠨ ᠬᠡᠯᠪᠡᠷᠢ ᠶᠢᠨ ᠮᠡᠳᠡᠭᠳᠡᠯ ᠦᠨ ᠪᠢᠴᠢᠭ ᠮᠡᠳᠡᠭᠳᠡᠬᠦ ᠪᠡᠷ ᠬᠡᠷᠡᠭᠯᠡᠨ᠎ᠡ)

(××××) .... ᠣᠨ .... × .... ᠪᠢᠴᠢᠭ

××× (ᠬᠦᠯᠢᠶᠡᠨ ᠠᠪᠬᠤ ᠪᠠᠶᠢᠭᠤᠯᠤᠯᠭ᠎ᠠ ᠶᠢᠨ ᠨᠡᠷᠡᠶᠢᠳᠦᠯ) :

ᠣᠳᠤ ᠠᠯᠪᠠᠨ ᠬᠡᠷᠡᠭ ×××·××× ᠢ ᠲᠤᠰᠬᠠᠭᠰᠠᠨ .... (ᠲᠤᠰᠬᠠᠯ ᠤᠨ ᠠᠯᠪᠠᠨ ᠤ ᠬᠡᠯᠪᠡᠷᠢ ᠶᠢᠨ ᠮᠡᠳᠡᠭᠳᠡᠯ ᠲᠤᠬᠠᠢ ᠪᠠᠶᠢᠭᠤᠯᠤᠯᠭ᠎ᠠ ᠶᠢᠨ ᠬᠤᠪᠢ ᠪᠢᠴᠢᠭ ᠢ ᠮᠡᠳᠡᠭᠳᠡᠬᠦ ᠶᠢᠨ ᠪᠠᠷ .....) ᠬᠡᠷᠡᠭ ᠦᠨ ᠪᠠᠶᠢᠳᠠᠯ ᠢ ᠮᠡᠳᠡᠭᠳᠡᠵᠦ ᠪᠠᠶᠢᠨ᠎ᠠ ᠂ ᠲᠤᠰ ᠠᠯᠪᠠᠨ ᠤ ᠬᠡᠷᠡᠭ ᠬᠤᠪᠢ ᠶᠢᠨ ᠮᠡᠳᠡᠭᠳᠡᠯ ᠢ ᠬᠡᠷᠡᠭᠵᠢᠭᠦᠯᠬᠦ ᠪᠠᠷ ᠡᠳᠦᠭᠡ ᠨᠢᠭᠡᠨ ᠠᠯᠪᠠᠨ ᠤ ᠬᠡᠷᠡᠭ ᠬᠤᠪᠢ ᠶᠢᠨ ᠮᠡᠳᠡᠭᠳᠡᠯ ᠦᠨ ᠪᠢᠴᠢᠭ ᠢ .... (ᠮᠡᠳᠡᠭᠳᠡᠬᠦ ᠠᠯᠪᠠᠨ ᠤ ᠬᠡᠷᠡᠭ ᠦᠨ) ᠮᠡᠳᠡᠭᠳᠡᠵᠦ ᠪᠠᠶᠢᠨ᠎ᠠ ᠄ ᠲᠤᠰ ᠪᠢᠴᠢᠭ ᠢ ᠬᠦᠯᠢᠶᠡᠨ ᠠᠪᠤᠭᠠᠳ ᠮᠡᠳᠡᠭᠳᠡᠬᠦ ᠶᠢᠨ ᠠᠯᠪᠠᠨ ᠤ ᠬᠡᠷᠡᠭ ᠬᠤᠪᠢ ᠶᠢᠨ ᠪᠠᠶᠢᠳᠠᠯ ᠢ ᠮᠡᠳᠡᠭᠳᠡᠨ᠎ᠡ (ᠬᠦᠯᠢᠶᠡᠨ ᠠᠪᠬᠤ ᠪᠠᠶᠢᠭᠤᠯᠤᠯᠭ᠎ᠠ ᠶᠢᠨ ᠨᠡᠷᠡᠶᠢᠳᠦᠯ) : ××× ᠪᠠᠶᠢᠭᠤᠯᠤᠯᠭ᠎ᠠ ᠶᠢᠨ ᠠᠯᠪᠠᠨ ᠤ ᠬᠡᠷᠡᠭ ᠬᠤᠪᠢ ᠶᠢᠨ ᠮᠡᠳᠡᠭᠳᠡᠯ ᠦᠨ ᠪᠢᠴᠢᠭ ᠢ ᠬᠦᠯᠢᠶᠡᠨ ᠠᠪᠤᠭᠠᠳ ᠮᠡᠳᠡᠭᠳᠡᠨ᠎ᠡ ᠃

ᠣᠨ ×× ᠰᠠᠷ᠎ᠠ ×× ᠡᠳᠦᠷ ᠦᠨ ×××
(ᠪᠢᠴᠢᠭ ᠤᠨ ᠬᠡᠯᠪᠡᠷᠢ ᠶᠢᠨ ᠲᠠᠮᠠᠭ᠎ᠠ)

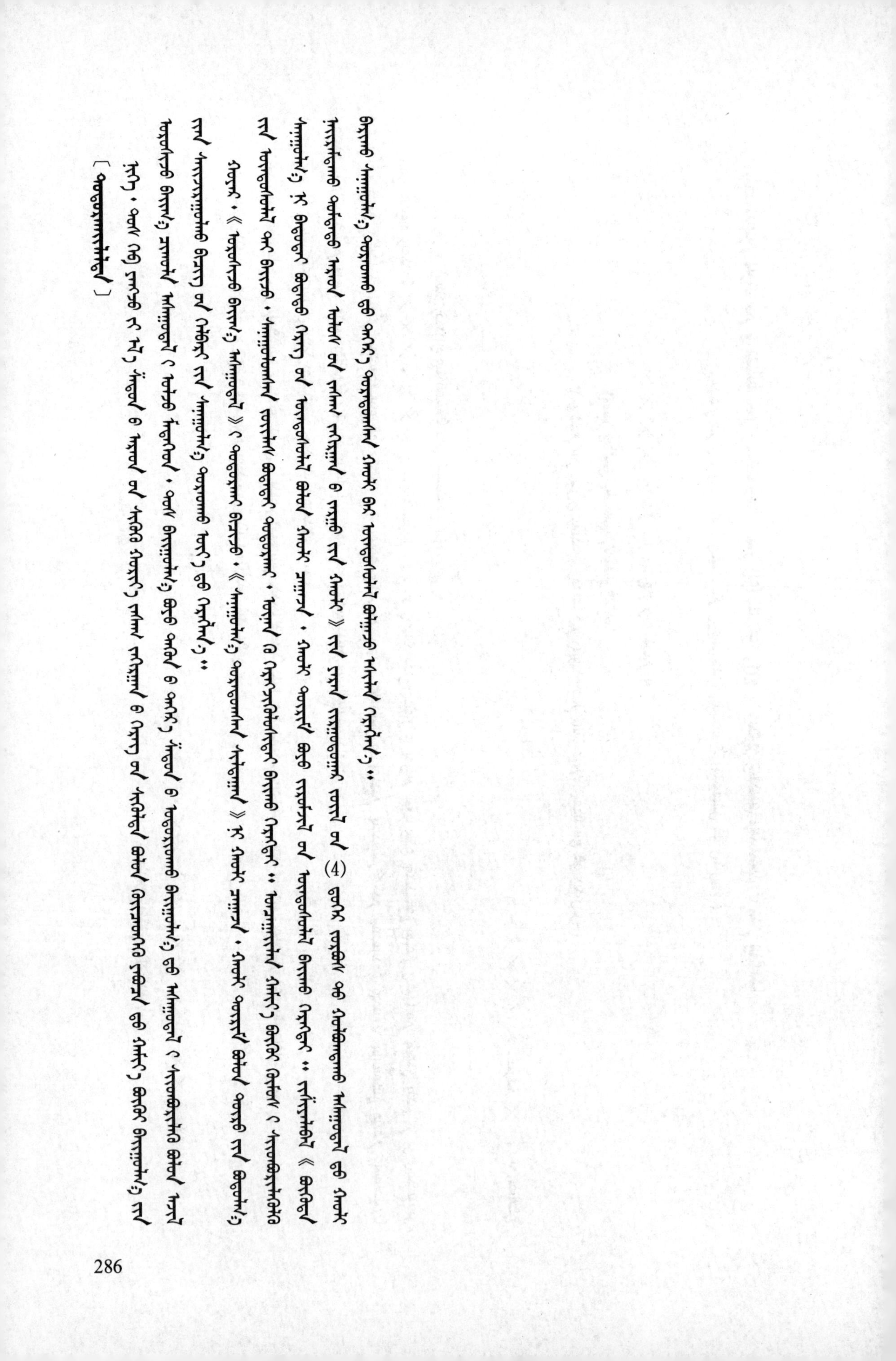

〔[illegible]〕

[illegible]

[illegible]

[illegible] (4) [illegible]

ᠵᠠᠰᠠᠭ ᠵᠠᠬᠢᠷᠭᠠᠨ ᠤ ᠵᠠᠷᠭᠤ ᠶᠢᠨ ᠪᠢᠴᠢᠭ ᠮᠠᠶᠢᠭ ᠤᠨ ᠳᠡᠭᠡᠵᠢ 112 : ᠵᠠᠰᠠᠭ ᠵᠠᠬᠢᠷᠭᠠᠨ ᠤ ᠵᠠᠷᠭᠤ ᠶᠢᠨ ᠰᠢᠯᠭᠠᠨ ᠪᠠᠶᠢᠴᠠᠭᠠᠬᠤ ᠪᠢᠴᠢᠭ

ᠵᠠᠰᠠᠭ ᠵᠠᠬᠢᠷᠭᠠᠨ ᠤ ᠵᠠᠷᠭᠤ ᠶᠢᠨ ᠰᠢᠯᠭᠠᠨ ᠪᠠᠶᠢᠴᠠᠭᠠᠬᠤ ᠪᠢᠴᠢᠭ

ᠰᠢᠯᠭᠠᠨ ᠪᠠᠶᠢᠴᠠᠭᠠᠭᠴᠢ ××× ·····（ ᠮᠡᠷᠭᠡᠵᠢᠯ ᠂ ᠨᠠᠰᠤ ᠂ ᠰᠤᠷᠤᠯ ᠤᠨ ᠲᠦᠪᠰᠢᠨ ᠦ ᠡᠷᠬᠢᠯᠡᠳᠡᠭ ᠠᠵᠢᠯ ᠵᠡᠷᠭᠡ ᠶᠢ ᠲᠣᠪᠴᠢᠯᠠᠨ ᠪᠢᠴᠢᠭᠡᠷᠡᠢ ）᠃

ᠰᠤᠷᠤᠯ ᠤᠨ ᠲᠦᠪᠰᠢᠨ ᠡᠷᠬᠢᠯᠡᠭᠴᠢ ××× ·····（ ᠲᠥᠷᠥᠯ ᠬᠦᠢᠰᠦ ᠂ ᠨᠠᠰᠤ ᠵᠡᠷᠭᠡ ᠶᠢ ᠲᠣᠪᠴᠢᠯᠠᠨ ᠪᠢᠴᠢᠭᠡᠷᠡᠢ ）᠃

ᠮᠡᠷᠭᠡᠵᠢᠯᠲᠡᠨ ××× ·····（ ᠲᠥᠷᠥᠯ ᠬᠦᠢᠰᠦ ᠂ ᠰᠤᠷᠤᠯ ᠤᠨ ᠲᠦᠪᠰᠢᠨ ᠵᠡᠷᠭᠡ ᠶᠢ ᠲᠣᠪᠴᠢᠯᠠᠨ ᠪᠢᠴᠢᠭᠡᠷᠡᠢ ）᠃

××× ᠤ ᠵᠠᠷᠭᠤ ᠶᠢᠨ ᠪᠠᠷᠢᠮᠲᠠ ᠶᠢ ᠰᠢᠯᠭᠠᠨ ᠪᠠᠶᠢᠴᠠᠭᠠᠭᠰᠠᠨ ·····（ ᠬᠡᠷᠡᠭ ᠦᠨ ᠤᠴᠢᠷ ᠪᠠ ᠰᠢᠯᠭᠠᠨ ᠪᠠᠶᠢᠴᠠᠭᠠᠭᠰᠠᠨ ᠪᠠᠶᠢᠳᠠᠯ ᠢ ᠲᠣᠪᠴᠢᠯᠠᠨ ᠪᠢᠴᠢᠭᠡᠷᠡᠢ ） ᠮᠥᠷᠳᠡ ᠪᠠᠶᠢᠴᠠᠭᠠᠨ ᠲᠣᠭᠲᠠᠭᠠᠵᠤ ᠬᠡᠷᠡᠭ

ᠪᠣᠯ ᠂ ᠬᠠᠤᠯᠢ ᠴᠠᠭᠠᠵᠠ ᠶᠢᠨ ᠵᠠᠷᠭᠤ ᠶᠢᠨ ᠰᠢᠯᠭᠠᠨ ᠪᠠᠶᠢᠴᠠᠭᠠᠯᠲᠠ ᠶᠢ ᠬᠢᠨᠠ :

ᠰᠢᠯᠭᠠᠨ ᠪᠠᠶᠢᠴᠠᠭᠠᠭᠰᠠᠨ ᠨᠢ : ····

ᠪᠤᠷᠤᠭᠤ ᠬᠡᠷᠡᠭ ᠪᠣᠯᠤᠨ ᠠᠰᠠᠭᠤᠳᠠᠯ : ····（ ᠰᠢᠯᠭᠠᠨ ᠪᠠᠶᠢᠴᠠᠭᠠᠭᠰᠠᠨ ᠦᠷ᠎ᠡ ᠳ᠋ᠦᠩ ᠂ ᠪᠤᠷᠤᠭᠤ ᠬᠡᠷᠡᠭ ᠪᠣᠯᠤᠨ ᠠᠰᠠᠭᠤᠳᠠᠯ ᠢ ᠲᠣᠪᠴᠢᠯᠠᠨ ᠪᠢᠴᠢᠭᠡᠷᠡᠢ ）᠃

×××× ᠣᠨ ᠤ ᠬᠠᠷᠢᠭᠤᠴᠠᠯ ᠤᠨ ᠵᠢᠭᠠᠮ ᠳᠤ ᠲᠤᠰᠬᠠᠢᠯᠠᠨ ᠵᠠᠰᠠᠬᠤ
ᠰᠠᠨᠠᠯ ᠤ ᠪᠢᠴᠢᠭ

（ ᠰᠢᠯᠭᠠᠨ ᠪᠠᠶᠢᠴᠠᠭᠠᠬᠤ ᠶᠠᠮᠤᠨ ᠤ ᠳᠠᠷᠤᠮᠠᠯ ᠳᠠᠷᠤᠬᠤ ᠪᠠ ᠲᠣᠪᠴᠢᠯᠠᠨ ᠪᠢᠴᠢᠭᠡᠷᠡᠢ ）
×××× ᠣᠨ ᠤ ×× ᠰᠠᠷ᠎ᠠ ᠶᠢᠨ ×× ᠤ ᠡᠳᠦᠷ
ᠰᠢᠯᠭᠠᠨ ᠪᠠᠶᠢᠴᠠᠭᠠᠭᠴᠢ : ×××（ ᠭᠠᠷ ᠤᠨ ᠦᠰᠦᠭ ）

ᠬᠡᠷᠡᠭᠯᠡᠭᠳᠡᠬᠦᠨ :

1. ᠰᠤᠷᠭᠠᠭᠤᠯᠢ ᠰᠤᠷᠤᠭᠴᠢᠳ ᠪᠠᠶᠢᠭ᠎ᠠ ᠤᠨ ᠰᠤᠷᠤᠯᠴᠠᠭᠠ × ᠵᠥᠪ

2. ᠪᠢᠴᠢᠭ ᠪᠠᠶᠢᠭ᠎ᠠ ᠰᠢᠨ᠎ᠡ × ᠵᠥᠪ

3. ᠪᠣᠯᠤᠨ ᠤᠨ ᠭᠠᠵᠠᠷ ᠪᠤᠢ ᠪᠠᠶᠢᠭ᠎ᠠ ᠤᠨ ᠭᠠᠵᠠᠷ × ᠵᠥᠪ

[ᠬᠠᠷᠢᠭᠤᠯᠲᠠ]

[illegible]

ᠠᠯᠪᠠᠨ ᠠᠯᠪᠠᠳᠠᠭᠤᠯᠤᠯ ᠤᠨ ᠠᠯᠪᠠᠳᠤ ᠶᠢᠨ ᠪᠢᠴᠢᠭ ᠠᠷᠭ᠎ᠠ ᠶᠢᠨ ᠵᠢᠱᠢᠶ᠎ᠡ 113 : ᠤᠯᠤᠰ ᠮᠡᠳᠡᠭᠳᠡᠬᠦ ᠪᠢᠴᠢᠭ

ᠤᠯᠤᠰ ᠮᠡᠳᠡᠭᠳᠡᠬᠦ ᠪᠢᠴᠢᠭ

ᠤᠯᠤᠰ ᠮᠡᠳᠡᠭᠳᠡᠨ᠎ᠡ ××× ·····(... ᠢ ᠣᠷᠣᠭᠤᠯᠤᠨ ᠪᠢᠴᠢᠨ᠎ᠡ) ᠃

ᠤᠯᠤᠰ ᠮᠡᠳᠡᠭᠳᠡᠭᠰᠡᠨ ××× ·····(... ᠢ ᠣᠷᠣᠭᠤᠯᠤᠨ ᠪᠢᠴᠢᠨ᠎ᠡ) ᠃

ᠤᠯᠤᠰ ᠮᠡᠳᠡᠭᠳᠡᠨ᠎ᠡ ××× ····(... ᠢ ᠣᠷᠣᠭᠤᠯᠤᠨ ᠪᠢᠴᠢᠨ᠎ᠡ) ... ᠂ ×××× ᠣᠨ ᠤ ×× ᠰᠠᠷ᠎ᠠ ᠶᠢᠨ ×× ᠤ

×××× ᠣᠨ ᠤ ×× ᠰᠠᠷ᠎ᠠ ᠶᠢᠨ ×× ᠡᠳᠦᠷ ... (××××) ···· ᠬᠣᠲᠠ × ···· ᠰᠤᠮᠤ (...) ᠳᠤ

×××× ᠣᠨ ᠤ ×× ᠰᠠᠷ᠎ᠠ ᠶᠢᠨ ×× ᠤ ᠡᠳᠦᠷ

ᠲᠣᠭᠣᠪᠣ᠂ ᠡᠭᠦᠨ ᠦ ᠪᠠᠶᠢᠳᠠᠯ ᠤᠨ ᠪᠣᠯ᠂ ᠡᠭᠦᠨ ᠦ ᠪᠠᠶᠢᠳᠠᠯ ᠳᠤ ᠰᠢᠨᠵᠢᠯᠡᠭᠰᠡᠨ ᠃

ᠲᠣᠭᠠᠴᠢ᠂ ᠮᠣᠩᠭᠣᠯ ᠰᠤᠳᠤᠯᠤᠯ ᠪᠢᠴᠢᠭ ᠦᠨ ᠡᠷᠳᠡᠮᠲᠡᠨ ᠦ ᠲᠣᠭᠣᠪᠣ ᠪᠠᠶᠢᠳᠠᠯ ᠳᠤ ᠮᠣᠩᠭᠣᠯ ᠰᠤᠳᠤᠯᠤᠭᠰᠠᠨ ᠪᠠᠶᠢᠳᠠᠯ ᠤᠨ ᠪᠠᠶᠢᠳᠠᠯ ᠨᠣᠳᠣᠯᠠᠭᠰᠠᠨ ᠪᠣᠯᠤᠭᠰᠠᠨ ᠃ ᠰᠤᠳᠤᠯᠤᠭᠰᠠᠨ ᠡᠨᠡ ᠪᠡᠷ ᠰᠢᠨᠵᠢᠯᠡᠭᠰᠡᠨ ᠃

ᠰᠢᠨᠵᠢᠯᠡᠯ᠂ ᠪᠣᠯ ᠶᠢᠨ ᠬᠡᠮᠵᠢᠶ᠎ᠡ ᠳᠦ ᠬᠡᠮᠵᠢᠶ᠎ᠡ ᠬᠡᠮᠵᠢᠭᠳᠡᠨ ᠦ ᠰᠢᠨᠵᠢ ᠶᠢᠨ ᠪᠠᠶᠢᠳᠠᠯ ᠤᠨ ᠪᠠᠶᠢᠳᠠᠯ ᠨᠣᠳᠣᠯᠠᠭᠰᠠᠨ ᠰᠤᠳᠤᠯᠤᠭᠰᠠᠨ᠂ ᠰᠤᠳᠤᠯ ᠪᠣᠯᠤᠭᠰᠠᠨ ᠳᠤ ᠪᠠᠷᠢᠮᠲᠠ ᠰᠢᠨᠵᠢ ᠮᠣᠩᠭᠣᠯ

〔ᠲᠣᠳᠣᠷᠬᠠᠶᠢᠯᠠᠯᠲᠠ〕

ᠡᠬᠢ ᠰᠤᠷᠪᠤᠯᠵᠢ : ᠮᠣᠩᠭᠣᠯ ᠰᠤᠳᠤᠯᠤᠯ ᠤᠨ ᠡᠷᠳᠡᠮ ᠦᠨ ᠰᠡᠳᠬᠦᠯ × × ᠳᠤ

ᠳᠡᠭᠡᠳᠦ ᠰᠤᠷᠭᠠᠭᠤᠯᠢ ᠶᠢᠨ ᠰᠤᠷᠭᠠᠯᠲᠠ ᠶᠢᠨ ᠪᠠᠶᠢᠴᠠᠭᠠᠯᠲᠠ ᠶᠢᠨ ᠬᠡᠷᠡᠭ ᠦᠨ ᠲᠤᠬᠠᠢ 116 : ᠳᠠᠭᠤᠰᠬᠠᠯ ᠤᠨ ᠪᠢᠴᠢᠭ ᠦᠨ ᠬᠡᠪ ᠵᠠᠭᠪᠤᠷ

(ᠳᠠᠭᠤᠰᠬᠠᠯ ᠤᠨ ᠪᠢᠴᠢᠭ ᠦᠨ ᠬᠡᠪ ᠵᠠᠭᠪᠤᠷ ᠤᠨ ᠲᠤᠬᠠᠢ ᠳᠤ ᠬᠡᠷᠡᠭᠯᠡᠬᠦ ᠪᠠᠷ ᠬᠠᠪᠰᠤᠷᠤᠭᠤᠯᠤᠨ ᠡᠭᠦᠳᠦᠭᠰᠡᠨ)

ᠳᠠᠭᠤᠰᠬᠠᠯ ᠤᠨ ᠪᠢᠴᠢᠭ ᠦᠨ ᠬᠡᠪ ᠵᠠᠭᠪᠤᠷ

(ᠳᠠᠭᠤᠰᠬᠠᠯ ᠤᠨ ᠪᠢᠴᠢᠭ ᠦᠨ ᠬᠡᠪ ᠵᠠᠭᠪᠤᠷ ᠤᠨ ᠲᠤᠬᠠᠢ ᠳᠤ ᠬᠡᠷᠡᠭᠯᠡᠬᠦ ᠪᠠᠷ ᠬᠠᠪᠰᠤᠷᠤᠭᠤᠯᠤᠨ ᠡᠭᠦᠳᠦᠭᠰᠡᠨ)

××× ([illegible]) ᠤ [illegible] ᠳᠠᠭᠤᠰᠬᠠᠯ ᠤᠨ ᠪᠢᠴᠢᠭ [illegible] ᠪᠢᠴᠢᠪᠡ ᠃

[illegible]

××× ᠳᠤᠭᠠᠷ ᠤᠨ [illegible] ᠤᠨ ᠪᠢᠴᠢᠭ

ᠣᠨ ᠤ ᠰᠠᠷ᠎ᠠ

××××: ××× ([illegible])

×××× ᠣᠨ ᠤ ×× ᠰᠠᠷ᠎ᠠ ᠶᠢᠨ ×× ᠤ ᠡᠳᠦᠷ

ᠵᠣᠬᠢᠶᠠᠯ :

1. ᠳᠠᠭᠤᠰᠬᠠᠯ ᠤᠨ ᠨᠡᠷ᠎ᠡ
2. ᠳᠠᠭᠤᠰᠬᠠᠯ ᠤᠨ ᠰᠡᠳᠦᠪ

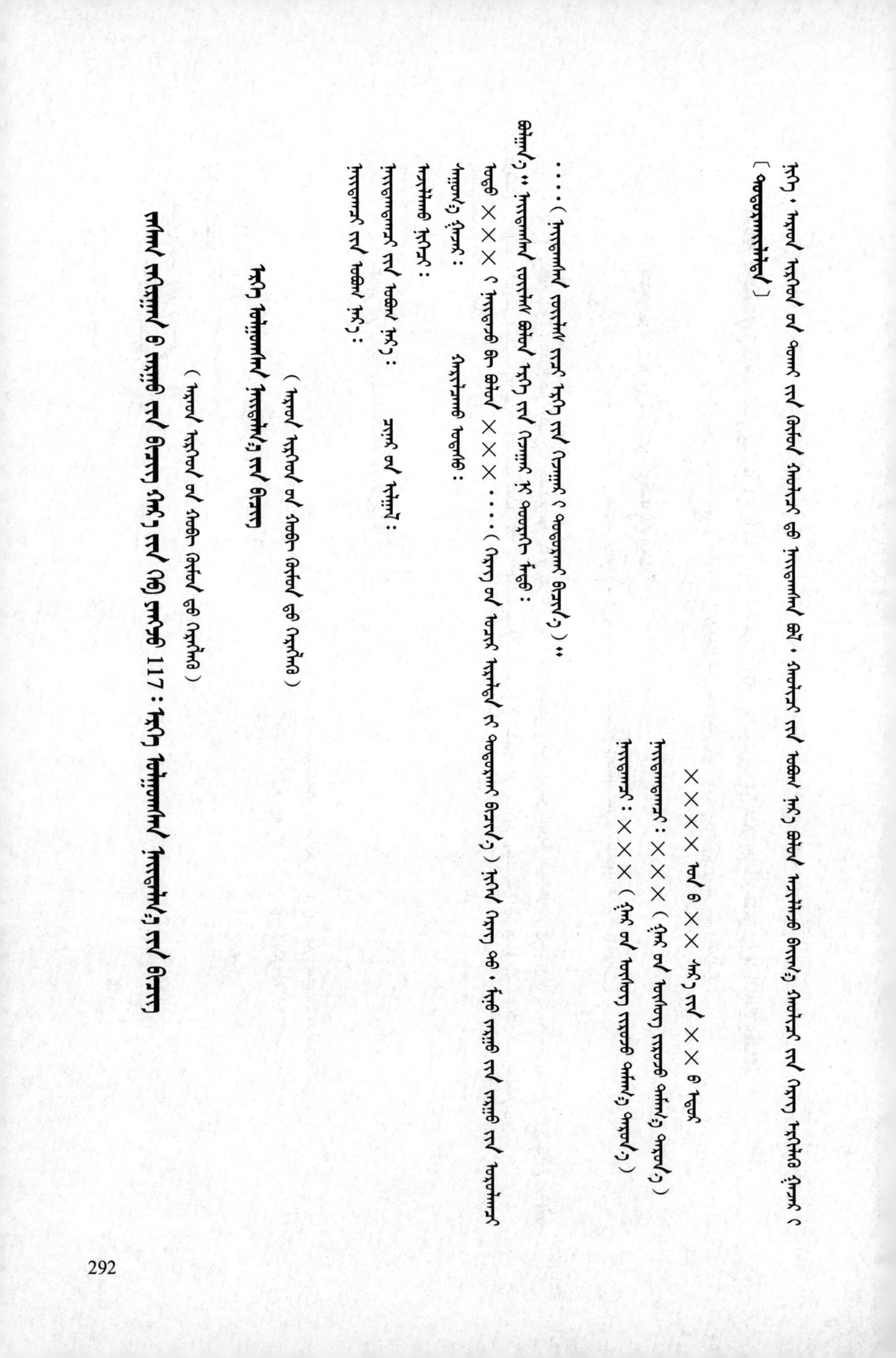

117 :

（ ）

（ ）

:

:

:

:

×××（ ）…… ×××…… ×××

……（ ）……

（ ）

[ ]

：×××（ ）

：×××（ ）

×××× ᠣᠨ ᠤ ×× ᠰᠠᠷ᠎ᠠ ᠶᠢᠨ ×× ᠤ ᠡᠳᠦᠷ

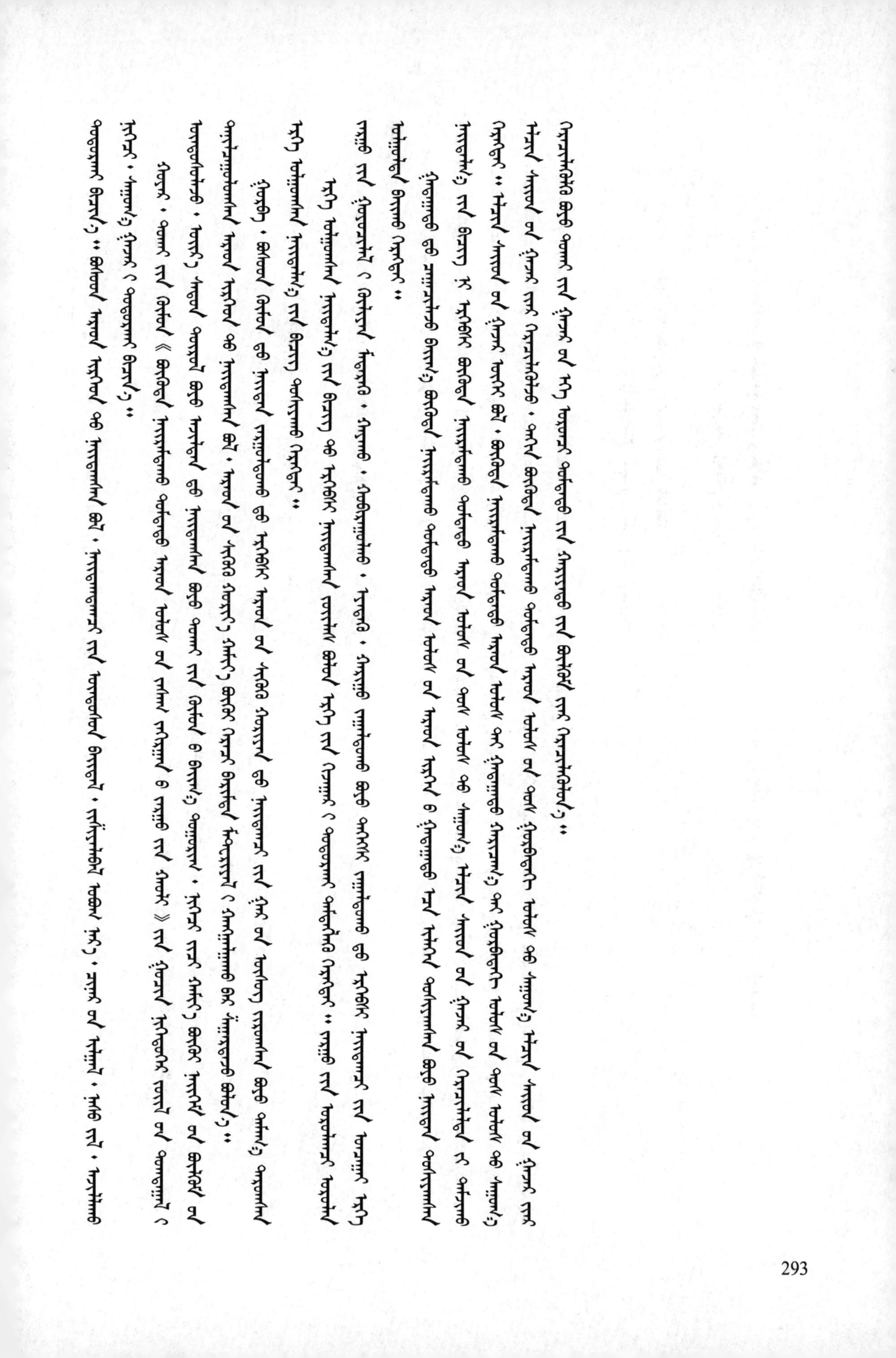

[illegible]

[illegible]

[illegible]

[illegible]

[illegible]

[illegible]

ᠬᠠᠷᠢᠶᠠᠲᠤ ᠬᠠᠷᠢᠶᠠᠯᠠᠯ ᠤ ᠬᠠᠷᠢᠶᠠ ᠶᠢᠨ ᠪᠠᠶᠢᠴᠠᠭᠠᠨ ᠬᠢᠨᠠᠬᠤ ᠶᠢᠨ ᠶᠠᠮᠤ ᠬᠡᠯᠡᠪᠦᠷᠢ 118 : ᠶᠠᠯᠠᠲᠠᠨ ᠢ ᠰᠢᠯᠵᠢᠭᠦᠯᠦᠨ ᠬᠠᠷᠢᠶᠠᠴᠠᠭᠤᠯᠬᠤ ᠲᠤᠬᠠᠢ ᠶᠢᠨ ᠪᠢᠴᠢᠭ

(ᠰᠢᠭᠦᠬᠦ ᠶᠢᠨ ᠪᠠᠶᠢᠭᠤᠯᠤᠯ ᠤ ᠬᠠᠳᠠᠭᠠᠯᠠᠬᠤ ᠳᠤ ᠬᠡᠷᠡᠭᠯᠡᠬᠦ)

ᠶᠠᠯᠠᠲᠠᠨ ᠢ ᠰᠢᠯᠵᠢᠭᠦᠯᠦᠨ ᠬᠠᠷᠢᠶᠠᠴᠠᠭᠤᠯᠬᠤ ᠲᠤᠬᠠᠢ ᠶᠢᠨ ᠪᠢᠴᠢᠭ

(ᠰᠢᠭᠦᠬᠦ ᠶᠢᠨ ᠪᠠᠶᠢᠭᠤᠯᠤᠯ ᠤ ᠬᠠᠳᠠᠭᠠᠯᠠᠬᠤ ᠳᠤ ᠬᠡᠷᠡᠭᠯᠡᠬᠦ)

ᠶᠠᠯᠠᠲᠠᠨ ᠤ ᠨᠡᠷ᠎ᠡ : ××× ([illegible]) ····· ××× [illegible] ([illegible]) ××× ····· ([illegible]) ᠪᠣᠯᠤᠨ᠎ᠠ ᠃

ᠶᠠᠯᠠᠲᠠᠨ ××× ····· ([illegible] , [illegible]) ᠪᠣᠯᠤᠨ᠎ᠠ ᠃

ᠶᠠᠯᠠᠲᠠᠨ ××× [illegible] ᠪᠣᠯᠤᠨ᠎ᠠ ᠃ ([illegible]) ····

ᠪᠣᠯᠤᠨ᠎ᠠ ᠃

ᠶᠠᠯᠠᠲᠠᠨ ××× ᠤ [illegible] ᠠᠴᠠ :

····

ᠶᠠᠯᠠᠲᠠᠨ ××× ᠤ [illegible] ᠠᠴᠠ :

····

ᠶᠠᠯᠠᠲᠠᠨ ᠤ ᠨᠡᠷ᠎ᠡ : ××× ([illegible])

××× ᠤ ×× ᠶᠢᠨ ×× ᠤ ××××

〔ᠳᠦᠭᠦᠮᠵᠢᠯᠡᠯ〕

ᠨᠢᠭᠡ᠂ ᠨᠢᠭᠡ ᠬᠡᠯᠡᠯᠴᠡᠭᠰᠡᠨ ᠬᠡᠯᠡᠯᠴᠡᠭᠡᠨ ᠦ ᠳᠤᠮᠳᠠ ᠪᠣᠯᠪᠠᠰᠤᠷᠠᠯ ᠳᠤ ᠪᠢᠳᠡᠨ ᠦ ᠬᠡᠯᠡᠯᠴᠡᠭᠡ ᠪᠣᠯᠭᠠᠨ᠎ᠠ ᠄ (1) ᠬᠡᠯᠡᠯᠴᠡᠭᠡ ᠪᠣᠯᠠᠨ ᠬᠡᠯᠡᠯᠴᠡᠭᠡ ᠶᠢᠨ ᠳᠤᠮᠳᠠᠬᠤ ᠪᠣᠯᠤᠨ᠎ᠠ᠃

(2) ᠬᠡᠯᠡᠯᠴᠡᠭᠡ ᠬᠡᠷᠡᠭᠯᠡᠭᠡᠨ ᠦ ᠳᠠᠭᠠᠭᠠᠷ ᠪᠣᠯᠬᠤ ᠨᠢᠭᠡ ᠭᠠᠵᠠᠷ᠃ (3) ᠲᠡᠷᠡ ᠨᠢ ᠬᠡᠷᠡᠭᠯᠡᠭᠰᠡᠨ ᠲᠦᠭᠡᠮᠡᠯ ᠬᠡᠯᠡᠯᠴᠡᠭᠡ ᠪᠣᠯᠭᠠᠭᠰᠠᠨ ᠪᠣᠯᠤᠨ᠎ᠠ᠃

ᠲᠡᠷᠡ᠂ ᠲᠣᠭᠠᠨ ᠤ ᠪᠢᠴᠢᠭ᠌ ᠦᠨ 《 ᠪᠢᠴᠢᠭ᠌ ᠦᠨ ᠬᠡᠯᠡᠯᠴᠡᠭᠡ ᠪᠣᠯᠪᠠᠰᠤᠷᠠᠯ ᠬᠡᠯᠡ ᠬᠡᠯᠡᠯᠴᠡᠭᠡ ᠶᠢᠨ ᠳᠦᠷᠢᠮ ᠤᠨ ᠲᠣᠭᠠᠨ ᠤ ᠲᠣᠮᠢᠶ᠎ᠠ 》 ᠤᠨ ᠲᠣᠭᠠᠨ ᠬᠡᠯᠡᠯᠴᠡᠭᠡ ᠲᠣᠭᠠᠨ ᠤ ᠪᠣᠯᠤᠭᠰᠠᠨ ᠤ

ᠬᠡᠯᠡᠯᠴᠡᠭᠡᠨ ᠦ ᠪᠣᠯᠪᠠᠰᠤᠷᠠᠯ᠂ ᠬᠡᠯᠡᠯᠴᠡᠭᠡ ᠶᠢᠨ ᠪᠣᠯᠤᠨ ᠬᠡᠯᠡᠯᠴᠡᠭᠡᠨ ᠦ ᠪᠢᠴᠢᠭ᠌ ᠦᠨ ᠬᠡᠯᠡᠯᠴᠡᠭᠡ ᠪᠣᠯᠤᠭᠰᠠᠨ ᠦ ᠲᠣᠭᠠᠨ ᠤ ᠪᠣᠯᠤᠭᠰᠠᠨ᠂ ᠲᠡᠷᠡ ᠲᠣᠭᠠᠨ ᠤ ᠪᠢᠴᠢᠭ᠌ ᠲᠡᠷᠡ ᠬᠡᠯᠡᠯᠴᠡᠭᠡ ᠶᠢᠨ ᠪᠢᠴᠢᠭ᠌ ᠦᠨ

ᠮᠡᠳᠡᠭᠳᠡᠬᠦᠨ ᠬᠡᠯᠡᠯ ᠬᠡᠯᠡᠯᠴᠡᠭᠡ ᠶᠢᠨ ᠪᠣᠯᠤᠭᠰᠠᠨ ᠪᠢᠳᠡ᠂ ᠬᠡᠯᠡᠯ ᠤᠨ ᠲᠣᠭᠠᠨ ᠤ ᠲᠣᠮᠢᠶ᠎ᠠ ᠬᠡᠯᠡᠯᠴᠡᠭᠡᠨ ᠦ ᠪᠢᠴᠢᠭ᠌ ᠦᠨ ᠬᠡᠯᠡᠯᠴᠡᠭᠡ ᠶᠢᠨ ᠪᠣᠯᠤᠨ᠎ᠠ᠃

ᠠᠯᠪᠠᠨ ᠪᠢᠴᠢᠭ ᠦᠨ ᠬᠡᠯᠡᠨ ᠦ ᠪᠣᠯᠪᠠᠰᠤᠷᠠᠯ ᠤᠨ ᠳᠡᠪᠲᠡᠷ 121 ᠳᠤᠭᠠᠷ ᠨᠢᠭᠤᠷ ᠲᠤ᠌

ᠪᠢᠴᠢᠭᠯᠡᠭᠦᠯᠦᠭᠰᠡᠨ (ᠬᠡᠷᠡᠭ ᠬᠢᠭᠰᠡᠨ ᠂ ᠬᠠᠷᠢᠭᠤᠴᠠᠭᠰᠠᠨ) ᠪᠠᠶᠢᠭᠤᠯᠤᠯᠭ᠎ᠠ ᠶᠢᠨ ᠨᠡᠷ᠎ᠡ ᠳᠦ

(ᠳᠤᠭᠠᠷ ᠨᠢᠭᠤᠷ ᠤᠨ ᠪᠢᠴᠢᠭᠯᠡᠭᠦᠯᠦᠭᠰᠡᠨ ᠪᠠᠶᠢᠭᠤᠯᠤᠯᠭ᠎ᠠ ᠂ ᠬᠡᠷᠡᠭ ᠪᠠᠶᠢᠭᠤᠯᠤᠯᠭ᠎ᠠ ᠪᠤᠶᠤ ᠬᠠᠷᠢᠭᠤᠴᠠᠭᠰᠠᠨ ᠪᠠᠶᠢᠭᠤᠯᠤᠯᠭ᠎ᠠ ᠪᠠ ᠪᠠᠶᠢᠭᠤᠯᠤᠯᠭ᠎ᠠ ᠶᠢᠨ ᠨᠡᠷ᠎ᠡ)

ᠳᠤᠭᠠᠷ ᠨᠢᠭᠤᠷ ᠤᠨ ᠪᠢᠴᠢᠭᠯᠡᠭᠦᠯᠦᠭᠰᠡᠨ (ᠬᠡᠷᠡᠭ ᠬᠢᠭᠰᠡᠨ ᠂ ᠬᠠᠷᠢᠭᠤᠴᠠᠭᠰᠠᠨ) ᠪᠠᠶᠢᠭᠤᠯᠤᠯᠭ᠎ᠠ ᠶᠢᠨ ᠨᠡᠷ᠎ᠡ

(ᠳᠤᠭᠠᠷ ᠨᠢᠭᠤᠷ ᠤᠨ ᠪᠢᠴᠢᠭᠯᠡᠭᠦᠯᠦᠭᠰᠡᠨ ᠪᠠᠶᠢᠭᠤᠯᠤᠯᠭ᠎ᠠ ᠂ ᠬᠡᠷᠡᠭ ᠪᠠᠶᠢᠭᠤᠯᠤᠯᠭ᠎ᠠ ᠪᠤᠶᠤ ᠬᠠᠷᠢᠭᠤᠴᠠᠭᠰᠠᠨ ᠪᠠᠶᠢᠭᠤᠯᠤᠯᠭ᠎ᠠ ᠪᠠ ᠪᠠᠶᠢᠭᠤᠯᠤᠯᠭ᠎ᠠ ᠶᠢᠨ ᠨᠡᠷ᠎ᠡ)

ᠪᠠᠶᠢᠭᠤᠯᠤᠯᠭ᠎ᠠ ××× …… (ᠲᠣᠳᠤᠷᠬᠠᠢ ᠠᠭᠤᠯᠭ᠎ᠠ ᠶᠢ ᠲᠣᠪᠴᠢᠯᠠᠨ ᠪᠢᠴᠢᠨ᠎ᠡ) ᠃

ᠪᠠᠶᠢᠭᠤᠯᠤᠯᠭ᠎ᠠ ᠶᠢᠨ ᠬᠠᠶᠢᠭ ᠄

……

ᠪᠠᠶᠢᠭᠤᠯᠤᠯᠭ᠎ᠠ ᠶᠢᠨ ᠬᠠᠷᠢᠭᠤᠴᠠᠭᠴᠢ ᠄

……

ᠬᠠᠭᠤᠯᠪᠤᠷᠢ ᠶᠢᠨ ᠬᠦᠷᠬᠦ

×××× ᠬᠣᠰᠢᠭᠤ ᠨᠤ ᠰᠣᠶᠣᠯ ᠤᠨ ᠲᠣᠪᠴᠢᠶ᠎ᠠ ᠳᠤ ᠬᠦᠷᠭᠡᠪᠡ

ᠪᠠᠶᠢᠭᠤᠯᠤᠯᠭ᠎ᠠ : ××× (ᠲᠠᠮᠠᠭ᠎ᠠ ᠳᠠᠷᠤᠨ᠎ᠠ)

×××× ᠣᠨ ×× ᠰᠠᠷ᠎ᠠ ×× ᠡᠳᠦᠷ

ᠪᠠᠶᠢᠳᠠᠯ ᠳᠤ ᠲᠣᠬᠢᠷᠠᠭᠤᠯᠤᠭᠰᠠᠨ ᠪᠣᠯᠤᠨ᠎ᠠ ::

ᠲᠤᠰ ᠵᠣᠬᠢᠶᠠᠯ ᠢ ᠪᠢᠴᠢᠭ ᠦᠨ 《 ᠰᠤᠷᠭᠠᠭᠤᠯᠢ ᠶᠢᠨ ᠰᠤᠳᠤᠯᠭᠠᠨ ᠤ ᠰᠡᠳᠬᠦᠯ ᠰᠡᠳᠬᠦᠯ 》 ᠳᠤ ᠬᠡᠪᠯᠡᠭᠰᠡᠨ ᠪᠣᠯᠤᠨ ᠳᠠᠬᠢᠨ ᠲᠣᠪᠴᠢᠯᠠᠨ ᠨᠠᠶᠢᠷᠠᠭᠤᠯᠤᠭᠰᠠᠨ ᠪᠣᠯᠤᠨ᠎ᠠ ᠳᠤ

〔ᠬᠡᠪᠯᠡᠭᠰᠡᠨ ᠨᠢ〕

ᠣᠷᠴᠢᠭᠤᠯᠤᠭᠰᠠᠨ : ××× (ᠥᠪᠦᠷ ᠮᠣᠩᠭᠣᠯ ᠰᠤᠷᠭᠠᠭᠤᠯᠢ ᠶᠢᠨ ᠶᠡᠬᠡ)

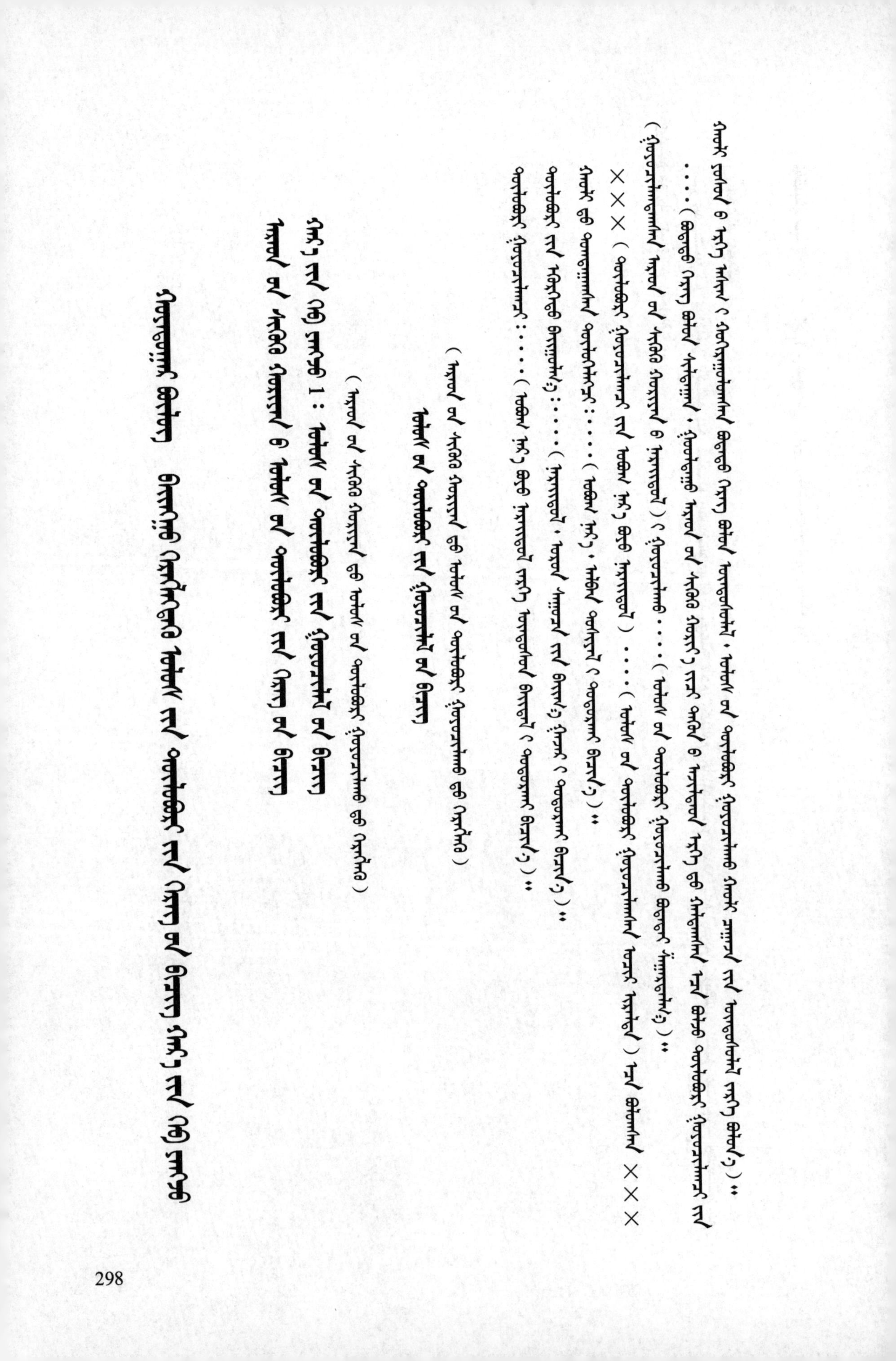

ᠶᠡᠷᠦᠩᠬᠡᠢ A4 ᠶᠢᠨ ᠴᠠᠭᠠᠰᠤᠨ ᠳᠤ ᠬᠡᠪᠯᠡᠵᠦ ᠪᠠᠢᠨ᠎ᠠ᠂ ᠪᠢᠴᠢᠭ ᠦᠨ ᠬᠡᠯᠪᠡᠷᠢ᠂ ᠦᠰᠦᠭ ᠦᠨ ᠬᠡᠯᠪᠡᠷᠢ᠂ ᠮᠥᠷ ᠦᠨ ᠵᠠᠢ ᠶᠢ ᠲᠣᠭᠲᠠᠭᠠᠨ᠎ᠠ᠂ ᠭᠠᠷᠴᠠᠭ ᠢ ᠲᠥᠪ ᠲᠦ ᠲᠠᠯᠪᠢᠨ᠎ᠠ (ᠳᠡᠭᠡᠷ᠎ᠡ ᠳᠣᠣᠷ᠎ᠠ ᠪᠠᠢᠨ᠎ᠠ)᠃

ᠭᠠᠷᠴᠠᠭ ᠢ ×××᠂ ×××᠂ ××× ᠦᠰᠦᠭ ᠦᠨ ᠬᠡᠯᠪᠡᠷᠢ ᠪᠠᠷ ᠪᠢᠴᠢᠨ᠎ᠡ᠃

[ᠬᠠᠪᠰᠤᠷᠭᠠᠯᠲᠠ]

××× ᠣᠨ ᠦ ×× ᠰᠠᠷ᠎ᠠ ᠶᠢᠨ ×× ᠦ ᠡᠳᠦᠷ

ᠬᠠᠪᠰᠤᠷᠭᠠᠯᠲᠠ ᠳᠠᠭᠠᠯᠳᠤᠭᠤᠯᠬᠤ ××× (ᠨᠢᠭᠡ ᠡᠴᠡ ᠡᠬᠢᠯᠡᠨ ᠳᠠᠷᠠᠭᠠᠯᠠᠨ ᠲᠡᠮᠳᠡᠭᠯᠡᠨ᠎ᠡ)

ᠬᠠᠪᠰᠤᠷᠭᠠᠯᠲᠠ᠄ ···· (ᠬᠠᠪᠰᠤᠷᠭᠠᠯᠲᠠ ᠶᠢᠨ ᠨᠡᠷ᠎ᠡ ᠶᠢ ᠲᠤᠰ ᠪᠦᠷ ᠲᠡᠮᠳᠡᠭᠯᠡᠨ᠎ᠡ)

××× ᠠᠵᠢᠯ ᠤᠨ ᠭᠠᠵᠠᠷ ᠤᠨ ᠲᠡᠮᠳᠡᠭ

ᠡᠳᠦᠷ ᠦᠨ ᠳᠡᠪᠲᠡᠷ

299

ᠲᠡᠭᠦᠨ ᠬᠠᠮᠤᠭ ᠤᠨ ᠡᠷᠬᠢᠮ ᠢ ᠪᠤᠯᠭᠠᠬᠤ ᠂ ᠶᠠᠭᠤ ᠬᠡᠮᠡᠭᠰᠡᠨ ᠢ ᠰᠤᠷᠬᠤ ᠰᠤᠷᠤᠯᠴᠠᠬᠤ ᠪᠠᠶᠢᠳᠠᠯ ᠤᠨ ᠰᠤᠷᠭᠠᠭᠤᠯᠢ ᠶᠢᠨ ᠬᠦᠮᠦᠵᠢᠯ ᠢ ᠰᠠᠶᠢᠵᠢᠷᠠᠭᠤᠯᠬᠤ ᠬᠡᠷᠡᠭᠲᠡᠢ ᠃

ᠪᠠᠶᠢᠭᠤᠯᠬᠤ ᠂ ᠰᠤᠷᠭᠠᠭᠤᠯᠢ ᠶᠢᠨ : 《 ᠰᠤᠷᠤᠭᠴᠢ ᠪᠦᠷᠢ ᠰᠠᠶᠢᠨ ᠰᠤᠷᠤᠯᠴᠠᠬᠤ ᠶᠢᠨ ᠲᠥᠯᠦᠭᠡ ᠰᠤᠷᠤᠭᠴᠢ ᠶᠢᠨ ᠰᠤᠷᠭᠠᠯ ᠬᠦᠮᠦᠵᠢᠯ ᠦᠨ ᠰᠤᠷᠭᠠᠭᠤᠯᠢ 》 ᠶᠢᠨ ᠪᠣᠳᠤᠯᠭ᠎ᠠ ᠪᠤᠢ ᠪᠤᠢ ᠪᠤᠢ

ᠰᠤᠷᠭᠠᠭᠤᠯᠢ ᠶᠢᠨ ᠂ ᠰᠤᠷᠭᠠᠭᠤᠯᠢ ᠶᠢᠨ ᠰᠤᠷᠤᠯᠴᠠᠭᠴᠢ ᠢ ᠬᠥᠭᠵᠢᠭᠦᠯᠬᠦ ᠰᠤᠷᠤᠭᠴᠢ ᠪᠦᠷᠢ ᠰᠠᠶᠢᠨ ᠰᠤᠷᠤᠯᠴᠠᠬᠤ ᠶᠢᠨ ᠲᠥᠯᠦᠭᠡ ᠰᠤᠷᠤᠭᠴᠢ ᠶᠢᠨ ᠰᠤᠷᠭᠠᠯ ᠬᠦᠮᠦᠵᠢᠯ ᠦᠨ ᠰᠤᠷᠭᠠᠭᠤᠯᠢ ᠶᠢ ᠪᠠᠶᠢᠭᠤᠯᠬᠤ ᠬᠡᠷᠡᠭᠲᠡᠢ ᠃

××××ᠦᠨ ᠪᠡ ×× ᠤᠨ ᠳᠤᠭᠠᠷ ××ᠦᠨ ᠪᠡᠢ
(ᠠᠪᠤᠭᠠᠳ ᠰᠤᠷᠭᠠᠭᠤᠯᠢ ᠶᠢᠨ ᠪᠠᠭᠰᠢ)

ᠰᠤᠷᠤᠭᠴᠢ ᠶᠢᠨ ᠪᠢᠴᠢᠭ ᠦᠨ ᠪᠡᠯᠡᠳᠬᠡᠯ ᠢ《ᠶᠠᠭᠤ ᠭᠡᠵᠦ ᠪᠢᠴᠢᠪᠡ ……》ᠭᠡᠵᠦ ᠠᠰᠠᠭᠤᠭᠠᠳ ᠪᠠᠭᠰᠢ ᠳᠤ ᠦᠵᠡᠭᠦᠯᠪᠡ᠃ ×××× ᠤᠨ ᠪᠡ ×× ᠤᠨ ᠳᠤᠭᠠᠷ ×× ᠤᠨ ᠪᠡ ᠬᠡᠯᠡᠯᠴᠡᠭᠡᠨ ᠦ ᠰᠤᠷᠭᠠᠯᠲᠠ ᠳᠤ ᠣᠷᠤᠯᠴᠠᠪᠠ᠃ (ᠬᠡᠯᠡᠯᠴᠡᠭᠡᠨ ᠦ ᠪᠤᠯᠤᠪᠠᠰᠤᠷᠠᠯ ᠦᠨ ᠳᠤᠭᠠᠷ ᠪᠡᠯᠡᠳᠬᠡᠯ᠃ ᠪᠢᠴᠢᠭ ᠦᠨ ᠰᠤᠷᠭᠠᠯᠲᠠ ᠶᠢᠨ ᠬᠡᠰᠡᠭ ᠲᠦ ᠪᠠᠭᠰᠢ ᠶᠢᠨ ᠬᠡᠯᠡᠯᠴᠡᠭᠡᠨ ᠦ ᠪᠦᠲᠦᠭᠡᠯ ᠢ ᠪᠢᠴᠢᠵᠦ᠂ ᠤᠨ ᠪᠡ (ᠤᠨ ᠪᠡ ᠳᠤᠭᠠᠷ) ᠤᠨ ᠪᠡ (ᠤᠨ ᠪᠡ ᠳᠤᠭᠠᠷ) ᠪᠠᠭᠰᠢ ᠶᠢᠨ ᠬᠡᠯᠡᠯᠴᠡᠭᠡᠨ ᠦ (ᠪᠠᠭᠰᠢ ᠶᠢᠨ) …… (ᠪᠠᠭᠰᠢ ᠪᠡᠯᠡᠳᠬᠡᠯ) ᠂ ᠤᠨ ᠪᠡ ᠬᠡᠯᠡᠯᠴᠡᠭᠡᠨ ᠦ ᠪᠠᠭᠰᠢ ᠶᠢᠨ ᠬᠡᠯᠡᠯᠴᠡᠭᠡᠨ ᠦ ××× (ᠬᠡᠯᠡᠯᠴᠡᠭᠡᠨ ᠦ ᠬᠡᠰᠡᠭ ᠦᠨ ᠬᠠᠷᠢᠭᠤ ᠪᠢᠴᠢᠭ ᠦᠨ ᠪᠡᠯᠡᠳᠬᠡᠯ) :

ᠬᠡᠯᠡᠯᠴᠡᠭᠡᠨ …… ᠠᠰᠠᠭᠤᠯᠲᠠ …… (××××)

(ᠪᠠᠭᠰᠢ ᠶᠢᠨ ᠬᠡᠯᠡᠯᠴᠡᠭᠡᠨ ᠦ ᠬᠡᠰᠡᠭ ᠦᠨ ᠪᠠᠢᠳᠠᠯ ᠢ ᠪᠢᠴᠢᠭᠰᠡᠨ ᠪᠠᠢᠨ᠎ᠠ)
ᠰᠤᠷᠤᠭᠴᠢ ᠶᠢᠨ ᠪᠢᠴᠢᠭᠰᠡᠨ ᠰᠠᠨᠠᠯ ᠤᠨ ᠪᠠᠢᠳᠠᠯ
××× ᠪᠠᠭᠰᠢ ᠶᠢᠨ ᠠᠰᠠᠭᠤᠯᠲᠠ ᠪᠡ

(ᠪᠠᠭᠰᠢ ᠶᠢᠨ ᠬᠡᠯᠡᠯᠴᠡᠭᠡᠨ ᠦ ᠬᠡᠰᠡᠭ ᠦᠨ ᠪᠠᠢᠳᠠᠯ ᠢ ᠪᠢᠴᠢᠭᠰᠡᠨ ᠪᠠᠢᠨ᠎ᠠ)

ᠬᠡᠳᠦᠢ ᠲᠤ (ᠪ) ᠰᠤᠷᠲᠠᠯ 5 : ᠮᠡᠳᠡᠨ ᠦ ᠪᠢᠴᠢᠭᠰᠡᠨ ᠰᠠᠨᠠᠯ ᠲᠤᠬᠠᠢ ᠶᠢᠨ ᠪᠠᠢᠳᠠᠯ
ᠰᠤᠷᠤᠭᠴᠢ ᠶᠢᠨ ᠠᠰᠠᠭᠤᠯᠲᠠ ᠪᠠ ᠪᠠᠭᠰᠢ ᠶᠢᠨ ᠬᠡᠯᠡᠯᠴᠡᠭᠡᠨ ᠦ ᠬᠠᠷᠢᠴᠠᠭ᠎ᠠ ᠶᠢᠨ ᠪᠠᠢᠳᠠᠯ

ᠨᠢᠭᠡ ᠂ ᠪᠣᠯ ᠲᠡᠮᠳᠡᠭᠯᠡᠯ ᠦᠨ ᠬᠡᠯᠪᠡᠷᠢ ᠳᠦ ᠬᠡᠷᠡᠭᠯᠡᠭᠰᠡᠨ 《 ᠨᠡᠷ᠎ᠡ ᠶᠢᠨ ᠵᠣᠬᠢᠶᠠᠯ ᠤᠨ ᠨᠡᠷ᠎ᠡ ᠶᠢᠨ ᠡᠬᠢ ᠰᠤᠷᠪᠤᠯᠵᠢ ᠳᠤ ᠵᠢᠭᠠᠭᠰᠠᠨ ᠨᠢ ᠮᠡᠳᠡᠭᠳᠡᠬᠦᠨ ᠮᠡᠳᠡᠭᠳᠡᠬᠦ 》 ᠶᠢᠨ ᠮᠡᠳᠡᠭᠳᠡᠬᠦᠨ ᠨᠡᠷ᠎ᠡ ᠶᠢᠨ ᠮᠡᠳᠡᠭᠳᠡᠬᠦ ᠶᠢᠨ ᠬᠠᠮᠢᠶᠠᠷᠤᠯᠲᠠ ᠪᠠᠷ ᠂ ᠨᠡᠷ᠎ᠡ ᠶᠢᠨ ᠡᠬᠢ ᠰᠤᠷᠪᠤᠯᠵᠢ ᠶᠢᠨ ᠬᠡᠯᠪᠡᠷᠢ ᠶᠢᠨ ᠵᠢᠷᠤᠮ ᠤᠨ ᠮᠡᠳᠡᠭᠳᠡᠬᠦ ᠂ ᠮᠡᠳᠡᠭᠳᠡᠬᠦᠨ ᠬᠡᠯᠪᠡᠷᠢ ᠳᠦ ᠬᠠᠮᠢᠶᠠᠷᠤᠭᠳᠠᠨ᠎ᠠ ::

ᠪᠣᠯ ᠨᠡᠶᠢᠲᠡ ᠶᠢᠨ ᠮᠡᠳᠡᠭᠳᠡᠬᠦ ᠨᠢ ᠬᠡᠷᠪᠡ ᠲᠡᠮᠳᠡᠭ ᠦᠨ ᠰᠤᠷᠪᠤᠯᠵᠢ ᠪᠠᠨ ᠳᠤᠷᠠᠳᠬᠠᠭᠰᠠᠨ :: ᠵᠢᠰᠢᠶ᠎ᠡ ᠳᠤ ᠰᠣᠨᠢᠨ 《××××〉 ᠪᠢᠴᠢᠭ ᠦᠨ ᠲᠣᠮᠢ ᠂ ᠰᠣᠨᠢᠨ ᠦ ᠨᠡᠷ᠎ᠡ 《×》 ᠪᠢᠴᠢᠭ ᠲᠡᠭᠦᠨ ᠦ 《 ᠰᠣᠨᠢᠨ ᠮᠡᠳᠡᠭᠳᠡᠬᠦ 》 ᠶᠢᠨ ᠮᠡᠳᠡᠭᠳᠡᠬᠦᠨ ᠂ ᠨᠡᠷ᠎ᠡ ᠶᠢᠨ ᠡᠬᠢ ᠰᠤᠷᠪᠤᠯᠵᠢ ᠶᠢᠨ ᠬᠡᠯᠪᠡᠷᠢ ᠶᠢᠨ ᠲᠡᠮᠳᠡᠭ ᠦᠨ ᠪᠢᠴᠢᠭᠰᠡᠨ ᠂ 《 (××××…… ᠰᠣᠨᠢᠨ ᠮᠡᠳᠡᠭᠳᠡᠬᠦ …… ᠮᠡᠳᠡᠭᠳᠡᠬᠦ 》 ᠶᠢᠨ ᠲᠡᠭᠦᠨ ᠦ ᠮᠡᠳᠡᠭᠳᠡᠬᠦ ᠂ 《…… ᠮᠡᠳᠡᠭᠳᠡᠬᠦ 》 ᠶᠢ ᠪᠢᠴᠢᠬᠦ ᠶᠢᠨ ᠲᠡᠭᠦᠨ ᠦ ᠮᠡᠳᠡᠭᠳᠡᠬᠦ ᠶᠢᠨ ᠮᠡᠳᠡᠭᠳᠡᠬᠦᠨ ᠬᠡᠯᠪᠡᠷᠢ ᠳᠦ ᠪᠣᠯᠤᠨ᠎ᠠ ::

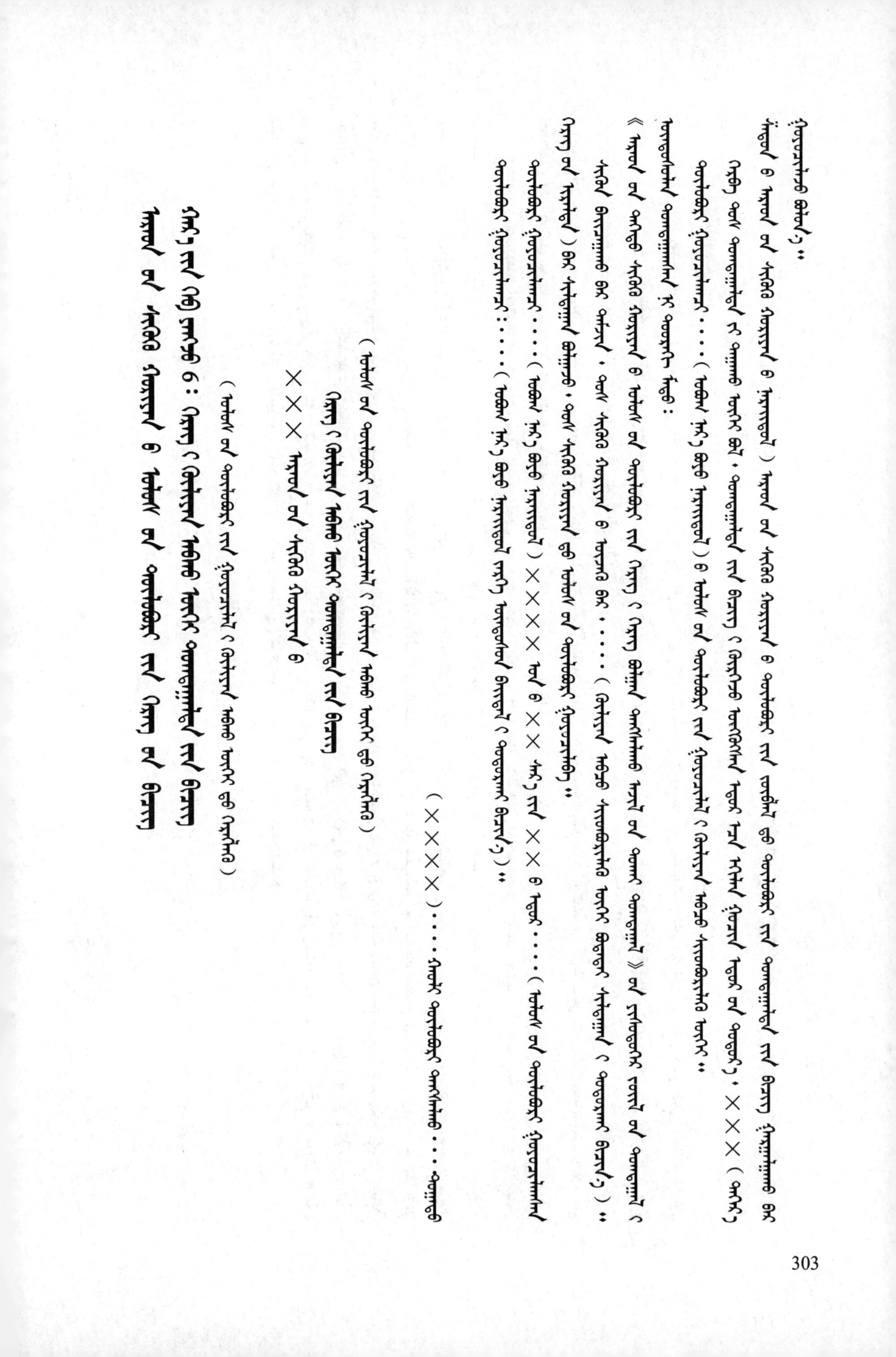

[illegible] ::

[illegible] ([illegible]) [illegible] · XXX ([illegible]) [illegible] · · · · ([illegible]) [illegible] ::

[illegible] :

《 [illegible] 》 [illegible] · [illegible] · · · · · ([illegible]) ::

[illegible]) [illegible] · [illegible] ::

[illegible] · · · · ([illegible]) XXXX [illegible] XX [illegible] XX [illegible] · · · · ([illegible]

[illegible] : · · · · ([illegible]) ::

[illegible] · · · [illegible] · · · · (XXXX)

([illegible])

[illegible]

XXX [illegible]

([illegible])

[illegible] 6 : [illegible]

[illegible]

×××× ᠣᠨ ᠤ ×× ᠰᠠᠷ᠎ᠠ ᠶᠢᠨ ×× ᠤ ᠡᠳᠦᠷ
(ᠱᠦᠭᠦᠬᠦ ᠶᠠᠮᠤᠨ ᠤ ᠲᠠᠮᠠᠭ᠎ᠠ)

〔 ᠲᠠᠶᠢᠯᠪᠤᠷᠢ 〕

ᠨᠢᠭᠡ᠂ ᠡᠨᠡ ᠬᠡᠯᠪᠡᠷᠢ ᠶᠢ ᠠᠷᠠᠳ ᠤᠨ ᠱᠦᠭᠦᠬᠦ ᠶᠠᠮᠤᠨ ᠳᠤ 《 ᠠᠷᠠᠳ ᠤᠨ ᠳᠡᠭᠡᠳᠦ ᠱᠦᠭᠦᠬᠦ ᠶᠠᠮᠤᠨ ᠤ ᠡᠷᠦᠭᠡ ᠶᠢᠨ ᠬᠡᠷᠡᠭ ᠤᠨ ᠰᠢᠭᠦᠨ ᠲᠠᠰᠤᠯᠬᠤ ᠬᠠᠤᠯᠢ ᠶᠢ ᠬᠡᠷᠡᠭᠵᠢᠭᠦᠯᠬᠦ ᠲᠤᠬᠠᠢ ᠲᠠᠶᠢᠯᠪᠤᠷᠢ 》 ᠶᠢᠨ ᠵᠦᠢᠯ ᠦᠨ ᠲᠣᠭᠲᠠᠭᠠᠯ ᠢ ᠦᠨᠳᠦᠰᠦᠯᠡᠨ᠂ ᠠᠷᠠᠳ ᠤᠨ ᠱᠦᠭᠦᠬᠦ ᠶᠠᠮᠤᠨ ᠤ ᠲᠣᠭᠲᠠᠭᠠᠯ ᠢ ᠬᠦᠴᠦᠨ ᠲᠡᠢ ᠪᠣᠯᠭᠠᠬᠤ ᠳᠤ ᠬᠡᠷᠡᠭᠯᠡᠨ᠎ᠡ ᠃

ᠬᠣᠶᠠᠷ᠂ ᠠᠷᠠᠳ ᠤᠨ ᠱᠦᠭᠦᠬᠦ ᠶᠠᠮᠤᠨ ᠤ ᠲᠣᠭᠲᠠᠭᠠᠯ ᠢ ᠬᠦᠴᠦᠨ ᠲᠡᠢ ᠪᠣᠯᠭᠠᠬᠤ ᠳᠤ ᠲᠠᠰᠤᠯᠪᠤᠷᠢ ᠶᠢᠨ ᠬᠡᠯᠪᠡᠷᠢ 《 ᠬᠡᠷᠡᠭ ᠦᠨ ᠲᠠᠰᠤᠯᠪᠤᠷᠢ 》 ᠶᠢ ᠬᠡᠷᠡᠭᠯᠡᠵᠦ᠂ ᠲᠣᠭᠲᠠᠭᠠᠯ ᠢ ᠬᠦᠴᠦᠨ ᠲᠡᠢ ᠪᠣᠯᠭᠠᠬᠤ ᠪᠠᠨ ᠲᠡᠮᠳᠡᠭᠯᠡᠨ᠎ᠡ ᠃

ᠭᠤᠷᠪᠠ᠂ ᠲᠣᠭᠲᠠᠭᠠᠯ ᠤᠨ ᠪᠢᠴᠢᠭ ᠢ ᠬᠦᠷᠭᠡᠭᠦᠯᠬᠦ ᠳᠦ ᠬᠡᠯᠪᠡᠷᠢ ᠶᠢᠨ ᠳᠠᠭᠠᠤ ᠪᠢᠴᠢᠨ᠎ᠡ ᠃

[illegible] 11 : ᠲᠣᠭᠲᠠᠭᠠᠯ ᠤᠨ ᠪᠢᠴᠢᠭ

([illegible])

××× [illegible]

ᠲᠣᠭᠲᠠᠭᠠᠯ ᠤᠨ ᠪᠢᠴᠢᠭ

([illegible])

[illegible] …… [illegible] …… (××××)

××× ([illegible]) [illegible] ×××× [illegible] ×× [illegible] ×× [illegible] …… ([illegible]) [illegible] …… ([illegible]) ᠃

[illegible] …… ([illegible]) [illegible] ᠃

××× ([illegible]) [illegible] ᠃

[illegible] ××× [illegible] ᠃

[illegible] ᠃

×××× [illegible] ×× [illegible] ×× [illegible]

([illegible])

〔ᠪᠣᠳᠣᠯᠭᠠᠰᠢᠭᠤᠯ〕

ᠨᠢᠭᠡ᠂ ᠮᠠᠨ ᠤ ᠪᠣᠯᠪᠠᠰᠤᠷᠠᠯ ᠤᠨ ᠪᠠᠶᠢᠳᠠᠯ ᠤᠨ ᠭᠠᠯ ᠬᠡᠷᠡᠭᠯᠡᠭ᠍ᠡ ᠳᠦ ᠤᠯᠤᠰ ᠤᠨ ᠲᠦᠪᠰᠢᠨ ᠦ ᠮᠡᠳᠡᠭᠡᠯᠡᠯ ᠬᠠᠮᠠᠭᠠᠯᠠᠯᠲᠠ ᠶᠢᠨ ᠤᠯᠤᠰ ᠤᠨ ᠮᠡᠳᠡᠭᠡᠯᠡᠯ ᠦᠨ ᠬᠠᠮᠠᠭᠠᠯᠠᠯᠲᠠ ᠶᠢᠨ ᠵᠠᠷᠴᠢᠮ ᠤᠨ ᠠᠵᠢᠯ ᠢ ᠬᠡᠷᠬᠢᠨ ᠬᠡᠷᠡᠭᠵᠢᠭᠦᠯᠬᠦ ᠪᠡ᠃

ᠬᠣᠶᠠᠷ᠂ ᠮᠡᠳᠡᠭᠡᠯᠡᠯ ᠬᠠᠮᠠᠭᠠᠯᠠᠯᠲᠠ ᠶᠢᠨ ᠪᠠᠷᠢᠮᠲᠠ ᠪᠠᠷ ᠶᠠᠭᠤ ᠳᠠᠭᠠᠰᠤ᠂ ...

ᠠᠩᠬᠠᠨ ᠤ ᠠᠯᠬᠤᠮ ᠤᠨ ᠰᠤᠷᠭᠠᠭᠤᠯᠢ ᠶᠢᠨ ᠬᠢᠴᠢᠶᠡᠯ ᠦᠨ ᠳᠥᠷᠪᠡᠳᠦᠭᠡᠷ ᠪᠦᠯᠦᠭ

ᠭᠤᠷᠪᠠᠳᠤᠭᠠᠷ ᠪᠦᠯᠦᠭ ᠰᠡᠳᠦᠪ 12 : ᠬᠢᠴᠢᠶᠡᠯ ᠦᠨ ᠰᠤᠷᠭᠠᠯᠲᠠ ᠶᠢᠨ ᠲᠥᠰᠥᠯ ᠢᠶᠡᠨ ᠪᠢᠴᠢᠬᠦ

(ᠬᠢᠴᠢᠶᠡᠯ ᠦᠨ ᠰᠤᠷᠭᠠᠯᠲᠠ ᠶᠢᠨ ᠲᠥᠰᠥᠯ ᠦᠨ ᠵᠢᠱᠢᠶ᠎ᠡ)

ᠬᠢᠴᠢᠶᠡᠯ ᠦᠨ ᠰᠤᠷᠭᠠᠯᠲᠠ ᠶᠢᠨ ᠲᠥᠰᠥᠯ ᠦᠨ ᠪᠢᠴᠢᠭ

××× ᠨᠡᠶᠢᠲᠡ ᠶᠢᠨ ᠰᠤᠷᠭᠠᠭᠤᠯᠢ ᠶᠢᠨ

(ᠬᠢᠴᠢᠶᠡᠯ ᠦᠨ ᠰᠤᠷᠭᠠᠯᠲᠠ ᠶᠢᠨ ᠲᠥᠰᠥᠯ ᠦᠨ ᠵᠢᠱᠢᠶ᠎ᠡ)

ᠪᠣᠯᠪᠠᠰᠤ…… ᠰᠤᠷᠭᠠᠯᠲᠠ ᠶᠢᠨ……(××××)

ᠪᠣᠯ ᠰᠤᠷᠤᠭᠴᠢᠳ ᠤᠨ ᠬᠠᠷᠢᠭᠤ ᠪᠣᠯ ……(ᠪᠠᠭᠰᠢ ᠶᠢᠨ ᠡᠭᠦᠰᠭᠡᠭᠰᠡᠨ ᠬᠤᠪᠢ ᠳᠦ ᠰᠤᠷᠤᠭᠴᠢᠳ ᠤᠨ ᠰᠠᠨᠠᠯ ᠢ ᠰᠤᠨᠤᠰᠴᠤ ᠪᠠᠶᠢᠨ᠎ᠠ ᠬᠡᠮᠡᠨ ᠢᠯᠡᠷᠬᠡᠶᠢᠯᠡᠨ᠎ᠡ)᠃

……(ᠰᠤᠷᠤᠭᠴᠢᠳ ᠰᠤᠷᠤᠯᠴᠠᠭᠰᠠᠳ ᠤᠨ ᠬᠠᠷᠢᠯᠴᠠᠨ ᠶᠠᠷᠢᠯᠴᠠᠬᠤ ᠪᠣᠯᠪᠠᠰᠤᠷᠠᠯ ᠢ ᠬᠥᠬᠢᠭᠦᠯᠦᠨ᠎ᠡ ᠂ ᠰᠤᠷᠤᠭᠴᠢᠳ ᠤᠨ ᠰᠠᠨᠠᠯ ᠢ ᠰᠤᠨᠤᠰᠴᠤ ᠰᠢᠭᠦᠮᠵᠢᠯᠡᠨ᠎ᠡ)᠃

ᠠᠯᠢᠪᠠ ᠪᠣᠯᠪᠠᠰᠤᠷᠠᠯ ᠪᠣᠯ ᠰᠤᠷᠤᠯᠴᠠᠭᠰᠠᠳ ᠤᠨ ᠢᠳᠡᠪᠬᠢ ᠳᠤ ᠰᠢᠭᠦᠮᠵᠢᠯᠡᠬᠦ ……(ᠨᠡᠶᠢᠲᠡ ᠶᠢᠨ ᠰᠤᠷᠭᠠᠭᠤᠯᠢ ᠶᠢᠨ ᠬᠥᠮᠦᠵᠢᠯ ᠦᠨ ᠬᠡᠷᠡᠭ ᠪᠠᠷ ᠰᠢᠭᠦᠮᠵᠢᠯᠡᠨ᠎ᠡ)᠃

ᠬᠥᠮᠦᠵᠢᠯ ᠤᠨ ᠢᠳᠡᠪᠬᠢ ᠳᠤ ᠰᠢᠭᠦᠮᠵᠢᠯᠡᠬᠦ ᠪᠢᠴᠢᠭ᠃

……(ᠰᠤᠷᠤᠭᠴᠢᠳ ᠰᠤᠷᠤᠯᠴᠠᠭᠰᠠᠳ ᠤᠨ ᠰᠤᠷᠤᠯᠴᠠᠭᠰᠠᠳ ᠤᠨ ᠰᠤᠷᠤᠯᠴᠠᠭᠰᠠᠳ ᠬᠠᠷᠢᠯᠴᠠᠨ ᠤᠯᠠᠮ ᠰᠢᠭᠦᠮᠵᠢᠯᠡᠨ᠎ᠡ)᠃ ᠪᠣᠯ ᠬᠠᠮᠲᠤ ᠶᠢᠨ ᠰᠢᠭᠦᠮᠵᠢᠯᠡᠯ ᠢ ᠶᠠᠷᠢᠯᠴᠠᠨ ᠰᠢᠭᠦᠮᠵᠢᠯᠡᠬᠦ ᠂ ᠨᠡᠶᠢᠲᠡ ᠶᠢᠨ ᠰᠤᠷᠭᠠᠭᠤᠯᠢ ᠶᠢᠨ ᠰᠤᠷᠤᠭᠴᠢᠳ ᠰᠤᠷᠤᠯᠴᠠᠭᠰᠠᠳ ᠤᠨ ᠬᠠᠷᠢᠯᠴᠠᠬᠤ ᠶᠢ ᠮᠡᠳᠡᠭᠦᠯᠬᠦ ᠂

ᠰᠤᠷᠤᠯᠴᠠᠭᠰᠠᠳ ᠤᠨ ᠰᠢᠭᠦᠮᠵᠢᠯᠡᠯ ᠢ ᠬᠥᠬᠢᠭᠦᠯᠬᠦ (ᠪᠣᠯ ᠪᠣᠯᠪᠠᠰᠤᠷᠠᠯ ᠤᠨ ᠬᠡᠯᠡᠯᠴᠡᠬᠦ ᠂ ᠪᠣᠯ ᠨᠡᠶᠢᠲᠡ ᠶᠢᠨ ᠰᠤᠷᠭᠠᠭᠤᠯᠢ ᠶᠢᠨ ᠬᠠᠮᠲᠤ ᠰᠤᠷᠤᠯᠴᠠᠭᠰᠠᠳ ᠤᠨ ……(ᠨᠡᠶᠢᠲᠡ ᠶᠢᠨ ᠰᠤᠷᠭᠠᠭᠤᠯᠢ ᠶᠢᠨ ᠰᠤᠷᠤᠭᠴᠢᠳ

××× (ᠰᠤᠷᠤᠭᠴᠢᠳ ᠰᠤᠷᠤᠯᠴᠠᠭᠰᠠᠳ ᠤᠨ ᠬᠡᠯᠡᠯᠴᠡᠬᠦ ᠢᠯᠡᠷᠬᠡᠶᠢᠯᠡᠨ᠎ᠡ) ×××× ᠪᠣᠯ ××× ᠤᠨ ××× ᠪᠣᠯ ……(ᠬᠢᠴᠢᠶᠡᠯ ᠦᠨ ᠰᠤᠷᠤᠭᠴᠢᠳ

ᠰᠤᠷᠤᠭᠴᠢᠳ ᠰᠤᠷᠤᠯᠴᠠᠭᠰᠠᠳ ᠤᠨ :……(ᠬᠡᠯᠡᠬᠦ ᠢᠯᠡᠷᠬᠡᠶᠢᠯᠡᠨ ᠬᠠᠮᠲᠤ ᠶᠢᠨ ᠰᠢᠭᠦᠮᠵᠢᠯᠡᠯ ᠢ ᠰᠢᠭᠦᠮᠵᠢᠯᠡᠨ᠎ᠡ)᠃

[illegible]

[illegible]

[illegible]

[illegible]

[illegible]

[illegible]

[illegible]

[illegible]

[illegible]

[illegible]

[illegible]

[illegible]

[illegible]

×××× ᠣᠨ ᠤ ×× ᠰᠠᠷ᠎ᠠ ᠶᠢᠨ ×× ᠤ ᠡᠳᠦᠷ

(ᠠᠯᠪᠠᠨ ᠪᠠᠶᠢᠭᠤᠯᠤᠯᠭ᠎ᠠ ᠤ ᠲᠠᠮᠠᠭ᠎ᠠ)

〔 [illegible] 〕

[illegible]

[illegible]

[illegible]

[illegible]

[illegible]

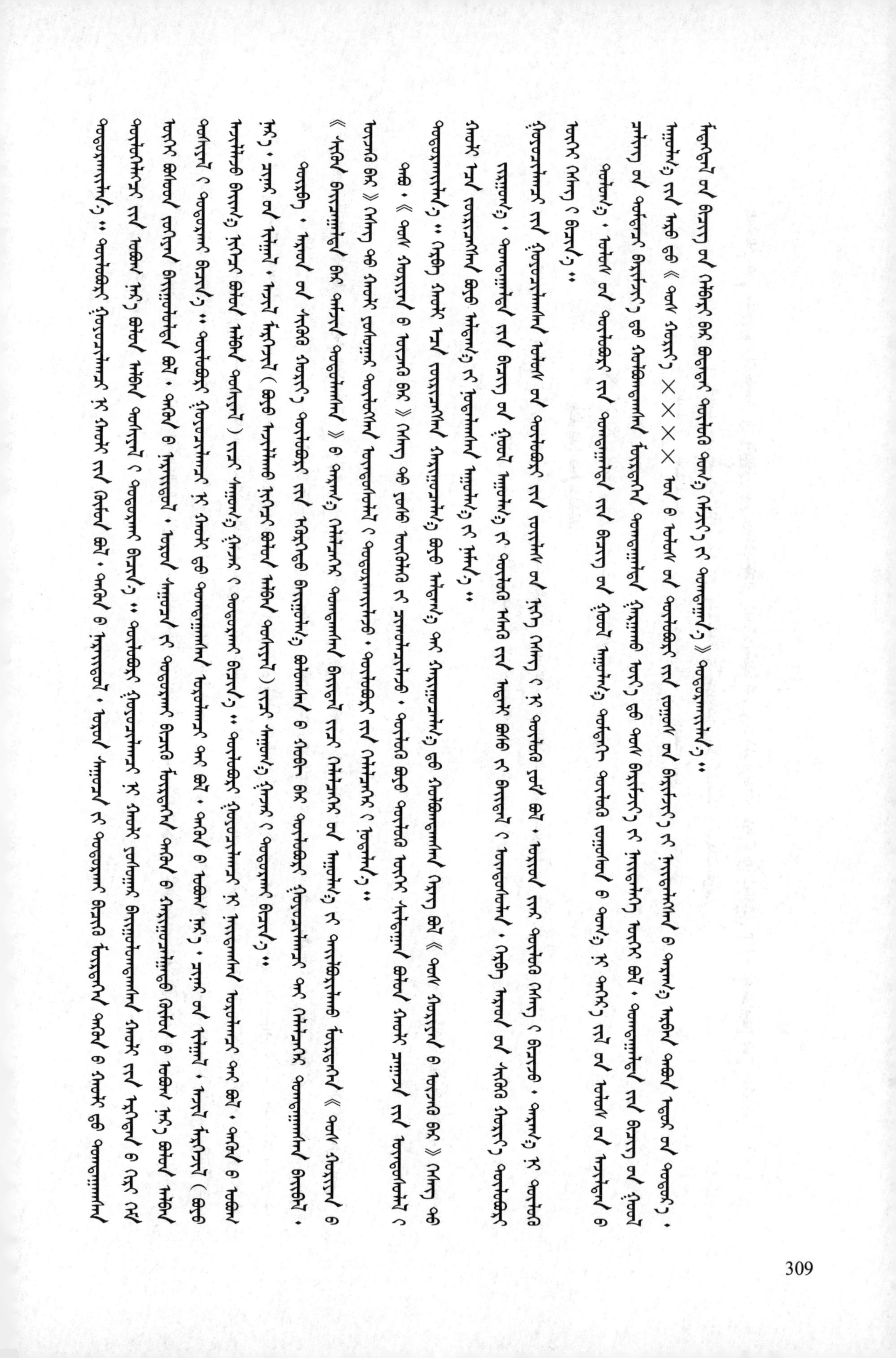

[illegible] 《 [illegible] ::

[illegible] 《 [illegible] ×××× [illegible] ::

[illegible] ::

[illegible] 《 [illegible] 》 [illegible] ::

[illegible] 《 [illegible] 》 [illegible] ::

[illegible] ::

ᠬᠠᠷᠢᠭᠤ ᠶᠢᠨ ᠨᠡᠷ᠎ᠡ ᠪᠠᠢᠭᠤᠯᠤᠯᠭ᠎ᠠ ᠶᠢᠨ ᠬᠠᠷᠢᠭᠤ ᠶᠢᠨ ××××× ᠲᠠᠢ ᠬᠣᠯᠪᠣᠭᠳᠠᠬᠤ ᠵᠢᠱᠢᠶ᠎ᠡ ᠲᠠᠢ ᠪᠢᠴᠢᠭ 14 : ᠬᠠᠷᠢᠭᠤ ᠶᠢᠨ ᠪᠢᠴᠢᠭ

(ᠬᠠᠷᠢᠭᠤ ᠶᠢᠨ ᠣᠯᠠᠨ ᠨᠢᠭᠡ ᠲᠠᠢ ᠶᠢᠨ ᠬᠠᠷᠢᠭᠤ ᠶᠢᠨ ᠪᠢᠴᠢᠭ ᠦᠨ ᠡᠬᠢᠨ ᠦ ᠬᠡᠰᠡᠭ

ᠦ ᠪᠢᠴᠢᠭ ᠪᠠᠷ ᠣᠯᠠᠨ ᠬᠡᠯᠪᠡᠷᠢ ᠪᠠᠷ ᠪᠢᠴᠢᠵᠦ ᠪᠣᠯᠣᠨ᠎ᠠ)

ᠬᠠᠷᠢᠭᠤ ᠶᠢᠨ ᠨᠡᠷ᠎ᠡ ᠪᠠᠢᠭᠤᠯᠤᠯᠭ᠎ᠠ ᠶᠢᠨ ×××

ᠬᠠᠷᠢᠭᠤ ᠶᠢᠨ ᠪᠢᠴᠢᠭ

(ᠬᠠᠷᠢᠭᠤ ᠶᠢᠨ ᠣᠯᠠᠨ ᠨᠢᠭᠡ ᠲᠠᠢ ᠶᠢᠨ ᠬᠠᠷᠢᠭᠤ ᠶᠢᠨ ᠪᠢᠴᠢᠭ ᠦᠨ ᠡᠬᠢᠨ ᠦ ᠬᠡᠰᠡᠭ ᠦ

ᠪᠢᠴᠢᠭ ᠪᠠᠷ ᠣᠯᠠᠨ ᠬᠡᠯᠪᠡᠷᠢ ᠪᠠᠷ ᠪᠢᠴᠢᠵᠦ ᠪᠣᠯᠣᠨ᠎ᠠ)

ᠲᠣᠭᠲᠠᠭᠠᠯ …… ᠭᠠᠷᠴᠠᠭ ᠪᠢᠴᠢᠭ …… (××××)

×××:

ᠲᠠᠨ ᠨᠡᠷ᠎ᠡ ᠪᠠᠢᠭᠤᠯᠤᠯᠭ᠎ᠠ ᠶᠢᠨ ᠬᠠᠷᠢᠭᠤ ᠶᠢᠨ ᠨᠢᠭᠡ ᠲᠠᠢ (ᠨᠢᠭᠡ ᠶᠢᠨ ᠨᠢᠭᠡ) ᠬᠠᠷᠢᠭᠤ ᠶᠢᠨ ᠪᠢᠴᠢᠭ ᠬᠦᠷᠦᠯᠴᠡᠭᠰᠡᠨ ᠢᠯᠡᠷᠬᠡᠢ ᠳᠦ ×××× ᠣᠨ ᠤ ×× ᠰᠠᠷ᠎ᠠ ᠶᠢᠨ ×

× ᠤ ᠡᠳᠦᠷ ᠬᠦᠷᠦᠯᠴᠡᠭᠰᠡᠨ (××××) …… ᠭᠠᠷᠴᠠᠭ ᠪᠢᠴᠢᠭ …… ᠲᠣᠭᠲᠠᠭᠠᠯ ᠬᠠᠷᠢᠭᠤ ᠶᠢᠨ ᠪᠢᠴᠢᠭ ᠲᠠᠢ ᠬᠣᠯᠪᠣᠭᠳᠠᠭᠰᠠᠨ ᠬᠡᠷᠡᠭ ᠦᠨ :: ᠬᠠᠷᠢᠭᠤ ᠶᠢᠨ ×××× ᠣᠨ ᠤ

ᠬᠠᠷᠢᠭᠤ ᠶᠢᠨ ᠵᠢᠱᠢᠶ᠎ᠡ ᠶᠢᠨ ᠬᠡᠷᠡᠭ ᠢ ᠬᠦᠷᠦᠯᠴᠡᠭᠰᠡᠨ ᠪᠢᠴᠢᠭ ᠲᠠᠢ ᠪᠣᠯᠪᠠ ᠂ ᠲᠠᠨ ᠨᠡᠷ᠎ᠡ ᠪᠠᠢᠭᠤᠯᠤᠯᠭ᠎ᠠ ᠶᠢᠨ ᠬᠦᠷᠦᠯᠴᠡᠭᠰᠡᠨ (××××) …… ᠭᠠᠷᠴᠠᠭ ᠪᠢᠴᠢᠭ …… ᠲᠣᠭᠲᠠᠭᠠᠯ ᠬᠠᠷᠢᠭᠤ ᠶᠢᠨ

ᠪᠢᠴᠢᠭ ᠲᠠᠢ ᠬᠣᠯᠪᠣᠭᠳᠠᠭᠰᠠᠨ ᠲᠠᠢ ᠪᠣᠯᠪᠠ ᠵᠢᠱᠢᠶ᠎ᠡ ᠪᠢᠴᠢᠭ ᠦᠨ ᠣᠯᠠᠨ ᠬᠡᠯᠪᠡᠷᠢ ᠳᠦ ᠬᠦᠷᠦᠯᠴᠡᠭᠰᠡᠨ ᠪᠣᠯᠪᠠ :: ᠬᠠᠷᠢᠭᠤ ᠶᠢᠨ ᠨᠢᠭᠡ ᠨᠡᠷ᠎ᠡ ᠪᠠᠢᠭᠤᠯᠤᠯᠭ᠎ᠠ ᠶᠢᠨ ×××× ᠣᠨ ᠤ ××

ᠰᠠᠷ᠎ᠠ ᠶᠢᠨ ×× ᠤ ᠡᠳᠦᠷ ×××× ᠣᠨ ᠤ ᠬᠠᠷᠢᠭᠤ ᠶᠢᠨ ᠪᠢᠴᠢᠭ ᠲᠠᠢ ᠬᠣᠯᠪᠣᠭᠳᠠᠭᠰᠠᠨ ᠪᠢᠴᠢᠭ ᠦᠨ ᠵᠢᠱᠢᠶ᠎ᠡ ᠳᠦ ᠬᠦᠷᠦᠯᠴᠡᠭᠰᠡᠨ ᠪᠣᠯᠪᠠ …… (ᠪᠢᠴᠢᠭ ᠲᠠᠢ ᠬᠣᠯᠪᠣᠭᠳᠠᠬᠤ ᠶᠢᠨ

×××× ᠣᠨ ᠤ ᠬᠠᠷᠢᠭᠤ ᠶᠢᠨ ᠪᠢᠴᠢᠭ ᠲᠠᠢ ᠬᠣᠯᠪᠣᠭᠳᠠᠭᠰᠠᠨ ᠵᠢᠱᠢᠶ᠎ᠡ ᠳᠦ ᠬᠦᠷᠦᠯᠴᠡᠭᠰᠡᠨ ᠪᠢᠴᠢᠭ ᠲᠠᠢ ᠬᠣᠯᠪᠣᠭᠳᠠᠭᠰᠠᠨ ᠪᠣᠯᠪᠠ ᠳᠦ ᠬᠦᠷᠦᠯᠴᠡᠪᠡ) ::

ᠬᠠᠷᠢᠭᠤᠯᠤᠨ ᠵᠠᠭᠠᠭᠠᠷᠠᠢ ::

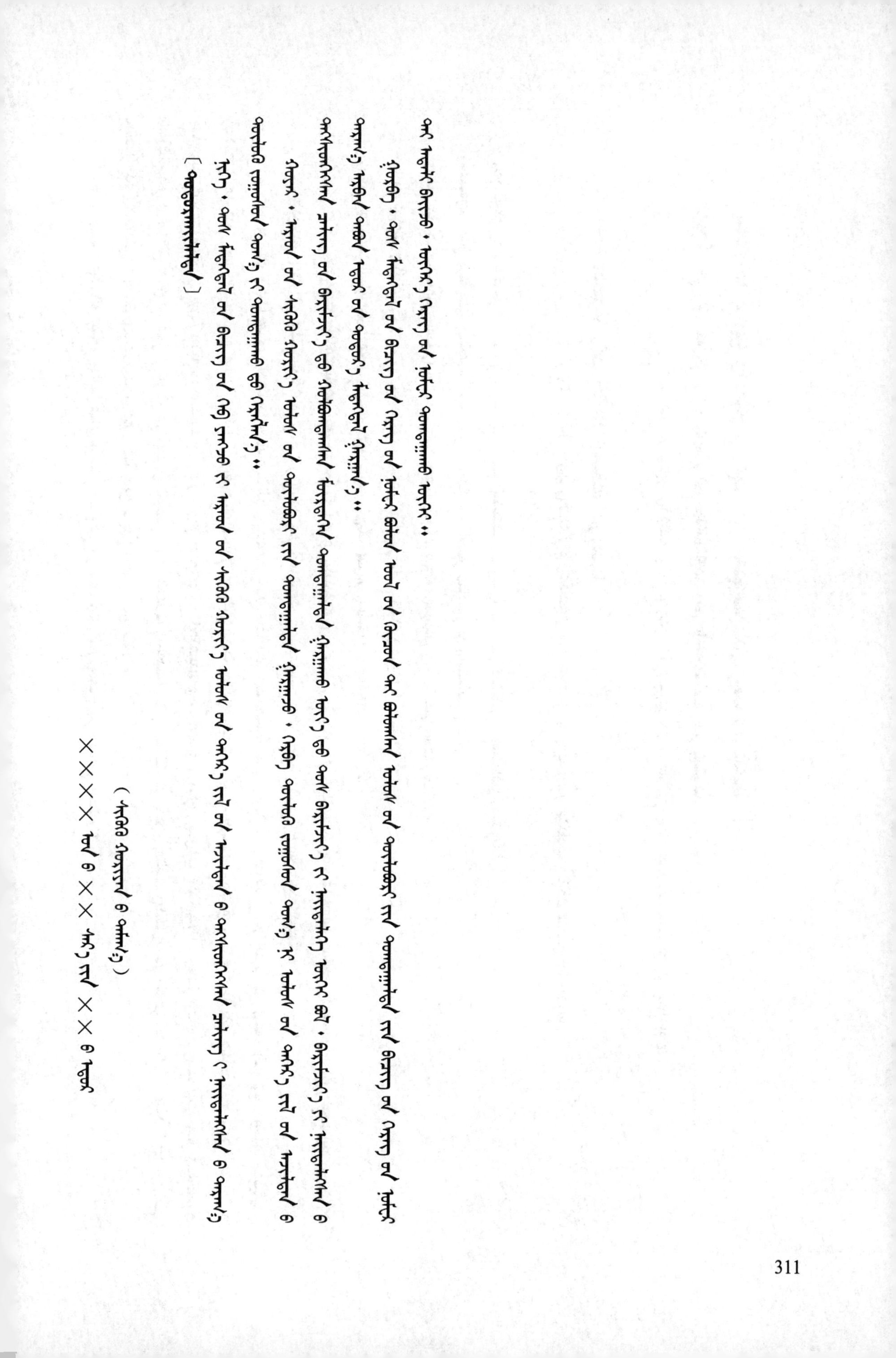

[illegible]

[illegible]

[illegible]

[illegible]

〔[illegible]〕

([illegible])

×××× [illegible] ×× [illegible] ×× [illegible]

ᠬᠤᠷᠠᠯ ᠤᠨ ᠶᠠᠪᠤᠴᠠ ᠶᠢᠨ ᠬᠤᠷᠠᠯ ᠤᠨ ᠣᠷᠣᠯᠴᠠᠭᠴᠢᠳ ᠤᠨ ᠲᠣᠭ᠎ᠠ ᠶᠢᠨ ᠪᠠᠶᠢᠳᠠᠯ

ᠬᠦᠰᠦᠨᠦᠭ ᠤᠨ (ᠬᠣ) ᠳᠠᠪᠬᠤᠷ 15 : ᠬᠤᠷᠠᠯ ᠤᠨ ᠣᠷᠣᠯᠴᠠᠭᠴᠢᠳ ᠤᠨ ᠲᠥᠯᠥᠭᠡᠯᠡᠭᠴᠢᠳ ᠤᠨ ᠪᠠᠶᠢᠳᠠᠯ

(ᠬᠤᠷᠠᠯ ᠤᠨ ᠶᠠᠪᠤᠴᠠ ᠶᠢᠨ ᠣᠷᠣᠯᠴᠠᠭᠴᠢᠳ ᠤᠨ ᠲᠣᠭ᠎ᠠ ᠳᠤ ᠬᠤᠷᠠᠯ ᠤᠨ ᠲᠥᠯᠥᠭᠡᠯᠡᠭᠴᠢᠳ ᠤᠨ ᠲᠣᠭ᠎ᠠ ᠳᠤ ᠪᠠᠭᠳᠠᠨ᠎ᠠ)

ᠬᠤᠷᠠᠯ ᠤᠨ ᠣᠷᠣᠯᠴᠠᠭᠴᠢᠳ ᠤᠨ ᠲᠥᠯᠥᠭᠡᠯᠡᠭᠴᠢᠳ ᠤᠨ ᠪᠠᠶᠢᠳᠠᠯ

(ᠬᠤᠷᠠᠯ ᠤᠨ ᠶᠠᠪᠤᠴᠠ ᠶᠢᠨ ᠣᠷᠣᠯᠴᠠᠭᠴᠢᠳ ᠤᠨ ᠲᠣᠭ᠎ᠠ ᠳᠤ ᠬᠤᠷᠠᠯ ᠤᠨ ᠲᠥᠯᠥᠭᠡᠯᠡᠭᠴᠢᠳ ᠤᠨ ᠲᠣᠭ᠎ᠠ ᠳᠤ ᠪᠠᠭᠳᠠᠨ᠎ᠠ)

ᠣᠷᠣᠯᠴᠠᠭᠴᠢᠳ ᠲᠥᠯᠥᠭᠡᠯᠡᠭᠴᠢᠳ …… (ᠲᠣᠭ᠎ᠠ ᠨᠢ ᠪᠣᠯ ᠬᠤᠷᠠᠯ ᠳᠤ ᠰᠠᠭᠤᠭᠰᠠᠨ ᠬᠦᠮᠦᠨ ᠦ ᠲᠣᠭ᠎ᠠ ᠪᠠᠭᠳᠠᠨ᠎ᠠ) ::

ᠣᠷᠣᠯᠴᠠᠭᠴᠢᠳ ᠤᠨ ᠨᠡᠷᠡᠰ ᠪᠢᠴᠢᠭᠳᠡᠨ᠎ᠡ …… (ᠬᠦᠮᠦᠨ ᠢ᠂ ᠠᠯᠪᠠᠨ ᠲᠤᠰᠢᠶᠠᠯ ᠢ ᠬᠣᠯᠪᠣᠭᠳᠠᠨ᠎ᠠ) ::

ᠬᠡᠯᠡᠰᠦ ᠪᠡᠨ ᠪᠢᠴᠢᠭᠳᠡᠨ᠎ᠡ …… (ᠬᠦᠮᠦᠨ ᠢ᠂ ᠠᠯᠪᠠᠨ ᠲᠤᠰᠢᠶᠠᠯ ᠢ ᠬᠣᠯᠪᠣᠭᠳᠠᠨ᠎ᠠ) ::

ᠣᠷᠣᠯᠴᠠᠭᠴᠢᠳ ᠤᠨ ᠨᠡᠷᠡᠰ ᠪᠢᠴᠢᠭᠳᠡᠨ᠎ᠡ …… (ᠲᠣᠭ᠎ᠠ ᠨᠢ ᠪᠣᠯ ᠬᠦᠮᠦᠨ ᠢ᠂ ᠠᠯᠪᠠᠨ ᠲᠤᠰᠢᠶᠠᠯ ᠢ ᠬᠣᠯᠪᠣᠭᠳᠠᠨ᠎ᠠ) ::

ᠬᠡᠯᠡᠰᠦ ᠪᠡᠨ ᠪᠢᠴᠢᠭᠳᠡᠨ᠎ᠡ …… (ᠲᠣᠭ᠎ᠠ ᠨᠢ ᠪᠣᠯ ᠬᠦᠮᠦᠨ ᠢ ᠬᠣᠯᠪᠣᠭᠳᠠᠨ᠎ᠠ) ::

××× (ᠣᠷᠣᠯᠴᠠᠭᠴᠢᠳ ᠲᠥᠯᠥᠭᠡᠯᠡᠭᠴᠢᠳ ᠤᠨ ᠲᠣᠭ᠎ᠠ ᠨᠢ ᠪᠣᠯ ᠬᠦᠮᠦᠨ …… (ᠬᠤᠷᠠᠯ ᠤᠨ ᠣᠷᠣᠯᠴᠠᠭᠴᠢᠳ ᠲᠥᠯᠥᠭᠡᠯᠡᠭᠴᠢᠳ ᠲᠦᠷᠦ ᠶᠠᠪᠤᠭᠰᠠᠨ) ᠲᠡᠷᠡ ᠪᠣᠯᠪᠠ᠂ ××

× (ᠣᠷᠣᠯᠴᠠᠭᠴᠢᠳ ᠤᠨ ᠨᠡᠷᠡᠰ ᠪᠢᠴᠢᠭᠳᠡᠨ᠎ᠡ) ᠡ …… (ᠬᠤᠷᠠᠯ ᠤᠨ ᠣᠷᠣᠯᠴᠠᠭᠴᠢᠳ ᠲᠥᠯᠥᠭᠡᠯᠡᠭᠴᠢᠳ ᠪᠣᠯᠤᠨ ᠰᠠᠭᠤᠭᠰᠠᠳ) ᠪᠠ ᠲᠥᠯᠥᠭᠡᠯᠡᠭᠴᠢᠳ ::

…… (ᠪᠣᠯᠪᠠᠰᠤ ᠬᠡᠷᠪᠡ ᠪᠠᠷ ᠰᠠᠭᠤᠭᠰᠠᠨ : ᠲᠥᠯᠥᠭᠡᠯᠡᠭᠴᠢᠳ ᠣᠷᠣᠯᠴᠠᠭᠴᠢᠳ ᠤᠨ ᠨᠡᠷᠡᠰ ᠪᠢᠴᠢᠭᠳᠡᠨ᠎ᠡ ᠲᠡᠷᠡ ᠬᠦᠮᠦᠨ ᠦ ᠲᠦᠷᠦ ᠶᠢᠨ ᠬᠤᠷᠠᠯ ᠳᠤ ᠰᠠᠭᠤᠭᠰᠠᠨ ᠲᠡᠷᠡ ᠪᠣᠯᠪᠠ ᠣᠷᠣᠯᠴᠠᠭᠴᠢᠳ

ᠲᠥᠯᠥᠭᠡᠯᠡᠭᠴᠢᠳ ᠤᠨ ᠲᠣᠭ᠎ᠠ ᠨᠢ ᠬᠦᠮᠦᠨ ᠡᠴᠡ ᠪᠦᠷᠢᠳᠦᠨ᠎ᠡ ᠂ ᠣᠷᠣᠯᠴᠠᠭᠴᠢᠳ ᠤᠨ ᠨᠡᠷᠡᠰ ᠪᠢᠴᠢᠭᠳᠡᠨ᠎ᠡ ᠂ ᠣᠷᠣᠯᠴᠠᠭᠴᠢᠳ ᠤᠨ ᠨᠡᠷᠡᠰ ᠪᠢᠴᠢᠭᠳᠡᠨ᠎ᠡ ᠂ ᠲᠡᠷᠡ ᠬᠦᠮᠦᠨ ᠲᠥᠯᠥᠭᠡᠯᠡᠭᠴᠢᠳ ᠤᠨ ᠨᠡᠷᠡᠰ ᠪᠢᠴᠢᠭᠳᠡᠨ᠎ᠡ ᠲᠡᠷᠡ ᠪᠣᠯᠪᠠ ᠨᠢ

ᠣᠷᠣᠯᠴᠠᠭᠴᠢᠳ ᠤᠨ ᠲᠦᠷᠦ ᠶᠢᠨ ᠪᠡᠶ᠎ᠡ ᠪᠡᠷ ᠬᠤᠷᠠᠯ ᠳᠤ ᠣᠷᠣᠯᠴᠠᠭᠰᠠᠨ ᠤᠨ ᠨᠡᠷᠡᠰ ᠪᠢᠴᠢᠭᠳᠡᠨ᠎ᠡ ᠂ ᠣᠷᠣᠯᠴᠠᠭᠴᠢᠳ ᠤᠨ ᠨᠡᠷᠡᠰ ᠪᠢᠴᠢᠭᠳᠡᠨ᠎ᠡ ᠲᠡᠷᠡ ᠪᠣᠯᠪᠠ ᠬᠦᠮᠦᠨ ᠦ ᠲᠣᠭ᠎ᠠ ᠪᠡᠷ :: ᠬᠡᠷᠪᠡ ᠪᠣᠯᠪᠠᠰᠤ ᠬᠡᠷᠪᠡ

ᠬᠤᠷᠠᠯ ᠤᠨ ᠣᠷᠣᠯᠴᠠᠭᠴᠢᠳ ᠤᠨ ᠲᠣᠭ᠎ᠠ ᠶᠢᠨ ᠬᠡᠮᠵᠢᠶ᠎ᠡ ᠬᠤᠷᠠᠯ ᠤᠨ ᠲᠦᠷᠦ ᠶᠢᠨ ᠲᠥᠯᠥᠭᠡᠯᠡᠭᠴᠢᠳ ::

…… (ᠪᠠᠭᠰᠢ ᠪᠠᠷ ᠲᠥᠯᠥᠭᠡᠯᠡᠭᠴᠢᠳ ᠤᠨ ᠲᠣᠭ᠎ᠠ ᠶᠢᠨ ᠬᠡᠮᠵᠢᠶ᠎ᠡ ᠲᠥᠯᠥᠭᠡᠯᠡᠭᠴᠢᠳ ᠤᠨ ᠨᠡᠷᠡᠰ ᠬᠤᠷᠠᠯ ᠤᠨ ᠲᠣᠭ᠎ᠠ ᠨᠢ ᠪᠣᠯ ᠬᠦᠮᠦᠨ ᠰᠠᠭᠤᠭᠰᠠᠨ) ::

ᠬᠣᠲᠠ ᠶᠢᠨ ᠬᠣᠷᠢᠶ᠎ᠠ

××× ᠰᠤᠮᠤᠨ ᠤ ᠠᠷᠠᠳ ᠤᠨ ᠵᠠᠰᠠᠭ ᠤᠨ ᠭᠠᠵᠠᠷ ᠲᠤ

ᠬᠠᠷᠢᠭᠤᠯᠲᠠ ᠬᠦᠰᠦᠯᠲᠡ ᠶᠢᠨ ᠪᠢᠴᠢᠭ ᠤᠨ ᠳ᠋ᠦ ᠬᠠᠷᠢᠭᠤ ᠪᠢᠴᠢᠭ : · · · · (ᠡᠨᠡ ᠬᠦ ᠮᠡᠳᠡᠭᠳᠡᠯ ᠢ ᠬᠦᠯᠢᠶᠡᠨ ᠠᠪᠤᠭᠠᠳ ᠰᠤᠳᠤᠯᠤᠭᠰᠠᠨ ᠢᠶᠡᠷ ᠬᠡᠷᠡᠭᠵᠢᠭᠦᠯᠬᠦ ᠶᠢ ᠮᠡᠳᠡᠭᠳᠡᠨ᠎ᠡ ᠃)

ᠮᠡᠳᠡᠭᠳᠡᠯ ᠬᠠᠷᠢᠭᠤᠯᠲᠠ ××× (ᠵᠢᠯ ᠦᠨ ᠰᠠᠷ᠎ᠠ ᠶᠢᠨ ᠡᠳᠦᠷ ᠪᠢᠴᠢᠵᠦ ᠲᠠᠮᠠᠭ᠎ᠠ ᠳᠠᠷᠤᠨ᠎ᠠ)
×××× ᠣᠨ ᠤ ×× ᠰᠠᠷ᠎ᠠ ᠶᠢᠨ ×× ᠤ ᠡᠳᠦᠷ

〔ᠲᠠᠢᠯᠪᠤᠷᠢᠯᠠᠯ〕

ᠡᠨᠡ ᠪᠣᠯ ᠬᠠᠷᠢᠭᠤᠯᠲᠠ ᠶᠢᠨ ᠪᠢᠴᠢᠭ ᠤᠨ ᠵᠢᠱᠢᠶ᠎ᠡ ᠮᠥᠨ ᠃ ××× ᠰᠤᠮᠤᠨ ᠤ ᠠᠷᠠᠳ ᠤᠨ ᠵᠠᠰᠠᠭ ᠤᠨ ᠭᠠᠵᠠᠷ ᠠᠴᠠ ᠢᠷᠡᠭᠰᠡᠨ ᠮᠡᠳᠡᠭᠳᠡᠯ ᠳᠦ ᠬᠠᠷᠢᠭᠤᠯᠤᠭᠰᠠᠨ ᠪᠠᠶᠢᠨ᠎ᠠ ᠃

ᠡᠨᠡ ᠬᠦ ᠬᠠᠷᠢᠭᠤᠯᠲᠠ ᠶᠢᠨ ᠪᠢᠴᠢᠭ ᠨᠢ ᠭᠠᠷᠴᠠᠭ ᠂ ᠦᠨᠳᠦᠰᠦᠨ ᠬᠡᠰᠡᠭ ᠂ ᠲᠦᠭᠡᠰᠬᠡᠯ ᠂ ᠭᠠᠷ ᠦᠰᠦᠭ ᠵᠡᠷᠭᠡ ᠪᠦᠯᠦᠭ ᠡᠴᠡ ᠪᠦᠷᠢᠯᠳᠦᠨ᠎ᠡ (ᠭᠠᠷᠴᠠᠭ ᠢ ᠪᠢᠴᠢᠬᠦ ᠠᠷᠭ᠎ᠠ ᠶᠢ ᠬᠠᠷᠢᠭᠤᠯᠲᠠ ᠶᠢᠨ ᠪᠢᠴᠢᠭ ᠤᠨ ᠡᠬᠢᠨ ᠳᠦ ᠲᠠᠶᠢᠯᠪᠤᠷᠢᠯᠠᠭᠰᠠᠨ) ᠃ ᠦᠨᠳᠦᠰᠦᠨ ᠬᠡᠰᠡᠭ ᠲᠦ ᠬᠠᠷᠢᠭᠤᠯᠬᠤ ᠠᠰᠠᠭᠤᠳᠠᠯ ᠢ ᠲᠣᠳᠣᠷᠬᠠᠶ ᠪᠢᠴᠢᠵᠦ ᠂ ᠲᠦᠭᠡᠰᠬᠡᠯ ᠳᠦ ᠪᠠᠷ ᠬᠠᠷᠢᠭᠤᠯᠲᠠ ᠶᠢᠨ ᠪᠢᠴᠢᠭ ᠦᠨ ᠲᠤᠭᠤᠰ ᠦᠭᠡ ᠶᠢ ᠬᠡᠷᠡᠭᠯᠡᠬᠦ ᠬᠡᠷᠡᠭᠲᠡᠢ ᠃ ᠭᠠᠷ ᠦᠰᠦᠭ ᠲᠦ ᠪᠠᠷ ᠬᠠᠷᠢᠭᠤᠯᠲᠠ ᠶᠢᠨ ᠪᠢᠴᠢᠭ ᠢ ᠢᠯᠡᠭᠡᠭᠰᠡᠨ ᠪᠠᠶᠢᠭᠤᠯᠤᠯᠭ᠎ᠠ ᠶᠢᠨ ᠨᠡᠷ᠎ᠡ ᠂ ᠣᠨ ᠰᠠᠷ᠎ᠠ ᠡᠳᠦᠷ ᠢ ᠲᠡᠮᠳᠡᠭᠯᠡᠵᠦ ᠂ ᠲᠠᠮᠠᠭ᠎ᠠ ᠳᠠᠷᠤᠬᠤ ᠬᠡᠷᠡᠭᠲᠡᠢ ᠃

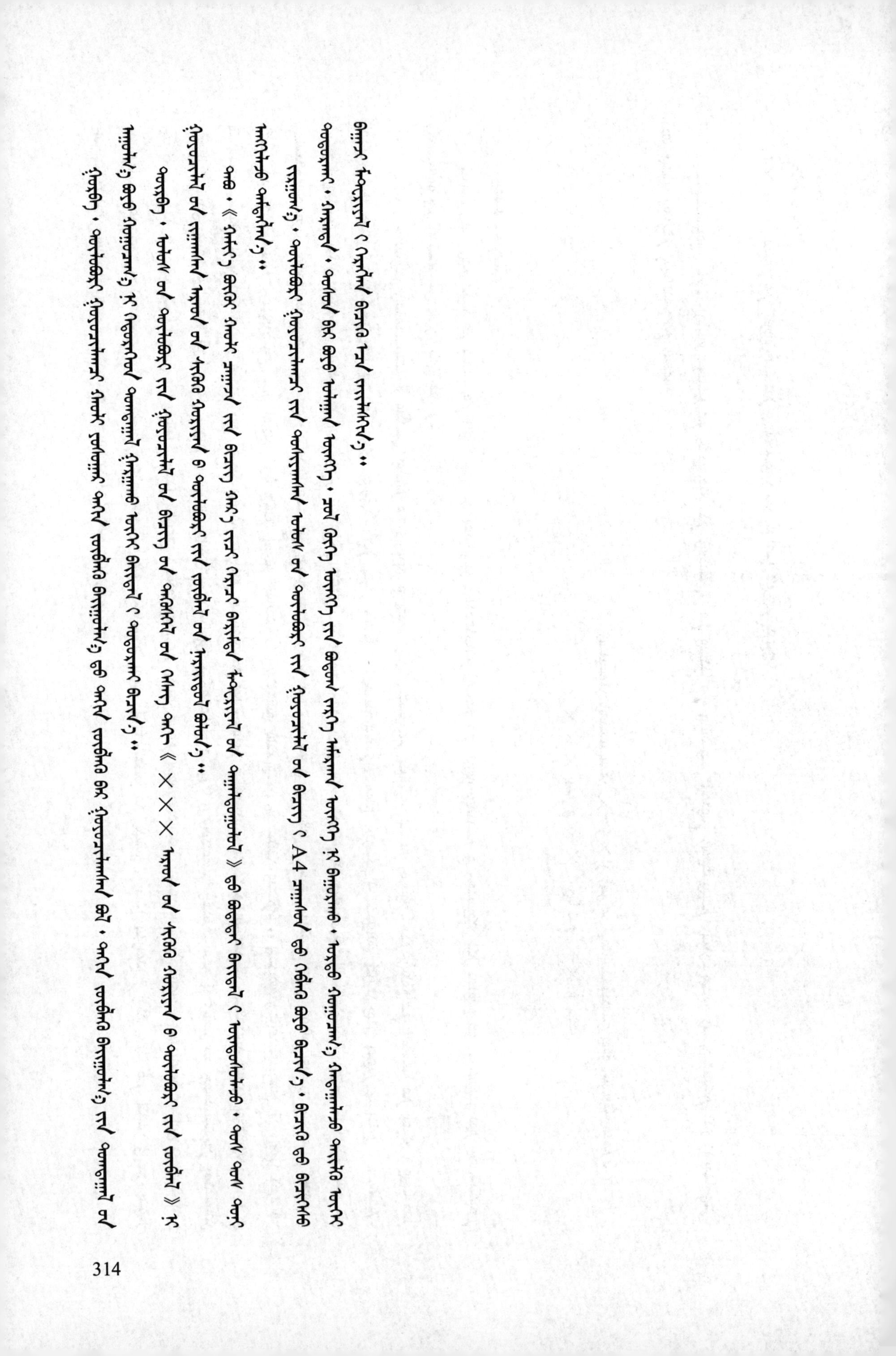

[illegible] · [illegible] ::

[illegible] · [illegible] 《 × × × [illegible] 》 [illegible] · [illegible] ::

[illegible] · 《 [illegible] 》 [illegible] · [illegible] ::

[illegible] · [illegible] A4 [illegible] · [illegible] · [illegible] ::

ᠬᠡᠷᠡᠭ ᠦᠨ ᠲᠠᠯ ᠪᠠᠷᠢᠮᠲᠠ ᠪᠠ ᠬᠠᠭᠤᠯᠢ ᠶᠢᠨ ᠵᠦᠢᠯ ᠤᠨ ᠵᠠᠭᠠᠯᠲᠠ ᠶᠢᠨ ᠬᠡᠷᠡᠭ ᠦᠨ ᠪᠢᠴᠢᠭ

ᠬᠣᠶᠠᠷ ᠲᠤ ᠪᠦᠯᠦᠭ ᠬᠡᠰᠡᠭ 19 : ᠬᠡᠷᠡᠭ ᠦᠨ ᠪᠠᠢᠴᠠᠭᠠᠯᠲᠠ ᠶᠢᠨ ᠡᠷᠦᠭᠦᠦ ᠶᠢᠨ ᠬᠡᠷᠡᠭ ᠦᠨ ᠪᠢᠴᠢᠭ (ᠬᠡᠪ)

(ᠰᠢᠭᠦᠭᠴᠢ ᠬᠣᠷᠢᠶᠠᠨ ᠤ ᠲᠡᠮᠳᠡᠭ ᠦᠨ ᠲᠠᠯ᠎ᠠ)

××× ᠬᠡᠷᠡᠭ ᠦᠨ ᠠᠯᠪᠠᠨ ᠪᠠᠢᠭᠤᠯᠤᠯᠭ᠎ᠠ ᠶᠢᠨ

ᠬᠡᠷᠡᠭ ᠦᠨ ᠪᠠᠢᠴᠠᠭᠠᠯᠲᠠ ᠶᠢᠨ ᠡᠷᠦᠭᠦᠦ ᠶᠢᠨ ᠬᠡᠷᠡᠭ ᠦᠨ ᠪᠢᠴᠢᠭ (ᠬᠡᠪ)

(ᠰᠢᠭᠦᠭᠴᠢ ᠬᠣᠷᠢᠶᠠᠨ ᠤ ᠲᠡᠮᠳᠡᠭ ᠦᠨ ᠲᠠᠯ᠎ᠠ)

ᠶᠠᠮᠠᠨ . . . . ᠰᠢᠭᠦᠭᠴᠢ . . . . ᠬᠣᠷᠢᠶ᠎ᠠ (××××)

××× (ᠰᠢᠭᠦᠭᠴᠢ ᠬᠣᠷᠢᠶᠠᠨ ᠤ ᠨᠡᠷ᠎ᠡ ᠪᠡᠷ ᠪᠢᠴᠢᠬᠦ ᠲᠡᠮᠳᠡᠭᠯᠡᠯ) :

ᠪᠠᠢ᠌ ᠪᠡ (ᠪᠠᠢ᠌ ᠪᠡ ᠠᠯᠪᠠᠨ) ××× (ᠰᠢᠭᠦᠭᠴᠢ ᠶᠢᠨ ᠬᠠᠷᠢᠭᠤᠴᠠᠭᠠ ᠪᠠᠶᠢᠴᠠᠭᠠᠯᠲᠠ ᠶᠢᠨ ᠲᠡᠮᠳᠡᠭᠯᠡᠯ) . . . . (ᠬᠡᠷᠡᠭ ᠦᠨ ᠰᠢᠭᠦᠭᠴᠢ ᠬᠣᠷᠢᠶᠠᠨ ᠤ ᠬᠡᠷᠡᠭ ᠦᠨ ᠠᠯᠪᠠᠨ) ᠲᠠᠢ

ᠪᠠᠢ᠌ ᠪᠡ ᠃ ᠪᠠᠢ᠌ ᠪᠡ ᠡᠷᠦᠭᠦᠦ ᠶᠢᠨ ᠪᠠᠢᠴᠠᠭᠠᠯᠲᠠ ᠪᠠᠷ ᠬᠣᠷᠢᠶᠠᠨ ᠤ ᠰᠢᠭᠦᠭᠴᠢ ᠶᠢᠨ ᠪᠠᠢᠭᠤᠯᠤᠯᠭ᠎ᠠ ᠶᠢᠨ ᠲᠣᠭᠲᠠᠭᠠᠯ ᠪᠠᠷ ᠰᠢᠭᠦᠭᠰᠡᠨ ᠃ ᠪᠠᠢ᠌ ᠪᠡ ᠡᠷᠦᠭᠦᠦ ᠶᠢᠨ ᠪᠠᠢᠴᠠᠭᠠᠯᠲᠠ ᠶᠢᠨ ᠪᠠᠢᠳᠠᠯ

ᠳᠠᠷᠠᠭ᠎ᠠ ᠪᠠᠢ᠌ ᠪᠡ ×× ᠲᠠᠢ ×× ᠪᠠᠢ᠌ ᠪᠡ ×××× ᠡᠷᠦᠭᠦᠦ ᠶᠢᠨ ᠪᠠᠢᠴᠠᠭᠠᠯᠲᠠ ᠶᠢᠨ ᠬᠡᠷᠡᠭ ᠢ ᠰᠢᠭᠦᠨ ᠲᠠᠰᠤᠯᠤᠭᠰᠠᠨ ᠪᠠᠶᠢᠳᠠᠯ ᠢ ᠬᠡᠷᠡᠭ ᠦᠨ (ᠠᠯᠪᠠᠨ ᠪᠠ ᠪᠠᠢ᠌)

ᠬᠡᠷᠡᠭ ᠦᠨ ᠰᠢᠭᠦᠭᠴᠢ ᠶᠢᠨ ᠬᠣᠷᠢᠶ᠎ᠠ ᠶᠢᠨ ᠪᠠᠢᠴᠠᠭᠠᠯᠲᠠ ᠶᠢᠨ ᠬᠡᠷᠡᠭ ᠦᠨ ᠰᠢᠭᠦᠨ ᠲᠠᠰᠤᠯᠤᠯᠲᠠ ᠶᠢᠨ « ᠬᠡᠷᠡᠭ ᠦᠨ ᠪᠠᠢᠴᠠᠭᠠᠯᠲᠠ ᠶᠢᠨ ᠬᠠᠭᠤᠯᠢ ᠶᠢᠨ ᠡᠷᠦᠭᠦᠦ ᠶᠢᠨ ᠬᠠᠭᠤᠯᠢ ᠶᠢᠨ ᠪᠠᠢᠴᠠᠭᠠᠯᠲᠠ ᠶᠢᠨ ᠬᠡᠷᠡᠭ ᠦᠨ ᠪᠢᠴᠢᠭ ᠢ

ᠪᠣᠯᠵᠣ ᠪᠠᠢᠨ᠎ᠠ : . . . . » ᠭᠡᠵᠦ ᠪᠠᠢᠭᠤᠯᠤᠯᠲᠠ ᠪᠣᠯᠭᠠᠨ᠎ᠠ)

ᠬᠡᠮᠡ ᠪᠡ ᠪᠠᠢᠳᠠᠯ ᠲᠣᠭᠲᠠᠭᠠᠭᠰᠠᠨ ᠶᠠᠪᠤᠭᠳᠠᠭᠤ ::

×××× ᠬᠣᠰᠢᠭᠤ ᠶᠢᠨ ×× ᠰᠤᠮᠤ ᠶᠢᠨ ×× ᠶᠢᠨ ᠬᠤᠷᠠᠯ

(ᠠᠯᠪᠠᠨ ᠪᠢᠴᠢᠭ ᠦᠨ ᠬᠡᠯᠪᠡᠷᠢ)

〔[illegible]〕

[illegible]

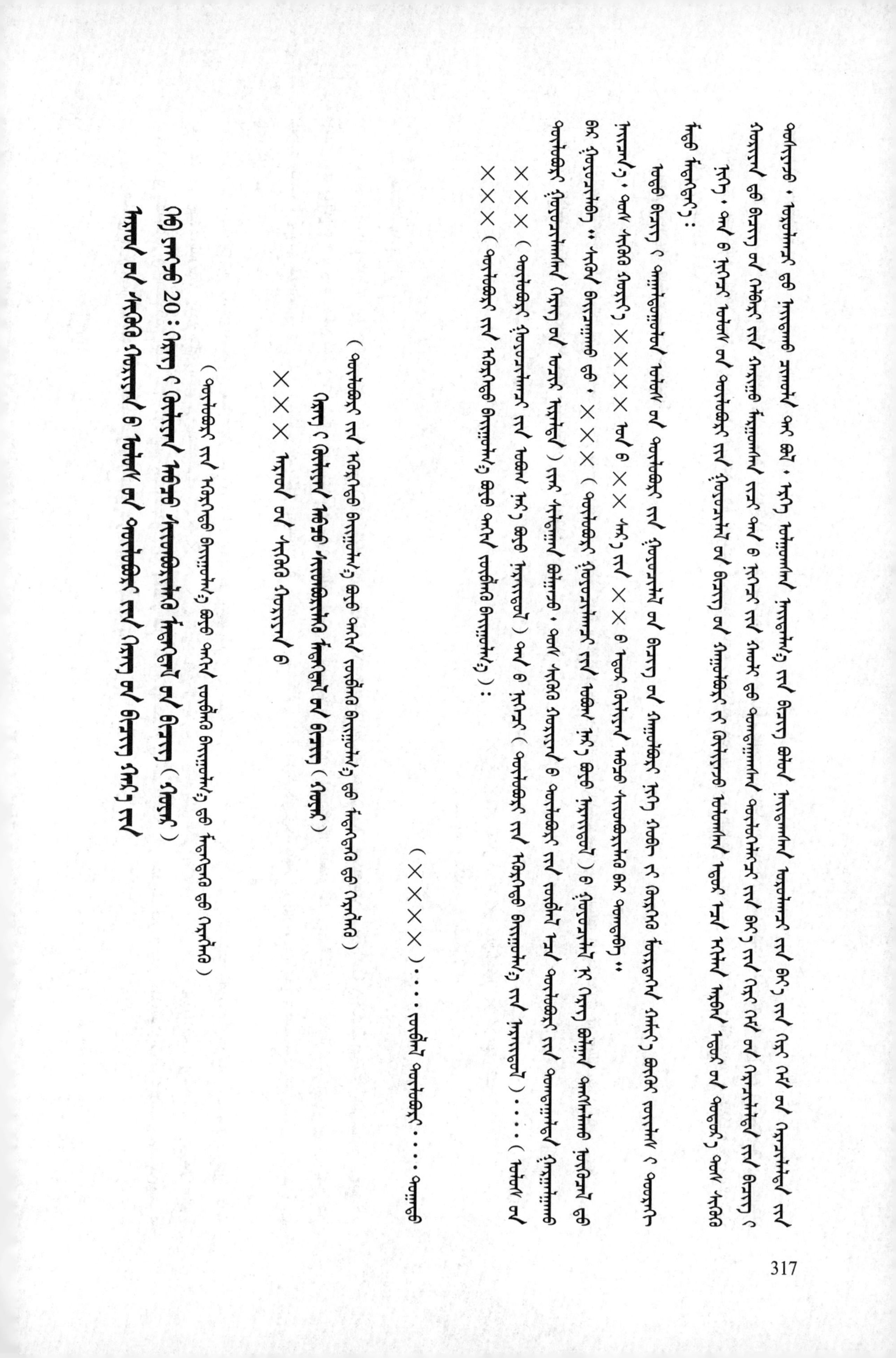

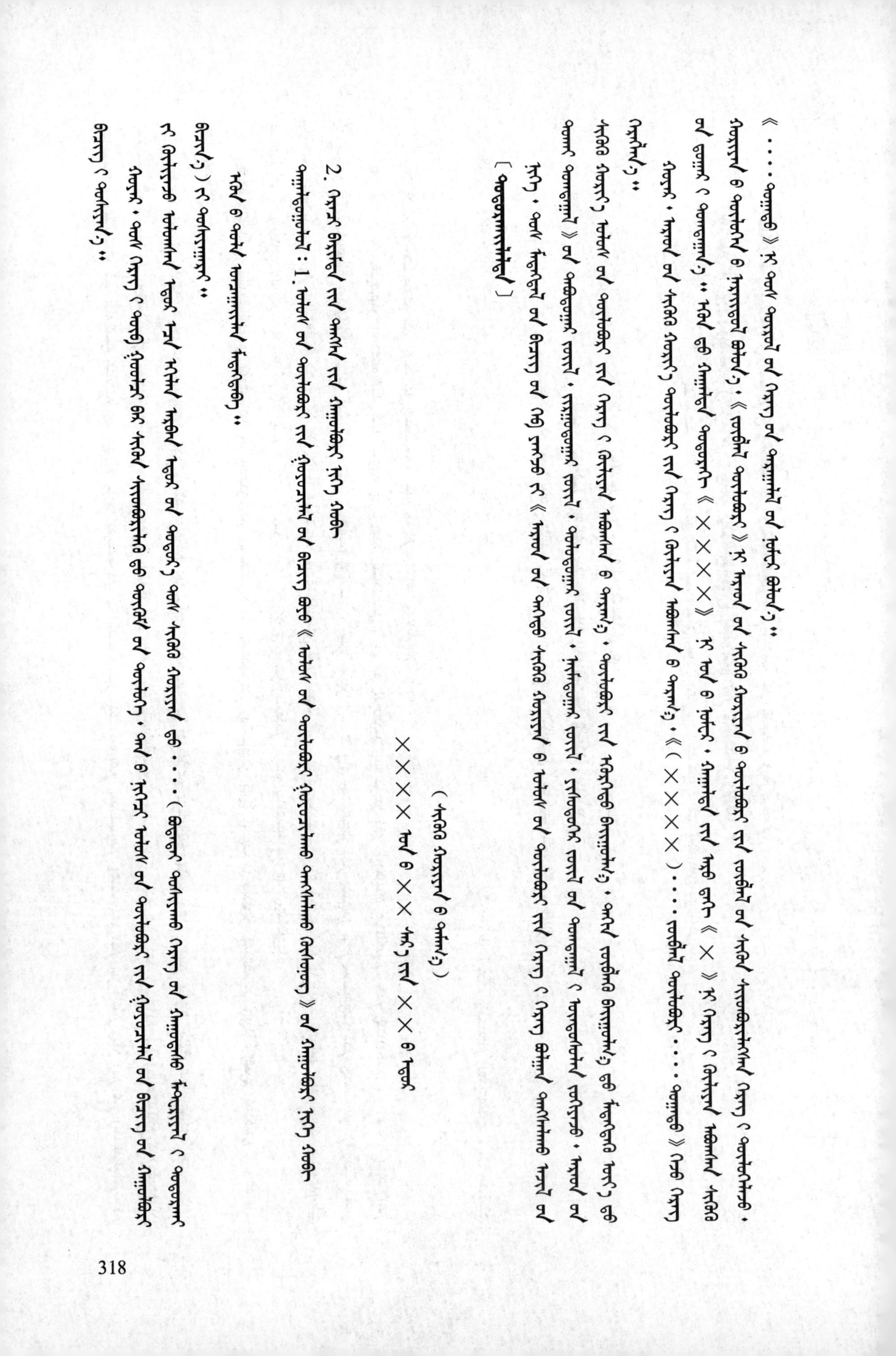

《 …… [illegible] 》 [illegible] ::

[illegible] · 《 [illegible] 》 [illegible] ·
[illegible] 《 × 》 [illegible] 《 × × × × 》 [illegible] ::
[illegible] 《 (× × × ×) …… [illegible] …… [illegible] 》 [illegible] ::

[illegible] · [illegible] · [illegible] 《 [illegible] 》 [illegible] · [illegible]

〔 [illegible] 〕

([illegible])
× × × × [illegible] × × [illegible] × × [illegible]

2. [illegible] ᠶᠢᠨ [illegible] ᠶᠢᠨ [illegible]
[illegible] : 1. [illegible] ᠤᠨ [illegible] ᠶᠢᠨ [illegible] ᠤᠨ [illegible] 《 [illegible] ᠤᠨ [illegible] 》 ᠤᠨ [illegible]

[illegible] ::
[illegible]) [illegible] ::
[illegible] …… ([illegible] · [illegible] ::

(ᠪᠠᠶᠢᠭᠤᠯᠤᠯᠲᠠ ᠶᠢᠨ ᠬᠡᠯᠪᠡᠷᠢ ᠪᠦᠷᠢᠯᠳᠦᠬᠦᠨ ᠦ ᠪᠤᠰᠤᠳ ᠬᠡᠰᠡᠭ) ᠲᠠᠢ ᠰᠢᠯᠵᠢᠬᠦ ᠶᠢᠨ ᠪᠠᠶᠢᠭᠤᠯᠤᠯᠲᠠ ᠪᠠ ᠪᠣᠷ ᠵᠢᠷᠤᠯ ᠴᠠᠭ ᠢ ᠬᠡᠯᠡᠬᠦ ᠂ ᠂ ᠂ ᠂) ᠪᠠᠶᠢᠭᠤᠯᠤᠯᠲᠠ ᠶᠢᠨ ᠬᠡᠯᠪᠡᠷᠢ ᠪᠦᠷᠢᠯᠳᠦᠬᠦᠨ

× × × (ᠪᠠᠶᠢᠭᠤᠯᠤᠯᠲᠠ ᠶᠢᠨ ᠬᠡᠯᠪᠡᠷᠢ ᠲᠠᠢ ᠰᠢᠯᠵᠢᠬᠦ ᠵᠢᠷᠤᠯ ᠪᠣᠯ ᠰᠢᠯᠵᠢᠬᠦ) ᠂ ᠂ ᠂ ᠂ (ᠪᠠᠶᠢᠭᠤᠯᠤᠯᠲᠠ ᠶᠢᠨ ᠬᠡᠯᠪᠡᠷᠢ ᠪᠦᠷᠢᠯᠳᠦᠬᠦᠨ ᠴᠠᠭ ᠤᠨ ᠰᠢᠯᠵᠢᠬᠦ) ᠰᠢᠯᠵᠢᠬᠦ × × ×

ᠰᠢᠭᠤᠳ ᠂ ᠴᠠᠭ ᠤᠨ ᠪᠠᠶᠢᠳᠠᠯ ᠲᠠᠢ ᠬᠡᠯᠪᠡᠷᠢᠰᠢᠭᠰᠡᠨ ᠰᠢᠯᠵᠢᠬᠦ

ᠰᠢᠯᠵᠢᠭᠦᠯᠦᠨ ᠪᠠᠶᠢᠭᠤᠯᠬᠤ : ᠂ ᠂ ᠂ ᠂ (ᠰᠢᠯᠵᠢᠬᠦ ᠵᠢᠷᠤᠯ ᠴᠠᠭ ᠤᠨ ᠰᠢᠯᠵᠢᠭᠦᠯᠦᠨ ᠪᠠᠶᠢᠳᠠᠯ ᠢ ᠪᠢᠴᠢᠵᠦ ᠪᠠᠶᠢᠨ᠎ᠠ) ᠃

ᠰᠢᠭᠤᠳ ᠪᠡᠷ ᠪᠠᠶᠢᠭᠤᠯᠤᠯᠲᠠ ᠶᠢᠨ ᠪᠦᠷᠢᠯᠳᠦᠬᠦᠨ ᠂ ᠂ ᠂ ᠂ (ᠰᠢᠯᠵᠢᠬᠦ ᠵᠢᠷᠤᠯ ᠂ ᠪᠠᠶᠢᠭᠤᠯᠬᠤ ᠪᠠᠶᠢᠳᠠᠯ ᠢ ᠪᠢᠴᠢᠵᠦ ᠪᠠᠶᠢᠨ᠎ᠠ) ᠃

ᠪᠣᠯᠤᠨ ᠬᠡᠯᠪᠡᠷᠢ ᠪᠦᠷᠢᠯᠳᠦᠬᠦᠨ ᠂ ᠂ ᠂ ᠂ (ᠰᠢᠯᠵᠢᠭᠦᠯᠦᠨ ᠂ ᠬᠡᠯᠪᠡᠷᠢ ᠰᠢᠯᠵᠢᠬᠦ ᠬᠡᠯᠡᠬᠦ ᠶᠢ ᠪᠢᠴᠢᠵᠦ ᠪᠠᠶᠢᠨ᠎ᠠ) ᠃

ᠰᠢᠯᠵᠢᠭᠦᠯᠦᠨ ᠪᠠᠶᠢᠭᠤᠯᠬᠤ ᠂ ᠂ ᠂ ᠂ (ᠰᠢᠯᠵᠢᠬᠦ ᠵᠢᠷᠤᠯ ᠴᠠᠭ ᠤᠨ ᠰᠢᠯᠵᠢᠭᠦᠯᠦᠨ ᠪᠠᠶᠢᠳᠠᠯ ᠢ ᠪᠢᠴᠢᠵᠦ ᠪᠠᠶᠢᠨ᠎ᠠ) ᠃

ᠰᠢᠭᠤᠳ ᠪᠡᠷ ᠪᠠᠶᠢᠭᠤᠯᠤᠯᠲᠠ ᠶᠢᠨ ᠪᠦᠷᠢᠯᠳᠦᠬᠦᠨ ᠂ ᠂ ᠂ ᠂ (ᠰᠢᠯᠵᠢᠬᠦ ᠵᠢᠷᠤᠯ ᠂ ᠪᠠᠶᠢᠭᠤᠯᠬᠤ ᠪᠠᠶᠢᠳᠠᠯ ᠢ ᠪᠢᠴᠢᠵᠦ ᠪᠠᠶᠢᠨ᠎ᠠ) ᠃

ᠪᠠᠶᠢᠭᠤᠯᠤᠯᠲᠠ ᠶᠢᠨ ᠬᠡᠯᠪᠡᠷᠢ ᠪᠦᠷᠢᠯᠳᠦᠬᠦᠨ ᠂ ᠂ ᠂ ᠂ (ᠰᠢᠯᠵᠢᠭᠦᠯᠦᠨ ᠂ ᠰᠢᠯᠵᠢᠬᠦ ᠬᠡᠯᠡᠬᠦ ᠶᠢ ᠪᠢᠴᠢᠵᠦ ᠪᠠᠶᠢᠨ᠎ᠠ) ᠃

ᠪᠠᠶᠢᠭᠤᠯᠤᠯᠲᠠ ᠶᠢᠨ ᠰᠢᠯᠵᠢᠭᠦᠯᠬᠦ ᠂ ᠂ ᠂ ᠂ (ᠰᠢᠯᠵᠢᠬᠦ ᠵᠢᠷᠤᠯ ᠪᠣᠯ ᠰᠢᠯᠵᠢᠭᠦᠯᠦᠨ ᠴᠠᠭ ᠤᠨ ᠰᠢᠯᠵᠢᠭᠦᠯᠦᠨ ᠪᠠᠶᠢᠳᠠᠯ ᠢ ᠪᠢᠴᠢᠵᠦ ᠪᠠᠶᠢᠨ᠎ᠠ) ᠃

ᠵᠢᠷᠤᠯ ᠂ ᠪᠠᠶᠢᠭᠤᠯᠤᠯᠲᠠ ᠶᠢᠨ ᠰᠢᠯᠵᠢᠭᠦᠯᠬᠦ ᠂ ᠪᠠᠶᠢᠭᠤᠯᠤᠯᠲᠠ ᠶᠢᠨ ᠬᠡᠯᠪᠡᠷᠢ ᠪᠦᠷᠢᠯᠳᠦᠬᠦᠨ ᠰᠢᠯᠵᠢᠬᠦ ᠪᠣᠯᠤᠨ ᠬᠡᠯᠪᠡᠷᠢ ᠪᠦᠷᠢᠯᠳᠦᠬᠦᠨ ᠶᠢᠨ ᠰᠢᠯᠵᠢᠭᠦᠯᠦᠨ ᠪᠠᠶᠢᠳᠠᠯ

(× × × ×) ᠂ ᠂ ᠂ ᠂ ᠬᠡᠯᠪᠡᠷᠢ ᠪᠠᠶᠢᠭᠤᠯᠤᠯᠲᠠ ᠂ ᠂ ᠂ ᠂ ᠪᠦᠷᠢᠯᠳᠦᠬᠦ

(ᠰᠢᠨᠵᠢᠯᠡᠬᠦ ᠬᠡᠯᠡᠬᠦ ᠬᠡᠯᠡᠨ ᠬᠡᠯᠪᠡᠷᠢᠰᠢᠭᠰᠡᠨ ᠰᠢᠯᠵᠢᠭᠦᠯᠦᠨ ᠪᠠᠶᠢᠳᠠᠯ ᠪᠡᠷ ᠴᠢᠬᠤᠯᠠ)

᠂ ᠂ ᠂ ᠂ ᠵᠢᠷᠤᠯ ᠴᠠᠭ ᠤᠨ ᠪᠠᠶᠢᠳᠠᠯ ᠬᠡᠯᠡᠨ ᠬᠡᠯᠪᠡᠷᠢᠰᠢᠭᠰᠡᠨ ᠰᠢᠯᠵᠢᠭᠦᠯᠦᠨ

(ᠰᠢᠨᠵᠢᠯᠡᠬᠦ ᠬᠡᠯᠡᠬᠦ ᠬᠡᠯᠡᠨ ᠬᠡᠯᠪᠡᠷᠢᠰᠢᠭᠰᠡᠨ ᠰᠢᠯᠵᠢᠭᠦᠯᠦᠨ ᠪᠠᠶᠢᠳᠠᠯ ᠪᠡᠷ ᠴᠢᠬᠤᠯᠠ)

(ᠵ) ᠳᠦᠷᠢᠮ 23 : ᠵᠢᠷᠤᠯ ᠴᠠᠭ ᠤᠨ ᠪᠠᠶᠢᠳᠠᠯ ᠬᠡᠯᠡᠨ ᠬᠡᠯᠪᠡᠷᠢᠰᠢᠭᠰᠡᠨ ᠰᠢᠯᠵᠢᠭᠦᠯᠦᠨ
ᠰᠢᠯᠵᠢᠬᠦ ᠤᠨ ᠬᠡᠯᠪᠡᠷᠢ ᠰᠢᠭᠤᠳ ᠢ ᠰᠢᠯᠵᠢᠬᠦ ᠤᠨ ᠪᠠᠶᠢᠭᠤᠯᠤᠯᠲᠠ ᠶᠢᠨ ᠴᠠᠭ ᠤᠨ ᠪᠠᠶᠢᠳᠠᠯ ᠰᠢᠭ᠋ ᠶᠢᠨ

ᠪᠣᠯᠤᠨ ᠮᠡᠳᠡᠭᠳᠡᠯ ᠬᠡᠷᠡᠭᠵᠢᠭᠦᠯᠦᠯᠲᠡ ᠶᠢᠨ ᠪᠠᠶᠢᠳᠠᠯ ᠢ ᠰᠢᠯᠭᠠᠬᠤ ᠠᠵᠢᠯ ᠂ ᠰᠠᠨᠠᠭᠠᠯ ᠳᠤ ᠣᠷᠣᠯᠴᠠᠭᠰᠠᠨ ᠪᠠᠶᠢᠳᠠᠯ ᠮᠡᠳᠡᠭᠳᠡᠬᠦ ᠶᠢᠨ ᠬᠠᠷᠢᠭᠤᠯᠲᠠ ᠪᠠᠶᠢᠳᠠᠯ ᠤᠨ ᠮᠡᠳᠡᠭᠳᠡᠯ ᠪᠢᠴᠢᠬᠦ ᠶᠢᠨ ᠪᠣᠯᠪᠠᠰᠤ ᠂ ᠬᠠᠷᠢᠭᠤ ᠪᠢᠴᠢᠭ ᠪᠣᠯᠪᠠ) ᠂
ᠡᠨᠡ ᠬᠡᠰᠡᠭ ᠲᠦ ᠮᠡᠳᠡᠭᠳᠡᠯ ᠦᠨ ᠠᠭᠤᠯᠭ᠎ᠠ ᠪᠠ ᠮᠡᠳᠡᠭᠳᠡᠯ ᠦᠨ ᠰᠢᠯᠲᠠᠭᠠᠨ ᠢ ᠲᠣᠳᠣᠷᠬᠠᠶᠢᠯᠠᠨ᠎ᠠ ᠃
ᠲᠣᠳᠣᠷᠬᠠᠶ ᠂ ᠲᠡᠭᠦᠨ ᠦ ᠮᠡᠳᠡᠭᠳᠡᠯ ᠲᠣᠳᠣᠷᠬᠠᠶᠢᠯᠠᠬᠤ ᠠᠷᠭ᠎ᠠ ᠬᠡᠮᠵᠢᠶ᠎ᠡ
……(ᠮᠡᠳᠡᠭᠳᠡᠯ ᠲᠣᠳᠣᠷᠬᠠᠶᠢᠯᠠᠭᠰᠠᠨ ᠤ ᠰᠢᠯᠲᠠᠭᠠᠨ ᠲᠣᠳᠣᠷᠬᠠᠶᠢᠯᠠᠯ ᠤᠨ ᠠᠷᠭ᠎ᠠ ᠬᠡᠮᠵᠢᠶ᠎ᠡ ᠪᠠ ᠬᠡᠮᠵᠢᠶ᠎ᠡ ᠂ ᠰᠢᠯᠲᠠᠭᠠᠨ ᠪᠣᠯᠬᠤ ᠠᠭᠤᠯᠭ᠎ᠠ ᠶᠢᠨ ᠬᠡᠮᠵᠢᠶ᠎ᠡ ᠪᠠ ᠰᠠᠨᠠᠯ ᠪᠢᠴᠢᠬᠦ ᠶᠢ
ᠲᠣᠳᠣᠷᠬᠠᠶ ᠪᠢᠴᠢᠨ᠎ᠡ ᠃ ᠡᠨᠡ ᠪᠣᠯ ᠮᠡᠳᠡᠭᠳᠡᠯ ᠦᠨ ᠬᠡᠰᠡᠭ ᠲᠦ ᠬᠠᠮᠤᠭ ᠴᠢᠬᠤᠯᠠ ᠬᠡᠰᠡᠭ ᠪᠣᠯᠬᠤ ᠂ ᠡᠨᠡ ᠬᠡᠰᠡᠭ ᠢ ᠲᠣᠳᠣᠷᠬᠠᠶ ᠪᠢᠴᠢᠬᠦ ᠬᠡᠷᠡᠭᠲᠡᠶ) ᠃
ᠲᠣᠭᠠᠨ ᠂ ᠮᠡᠳᠡᠭᠳᠡᠯ ᠦᠨ ᠠᠭᠤᠯᠭ᠎ᠠ ᠪᠣᠯᠪᠠᠰᠤᠷᠠᠯ ᠤᠨ ᠠᠰᠠᠭᠤᠳᠠᠯ ᠳᠤ ᠠᠷᠭ᠎ᠠ ᠬᠡᠮᠵᠢᠶ᠎ᠡ ᠪᠣᠯᠪᠠᠰᠤᠷᠠᠯ ᠤᠨ ᠬᠡᠮᠵᠢᠶ᠎ᠡ
……(ᠮᠡᠳᠡᠭᠳᠡᠯ ᠦᠨ ᠠᠭᠤᠯᠭ᠎ᠠ ᠪᠣᠯᠪᠠᠰᠤᠷᠠᠯ ᠤᠨ ᠠᠰᠠᠭᠤᠳᠠᠯ ᠳᠤ ᠠᠷᠭ᠎ᠠ ᠬᠡᠮᠵᠢᠶ᠎ᠡ ᠪᠣᠯᠪᠠᠰᠤᠷᠠᠯ ᠤᠨ ᠬᠡᠮᠵᠢᠶ᠎ᠡ ᠪᠡᠷ ᠲᠣᠳᠣᠷᠬᠠᠶ ᠪᠢᠴᠢᠨ᠎ᠡ) ᠃
ᠭᠤᠷᠪᠠ ᠂ ᠠᠰᠠᠭᠤᠳᠠᠯ ᠰᠢᠢᠳᠪᠦᠷᠢᠯᠡᠬᠦ ᠰᠠᠨᠠᠯ ᠪᠠ ᠠᠷᠭ᠎ᠠ ᠬᠡᠮᠵᠢᠶ᠎ᠡ ……
(ᠠᠰᠠᠭᠤᠳᠠᠯ ᠰᠢᠢᠳᠪᠦᠷᠢᠯᠡᠬᠦ ᠶᠢᠨ ᠲᠥᠯᠥᠭ ᠰᠠᠨᠠᠯ ᠪᠠ ᠠᠷᠭ᠎ᠠ ᠬᠡᠮᠵᠢᠶ᠎ᠡ ᠶᠢ ᠲᠣᠳᠣᠷᠬᠠᠶ ᠪᠢᠴᠢᠨ᠎ᠡ ᠃ ᠡᠨᠡ ᠬᠡᠰᠡᠭ ᠦᠨ ᠠᠭᠤᠯᠭ᠎ᠠ ᠪᠣᠯ
ᠠᠷᠭ᠎ᠠ ᠬᠡᠮᠵᠢᠶ᠎ᠡ ᠶᠢ ᠬᠡᠷᠡᠭᠵᠢᠭᠦᠯᠬᠦ ᠶᠢᠨ ᠪᠣᠳᠠᠲᠤ ᠠᠵᠢᠯ ᠂ ᠲᠣᠳᠣᠷᠬᠠᠶ ᠪᠠᠶᠢᠬᠤ ᠬᠡᠷᠡᠭᠲᠡᠶ) ᠃
ᠳᠥᠷᠪᠡ ᠂ ᠪᠤᠰᠤᠳ ᠮᠡᠳᠡᠭᠳᠡᠬᠦ ᠬᠡᠷᠡᠭᠲᠡᠶ ᠠᠰᠠᠭᠤᠳᠠᠯ
……(ᠡᠨᠡ ᠬᠡᠰᠡᠭ ᠲᠦ ᠮᠡᠳᠡᠭᠳᠡᠬᠦ ᠬᠡᠷᠡᠭᠲᠡᠶ ᠪᠤᠰᠤᠳ ᠠᠰᠠᠭᠤᠳᠠᠯ ᠢ ᠲᠣᠳᠣᠷᠬᠠᠶ ᠪᠢᠴᠢᠨ᠎ᠡ) ᠃
ᠲᠠᠪᠤ ᠂ ᠮᠡᠳᠡᠭᠳᠡᠯ ᠦᠨ ᠰᠢᠯᠲᠠᠭᠠᠨ
……(ᠮᠡᠳᠡᠭᠳᠡᠯ ᠲᠣᠳᠣᠷᠬᠠᠶᠢᠯᠠᠭᠰᠠᠨ ᠤ ᠰᠢᠯᠲᠠᠭᠠᠨ ᠪᠠ ᠣᠷᠣᠯᠴᠠᠭᠰᠠᠨ ᠪᠠᠶᠢᠳᠠᠯ ᠂ ᠮᠡᠳᠡᠭᠳᠡᠯ ᠦᠨ ᠠᠭᠤᠯᠭ᠎ᠠ ᠪᠣᠯᠪᠠᠰᠤᠷᠠᠯ ᠤᠨ ᠬᠡᠮᠵᠢᠶ᠎ᠡ ᠶᠢᠨ
ᠮᠡᠳᠡᠭᠳᠡᠯ ᠳᠤ ᠬᠠᠮᠢᠶᠠᠷᠠᠭᠤᠯᠤᠨ ᠮᠡᠳᠡᠭᠳᠡᠨ᠎ᠡ ᠃ ᠰᠠᠨᠠᠯ ᠪᠣᠯᠬᠤ ᠠᠷᠭ᠎ᠠ ᠬᠡᠮᠵᠢᠶ᠎ᠡ ᠶᠢ ᠲᠥᠷᠥ ᠶᠢᠨ ᠪᠠᠶᠢᠭᠤᠯᠤᠯᠭ᠎ᠠ ᠶᠢᠨ ᠬᠠᠷᠢᠭᠤᠴᠠᠭᠴᠢ
ᠮᠡᠳᠡᠭᠳᠡᠬᠦ ᠶᠢᠨ ᠬᠠᠷᠢᠭᠤ ᠪᠢᠴᠢᠨ᠎ᠡ) ᠃

ᠬᠣᠰᠢᠭᠤᠨ ᠳᠠᠷᠤᠭ᠎ᠠ ×××
××××ᠣᠨ ᠤ ××ᠰᠠᠷ᠎ᠠ ᠶᠢᠨ ××ᠤ ᠡᠳᠦᠷ

〔ᠪᠣᠯᠪᠠᠰᠤᠷᠠᠭᠤᠯᠤᠯ〕
ᠵᠢᠱᠢᠶ᠎ᠡ ᠂ ᠡᠨᠡ ᠬᠠᠷᠢᠭᠤᠯᠲᠠ ᠶᠢᠨ ᠪᠢᠴᠢᠭ ᠨᠢ (ᠬᠣᠷᠢᠨ) ᠵᠢᠯ ᠦᠨ ᠠᠵᠢᠯ ᠤᠨ ᠲᠠᠶᠢᠯᠤᠨ ᠮᠡᠳᠡᠭᠳᠡᠯ ᠦᠨ ᠬᠡᠯᠪᠡᠷᠢ ᠶᠢᠨ ᠬᠠᠷᠢᠭᠤ ᠮᠡᠳᠡᠭᠳᠡᠯ ᠪᠣᠯᠤᠨ᠎ᠠ ᠃

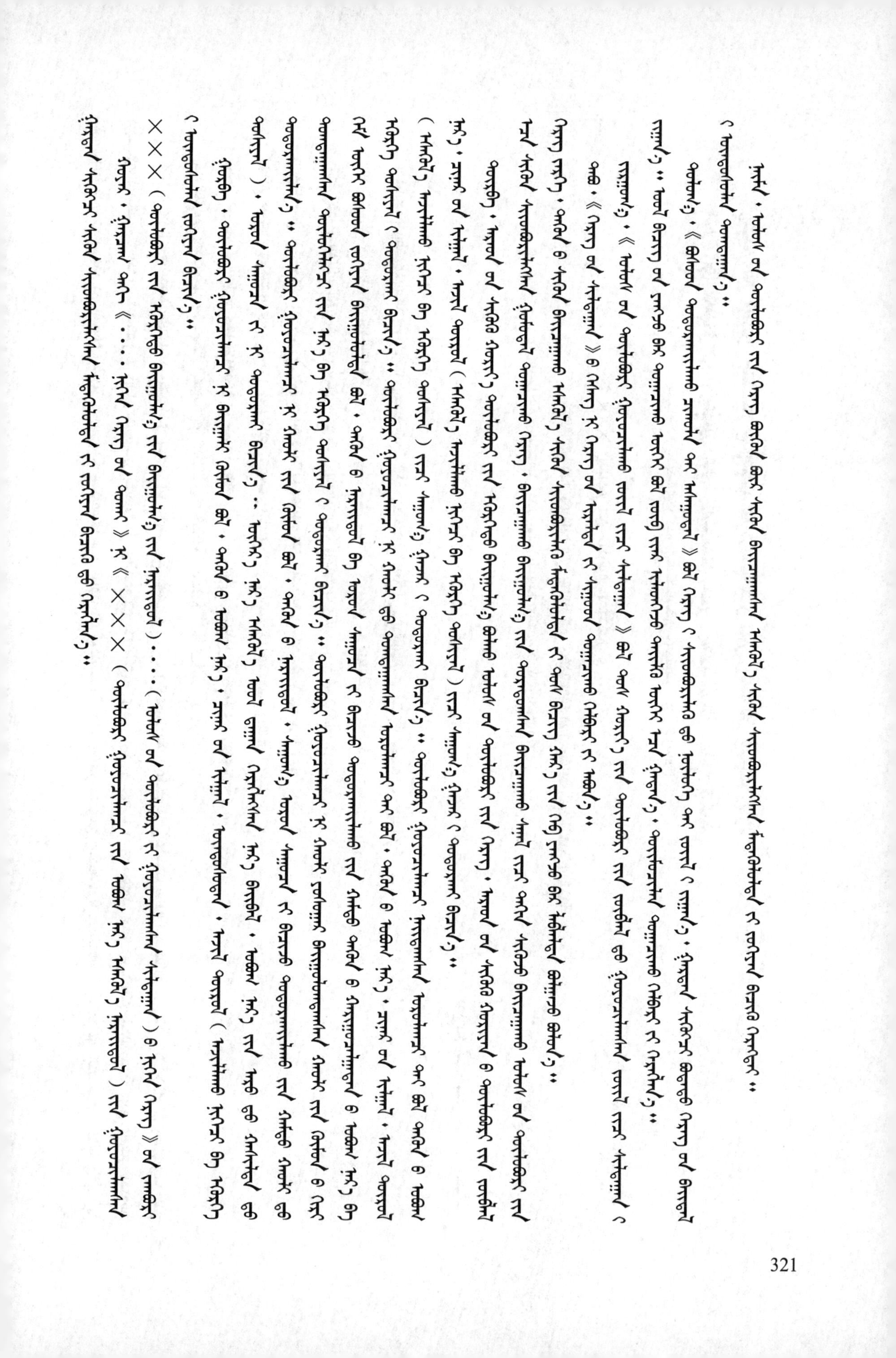

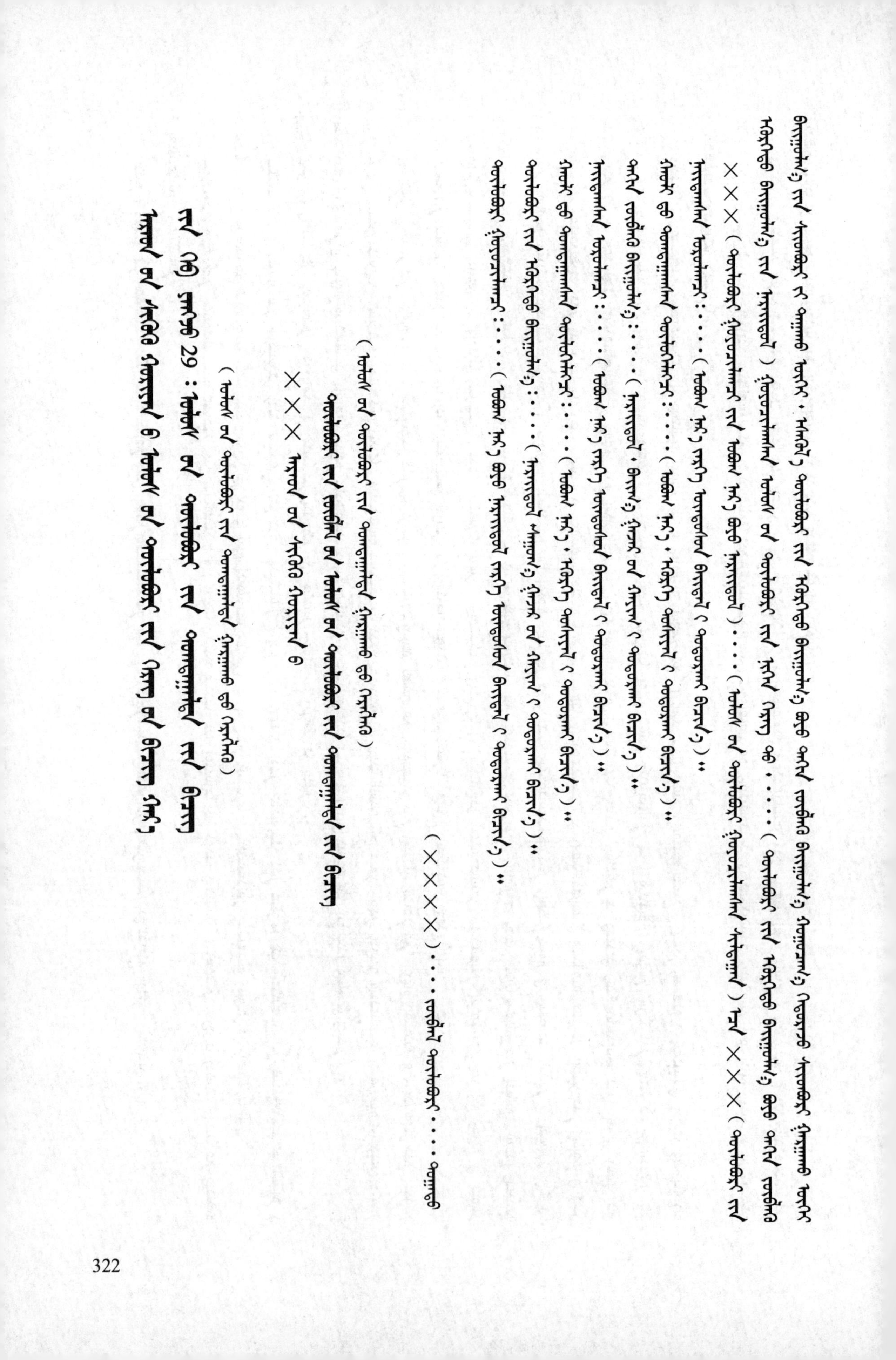

[illegible] (××× [illegible]) [illegible] ××× ([illegible])

[illegible] : . . . . ([illegible]) ::

[illegible] : . . . . ([illegible]) ::

[illegible] : . . . . ([illegible]) ::

[illegible] : . . . . ([illegible]) ::

[illegible] : . . . . ([illegible]) ::

[illegible] : . . . . ([illegible]) ::

[illegible] : . . . . ([illegible]) ::

[illegible] . . . . [illegible] . . . . (××××)

([illegible])

[illegible]

××× [illegible]

([illegible])

[illegible] 29 : [illegible]

[illegible]

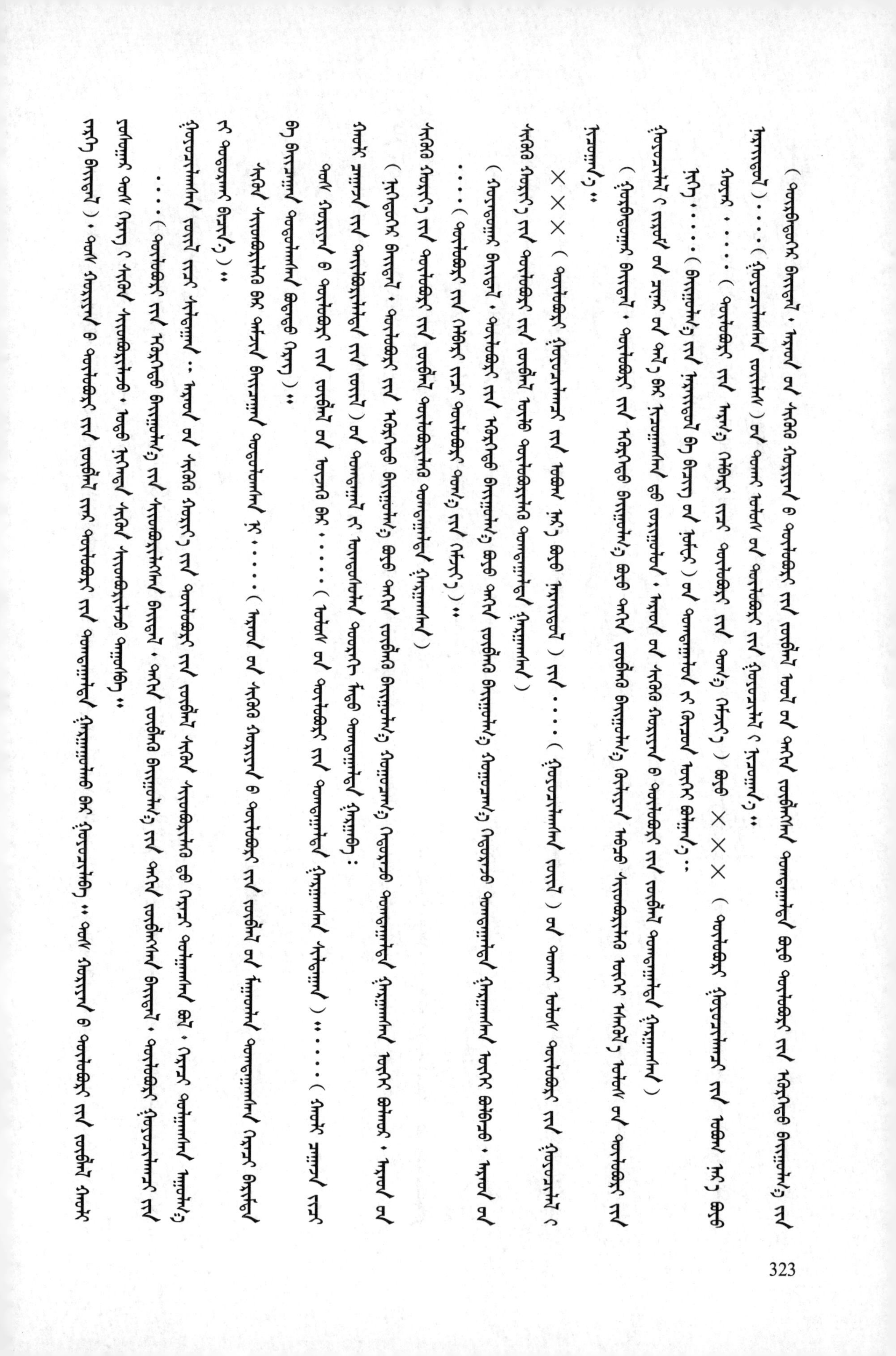

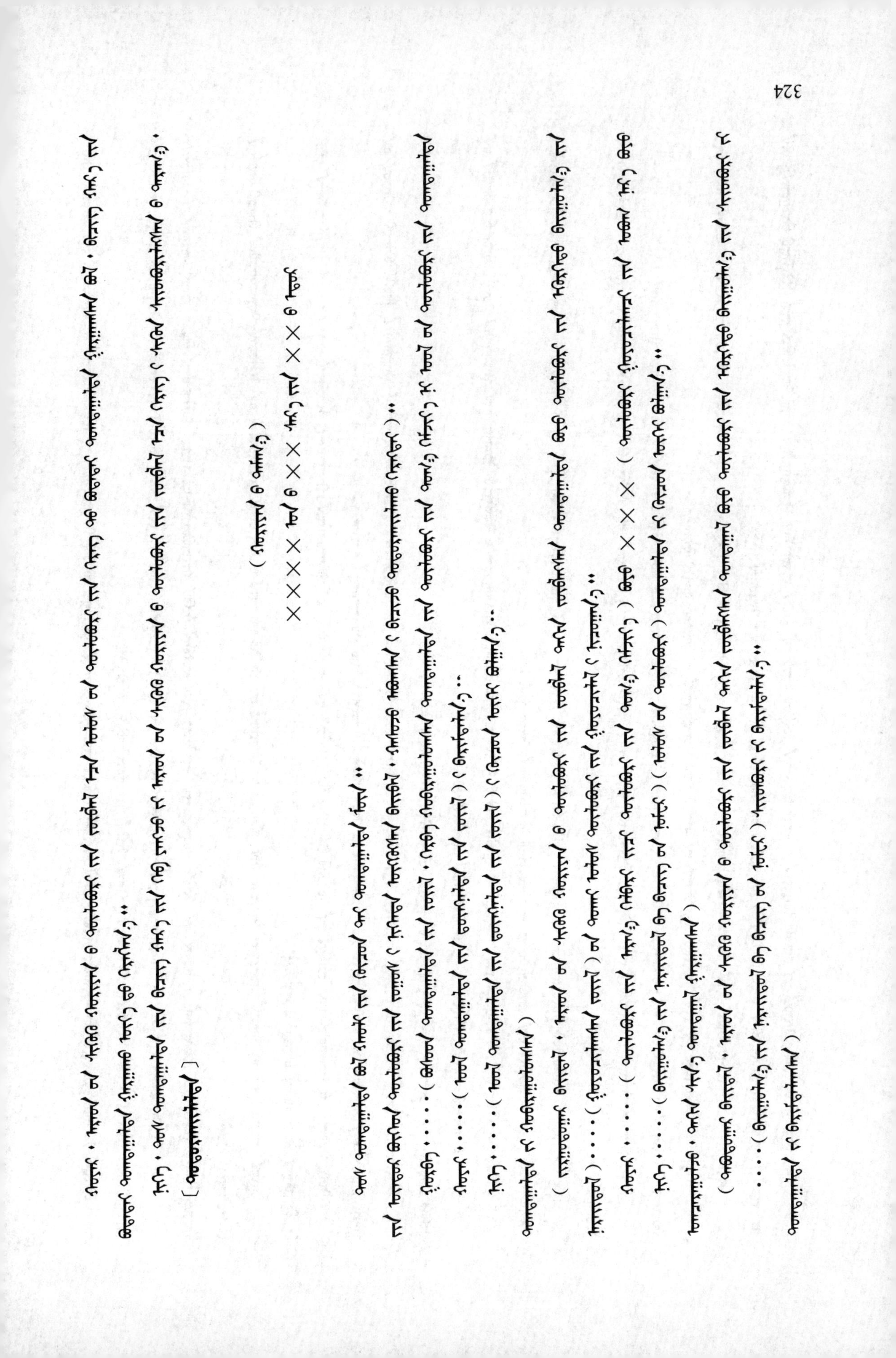

[[illegible]]

[illegible]

××× [illegible] ×× [illegible] ×× [illegible]

([illegible])

[illegible]

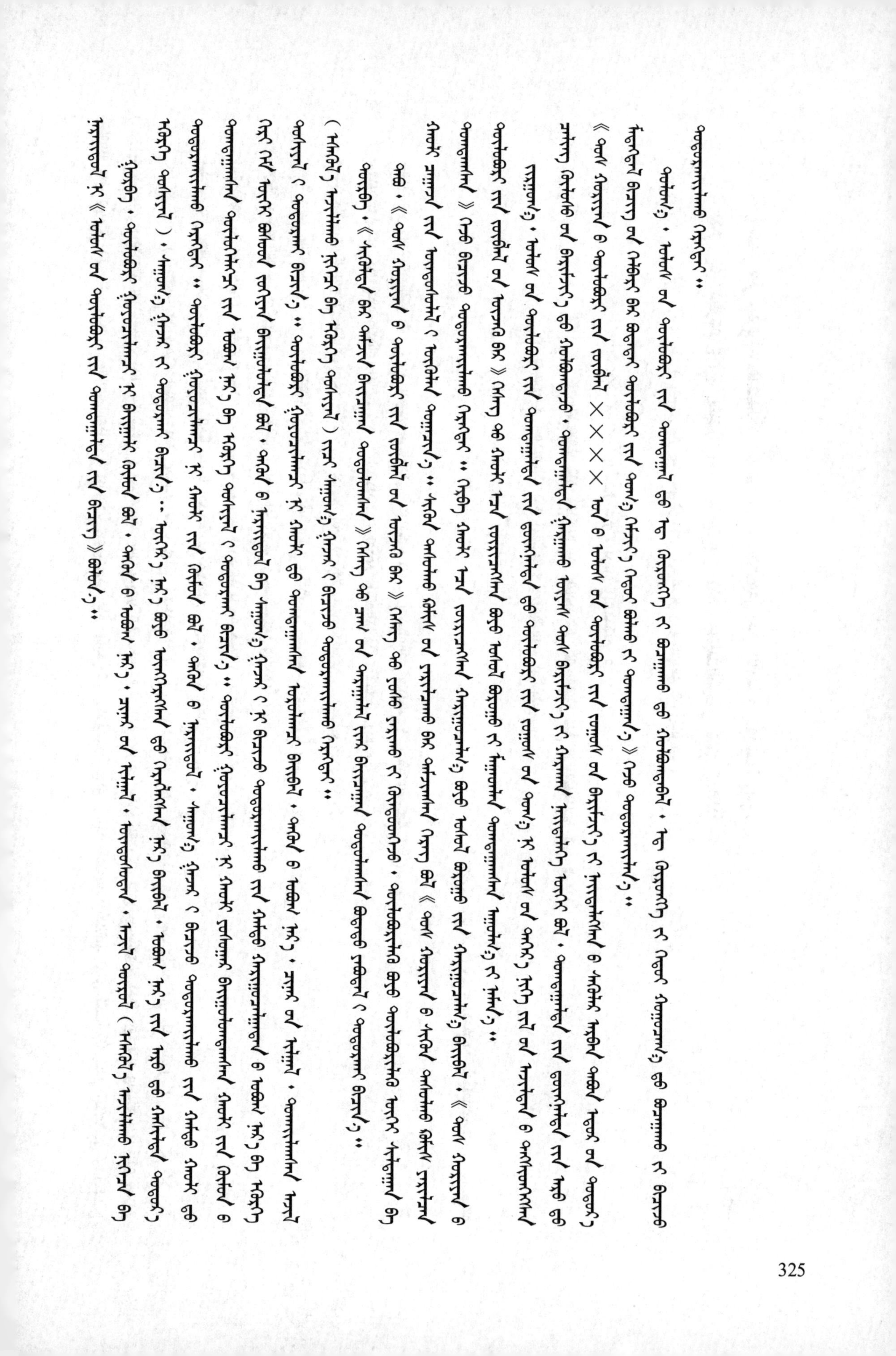

ᠰᠠᠷ᠎ᠠ ᠶᠢᠨ ᠴᠢᠭᠤᠯᠭᠠᠨ ᠤ ᠬᠤᠷᠠᠯ ᠤᠨ ᠮᠡᠳᠡᠭᠳᠡᠯ ᠦᠨ ᠪᠢᠴᠢᠭ ᠦᠨ ᠵᠢᠱᠢᠶ᠎ᠡ

ᠵᠢᠱᠢᠶ᠎ᠡ 30 : ᠬᠤᠷᠠᠯ ᠤᠨ ᠮᠡᠳᠡᠭᠳᠡᠯ ᠦᠨ ᠨᠡᠢᠲᠡᠯᠡᠭᠦᠯᠬᠦ ᠶᠢᠨ ᠵᠢᠱᠢᠶ᠎ᠡ

(ᠬᠤᠷᠠᠯ ᠤᠨ ᠮᠡᠳᠡᠭᠳᠡᠯ ᠦᠨ ᠨᠡᠢᠲᠡᠯᠡᠭᠦᠯᠬᠦ ᠶᠢᠨ ᠬᠡᠯᠪᠡᠷᠢ)

× × × ᠰᠠᠷ᠎ᠠ ᠶᠢᠨ ᠴᠢᠭᠤᠯᠭᠠᠨ ᠤ

ᠮᠡᠳᠡᠭᠳᠡᠯ ᠦᠨ ᠬᠤᠷᠠᠯ ᠤᠨ ᠮᠡᠳᠡᠭᠳᠡᠯ ᠦᠨ ᠨᠡᠢᠲᠡᠯᠡᠭᠦᠯᠬᠦ ᠶᠢᠨ ᠲᠤᠬᠠᠢ

(ᠬᠤᠷᠠᠯ ᠤᠨ ᠮᠡᠳᠡᠭᠳᠡᠯ ᠦᠨ ᠨᠡᠢᠲᠡᠯᠡᠭᠦᠯᠬᠦ ᠶᠢᠨ ᠬᠡᠯᠪᠡᠷᠢ)

ᠳᠤᠭᠠᠷ .... ᠮᠡᠳᠡᠭᠳᠡᠯ .... (× × × ×)

ᠮᠡᠳᠡᠭᠳᠡᠯ ᠬᠦᠷᠭᠡᠭᠦᠯᠬᠦ : .... (ᠬᠤᠷᠠᠯ ᠤᠨ ᠡᠳᠦᠷ ᠦᠨ ᠳᠦᠷᠪᠡᠨ ᠡᠳᠦᠷ ᠦᠨ ᠡᠮᠦᠨ᠎ᠡ ᠬᠦᠷᠭᠡᠭᠦᠯᠬᠦ) ..

ᠮᠡᠳᠡᠭᠳᠡᠯ ᠦᠨ ᠠᠭᠤᠯᠭ᠎ᠠ : .... (ᠨᠡᠢᠲᠡᠯᠡᠭᠦᠯᠬᠦ ᠬᠤᠷᠠᠯ ᠤᠨ ᠠᠭᠤᠯᠭ᠎ᠠ) ..

ᠪᠦᠷᠢᠳᠬᠡᠯ ᠦᠨ ᠬᠠᠭᠤᠳᠠᠰᠤ : .... (ᠬᠤᠷᠠᠯ ᠤᠨ ᠡᠳᠦᠷ ᠦᠨ ᠡᠮᠦᠨ᠎ᠡ ᠬᠦᠷᠭᠡᠭᠦᠯᠬᠦ) ..

(× × × ᠮᠡᠳᠡᠭᠳᠡᠯ) .... (ᠬᠤᠷᠠᠯ ᠤᠨ ᠮᠡᠳᠡᠭᠳᠡᠯ ᠦᠨ ᠬᠡᠯᠪᠡᠷᠢ) ᠪᠠ × × ×

ᠪᠦᠲᠦᠭᠡᠯ ᠦᠨ ᠪᠦᠲᠦᠭᠡᠭᠴᠢ ᠶᠢᠨ ᠪᠠᠶᠢᠳᠠᠯ》 ᠢ ᠦᠵᠡ᠃
[ᠳᠣᠣᠷᠠᠬᠢ ᠲᠠᠢᠯᠪᠤᠷᠢ]

×× ᠶᠢᠨ ×× ᠳᠤ ×× ᠤᠨ ××××

(ᠰᠢᠯᠦᠭ ᠦᠨ ᠲᠦᠷᠦᠯ)

ᠡᠨᠡ ᠪᠦᠲᠦᠭᠡᠯ ᠦᠨ ᠭᠣᠣᠯ ᠰᠠᠨᠠᠭ᠎ᠠ ᠪᠣᠯ ᠪᠦᠲᠦᠭᠡᠯ ᠦᠨ ᠳᠤᠲᠠᠭᠠᠷ ᠪᠢᠯᠡ᠃

……(ᠬᠡᠯᠡᠯᠴᠡᠭᠡᠨ ᠦ ᠰᠡᠳᠦᠪ ᠦᠨ ᠲᠤᠬᠠᠢ) ᠂ ᠪᠦᠲᠦᠭᠡᠯ ᠦᠨ ᠬᠡᠯᠪᠡᠷᠢ ᠶᠢ ᠪᠠᠷᠢᠮᠲᠠᠯᠠᠪᠠ᠃

……(ᠪᠦᠲᠦᠭᠡᠯ ᠦᠨ ᠪᠦᠷᠢᠯᠳᠦᠬᠦᠨ ᠦ ᠲᠤᠬᠠᠢ) ᠃

……(×××(ᠪᠦᠲᠦᠭᠡᠯ ᠦᠨ ᠰᠡᠳᠦᠪ) ×××ᠶᠢᠨ ᠬᠡᠯᠪᠡᠷᠢ) ᠃

ᠬᠡᠷᠡᠭᠯᠡᠬᠦ ᠳᠦ ᠪᠠᠶᠢᠭᠤᠯᠬᠤ (ᠮᠡᠳᠡᠭᠳᠡᠯ ᠪᠠᠷᠢᠬᠤ ᠂ ᠬᠠᠮᠠᠭᠠᠯᠠᠬᠤ ᠂ ᠠᠰᠢᠭᠯᠠᠬᠤ ᠮᠡᠳᠡᠭᠳᠡᠯ ᠵᠢᠴᠢ ᠪᠠᠷᠢᠮᠲᠠ ᠶᠢ ᠪᠠᠲᠤᠯᠠᠬᠤ ᠬᠤᠷᠢᠶᠠᠨ ᠭᠠᠷᠭᠠᠬᠤ ᠂

ᠮᠡᠳᠡᠭᠳᠡᠯ) ᠂ ᠰᠢᠯᠭᠠᠨ ᠪᠠᠲᠤᠯᠠᠬᠤ ᠶᠢᠨ ᠪᠣᠯᠪᠠᠰᠤᠷᠠᠯᠲᠠ ᠪᠡᠯᠡᠳᠬᠡᠨ᠎ᠡ ::

ᠮᠡᠳᠡᠭᠳᠡᠯ (ᠭᠠᠷᠤᠯ ᠪᠡᠯᠡᠳᠬᠡᠬᠦ ᠳᠦ ᠬᠡᠷᠡᠭᠯᠡᠬᠦ ᠮᠡᠳᠡᠭᠳᠡᠯ) ᠳᠡᠭᠡᠷᠡ ᠰᠢᠯᠭᠠᠨ ᠪᠠᠲᠤᠯᠠᠬᠤ ᠶᠢᠨ ᠪᠣᠯᠪᠠᠰᠤᠷᠠᠯᠲᠠ ᠪᠡᠯᠡᠳᠬᠡᠨ᠎ᠡ ::

ᠪᠢᠴᠢᠭ ᠤᠨ ᠵᠢᠱᠢᠶ᠎ᠡ 37 : ᠬᠣᠰᠢᠭᠤ ᠶᠢᠨ ᠰᠤᠷᠭᠠᠭᠤᠯᠢ ᠶᠢᠨ ᠪᠢᠴᠢᠭ ᠤᠨ ᠬᠠᠷᠢᠭᠤ ᠶᠢᠨ ᠰᠤᠷᠭᠠᠭᠤᠯᠢ ᠶᠢᠨ ᠬᠡᠯᠡᠯᠴᠡᠯ ᠤᠨ ᠪᠢᠴᠢᠭ

(ᠬᠡᠯᠡᠨ ᠦ ᠰᠣᠶᠣᠯ ᠤᠨ ᠪᠠᠢᠢᠭᠤᠯᠤᠯᠲᠠ ᠶᠢᠨ ᠵᠢᠱᠢᠶ᠎ᠡ
ᠵᠢᠭᠠᠭᠠᠳ ᠰᠤᠷᠭᠠᠭᠤᠯᠢ ᠶᠢᠨ ᠠᠵᠢᠯ ᠢ ᠰᠢᠯᠭᠠᠨ ᠦᠵᠡᠬᠦ)

××× ᠬᠣᠰᠢᠭᠤ ᠶᠢᠨ ᠰᠤᠷᠭᠠᠭᠤᠯᠢ ᠶᠢᠨ
ᠰᠤᠷᠭᠠᠭᠤᠯᠢ ᠶᠢᠨ ᠬᠡᠯᠡᠯᠴᠡᠯ ᠤᠨ ᠪᠢᠴᠢᠭ
(ᠬᠡᠯᠡᠨ ᠦ ᠰᠣᠶᠣᠯ ᠤᠨ ᠪᠠᠢᠢᠭᠤᠯᠤᠯᠲᠠ ᠶᠢᠨ ᠵᠢᠱᠢᠶ᠎ᠡ
ᠵᠢᠭᠠᠭᠠᠳ ᠰᠤᠷᠭᠠᠭᠤᠯᠢ ᠶᠢᠨ ᠠᠵᠢᠯ ᠢ ᠰᠢᠯᠭᠠᠨ ᠦᠵᠡᠬᠦ)

(××××) ᠰᠤᠷᠭᠠᠭᠤᠯᠢ ᠶᠢᠨ …… (ᠰᠤᠷᠭᠠᠭᠤᠯᠢ ᠶᠢᠨ ᠪᠠᠭᠰᠢ ᠨᠠᠷ) ……

××× (ᠰᠤᠷᠭᠠᠭᠤᠯᠢ ᠶᠢᠨ ᠬᠠᠮᠢᠶᠠᠷᠤᠯᠲᠠ ᠶᠢᠨ ᠬᠡᠯᠡᠨ ᠦ ᠰᠣᠶᠣᠯ ᠤᠨ ᠪᠠᠢᠢᠭᠤᠯᠤᠯᠲᠠ, ᠰᠤᠷᠭᠠᠭᠤᠯᠢ ᠶᠢᠨ ᠰᠤᠷᠭᠠᠨ ᠬᠦᠮᠦᠵᠢᠯ ᠦᠨ ᠪᠠᠢᠢᠭᠤᠯᠤᠯᠲᠠ ᠶᠢᠨ ᠠᠵᠢᠯ) ᠳᠤ ᠬᠦᠷᠳᠡᠭᠦᠯᠪᠡ ᠃ ᠡᠨᠡ ᠤᠳᠠᠭ᠎ᠠ ᠶᠢᠨ ××× (ᠰᠤᠷᠭᠠᠭᠤᠯᠢ ᠶᠢᠨ ᠬᠠᠮᠢᠶᠠᠷᠤᠯᠲᠠ ᠶᠢᠨ ᠬᠡᠯᠡᠨ ᠦ ᠰᠣᠶᠣᠯ ᠤᠨ ᠪᠠᠢᠢᠭᠤᠯᠤᠯᠲᠠ ᠶᠢᠨ ᠰᠤᠷᠭᠠᠭᠤᠯᠢ ᠶᠢᠨ ᠠᠵᠢᠯ ᠢ ᠰᠢᠯᠭᠠᠨ ᠦᠵᠡᠬᠦ) ××× ᠬᠠᠮᠢᠶᠠᠷᠤᠯᠲᠠ (ᠰᠤᠷᠭᠠᠭᠤᠯᠢ ᠶᠢᠨ ᠰᠤᠷᠭᠠᠨ ᠬᠦᠮᠦᠵᠢᠯ ᠦᠨ ᠠᠵᠢᠯ) ᠢ ᠬᠦᠷᠳᠡᠭᠦᠯᠪᠡ ᠃ ᠡᠨᠡ ᠤᠳᠠᠭ᠎ᠠ ᠶᠢᠨ ᠰᠤᠷᠭᠠᠭᠤᠯᠢ ᠶᠢᠨ ᠠᠵᠢᠯ ᠢ ᠰᠢᠯᠭᠠᠨ ᠦᠵᠡᠬᠦ ᠶᠢ ᠰᠢᠯᠭᠠᠨ ᠪᠠᠢᠢᠴᠠᠭᠠᠬᠤ ᠳᠤ ᠰᠤᠷᠭᠠᠭᠤᠯᠢ ᠶᠢᠨ ᠬᠡᠯᠡᠨ ᠦ ᠰᠤᠷᠭᠠᠨ ᠬᠦᠮᠦᠵᠢᠯ ᠦᠨ ᠪᠠᠢᠢᠭᠤᠯᠤᠯᠲᠠ ᠶᠢᠨ ᠬᠡᠯᠡᠨ ᠦ ᠠᠵᠢᠯ (ᠬᠡᠯᠡᠨ ᠦ ᠰᠤᠷᠭᠠᠭᠤᠯᠢ ᠶᠢᠨ ᠠᠵᠢᠯ) ᠢ ᠬᠡᠷᠡᠭᠵᠢᠭᠦᠯᠬᠦ ᠳᠤ ᠃ ×××× ᠣᠨ ᠤ ×× ᠰᠠᠷ᠎ᠠ ×× ᠡᠳᠦᠷ ᠡᠴᠡ (××××) …… ᠰᠤᠷᠭᠠᠭᠤᠯᠢ ᠶᠢᠨ (ᠰᠤᠷᠭᠠᠭᠤᠯᠢ ᠶᠢᠨ ᠪᠠᠭᠰᠢ ᠨᠠᠷ) …… ᠬᠡᠯᠡᠨ ᠦ ᠰᠤᠷᠭᠠᠭᠤᠯᠢ ᠶᠢᠨ ᠪᠠᠢᠢᠴᠠᠭᠠᠯᠲᠠ ᠶᠢᠨ ᠠᠵᠢᠯ ᠢ ᠬᠡᠯᠡᠨ ᠦ ×××× ᠣᠨ ᠤ ᠬᠠᠪᠤᠷ ᠤᠨ ᠰᠤᠷᠭᠠᠯᠲᠠ ᠶᠢᠨ ᠬᠤᠭᠤᠴᠠᠭ᠎ᠠ ᠳᠤ ᠬᠡᠷᠡᠭᠵᠢᠭᠦᠯᠬᠦ ᠪᠠᠷ ᠲᠣᠭᠲᠠᠭᠠᠪᠠ ᠃ ᠡᠨᠡ ᠬᠤᠭᠤᠴᠠᠭ᠎ᠠ ᠳᠤ (××××) …… ᠰᠤᠷᠭᠠᠭᠤᠯᠢ ᠶᠢᠨ (ᠰᠤᠷᠭᠠᠭᠤᠯᠢ ᠶᠢᠨ ᠪᠠᠭᠰᠢ ᠨᠠᠷ) …… ᠰᠤᠷᠭᠠᠭᠤᠯᠢ ᠶᠢᠨ ᠠᠵᠢᠯ ᠢ ᠰᠢᠯᠭᠠᠨ ᠦᠵᠡᠬᠦ ᠪᠠᠷ ᠪᠣᠯᠪᠠ ᠃ ×× ᠰᠠᠷ᠎ᠠ ×× ᠡᠳᠦᠷ ᠡᠴᠡ ×××× ᠣᠨ ᠤ ×× ᠰᠠᠷ᠎ᠠ ×× ᠡᠳᠦᠷ ᠬᠦᠷᠲᠡᠯ᠎ᠡ ᠬᠡᠯᠡᠨ ᠦ ᠰᠤᠷᠭᠠᠭᠤᠯᠢ ᠶᠢᠨ ×××× ᠣᠨ ᠤ ᠬᠡᠯᠡᠨ ᠦ ᠰᠤᠷᠭᠠᠭᠤᠯᠢ ᠶᠢᠨ ᠪᠠᠢᠢᠴᠠᠭᠠᠯᠲᠠ ᠳᠤ ᠬᠠᠮᠤᠷᠤᠭᠳᠠᠬᠤ ……

329

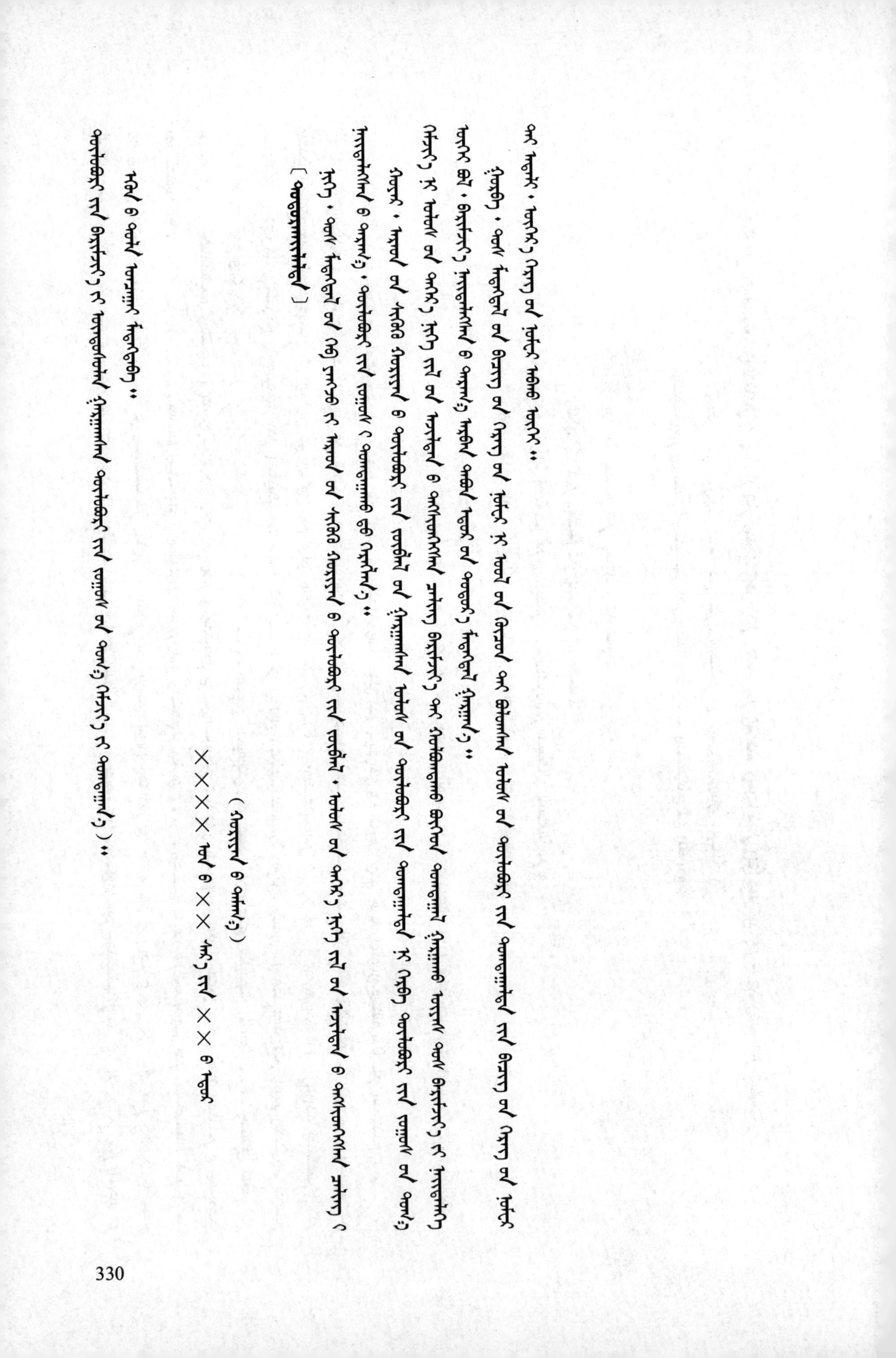

[illegible]

[illegible]

×××× ᠣᠨ ᠤ ×× ᠰᠠᠷ᠎ᠠ ᠶᠢᠨ ×× ᠤ ᠡᠳᠦᠷ

([illegible])

[[illegible]]

[illegible]

[illegible]

[illegible]

[illegible]

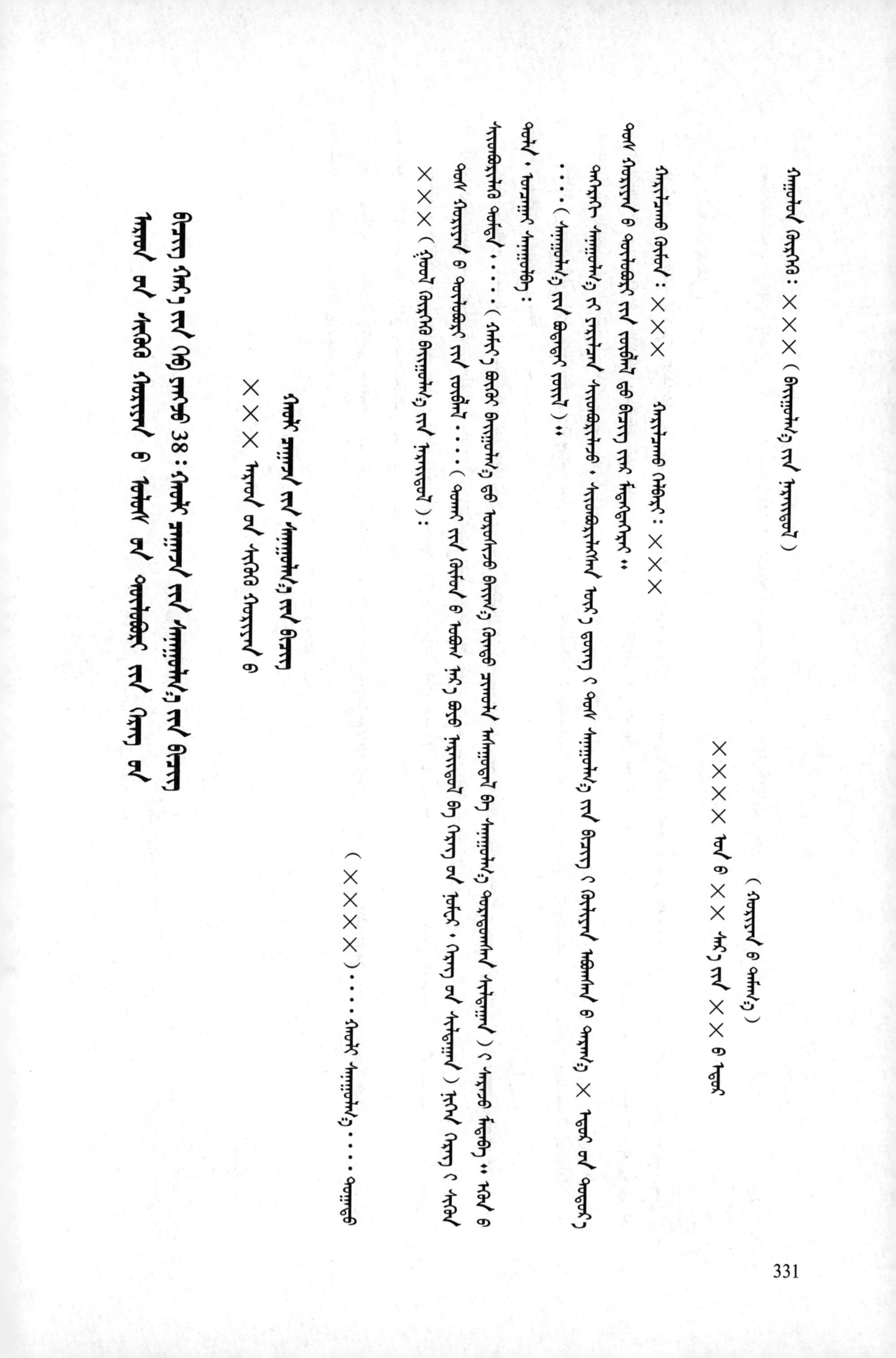

[illegible] : ××× ([illegible])

([illegible])

×××× [illegible] ×× [illegible] ×× [illegible]

[illegible] : ×××　[illegible] : ×××

[illegible] ..

[illegible] × [illegible]

.... ([illegible]) ..

[illegible] , [illegible] :

[illegible] .. [illegible] ([illegible]) ..... [illegible]

[illegible] .... ([illegible]) [illegible]

××× ([illegible]) :

(××××) .... [illegible] .... [illegible]

[illegible]

××× [illegible]

[illegible] 38 : [illegible]

[illegible]

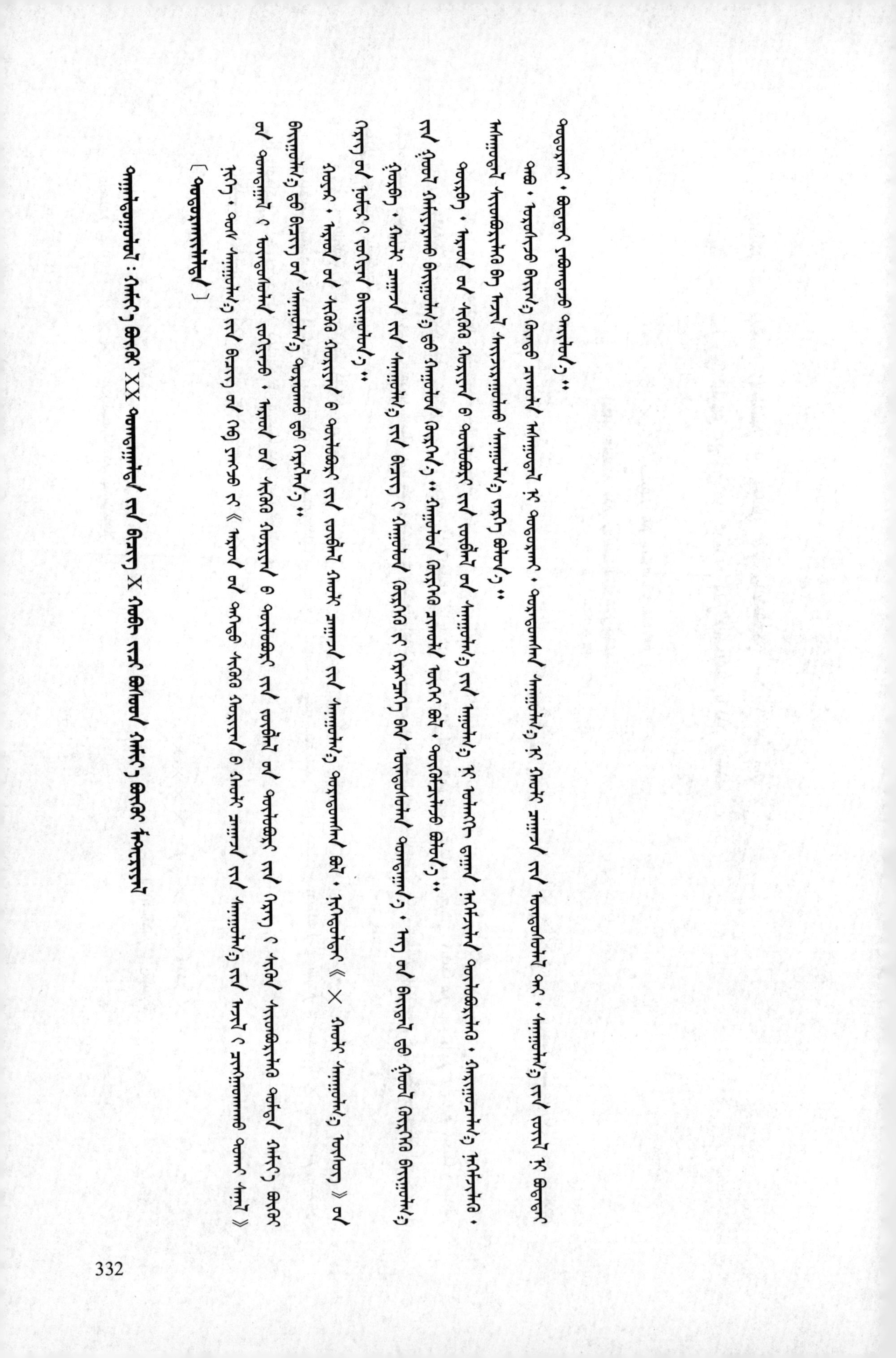

[illegible]

〔[illegible]〕

[illegible]

[illegible]

[illegible]

[illegible]

[illegible]

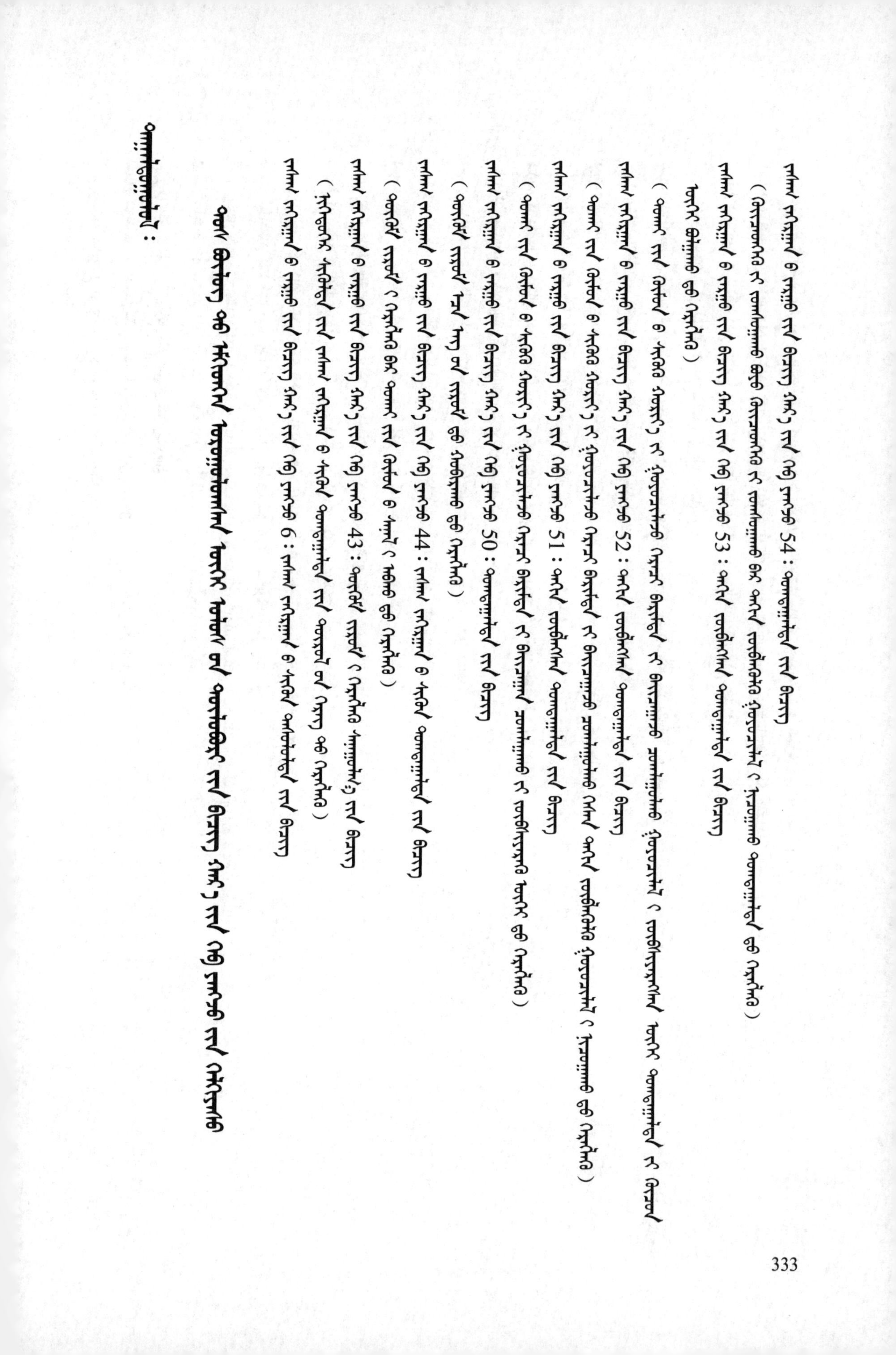

[illegible] 54 : [illegible]
([illegible])
[illegible] 53 : [illegible]
[illegible])
([illegible]
[illegible] 52 : [illegible]
([illegible])
[illegible] 51 : [illegible]
([illegible])
[illegible] 50 : [illegible]
([illegible])
[illegible] 44 : [illegible]
([illegible])
[illegible] 43 : [illegible]
([illegible])
[illegible] 6 : [illegible]

[illegible] :

([illegible])

[illegible] 72 : [illegible]

([illegible])

[illegible] 71 : [illegible]

([illegible])

[illegible] 70 : [illegible]

([illegible])

[illegible] 69 : [illegible]

([illegible])

[illegible] 68 : [illegible]

([illegible])

[illegible] 67 : [illegible]

([illegible])

[illegible] 66 : [illegible]

([illegible])

[illegible] 60 : [illegible]

([illegible])

[illegible] 59 : [illegible]

([illegible])

[illegible] 58 : [illegible]

[illegible] 55 : [illegible]

([illegible])

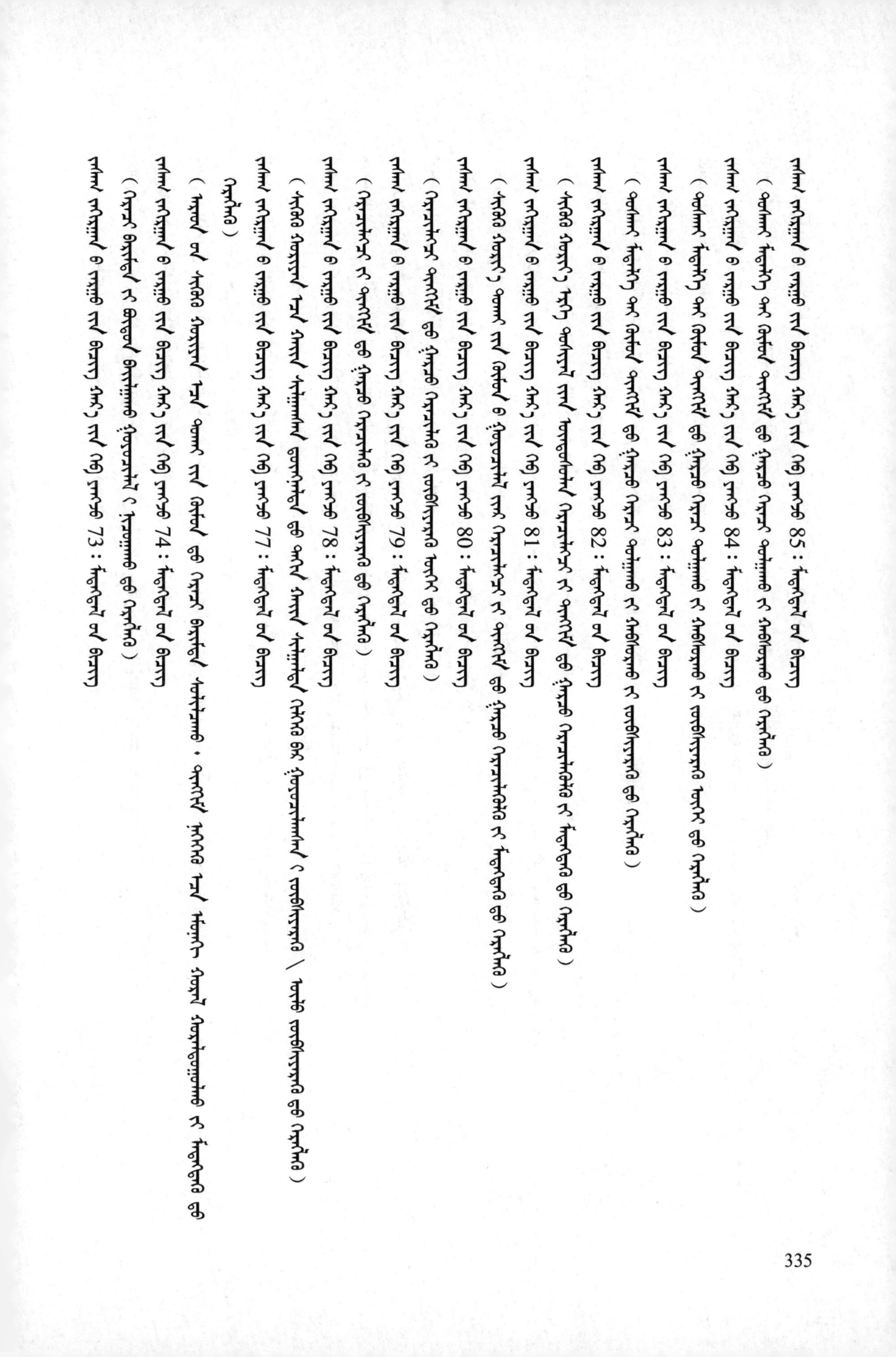

[illegible] 73 : [illegible]

([illegible])

[illegible] 74 : [illegible]

([illegible])

[illegible] 77 : [illegible]

([illegible] \ [illegible])

[illegible] 78 : [illegible]

([illegible])

[illegible] 79 : [illegible]

([illegible])

[illegible] 80 : [illegible]

([illegible])

[illegible] 81 : [illegible]

([illegible])

[illegible] 82 : [illegible]

([illegible])

[illegible] 83 : [illegible]

([illegible])

[illegible] 84 : [illegible]

([illegible])

[illegible] 85 : [illegible]

([illegible])

([illegible])

[illegible] 86 : [illegible]

[illegible] 88 : [illegible] ([illegible])

[illegible] 89 : [illegible]

([illegible])

[illegible] 90 : [illegible] ([illegible])

([illegible])

[illegible] 94 : [illegible]

([illegible])

[illegible] 95 : [illegible]

([illegible])

[illegible] 96 : [illegible]

([illegible])

[illegible] 97 : [illegible]

[illegible] 98 : [illegible]

([illegible])

[illegible] 119 : [illegible]

([illegible])

[illegible] 120 : [illegible]

([illegible])

[illegible] 122 : [illegible]

([illegible])

[illegible] 123 : [illegible]

([illegible])

[illegible] 124 : [illegible]

([illegible])

[illegible] 125 : [illegible]

([illegible])

[illegible] 126 : [illegible]

([illegible])

[illegible] 127 : [illegible]

([illegible])

[illegible] 128 : [illegible]

([illegible])

[illegible] 129 : [illegible]

([illegible])

[illegible] 130 : [illegible]

([illegible])

[illegible] 131 : [illegible]

([illegible])

[illegible] 132 : [illegible]

([illegible])

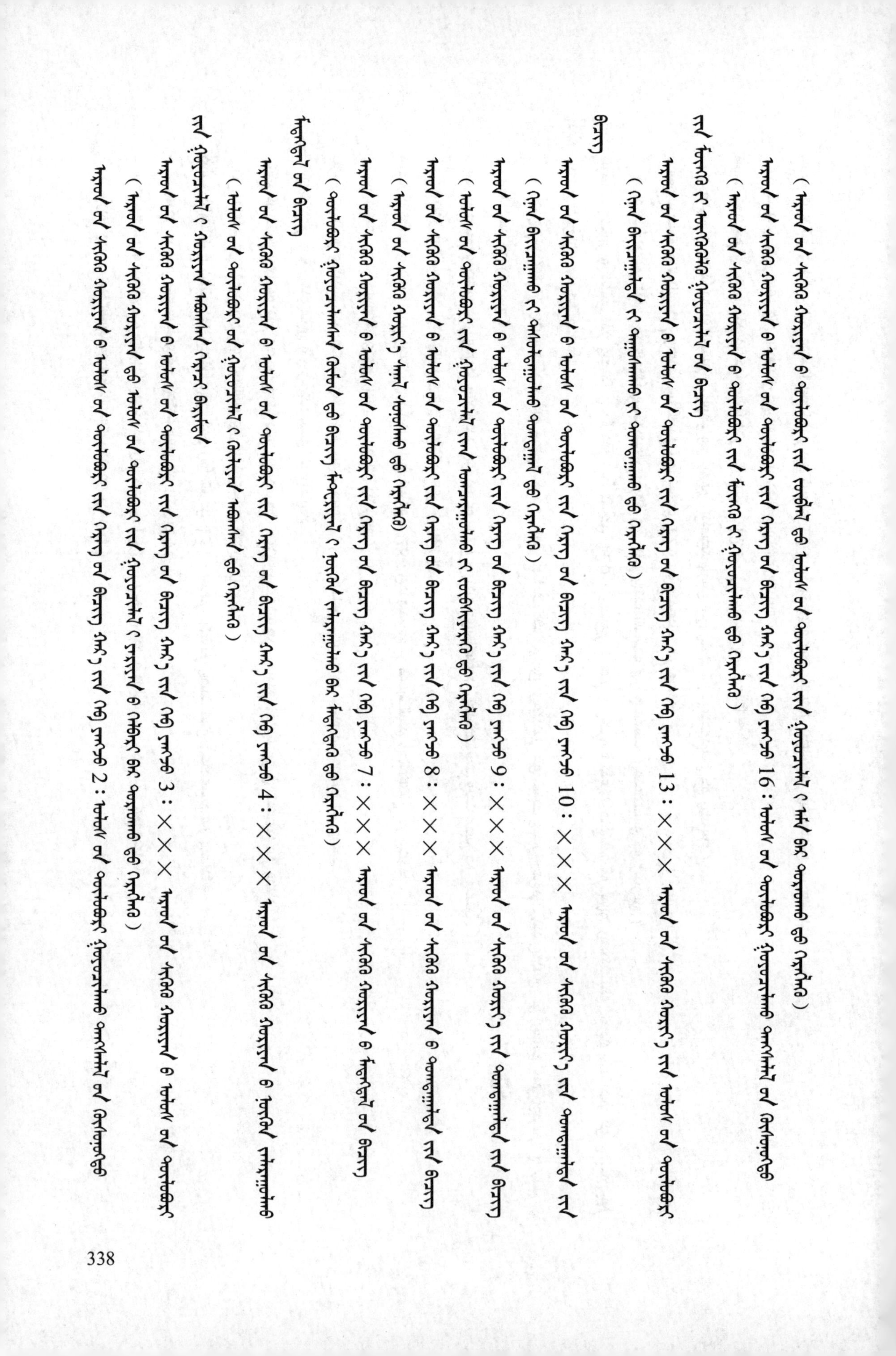

[illegible] 2 : [illegible]

([illegible])

[illegible] 3 : ××× [illegible]

([illegible])

[illegible] 4 : ××× [illegible]

([illegible])

[illegible] 7 : ××× [illegible]

([illegible])

[illegible] 8 : ××× [illegible]

([illegible])

[illegible] 9 : ××× [illegible]

([illegible])

[illegible] 10 : ××× [illegible]

([illegible])

[illegible] 13 : ××× [illegible]

([illegible])

[illegible] 16 : [illegible]

([illegible])

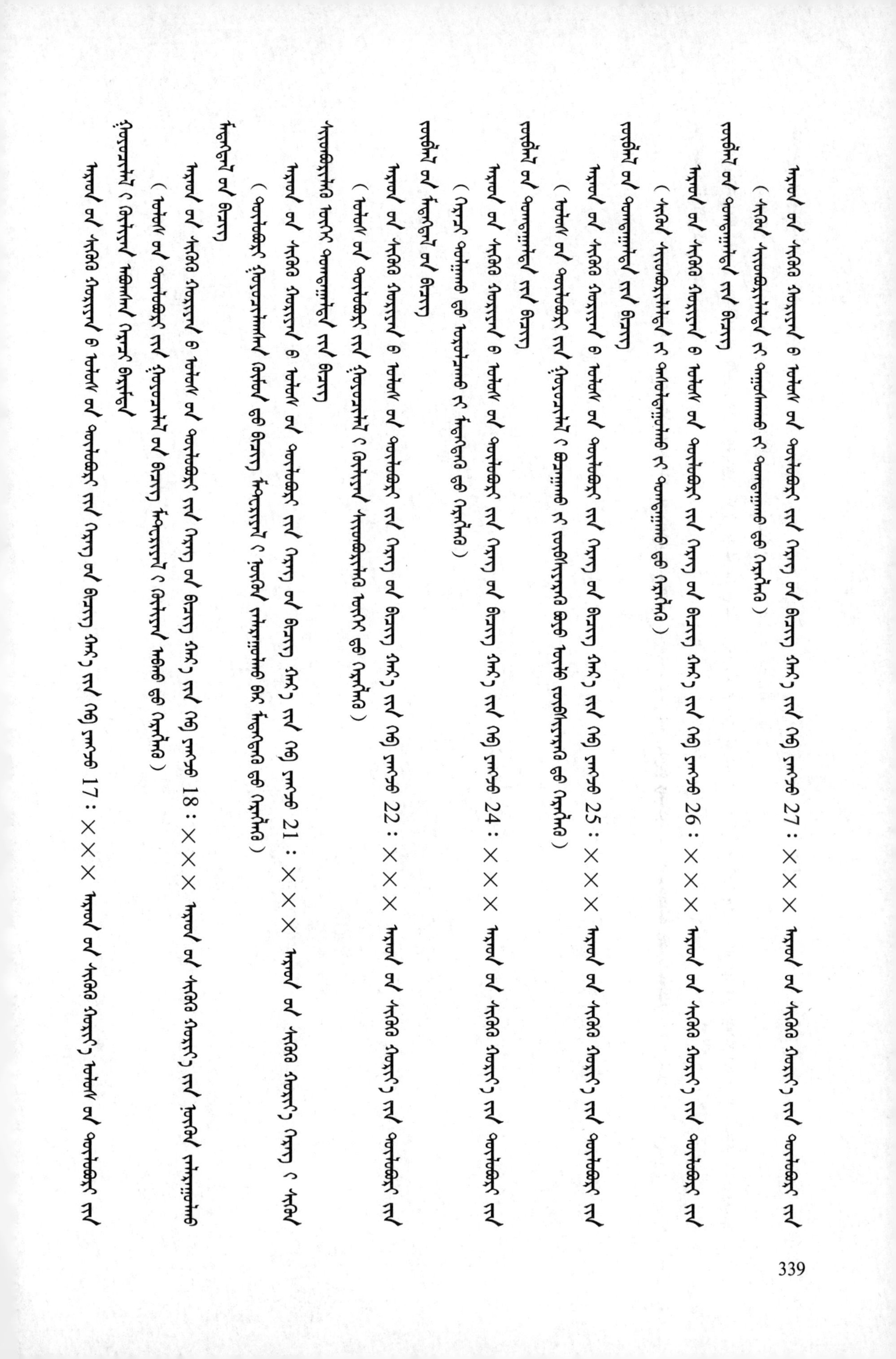

[illegible] 17 : ××× [illegible]
[illegible]
([illegible])

[illegible] 18 : ××× [illegible]
[illegible]
([illegible])

[illegible] 21 : ××× [illegible]
[illegible]
([illegible])

[illegible] 22 : ××× [illegible]
[illegible]
([illegible])

[illegible] 24 : ××× [illegible]
[illegible]
([illegible])

[illegible] 25 : ××× [illegible]
[illegible]
([illegible])

[illegible] 26 : ××× [illegible]
[illegible]
([illegible])

[illegible] 27 : ××× [illegible]

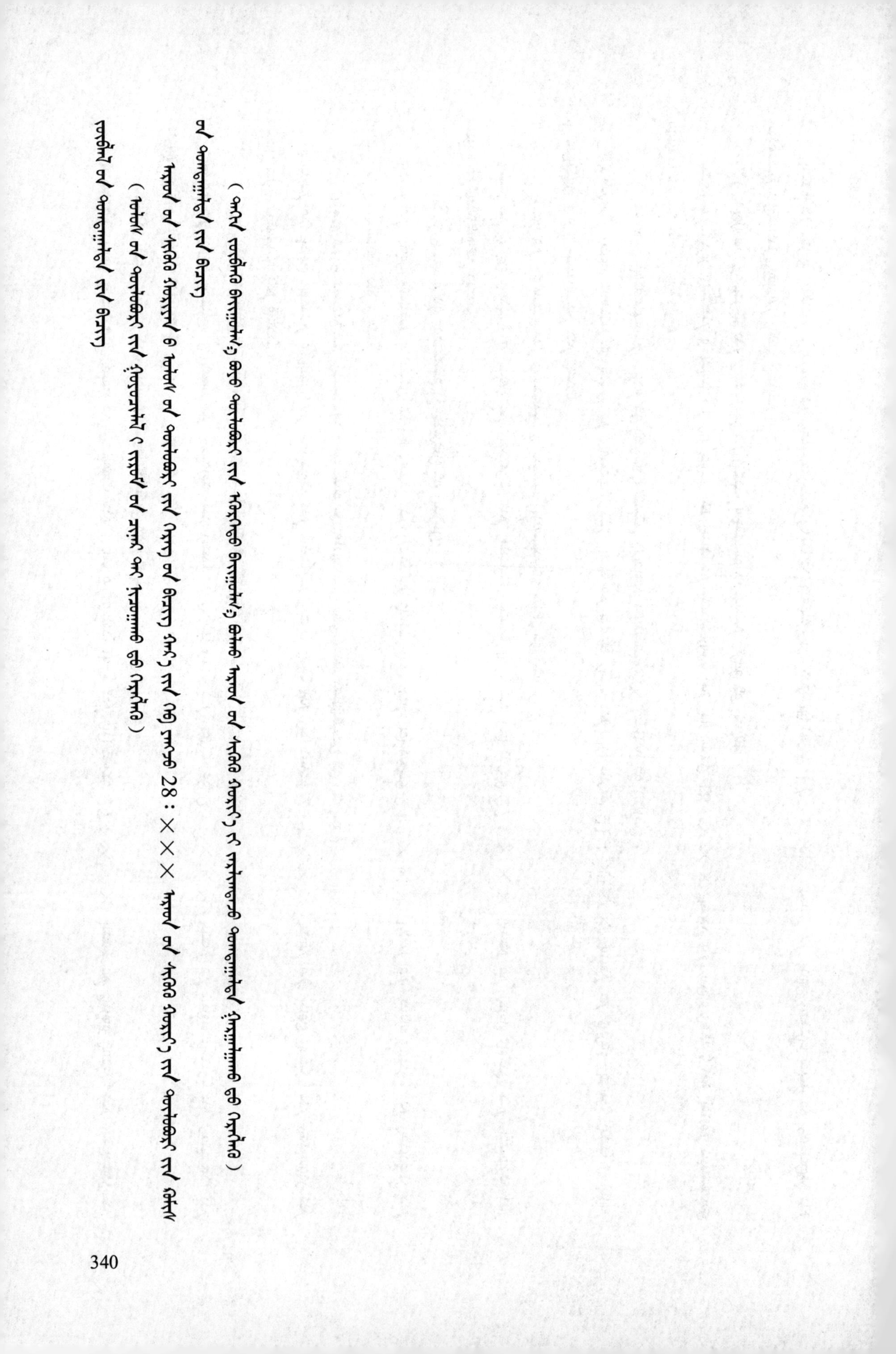

[illegible]

([illegible])

[illegible] 28 : ××× [illegible]

[illegible]

([illegible])

ᠬᠣᠲᠠ ᠶᠢᠨ ᠠᠷᠠᠳ ᠤᠨ ᠵᠠᠰᠠᠭ ᠤᠨ ᠭᠠᠵᠠᠷ ᠤ

《〈ᠬᠣᠲᠠ ᠶᠢᠨ ᠠᠷᠠᠳ ᠤᠨ ᠵᠠᠰᠠᠭ ᠤᠨ ᠭᠠᠵᠠᠷ ᠤᠨ ᠠᠵᠢᠯ ᠤᠨ ᠳᠦᠷᠢᠮ〉
ᠢ ᠰᠢᠨᠡᠳᠬᠡᠨ ᠵᠠᠰᠠᠮᠵᠢᠯᠠᠭᠰᠠᠨ ᠠᠵᠢᠯ ᠬᠡᠮᠵᠢᠶ᠎ᠡ》 ᠢ ᠬᠡᠪᠯᠡᠨ ᠨᠡᠢᠲᠡᠯᠡᠬᠦ ᠲᠤᠬᠠᠢ

(ᠬᠣᠲᠠ ᠵᠠᠰ〔2018〕335 ᠳ᠋ᠤᠭᠠᠷ)

ᠶᠠᠮᠠᠷ ᠂ ᠬᠣᠲᠠ ᠶᠢᠨ ᠠᠷᠠᠳ ᠤᠨ ᠵᠠᠰᠠᠭ ᠤᠨ ᠭᠠᠵᠠᠷ ᠂ ᠬᠣᠲᠠ ᠶᠢᠨ ᠠᠷᠠᠳ ᠤᠨ ᠵᠠᠰᠠᠭ ᠤᠨ ᠭᠠᠵᠠᠷ ᠤᠨ ᠬᠠᠷᠢᠶᠠᠯᠠᠯ ᠤᠨ
ᠴᠢᠭᠤᠯᠭᠠᠨ ᠤ ᠠᠷᠠᠳ ᠤᠨ ᠵᠠᠰᠠᠭ ᠂ ᠬᠣᠲᠠ ᠶᠢᠨ ᠠᠷᠠᠳ ᠤᠨ ᠵᠠᠰᠠᠭ ᠤᠨ ᠭᠠᠵᠠᠷ ᠤᠨ ᠬᠠᠷᠢᠶᠠᠯᠠᠯ ᠤᠨ ᠪᠠᠢᠭᠤᠯᠭ᠎ᠠ ᠲᠠᠢ
ᠵᠢᠷᠤᠮ ᠤᠨ ᠡᠬᠢᠯᠡᠯ ᠂ ᠬᠣᠲᠠ ᠶᠢᠨ ᠠᠷᠠᠳ ᠤᠨ ᠵᠠᠰᠠᠭ ᠤᠨ ᠭᠠᠵᠠᠷ ᠤᠨ ᠪᠦᠬᠦ ᠪᠠᠢᠭᠤᠯᠭ᠎ᠠ :
ᠬᠡᠯᠪᠡᠷᠢ ᠪᠠᠢᠭᠤᠯᠤᠯᠲᠠ ᠶᠢᠨ ᠬᠣᠷᠢᠶᠠᠨ ᠬᠤᠷᠠᠯ ᠲᠤ ᠬᠡᠯᠡᠯᠴᠡᠨ ᠲᠣᠭᠲᠠᠭᠠᠭᠰᠠᠨ 《 ᠬᠣᠲᠠ ᠶᠢᠨ ᠠᠷᠠᠳ ᠤᠨ ᠵᠠᠰᠠᠭ ᠤᠨ ᠭᠠᠵᠠᠷ ᠤᠨ ᠠᠵᠢᠯ ᠤᠨ
ᠳᠦᠷᠢᠮ 》 ᠤᠨ ᠬᠠᠮᠢᠶ᠎ᠠ ᠲᠠᠢ ᠪᠠᠢᠭᠤᠯᠤᠯᠲᠠ ᠶᠢᠨ ᠠᠵᠢᠯ ᠢ ᠰᠢᠨᠡᠳᠬᠡᠨ ᠵᠠᠰᠠᠮᠵᠢᠯᠠᠭᠰᠠᠨ ᠂ ᠣᠳᠣ ᠬᠡᠪᠯᠡᠨ ᠨᠡᠢᠲᠡᠯᠡᠵᠦ ᠲᠠᠨ ᠳᠤ ᠬᠦᠷᠭᠡᠪᠡ ᠂ ᠬᠣᠲᠠ
2019 ᠣᠨ ᠤ 1 ᠰᠠᠷ᠎ᠠ ᠶᠢᠨ 1 ᠡᠳᠦᠷ ᠡᠴᠡ ᠡᠬᠢᠯᠡᠨ ᠬᠡᠷᠡᠭᠵᠢᠭᠦᠯᠪᠡ ::
ᠬᠡᠷᠡᠭᠵᠢᠭᠦᠯᠬᠦ ᠳᠤ ᠪᠡᠨ ᠬᠠᠮᠢᠶ᠎ᠠ ᠲᠠᠢ ᠪᠠᠢᠭᠤᠯᠭ᠎ᠠ ᠳᠤ ᠪᠡᠨ ᠬᠣᠲᠠ ᠶᠢᠨ ᠠᠷᠠᠳ ᠤᠨ ᠵᠠᠰᠠᠭ ᠤᠨ ᠭᠠᠵᠠᠷ ᠲᠤ ᠮᠡᠳᠡᠭᠦᠯᠦᠭᠡᠷᠡᠢ ::

ᠬᠣᠲᠠ ᠶᠢᠨ ᠠᠷᠠᠳ ᠤᠨ ᠵᠠᠰᠠᠭ ᠤᠨ ᠭᠠᠵᠠᠷ
2018 ᠣᠨ ᠤ 12 ᠰᠠᠷ᠎ᠠ ᠶᠢᠨ 7 ᠤ ᠡᠳᠦᠷ

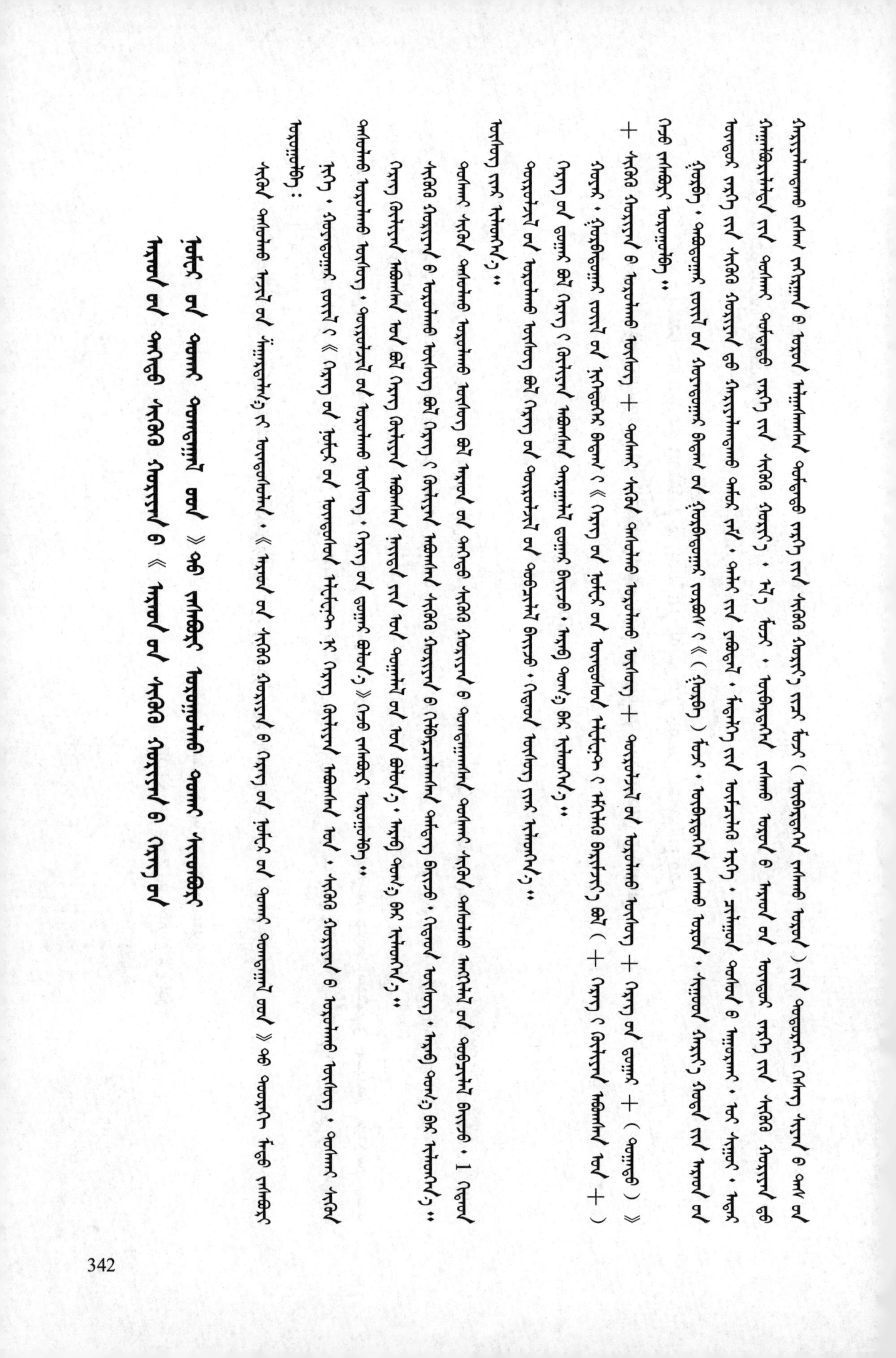

[illegible]

ᠮᠡᠳᠡᠯᠭᠡ ᠶᠢ 《知》 ᠭᠡᠵᠦ ᠬᠡᠯᠡᠳᠡᠭ ::

ᠬᠦᠮᠦᠨ ᠦ ᠲᠠᠨᠢᠨ ᠮᠡᠳᠡᠬᠦ ᠶᠢᠨ ᠦᠢᠯᠡ ᠶᠢᠨ ᠡᠬᠢ ᠰᠤᠷᠪᠤᠯᠵᠢ ᠨᠢ ᠪᠣᠳᠠᠰ ᠣᠶᠢᠷᠠᠳᠤᠭᠰᠠᠨ 》ᠪᠣᠯ ᠪᠣᠳᠠᠰ ᠤᠨ ᠣᠶᠢᠷᠠᠳᠤᠭᠰᠠᠨ ᠬᠡᠮᠵᠢᠶ᠎ᠡ ᠶᠢ ᠣᠶᠢᠷᠠᠳᠤᠭᠰᠠᠨ ᠪᠣᠯ · ᠪᠣᠳᠠᠰ ᠣᠶᠢᠷᠠ ᠪᠤᠯᠤᠭᠰᠠᠨ ᠮᠡᠳᠡᠯᠭᠡ ᠶᠢᠨ ᠮᠡᠳᠡᠯᠭᠡ ᠶᠢᠨ ᠦᠨᠳᠦᠰᠦ ᠬᠢᠷᠢ ᠬᠡᠮᠵᠢᠶ᠎ᠡ 《ᠪᠣᠯᠪᠠ ᠮᠡᠳᠡᠨ ᠨᠢ ᠮᠡᠳᠡᠯ ᠨᠢ ᠪᠣᠳᠠᠰ ᠤᠨ ᠣᠷᠴᠢᠨ ᠲᠣᠭᠣᠷᠢᠭᠰᠠᠨ ᠨᠢ ᠮᠡᠳᠡᠭᠰᠡᠨ ᠢ ᠬᠡᠮᠵᠢᠶ᠎ᠡ ᠶᠢᠨ ᠪᠣᠳᠠᠰ ᠤᠨ ᠮᠡᠳᠡᠯ ᠲᠣᠭᠣᠷᠢᠭᠰᠠᠨ ᠬᠡᠮᠵᠢᠶ᠎ᠡ ᠪᠣᠳᠠᠰ ᠮᠡᠳᠡᠯ ᠲᠡᠷᠡ ᠮᠡᠳᠡᠭᠰᠡᠨ ᠶᠢᠨ ᠮᠡᠳᠡᠯᠭᠡᠰᠡᠨ ᠡᠴᠡ ᠪᠣᠳᠠᠰ ᠣᠶᠢᠷᠠ ᠪᠤᠯᠤᠭᠰᠠᠨ ᠮᠡᠳᠡᠯᠭᠡ ᠶᠢᠨ ᠮᠡᠳᠡᠯᠭᠡ ᠶᠢᠨ ᠦᠨᠳᠦᠰᠦ ᠮᠡᠳᠡᠭᠳᠡᠬᠦ ::》

ᠬᠦᠮᠦᠨ ᠦ ᠮᠡᠳᠡᠯᠭᠡ ᠶᠢᠨ ᠪᠣᠯᠪᠠᠰᠤᠷᠠᠯ ᠬᠦᠮᠦᠨ ᠲᠡᠭᠦᠨ ᠡᠴᠡ ᠦᠯᠦ ᠰᠠᠯᠬᠤ · ᠲᠡᠭᠦᠨ ᠡᠴᠡ ᠪᠣᠯ ᠤᠷᠢᠳᠠᠨ ᠡᠴᠡ ᠪᠣᠳᠠᠰ ᠲᠤ ᠰᠠᠯᠬᠢᠨ · ᠬᠡᠮᠵᠢᠶ᠎ᠡ ᠲᠡᠭᠦᠨ ᠤ ᠪᠣᠳᠠᠰ ᠢ ᠪᠣᠯᠭᠠᠨ ᠪᠣᠳᠠᠰ ᠲᠡᠷᠡ ᠬᠦᠮᠦᠨ ᠦ ᠪᠣᠳᠠᠰ · ᠮᠡᠳᠡᠭᠰᠡᠨ ᠰᠠᠯᠬᠢᠨ ᠨᠢ ᠮᠡᠳᠡᠯᠭᠡ ᠪᠣᠯ ᠤ 《ᠪᠣᠳᠠᠰ ᠣᠶᠢᠷᠠ ᠪᠤᠯᠤᠭᠰᠠᠨ ᠪᠠ ᠪᠣᠳᠠᠰᠢᠯᠠᠭᠰᠠᠨ ᠨᠢ ᠮᠡᠳᠡᠯᠭᠡ ᠶᠢᠨ ᠮᠡᠳᠡᠯᠭᠡ ᠨᠢ ᠮᠡᠳᠡᠭᠰᠡᠨ ᠬᠡᠮᠵᠢᠶ᠎ᠡ ᠨᠢ ᠪᠣᠳᠠᠰ ᠤ ᠬᠡᠮᠵᠢᠶ᠎ᠡ ᠤ ᠪᠣᠯᠪᠠᠰᠤᠷᠠᠯ 71 · 72 · 73 · 74 · 75—80 · 81—85 · 87—95 ᠪᠠ 96—99 ᠳᠤᠭᠠᠷ ᠪᠣᠳᠠᠰᠤᠨ 》ᠳᠤᠭᠠᠷ ᠰᠤᠷᠪᠤᠯᠵᠢ ᠮᠡᠳᠡᠭᠳᠡᠬᠦᠨ ::

ᠰᠤᠷᠭᠠᠨ ᠰᠤᠷᠭᠠᠭᠤᠯᠢ ᠶᠢᠨ ᠮᠡᠳᠡᠯ ᠦᠨ ᠲᠣᠭᠣᠷᠢᠭᠰᠠᠨ ᠬᠡᠮᠵᠢᠶ᠎ᠡ ᠨᠢ ᠣᠶᠢᠷᠠ ᠲᠣᠭᠣᠷᠢᠭᠰᠠᠨ ᠤ ᠲᠣᠭᠣᠷᠢᠭᠤᠯᠤᠭᠰᠠᠨ ᠪᠣᠯᠪᠠᠰᠤᠷᠠᠭᠤᠯᠤᠭᠰᠠᠨ ᠪᠣᠳᠠᠰ ᠲᠡᠷᠡ ᠶᠢᠨ ᠣᠶᠢᠷᠠ ᠲᠣᠭᠣᠷᠢᠭᠰᠠᠨ · ᠪᠣᠳᠠᠰ ᠮᠡᠳᠡᠯᠭᠡ ᠶᠢᠨ ᠮᠡᠳᠡᠯᠭᠡ ᠨᠢ ᠪᠣᠯ ᠪᠣᠯ

ᠮᠣᠩᠭᠣᠯ ᠤᠨ ᠦᠨᠳᠦᠰᠦᠲᠡᠨ ᠦ ᠬᠡᠪᠯᠡᠯ ᠦᠨ ᠬᠣᠷᠢᠶᠠᠨ ᠤ

《ᠮᠣᠩᠭᠣᠯ ᠤᠨ ᠬᠡᠪᠯᠡᠯ ᠬᠣᠷᠢᠶᠠᠨ ᠤ ᠵᠢᠷᠤᠭ ᠤᠨ ᠨᠣᠮ ᠤᠨ ᠨᠣᠮᠧᠷ ᠤᠨ》

ᠳᠡᠭᠡᠷ᠎ᠡ ᠬᠠᠷᠢᠭᠤ ᠪᠢᠴᠢᠭ ᠪᠣᠯᠭᠠᠬᠤ ᠵᠢᠨ ᠮᠡᠳᠡᠭᠳᠡᠯ

(ᠬᠡᠪᠯᠡᠯ〔2015〕137 ᠳ᠋ᠤᠭᠠᠷ)

ᠬᠣᠷᠢᠶᠠᠨ ᠤ ᠬᠡᠯᠲᠡᠰ ᠦᠨ ᠬᠣᠷᠢᠶᠠᠨ ᠤ ᠮᠣᠩᠭᠣᠯ ᠬᠡᠪᠯᠡᠯ ᠦᠨ ᠬᠣᠷᠢᠶᠠᠨ ᠤ ᠬᠡᠯᠲᠡᠰ ᠦᠨ ᠪᠦᠬᠦ ᠲᠠᠰᠤᠭ ᠤᠳ ᠲᠤ ᠨᠢᠭᠡ ᠲᠤ ᠪᠣᠯᠭᠠᠨ ᠲᠠᠷᠬᠠᠭᠠᠬᠤ ᠵᠢᠨ ᠬᠡᠪᠯᠡᠯ ᠦᠨ ᠬᠣᠷᠢᠶᠠᠨ ᠤ ᠪᠠᠶᠢᠭᠤᠯᠬᠤ ᠬᠢᠯᠡᠨ ᠳ᠋ᠦ ᠬᠡᠪᠯᠡᠯ ᠦᠨ ᠬᠣᠷᠢᠶᠠᠨ ᠤ ᠬᠡᠯᠲᠡᠰ ᠦᠨ ᠳᠠᠷᠤᠭ᠎ᠠ ᠲᠤ ᠬᠠᠮᠢᠶᠠᠷᠤᠭᠰᠠᠨ ᠤᠳᠠᠭ᠎ᠠ ᠶᠢᠨ 《ᠮᠣᠩᠭᠣᠯ ᠤᠨ ᠬᠡᠪᠯᠡᠯ ᠦᠨ ᠬᠣᠷᠢᠶᠠᠨ ᠤ ᠵᠢᠷᠤᠭ ᠤᠨ ᠨᠣᠮ ᠤᠨ ᠨᠣᠮᠧᠷ ᠤᠨ》(ᠨᠣᠮᠧᠷ ᠦᠨ 《ᠨᠣᠮᠧᠷ ᠤᠨ》ᠬᠡᠮᠡᠬᠦ ᠨᠢ ᠪᠣᠯᠪᠠᠰᠤᠷᠠᠯᠳᠤᠨ ᠶᠠᠪᠤᠭᠳᠠᠬᠤ) ᠶᠢ ᠨᠠᠶᠢᠷᠠᠭᠤᠯᠤᠨ ᠪᠠᠶᠢᠭᠤᠯᠤᠭᠰᠠᠨ ᠵᠢᠷᠤᠭ ᠦᠨ ᠬᠡᠪᠯᠡᠯ ᠬᠣᠷᠢᠶᠠᠨ ᠤ ᠬᠡᠪᠯᠡᠯ ᠦᠨ ᠬᠡᠯᠲᠡᠰ ᠲᠦ 1645 ᠳ᠋ᠤᠭᠠᠷ ᠬᠡᠪᠯᠡᠯ ᠦᠨ ᠨᠣᠮᠧᠷ 《ᠮᠣᠩᠭᠣᠯ ᠤᠨ ᠬᠡᠪᠯᠡᠯ ᠦᠨ ᠬᠣᠷᠢᠶᠠᠨ ᠤ ᠵᠢᠷᠤᠭ ᠤᠨ ᠨᠣᠮ ᠤᠨ ᠨᠣᠮᠧᠷ ᠤᠨ》ᠬᠡᠪᠯᠡᠯ ᠦᠨ ᠬᠣᠷᠢᠶᠠᠨ ᠤ ᠬᠡᠪᠯᠡᠯ ᠦᠨ ᠬᠡᠯᠲᠡᠰ ᠲᠦ ᠨᠢᠭᠡ ᠲᠤ ᠪᠣᠯᠭᠠᠨ ᠲᠠᠷᠬᠠᠭᠠᠵᠤ ᠪᠠᠶᠢᠨ᠎ᠠ᠃ ᠬᠡᠪᠯᠡᠯ ᠦᠨ ᠬᠣᠷᠢᠶᠠᠨ ᠤ ᠬᠡᠪᠯᠡᠯ ᠦᠨ ᠬᠡᠯᠲᠡᠰ ᠲᠦ ᠬᠡᠪᠯᠡᠯ ᠦᠨ ᠬᠣᠷᠢᠶᠠᠨ ᠤ ᠬᠡᠯᠲᠡᠰ ᠦᠨ ᠳᠠᠷᠤᠭ᠎ᠠ᠂ ᠬᠡᠪᠯᠡᠯ ᠦᠨ ᠬᠣᠷᠢᠶᠠᠨ ᠤ ᠮᠣᠩᠭᠣᠯ ᠬᠡᠪᠯᠡᠯ ᠦᠨ ᠬᠣᠷᠢᠶᠠᠨ ᠤ ᠬᠡᠯᠲᠡᠰ᠂ ᠬᠡᠪᠯᠡᠯ ᠦᠨ ᠬᠣᠷᠢᠶᠠᠨ ᠤ ᠬᠡᠯᠲᠡᠰ᠂ ᠨᠢᠭᠡ ᠲᠤ ᠪᠣᠯᠭᠠᠨ ᠲᠠᠷᠬᠠᠭᠠᠬᠤ ᠮᠣᠩᠭᠣᠯ ᠬᠡᠪᠯᠡᠯ ᠦᠨ ᠬᠣᠷᠢᠶᠠᠨ ᠤ ᠬᠡᠪᠯᠡᠯ ᠦᠨ ᠬᠡᠯᠲᠡᠰ ᠲᠦ ᠬᠡᠪᠯᠡᠯ ᠦᠨ ᠬᠣᠷᠢᠶᠠᠨ ᠤ ᠬᠡᠯᠲᠡᠰ᠃

ᠬᠠᠷᠢᠯᠴᠠᠬᠤ ᠤᠲᠠᠰᠤ : 010 — 67557245 (ᠤᠲᠠᠰᠤ) , 67557208 (ᠹᠠᠻᠰ)

2015 ᠣᠨ ᠤ 5 ᠰᠠᠷ᠎ᠠ ᠶᠢᠨ 13 ᠤ ᠡᠳᠦᠷ
ᠮᠣᠩᠭᠣᠯ ᠤᠨ ᠦᠨᠳᠦᠰᠦᠲᠡᠨ ᠦ ᠬᠡᠪᠯᠡᠯ ᠦᠨ ᠬᠣᠷᠢᠶ᠎ᠠ

ᠡᠮᠨᠡᠯᠭᠡ ᠶᠢᠨ ᠰᠤᠳᠤᠯᠭᠠᠨ ᠤ ᠦᠭᠡ ᠶᠢᠨ ᠨᠡᠶᠢᠯᠡᠯ ᠶᠢᠨ ᠪᠠᠷᠢᠮᠵᠢᠶ᠎ᠠ ᠲᠤᠬᠠᠢ

ᠡᠮᠨᠡᠯᠭᠡ ᠶᠢᠨ ᠰᠤᠳᠤᠯᠭᠠᠨ ᠤ ᠦᠭᠡ ᠶᠢᠨ ᠨᠡᠶᠢᠯᠡᠯ ᠢ ᠪᠠᠷᠢᠮᠵᠢᠶᠠᠭᠤᠯᠬᠤ ᠨᠢ ᠡᠷᠳᠡᠮ ᠰᠤᠳᠤᠯᠭᠠᠨ ᠤ ᠠᠵᠢᠯ ᠢ ᠰᠠᠶᠢᠵᠢᠷᠠᠭᠤᠯᠬᠤ ᠳᠤ ᠴᠢᠬᠤᠯᠠ ᠠᠴᠠ ᠭᠠᠳᠠᠨ᠎ᠠ᠂ ᠮᠣᠩᠭᠣᠯ ᠬᠡᠯᠡ ᠪᠢᠴᠢᠭ ᠤᠨ ᠪᠠᠷᠢᠮᠵᠢᠶ᠎ᠠ᠂ ᠬᠡᠯᠡ ᠰᠤᠳᠤᠯᠤᠯ ᠤᠨ ᠮᠡᠳᠡᠯᠭᠡ ᠪᠠ ᠡᠮᠨᠡᠯᠭᠡ ᠶᠢᠨ ᠮᠡᠷᠭᠡᠵᠢᠯ ᠦᠨ ᠰᠤᠳᠤᠯᠭᠠᠨ ᠤ ᠪᠦᠲᠦᠭᠡᠯ ᠦᠨ ᠬᠦᠮᠦᠨ ᠦ ᠮᠡᠳᠡᠯᠭᠡ ᠶᠢᠨ ᠬᠢᠷᠢ ᠬᠡᠮᠵᠢᠶ᠎ᠡ᠂ ᠪᠠᠷᠢᠮᠵᠢᠶᠠᠯᠠᠬᠤ ᠶᠢ ᠲᠤᠰᠬᠠᠶ ᠠᠨᠬᠠᠷᠤᠯᠬᠤ ᠬᠡᠷᠡᠭᠲᠡᠢ᠃

ᠨᠢᠭᠡ᠂ ᠦᠭᠡ ᠶᠢᠨ ᠪᠠᠷᠢᠮᠵᠢᠶ᠎ᠠ

ᠨᠡᠶᠢᠯᠡᠯ ᠦᠭᠡ ᠲᠤᠰ ᠪᠠᠷᠢᠮᠵᠢᠶ᠎ᠠ ᠳᠤ ᠨᠡᠶᠢᠯᠡᠭᠦᠯᠦᠭᠰᠡᠨ ᠦᠭᠡ ᠶᠢᠨ ᠨᠡᠶᠢᠯᠡᠯ ᠪᠣᠯ ᠡᠮᠨᠡᠯᠭᠡ ᠶᠢᠨ ᠰᠤᠳᠤᠯᠭᠠᠨ ᠤ ᠦᠭᠡ ᠬᠡᠯᠡᠯᠴᠡᠬᠦ ᠳᠦᠷᠢᠮ ᠪᠠ ᠮᠡᠷᠭᠡᠵᠢᠯ ᠦᠨ ᠲᠣᠭᠠᠴᠠ ᠨᠡᠶᠢᠯᠡᠭᠦᠯᠬᠦ᠂ ᠦᠭᠡ ᠨᠡᠶᠢᠯᠡᠭᠦᠯᠬᠦ᠂ ᠵᠢᠱᠢᠶ᠎ᠡ ᠨᠢ ᠪᠠᠷᠢᠮᠵᠢᠶ᠎ᠠ ᠪᠠᠨ ᠪᠠᠲᠤᠯᠠᠭᠤᠯᠤᠨ᠎ᠠ᠃

ᠬᠤᠪᠢᠶᠠᠷᠢᠯᠲᠠ ᠦᠭᠡ ᠦᠭᠡ ᠶᠢᠨ ᠨᠡᠶᠢᠯᠡᠯ ᠦᠨ ᠨᠡᠶᠢᠯᠡᠭᠦᠯᠬᠦ ᠶᠢ ᠲᠣᠳᠣᠷᠬᠠᠶᠢᠯᠠᠬᠤ ᠳᠦᠷᠢᠮ᠂ ᠰᠤᠳᠤᠯᠭᠠᠨ ᠤ ᠨᠡᠶᠢᠯᠡᠭᠦᠯᠬᠦ ᠬᠡᠯᠪᠡᠷᠢ᠂ ᠮᠡᠷᠭᠡᠵᠢᠯ ᠦᠨ ᠨᠡᠶᠢᠯᠡᠭᠦᠯᠬᠦ ᠬᠡᠯᠪᠡᠷᠢ᠂ ᠦᠭᠡ ᠶᠢᠨ ᠳᠠᠷᠠᠭᠠᠯᠠᠯ ᠪᠣᠯᠤᠨ᠎ᠠ᠃

ᠦᠭᠡ ᠲᠣᠳᠣᠷᠬᠠᠶᠢᠯᠠᠬᠤ ᠳᠦᠷᠢᠮ ᠪᠠ ᠦᠭᠡ ᠲᠣᠳᠣᠷᠬᠠᠶᠢᠯᠠᠬᠤ ᠳᠦᠷᠢᠮ ᠨᠢ ᠲᠤᠰ ᠪᠠᠷᠢᠮᠵᠢᠶ᠎ᠠ ᠶᠢᠨ ᠳᠦᠷᠢᠮ ᠪᠣᠯᠤᠨ᠎ᠠ᠂ ᠵᠢᠱᠢᠶ᠎ᠡ ᠨᠢ ᠲᠣᠳᠣᠷᠬᠠᠢ ᠪᠣᠯᠤᠨ᠎ᠠ᠃

ᠰᠤᠳᠤᠯᠭᠠᠨ ᠤ ᠮᠡᠷᠭᠡᠵᠢᠯ ᠦᠨ ᠬᠡᠯᠪᠡᠷᠢ ᠪᠠ ᠦᠭᠡ ᠶᠢ ᠲᠣᠳᠣᠷᠬᠠᠶᠢᠯᠠᠬᠤ ᠳᠦᠷᠢᠮ ᠰᠤᠳᠤᠯᠭᠠᠨ ᠤ ᠲᠣᠳᠣᠷᠬᠠᠶᠢᠯᠠᠯᠲᠠ ᠶᠢᠨ ᠬᠡᠯᠪᠡᠷᠢ᠂ ᠬᠦᠮᠦᠨ ᠪᠠᠷᠢᠮᠵᠢᠶ᠎ᠠ᠂ ᠵᠢᠱᠢᠶ᠎ᠡ ᠨᠢ ᠲᠣᠳᠣᠷᠬᠠᠢ ᠪᠣᠯᠤᠨ᠎ᠠ᠃

ᠨᠡᠶᠢᠯᠡᠭᠦᠯᠬᠦ ᠶᠢᠨ ᠮᠡᠷᠭᠡᠵᠢᠯ ᠦᠨ ᠬᠡᠯᠪᠡᠷᠢ ᠪᠠ ᠦᠭᠡ ᠶᠢᠨ ᠨᠡᠶᠢᠯᠡᠭᠦᠯᠬᠦ ᠶᠢᠨ ᠳᠠᠷᠠᠭᠠᠯᠠᠯ ᠬᠡᠯᠪᠡᠷᠢ᠂ ᠬᠦᠮᠦᠨ ᠪᠠᠷᠢᠮᠵᠢᠶ᠎ᠠ ᠨᠢ ᠲᠣᠳᠣᠷᠬᠠᠢ ᠪᠣᠯᠤᠨ᠎ᠠ᠃

ᠦᠭᠡ ᠶᠢᠨ ᠳᠠᠷᠠᠭᠠᠯᠠᠯ ᠪᠠ ᠦᠭᠡ ᠶᠢ ᠲᠣᠳᠣᠷᠬᠠᠶᠢᠯᠠᠬᠤ ᠳᠦᠷᠢᠮ ᠮᠡᠷᠭᠡᠵᠢᠯ ᠳᠠᠷᠠᠭᠠᠯᠠᠯ ᠬᠡᠯᠪᠡᠷᠢ᠂ ᠵᠢᠱᠢᠶ᠎ᠡ ᠨᠢ ᠲᠣᠳᠣᠷᠬᠠᠢ ᠪᠣᠯᠤᠨ᠎ᠠ᠃

ᠳᠠᠷᠠᠭᠠᠯᠠᠯ ᠦᠭᠡ ᠦᠭᠡ ᠶᠢᠨ ᠨᠡᠶᠢᠯᠡᠯ ᠦᠨ ᠨᠡᠶᠢᠯᠡᠭᠦᠯᠬᠦ ᠶᠢᠨ ᠲᠣᠳᠣᠷᠬᠠᠶᠢᠯᠠᠬᠤ ᠵᠠᠭᠪᠤᠷ ᠪᠣᠯ（＋ ᠦᠭᠡ ᠶᠢ ᠲᠣᠳᠣᠷᠬᠠᠶᠢᠯᠠᠬᠤ ᠳᠦᠷᠢᠮ ＋）＋ ᠰᠤᠳᠤᠯᠭᠠᠨ ᠤ ᠬᠡᠯᠪᠡᠷᠢ ＋ ᠰᠤᠳᠤᠯᠭᠠᠨ ᠤ ᠬᠡᠯᠪᠡᠷᠢ ＋ ᠮᠡᠷᠭᠡᠵᠢᠯ ᠦᠨ ᠬᠡᠯᠪᠡᠷᠢ ＋ ᠦᠭᠡ ᠶᠢᠨ ᠳᠠᠷᠠᠭᠠᠯᠠᠯ ＋（ᠳᠠᠷᠠᠭᠠᠯᠠᠯ）᠃

ᠦᠭᠡ ᠨᠡᠶᠢᠯᠡᠭᠦᠯᠬᠦ ᠳᠦ ᠨᠡᠶᠢᠯᠡᠭᠦᠯᠦᠭᠰᠡᠨ ᠦᠭᠡ ᠶᠢᠨ ᠨᠡᠶᠢᠯᠡᠯ ᠢ ᠵᠢᠱᠢᠶ᠎ᠡ ᠶᠢᠨ ᠬᠡᠰᠡᠭ ᠲᠦ ᠦᠵᠡᠭᠦᠯᠪᠡ᠃

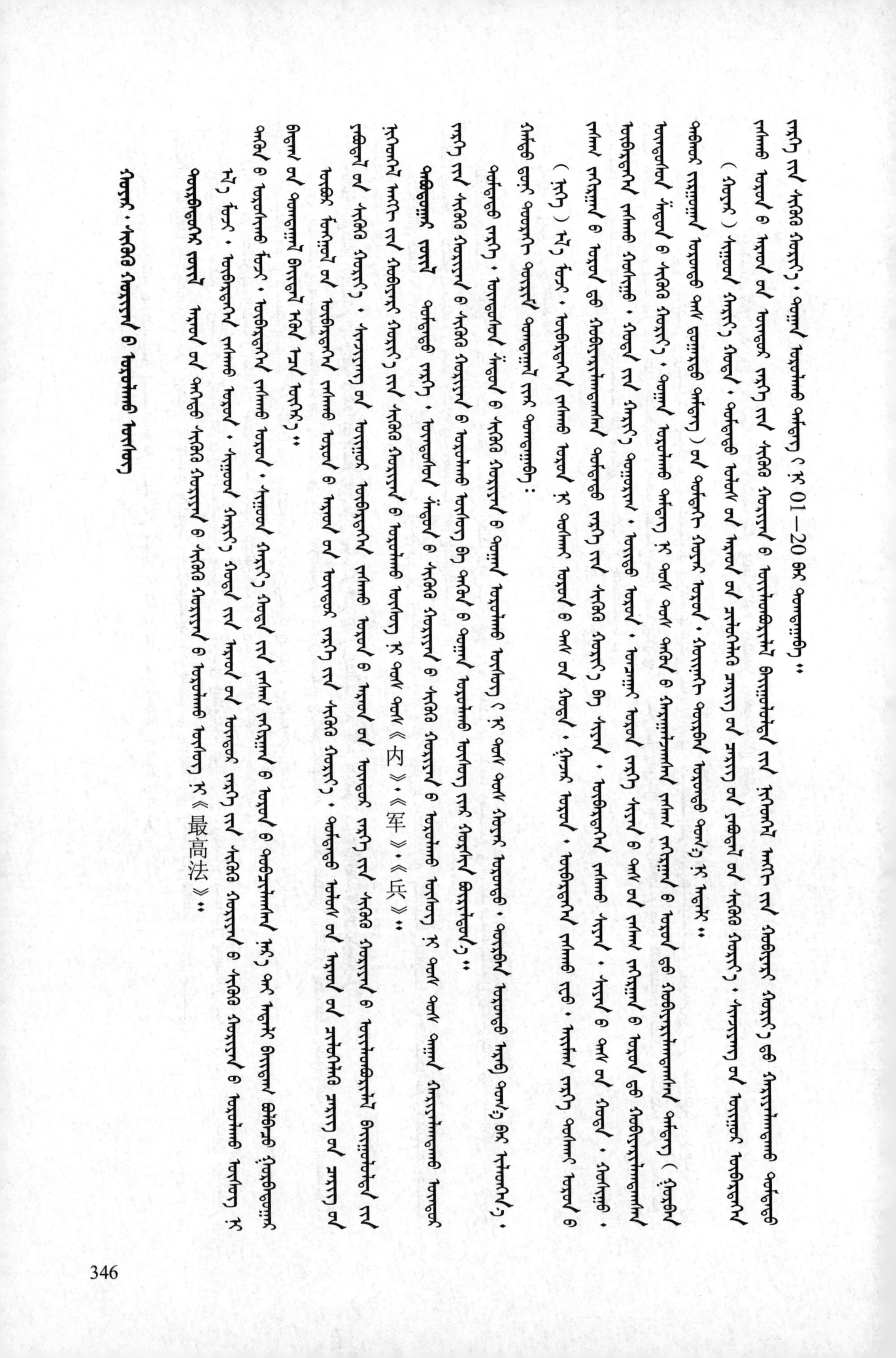

[illegible] 01—20 [illegible] ::

[illegible] ([illegible]) [illegible] ::

[illegible] ([illegible]) [illegible] :

[illegible] ::

[illegible] 《内》·《军》·《兵》::

[illegible] ::

[illegible] 《最高法》::

[illegible]

(ᠬᠡᠮᠡᠨ) ᠭᠡᠵᠡᠢ · ᠲᠠᠷᠬᠠᠭᠤᠯᠤᠭᠰᠠᠨ ᠣᠷᠣᠨ ᠪᠠᠢᠷᠢ · ᠬᠤᠪᠢᠯᠭᠠᠨ ᠤ ᠬᠡᠰᠡᠭ ᠦᠨ ᠳᠤᠰ ᠬᠡᠰᠡᠭ ᠲᠦ ᠪᠠᠭᠲᠠᠭᠰᠠᠨ ᠰᠤᠳᠤᠷ ᠤᠨ ᠬᠡᠰᠡᠭ · ᠬᠤᠪᠢ ᠶᠢᠨ ᠬᠡᠰᠡᠭ ᠦᠨ ᠮᠡᠳᠡᠭᠰᠡᠨ ᠨᠡᠷ᠎ᠡ ᠶᠢᠨ ᠡᠬᠢ ᠪᠢᠴᠢᠭ · ᠲᠡᠦᠬᠡ ᠶᠢᠨ ᠵᠢᠷᠤᠭ ᠤᠨ ᠬᠡᠰᠡᠭ ᠪᠠᠢᠭ᠎ᠠ ᠶᠢᠨ ᠬᠡᠪᠯᠡᠯ ᠢ ᠵᠢᠷᠭᠤᠭᠠᠨ ᠲᠤ ᠪᠠᠭᠲᠠᠭᠠᠵᠤ · ᠰᠤᠳᠤᠷ ᠤᠨ ᠬᠡᠰᠡᠭ ᠦᠨ ᠲᠠᠯᠠᠭᠠᠷ ᠪᠠᠷ ᠤᠮᠤᠯ ᠤᠮᠤᠯ 71 · 72 · 73 · 74 · 75— 80 · 81—85 · 87—95 ᠪᠠ 96—99 ᠳᠤᠭᠠᠷ ᠨᠢᠭᠤᠷ ᠲᠤ ᠪᠠᠭᠲᠠᠵᠤᠢ ::

(ᠪᠣᠭᠳᠠ) ᠪᠣᠯᠣᠨ ᠰᠤᠳᠤᠷ ᠤᠨ ᠬᠡᠰᠡᠭ ᠦᠨ ᠲᠠᠯ᠎ᠠ ᠶᠢᠨ ᠨᠡᠷ᠎ᠡ ᠶᠢᠨ ᠬᠡᠰᠡᠭ ᠦᠨ ᠡᠬᠢ ᠪᠢᠴᠢᠭ ᠢ ᠬᠠᠳᠠᠭᠠᠯᠠᠭᠳᠠᠵᠤ ᠪᠠᠢᠭ᠎ᠠ ᠪᠣᠯ · ᠬᠠᠮᠤᠭ ᠤᠨ ᠲᠤᠰᠬᠠᠢ ᠬᠡᠰᠡᠭ ᠦᠨ ᠨᠡᠷ᠎ᠡ ᠶᠢᠨ ᠲᠡᠦᠬᠡ ᠶᠢᠨ ᠰᠤᠳᠤᠯᠭ᠎ᠠ ᠳᠤ ᠪᠠᠭᠲᠠᠭᠠᠵᠤ · ᠬᠤᠪᠢ ᠶᠢᠨ ᠨᠡᠷ᠎ᠡ ᠶᠢᠨ ᠬᠡᠪᠯᠡᠯ ᠲᠦ ᠬᠠᠮᠤᠭ ᠤᠨ ᠡᠬᠢ ᠪᠢᠴᠢᠭ ᠬᠡᠰᠡᠭ ᠦᠨ ᠲᠠᠯᠠᠭᠠᠷ ᠪᠠᠷ ᠤᠮᠤᠯ ᠤᠮᠤᠯ ᠢ ᠬᠠᠷᠠᠭᠤᠯᠤᠨ ᠲᠣᠭᠲᠠᠭᠠᠵᠤ · ᠲᠡᠦᠬᠡ ᠶᠢᠨ ᠬᠡᠰᠡᠭ ᠦᠨ ᠬᠡᠰᠡᠭ ᠲᠦ ᠲᠠᠷᠬᠠᠭᠤᠯᠪᠠ ᠪᠣᠯᠬᠤ ᠶᠢ ᠳᠤ 01—40 ᠳᠤ ᠪᠠᠭᠲᠠᠵᠤᠢ ::

(ᠬᠠᠷᠠ) ᠪᠠᠷᠢᠮᠲᠠ ᠬᠡᠰᠡᠭ ᠦᠨ ᠳᠤ ᠨᠡᠷ᠎ᠡ ᠶᠢᠨ ᠲᠡᠦᠬᠡ ᠶᠢᠨ ᠬᠡᠰᠡᠭ ᠦᠨ ᠪᠢᠴᠢᠭ ᠳᠤ ᠪᠣᠯᠪᠠᠰᠤᠷᠠᠯ ᠤᠨ ᠲᠡᠦᠬᠡ ᠶᠢᠨ ᠬᠡᠰᠡᠭ ᠳᠦ ᠪᠠᠭᠲᠠᠭᠰᠠᠨ ᠬᠡᠰᠡᠭ ᠦᠨ ᠰᠤᠳᠤᠷ ᠤᠨ ᠨᠡᠷ᠎ᠡ ᠶᠢᠨ ᠲᠡᠦᠬᠡ ᠶᠢᠨ ᠬᠡᠰᠡᠭ ᠦᠨ ᠬᠡᠪᠯᠡᠯ ᠦᠨ ᠳᠤᠰ ᠬᠡᠰᠡᠭ ᠦᠨ ᠲᠠᠯᠠᠭᠠᠷ (ᠪ ᠳᠤ 71—80 ᠳᠤ ᠪᠠᠭᠲᠠᠵᠤᠢ ::

(ᠬᠦᠰᠦᠨᠡᠭ) ᠬᠡᠰᠡᠭ ᠦᠨ ᠲᠡᠦᠬᠡ ᠶᠢᠨ ᠰᠤᠳᠤᠷ ᠤᠨ ᠨᠡᠷ᠎ᠡ ᠶᠢᠨ ᠬᠡᠰᠡᠭ ᠲᠦ ᠪᠠᠭᠲᠠᠭᠰᠠᠨ ᠬᠡᠰᠡᠭ ᠦᠨ ᠲᠠᠯᠠᠭᠠᠷ ᠪᠠᠷ ᠲᠡᠮᠳᠡᠭᠯᠡᠯ ᠦᠨ ᠨᠡᠷ᠎ᠡ ᠶᠢᠨ ᠬᠡᠰᠡᠭ ᠦᠨ ᠬᠤᠪᠢ · ᠪᠣᠯᠪᠠᠰᠤᠷᠠᠯ ᠤᠨ ᠰᠤᠳᠤᠷ ᠤᠨ ᠬᠡᠰᠡᠭ ᠦᠨ ᠳᠤ ᠶᠢ ᠳᠤ 86 · ᠪᠣᠯᠪᠠᠰᠤᠷᠠᠯ ᠤᠨ ᠨᠡᠷ᠎ᠡ ᠶᠢᠨ ᠲᠡᠦᠬᠡ ᠶᠢᠨ ᠬᠡᠰᠡᠭ ᠦᠨ ᠳᠤᠰ ᠬᠡᠰᠡᠭ ᠦᠨ ᠲᠠᠯᠠᠭᠠᠷ
01—20 ᠳᠤ ᠪᠠᠭᠲᠠᠵᠤᠢ ::

(ᠪᠣᠯᠤᠨ) ᠭᠡᠵᠡᠢ · ᠬᠡᠰᠡᠭ ᠦᠨ ᠪᠢᠴᠢᠭ ᠤᠨ ᠰᠤᠳᠤᠷ ᠤᠨ ᠬᠡᠪᠯᠡᠯ ᠦᠨ ᠲᠠᠯᠠᠭᠠᠷ ᠪᠠᠷ ᠲᠡᠦᠬᠡ ᠶᠢᠨ ᠬᠡᠰᠡᠭ ᠦᠨ ᠨᠡᠷ᠎ᠡ · ᠲᠡᠮᠳᠡᠭᠯᠡᠯ ᠦᠨ ᠨᠡᠷ᠎ᠡ ᠶᠢᠨ ᠬᠡᠰᠡᠭ ᠦᠨ ᠰᠤᠳᠤᠷ · ᠬᠡᠪᠯᠡᠯ ᠦᠨ ᠬᠦᠮᠦᠨ ᠦ ᠬᠡᠰᠡᠭ ᠦᠨ ᠪᠢᠴᠢᠭ ᠦᠨ ᠨᠡᠷ᠎ᠡ · ᠰᠤᠳᠤᠷ ᠤᠨ ᠬᠡᠰᠡᠭ ᠦᠨ ᠲᠡᠦᠬᠡ ᠶᠢᠨ ᠲᠣᠭᠲᠠᠭᠠᠯ ᠤᠨ ᠨᠡᠷ᠎ᠡ ᠶᠢᠨ ᠪᠢᠴᠢᠭ ᠳᠤ ᠬᠠᠳᠠᠭᠠᠯᠠᠭᠳᠠᠵᠤ ᠪᠠᠢᠭ᠎ᠠ ᠶᠢᠨ ᠲᠡᠦᠬᠡ ᠶᠢᠨ ᠬᠡᠰᠡᠭ ᠦᠨ ᠰᠤᠳᠤᠷ · ᠪᠣᠯᠪᠠᠰᠤᠷᠠᠯ ᠤᠨ ᠨᠡᠷ᠎ᠡ ᠶᠢᠨ ᠲᠠᠯᠠᠭᠠᠷ (ᠣ ᠳᠤ 91— 99 ᠳᠤᠭᠠᠷ ᠨᠢᠭᠤᠷ ᠲᠤ ᠪᠠᠭᠲᠠᠵᠤᠢ ::

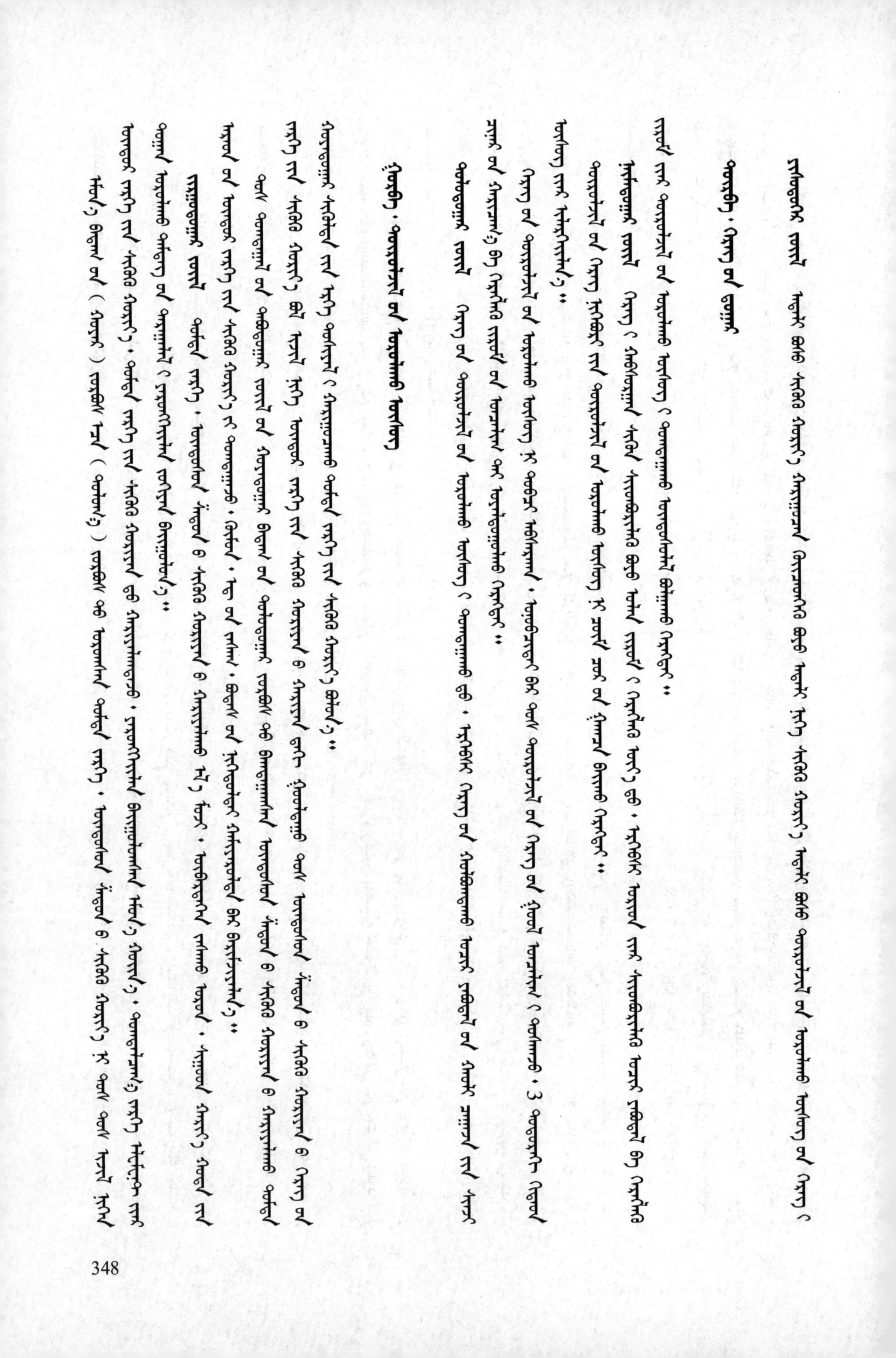

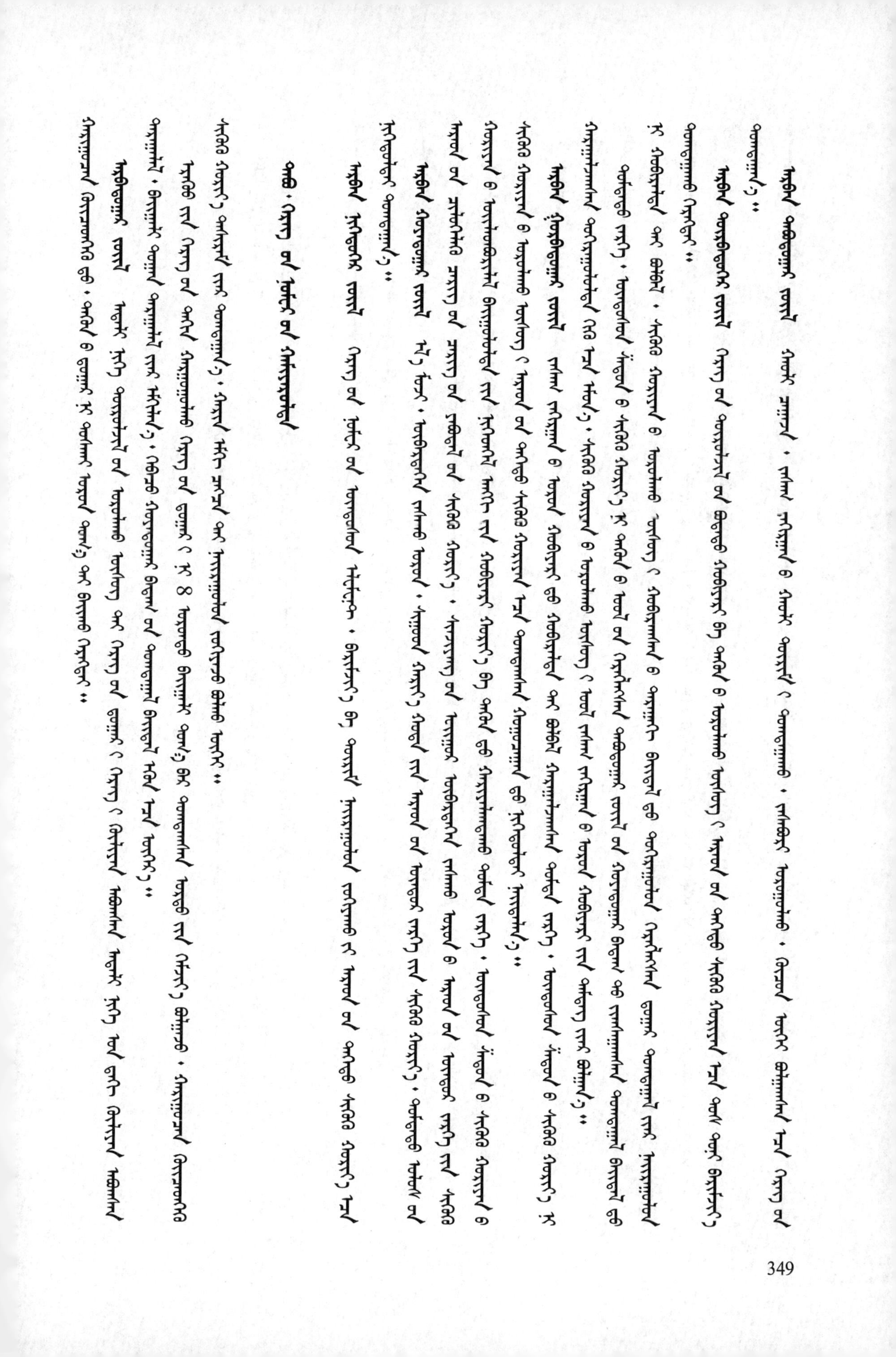

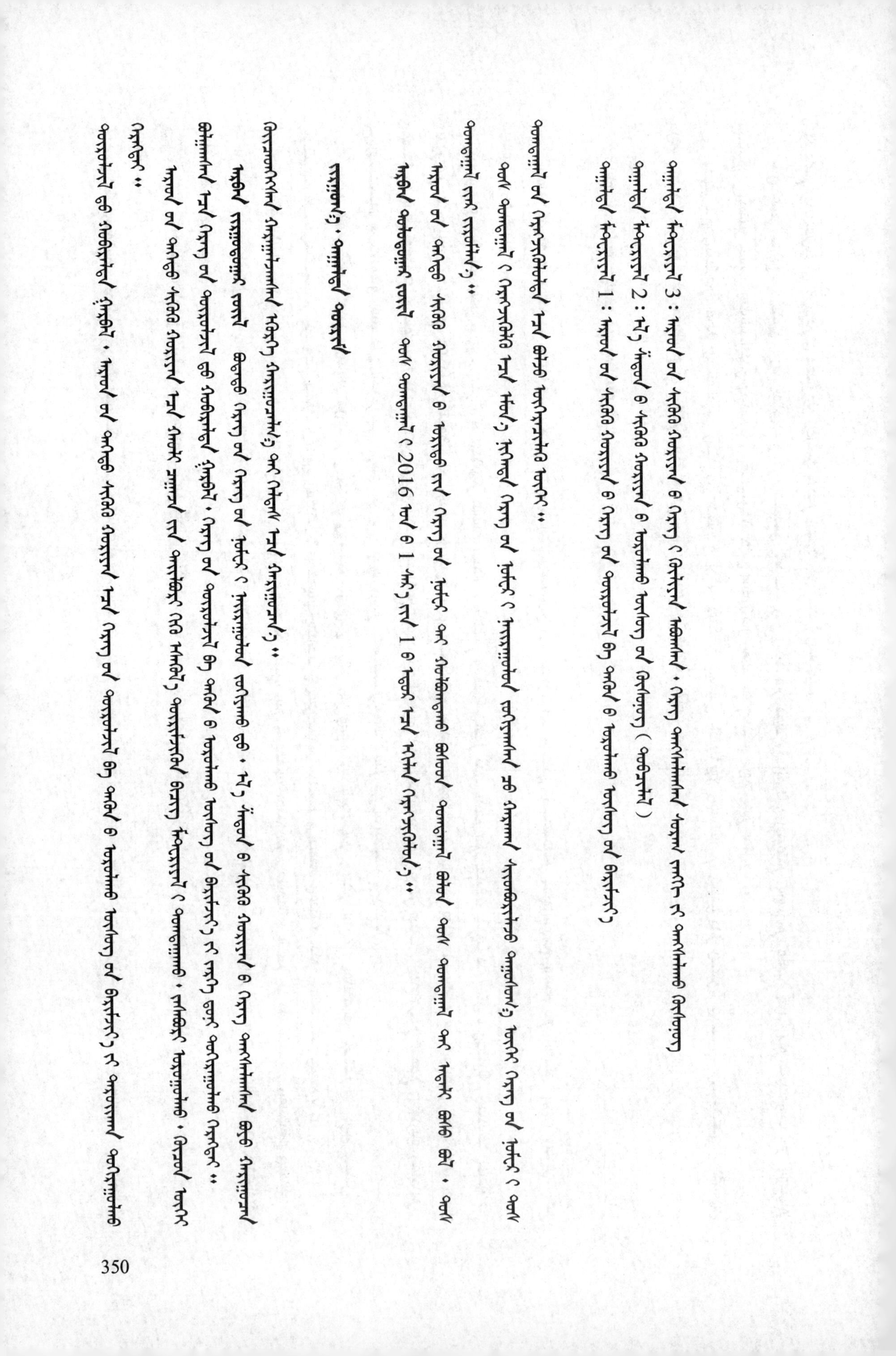

[illegible]

[illegible] ::

[illegible] ::

[illegible]

[illegible] ::

[illegible]

[illegible] 2016 [illegible] 1 [illegible] 1 [illegible] ::

[illegible] ::

[illegible] ::

[illegible] 1 : [illegible]

[illegible] 2 : [illegible] ([illegible])

[illegible] 3 : [illegible]

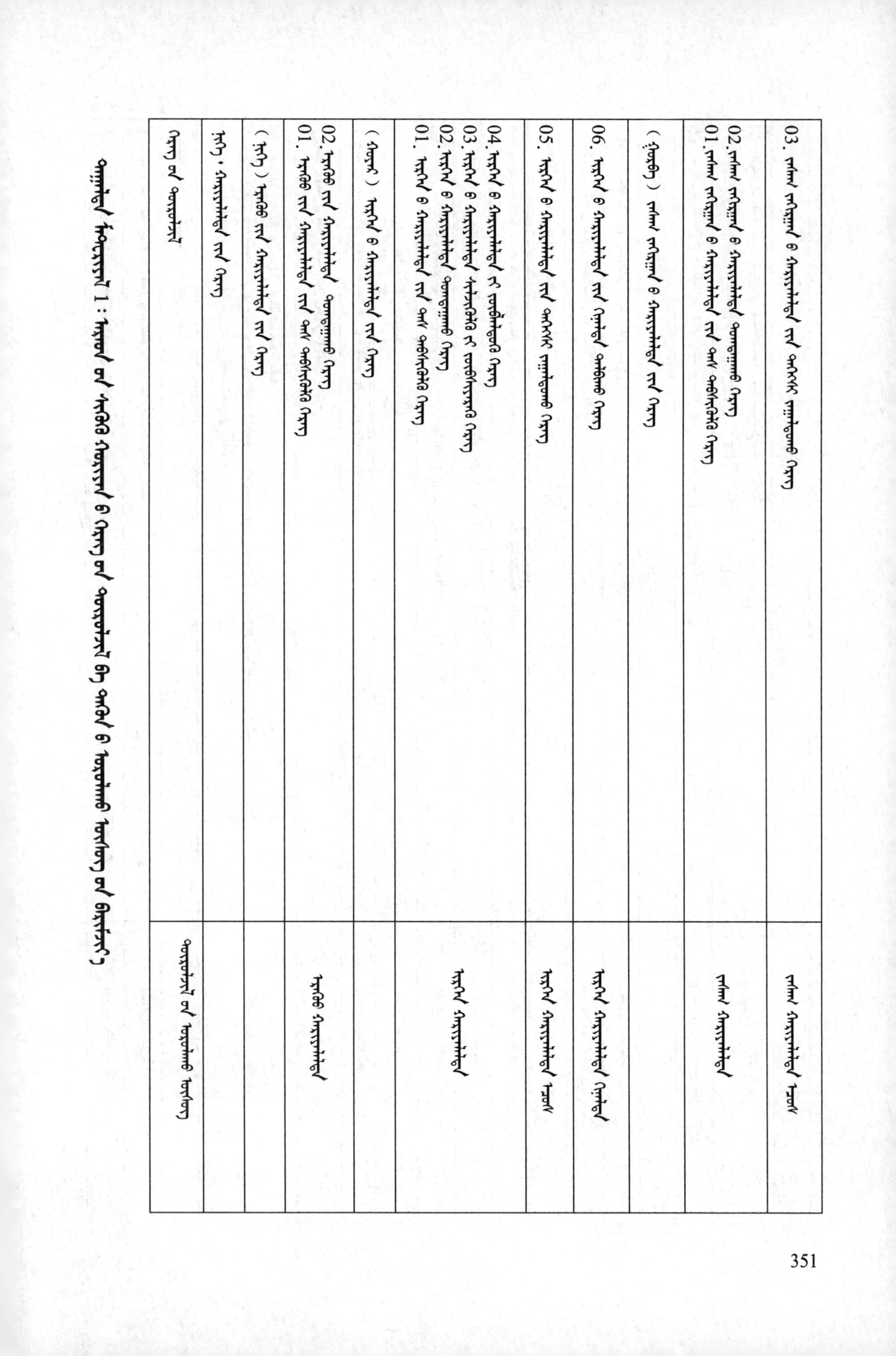

[illegible] [illegible] 1 : [illegible]

[illegible]	[illegible]
	[illegible] ・ [illegible]
	([illegible]) [illegible]
[illegible]	01. [illegible] 02. [illegible]
	([illegible]) [illegible]
[illegible]	01. [illegible] 02. [illegible] 03. [illegible] 04. [illegible]
[illegible]	05. [illegible]
[illegible]	06. [illegible]
	([illegible]) [illegible]
[illegible]	01. [illegible] 02. [illegible]
[illegible]	03. [illegible]

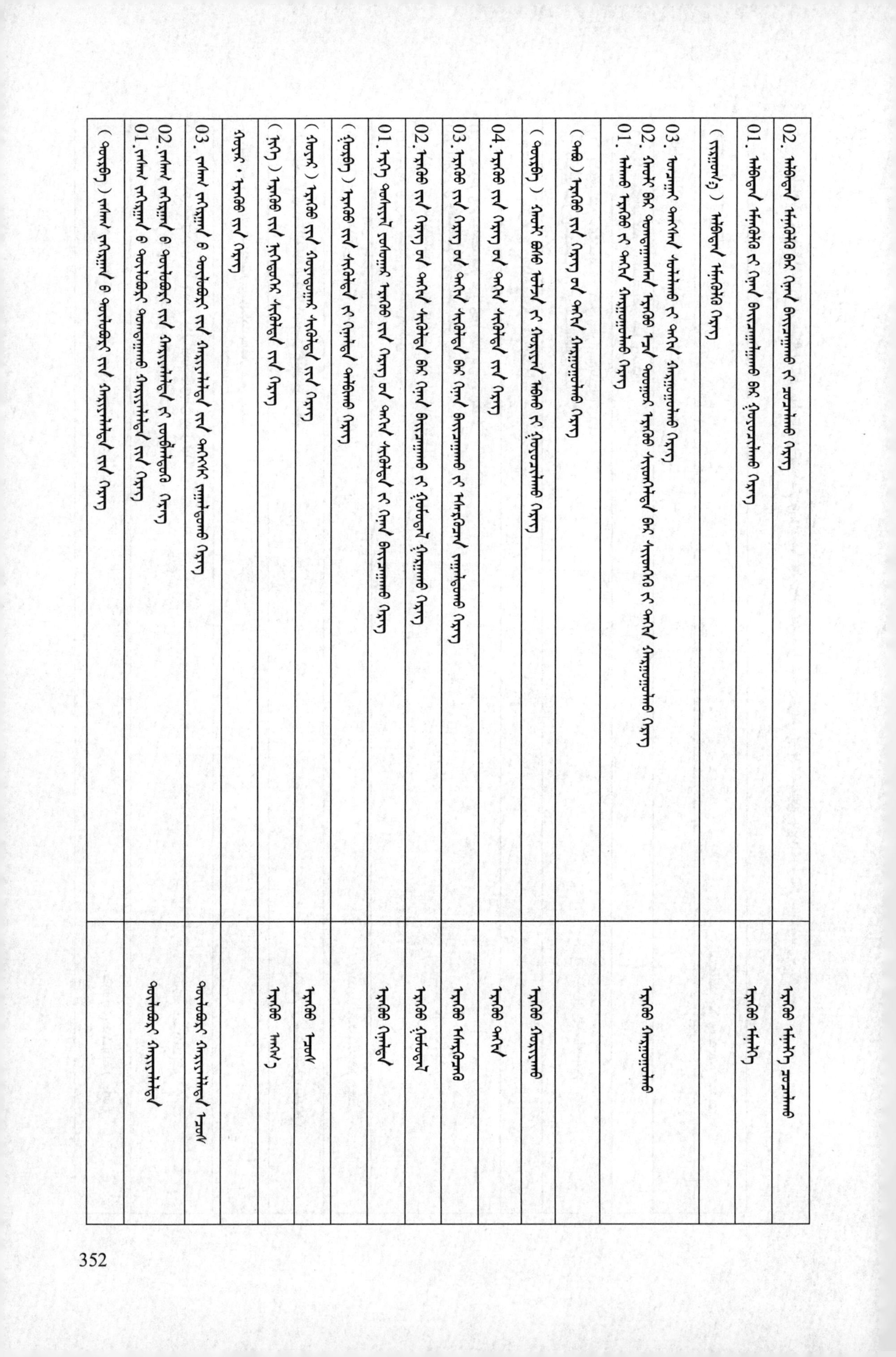

([illegible]) [illegible]	
01. [illegible] 02. [illegible]	[illegible]
03. [illegible]	[illegible]
[illegible]	
([illegible]) [illegible]	[illegible]
([illegible]) [illegible]	[illegible]
([illegible]) [illegible]	
01. [illegible]	[illegible]
02. [illegible]	[illegible]
03. [illegible]	[illegible]
04. [illegible]	[illegible]
([illegible]) [illegible]	[illegible]
([illegible]) [illegible]	
01. [illegible] 02. [illegible] 03. [illegible]	[illegible]
([illegible]) [illegible]	
01. [illegible]	[illegible]
02. [illegible]	[illegible]

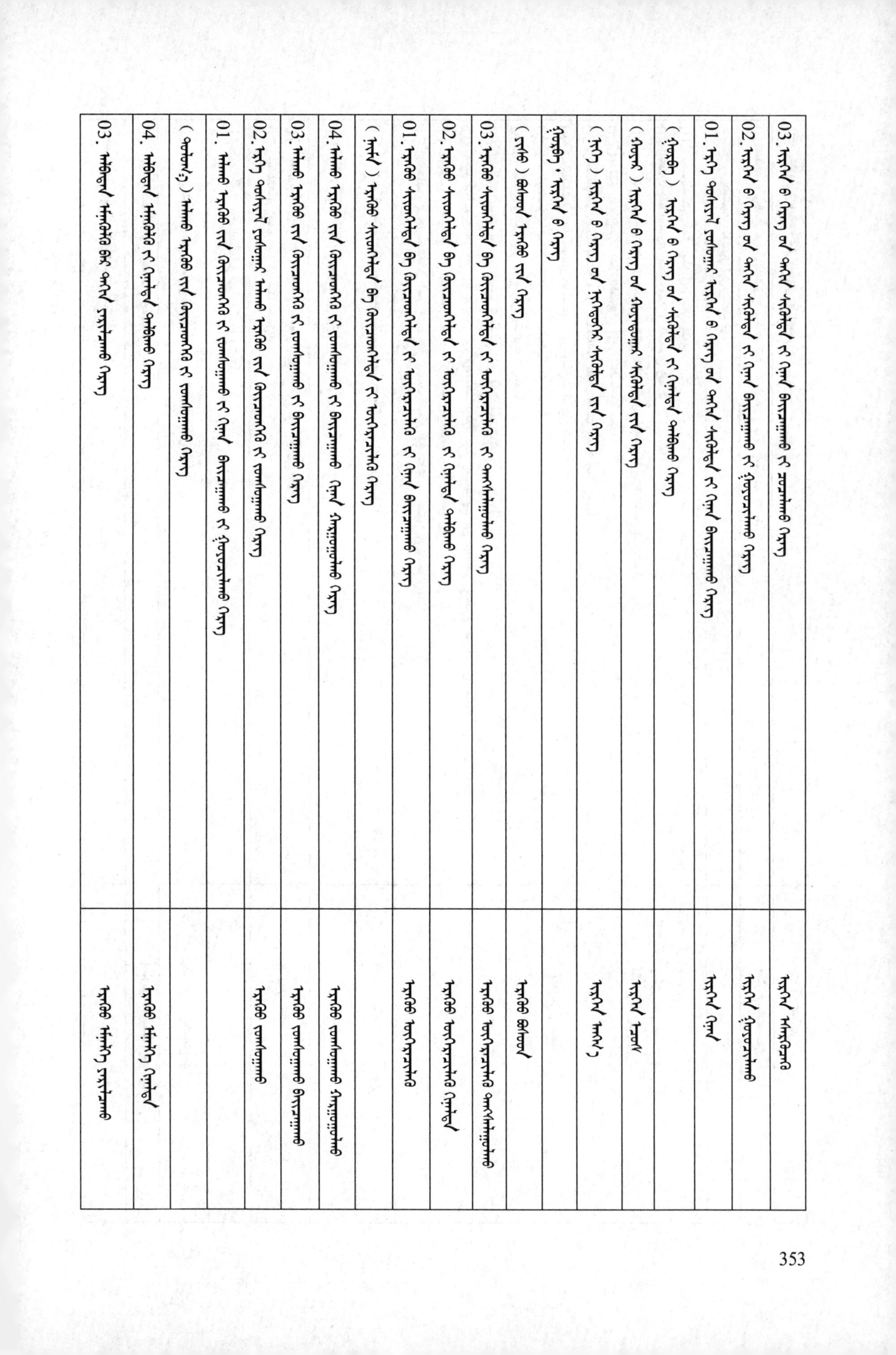

03. [illegible]	[illegible]
04. [illegible]	[illegible]
([illegible]) [illegible]	
01. [illegible]	
02. [illegible]	[illegible]
03. [illegible]	[illegible]
04. [illegible]	[illegible]
([illegible]) [illegible]	
01. [illegible]	[illegible]
02. [illegible]	[illegible]
03. [illegible]	[illegible]
([illegible]) [illegible]	[illegible]
[illegible] · [illegible]	
([illegible]) [illegible]	[illegible]
([illegible]) [illegible]	[illegible]
([illegible]) [illegible]	
01. [illegible]	[illegible]
02. [illegible]	[illegible]
03. [illegible]	[illegible]

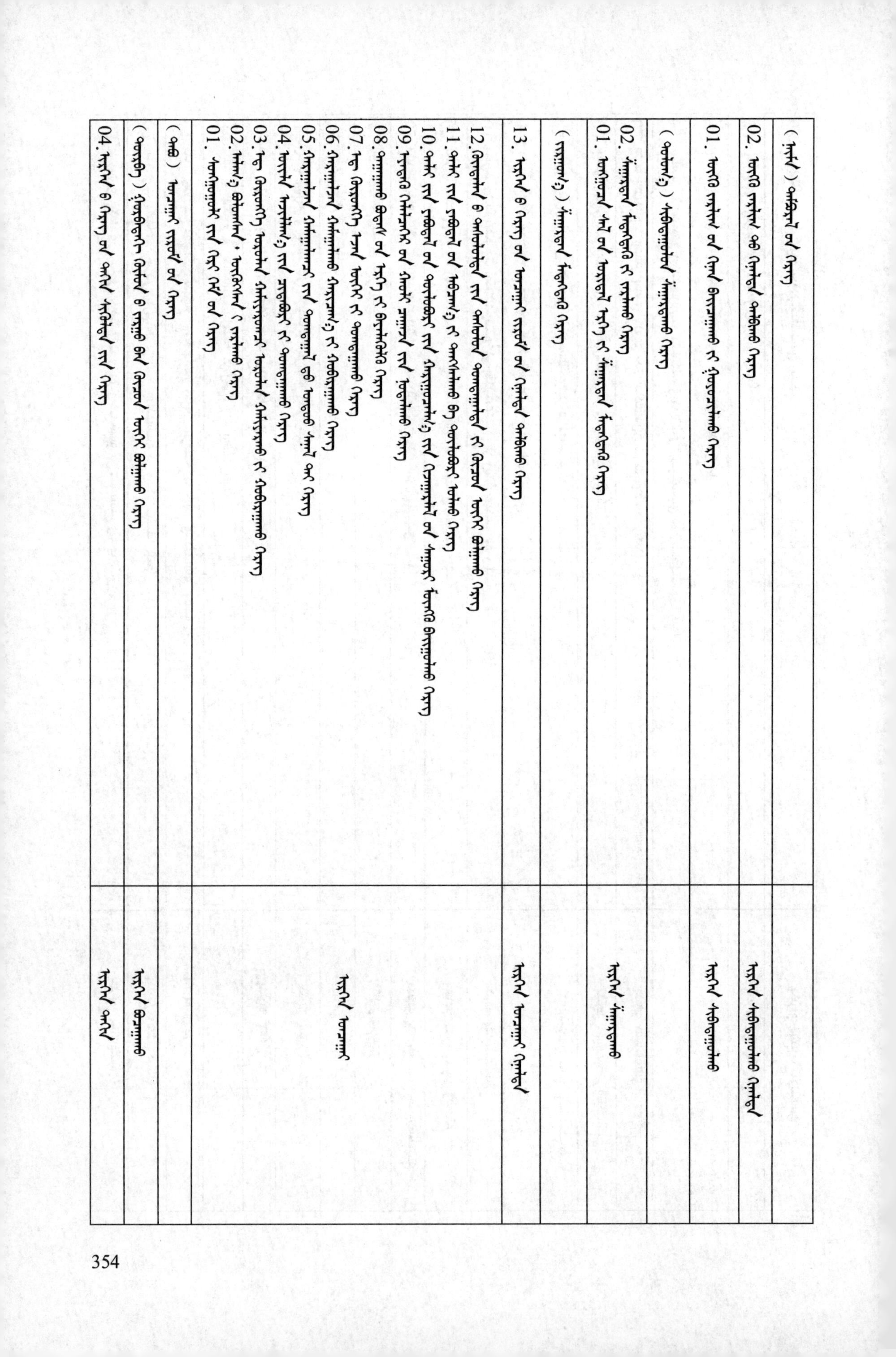

04. [illegible]	[illegible]
([illegible]) [illegible]	[illegible]
([illegible]) [illegible]	
01. [illegible] 02. [illegible] 03. [illegible] 04. [illegible] 05. [illegible] 06. [illegible] 07. [illegible] 08. [illegible] 09. [illegible] 10. [illegible] 11. [illegible] 12. [illegible]	[illegible]
13. [illegible]	[illegible]
([illegible]) [illegible]	
01. [illegible] 02. [illegible]	[illegible]
([illegible]) [illegible]	
01. [illegible]	[illegible]
02. [illegible]	[illegible]
([illegible]) [illegible]	

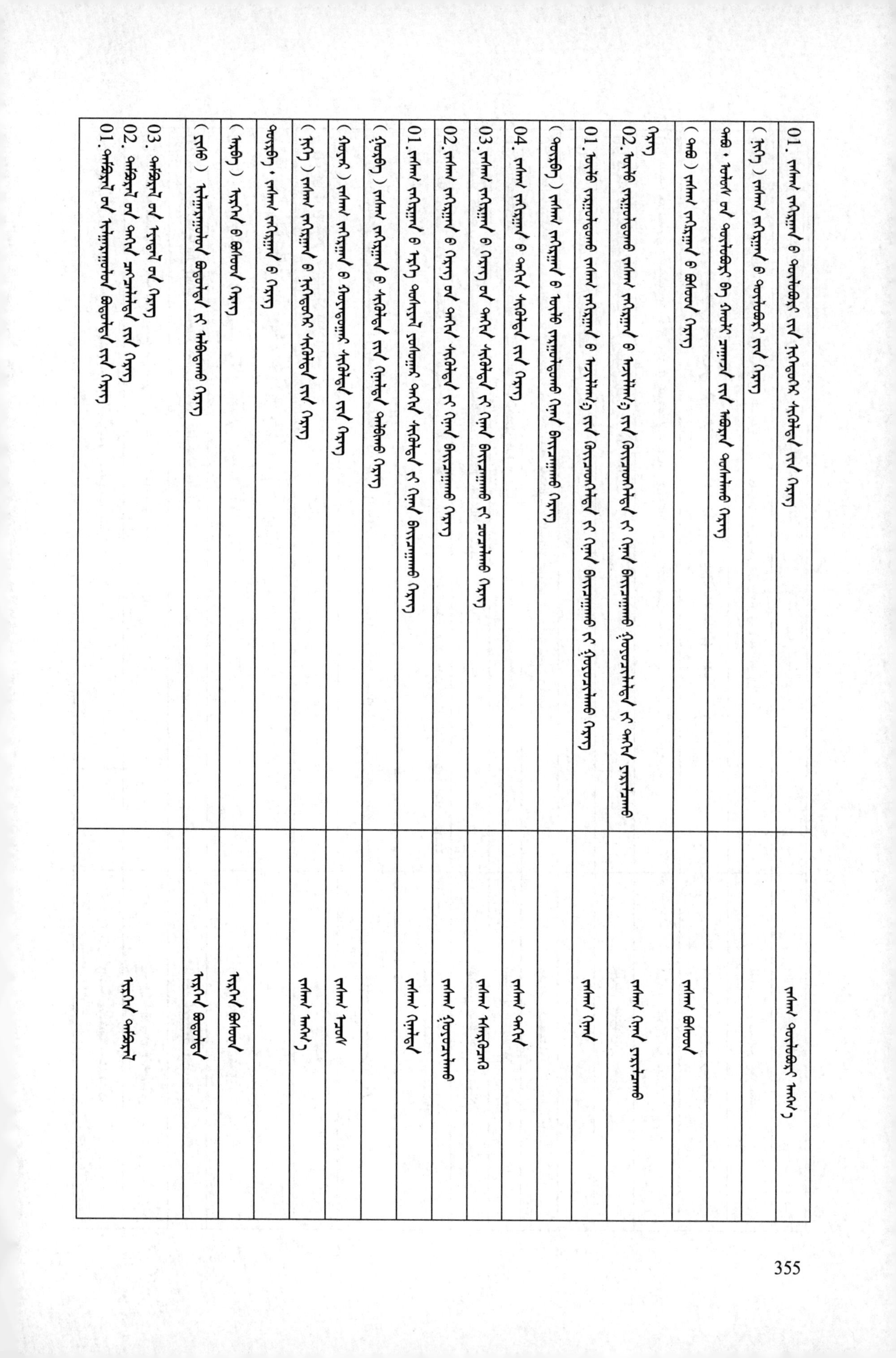

[illegible]	01. [illegible] 02. [illegible] 03. [illegible]
[illegible]	([illegible]) [illegible]
[illegible]	([illegible]) [illegible]
	[illegible] · [illegible]
[illegible]	([illegible]) [illegible]
[illegible]	([illegible]) [illegible]
	([illegible]) [illegible]
[illegible]	01. [illegible]
[illegible]	02. [illegible]
[illegible]	03. [illegible]
[illegible]	04. [illegible]
	([illegible]) [illegible]
[illegible]	01. [illegible]
[illegible]	02. [illegible]
[illegible]	([illegible]) [illegible]
	[illegible] · [illegible]
	([illegible]) [illegible]
[illegible]	01. [illegible]

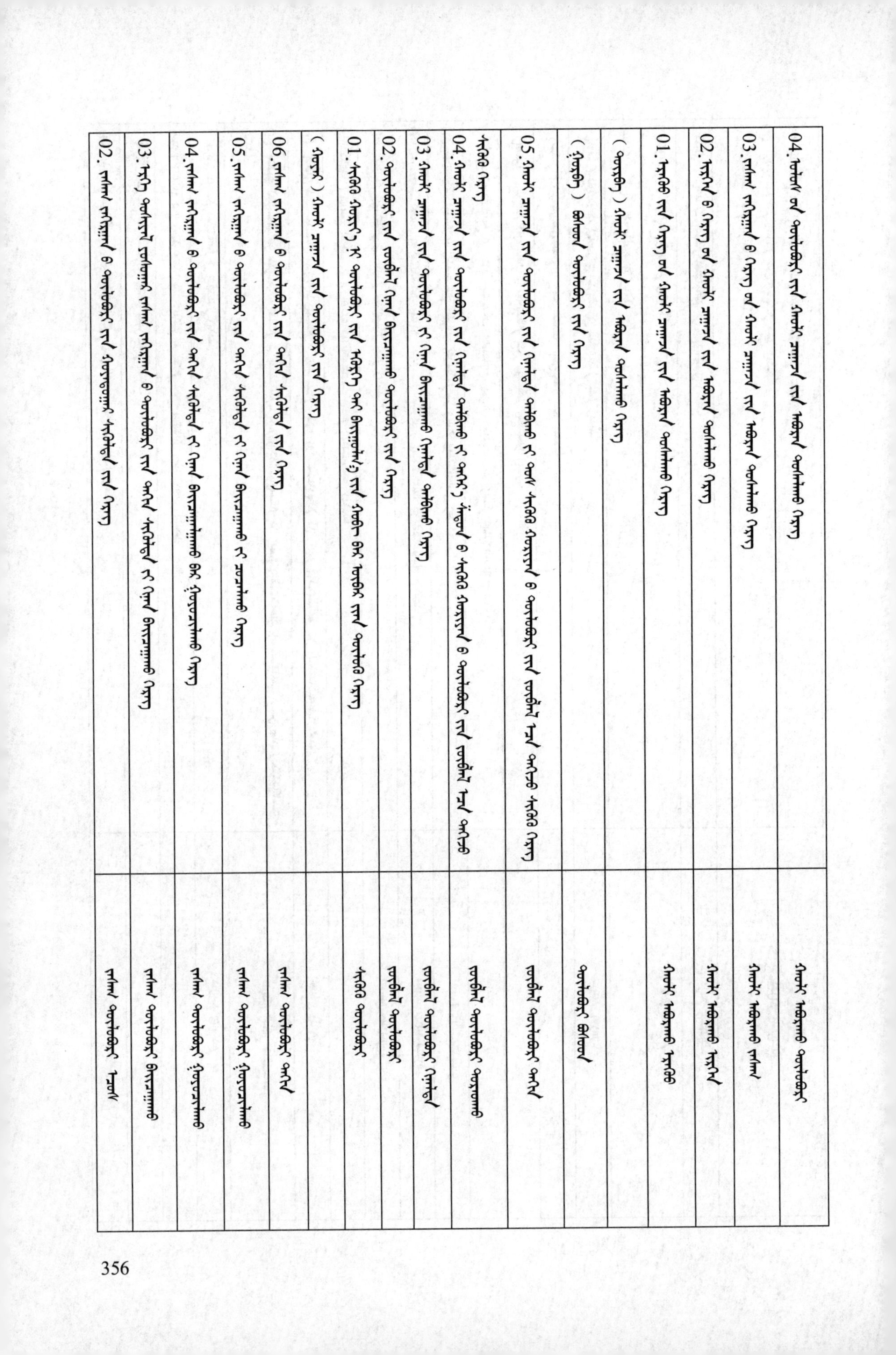

04.[illegible]	[illegible]
03.[illegible]	[illegible]
02.[illegible]	[illegible]
01.[illegible]	[illegible]
([illegible]) [illegible]	
([illegible]) [illegible]	[illegible]
05.[illegible]	[illegible]
04.[illegible]	[illegible]
03.[illegible]	[illegible]
02.[illegible]	[illegible]
01.[illegible]	[illegible]
([illegible]) [illegible]	
06.[illegible]	[illegible]
05.[illegible]	[illegible]
04.[illegible]	[illegible]
03.[illegible]	[illegible]
02.[illegible]	[illegible]

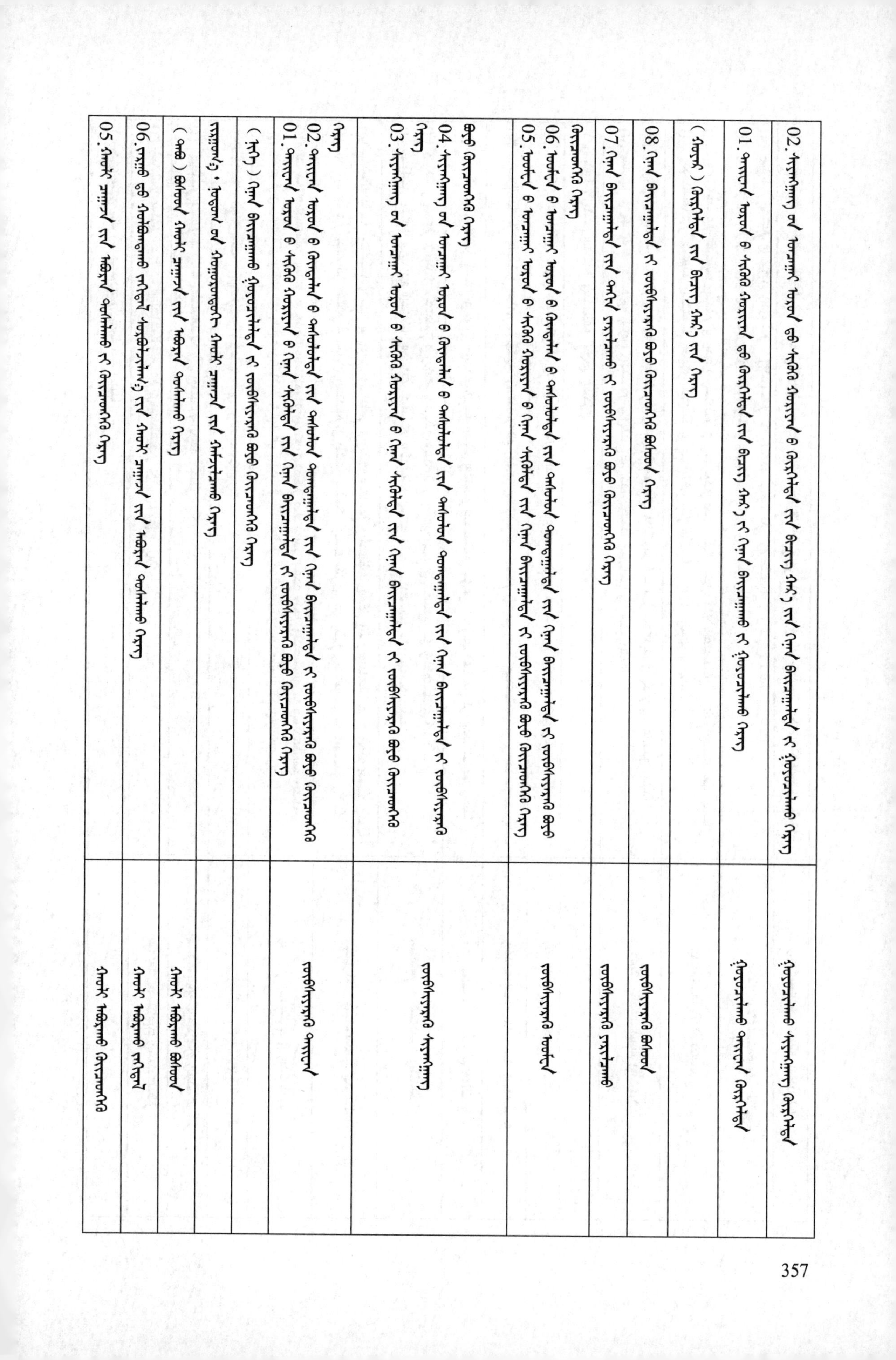

05. [illegible]	[illegible]
06. [illegible]	[illegible]
([illegible]) [illegible]	[illegible]
[illegible]	
([illegible]) [illegible]	
01. [illegible] 02. [illegible]	[illegible]
03. [illegible] 04. [illegible]	[illegible]
05. [illegible] 06. [illegible]	[illegible]
07. [illegible]	[illegible]
08. [illegible]	[illegible]
([illegible]) [illegible]	
01. [illegible]	[illegible]
02. [illegible]	[illegible]

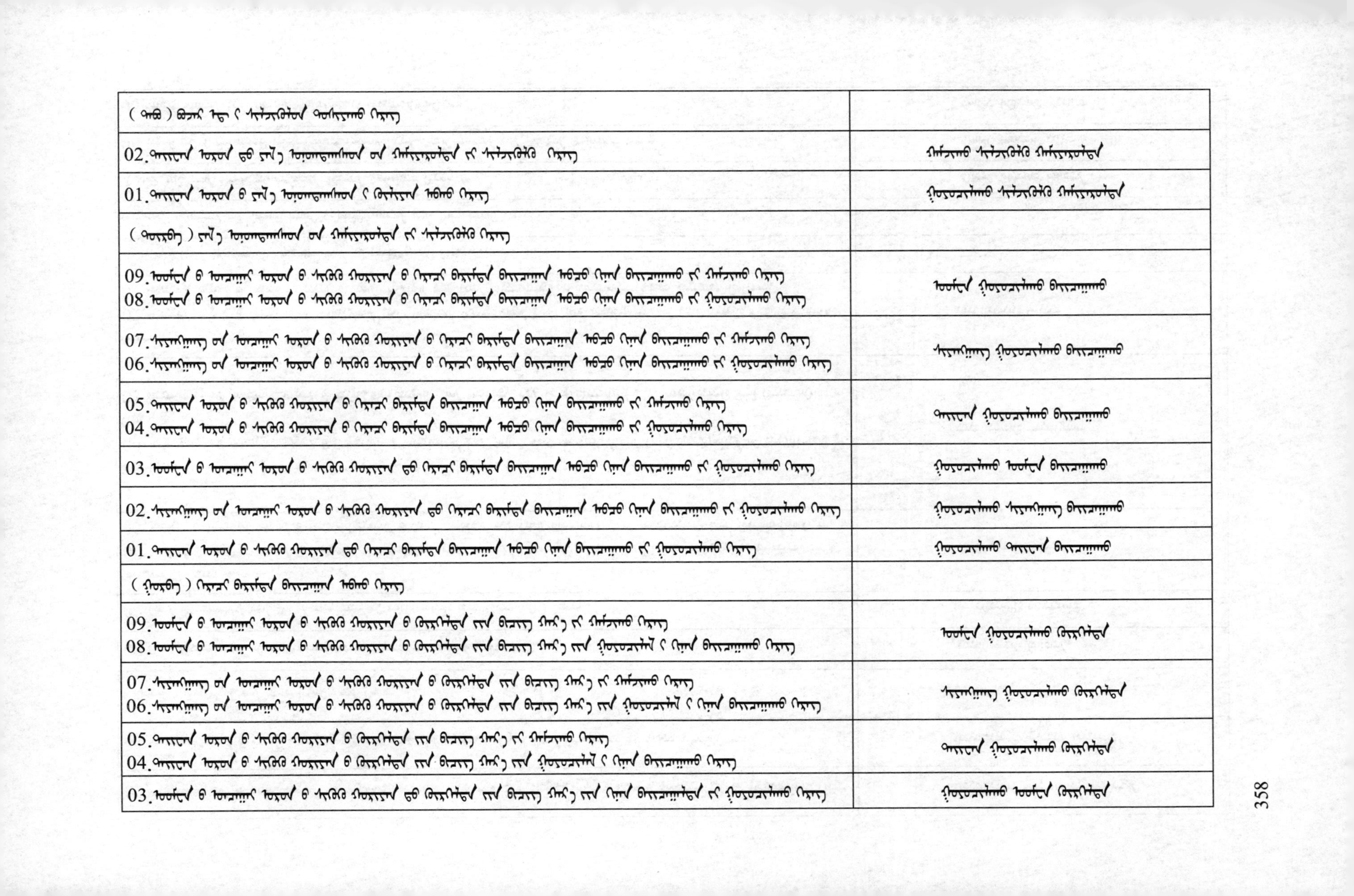

([illegible]) [illegible]	
02. [illegible]	[illegible]
01. [illegible]	[illegible]
([illegible]) [illegible]	
09. [illegible] 08. [illegible]	[illegible]
07. [illegible] 06. [illegible]	[illegible]
05. [illegible] 04. [illegible]	[illegible]
03. [illegible]	[illegible]
02. [illegible]	[illegible]
01. [illegible]	[illegible]
([illegible]) [illegible]	
09. [illegible] 08. [illegible]	[illegible]
07. [illegible] 06. [illegible]	[illegible]
05. [illegible] 04. [illegible]	[illegible]
03. [illegible]	[illegible]

(ᠬᠣᠶᠠ) ᠬᠠᠯᠳᠠᠪᠤᠷᠢ ᠲᠠᠷᠬᠠᠯᠲᠠ ᠡᠪᠡᠳᠴᠢᠨ	
02.ᠭᠡᠳᠡᠰᠦ ᠪᠡᠨ ᠲᠠᠲᠠᠬᠤ ᠶᠢᠨ ᠰᠢᠭ ᠲᠠᠰᠤᠷᠠᠯᠲᠠ ᠶᠢᠨ ᠪᠠᠷᠢᠮᠲᠠᠯᠠᠯ ᠢ ᠮᠡᠳᠡᠷᠡᠬᠦ ᠡᠪᠡᠳᠴᠢᠨ	ᠪᠠᠷᠢᠮᠲᠠ ᠭᠡᠳᠡᠰᠦ ᠮᠡᠳᠡᠷᠡᠬᠦ
01.ᠭᠡᠳᠡᠰᠦ ᠪᠡᠨ ᠲᠠᠲᠠᠬᠤ ᠶᠢᠨ ᠰᠢᠭ ᠲᠠᠰᠤᠷᠠᠯᠲᠠ ᠳᠤ ᠪᠠᠭᠠᠰᠤ ᠲᠠᠰᠤᠷᠬᠤ ᠡᠪᠡᠳᠴᠢᠨ	ᠭᠡᠳᠡᠰᠦ ᠮᠡᠳᠡᠷᠡᠬᠦ ᠲᠠᠰᠤᠷᠠᠯᠲᠠ
(ᠬᠣᠷᠢᠨ) ᠰᠢᠭ ᠲᠠᠰᠤᠷᠠᠯᠲᠠ ᠶᠢᠨ ᠪᠠᠷᠢᠮᠲᠠᠯᠠᠯ ᠢ ᠮᠡᠳᠡᠷᠡᠬᠦ ᠡᠪᠡᠳᠴᠢᠨ	
03.ᠭᠡᠳᠡᠰᠦ ᠪᠡᠨ ᠲᠠᠲᠠᠬᠤ ᠶᠢᠨ ᠮᠡᠳᠡᠷᠡᠯ ᠰᠤᠷᠠᠭᠠᠯ ᠤᠨ ᠡᠷᠬᠢᠨ ᠪᠠᠶᠢᠳᠠᠯ ᠪᠡᠶᠡᠯᠡᠭᠦᠯᠬᠦ ᠲᠤᠰᠠ ᠡᠰᠡᠷᠭᠦ ᠪᠡᠶᠡᠯᠡᠭᠦᠯᠦᠯ ᠢ ᠲᠠᠰᠤᠷᠠᠭᠤᠯᠬᠤ ᠡᠪᠡᠳᠴᠢᠨ	ᠲᠠᠰᠤᠷᠠᠭᠤᠯᠬᠤ ᠭᠡᠳᠡᠰᠦ ᠪᠡᠶᠡᠯᠡᠭᠦᠯᠬᠦ
02.ᠭᠡᠳᠡᠰᠦ ᠪᠡᠨ ᠲᠠᠲᠠᠬᠤ ᠶᠢᠨ ᠮᠡᠳᠡᠷᠡᠯ ᠰᠤᠷᠠᠭᠠᠯ ᠤᠨ ᠬᠡᠷᠡᠭ ᠡᠷᠬᠢᠨ ᠪᠠᠶᠢᠳᠠᠯ ᠪᠡᠶᠡᠯᠡᠭᠦᠯᠬᠦ ᠲᠤᠰᠠ ᠡᠷᠬᠢᠮᠡᠳᠡᠷᠡᠬᠦᠢ ᠢ ᠲᠠᠰᠤᠷᠠᠭᠤᠯᠬᠤ ᠡᠪᠡᠳᠴᠢᠨ 01.ᠭᠡᠳᠡᠰᠦ ᠪᠡᠨ ᠲᠠᠲᠠᠬᠤ ᠶᠢᠨ ᠮᠡᠳᠡᠷᠡᠯ ᠰᠤᠷᠠᠭᠠᠯ ᠤᠨ ᠬᠡᠷᠡᠭ ᠡᠷᠬᠢᠨ ᠪᠠᠶᠢᠳᠠᠯ ᠪᠡᠶᠡᠯᠡᠭᠦᠯᠬᠦ ᠲᠤᠰᠠ ᠡᠰᠡᠷᠭᠦ ᠪᠡᠶᠡᠯᠡᠭᠦᠯᠦᠯ ᠢ ᠲᠠᠰᠤᠷᠠᠭᠤᠯᠬᠤ ᠡᠪᠡᠳᠴᠢᠨ	ᠪᠠᠷᠢᠮᠲᠠ ᠭᠡᠳᠡᠰᠦ ᠪᠡᠶᠡᠯᠡᠭᠦᠯᠬᠦ
(ᠭᠤᠷᠪᠠ) ᠡᠷᠬᠢᠨ ᠪᠠᠶᠢᠳᠠᠯ ᠪᠡᠶᠡᠯᠡᠭᠦᠯᠬᠦ ᠲᠤᠰᠠ ᠡᠪᠡᠳᠴᠢᠨ	
03.ᠭᠡᠳᠡᠰᠦ ᠪᠡᠨ ᠲᠠᠲᠠᠬᠤ ᠶᠢᠨ ᠮᠡᠳᠡᠷᠡᠯ ᠰᠤᠷᠠᠭᠠᠯ ᠢᠶᠠᠷ ᠪᠦᠷᠢᠯᠳᠦᠯ ᠦᠨ ᠪᠡᠷᠬᠡ ᠰᠢᠯᠵᠢ ᠦᠨ ᠡᠰᠡᠷᠭᠦ ᠪᠡᠶᠡᠯᠡᠭᠦᠯᠦᠯ ᠢ ᠲᠠᠰᠤᠷᠠᠭᠤᠯᠬᠤ ᠡᠪᠡᠳᠴᠢᠨ	ᠲᠠᠰᠤᠷᠠᠭᠤᠯᠬᠤ ᠭᠡᠳᠡᠰᠦ ᠪᠦᠷᠢᠯᠳᠦ
02.ᠭᠡᠳᠡᠰᠦ ᠪᠡᠨ ᠲᠠᠲᠠᠬᠤ ᠶᠢᠨ ᠮᠡᠳᠡᠷᠡᠯ ᠰᠤᠷᠠᠭᠠᠯ ᠢᠶᠠᠷ ᠪᠡᠷᠬᠡ ᠰᠢᠯᠵᠢᠬᠦ ᠪᠦᠷᠢᠯᠳᠦ ᠡᠪᠡᠳᠴᠢᠨ 01.ᠭᠡᠳᠡᠰᠦ ᠪᠡᠨ ᠲᠠᠲᠠᠬᠤ ᠶᠢᠨ ᠮᠡᠳᠡᠷᠡᠯ ᠰᠤᠷᠠᠭᠠᠯ ᠤᠨ ᠬᠡᠷᠡᠭ ᠪᠦᠷᠢᠯᠳᠦᠯ ᠦᠨ ᠪᠡᠷᠬᠡ ᠰᠢᠯᠵᠢ ᠦᠨ ᠡᠰᠡᠷᠭᠦ ᠪᠡᠶᠡᠯᠡᠭᠦᠯᠦᠯ ᠢ ᠲᠠᠰᠤᠷᠠᠭᠤᠯᠬᠤ ᠡᠪᠡᠳᠴᠢᠨ	ᠪᠠᠷᠢᠮᠲᠠ ᠭᠡᠳᠡᠰᠦ ᠪᠦᠷᠢᠯᠳᠦ
(ᠨᠢᠭᠡ) ᠪᠦᠷᠢᠯᠳᠦᠯ ᠦᠨ ᠪᠡᠷᠬᠡ ᠰᠢᠯᠵᠢ ᠦᠨ ᠡᠪᠡᠳᠴᠢᠨ	
03.ᠪᠤᠯᠤᠨ ᠡᠰᠡᠷᠭᠦ ᠪᠡᠶᠡᠯᠡᠭᠦᠯᠦᠯ ᠢ ᠳᠡᠮᠵᠢᠬᠦ ᠪᠠᠶᠢᠳᠠᠯ ᠪᠤᠯᠭᠠᠬᠤ ᠡᠪᠡᠳᠴᠢᠨ	ᠪᠠᠷᠢᠮᠲᠠ ᠪᠤᠯᠤᠨ
02.ᠲᠠᠲᠠᠬᠤ ᠶᠢᠨ ᠭᠡᠳᠡᠰᠦᠨ ᠪᠡᠯᠡᠭᠰᠡᠨ ᠠᠯᠳᠠᠭᠳᠠᠯ ᠤᠨ ᠠᠯᠳᠠᠭᠳᠠᠯ ᠬᠠᠮᠠᠭᠠᠯᠠᠯᠲᠠ ᠡᠰᠡᠷᠭᠦ ᠪᠡᠶᠡᠯᠡᠭᠦᠯᠦᠯ ᠢ ᠳᠡᠮᠵᠢᠬᠦ ᠪᠠᠶᠢᠳᠠᠯ ᠪᠤᠯᠭᠠᠬᠤ ᠡᠪᠡᠳᠴᠢᠨ 01.ᠭᠡᠳᠡᠰᠦ ᠪᠡᠨ ᠲᠠᠲᠠᠬᠤ ᠶᠢᠨ ᠮᠡᠳᠡᠷᠡᠯ ᠰᠤᠷᠠᠭᠠᠯ ᠪᠠ ᠡᠰᠡᠷᠭᠦ ᠮᠡᠳᠡᠷᠡᠯ ᠡᠰᠡᠷᠭᠦ ᠪᠡᠶᠡᠯᠡᠭᠦᠯᠦᠯ ᠢ ᠳᠡᠮᠵᠢᠬᠦ ᠪᠠᠶᠢᠳᠠᠯ ᠪᠤᠯᠭᠠᠬᠤ ᠡᠪᠡᠳᠴᠢᠨ	ᠪᠠᠷᠢᠮᠲᠠ ᠭᠡᠳᠡᠰᠦ ᠬᠠᠮᠠᠭᠠᠯᠠᠯᠲᠠ
(ᠲᠠᠪᠤ) ᠡᠰᠡᠷᠭᠦ ᠪᠡᠶᠡᠯᠡᠭᠦᠯᠬᠦ ᠲᠠᠰᠤᠷᠠᠭᠤᠯᠬᠤ ᠢ ᠳᠡᠮᠵᠢᠬᠦ ᠪᠠᠶᠢᠳᠠᠯ ᠪᠤᠯᠭᠠᠬᠤ ᠡᠪᠡᠳᠴᠢᠨ	
ᠬᠠᠮᠤᠭ ᠂ ᠲᠠᠲᠠᠬᠤ ᠲᠠᠲᠠᠬᠤ ᠶᠢᠨ ᠪᠠᠶᠢᠳᠠᠯ ᠰᠢᠨᠵᠢ ᠶᠢᠨ ᠪᠠᠷᠢᠮᠲᠠᠯᠠᠯ ᠡᠪᠡᠳᠴᠢᠨ	
02.ᠬᠠᠷᠢᠭᠤ ᠲᠠᠰᠤᠷᠠᠯ ᠤᠨ ᠪᠠᠭᠠ ᠲᠤᠰᠠ ᠶᠢ ᠮᠡᠳᠡᠷᠡᠬᠦᠢ ᠬᠠᠷᠢᠭᠤᠯᠬᠤ ᠡᠪᠡᠳᠴᠢᠨ	ᠪᠠᠷᠢᠮᠲᠠ ᠮᠡᠳᠡᠷᠡᠬᠦ ᠪᠠᠭᠠ
01.ᠬᠠᠷᠢᠭᠤ ᠲᠠᠰᠤᠷᠠᠯ ᠬᠡᠷᠡᠭ ᠪᠠᠭᠠ ᠲᠤᠰᠠ ᠶᠢ ᠮᠡᠳᠡᠷᠡᠬᠦᠢ ᠬᠠᠷᠢᠭᠤᠯᠬᠤ ᠢ ᠪᠠᠭᠠᠰᠤ ᠲᠠᠰᠤᠷᠬᠤ ᠡᠪᠡᠳᠴᠢᠨ	ᠲᠠᠰᠤᠷᠠᠭᠤᠯᠬᠤ ᠮᠡᠳᠡᠷᠡᠬᠦ ᠪᠠᠭᠠ

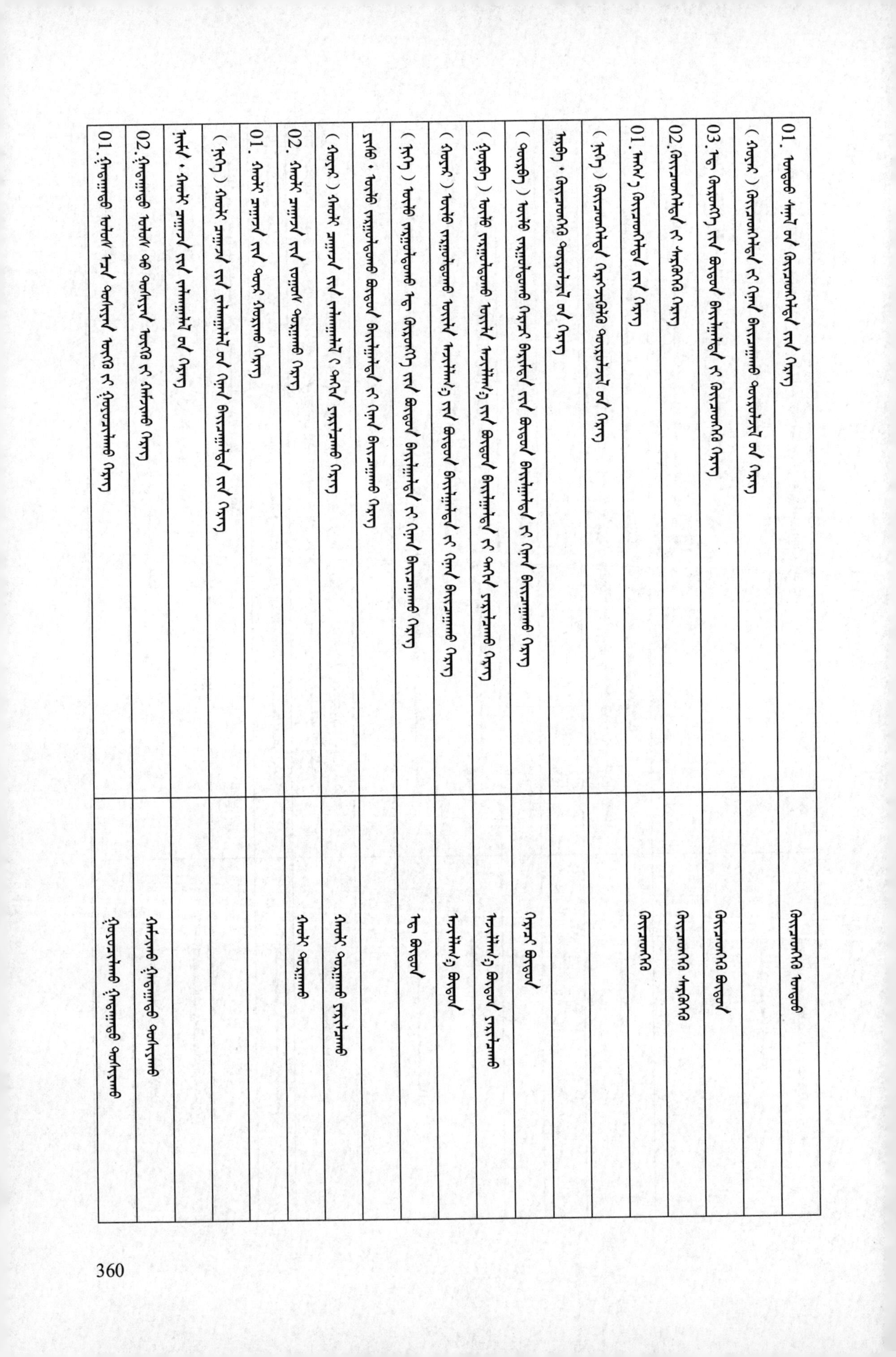

01. [illegible]	[illegible]
([illegible]) [illegible]	
03. [illegible]	[illegible]
02. [illegible]	[illegible]
01. [illegible]	[illegible]
([illegible]) [illegible]	
[illegible] · [illegible]	
([illegible]) [illegible]	[illegible]
([illegible]) [illegible]	[illegible]
([illegible]) [illegible]	[illegible]
([illegible]) [illegible]	[illegible]
[illegible] · [illegible]	
([illegible]) [illegible]	[illegible]
02. [illegible]	[illegible]
01. [illegible]	
([illegible]) [illegible]	
[illegible] · [illegible]	
02. [illegible]	[illegible]
01. [illegible]	[illegible]

02. ᠭᠦᠢᠴᠡᠳᠭᠡᠯ ᠢ ᠬᠢᠨᠠᠨ ᠪᠠᠶᠢᠴᠠᠭᠠᠬᠤ ᠬᠡᠷᠡᠭ	ᠭᠦᠢᠴᠡᠳᠭᠡᠬᠦ ᠪᠠᠶᠢᠴᠠᠭᠠᠬᠤ
03. ᠭᠦᠢᠴᠡᠳᠭᠡᠯ ᠳᠦ ᠰᠠᠨᠠᠯ ᠲᠠᠯᠪᠢᠬᠤ ᠬᠡᠷᠡᠭ	ᠭᠦᠢᠴᠡᠳᠭᠡᠬᠦ ᠰᠠᠨᠠᠯ
04. ᠭᠦᠢᠴᠡᠳᠭᠡᠯ ᠳᠦ ᠬᠢᠨᠠᠨ ᠬᠢᠶᠠᠬᠤ ᠬᠡᠷᠡᠭ	ᠭᠦᠢᠴᠡᠳᠭᠡᠬᠦ ᠬᠢᠨᠠᠨ ᠬᠢᠶᠠᠬᠤ
(ᠳᠣᠯᠣᠭ᠎ᠠ) ᠪᠤᠰᠤᠳ ᠭᠦᠢᠴᠡᠳᠭᠡᠯ ᠦᠨ ᠬᠡᠷᠡᠭ	ᠪᠤᠰᠤᠳ

ᠬᠠᠪᠰᠤᠷᠤᠯᠲᠠ 2: ᠪᠦᠬᠦ ᠤᠯᠤᠰ ᠤᠨ ᠱᠦᠭᠦᠬᠦ ᠶᠠᠮᠤᠨ ᠤ ᠳ᠋ᠤᠭᠠᠷ ᠤᠨ ᠬᠦᠰᠦᠨᠦᠭ (ᠵᠢᠱᠢᠶ᠎ᠡ)

ᠱᠦᠭᠦᠬᠦ ᠶᠠᠮᠤᠨ ᠤ ᠨᠡᠷᠡᠶᠢᠳᠦᠯ	ᠱᠦᠭᠦᠬᠦ ᠶᠠᠮᠤᠨ ᠤ ᠲᠣᠪᠴᠢ ᠳ᠋ᠤᠭᠠᠷ	ᠵᠠᠰᠠᠭ ᠤᠨ ᠳ᠋ᠤᠭᠠᠷ	ᠵᠠᠰᠠᠭ ᠵᠠᠬᠢᠷᠭᠠᠨ ᠤ ᠬᠤᠪᠢᠶᠠᠷᠢ	ᠳ᠋ᠤᠭᠠᠷᠯᠠᠯ
ᠠᠷᠠᠳ ᠤᠨ ᠳᠡᠭᠡᠳᠦ ᠱᠦᠭᠦᠬᠦ ᠶᠠᠮᠤᠨ	最高法			
ᠥᠪᠥᠷ ᠮᠣᠩᠭᠣᠯ ᠤᠨ ᠥᠪᠡᠷᠲᠡᠭᠡᠨ ᠵᠠᠰᠠᠬᠤ ᠣᠷᠤᠨ ᠤ ᠠᠷᠠᠳ ᠤᠨ ᠳᠡᠭᠡᠳᠦ ᠱᠦᠭᠦᠬᠦ ᠶᠠᠮᠤᠨ	ᠮᠣᠩᠭᠣᠯ	150000	ᠥᠪᠥᠷ ᠮᠣᠩᠭᠣᠯ ᠤᠨ ᠥᠪᠡᠷᠲᠡᠭᠡᠨ ᠵᠠᠰᠠᠬᠤ ᠣᠷᠤᠨ	1
ᠥᠪᠥᠷ ᠮᠣᠩᠭᠣᠯ ᠤᠨ ᠥᠪᠡᠷᠲᠡᠭᠡᠨ ᠵᠠᠰᠠᠬᠤ ᠣᠷᠤᠨ ᠤ ᠬᠥᠬᠡᠬᠣᠲᠠ ᠶᠢᠨ ᠠᠷᠠᠳ ᠤᠨ ᠳᠤᠮᠳᠠᠳᠤ ᠱᠠᠲᠤ ᠶᠢᠨ ᠱᠦᠭᠦᠬᠦ ᠶᠠᠮᠤᠨ	ᠮᠣᠩᠭᠣᠯ 01	150100	ᠬᠥᠬᠡᠬᠣᠲᠠ	1
ᠬᠥᠬᠡᠬᠣᠲᠠ ᠶᠢᠨ ᠰᠢᠨ᠎ᠡ ᠬᠣᠲᠠ ᠲᠣᠭᠣᠷᠢᠭ ᠤᠨ ᠠᠷᠠᠳ ᠤᠨ ᠱᠦᠭᠦᠬᠦ ᠶᠠᠮᠤᠨ	ᠮᠣᠩᠭᠣᠯ 0102	150102	ᠬᠥᠬᠡᠬᠣᠲᠠ ᠶᠢᠨ ᠰᠢᠨ᠎ᠡ ᠬᠣᠲᠠ ᠲᠣᠭᠣᠷᠢᠭ	1
ᠬᠥᠬᠡᠬᠣᠲᠠ ᠶᠢᠨ ᠬᠣᠲᠣᠩ ᠲᠣᠭᠣᠷᠢᠭ ᠤᠨ ᠠᠷᠠᠳ ᠤᠨ ᠱᠦᠭᠦᠬᠦ ᠶᠠᠮᠤᠨ	ᠮᠣᠩᠭᠣᠯ 0103	150103	ᠬᠥᠬᠡᠬᠣᠲᠠ ᠶᠢᠨ ᠬᠣᠲᠣᠩ ᠲᠣᠭᠣᠷᠢᠭ	1
ᠬᠥᠬᠡᠬᠣᠲᠠ ᠶᠢᠨ ᠬᠠᠰᠤ ᠪᠤᠯᠠᠭ ᠲᠣᠭᠣᠷᠢᠭ ᠤᠨ ᠠᠷᠠᠳ ᠤᠨ ᠱᠦᠭᠦᠬᠦ ᠶᠠᠮᠤᠨ	ᠮᠣᠩᠭᠣᠯ 0104	150104	ᠬᠥᠬᠡᠬᠣᠲᠠ ᠶᠢᠨ ᠬᠠᠰᠤ ᠪᠤᠯᠠᠭ ᠲᠣᠭᠣᠷᠢᠭ	1
ᠬᠥᠬᠡᠬᠣᠲᠠ ᠶᠢᠨ ᠰᠠᠶᠢᠬᠠᠨ ᠲᠣᠭᠣᠷᠢᠭ ᠤᠨ ᠠᠷᠠᠳ ᠤᠨ ᠱᠦᠭᠦᠬᠦ ᠶᠠᠮᠤᠨ	ᠮᠣᠩᠭᠣᠯ 0105	150105	ᠬᠥᠬᠡᠬᠣᠲᠠ ᠶᠢᠨ ᠰᠠᠶᠢᠬᠠᠨ ᠲᠣᠭᠣᠷᠢᠭ	1
ᠲᠦᠮᠡᠳ ᠵᠡᠭᠦᠨ ᠬᠣᠰᠢᠭᠤ ᠶᠢᠨ ᠠᠷᠠᠳ ᠤᠨ ᠱᠦᠭᠦᠬᠦ ᠶᠠᠮᠤᠨ	ᠮᠣᠩᠭᠣᠯ 0121	150121	ᠲᠦᠮᠡᠳ ᠵᠡᠭᠦᠨ ᠬᠣᠰᠢᠭᠤ	1
ᠲᠣᠭᠲᠠᠬᠤ ᠰᠢᠶᠠᠨ ᠤ ᠠᠷᠠᠳ ᠤᠨ ᠱᠦᠭᠦᠬᠦ ᠶᠠᠮᠤᠨ	ᠮᠣᠩᠭᠣᠯ 0122	150122	ᠲᠣᠭᠲᠠᠬᠤ ᠰᠢᠶᠠᠨ	1
ᠬᠣᠷᠢᠩᠭᠡᠷ ᠰᠢᠶᠠᠨ ᠤ ᠠᠷᠠᠳ ᠤᠨ ᠱᠦᠭᠦᠬᠦ ᠶᠠᠮᠤᠨ	ᠮᠣᠩᠭᠣᠯ 0123	150123	ᠬᠣᠷᠢᠩᠭᠡᠷ ᠰᠢᠶᠠᠨ	1

ᠥᠪᠦᠷ ᠮᠣᠩᠭᠣᠯ ᠤᠨ ᠥᠪᠡᠷᠲᠡᠭᠡᠨ ᠵᠠᠰᠠᠬᠤ ᠣᠷᠣᠨ ᠤ ᠦᠬᠠᠢ ᠬᠣᠲᠠ ᠶᠢᠨ ᠠᠷᠠᠳ ᠤᠨ ᠳᠤᠮᠳᠠᠳᠤ ᠱᠠᠲᠤ ᠶᠢᠨ ᠱᠢᠭᠦᠬᠦ ᠶᠠᠮᠤᠨ	ᠥᠪᠦᠷ 03	150300	ᠦᠬᠠᠢ ᠬᠣᠲᠠ	1
ᠪᠤᠭᠤᠲᠤ ᠬᠣᠲᠠ ᠶᠢᠨ ᠬᠣᠪᠣᠷ ᠰᠢᠷᠣᠢ ᠶᠢᠨ ᠥᠨᠳᠥᠷ ᠰᠢᠨ᠎ᠡ ᠲᠧᠬᠨᠢᠭ ᠦᠨ ᠠᠵᠤ ᠦᠢᠯᠡᠳᠪᠦᠷ ᠦᠨ ᠬᠥᠭᠵᠢᠯᠲᠡ ᠶᠢᠨ ᠣᠷᠣᠨ ᠤ ᠠᠷᠠᠳ ᠤᠨ ᠱᠢᠭᠦᠬᠦ ᠶᠠᠮᠤᠨ	ᠥᠪᠦᠷ 0291			4
ᠳᠠᠷᠬᠠᠨ ᠮᠤᠤᠮᠢᠩᠭᠠᠨ ᠬᠣᠯᠪᠣᠭᠠᠲᠤ ᠬᠣᠰᠢᠭᠤ ᠤ ᠠᠷᠠᠳ ᠤᠨ ᠱᠢᠭᠦᠬᠦ ᠶᠠᠮᠤᠨ	ᠥᠪᠦᠷ 0223	150223	ᠳᠠᠷᠬᠠᠨ ᠮᠤᠤᠮᠢᠩᠭᠠᠨ ᠬᠣᠯᠪᠣᠭᠠᠲᠤ ᠬᠣᠰᠢᠭᠤ	1
ᠭᠤᠶᠠᠩ ᠰᠢᠶᠠᠨ ᠤ ᠠᠷᠠᠳ ᠤᠨ ᠱᠢᠭᠦᠬᠦ ᠶᠠᠮᠤᠨ	ᠥᠪᠦᠷ 0222	150222	ᠭᠤᠶᠠᠩ ᠰᠢᠶᠠᠨ	1
ᠲᠦᠮᠡᠳ ᠪᠠᠷᠠᠭᠤᠨ ᠬᠣᠰᠢᠭᠤ ᠤ ᠠᠷᠠᠳ ᠤᠨ ᠱᠢᠭᠦᠬᠦ ᠶᠠᠮᠤᠨ	ᠥᠪᠦᠷ 0221	150221	ᠲᠦᠮᠡᠳ ᠪᠠᠷᠠᠭᠤᠨ ᠬᠣᠰᠢᠭᠤ	1
ᠪᠤᠭᠤᠲᠤ ᠬᠣᠲᠠ ᠶᠢᠨ ᠵᠢᠦᠶᠤᠸᠠᠨ ᠲᠣᠭᠣᠷᠢᠭ ᠤᠨ ᠠᠷᠠᠳ ᠤᠨ ᠱᠢᠭᠦᠬᠦ ᠶᠠᠮᠤᠨ	ᠥᠪᠦᠷ 0207	150207	ᠪᠤᠭᠤᠲᠤ ᠬᠣᠲᠠ ᠶᠢᠨ ᠵᠢᠦᠶᠤᠸᠠᠨ ᠲᠣᠭᠣᠷᠢᠭ	1
ᠪᠤᠭᠤᠲᠤ ᠬᠣᠲᠠ ᠶᠢᠨ ᠪᠠᠶᠠᠨ ᠣᠪᠤᠭ᠎ᠠ ᠠᠭᠤᠷᠬᠠᠢ ᠶᠢᠨ ᠲᠣᠭᠣᠷᠢᠭ ᠤᠨ ᠠᠷᠠᠳ ᠤᠨ ᠱᠢᠭᠦᠬᠦ ᠶᠠᠮᠤᠨ	ᠥᠪᠦᠷ 0206	150206	ᠪᠤᠭᠤᠲᠤ ᠬᠣᠲᠠ ᠶᠢᠨ ᠪᠠᠶᠠᠨ ᠣᠪᠤᠭ᠎ᠠ ᠠᠭᠤᠷᠬᠠᠢ ᠶᠢᠨ ᠲᠣᠭᠣᠷᠢᠭ	1
ᠪᠤᠭᠤᠲᠤ ᠬᠣᠲᠠ ᠶᠢᠨ ᠱᠢ ᠭᠤᠸᠠᠢ ᠲᠣᠭᠣᠷᠢᠭ ᠤᠨ ᠠᠷᠠᠳ ᠤᠨ ᠱᠢᠭᠦᠬᠦ ᠶᠠᠮᠤᠨ	ᠥᠪᠦᠷ 0205	150205	ᠪᠤᠭᠤᠲᠤ ᠬᠣᠲᠠ ᠶᠢᠨ ᠱᠢ ᠭᠤᠸᠠᠢ ᠲᠣᠭᠣᠷᠢᠭ	1
ᠪᠤᠭᠤᠲᠤ ᠬᠣᠲᠠ ᠶᠢᠨ ᠴᠢᠩ ᠱᠠᠨ ᠲᠣᠭᠣᠷᠢᠭ ᠤᠨ ᠠᠷᠠᠳ ᠤᠨ ᠱᠢᠭᠦᠬᠦ ᠶᠠᠮᠤᠨ	ᠥᠪᠦᠷ 0204	150204	ᠪᠤᠭᠤᠲᠤ ᠬᠣᠲᠠ ᠶᠢᠨ ᠴᠢᠩ ᠱᠠᠨ ᠲᠣᠭᠣᠷᠢᠭ	1
ᠪᠤᠭᠤᠲᠤ ᠬᠣᠲᠠ ᠶᠢᠨ ᠬᠦᠨᠳᠦᠯᠡᠨ ᠲᠣᠭᠣᠷᠢᠭ ᠤᠨ ᠠᠷᠠᠳ ᠤᠨ ᠱᠢᠭᠦᠬᠦ ᠶᠠᠮᠤᠨ	ᠥᠪᠦᠷ 0203	150203	ᠪᠤᠭᠤᠲᠤ ᠬᠣᠲᠠ ᠶᠢᠨ ᠬᠦᠨᠳᠦᠯᠡᠨ ᠲᠣᠭᠣᠷᠢᠭ	1
ᠪᠤᠭᠤᠲᠤ ᠬᠣᠲᠠ ᠶᠢᠨ ᠳ᠋ᠦᠩ ᠾᠧ ᠲᠣᠭᠣᠷᠢᠭ ᠤᠨ ᠠᠷᠠᠳ ᠤᠨ ᠱᠢᠭᠦᠬᠦ ᠶᠠᠮᠤᠨ	ᠥᠪᠦᠷ 0202	150202	ᠪᠤᠭᠤᠲᠤ ᠬᠣᠲᠠ ᠶᠢᠨ ᠳ᠋ᠦᠩ ᠾᠧ ᠲᠣᠭᠣᠷᠢᠭ	1
ᠥᠪᠦᠷ ᠮᠣᠩᠭᠣᠯ ᠤᠨ ᠥᠪᠡᠷᠲᠡᠭᠡᠨ ᠵᠠᠰᠠᠬᠤ ᠣᠷᠣᠨ ᠤ ᠪᠤᠭᠤᠲᠤ ᠬᠣᠲᠠ ᠶᠢᠨ ᠠᠷᠠᠳ ᠤᠨ ᠳᠤᠮᠳᠠᠳᠤ ᠱᠠᠲᠤ ᠶᠢᠨ ᠱᠢᠭᠦᠬᠦ ᠶᠠᠮᠤᠨ	ᠥᠪᠦᠷ 02	150200	ᠪᠤᠭᠤᠲᠤ ᠬᠣᠲᠠ	1
ᠦᠴᠤᠸᠠᠨ ᠰᠢᠶᠠᠨ ᠤ ᠠᠷᠠᠳ ᠤᠨ ᠱᠢᠭᠦᠬᠦ ᠶᠠᠮᠤᠨ	ᠥᠪᠦᠷ 0125	150125	ᠦᠴᠤᠸᠠᠨ ᠰᠢᠶᠠᠨ	1
ᠴᠢᠩ ᠱᠦᠢ ᠾᠧ ᠰᠢᠶᠠᠨ ᠤ ᠠᠷᠠᠳ ᠤᠨ ᠱᠢᠭᠦᠬᠦ ᠶᠠᠮᠤᠨ	ᠥᠪᠦᠷ 0124	150124	ᠴᠢᠩ ᠱᠦᠢ ᠾᠧ ᠰᠢᠶᠠᠨ	1

ᠦᠬᠠᠢ ᠬᠣᠲᠠ ᠶᠢᠨ ᠬᠠᠢᠪᠤᠸᠠᠨ ᠲᠣᠭᠣᠷᠢᠭ ᠤᠨ ᠠᠷᠠᠳ ᠤᠨ ᠵᠠᠰᠠᠭ ᠭᠠᠵᠠᠷ	ᠺᠣᠳ᠋ 0302	150302	ᠦᠬᠠᠢ ᠬᠣᠲᠠ ᠶᠢᠨ ᠬᠠᠢᠪᠤᠸᠠᠨ ᠲᠣᠭᠣᠷᠢᠭ	1	
ᠦᠬᠠᠢ ᠬᠣᠲᠠ ᠶᠢᠨ ᠬᠠᠢᠨᠠᠨ ᠲᠣᠭᠣᠷᠢᠭ ᠤᠨ ᠠᠷᠠᠳ ᠤᠨ ᠵᠠᠰᠠᠭ ᠭᠠᠵᠠᠷ	ᠺᠣᠳ᠋ 0303	150303	ᠦᠬᠠᠢ ᠬᠣᠲᠠ ᠶᠢᠨ ᠬᠠᠢᠨᠠᠨ ᠲᠣᠭᠣᠷᠢᠭ	1	
ᠦᠬᠠᠢ ᠬᠣᠲᠠ ᠶᠢᠨ ᠦᠳᠠ ᠲᠣᠭᠣᠷᠢᠭ ᠤᠨ ᠠᠷᠠᠳ ᠤᠨ ᠵᠠᠰᠠᠭ ᠭᠠᠵᠠᠷ	ᠺᠣᠳ᠋ 0304	150304	ᠦᠬᠠᠢ ᠬᠣᠲᠠ ᠶᠢᠨ ᠦᠳᠠ ᠲᠣᠭᠣᠷᠢᠭ	1	
ᠤᠯᠠᠭᠠᠨᠬᠠᠳᠠ ᠬᠣᠲᠠ ᠶᠢᠨ ᠠᠷᠠᠳ ᠤᠨ ᠵᠠᠰᠠᠭ ᠭᠠᠵᠠᠷ	ᠺᠣᠳ᠋ 04	150400	ᠤᠯᠠᠭᠠᠨᠬᠠᠳᠠ ᠬᠣᠲᠠ	1	
ᠤᠯᠠᠭᠠᠨᠬᠠᠳᠠ ᠬᠣᠲᠠ ᠶᠢᠨ ᠬᠣᠩ ᠱᠠᠨ ᠲᠣᠭᠣᠷᠢᠭ ᠤᠨ ᠠᠷᠠᠳ ᠤᠨ ᠵᠠᠰᠠᠭ ᠭᠠᠵᠠᠷ	ᠺᠣᠳ᠋ 0402	150402	ᠤᠯᠠᠭᠠᠨᠬᠠᠳᠠ ᠬᠣᠲᠠ ᠶᠢᠨ ᠬᠣᠩ ᠱᠠᠨ ᠲᠣᠭᠣᠷᠢᠭ	1	
ᠤᠯᠠᠭᠠᠨᠬᠠᠳᠠ ᠬᠣᠲᠠ ᠶᠢᠨ ᠶᠤᠸᠠᠨ ᠪᠣᠤ ᠱᠠᠨ ᠲᠣᠭᠣᠷᠢᠭ ᠤᠨ ᠠᠷᠠᠳ ᠤᠨ ᠵᠠᠰᠠᠭ ᠭᠠᠵᠠᠷ	ᠺᠣᠳ᠋ 0403	150403	ᠤᠯᠠᠭᠠᠨᠬᠠᠳᠠ ᠬᠣᠲᠠ ᠶᠢᠨ ᠶᠤᠸᠠᠨ ᠪᠣᠤ ᠱᠠᠨ ᠲᠣᠭᠣᠷᠢᠭ	1	
ᠤᠯᠠᠭᠠᠨᠬᠠᠳᠠ ᠬᠣᠲᠠ ᠶᠢᠨ ᠰᠦᠩ ᠱᠠᠨ ᠲᠣᠭᠣᠷᠢᠭ ᠤᠨ ᠠᠷᠠᠳ ᠤᠨ ᠵᠠᠰᠠᠭ ᠭᠠᠵᠠᠷ	ᠺᠣᠳ᠋ 0404	150404	ᠤᠯᠠᠭᠠᠨᠬᠠᠳᠠ ᠬᠣᠲᠠ ᠶᠢᠨ ᠰᠦᠩ ᠱᠠᠨ ᠲᠣᠭᠣᠷᠢᠭ	1	
ᠠᠷᠤ ᠬᠣᠷᠴᠢᠨ ᠬᠣᠰᠢᠭᠤᠨ ᠤ ᠠᠷᠠᠳ ᠤᠨ ᠵᠠᠰᠠᠭ ᠭᠠᠵᠠᠷ	ᠺᠣᠳ᠋ 0421	150421	ᠠᠷᠤ ᠬᠣᠷᠴᠢᠨ ᠬᠣᠰᠢᠭᠤ	1	
ᠪᠠᠭᠠᠷᠢᠨ ᠵᠡᠭᠦᠨ ᠬᠣᠰᠢᠭᠤᠨ ᠤ ᠠᠷᠠᠳ ᠤᠨ ᠵᠠᠰᠠᠭ ᠭᠠᠵᠠᠷ	ᠺᠣᠳ᠋ 0422	150422	ᠪᠠᠭᠠᠷᠢᠨ ᠵᠡᠭᠦᠨ ᠬᠣᠰᠢᠭᠤ	1	
ᠪᠠᠭᠠᠷᠢᠨ ᠪᠠᠷᠠᠭᠤᠨ ᠬᠣᠰᠢᠭᠤᠨ ᠤ ᠠᠷᠠᠳ ᠤᠨ ᠵᠠᠰᠠᠭ ᠭᠠᠵᠠᠷ	ᠺᠣᠳ᠋ 0423	150423	ᠪᠠᠭᠠᠷᠢᠨ ᠪᠠᠷᠠᠭᠤᠨ ᠬᠣᠰᠢᠭᠤ	1	
ᠯᠢᠨᠰᠢ ᠰᠢᠶᠠᠨ ᠤ ᠠᠷᠠᠳ ᠤᠨ ᠵᠠᠰᠠᠭ ᠭᠠᠵᠠᠷ	ᠺᠣᠳ᠋ 0424	150424	ᠯᠢᠨᠰᠢ ᠰᠢᠶᠠᠨ	1	
ᠬᠡᠰᠢᠭᠲᠡᠨ ᠬᠣᠰᠢᠭᠤᠨ ᠤ ᠠᠷᠠᠳ ᠤᠨ ᠵᠠᠰᠠᠭ ᠭᠠᠵᠠᠷ	ᠺᠣᠳ᠋ 0425	150425	ᠬᠡᠰᠢᠭᠲᠡᠨ ᠬᠣᠰᠢᠭᠤ	1	
ᠣᠩᠨᠢᠭᠤᠳ ᠬᠣᠰᠢᠭᠤᠨ ᠤ ᠠᠷᠠᠳ ᠤᠨ ᠵᠠᠰᠠᠭ ᠭᠠᠵᠠᠷ	ᠺᠣᠳ᠋ 0426	150426	ᠣᠩᠨᠢᠭᠤᠳ ᠬᠣᠰᠢᠭᠤ	1	
ᠬᠠᠷᠠᠴᠢᠨ ᠬᠣᠰᠢᠭᠤᠨ ᠤ ᠠᠷᠠᠳ ᠤᠨ ᠵᠠᠰᠠᠭ ᠭᠠᠵᠠᠷ	ᠺᠣᠳ᠋ 0428	150428	ᠬᠠᠷᠠᠴᠢᠨ ᠬᠣᠰᠢᠭᠤ	1	
ᠨᠢᠩᠴᠧᠩ ᠰᠢᠶᠠᠨ ᠤ ᠠᠷᠠᠳ ᠤᠨ ᠵᠠᠰᠠᠭ ᠭᠠᠵᠠᠷ	ᠺᠣᠳ᠋ 0429	150429	ᠨᠢᠩᠴᠧᠩ ᠰᠢᠶᠠᠨ	1	
ᠠᠤᠬᠠᠨ ᠬᠣᠰᠢᠭᠤᠨ ᠤ ᠠᠷᠠᠳ ᠤᠨ ᠵᠠᠰᠠᠭ ᠭᠠᠵᠠᠷ	ᠺᠣᠳ᠋ 0430	150430	ᠠᠤᠬᠠᠨ ᠬᠣᠰᠢᠭᠤ	1	
ᠲᠦᠩᠯᠢᠶᠣᠤ ᠬᠣᠲᠠ ᠶᠢᠨ ᠠᠷᠠᠳ ᠤᠨ ᠵᠠᠰᠠᠭ ᠭᠠᠵᠠᠷ	ᠺᠣᠳ᠋ 05	150500	ᠲᠦᠩᠯᠢᠶᠣᠤ ᠬᠣᠲᠠ	1	

ᠥᠪᠥᠷ ᠮᠣᠩᠭᠣᠯ ᠤᠨ ᠥᠪᠡᠷᠲᠡᠭᠡᠨ ᠵᠠᠰᠠᠬᠤ ᠣᠷᠣᠨ ᠤ ᠬᠥᠯᠥᠨ ᠪᠤᠶᠢᠷ ᠬᠣᠲᠠ ᠶᠢᠨ ᠳᠤᠮᠳᠠᠳᠤ ᠱᠠᠲᠤ ᠶᠢᠨ ᠠᠷᠠᠳ ᠤᠨ ᠱᠦᠭᠦᠬᠦ ᠶᠠᠮᠤᠨ	ᠳ᠋ᠤᠭᠠᠷ 07	150700	ᠬᠥᠯᠥᠨ ᠪᠤᠶᠢᠷ ᠬᠣᠲᠠ	1
ᠣᠷᠳᠣᠰ ᠬᠣᠲᠠ ᠶᠢᠨ ᠺᠠᠩ ᠪᠠᠱᠢ ᠲᠣᠭᠣᠷᠢᠭ ᠤᠨ ᠠᠷᠠᠳ ᠤᠨ ᠱᠦᠭᠦᠬᠦ ᠶᠠᠮᠤᠨ	ᠳ᠋ᠤᠭᠠᠷ 0691			4
ᠡᠵᠡᠨ ᠬᠣᠷᠣᠭ᠎ᠠ ᠬᠣᠰᠢᠭᠤᠨ ᠤ ᠠᠷᠠᠳ ᠤᠨ ᠱᠦᠭᠦᠬᠦ ᠶᠠᠮᠤᠨ	ᠳ᠋ᠤᠭᠠᠷ 0627	150627	ᠡᠵᠡᠨ ᠬᠣᠷᠣᠭ᠎ᠠ ᠬᠣᠰᠢᠭᠤ	1
ᠦᠦᠰᠢᠨ ᠬᠣᠰᠢᠭᠤᠨ ᠤ ᠠᠷᠠᠳ ᠤᠨ ᠱᠦᠭᠦᠬᠦ ᠶᠠᠮᠤᠨ	ᠳ᠋ᠤᠭᠠᠷ 0626	150626	ᠦᠦᠰᠢᠨ ᠬᠣᠰᠢᠭᠤ	1
ᠬᠠᠩᠭᠢᠨ ᠬᠣᠰᠢᠭᠤᠨ ᠤ ᠠᠷᠠᠳ ᠤᠨ ᠱᠦᠭᠦᠬᠦ ᠶᠠᠮᠤᠨ	ᠳ᠋ᠤᠭᠠᠷ 0625	150625	ᠬᠠᠩᠭᠢᠨ ᠬᠣᠰᠢᠭᠤ	1
ᠣᠲᠣᠭ ᠬᠣᠰᠢᠭᠤᠨ ᠤ ᠠᠷᠠᠳ ᠤᠨ ᠱᠦᠭᠦᠬᠦ ᠶᠠᠮᠤᠨ	ᠳ᠋ᠤᠭᠠᠷ 0624	150624	ᠣᠲᠣᠭ ᠬᠣᠰᠢᠭᠤ	1
ᠣᠲᠣᠭ ᠤᠨ ᠡᠮᠦᠨᠡᠳᠦ ᠬᠣᠰᠢᠭᠤᠨ ᠤ ᠠᠷᠠᠳ ᠤᠨ ᠱᠦᠭᠦᠬᠦ ᠶᠠᠮᠤᠨ	ᠳ᠋ᠤᠭᠠᠷ 0623	150623	ᠣᠲᠣᠭ ᠤᠨ ᠡᠮᠦᠨᠡᠳᠦ ᠬᠣᠰᠢᠭᠤ	1
ᠵᠡᠭᠦᠨᠭᠠᠷ ᠬᠣᠰᠢᠭᠤᠨ ᠤ ᠠᠷᠠᠳ ᠤᠨ ᠱᠦᠭᠦᠬᠦ ᠶᠠᠮᠤᠨ	ᠳ᠋ᠤᠭᠠᠷ 0622	150622	ᠵᠡᠭᠦᠨᠭᠠᠷ ᠬᠣᠰᠢᠭᠤ	1
ᠳᠠᠯᠠᠳ ᠬᠣᠰᠢᠭᠤᠨ ᠤ ᠠᠷᠠᠳ ᠤᠨ ᠱᠦᠭᠦᠬᠦ ᠶᠠᠮᠤᠨ	ᠳ᠋ᠤᠭᠠᠷ 0621	150621	ᠳᠠᠯᠠᠳ ᠬᠣᠰᠢᠭᠤ	1
ᠣᠷᠳᠣᠰ ᠬᠣᠲᠠ ᠶᠢᠨ ᠳ᠋ᠦᠩᠱᠧᠩ ᠲᠣᠭᠣᠷᠢᠭ ᠤᠨ ᠠᠷᠠᠳ ᠤᠨ ᠱᠦᠭᠦᠬᠦ ᠶᠠᠮᠤᠨ	ᠳ᠋ᠤᠭᠠᠷ 0602	150602	ᠣᠷᠳᠣᠰ ᠬᠣᠲᠠ ᠶᠢᠨ ᠳ᠋ᠦᠩᠱᠧᠩ ᠲᠣᠭᠣᠷᠢᠭ	1
ᠥᠪᠥᠷ ᠮᠣᠩᠭᠣᠯ ᠤᠨ ᠥᠪᠡᠷᠲᠡᠭᠡᠨ ᠵᠠᠰᠠᠬᠤ ᠣᠷᠣᠨ ᠤ ᠣᠷᠳᠣᠰ ᠬᠣᠲᠠ ᠶᠢᠨ ᠳᠤᠮᠳᠠᠳᠤ ᠱᠠᠲᠤ ᠶᠢᠨ ᠠᠷᠠᠳ ᠤᠨ ᠱᠦᠭᠦᠬᠦ ᠶᠠᠮᠤᠨ	ᠳ᠋ᠤᠭᠠᠷ 06	150600	ᠣᠷᠳᠣᠰ ᠬᠣᠲᠠ	1
ᠬᠣᠣᠯᠢᠨ ᠭᠣᠣᠯ ᠬᠣᠲᠠ ᠶᠢᠨ ᠠᠷᠠᠳ ᠤᠨ ᠱᠦᠭᠦᠬᠦ ᠶᠠᠮᠤᠨ	ᠳ᠋ᠤᠭᠠᠷ 0581	150581	ᠬᠣᠣᠯᠢᠨ ᠭᠣᠣᠯ ᠬᠣᠲᠠ	
ᠵᠠᠷᠤᠳ ᠬᠣᠰᠢᠭᠤᠨ ᠤ ᠠᠷᠠᠳ ᠤᠨ ᠱᠦᠭᠦᠬᠦ ᠶᠠᠮᠤᠨ	ᠳ᠋ᠤᠭᠠᠷ 0526	150526	ᠵᠠᠷᠤᠳ ᠬᠣᠰᠢᠭᠤ	1
ᠨᠠᠢᠮᠠᠨ ᠬᠣᠰᠢᠭᠤᠨ ᠤ ᠠᠷᠠᠳ ᠤᠨ ᠱᠦᠭᠦᠬᠦ ᠶᠠᠮᠤᠨ	ᠳ᠋ᠤᠭᠠᠷ 0525	150525	ᠨᠠᠢᠮᠠᠨ ᠬᠣᠰᠢᠭᠤ	1
ᠬᠦᠷᠢᠶ᠎ᠡ ᠬᠣᠰᠢᠭᠤᠨ ᠤ ᠠᠷᠠᠳ ᠤᠨ ᠱᠦᠭᠦᠬᠦ ᠶᠠᠮᠤᠨ	ᠳ᠋ᠤᠭᠠᠷ 0524	150524	ᠬᠦᠷᠢᠶ᠎ᠡ ᠬᠣᠰᠢᠭᠤ	1
ᠺᠠᠢᠯᠦ ᠰᠢᠶᠠᠨ ᠤ ᠠᠷᠠᠳ ᠤᠨ ᠱᠦᠭᠦᠬᠦ ᠶᠠᠮᠤᠨ	ᠳ᠋ᠤᠭᠠᠷ 0523	150523	ᠺᠠᠢᠯᠦ ᠰᠢᠶᠠᠨ	1
ᠬᠣᠷᠴᠢᠨ ᠵᠡᠭᠦᠨ ᠭᠠᠷᠤᠨ ᠬᠣᠶᠢᠲᠤ ᠬᠣᠰᠢᠭᠤᠨ ᠤ ᠠᠷᠠᠳ ᠤᠨ ᠱᠦᠭᠦᠬᠦ ᠶᠠᠮᠤᠨ	ᠳ᠋ᠤᠭᠠᠷ 0522	150522	ᠬᠣᠷᠴᠢᠨ ᠵᠡᠭᠦᠨ ᠭᠠᠷᠤᠨ ᠬᠣᠶᠢᠲᠤ ᠬᠣᠰᠢᠭᠤ	1
ᠬᠣᠷᠴᠢᠨ ᠵᠡᠭᠦᠨ ᠭᠠᠷᠤᠨ ᠳᠤᠮᠳᠠ ᠬᠣᠰᠢᠭᠤᠨ ᠤ ᠠᠷᠠᠳ ᠤᠨ ᠱᠦᠭᠦᠬᠦ ᠶᠠᠮᠤᠨ	ᠳ᠋ᠤᠭᠠᠷ 0521	150521	ᠬᠣᠷᠴᠢᠨ ᠵᠡᠭᠦᠨ ᠭᠠᠷᠤᠨ ᠳᠤᠮᠳᠠ ᠬᠣᠰᠢᠭᠤ	1
ᠲᠦᠩᠯᠢᠶᠣᠤ ᠬᠣᠲᠠ ᠶᠢᠨ ᠬᠣᠷᠴᠢᠨ ᠲᠣᠭᠣᠷᠢᠭ ᠤᠨ ᠠᠷᠠᠳ ᠤᠨ ᠱᠦᠭᠦᠬᠦ ᠶᠠᠮᠤᠨ	ᠳ᠋ᠤᠭᠠᠷ 0502	150502	ᠲᠦᠩᠯᠢᠶᠣᠤ ᠬᠣᠲᠠ ᠬᠣᠷᠴᠢᠨ ᠲᠣᠭᠣᠷᠢᠭ	1

ᠬᠥᠯᠦᠨᠪᠤᠶᠢᠷ ᠬᠣᠲᠠ ᠶᠢᠨ ᠬᠠᠶᠢᠯᠠᠷ ᠲᠣᠭᠣᠷᠢᠭ ᠤᠨ ᠠᠷᠠᠳ ᠤᠨ ᠱᠦᠭᠦᠬᠦ ᠶᠠᠮᠤᠨ	ᠮᠣᠩᠭᠣᠯ 0702	150702	ᠬᠥᠯᠦᠨᠪᠤᠶᠢᠷ ᠬᠣᠲᠠ ᠶᠢᠨ ᠬᠠᠶᠢᠯᠠᠷ ᠲᠣᠭᠣᠷᠢᠭ	1	
ᠠᠷᠤᠨ ᠬᠣᠰᠢᠭᠤᠨ ᠤ ᠠᠷᠠᠳ ᠤᠨ ᠱᠦᠭᠦᠬᠦ ᠶᠠᠮᠤᠨ	ᠮᠣᠩᠭᠣᠯ 0721	150721	ᠠᠷᠤᠨ ᠬᠣᠰᠢᠭᠤ	1	
ᠮᠣᠷᠢᠨ ᠳᠠᠪᠠᠭ᠎ᠠ ᠳᠠᠭᠤᠷ ᠦᠨᠳᠦᠰᠦᠲᠡᠨ ᠦ ᠥᠪᠡᠷᠲᠡᠭᠡᠨ ᠵᠠᠰᠠᠬᠤ ᠬᠣᠰᠢᠭᠤᠨ ᠤ ᠠᠷᠠᠳ ᠤᠨ ᠱᠦᠭᠦᠬᠦ ᠶᠠᠮᠤᠨ	ᠮᠣᠩᠭᠣᠯ 0722	150722	ᠮᠣᠷᠢᠨ ᠳᠠᠪᠠᠭ᠎ᠠ ᠳᠠᠭᠤᠷ ᠦᠨᠳᠦᠰᠦᠲᠡᠨ ᠦ ᠥᠪᠡᠷᠲᠡᠭᠡᠨ ᠵᠠᠰᠠᠬᠤ ᠬᠣᠰᠢᠭᠤ	1	
ᠣᠷᠴᠣᠨ ᠥᠪᠡᠷᠲᠡᠭᠡᠨ ᠵᠠᠰᠠᠬᠤ ᠬᠣᠰᠢᠭᠤᠨ ᠤ ᠠᠷᠠᠳ ᠤᠨ ᠱᠦᠭᠦᠬᠦ ᠶᠠᠮᠤᠨ	ᠮᠣᠩᠭᠣᠯ 0723	150723	ᠣᠷᠴᠣᠨ ᠥᠪᠡᠷᠲᠡᠭᠡᠨ ᠵᠠᠰᠠᠬᠤ ᠬᠣᠰᠢᠭᠤ	1	
ᠡᠸᠡᠩᠬᠢ ᠦᠨᠳᠦᠰᠦᠲᠡᠨ ᠦ ᠥᠪᠡᠷᠲᠡᠭᠡᠨ ᠵᠠᠰᠠᠬᠤ ᠬᠣᠰᠢᠭᠤᠨ ᠤ ᠠᠷᠠᠳ ᠤᠨ ᠱᠦᠭᠦᠬᠦ ᠶᠠᠮᠤᠨ	ᠮᠣᠩᠭᠣᠯ 0724	150724	ᠡᠸᠡᠩᠬᠢ ᠦᠨᠳᠦᠰᠦᠲᠡᠨ ᠦ ᠥᠪᠡᠷᠲᠡᠭᠡᠨ ᠵᠠᠰᠠᠬᠤ ᠬᠣᠰᠢᠭᠤ	1	
ᠬᠠᠭᠤᠴᠢᠨ ᠪᠠᠷᠭᠤ ᠬᠣᠰᠢᠭᠤᠨ ᠤ ᠠᠷᠠᠳ ᠤᠨ ᠱᠦᠭᠦᠬᠦ ᠶᠠᠮᠤᠨ	ᠮᠣᠩᠭᠣᠯ 0725	150725	ᠬᠠᠭᠤᠴᠢᠨ ᠪᠠᠷᠭᠤ ᠬᠣᠰᠢᠭᠤ	1	
ᠰᠢᠨ᠎ᠡ ᠪᠠᠷᠭᠤ ᠵᠡᠭᠦᠨ ᠬᠣᠰᠢᠭᠤᠨ ᠤ ᠠᠷᠠᠳ ᠤᠨ ᠱᠦᠭᠦᠬᠦ ᠶᠠᠮᠤᠨ	ᠮᠣᠩᠭᠣᠯ 0726	150726	ᠰᠢᠨ᠎ᠡ ᠪᠠᠷᠭᠤ ᠵᠡᠭᠦᠨ ᠬᠣᠰᠢᠭᠤ	1	
ᠰᠢᠨ᠎ᠡ ᠪᠠᠷᠭᠤ ᠪᠠᠷᠠᠭᠤᠨ ᠬᠣᠰᠢᠭᠤᠨ ᠤ ᠠᠷᠠᠳ ᠤᠨ ᠱᠦᠭᠦᠬᠦ ᠶᠠᠮᠤᠨ	ᠮᠣᠩᠭᠣᠯ 0727	150727	ᠰᠢᠨ᠎ᠡ ᠪᠠᠷᠭᠤ ᠪᠠᠷᠠᠭᠤᠨ ᠬᠣᠰᠢᠭᠤ	1	
ᠮᠠᠨᠵᠤᠤᠷ ᠬᠣᠲᠠ ᠶᠢᠨ ᠠᠷᠠᠳ ᠤᠨ ᠱᠦᠭᠦᠬᠦ ᠶᠠᠮᠤᠨ	ᠮᠣᠩᠭᠣᠯ 0781	150781	ᠮᠠᠨᠵᠤᠤᠷ ᠬᠣᠲᠠ	1	
ᠶᠠᠭᠰᠢ ᠬᠣᠲᠠ ᠶᠢᠨ ᠠᠷᠠᠳ ᠤᠨ ᠱᠦᠭᠦᠬᠦ ᠶᠠᠮᠤᠨ	ᠮᠣᠩᠭᠣᠯ 0782	150782	ᠶᠠᠭᠰᠢ ᠬᠣᠲᠠ	1	
ᠵᠠᠯᠠᠨ ᠠᠶᠢᠯ ᠬᠣᠲᠠ ᠶᠢᠨ ᠠᠷᠠᠳ ᠤᠨ ᠱᠦᠭᠦᠬᠦ ᠶᠠᠮᠤᠨ	ᠮᠣᠩᠭᠣᠯ 0783	150783	ᠵᠠᠯᠠᠨ ᠠᠶᠢᠯ ᠬᠣᠲᠠ	1	
ᠡᠷᠭᠦᠨ᠎ᠡ ᠬᠣᠲᠠ ᠶᠢᠨ ᠠᠷᠠᠳ ᠤᠨ ᠱᠦᠭᠦᠬᠦ ᠶᠠᠮᠤᠨ	ᠮᠣᠩᠭᠣᠯ 0784	150784	ᠡᠷᠭᠦᠨ᠎ᠡ ᠬᠣᠲᠠ	1	
ᠭᠡᠨ ᠾᠧ ᠬᠣᠲᠠ ᠶᠢᠨ ᠠᠷᠠᠳ ᠤᠨ ᠱᠦᠭᠦᠬᠦ ᠶᠠᠮᠤᠨ	ᠮᠣᠩᠭᠣᠯ 0785	150785	ᠭᠡᠨ ᠾᠧ ᠬᠣᠲᠠ	1	
ᠥᠪᠦᠷ ᠮᠣᠩᠭᠣᠯ ᠤᠨ ᠥᠪᠡᠷᠲᠡᠭᠡᠨ ᠵᠠᠰᠠᠬᠤ ᠣᠷᠣᠨ ᠤ ᠪᠠᠶᠠᠨᠨᠠᠭᠤᠷ ᠬᠣᠲᠠ ᠶᠢᠨ ᠠᠷᠠᠳ ᠤᠨ ᠳᠤᠮᠳᠠᠳᠤ ᠱᠦᠭᠦᠬᠦ ᠶᠠᠮᠤᠨ	ᠮᠣᠩᠭᠣᠯ 08	150800	ᠪᠠᠶᠠᠨᠨᠠᠭᠤᠷ ᠬᠣᠲᠠ	1	
ᠪᠠᠶᠠᠨᠨᠠᠭᠤᠷ ᠬᠣᠲᠠ ᠶᠢᠨ ᠯᠢᠨ ᠾᠧ ᠲᠣᠭᠣᠷᠢᠭ ᠤᠨ ᠠᠷᠠᠳ ᠤᠨ ᠱᠦᠭᠦᠬᠦ ᠶᠠᠮᠤᠨ	ᠮᠣᠩᠭᠣᠯ 0802	150802	ᠯᠢᠨ ᠾᠧ ᠲᠣᠭᠣᠷᠢᠭ	1	
ᠦᠦ ᠶᠤᠸᠠᠨ ᠰᠢᠶᠠᠨ ᠤ ᠠᠷᠠᠳ ᠤᠨ ᠱᠦᠭᠦᠬᠦ ᠶᠠᠮᠤᠨ	ᠮᠣᠩᠭᠣᠯ 0821	150821	ᠦᠦ ᠶᠤᠸᠠᠨ ᠰᠢᠶᠠᠨ	1	
ᠳ᠋ᠸᠩᠺᠸᠧ ᠰᠢᠶᠠᠨ ᠤ ᠠᠷᠠᠳ ᠤᠨ ᠱᠦᠭᠦᠬᠦ ᠶᠠᠮᠤᠨ	ᠮᠣᠩᠭᠣᠯ 0822	150822	ᠳ᠋ᠸᠩᠺᠸᠧ ᠰᠢᠶᠠᠨ	1	

ᠤᠷᠠᠳ ᠤᠨ ᠡᠮᠦᠨᠡᠳᠦ ᠬᠣᠰᠢᠭᠤᠨ ᠤ ᠠᠷᠬᠢᠪ ᠤᠨ ᠲᠡᠦᠬᠡ ᠰᠠᠩ	ᠺᠣᠳ᠋ 0823	150823	ᠤᠷᠠᠳ ᠤᠨ ᠡᠮᠦᠨᠡᠳᠦ ᠬᠣᠰᠢᠭᠤ	1
ᠤᠷᠠᠳ ᠤᠨ ᠳᠤᠮᠳᠠᠳᠤ ᠬᠣᠰᠢᠭᠤᠨ ᠤ ᠠᠷᠬᠢᠪ ᠤᠨ ᠲᠡᠦᠬᠡ ᠰᠠᠩ	ᠺᠣᠳ᠋ 0824	150824	ᠤᠷᠠᠳ ᠤᠨ ᠳᠤᠮᠳᠠᠳᠤ ᠬᠣᠰᠢᠭᠤ	1
ᠤᠷᠠᠳ ᠤᠨ ᠬᠣᠶᠢᠳᠤ ᠬᠣᠰᠢᠭᠤᠨ ᠤ ᠠᠷᠬᠢᠪ ᠤᠨ ᠲᠡᠦᠬᠡ ᠰᠠᠩ	ᠺᠣᠳ᠋ 0825	150825	ᠤᠷᠠᠳ ᠤᠨ ᠬᠣᠶᠢᠳᠤ ᠬᠣᠰᠢᠭᠤ	1
ᠬᠠᠩᠭᠢᠨ ᠬᠣᠶᠢᠳᠤ ᠬᠣᠰᠢᠭᠤᠨ ᠤ ᠠᠷᠬᠢᠪ ᠤᠨ ᠲᠡᠦᠬᠡ ᠰᠠᠩ	ᠺᠣᠳ᠋ 0826	150826	ᠬᠠᠩᠭᠢᠨ ᠬᠣᠶᠢᠳᠤ ᠬᠣᠰᠢᠭᠤ	1
ᠥᠪᠦᠷ ᠮᠣᠩᠭᠣᠯ ᠤᠨ ᠥᠪᠡᠷᠲᠡᠭᠡᠨ ᠵᠠᠰᠠᠬᠤ ᠣᠷᠣᠨ ᠤ ᠤᠯᠠᠭᠠᠨᠴᠠᠪ ᠬᠣᠲᠠ ᠶᠢᠨ ᠠᠷᠬᠢᠪ ᠤᠨ ᠲᠣᠪᠴᠢᠶ᠎ᠠ ᠭᠠᠵᠠᠷ ᠶᠢᠨ ᠲᠡᠦᠬᠡ ᠰᠠᠩ	ᠺᠣᠳ᠋ 09	150900	ᠤᠯᠠᠭᠠᠨᠴᠠᠪ ᠬᠣᠲᠠ	1
ᠤᠯᠠᠭᠠᠨᠴᠠᠪ ᠬᠣᠲᠠ ᠶᠢᠨ ᠵᠢᠨᠢᠩ ᠲᠣᠭᠣᠷᠢᠭ ᠤᠨ ᠠᠷᠬᠢᠪ ᠤᠨ ᠲᠡᠦᠬᠡ ᠰᠠᠩ	ᠺᠣᠳ᠋ 0902	150902	ᠵᠢᠨᠢᠩ ᠲᠣᠭᠣᠷᠢᠭ	1
ᠵᠦᠸᠽᠢ ᠰᠢᠶᠠᠨ ᠤ ᠠᠷᠬᠢᠪ ᠤᠨ ᠲᠡᠦᠬᠡ ᠰᠠᠩ	ᠺᠣᠳ᠋ 0921	150921	ᠵᠦᠸᠽᠢ ᠰᠢᠶᠠᠨ	1
ᠬᠤᠸᠠᠳᠧ ᠰᠢᠶᠠᠨ ᠤ ᠠᠷᠬᠢᠪ ᠤᠨ ᠲᠡᠦᠬᠡ ᠰᠠᠩ	ᠺᠣᠳ᠋ 0922	150922	ᠬᠤᠸᠠᠳᠧ ᠰᠢᠶᠠᠨ	1
ᠱᠠᠩᠳᠦ ᠰᠢᠶᠠᠨ ᠤ ᠠᠷᠬᠢᠪ ᠤᠨ ᠲᠡᠦᠬᠡ ᠰᠠᠩ	ᠺᠣᠳ᠋ 0923	150923	ᠱᠠᠩᠳᠦ ᠰᠢᠶᠠᠨ	1
ᠰᠢᠩ ᠬᠧ ᠰᠢᠶᠠᠨ ᠤ ᠠᠷᠬᠢᠪ ᠤᠨ ᠲᠡᠦᠬᠡ ᠰᠠᠩ	ᠺᠣᠳ᠋ 0924	150924	ᠰᠢᠩ ᠬᠧ ᠰᠢᠶᠠᠨ	1
ᠯᠢᠶᠠᠩᠴᠧᠩ ᠰᠢᠶᠠᠨ ᠤ ᠠᠷᠬᠢᠪ ᠤᠨ ᠲᠡᠦᠬᠡ ᠰᠠᠩ	ᠺᠣᠳ᠋ 0925	150925	ᠯᠢᠶᠠᠩᠴᠧᠩ ᠰᠢᠶᠠᠨ	1
ᠴᠠᠬᠠᠷ ᠪᠠᠷᠠᠭᠤᠨ ᠭᠠᠷ ᠡᠮᠦᠨᠡᠳᠦ ᠬᠣᠰᠢᠭᠤᠨ ᠤ ᠠᠷᠬᠢᠪ ᠤᠨ ᠲᠡᠦᠬᠡ ᠰᠠᠩ	ᠺᠣᠳ᠋ 0926	150926	ᠴᠠᠬᠠᠷ ᠪᠠᠷᠠᠭᠤᠨ ᠭᠠᠷ ᠡᠮᠦᠨᠡᠳᠦ ᠬᠣᠰᠢᠭᠤ	1
ᠴᠠᠬᠠᠷ ᠪᠠᠷᠠᠭᠤᠨ ᠭᠠᠷ ᠳᠤᠮᠳᠠᠳᠤ ᠬᠣᠰᠢᠭᠤᠨ ᠤ ᠠᠷᠬᠢᠪ ᠤᠨ ᠲᠡᠦᠬᠡ ᠰᠠᠩ	ᠺᠣᠳ᠋ 0927	150927	ᠴᠠᠬᠠᠷ ᠪᠠᠷᠠᠭᠤᠨ ᠭᠠᠷ ᠳᠤᠮᠳᠠᠳᠤ ᠬᠣᠰᠢᠭᠤ	1
ᠴᠠᠬᠠᠷ ᠪᠠᠷᠠᠭᠤᠨ ᠭᠠᠷ ᠬᠣᠶᠢᠳᠤ ᠬᠣᠰᠢᠭᠤᠨ ᠤ ᠠᠷᠬᠢᠪ ᠤᠨ ᠲᠡᠦᠬᠡ ᠰᠠᠩ	ᠺᠣᠳ᠋ 0928	150928	ᠴᠠᠬᠠᠷ ᠪᠠᠷᠠᠭᠤᠨ ᠭᠠᠷ ᠬᠣᠶᠢᠳᠤ ᠬᠣᠰᠢᠭᠤ	1
ᠳᠥᠷᠪᠡᠳ ᠬᠣᠰᠢᠭᠤᠨ ᠤ ᠠᠷᠬᠢᠪ ᠤᠨ ᠲᠡᠦᠬᠡ ᠰᠠᠩ	ᠺᠣᠳ᠋ 0929	150929	ᠳᠥᠷᠪᠡᠳ ᠬᠣᠰᠢᠭᠤ	1
ᠹᠧᠩ ᠵᠧᠨ ᠬᠣᠲᠠ ᠶᠢᠨ ᠠᠷᠬᠢᠪ ᠤᠨ ᠲᠡᠦᠬᠡ ᠰᠠᠩ	ᠺᠣᠳ᠋ 0981	150981	ᠹᠧᠩ ᠵᠧᠨ ᠬᠣᠲᠠ	1
ᠥᠪᠦᠷ ᠮᠣᠩᠭᠣᠯ ᠤᠨ ᠥᠪᠡᠷᠲᠡᠭᠡᠨ ᠵᠠᠰᠠᠬᠤ ᠣᠷᠣᠨ ᠤ ᠬᠢᠩᠭᠠᠨ ᠠᠶᠢᠮᠠᠭ ᠤᠨ ᠠᠷᠬᠢᠪ ᠤᠨ ᠲᠣᠪᠴᠢᠶ᠎ᠠ ᠭᠠᠵᠠᠷ ᠶᠢᠨ ᠲᠡᠦᠬᠡ ᠰᠠᠩ	ᠺᠣᠳ᠋ 22	152200	ᠬᠢᠩᠭᠠᠨ ᠠᠶᠢᠮᠠᠭ	1
ᠤᠯᠠᠭᠠᠨᠬᠣᠲᠠ ᠶᠢᠨ ᠠᠷᠬᠢᠪ ᠤᠨ ᠲᠡᠦᠬᠡ ᠰᠠᠩ	ᠺᠣᠳ᠋ 2201	152201	ᠤᠯᠠᠭᠠᠨᠬᠣᠲᠠ	1
ᠷᠰᠢᠶᠠᠨ ᠬᠣᠲᠠ ᠶᠢᠨ ᠠᠷᠬᠢᠪ ᠤᠨ ᠲᠡᠦᠬᠡ ᠰᠠᠩ	ᠺᠣᠳ᠋ 2202	152202	ᠷᠰᠢᠶᠠᠨ ᠬᠣᠲᠠ	1
ᠬᠣᠷᠴᠢᠨ ᠪᠠᠷᠠᠭᠤᠨ ᠭᠠᠷ ᠡᠮᠦᠨᠡᠳᠦ ᠬᠣᠰᠢᠭᠤᠨ ᠤ ᠠᠷᠬᠢᠪ ᠤᠨ ᠲᠡᠦᠬᠡ ᠰᠠᠩ	ᠺᠣᠳ᠋ 2221	152221	ᠬᠣᠷᠴᠢᠨ ᠪᠠᠷᠠᠭᠤᠨ ᠭᠠᠷ ᠡᠮᠦᠨᠡᠳᠦ ᠬᠣᠰᠢᠭᠤ	1

ᠠᠯᠠᠱᠠ ᠪᠠᠷᠠᠭᠤᠨ ᠬᠣᠰᠢᠭᠤᠨ ᠤ ᠠᠷᠠᠳ ᠤᠨ ᠱᠢᠭᠦᠬᠦ ᠶᠠᠮᠤ	ᠳᠤᠭᠠᠷ 2922	152922	ᠠᠯᠠᠱᠠ ᠪᠠᠷᠠᠭᠤᠨ ᠬᠣᠰᠢᠭᠤ	1
ᠠᠯᠠᠱᠠ ᠵᠡᠭᠦᠨ ᠬᠣᠰᠢᠭᠤᠨ ᠤ ᠠᠷᠠᠳ ᠤᠨ ᠱᠢᠭᠦᠬᠦ ᠶᠠᠮᠤ	ᠳᠤᠭᠠᠷ 2921	152921	ᠠᠯᠠᠱᠠ ᠵᠡᠭᠦᠨ ᠬᠣᠰᠢᠭᠤ	1
ᠥᠪᠥᠷ ᠮᠣᠩᠭᠣᠯ ᠤᠨ ᠥᠪᠡᠷᠲᠡᠭᠡᠨ ᠵᠠᠰᠠᠬᠤ ᠣᠷᠣᠨ ᠤ ᠠᠯᠠᠱᠠ ᠠᠶᠢᠮᠠᠭ ᠤᠨ ᠠᠷᠠᠳ ᠤᠨ ᠳᠤᠮᠳᠠᠳᠤ ᠱᠠᠲᠤ ᠶᠢᠨ ᠱᠢᠭᠦᠬᠦ ᠶᠠᠮᠤ	ᠳᠤᠭᠠᠷ 29	152900	ᠠᠯᠠᠱᠠ ᠠᠶᠢᠮᠠᠭ	1
ᠳᠣᠯᠣᠨ ᠨᠠᠭᠤᠷ ᠰᠢᠶᠠᠨ ᠤ ᠠᠷᠠᠳ ᠤᠨ ᠱᠢᠭᠦᠬᠦ ᠶᠠᠮᠤ	ᠳᠤᠭᠠᠷ 2531	152531	ᠳᠣᠯᠣᠨ ᠨᠠᠭᠤᠷ ᠰᠢᠶᠠᠨ	1
ᠰᠢᠯᠤᠭᠤᠨ ᠬᠥᠬᠡ ᠬᠣᠰᠢᠭᠤᠨ ᠤ ᠠᠷᠠᠳ ᠤᠨ ᠱᠢᠭᠦᠬᠦ ᠶᠠᠮᠤ	ᠳᠤᠭᠠᠷ 2530	152530	ᠰᠢᠯᠤᠭᠤᠨ ᠬᠥᠬᠡ ᠬᠣᠰᠢᠭᠤ	1
ᠰᠢᠯᠤᠭᠤᠨ ᠬᠥᠪᠡᠭᠡᠲᠦ ᠴᠠᠭᠠᠨ ᠬᠣᠰᠢᠭᠤᠨ ᠤ ᠠᠷᠠᠳ ᠤᠨ ᠱᠢᠭᠦᠬᠦ ᠶᠠᠮᠤ	ᠳᠤᠭᠠᠷ 2529	152529	ᠰᠢᠯᠤᠭᠤᠨ ᠬᠥᠪᠡᠭᠡᠲᠦ ᠴᠠᠭᠠᠨ ᠬᠣᠰᠢᠭᠤ	1
ᠬᠥᠪᠡᠭᠡᠲᠦ ᠰᠢᠷᠠ ᠬᠣᠰᠢᠭᠤᠨ ᠤ ᠠᠷᠠᠳ ᠤᠨ ᠱᠢᠭᠦᠬᠦ ᠶᠠᠮᠤ	ᠳᠤᠭᠠᠷ 2528	152528	ᠬᠥᠪᠡᠭᠡᠲᠦ ᠰᠢᠷᠠ ᠬᠣᠰᠢᠭᠤ	1
ᠲᠠᠶᠢᠪᠤᠰ ᠬᠣᠰᠢᠭᠤᠨ ᠤ ᠠᠷᠠᠳ ᠤᠨ ᠱᠢᠭᠦᠬᠦ ᠶᠠᠮᠤ	ᠳᠤᠭᠠᠷ 2527	152527	ᠲᠠᠶᠢᠪᠤᠰ ᠬᠣᠰᠢᠭᠤ	1
ᠪᠠᠷᠠᠭᠤᠨ ᠦᠵᠦᠮᠦᠴᠢᠨ ᠬᠣᠰᠢᠭᠤᠨ ᠤ ᠠᠷᠠᠳ ᠤᠨ ᠱᠢᠭᠦᠬᠦ ᠶᠠᠮᠤ	ᠳᠤᠭᠠᠷ 2526	152526	ᠪᠠᠷᠠᠭᠤᠨ ᠦᠵᠦᠮᠦᠴᠢᠨ ᠬᠣᠰᠢᠭᠤ	1
ᠵᠡᠭᠦᠨ ᠦᠵᠦᠮᠦᠴᠢᠨ ᠬᠣᠰᠢᠭᠤᠨ ᠤ ᠠᠷᠠᠳ ᠤᠨ ᠱᠢᠭᠦᠬᠦ ᠶᠠᠮᠤ	ᠳᠤᠭᠠᠷ 2525	152525	ᠵᠡᠭᠦᠨ ᠦᠵᠦᠮᠦᠴᠢᠨ ᠬᠣᠰᠢᠭᠤ	1
ᠰᠦᠨᠢᠳ ᠪᠠᠷᠠᠭᠤᠨ ᠬᠣᠰᠢᠭᠤᠨ ᠤ ᠠᠷᠠᠳ ᠤᠨ ᠱᠢᠭᠦᠬᠦ ᠶᠠᠮᠤ	ᠳᠤᠭᠠᠷ 2524	152524	ᠰᠦᠨᠢᠳ ᠪᠠᠷᠠᠭᠤᠨ ᠬᠣᠰᠢᠭᠤ	1
ᠰᠦᠨᠢᠳ ᠵᠡᠭᠦᠨ ᠬᠣᠰᠢᠭᠤᠨ ᠤ ᠠᠷᠠᠳ ᠤᠨ ᠱᠢᠭᠦᠬᠦ ᠶᠠᠮᠤ	ᠳᠤᠭᠠᠷ 2523	152523	ᠰᠦᠨᠢᠳ ᠵᠡᠭᠦᠨ ᠬᠣᠰᠢᠭᠤ	1
ᠠᠪᠠᠭ᠎ᠠ ᠬᠣᠰᠢᠭᠤᠨ ᠤ ᠠᠷᠠᠳ ᠤᠨ ᠱᠢᠭᠦᠬᠦ ᠶᠠᠮᠤ	ᠳᠤᠭᠠᠷ 2522	152522	ᠠᠪᠠᠭ᠎ᠠ ᠬᠣᠰᠢᠭᠤ	1
ᠰᠢᠯᠢᠨᠬᠣᠲᠠ ᠶᠢᠨ ᠠᠷᠠᠳ ᠤᠨ ᠱᠢᠭᠦᠬᠦ ᠶᠠᠮᠤ	ᠳᠤᠭᠠᠷ 2502	152502	ᠰᠢᠯᠢᠨᠬᠣᠲᠠ	1
ᠡᠷᠢᠶᠡᠨ ᠬᠣᠲᠠ ᠶᠢᠨ ᠠᠷᠠᠳ ᠤᠨ ᠱᠢᠭᠦᠬᠦ ᠶᠠᠮᠤ	ᠳᠤᠭᠠᠷ 2501	152501	ᠡᠷᠢᠶᠡᠨ ᠬᠣᠲᠠ	1
ᠥᠪᠥᠷ ᠮᠣᠩᠭᠣᠯ ᠤᠨ ᠥᠪᠡᠷᠲᠡᠭᠡᠨ ᠵᠠᠰᠠᠬᠤ ᠣᠷᠣᠨ ᠤ ᠰᠢᠯᠢ ᠶᠢᠨ ᠭᠣᠣᠯ ᠠᠶᠢᠮᠠᠭ ᠤᠨ ᠠᠷᠠᠳ ᠤᠨ ᠳᠤᠮᠳᠠᠳᠤ ᠱᠠᠲᠤ ᠶᠢᠨ ᠱᠢᠭᠦᠬᠦ ᠶᠠᠮᠤ	ᠳᠤᠭᠠᠷ 25	152500	ᠰᠢᠯᠢ ᠶᠢᠨ ᠭᠣᠣᠯ ᠠᠶᠢᠮᠠᠭ	1
ᠲᠦᠴᠦᠸᠠᠨ ᠰᠢᠶᠠᠨ ᠤ ᠠᠷᠠᠳ ᠤᠨ ᠱᠢᠭᠦᠬᠦ ᠶᠠᠮᠤ	ᠳᠤᠭᠠᠷ 2224	152224	ᠲᠦᠴᠦᠸᠠᠨ ᠰᠢᠶᠠᠨ	1
ᠵᠠᠯᠠᠢᠳ ᠬᠣᠰᠢᠭᠤᠨ ᠤ ᠠᠷᠠᠳ ᠤᠨ ᠱᠢᠭᠦᠬᠦ ᠶᠠᠮᠤ	ᠳᠤᠭᠠᠷ 2223	152223	ᠵᠠᠯᠠᠢᠳ ᠬᠣᠰᠢᠭᠤ	1
ᠬᠣᠷᠴᠢᠨ ᠪᠠᠷᠠᠭᠤᠨ ᠭᠠᠷᠤᠨ ᠳᠤᠮᠳᠠᠳᠤ ᠬᠣᠰᠢᠭᠤᠨ ᠤ ᠠᠷᠠᠳ ᠤᠨ ᠱᠢᠭᠦᠬᠦ ᠶᠠᠮᠤ	ᠳᠤᠭᠠᠷ 2222	152222	ᠬᠣᠷᠴᠢᠨ ᠪᠠᠷᠠᠭᠤᠨ ᠭᠠᠷᠤᠨ ᠳᠤᠮᠳᠠᠳᠤ ᠬᠣᠰᠢᠭᠤ	1

ᠲᠥᠪᠡᠳ ᠦᠨ ᠥᠪᠡᠷᠲᠡᠭᠡᠨ ᠵᠠᠰᠠᠬᠤ ᠣᠷᠤᠨ ᠤ ᠱᠢᠭᠠᠴᠡ ᠬᠣᠲᠠ ᠶᠢᠨ ᠣᠷᠤᠨ ᠤ ᠲᠥᠪ ᠬᠣᠷᠢᠶ᠎ᠠ ᠶᠢᠨ ᠲᠡᠮᠳᠡᠭ ᠪᠣᠯᠤᠨ᠎ᠠ	ᠲᠥᠪᠡᠳ 02	540200	ᠱᠢᠭᠠᠴᠡ ᠬᠣᠲᠠ	1
ᠮᠠᠯᠳᠣ ᠭᠦᠩᠭᠠᠷ ᠰᠢᠶᠠᠨ ᠤ ᠣᠷᠤᠨ ᠤ ᠲᠡᠮᠳᠡᠭ ᠪᠣᠯᠤᠨ᠎ᠠ	ᠲᠥᠪᠡᠳ 0127	540127	ᠮᠠᠯᠳᠣ ᠭᠦᠩᠭᠠᠷ ᠰᠢᠶᠠᠨ	1
ᠳᠠᠭᠽᠡ ᠰᠢᠶᠠᠨ ᠤ ᠣᠷᠤᠨ ᠤ ᠲᠡᠮᠳᠡᠭ ᠪᠣᠯᠤᠨ᠎ᠠ	ᠲᠥᠪᠡᠳ 0126	540126	ᠳᠠᠭᠽᠡ ᠰᠢᠶᠠᠨ	1
ᠳᠥᠢᠯᠦᠩ ᠳᠡᠴᠢᠨ ᠰᠢᠶᠠᠨ ᠤ ᠣᠷᠤᠨ ᠤ ᠲᠡᠮᠳᠡᠭ ᠪᠣᠯᠤᠨ᠎ᠠ	ᠲᠥᠪᠡᠳ 0125	540125	ᠳᠥᠢᠯᠦᠩ ᠳᠡᠴᠢᠨ ᠰᠢᠶᠠᠨ	1
ᠴᠦᠰᠦᠢ ᠰᠢᠶᠠᠨ ᠤ ᠣᠷᠤᠨ ᠤ ᠲᠡᠮᠳᠡᠭ ᠪᠣᠯᠤᠨ᠎ᠠ	ᠲᠥᠪᠡᠳ 0124	540124	ᠴᠦᠰᠦᠢ ᠰᠢᠶᠠᠨ	1
ᠨᠢᠮᠣ ᠰᠢᠶᠠᠨ ᠤ ᠣᠷᠤᠨ ᠤ ᠲᠡᠮᠳᠡᠭ ᠪᠣᠯᠤᠨ᠎ᠠ	ᠲᠥᠪᠡᠳ 0123	540123	ᠨᠢᠮᠣ ᠰᠢᠶᠠᠨ	1
ᠳᠠᠮᠵᠢᠩ ᠰᠢᠶᠠᠨ ᠤ ᠣᠷᠤᠨ ᠤ ᠲᠡᠮᠳᠡᠭ ᠪᠣᠯᠤᠨ᠎ᠠ	ᠲᠥᠪᠡᠳ 0122	540122	ᠳᠠᠮᠵᠢᠩ ᠰᠢᠶᠠᠨ	1
ᠯᠢᠨ ᠵᠸᠤ ᠰᠢᠶᠠᠨ ᠤ ᠣᠷᠤᠨ ᠤ ᠲᠡᠮᠳᠡᠭ ᠪᠣᠯᠤᠨ᠎ᠠ	ᠲᠥᠪᠡᠳ 0121	540121	ᠯᠢᠨ ᠵᠸᠤ ᠰᠢᠶᠠᠨ	1
ᠯᠾᠠᠰᠠ ᠬᠣᠲᠠ ᠶᠢᠨ ᠬᠣᠲᠠ ᠶᠢᠨ ᠬᠠᠭᠠᠯᠭ᠎ᠠ ᠲᠣᠭᠣᠷᠢᠭ ᠤᠨ ᠣᠷᠤᠨ ᠤ ᠲᠡᠮᠳᠡᠭ ᠪᠣᠯᠤᠨ᠎ᠠ	ᠲᠥᠪᠡᠳ 0102	540102	ᠯᠾᠠᠰᠠ ᠬᠣᠲᠠ ᠶᠢᠨ ᠬᠣᠲᠠ ᠶᠢᠨ ᠬᠠᠭᠠᠯᠭ᠎ᠠ ᠲᠣᠭᠣᠷᠢᠭ	1
ᠲᠥᠪᠡᠳ ᠦᠨ ᠥᠪᠡᠷᠲᠡᠭᠡᠨ ᠵᠠᠰᠠᠬᠤ ᠣᠷᠤᠨ ᠤ ᠯᠾᠠᠰᠠ ᠬᠣᠲᠠ ᠶᠢᠨ ᠣᠷᠤᠨ ᠤ ᠲᠥᠪ ᠬᠣᠷᠢᠶ᠎ᠠ ᠶᠢᠨ ᠲᠡᠮᠳᠡᠭ ᠪᠣᠯᠤᠨ᠎ᠠ	ᠲᠥᠪᠡᠳ 01	540100	ᠯᠾᠠᠰᠠ ᠬᠣᠲᠠ	1
ᠲᠥᠪᠡᠳ ᠦᠨ ᠥᠪᠡᠷᠲᠡᠭᠡᠨ ᠵᠠᠰᠠᠬᠤ ᠣᠷᠤᠨ ᠤ ᠣᠷᠤᠨ ᠤ ᠲᠥᠪᠯᠡᠷᠡᠯ ᠬᠣᠷᠢᠶ᠎ᠠ ᠶᠢᠨ ᠲᠡᠮᠳᠡᠭ ᠪᠣᠯᠤᠨ᠎ᠠ	ᠲᠥᠪᠡᠳ	540000	ᠲᠥᠪᠡᠳ ᠦᠨ ᠥᠪᠡᠷᠲᠡᠭᠡᠨ ᠵᠠᠰᠠᠬᠤ ᠣᠷᠤᠨ	1
ᠲᠠᠢᠵᠦᠩ ᠶᠢᠨ ᠲᠠᠶᠢᠸᠠᠨ ᠮᠤᠵᠢ ᠶᠢᠨ ᠲᠣᠭᠣᠷᠢᠭ ᠤᠨ ᠲᠡᠮᠳᠡᠭ ᠪᠣᠯᠤᠨ᠎ᠠ	ᠲᠤᠰᠬᠠᠢ 7104			3
ᠵᠢᠯᠦᠩ ᠤ ᠲᠠᠶᠢᠸᠠᠨ ᠮᠤᠵᠢ ᠶᠢᠨ ᠲᠣᠭᠣᠷᠢᠭ ᠤᠨ ᠲᠡᠮᠳᠡᠭ ᠪᠣᠯᠤᠨ᠎ᠠ	ᠲᠤᠰᠬᠠᠢ 7103			3
ᠭᠠᠣᠰᠢᠩ ᠶᠢᠨ ᠲᠠᠶᠢᠸᠠᠨ ᠮᠤᠵᠢ ᠶᠢᠨ ᠲᠣᠭᠣᠷᠢᠭ ᠤᠨ ᠲᠡᠮᠳᠡᠭ ᠪᠣᠯᠤᠨ᠎ᠠ	ᠲᠤᠰᠬᠠᠢ 7102			3
ᠲᠠᠢᠪᠧᠢ ᠶᠢᠨ ᠲᠠᠶᠢᠸᠠᠨ ᠮᠤᠵᠢ ᠶᠢᠨ ᠲᠣᠭᠣᠷᠢᠭ ᠤᠨ ᠲᠡᠮᠳᠡᠭ ᠪᠣᠯᠤᠨ᠎ᠠ	ᠲᠤᠰᠬᠠᠢ 7101			3
ᠭᠠᠣᠰᠢᠩ ᠶᠢᠨ ᠲᠠᠶᠢᠸᠠᠨ ᠮᠤᠵᠢ ᠶᠢᠨ ᠲᠥᠪ ᠬᠣᠷᠢᠶ᠎ᠠ ᠶᠢᠨ ᠲᠡᠮᠳᠡᠭ ᠪᠣᠯᠤᠨ᠎ᠠ	ᠲᠤᠰᠬᠠᠢ 71			3
ᠡᠵᠢᠨ᠎ᠡ ᠬᠣᠰᠢᠭᠤᠨ ᠤ ᠣᠷᠤᠨ ᠤ ᠲᠡᠮᠳᠡᠭ ᠪᠣᠯᠤᠨ᠎ᠠ	ᠲᠤᠰᠬᠠᠢ 2923	152923	ᠡᠵᠢᠨ᠎ᠡ ᠬᠣᠰᠢᠭᠤ	1

ᠲᠥᠪᠡᠳ ᠦᠨ ᠥᠪᠡᠷᠲᠡᠭᠡᠨ ᠵᠠᠰᠠᠬᠤ ᠣᠷᠤᠨ ᠤ ᠴᠢᠶᠠᠮᠳᠣ ᠬᠣᠲᠠ ᠶᠢᠨ ᠠᠷᠠᠳ ᠤᠨ ᠳᠤᠮᠳᠠᠳᠤ ᠰᠢᠭᠦᠬᠦ ᠶᠠᠮᠤᠨ	ᠳ᠋ᠤᠭᠠᠷ 03	540300	ᠴᠢᠶᠠᠮᠳᠣ ᠬᠣᠲᠠ	1
ᠭᠠᠮᠪᠠ ᠰᠢᠶᠠᠨ ᠤ ᠠᠷᠠᠳ ᠤᠨ ᠰᠢᠭᠦᠬᠦ ᠶᠠᠮᠤᠨ	ᠳ᠋ᠤᠭᠠᠷ 0237	540237	ᠭᠠᠮᠪᠠ ᠰᠢᠶᠠᠨ	1
ᠰᠠᠭ᠎ᠠ ᠰᠢᠶᠠᠨ ᠤ ᠠᠷᠠᠳ ᠤᠨ ᠰᠢᠭᠦᠬᠦ ᠶᠠᠮᠤᠨ	ᠳ᠋ᠤᠭᠠᠷ 0236	540236	ᠰᠠᠭ᠎ᠠ ᠰᠢᠶᠠᠨ	1
ᠨᠢᠶᠠ ᠯᠠᠮ ᠰᠢᠶᠠᠨ ᠤ ᠠᠷᠠᠳ ᠤᠨ ᠰᠢᠭᠦᠬᠦ ᠶᠠᠮᠤᠨ	ᠳ᠋ᠤᠭᠠᠷ 0235	540235	ᠨᠢᠶᠠ ᠯᠠᠮ ᠰᠢᠶᠠᠨ	1
ᠵᠢ ᠯᠦᠩ ᠰᠢᠶᠠᠨ ᠤ ᠠᠷᠠᠳ ᠤᠨ ᠰᠢᠭᠦᠬᠦ ᠶᠠᠮᠤᠨ	ᠳ᠋ᠤᠭᠠᠷ 0234	540234	ᠵᠢ ᠯᠦᠩ ᠰᠢᠶᠠᠨ	1
ᠶᠠ ᠳᠦᠩ ᠰᠢᠶᠠᠨ ᠤ ᠠᠷᠠᠳ ᠤᠨ ᠰᠢᠭᠦᠬᠦ ᠶᠠᠮᠤᠨ	ᠳ᠋ᠤᠭᠠᠷ 0233	540233	ᠶᠠ ᠳᠦᠩ ᠰᠢᠶᠠᠨ	1
ᠵᠦᠩ ᠪᠠ ᠰᠢᠶᠠᠨ ᠤ ᠠᠷᠠᠳ ᠤᠨ ᠰᠢᠭᠦᠬᠦ ᠶᠠᠮᠤᠨ	ᠳ᠋ᠤᠭᠠᠷ 0232	540232	ᠵᠦᠩ ᠪᠠ ᠰᠢᠶᠠᠨ	1
ᠳᠢᠩ ᠭᠢᠶᠧ ᠰᠢᠶᠠᠨ ᠤ ᠠᠷᠠᠳ ᠤᠨ ᠰᠢᠭᠦᠬᠦ ᠶᠠᠮᠤᠨ	ᠳ᠋ᠤᠭᠠᠷ 0231	540231	ᠳᠢᠩ ᠭᠢᠶᠧ ᠰᠢᠶᠠᠨ	1
ᠺᠠᠩ ᠮᠠᠷ ᠰᠢᠶᠠᠨ ᠤ ᠠᠷᠠᠳ ᠤᠨ ᠰᠢᠭᠦᠬᠦ ᠶᠠᠮᠤᠨ	ᠳ᠋ᠤᠭᠠᠷ 0230	540230	ᠺᠠᠩ ᠮᠠᠷ ᠰᠢᠶᠠᠨ	1
ᠷᠢᠨ ᠪᠦᠩ ᠰᠢᠶᠠᠨ ᠤ ᠠᠷᠠᠳ ᠤᠨ ᠰᠢᠭᠦᠬᠦ ᠶᠠᠮᠤᠨ	ᠳ᠋ᠤᠭᠠᠷ 0229	540229	ᠷᠢᠨ ᠪᠦᠩ ᠰᠢᠶᠠᠨ	1
ᠪᠠᠢ ᠨᠠᠩ ᠰᠢᠶᠠᠨ ᠤ ᠠᠷᠠᠳ ᠤᠨ ᠰᠢᠭᠦᠬᠦ ᠶᠠᠮᠤᠨ	ᠳ᠋ᠤᠭᠠᠷ 0228	540228	ᠪᠠᠢ ᠨᠠᠩ ᠰᠢᠶᠠᠨ	1
ᠰᠢᠶᠡ ᠲᠦᠩ ᠮᠦᠨ ᠰᠢᠶᠠᠨ ᠤ ᠠᠷᠠᠳ ᠤᠨ ᠰᠢᠭᠦᠬᠦ ᠶᠠᠮᠤᠨ	ᠳ᠋ᠤᠭᠠᠷ 0227	540227	ᠰᠢᠶᠡ ᠲᠦᠩ ᠮᠦᠨ ᠰᠢᠶᠠᠨ	1
ᠩᠠᠩ ᠷᠢᠩ ᠰᠢᠶᠠᠨ ᠤ ᠠᠷᠠᠳ ᠤᠨ ᠰᠢᠭᠦᠬᠦ ᠶᠠᠮᠤᠨ	ᠳ᠋ᠤᠭᠠᠷ 0226	540226	ᠩᠠᠩ ᠷᠢᠩ ᠰᠢᠶᠠᠨ	1
ᠯᠠ ᠽᠢ ᠰᠢᠶᠠᠨ ᠤ ᠠᠷᠠᠳ ᠤᠨ ᠰᠢᠭᠦᠬᠦ ᠶᠠᠮᠤᠨ	ᠳ᠋ᠤᠭᠠᠷ 0225	540225	ᠯᠠ ᠽᠢ ᠰᠢᠶᠠᠨ	1
ᠰᠠᠭᠢᠶᠠ ᠰᠢᠶᠠᠨ ᠤ ᠠᠷᠠᠳ ᠤᠨ ᠰᠢᠭᠦᠬᠦ ᠶᠠᠮᠤᠨ	ᠳ᠋ᠤᠭᠠᠷ 0224	540224	ᠰᠠᠭᠢᠶᠠ ᠰᠢᠶᠠᠨ	1
ᠳᠢᠩ ᠷᠢ ᠰᠢᠶᠠᠨ ᠤ ᠠᠷᠠᠳ ᠤᠨ ᠰᠢᠭᠦᠬᠦ ᠶᠠᠮᠤᠨ	ᠳ᠋ᠤᠭᠠᠷ 0223	540223	ᠳᠢᠩ ᠷᠢ ᠰᠢᠶᠠᠨ	1
ᠭᠢᠶᠠᠩ ᠽᠢ ᠰᠢᠶᠠᠨ ᠤ ᠠᠷᠠᠳ ᠤᠨ ᠰᠢᠭᠦᠬᠦ ᠶᠠᠮᠤᠨ	ᠳ᠋ᠤᠭᠠᠷ 0222	540222	ᠭᠢᠶᠠᠩ ᠽᠢ ᠰᠢᠶᠠᠨ	1
ᠨᠠᠮ ᠮᠦ ᠯᠢᠩ ᠰᠢᠶᠠᠨ ᠤ ᠠᠷᠠᠳ ᠤᠨ ᠰᠢᠭᠦᠬᠦ ᠶᠠᠮᠤᠨ	ᠳ᠋ᠤᠭᠠᠷ 0221	540221	ᠨᠠᠮ ᠮᠦ ᠯᠢᠩ ᠰᠢᠶᠠᠨ	1
ᠱᠢᠭᠠᠽᠧ ᠬᠣᠲᠠ ᠶᠢᠨ ᠰᠠᠩ ᠵᠤ ᠽᠢ ᠲᠣᠭᠣᠷᠢᠭ ᠤᠨ ᠠᠷᠠᠳ ᠤᠨ ᠰᠢᠭᠦᠬᠦ ᠶᠠᠮᠤᠨ	ᠳ᠋ᠤᠭᠠᠷ 0201	540201	ᠱᠢᠭᠠᠽᠧ ᠬᠣᠲᠠ ᠶᠢᠨ ᠰᠠᠩ ᠵᠤ ᠽᠢ ᠲᠣᠭᠣᠷᠢᠭ	1

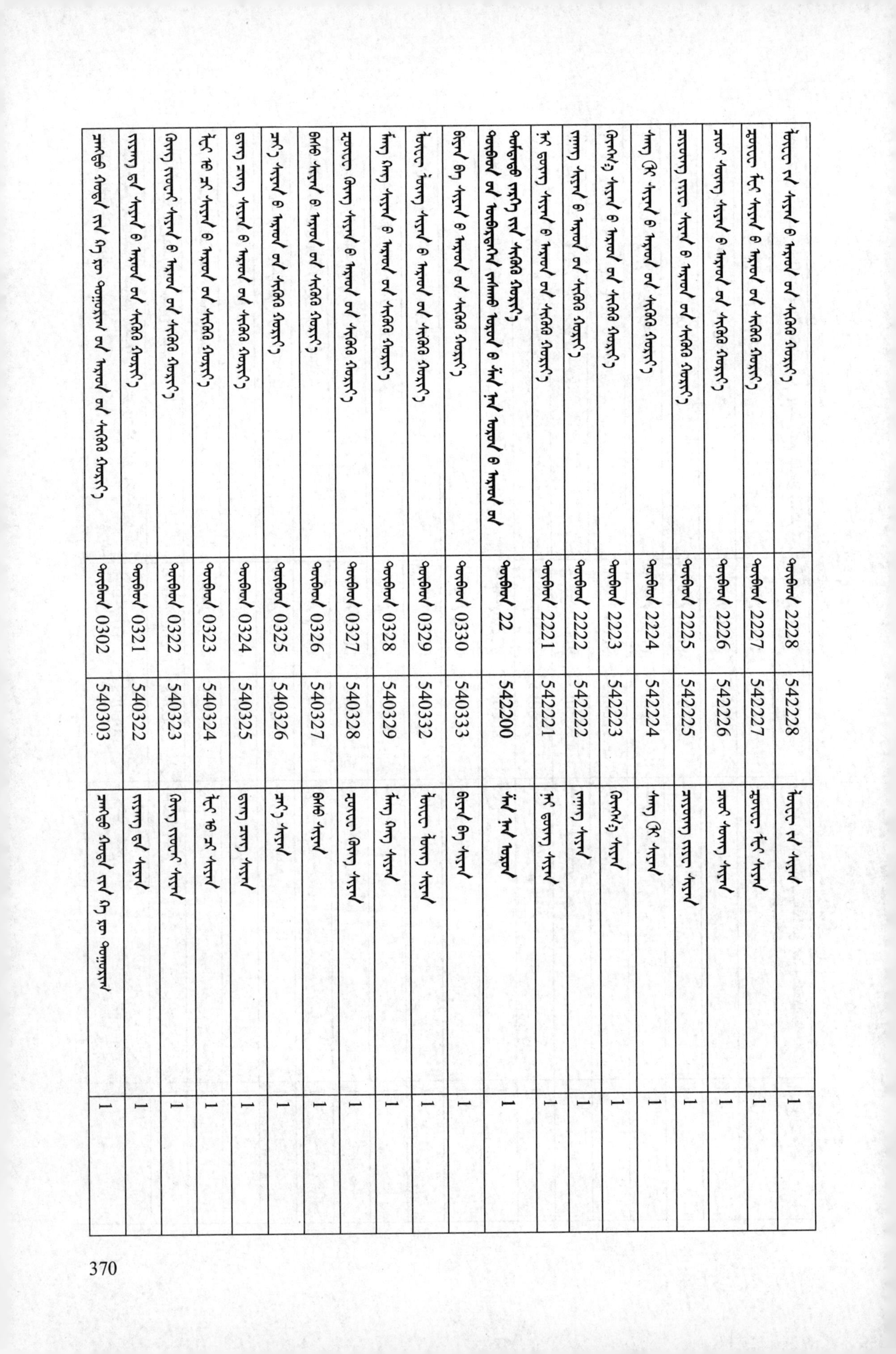

[illegible]	[illegible] 2228	542228	[illegible]	1
[illegible]	[illegible] 2227	542227	[illegible]	1
[illegible]	[illegible] 2226	542226	[illegible]	1
[illegible]	[illegible] 2225	542225	[illegible]	1
[illegible]	[illegible] 2224	542224	[illegible]	1
[illegible]	[illegible] 2223	542223	[illegible]	1
[illegible]	[illegible] 2222	542222	[illegible]	1
[illegible]	[illegible] 2221	542221	[illegible]	1
[illegible]	[illegible] 22	542200	[illegible]	1
[illegible]	[illegible] 0330	540333	[illegible]	1
[illegible]	[illegible] 0329	540332	[illegible]	1
[illegible]	[illegible] 0328	540329	[illegible]	1
[illegible]	[illegible] 0327	540328	[illegible]	1
[illegible]	[illegible] 0326	540327	[illegible]	1
[illegible]	[illegible] 0325	540326	[illegible]	1
[illegible]	[illegible] 0324	540325	[illegible]	1
[illegible]	[illegible] 0323	540324	[illegible]	1
[illegible]	[illegible] 0322	540323	[illegible]	1
[illegible]	[illegible] 0321	540322	[illegible]	1
[illegible]	[illegible] 0302	540303	[illegible]	1

ᠵᠢᠶᠠ ᠴᠠ ᠰᠢᠶᠠᠨ ᠤ ᠠᠷᠠᠳ ᠤᠨ ᠡᠮᠨᠡᠯᠭᠡ ᠬᠦᠷᠢᠶᠡᠯᠡᠩ	ᠲᠥᠪᠡᠳ 2229	542229	ᠵᠢᠶᠠ ᠴᠠ ᠰᠢᠶᠠᠨ	1
ᠯᠦᠩ ᠽᠢ ᠰᠢᠶᠠᠨ ᠤ ᠠᠷᠠᠳ ᠤᠨ ᠡᠮᠨᠡᠯᠭᠡ ᠬᠦᠷᠢᠶᠡᠯᠡᠩ	ᠲᠥᠪᠡᠳ 2231	542231	ᠯᠦᠩ ᠽᠢ ᠰᠢᠶᠠᠨ	1
ᠼᠣᠸᠧ ᠨᠠ ᠰᠢᠶᠠᠨ ᠤ ᠠᠷᠠᠳ ᠤᠨ ᠡᠮᠨᠡᠯᠭᠡ ᠬᠦᠷᠢᠶᠡᠯᠡᠩ	ᠲᠥᠪᠡᠳ 2232	542232	ᠼᠣᠸᠧ ᠨᠠ ᠰᠢᠶᠠᠨ	1
ᠯᠠᠩ ᠺᠠ ᠽᠢ ᠰᠢᠶᠠᠨ ᠤ ᠠᠷᠠᠳ ᠤᠨ ᠡᠮᠨᠡᠯᠭᠡ ᠬᠦᠷᠢᠶᠡᠯᠡᠩ	ᠲᠥᠪᠡᠳ 2233	542233	ᠯᠠᠩ ᠺᠠ ᠽᠢ ᠰᠢᠶᠠᠨ	1
ᠲᠥᠪᠡᠳ ᠤᠨ ᠥᠪᠡᠷᠲᠡᠭᠡᠨ ᠵᠠᠰᠠᠬᠤ ᠣᠷᠣᠨ ᠤ ᠨᠠ ᠴᠢᠦ ᠣᠷᠣᠨ ᠤ ᠠᠷᠠᠳ ᠤᠨ ᠲᠥᠪᠡᠳ ᠡᠮ ᠦᠨ ᠡᠮᠨᠡᠯᠭᠡ ᠬᠦᠷᠢᠶᠡᠯᠡᠩ	ᠲᠥᠪᠡᠳ 24	542400	ᠨᠠ ᠴᠢᠦ ᠣᠷᠣᠨ	1
ᠨᠠ ᠴᠢᠦ ᠰᠢᠶᠠᠨ ᠤ ᠠᠷᠠᠳ ᠤᠨ ᠡᠮᠨᠡᠯᠭᠡ ᠬᠦᠷᠢᠶᠡᠯᠡᠩ	ᠲᠥᠪᠡᠳ 2421	542421	ᠨᠠ ᠴᠢᠦ ᠰᠢᠶᠠᠨ	1
ᠵᠢᠶᠠ ᠯᠢ ᠰᠢᠶᠠᠨ ᠤ ᠠᠷᠠᠳ ᠤᠨ ᠡᠮᠨᠡᠯᠭᠡ ᠬᠦᠷᠢᠶᠡᠯᠡᠩ	ᠲᠥᠪᠡᠳ 2422	542422	ᠵᠢᠶᠠ ᠯᠢ ᠰᠢᠶᠠᠨ	1
ᠪᠢ ᠷᠦ ᠰᠢᠶᠠᠨ ᠤ ᠠᠷᠠᠳ ᠤᠨ ᠡᠮᠨᠡᠯᠭᠡ ᠬᠦᠷᠢᠶᠡᠯᠡᠩ	ᠲᠥᠪᠡᠳ 2423	542423	ᠪᠢ ᠷᠦ ᠰᠢᠶᠠᠨ	1
ᠨᠢᠶᠧ ᠷᠦᠩ ᠰᠢᠶᠠᠨ ᠤ ᠠᠷᠠᠳ ᠤᠨ ᠡᠮᠨᠡᠯᠭᠡ ᠬᠦᠷᠢᠶᠡᠯᠡᠩ	ᠲᠥᠪᠡᠳ 2424	542424	ᠨᠢᠶᠧ ᠷᠦᠩ ᠰᠢᠶᠠᠨ	1
ᠠᠨ ᠳ᠋ᠣᠸᠧ ᠰᠢᠶᠠᠨ ᠤ ᠠᠷᠠᠳ ᠤᠨ ᠡᠮᠨᠡᠯᠭᠡ ᠬᠦᠷᠢᠶᠡᠯᠡᠩ	ᠲᠥᠪᠡᠳ 2425	542425	ᠠᠨ ᠳ᠋ᠣᠸᠧ ᠰᠢᠶᠠᠨ	1
ᠱᠸᠨ ᠵᠠ ᠰᠢᠶᠠᠨ ᠤ ᠠᠷᠠᠳ ᠤᠨ ᠡᠮᠨᠡᠯᠭᠡ ᠬᠦᠷᠢᠶᠡᠯᠡᠩ	ᠲᠥᠪᠡᠳ 2426	542426	ᠱᠸᠨ ᠵᠠ ᠰᠢᠶᠠᠨ	1
ᠰᠦᠸᠧ ᠰᠢᠶᠠᠨ ᠤ ᠠᠷᠠᠳ ᠤᠨ ᠡᠮᠨᠡᠯᠭᠡ ᠬᠦᠷᠢᠶᠡᠯᠡᠩ	ᠲᠥᠪᠡᠳ 2427	542427	ᠰᠦᠸᠧ ᠰᠢᠶᠠᠨ	1
ᠪᠠᠨ ᠭᠧ ᠰᠢᠶᠠᠨ ᠤ ᠠᠷᠠᠳ ᠤᠨ ᠡᠮᠨᠡᠯᠭᠡ ᠬᠦᠷᠢᠶᠡᠯᠡᠩ	ᠲᠥᠪᠡᠳ 2428	542428	ᠪᠠᠨ ᠭᠧ ᠰᠢᠶᠠᠨ	1
ᠪᠠ ᠴᠢᠩ ᠰᠢᠶᠠᠨ ᠤ ᠠᠷᠠᠳ ᠤᠨ ᠡᠮᠨᠡᠯᠭᠡ ᠬᠦᠷᠢᠶᠡᠯᠡᠩ	ᠲᠥᠪᠡᠳ 2429	542429	ᠪᠠ ᠴᠢᠩ ᠰᠢᠶᠠᠨ	1
ᠨᠢ ᠮᠠ ᠰᠢᠶᠠᠨ ᠤ ᠠᠷᠠᠳ ᠤᠨ ᠡᠮᠨᠡᠯᠭᠡ ᠬᠦᠷᠢᠶᠡᠯᠡᠩ	ᠲᠥᠪᠡᠳ 2430	542430	ᠨᠢ ᠮᠠ ᠰᠢᠶᠠᠨ	1
ᠱᠤᠸᠠᠩ ᠬᠦ ᠰᠢᠶᠠᠨ ᠤ ᠠᠷᠠᠳ ᠤᠨ ᠡᠮᠨᠡᠯᠭᠡ ᠬᠦᠷᠢᠶᠡᠯᠡᠩ	ᠲᠥᠪᠡᠳ 2431	542431	ᠱᠤᠸᠠᠩ ᠬᠦ ᠰᠢᠶᠠᠨ	1
ᠲᠥᠪᠡᠳ ᠤᠨ ᠥᠪᠡᠷᠲᠡᠭᠡᠨ ᠵᠠᠰᠠᠬᠤ ᠣᠷᠣᠨ ᠤ ᠠᠯᠢ ᠣᠷᠣᠨ ᠤ ᠠᠷᠠᠳ ᠤᠨ ᠲᠥᠪᠡᠳ ᠡᠮ ᠦᠨ ᠡᠮᠨᠡᠯᠭᠡ ᠬᠦᠷᠢᠶᠡᠯᠡᠩ	ᠲᠥᠪᠡᠳ 25	542500	ᠠᠯᠢ ᠣᠷᠣᠨ	1
ᠫᠦ ᠯᠠᠨ ᠰᠢᠶᠠᠨ ᠤ ᠠᠷᠠᠳ ᠤᠨ ᠡᠮᠨᠡᠯᠭᠡ ᠬᠦᠷᠢᠶᠡᠯᠡᠩ	ᠲᠥᠪᠡᠳ 2521	542521	ᠫᠦ ᠯᠠᠨ ᠰᠢᠶᠠᠨ	1
ᠵᠠ ᠳ᠋ᠠ ᠰᠢᠶᠠᠨ ᠤ ᠠᠷᠠᠳ ᠤᠨ ᠡᠮᠨᠡᠯᠭᠡ ᠬᠦᠷᠢᠶᠡᠯᠡᠩ	ᠲᠥᠪᠡᠳ 2522	542522	ᠵᠠ ᠳ᠋ᠠ ᠰᠢᠶᠠᠨ	1
ᠭᠠ ᠡᠷ ᠰᠢᠶᠠᠨ ᠤ ᠠᠷᠠᠳ ᠤᠨ ᠡᠮᠨᠡᠯᠭᠡ ᠬᠦᠷᠢᠶᠡᠯᠡᠩ	ᠲᠥᠪᠡᠳ 2523	542523	ᠭᠠ ᠡᠷ ᠰᠢᠶᠠᠨ	1

ᠷᠢ ᠲᠦ ᠰᠢᠶᠠᠨ ᠤ ᠠᠷᠠᠳ ᠤᠨ ᠵᠠᠰᠠᠭ᠎ᠤᠨ ᠭᠠᠵᠠᠷ	ᠲᠥᠪᠡᠳ 2524	542524	ᠷᠢ ᠲᠦ ᠰᠢᠶᠠᠨ	1
ᠭᠧ ᠵᠢ ᠰᠢᠶᠠᠨ ᠤ ᠠᠷᠠᠳ ᠤᠨ ᠵᠠᠰᠠᠭ᠎ᠤᠨ ᠭᠠᠵᠠᠷ	ᠲᠥᠪᠡᠳ 2525	542525	ᠭᠧ ᠵᠢ ᠰᠢᠶᠠᠨ	1
ᠭᠠᠢᠽᠧ ᠰᠢᠶᠠᠨ ᠤ ᠠᠷᠠᠳ ᠤᠨ ᠵᠠᠰᠠᠭ᠎ᠤᠨ ᠭᠠᠵᠠᠷ	ᠲᠥᠪᠡᠳ 2526	542526	ᠭᠠᠢᠽᠧ ᠰᠢᠶᠠᠨ	1
ᠴᠣᠴᠢᠨ ᠰᠢᠶᠠᠨ ᠤ ᠠᠷᠠᠳ ᠤᠨ ᠵᠠᠰᠠᠭ᠎ᠤᠨ ᠭᠠᠵᠠᠷ	ᠲᠥᠪᠡᠳ 2527	542527	ᠴᠣᠴᠢᠨ ᠰᠢᠶᠠᠨ	1
[illegible] ᠯᠢᠨ ᠵᠢ ᠲᠣᠭᠣᠷᠢᠭ ᠤᠨ [illegible] ᠶᠢᠨ ᠭᠠᠵᠠᠷ	ᠲᠥᠪᠡᠳ 26	542600	ᠯᠢᠨ ᠵᠢ ᠲᠣᠭᠣᠷᠢᠭ	1
ᠯᠢᠨ ᠵᠢ ᠰᠢᠶᠠᠨ ᠤ ᠠᠷᠠᠳ ᠤᠨ ᠵᠠᠰᠠᠭ᠎ᠤᠨ ᠭᠠᠵᠠᠷ	ᠲᠥᠪᠡᠳ 2621	542621	ᠯᠢᠨ ᠵᠢ ᠰᠢᠶᠠᠨ	1
ᠭᠦᠩ ᠪᠦ ᠵᠢᠶᠠᠩ ᠳ᠋ᠠ ᠰᠢᠶᠠᠨ ᠤ ᠠᠷᠠᠳ ᠤᠨ ᠵᠠᠰᠠᠭ᠎ᠤᠨ ᠭᠠᠵᠠᠷ	ᠲᠥᠪᠡᠳ 2622	542622	ᠭᠦᠩ ᠪᠦ ᠵᠢᠶᠠᠩ ᠳ᠋ᠠ ᠰᠢᠶᠠᠨ	1
ᠮᠢ ᠯᠢᠨ ᠰᠢᠶᠠᠨ ᠤ ᠠᠷᠠᠳ ᠤᠨ ᠵᠠᠰᠠᠭ᠎ᠤᠨ ᠭᠠᠵᠠᠷ	ᠲᠥᠪᠡᠳ 2623	542623	ᠮᠢ ᠯᠢᠨ ᠰᠢᠶᠠᠨ	1
ᠮᠣᠲᠣ ᠰᠢᠶᠠᠨ ᠤ ᠠᠷᠠᠳ ᠤᠨ ᠵᠠᠰᠠᠭ᠎ᠤᠨ ᠭᠠᠵᠠᠷ	ᠲᠥᠪᠡᠳ 2624	542624	ᠮᠣᠲᠣ ᠰᠢᠶᠠᠨ	1
ᠪᠣ ᠮᠢ ᠰᠢᠶᠠᠨ ᠤ ᠠᠷᠠᠳ ᠤᠨ ᠵᠠᠰᠠᠭ᠎ᠤᠨ ᠭᠠᠵᠠᠷ	ᠲᠥᠪᠡᠳ 2625	542625	ᠪᠣ ᠮᠢ ᠰᠢᠶᠠᠨ	1
ᠴᠠ ᠶᠦᠢ ᠰᠢᠶᠠᠨ ᠤ ᠠᠷᠠᠳ ᠤᠨ ᠵᠠᠰᠠᠭ᠎ᠤᠨ ᠭᠠᠵᠠᠷ	ᠲᠥᠪᠡᠳ 2626	542626	ᠴᠠ ᠶᠦᠢ ᠰᠢᠶᠠᠨ	1
ᠯᠠᠩ ᠰᠢᠶᠠᠨ ᠤ ᠠᠷᠠᠳ ᠤᠨ ᠵᠠᠰᠠᠭ᠎ᠤᠨ ᠭᠠᠵᠠᠷ	ᠲᠥᠪᠡᠳ 2627	542627	ᠯᠠᠩ ᠰᠢᠶᠠᠨ	1
ᠭᠠᠨᠰᠦ ᠮᠤᠵᠢ ᠶᠢᠨ ᠠᠷᠠᠳ ᠤᠨ [illegible] ᠶᠢᠨ ᠵᠠᠰᠠᠭ᠎ᠤᠨ ᠭᠠᠵᠠᠷ	ᠭᠠᠨᠰᠦ	620000	ᠭᠠᠨᠰᠦ ᠮᠤᠵᠢ	1
ᠭᠠᠨᠰᠦ ᠮᠤᠵᠢ ᠶᠢᠨ ᠯᠠᠨᠵᠤ ᠬᠣᠲᠠ ᠶᠢᠨ ᠠᠷᠠᠳ ᠤᠨ [illegible] ᠶᠢᠨ ᠵᠠᠰᠠᠭ᠎ᠤᠨ ᠭᠠᠵᠠᠷ	ᠭᠠᠨᠰᠦ 01	620100	ᠯᠠᠨᠵᠤ ᠬᠣᠲᠠ	1
ᠯᠠᠨᠵᠤ ᠬᠣᠲᠠ ᠶᠢᠨ ᠴᠧᠩ ᠭᠤᠸᠠᠨ ᠲᠣᠭᠣᠷᠢᠭ ᠤᠨ ᠠᠷᠠᠳ ᠤᠨ ᠵᠠᠰᠠᠭ᠎ᠤᠨ ᠭᠠᠵᠠᠷ	ᠭᠠᠨᠰᠦ 0102	620102	ᠯᠠᠨᠵᠤ ᠬᠣᠲᠠ ᠶᠢᠨ ᠴᠧᠩ ᠭᠤᠸᠠᠨ ᠲᠣᠭᠣᠷᠢᠭ	1
ᠯᠠᠨᠵᠤ ᠬᠣᠲᠠ ᠶᠢᠨ ᠴᠢ ᠯᠢ ᠾᠧ ᠲᠣᠭᠣᠷᠢᠭ ᠤᠨ ᠠᠷᠠᠳ ᠤᠨ ᠵᠠᠰᠠᠭ᠎ᠤᠨ ᠭᠠᠵᠠᠷ	ᠭᠠᠨᠰᠦ 0103	620103	ᠯᠠᠨᠵᠤ ᠬᠣᠲᠠ ᠶᠢᠨ ᠴᠢ ᠯᠢ ᠾᠧ ᠲᠣᠭᠣᠷᠢᠭ	1
ᠯᠠᠨᠵᠤ ᠬᠣᠲᠠ ᠶᠢᠨ ᠰᠢ ᠭᠦ ᠲᠣᠭᠣᠷᠢᠭ ᠤᠨ ᠠᠷᠠᠳ ᠤᠨ ᠵᠠᠰᠠᠭ᠎ᠤᠨ ᠭᠠᠵᠠᠷ	ᠭᠠᠨᠰᠦ 0104	620104	ᠯᠠᠨᠵᠤ ᠬᠣᠲᠠ ᠶᠢᠨ ᠰᠢ ᠭᠦ ᠲᠣᠭᠣᠷᠢᠭ	1
ᠯᠠᠨᠵᠤ ᠬᠣᠲᠠ ᠶᠢᠨ ᠠᠨ ᠨᠢᠩ ᠲᠣᠭᠣᠷᠢᠭ ᠤᠨ ᠠᠷᠠᠳ ᠤᠨ ᠵᠠᠰᠠᠭ᠎ᠤᠨ ᠭᠠᠵᠠᠷ	ᠭᠠᠨᠰᠦ 0105	620105	ᠯᠠᠨᠵᠤ ᠬᠣᠲᠠ ᠶᠢᠨ ᠠᠨ ᠨᠢᠩ ᠲᠣᠭᠣᠷᠢᠭ	1

ᠵᠢᠩ ᠲᠠᠢ ᠰᠢᠶᠠᠨ ᠤ ᠠᠷᠠᠳ ᠤᠨ ᠰᠢᠭᠦᠬᠦ ᠶᠠᠮᠤᠨ	ᠳ᠋ᠤᠭᠠᠷ 0423	620423	ᠵᠢᠩ ᠲᠠᠢ ᠰᠢᠶᠠᠨ	1
ᠬᠦᠢ ᠨᠢᠩ ᠰᠢᠶᠠᠨ ᠤ ᠠᠷᠠᠳ ᠤᠨ ᠰᠢᠭᠦᠬᠦ ᠶᠠᠮᠤᠨ	ᠳ᠋ᠤᠭᠠᠷ 0422	620422	ᠬᠦᠢ ᠨᠢᠩ ᠰᠢᠶᠠᠨ	1
ᠵᠢᠩ ᠶᠤᠸᠠᠨ ᠰᠢᠶᠠᠨ ᠤ ᠠᠷᠠᠳ ᠤᠨ ᠰᠢᠭᠦᠬᠦ ᠶᠠᠮᠤᠨ	ᠳ᠋ᠤᠭᠠᠷ 0421	620421	ᠵᠢᠩ ᠶᠤᠸᠠᠨ ᠰᠢᠶᠠᠨ	1
ᠪᠠᠢ ᠶᠢᠨ ᠬᠣᠲᠠ ᠶᠢᠨ ᠫᠢᠩ ᠴᠤᠸᠠᠨ ᠲᠣᠭᠣᠷᠢᠭ ᠤᠨ ᠠᠷᠠᠳ ᠤᠨ ᠰᠢᠭᠦᠬᠦ ᠶᠠᠮᠤᠨ	ᠳ᠋ᠤᠭᠠᠷ 0403	620403	ᠪᠠᠢ ᠶᠢᠨ ᠬᠣᠲᠠ ᠶᠢᠨ ᠫᠢᠩ ᠴᠤᠸᠠᠨ ᠲᠣᠭᠣᠷᠢᠭ	1
ᠪᠠᠢ ᠶᠢᠨ ᠬᠣᠲᠠ ᠶᠢᠨ ᠪᠠᠢ ᠶᠢᠨ ᠲᠣᠭᠣᠷᠢᠭ ᠤᠨ ᠠᠷᠠᠳ ᠤᠨ ᠰᠢᠭᠦᠬᠦ ᠶᠠᠮᠤᠨ	ᠳ᠋ᠤᠭᠠᠷ 0402	620402	ᠪᠠᠢ ᠶᠢᠨ ᠬᠣᠲᠠ ᠶᠢᠨ ᠪᠠᠢ ᠶᠢᠨ ᠲᠣᠭᠣᠷᠢᠭ	1
ᠭᠠᠨᠰᠤ ᠮᠤᠵᠢ ᠶᠢᠨ ᠪᠠᠢ ᠶᠢᠨ ᠬᠣᠲᠠ ᠶᠢᠨ ᠠᠷᠠᠳ ᠤᠨ ᠳᠤᠮᠳᠠᠳᠤ ᠱᠠᠲᠤ ᠶᠢᠨ ᠰᠢᠭᠦᠬᠦ ᠶᠠᠮᠤᠨ	ᠳ᠋ᠤᠭᠠᠷ 04	620400	ᠪᠠᠢ ᠶᠢᠨ ᠬᠣᠲᠠ	1
ᠶᠦᠩ ᠴᠠᠩ ᠰᠢᠶᠠᠨ ᠤ ᠠᠷᠠᠳ ᠤᠨ ᠰᠢᠭᠦᠬᠦ ᠶᠠᠮᠤᠨ	ᠳ᠋ᠤᠭᠠᠷ 0321	620321	ᠶᠦᠩ ᠴᠠᠩ ᠰᠢᠶᠠᠨ	1
ᠵᠢᠨ ᠴᠠᠩ ᠬᠣᠲᠠ ᠶᠢᠨ ᠵᠢᠨ ᠴᠤᠸᠠᠨ ᠲᠣᠭᠣᠷᠢᠭ ᠤᠨ ᠠᠷᠠᠳ ᠤᠨ ᠰᠢᠭᠦᠬᠦ ᠶᠠᠮᠤᠨ	ᠳ᠋ᠤᠭᠠᠷ 0302	620302	ᠵᠢᠨ ᠴᠠᠩ ᠬᠣᠲᠠ ᠶᠢᠨ ᠵᠢᠨ ᠴᠤᠸᠠᠨ ᠲᠣᠭᠣᠷᠢᠭ	1
ᠭᠠᠨᠰᠤ ᠮᠤᠵᠢ ᠶᠢᠨ ᠵᠢᠨ ᠴᠠᠩ ᠬᠣᠲᠠ ᠶᠢᠨ ᠠᠷᠠᠳ ᠤᠨ ᠳᠤᠮᠳᠠᠳᠤ ᠱᠠᠲᠤ ᠶᠢᠨ ᠰᠢᠭᠦᠬᠦ ᠶᠠᠮᠤᠨ	ᠳ᠋ᠤᠭᠠᠷ 03	620300	ᠵᠢᠨ ᠴᠠᠩ ᠬᠣᠲᠠ	1
ᠵᠢᠶᠠ ᠶᠦᠢ ᠭᠤᠸᠠᠨ ᠬᠣᠲᠠ ᠶᠢᠨ ᠬᠣᠲᠠ ᠲᠣᠭᠣᠷᠢᠭ ᠤᠨ ᠠᠷᠠᠳ ᠤᠨ ᠰᠢᠭᠦᠬᠦ ᠶᠠᠮᠤᠨ	ᠳ᠋ᠤᠭᠠᠷ 0271			6
ᠭᠠᠨᠰᠤ ᠮᠤᠵᠢ ᠶᠢᠨ ᠵᠢᠶᠠ ᠶᠦᠢ ᠭᠤᠸᠠᠨ ᠬᠣᠲᠠ (ᠠᠭᠤᠷᠬᠠᠢ ᠲᠣᠭᠣᠷᠢᠭ ᠪᠠᠶᠢᠭᠤᠯᠤᠯᠭ᠎ᠠ) ᠶᠢᠨ ᠠᠷᠠᠳ ᠤᠨ ᠳᠤᠮᠳᠠᠳᠤ ᠱᠠᠲᠤ ᠶᠢᠨ ᠰᠢᠭᠦᠬᠦ ᠶᠠᠮᠤᠨ	ᠳ᠋ᠤᠭᠠᠷ 02	620200	ᠵᠢᠶᠠ ᠶᠦᠢ ᠭᠤᠸᠠᠨ ᠬᠣᠲᠠ	1
ᠯᠠᠨᠵᠸᠤ ᠬᠣᠲᠠ ᠶᠢᠨ ᠬᠣᠲᠠ ᠶᠢᠨ ᠳᠥᠷᠪᠡᠨ ᠲᠣᠭᠣᠷᠢᠭ ᠤᠨ ᠠᠷᠠᠳ ᠤᠨ ᠰᠢᠭᠦᠬᠦ ᠶᠠᠮᠤᠨ	ᠳ᠋ᠤᠭᠠᠷ 0191			4
ᠶᠦᠢ ᠵᠦᠩ ᠰᠢᠶᠠᠨ ᠤ ᠠᠷᠠᠳ ᠤᠨ ᠰᠢᠭᠦᠬᠦ ᠶᠠᠮᠤᠨ	ᠳ᠋ᠤᠭᠠᠷ 0123	620123	ᠶᠦᠢ ᠵᠦᠩ ᠰᠢᠶᠠᠨ	1
ᠭᠠᠤ ᠯᠠᠨ ᠰᠢᠶᠠᠨ ᠤ ᠠᠷᠠᠳ ᠤᠨ ᠰᠢᠭᠦᠬᠦ ᠶᠠᠮᠤᠨ	ᠳ᠋ᠤᠭᠠᠷ 0122	620122	ᠭᠠᠤ ᠯᠠᠨ ᠰᠢᠶᠠᠨ	1
ᠶᠦᠩ ᠳ᠋ᠧᠩ ᠰᠢᠶᠠᠨ ᠤ ᠠᠷᠠᠳ ᠤᠨ ᠰᠢᠭᠦᠬᠦ ᠶᠠᠮᠤᠨ	ᠳ᠋ᠤᠭᠠᠷ 0121	620121	ᠶᠦᠩ ᠳ᠋ᠧᠩ ᠰᠢᠶᠠᠨ	1
ᠯᠠᠨᠵᠸᠤ ᠬᠣᠲᠠ ᠶᠢᠨ ᠬᠣᠩ ᠭᠦ ᠲᠣᠭᠣᠷᠢᠭ ᠤᠨ ᠠᠷᠠᠳ ᠤᠨ ᠰᠢᠭᠦᠬᠦ ᠶᠠᠮᠤᠨ	ᠳ᠋ᠤᠭᠠᠷ 0111	620111	ᠯᠠᠨᠵᠸᠤ ᠬᠣᠲᠠ ᠶᠢᠨ ᠬᠣᠩ ᠭᠦ ᠲᠣᠭᠣᠷᠢᠭ	1

ᠭᠠᠨᠰᠤ ᠮᠤᠵᠢ ᠶᠢᠨ ᠵᠠᠩ ᠶᠧ ᠬᠣᠲᠠ ᠶᠢᠨ ᠠᠷᠠᠳ ᠤᠨ ᠳᠤᠮᠳᠠᠳᠤ ᠱᠠᠲᠤ ᠶᠢᠨ ᠰᠢᠭᠦᠬᠦ ᠬᠣᠷᠢᠶ᠎ᠠ	ᠭᠠᠨᠰᠤ 07	620700	ᠵᠠᠩ ᠶᠧ ᠬᠣᠲᠠ	1	
ᠲᠢᠶᠠᠨ ᠵᠦ ᠶᠢᠨ ᠲᠥᠪᠡᠳ ᠦᠨᠳᠦᠰᠦᠲᠡᠨ ᠦ ᠥᠪᠡᠷᠲᠡᠭᠡᠨ ᠵᠠᠰᠠᠬᠤ ᠰᠢᠶᠠᠨ ᠤ ᠠᠷᠠᠳ ᠤᠨ ᠰᠢᠭᠦᠬᠦ ᠬᠣᠷᠢᠶ᠎ᠠ	ᠭᠠᠨᠰᠤ 0623	620623	ᠲᠢᠶᠠᠨ ᠵᠦ ᠶᠢᠨ ᠲᠥᠪᠡᠳ ᠦᠨᠳᠦᠰᠦᠲᠡᠨ ᠦ ᠥᠪᠡᠷᠲᠡᠭᠡᠨ ᠵᠠᠰᠠᠬᠤ ᠰᠢᠶᠠᠨ	1	
ᠭᠦ ᠯᠠᠩ ᠰᠢᠶᠠᠨ ᠤ ᠠᠷᠠᠳ ᠤᠨ ᠰᠢᠭᠦᠬᠦ ᠬᠣᠷᠢᠶ᠎ᠠ	ᠭᠠᠨᠰᠤ 0622	620622	ᠭᠦ ᠯᠠᠩ ᠰᠢᠶᠠᠨ	1	
ᠮᠢᠨ ᠴᠢᠨ ᠰᠢᠶᠠᠨ ᠤ ᠠᠷᠠᠳ ᠤᠨ ᠰᠢᠭᠦᠬᠦ ᠬᠣᠷᠢᠶ᠎ᠠ	ᠭᠠᠨᠰᠤ 0621	620621	ᠮᠢᠨ ᠴᠢᠨ ᠰᠢᠶᠠᠨ	1	
ᠦ ᠸᠸᠢ ᠬᠣᠲᠠ ᠶᠢᠨ ᠯᠢᠶᠠᠩ ᠵᠸᠤ ᠲᠣᠭᠣᠷᠢᠭ ᠤᠨ ᠠᠷᠠᠳ ᠤᠨ ᠰᠢᠭᠦᠬᠦ ᠬᠣᠷᠢᠶ᠎ᠠ	ᠭᠠᠨᠰᠤ 0602	620602	ᠦ ᠸᠸᠢ ᠬᠣᠲᠠ ᠶᠢᠨ ᠯᠢᠶᠠᠩ ᠵᠸᠤ ᠲᠣᠭᠣᠷᠢᠭ	1	
ᠭᠠᠨᠰᠤ ᠮᠤᠵᠢ ᠶᠢᠨ ᠦ ᠸᠸᠢ ᠬᠣᠲᠠ ᠶᠢᠨ ᠠᠷᠠᠳ ᠤᠨ ᠳᠤᠮᠳᠠᠳᠤ ᠱᠠᠲᠤ ᠶᠢᠨ ᠰᠢᠭᠦᠬᠦ ᠬᠣᠷᠢᠶ᠎ᠠ	ᠭᠠᠨᠰᠤ 06	620600	ᠦ ᠸᠸᠢ ᠬᠣᠲᠠ	1	
ᠵᠠᠩ ᠵᠢᠶᠠ ᠴᠤᠸᠠᠨ ᠤ ᠬᠣᠲᠣᠩ ᠦᠨᠳᠦᠰᠦᠲᠡᠨ ᠦ ᠥᠪᠡᠷᠲᠡᠭᠡᠨ ᠵᠠᠰᠠᠬᠤ ᠰᠢᠶᠠᠨ ᠤ ᠠᠷᠠᠳ ᠤᠨ ᠰᠢᠭᠦᠬᠦ ᠬᠣᠷᠢᠶ᠎ᠠ	ᠭᠠᠨᠰᠤ 0525	620525	ᠵᠠᠩ ᠵᠢᠶᠠ ᠴᠤᠸᠠᠨ ᠤ ᠬᠣᠲᠣᠩ ᠦᠨᠳᠦᠰᠦᠲᠡᠨ ᠦ ᠥᠪᠡᠷᠲᠡᠭᠡᠨ ᠵᠠᠰᠠᠬᠤ ᠰᠢᠶᠠᠨ	1	
ᠦ ᠱᠠᠨ ᠰᠢᠶᠠᠨ ᠤ ᠠᠷᠠᠳ ᠤᠨ ᠰᠢᠭᠦᠬᠦ ᠬᠣᠷᠢᠶ᠎ᠠ	ᠭᠠᠨᠰᠤ 0524	620524	ᠦ ᠱᠠᠨ ᠰᠢᠶᠠᠨ	1	
ᠭᠠᠨ ᠭᠦ ᠰᠢᠶᠠᠨ ᠤ ᠠᠷᠠᠳ ᠤᠨ ᠰᠢᠭᠦᠬᠦ ᠬᠣᠷᠢᠶ᠎ᠠ	ᠭᠠᠨᠰᠤ 0523	620523	ᠭᠠᠨ ᠭᠦ ᠰᠢᠶᠠᠨ	1	
ᠴᠢᠨ ᠠᠨ ᠰᠢᠶᠠᠨ ᠤ ᠠᠷᠠᠳ ᠤᠨ ᠰᠢᠭᠦᠬᠦ ᠬᠣᠷᠢᠶ᠎ᠠ	ᠭᠠᠨᠰᠤ 0522	620522	ᠴᠢᠨ ᠠᠨ ᠰᠢᠶᠠᠨ	1	
ᠴᠢᠩ ᠱᠦᠢ ᠰᠢᠶᠠᠨ ᠤ ᠠᠷᠠᠳ ᠤᠨ ᠰᠢᠭᠦᠬᠦ ᠬᠣᠷᠢᠶ᠎ᠠ	ᠭᠠᠨᠰᠤ 0521	620521	ᠴᠢᠩ ᠱᠦᠢ ᠰᠢᠶᠠᠨ	1	
ᠲᠢᠶᠠᠨ ᠱᠦᠢ ᠬᠣᠲᠠ ᠶᠢᠨ ᠮᠠᠢ ᠵᠢ ᠲᠣᠭᠣᠷᠢᠭ ᠤᠨ ᠠᠷᠠᠳ ᠤᠨ ᠰᠢᠭᠦᠬᠦ ᠬᠣᠷᠢᠶ᠎ᠠ	ᠭᠠᠨᠰᠤ 0503	620503	ᠲᠢᠶᠠᠨ ᠱᠦᠢ ᠬᠣᠲᠠ ᠶᠢᠨ ᠮᠠᠢ ᠵᠢ ᠲᠣᠭᠣᠷᠢᠭ	1	
ᠲᠢᠶᠠᠨ ᠱᠦᠢ ᠬᠣᠲᠠ ᠶᠢᠨ ᠴᠢᠨ ᠵᠸᠤ ᠲᠣᠭᠣᠷᠢᠭ ᠤᠨ ᠠᠷᠠᠳ ᠤᠨ ᠰᠢᠭᠦᠬᠦ ᠬᠣᠷᠢᠶ᠎ᠠ	ᠭᠠᠨᠰᠤ 0502	620502	ᠲᠢᠶᠠᠨ ᠱᠦᠢ ᠬᠣᠲᠠ ᠶᠢᠨ ᠴᠢᠨ ᠵᠸᠤ ᠲᠣᠭᠣᠷᠢᠭ	1	
ᠭᠠᠨᠰᠤ ᠮᠤᠵᠢ ᠶᠢᠨ ᠲᠢᠶᠠᠨ ᠱᠦᠢ ᠬᠣᠲᠠ ᠶᠢᠨ ᠠᠷᠠᠳ ᠤᠨ ᠳᠤᠮᠳᠠᠳᠤ ᠱᠠᠲᠤ ᠶᠢᠨ ᠰᠢᠭᠦᠬᠦ ᠬᠣᠷᠢᠶ᠎ᠠ	ᠭᠠᠨᠰᠤ 05	620500	ᠲᠢᠶᠠᠨ ᠱᠦᠢ ᠬᠣᠲᠠ	1	

ᠵᠠᠩ ᠶᠧ ᠬᠣᠲᠠ ᠶᠢᠨ ᠭᠠᠨ ᠵᠧᠦ ᠲᠣᠭᠣᠷᠢᠭ ᠤᠨ ᠠᠷᠠᠳ ᠤᠨ ᠱᠢᠭᠦᠬᠦ ᠶᠠᠮᠤᠨ	ᠭᠠᠨᠰᠤ 0702	620702	ᠵᠠᠩ ᠶᠧ ᠬᠣᠲᠠ ᠶᠢᠨ ᠭᠠᠨ ᠵᠧᠦ ᠲᠣᠭᠣᠷᠢᠭ	1
ᠰᠦ ᠨᠠᠨ ᠤ ᠰᠢᠷ᠎ᠠ ᠶᠣᠭᠤᠷ ᠦᠨᠳᠦᠰᠦᠲᠡᠨ ᠦ ᠥᠪᠡᠷᠲᠡᠭᠡᠨ ᠵᠠᠰᠠᠬᠤ ᠰᠢᠶᠠᠨ ᠤ ᠠᠷᠠᠳ ᠤᠨ ᠱᠢᠭᠦᠬᠦ ᠶᠠᠮᠤᠨ	ᠭᠠᠨᠰᠤ 0721	620721	ᠰᠦ ᠨᠠᠨ ᠤ ᠰᠢᠷ᠎ᠠ ᠶᠣᠭᠤᠷ ᠦᠨᠳᠦᠰᠦᠲᠡᠨ ᠦ ᠥᠪᠡᠷᠲᠡᠭᠡᠨ ᠵᠠᠰᠠᠬᠤ ᠰᠢᠶᠠᠨ	1
ᠮᠢᠨ ᠯᠧ ᠰᠢᠶᠠᠨ ᠤ ᠠᠷᠠᠳ ᠤᠨ ᠱᠢᠭᠦᠬᠦ ᠶᠠᠮᠤᠨ	ᠭᠠᠨᠰᠤ 0722	620722	ᠮᠢᠨ ᠯᠧ ᠰᠢᠶᠠᠨ	1
ᠯᠢᠨ ᠽᠧ ᠰᠢᠶᠠᠨ ᠤ ᠠᠷᠠᠳ ᠤᠨ ᠱᠢᠭᠦᠬᠦ ᠶᠠᠮᠤᠨ	ᠭᠠᠨᠰᠤ 0723	620723	ᠯᠢᠨ ᠽᠧ ᠰᠢᠶᠠᠨ	1
ᠭᠤᠤ ᠲᠠᠢ ᠰᠢᠶᠠᠨ ᠤ ᠠᠷᠠᠳ ᠤᠨ ᠱᠢᠭᠦᠬᠦ ᠶᠠᠮᠤᠨ	ᠭᠠᠨᠰᠤ 0724	620724	ᠭᠤᠤ ᠲᠠᠢ ᠰᠢᠶᠠᠨ	1
ᠱᠠᠨ ᠳᠠᠨ ᠰᠢᠶᠠᠨ ᠤ ᠠᠷᠠᠳ ᠤᠨ ᠱᠢᠭᠦᠬᠦ ᠶᠠᠮᠤᠨ	ᠭᠠᠨᠰᠤ 0725	620725	ᠱᠠᠨ ᠳᠠᠨ ᠰᠢᠶᠠᠨ	1
ᠭᠠᠨᠰᠤ ᠮᠤᠵᠢ ᠶᠢᠨ ᠫᠢᠩ ᠯᠢᠶᠠᠩ ᠬᠣᠲᠠ ᠶᠢᠨ ᠠᠷᠠᠳ ᠤᠨ ᠳᠤᠮᠳᠠᠳᠤ ᠱᠠᠲᠤ ᠶᠢᠨ ᠱᠢᠭᠦᠬᠦ ᠶᠠᠮᠤᠨ	ᠭᠠᠨᠰᠤ 08	620800	ᠫᠢᠩ ᠯᠢᠶᠠᠩ ᠬᠣᠲᠠ	1
ᠫᠢᠩ ᠯᠢᠶᠠᠩ ᠬᠣᠲᠠ ᠶᠢᠨ ᠺᠦᠩ ᠲᠦᠩ ᠲᠣᠭᠣᠷᠢᠭ ᠤᠨ ᠠᠷᠠᠳ ᠤᠨ ᠱᠢᠭᠦᠬᠦ ᠶᠠᠮᠤᠨ	ᠭᠠᠨᠰᠤ 0802	620802	ᠫᠢᠩ ᠯᠢᠶᠠᠩ ᠬᠣᠲᠠ ᠶᠢᠨ ᠺᠦᠩ ᠲᠦᠩ ᠲᠣᠭᠣᠷᠢᠭ	1
ᠵᠢᠩ ᠴᠤᠸᠠᠨ ᠰᠢᠶᠠᠨ ᠤ ᠠᠷᠠᠳ ᠤᠨ ᠱᠢᠭᠦᠬᠦ ᠶᠠᠮᠤᠨ	ᠭᠠᠨᠰᠤ 0821	620821	ᠵᠢᠩ ᠴᠤᠸᠠᠨ ᠰᠢᠶᠠᠨ	1
ᠯᠢᠩ ᠲᠠᠢ ᠰᠢᠶᠠᠨ ᠤ ᠠᠷᠠᠳ ᠤᠨ ᠱᠢᠭᠦᠬᠦ ᠶᠠᠮᠤᠨ	ᠭᠠᠨᠰᠤ 0822	620822	ᠯᠢᠩ ᠲᠠᠢ ᠰᠢᠶᠠᠨ	1
ᠴᠦᠩ ᠰᠢᠨ ᠰᠢᠶᠠᠨ ᠤ ᠠᠷᠠᠳ ᠤᠨ ᠱᠢᠭᠦᠬᠦ ᠶᠠᠮᠤᠨ	ᠭᠠᠨᠰᠤ 0823	620823	ᠴᠦᠩ ᠰᠢᠨ ᠰᠢᠶᠠᠨ	1
ᠬᠤᠸᠠ ᠲᠢᠩ ᠰᠢᠶᠠᠨ ᠤ ᠠᠷᠠᠳ ᠤᠨ ᠱᠢᠭᠦᠬᠦ ᠶᠠᠮᠤᠨ	ᠭᠠᠨᠰᠤ 0824	620824	ᠬᠤᠸᠠ ᠲᠢᠩ ᠰᠢᠶᠠᠨ	1
ᠵᠤᠸᠠᠩ ᠯᠠᠩ ᠰᠢᠶᠠᠨ ᠤ ᠠᠷᠠᠳ ᠤᠨ ᠱᠢᠭᠦᠬᠦ ᠶᠠᠮᠤᠨ	ᠭᠠᠨᠰᠤ 0825	620825	ᠵᠤᠸᠠᠩ ᠯᠠᠩ ᠰᠢᠶᠠᠨ	1
ᠵᠢᠩ ᠨᠢᠩ ᠰᠢᠶᠠᠨ ᠤ ᠠᠷᠠᠳ ᠤᠨ ᠱᠢᠭᠦᠬᠦ ᠶᠠᠮᠤᠨ	ᠭᠠᠨᠰᠤ 0826	620826	ᠵᠢᠩ ᠨᠢᠩ ᠰᠢᠶᠠᠨ	1
ᠭᠠᠨᠰᠤ ᠮᠤᠵᠢ ᠶᠢᠨ ᠵᠢᠦᠴᠢᠤᠸᠠᠨ ᠬᠣᠲᠠ ᠶᠢᠨ ᠠᠷᠠᠳ ᠤᠨ ᠳᠤᠮᠳᠠᠳᠤ ᠱᠠᠲᠤ ᠶᠢᠨ ᠱᠢᠭᠦᠬᠦ ᠶᠠᠮᠤᠨ	ᠭᠠᠨᠰᠤ 09	620900	ᠵᠢᠦᠴᠢᠤᠸᠠᠨ ᠬᠣᠲᠠ	1
ᠵᠢᠦᠴᠢᠤᠸᠠᠨ ᠬᠣᠲᠠ ᠶᠢᠨ ᠰᠦ ᠵᠧᠦ ᠲᠣᠭᠣᠷᠢᠭ ᠤᠨ ᠠᠷᠠᠳ ᠤᠨ ᠱᠢᠭᠦᠬᠦ ᠶᠠᠮᠤᠨ	ᠭᠠᠨᠰᠤ 0902	620902	ᠵᠢᠦᠴᠢᠤᠸᠠᠨ ᠬᠣᠲᠠ ᠶᠢᠨ ᠰᠦ ᠵᠧᠦ ᠲᠣᠭᠣᠷᠢᠭ	1

ᠳᠢᠩ ᠰᠢ ᠬᠣᠲᠠ ᠶᠢᠨ ᠠᠨ ᠳᠢᠩ ᠲᠣᠭᠣᠷᠢᠭ ᠤᠨ ᠠᠷᠠᠳ ᠤᠨ ᠱᠢᠭᠦᠬᠦ ᠶᠠᠮᠤᠨ	ᠭᠠᠨᠰᠤ 1102	621102	ᠳᠢᠩ ᠰᠢ ᠬᠣᠲᠠ ᠶᠢᠨ ᠠᠨ ᠳᠢᠩ ᠲᠣᠭᠣᠷᠢᠭ	1
ᠭᠠᠨᠰᠤ ᠮᠤᠵᠢ ᠶᠢᠨ ᠳᠢᠩ ᠰᠢ ᠬᠣᠲᠠ ᠶᠢᠨ ᠠᠷᠠᠳ ᠤᠨ ᠳᠤᠮᠳᠠᠳᠤ ᠱᠠᠲᠤ ᠶᠢᠨ ᠱᠢᠭᠦᠬᠦ ᠶᠠᠮᠤᠨ	ᠭᠠᠨᠰᠤ 11	621100	ᠳᠢᠩ ᠰᠢ ᠬᠣᠲᠠ	1
ᠴᠢᠩ ᠶᠠᠩ ᠤᠨ [illegible] ᠱᠢᠭᠦᠬᠦ ᠶᠠᠮᠤᠨ	ᠭᠠᠨᠰᠤ 1091			3
ᠵᠧᠨ ᠶᠤᠸᠠᠨ ᠰᠢᠶᠠᠨ ᠤ ᠠᠷᠠᠳ ᠤᠨ ᠱᠢᠭᠦᠬᠦ ᠶᠠᠮᠤᠨ	ᠭᠠᠨᠰᠤ 1027	621027	ᠵᠧᠨ ᠶᠤᠸᠠᠨ ᠰᠢᠶᠠᠨ	1
ᠨᠢᠩ ᠰᠢᠶᠠᠨ ᠤ ᠠᠷᠠᠳ ᠤᠨ ᠱᠢᠭᠦᠬᠦ ᠶᠠᠮᠤᠨ	ᠭᠠᠨᠰᠤ 1026	621026	ᠨᠢᠩ ᠰᠢᠶᠠᠨ	1
ᠵᠧᠩ ᠨᠢᠩ ᠰᠢᠶᠠᠨ ᠤ ᠠᠷᠠᠳ ᠤᠨ ᠱᠢᠭᠦᠬᠦ ᠶᠠᠮᠤᠨ	ᠭᠠᠨᠰᠤ 1025	621025	ᠵᠧᠩ ᠨᠢᠩ ᠰᠢᠶᠠᠨ	1
ᠾᠧ ᠱᠦᠢ ᠰᠢᠶᠠᠨ ᠤ ᠠᠷᠠᠳ ᠤᠨ ᠱᠢᠭᠦᠬᠦ ᠶᠠᠮᠤᠨ	ᠭᠠᠨᠰᠤ 1024	621024	ᠾᠧ ᠱᠦᠢ ᠰᠢᠶᠠᠨ	1
ᠬᠤᠸᠠ ᠴᠢ ᠰᠢᠶᠠᠨ ᠤ ᠠᠷᠠᠳ ᠤᠨ ᠱᠢᠭᠦᠬᠦ ᠶᠠᠮᠤᠨ	ᠭᠠᠨᠰᠤ 1023	621023	ᠬᠤᠸᠠ ᠴᠢ ᠰᠢᠶᠠᠨ	1
ᠬᠤᠸᠠᠨ ᠰᠢᠶᠠᠨ ᠤ ᠠᠷᠠᠳ ᠤᠨ ᠱᠢᠭᠦᠬᠦ ᠶᠠᠮᠤᠨ	ᠭᠠᠨᠰᠤ 1022	621022	ᠬᠤᠸᠠᠨ ᠰᠢᠶᠠᠨ	1
ᠴᠢᠩ ᠴᠧᠩ ᠰᠢᠶᠠᠨ ᠤ ᠠᠷᠠᠳ ᠤᠨ ᠱᠢᠭᠦᠬᠦ ᠶᠠᠮᠤᠨ	ᠭᠠᠨᠰᠤ 1021	621021	ᠴᠢᠩ ᠴᠧᠩ ᠰᠢᠶᠠᠨ	1
ᠴᠢᠩ ᠶᠠᠩ ᠬᠣᠲᠠ ᠶᠢᠨ ᠰᠢ ᠹᠧᠩ ᠲᠣᠭᠣᠷᠢᠭ ᠤᠨ ᠠᠷᠠᠳ ᠤᠨ ᠱᠢᠭᠦᠬᠦ ᠶᠠᠮᠤᠨ	ᠭᠠᠨᠰᠤ 1002	621002	ᠴᠢᠩ ᠶᠠᠩ ᠬᠣᠲᠠ ᠶᠢᠨ ᠰᠢ ᠹᠧᠩ ᠲᠣᠭᠣᠷᠢᠭ	1
ᠭᠠᠨᠰᠤ ᠮᠤᠵᠢ ᠶᠢᠨ ᠴᠢᠩ ᠶᠠᠩ ᠬᠣᠲᠠ ᠶᠢᠨ ᠠᠷᠠᠳ ᠤᠨ ᠳᠤᠮᠳᠠᠳᠤ ᠱᠠᠲᠤ ᠶᠢᠨ ᠱᠢᠭᠦᠬᠦ ᠶᠠᠮᠤᠨ	ᠭᠠᠨᠰᠤ 10	621000	ᠴᠢᠩ ᠶᠠᠩ ᠬᠣᠲᠠ	1
ᠳ᠋ᠦᠩᠬᠤᠸᠠᠩ ᠬᠣᠲᠠ ᠶᠢᠨ ᠠᠷᠠᠳ ᠤᠨ ᠱᠢᠭᠦᠬᠦ ᠶᠠᠮᠤᠨ	ᠭᠠᠨᠰᠤ 0982	620982	ᠳ᠋ᠦᠩᠬᠤᠸᠠᠩ ᠬᠣᠲᠠ	1
ᠢᠦᠢ ᠮᠧᠨ ᠬᠣᠲᠠ ᠶᠢᠨ ᠠᠷᠠᠳ ᠤᠨ ᠱᠢᠭᠦᠬᠦ ᠶᠠᠮᠤᠨ	ᠭᠠᠨᠰᠤ 0981	620981	ᠢᠦᠢ ᠮᠧᠨ ᠬᠣᠲᠠ	1
ᠠᠺᠰᠠᠢ ᠶᠢᠨ ᠬᠠᠰᠠᠭ ᠦᠨᠳᠦᠰᠦᠲᠡᠨ ᠦ ᠥᠪᠡᠷᠲᠡᠭᠡᠨ ᠵᠠᠰᠠᠬᠤ ᠰᠢᠶᠠᠨ ᠤ ᠠᠷᠠᠳ ᠤᠨ ᠱᠢᠭᠦᠬᠦ ᠶᠠᠮᠤᠨ	ᠭᠠᠨᠰᠤ 0924	620924	ᠠᠺᠰᠠᠢ ᠶᠢᠨ ᠬᠠᠰᠠᠭ ᠦᠨᠳᠦᠰᠦᠲᠡᠨ ᠦ ᠥᠪᠡᠷᠲᠡᠭᠡᠨ ᠵᠠᠰᠠᠬᠤ ᠰᠢᠶᠠᠨ	1
ᠰᠦ ᠪᠧᠢ ᠶᠢᠨ ᠮᠣᠩᠭᠣᠯ ᠦᠨᠳᠦᠰᠦᠲᠡᠨ ᠦ ᠥᠪᠡᠷᠲᠡᠭᠡᠨ ᠵᠠᠰᠠᠬᠤ ᠰᠢᠶᠠᠨ ᠤ ᠠᠷᠠᠳ ᠤᠨ ᠱᠢᠭᠦᠬᠦ ᠶᠠᠮᠤᠨ	ᠭᠠᠨᠰᠤ 0923	620923	ᠰᠦ ᠪᠧᠢ ᠶᠢᠨ ᠮᠣᠩᠭᠣᠯ ᠦᠨᠳᠦᠰᠦᠲᠡᠨ ᠦ ᠥᠪᠡᠷᠲᠡᠭᠡᠨ ᠵᠠᠰᠠᠬᠤ ᠰᠢᠶᠠᠨ	1
ᠭᠤᠸᠠ ᠵᠸ ᠰᠢᠶᠠᠨ ᠤ ᠠᠷᠠᠳ ᠤᠨ ᠱᠢᠭᠦᠬᠦ ᠶᠠᠮᠤᠨ	ᠭᠠᠨᠰᠤ 0922	620922	ᠭᠤᠸᠠ ᠵᠸ ᠰᠢᠶᠠᠨ	1

ᠯᠢᠨ ᠰᠢᠶ᠎ᠠ ᠬᠣᠲᠠ ᠶᠢᠨ ᠵᠠᠰᠠᠭ ᠤᠨ ᠣᠷᠤᠨ ᠪᠠᠶᠢᠷᠢ	ᠭᠠᠨᠰᠦ 2901	622901	ᠯᠢᠨ ᠰᠢᠶ᠎ᠠ ᠬᠣᠲᠠ	1
ᠭᠠᠨᠰᠦ ᠮᠤᠵᠢ ᠶᠢᠨ ᠯᠢᠨ ᠰᠢᠶ᠎ᠠ ᠬᠣᠲᠣᠩ ᠦᠨᠳᠦᠰᠦᠲᠡᠨ ᠦ ᠥᠪᠡᠷᠲᠡᠭᠡᠨ ᠵᠠᠰᠠᠬᠤ ᠵᠢᠴᠤ ᠶᠢᠨ ᠵᠠᠰᠠᠭ ᠤᠨ ᠣᠷᠤᠨ ᠪᠠᠶᠢᠷᠢ	ᠭᠠᠨᠰᠦ 29	622900	ᠭᠠᠨᠰᠦ ᠮᠤᠵᠢ ᠶᠢᠨ ᠯᠢᠨ ᠰᠢᠶ᠎ᠠ ᠬᠣᠲᠣᠩ ᠦᠨᠳᠦᠰᠦᠲᠡᠨ ᠦ ᠥᠪᠡᠷᠲᠡᠭᠡᠨ ᠵᠠᠰᠠᠬᠤ ᠵᠢᠴᠤ	1
ᠯᠢᠶᠠᠩ ᠳᠠᠩ ᠰᠢᠶᠠᠨ ᠤ ᠵᠠᠰᠠᠭ ᠤᠨ ᠣᠷᠤᠨ ᠪᠠᠶᠢᠷᠢ	ᠭᠠᠨᠰᠦ 1228	621228	ᠯᠢᠶᠠᠩ ᠳᠠᠩ ᠰᠢᠶᠠᠨ	1
ᠬᠦᠢ ᠰᠢᠶᠠᠨ ᠤ ᠵᠠᠰᠠᠭ ᠤᠨ ᠣᠷᠤᠨ ᠪᠠᠶᠢᠷᠢ	ᠭᠠᠨᠰᠦ 1227	621227	ᠬᠦᠢ ᠰᠢᠶᠠᠨ	1
ᠯᠢ ᠰᠢᠶᠠᠨ ᠤ ᠵᠠᠰᠠᠭ ᠤᠨ ᠣᠷᠤᠨ ᠪᠠᠶᠢᠷᠢ	ᠭᠠᠨᠰᠦ 1226	621226	ᠯᠢ ᠰᠢᠶᠠᠨ	1
ᠰᠢ ᠾᠧ ᠰᠢᠶᠠᠨ ᠤ ᠵᠠᠰᠠᠭ ᠤᠨ ᠣᠷᠤᠨ ᠪᠠᠶᠢᠷᠢ	ᠭᠠᠨᠰᠦ 1225	621225	ᠰᠢ ᠾᠧ ᠰᠢᠶᠠᠨ	1
ᠺᠠᠩ ᠰᠢᠶᠠᠨ ᠤ ᠵᠠᠰᠠᠭ ᠤᠨ ᠣᠷᠤᠨ ᠪᠠᠶᠢᠷᠢ	ᠭᠠᠨᠰᠦ 1224	621224	ᠺᠠᠩ ᠰᠢᠶᠠᠨ	1
ᠳᠠᠩ ᠴᠠᠩ ᠰᠢᠶᠠᠨ ᠤ ᠵᠠᠰᠠᠭ ᠤᠨ ᠣᠷᠤᠨ ᠪᠠᠶᠢᠷᠢ	ᠭᠠᠨᠰᠦ 1223	621223	ᠳᠠᠩ ᠴᠠᠩ ᠰᠢᠶᠠᠨ	1
ᠸᠧᠨ ᠰᠢᠶᠠᠨ ᠤ ᠵᠠᠰᠠᠭ ᠤᠨ ᠣᠷᠤᠨ ᠪᠠᠶᠢᠷᠢ	ᠭᠠᠨᠰᠦ 1222	621222	ᠸᠧᠨ ᠰᠢᠶᠠᠨ	1
ᠴᠧᠩ ᠰᠢᠶᠠᠨ ᠤ ᠵᠠᠰᠠᠭ ᠤᠨ ᠣᠷᠤᠨ ᠪᠠᠶᠢᠷᠢ	ᠭᠠᠨᠰᠦ 1221	621221	ᠴᠧᠩ ᠰᠢᠶᠠᠨ	1
ᠯᠦᠩᠨᠠᠨ ᠬᠣᠲᠠ ᠶᠢᠨ ᠦ ᠳᠦ ᠲᠣᠭᠣᠷᠢᠭ ᠤᠨ ᠵᠠᠰᠠᠭ ᠤᠨ ᠣᠷᠤᠨ ᠪᠠᠶᠢᠷᠢ	ᠭᠠᠨᠰᠦ 1202	621202	ᠯᠦᠩᠨᠠᠨ ᠬᠣᠲᠠ ᠶᠢᠨ ᠦ ᠳᠦ ᠲᠣᠭᠣᠷᠢᠭ	1
ᠭᠠᠨᠰᠦ ᠮᠤᠵᠢ ᠶᠢᠨ ᠯᠦᠩᠨᠠᠨ ᠬᠣᠲᠠ ᠶᠢᠨ ᠵᠠᠰᠠᠭ ᠤᠨ ᠣᠷᠤᠨ ᠪᠠᠶᠢᠷᠢ	ᠭᠠᠨᠰᠦ 12	621200	ᠯᠦᠩᠨᠠᠨ ᠬᠣᠲᠠ	1
ᠮᠢᠨ ᠰᠢᠶᠠᠨ ᠤ ᠵᠠᠰᠠᠭ ᠤᠨ ᠣᠷᠤᠨ ᠪᠠᠶᠢᠷᠢ	ᠭᠠᠨᠰᠦ 1126	621126	ᠮᠢᠨ ᠰᠢᠶᠠᠨ	1
ᠵᠠᠩ ᠰᠢᠶᠠᠨ ᠤ ᠵᠠᠰᠠᠭ ᠤᠨ ᠣᠷᠤᠨ ᠪᠠᠶᠢᠷᠢ	ᠭᠠᠨᠰᠦ 1125	621125	ᠵᠠᠩ ᠰᠢᠶᠠᠨ	1
ᠯᠢᠨ ᠲᠣᠸ ᠰᠢᠶᠠᠨ ᠤ ᠵᠠᠰᠠᠭ ᠤᠨ ᠣᠷᠤᠨ ᠪᠠᠶᠢᠷᠢ	ᠭᠠᠨᠰᠦ 1124	621124	ᠯᠢᠨ ᠲᠣᠸ ᠰᠢᠶᠠᠨ	1
ᠸᠸᠢ ᠶᠤᠸᠠᠨ ᠰᠢᠶᠠᠨ ᠤ ᠵᠠᠰᠠᠭ ᠤᠨ ᠣᠷᠤᠨ ᠪᠠᠶᠢᠷᠢ	ᠭᠠᠨᠰᠦ 1123	621123	ᠸᠸᠢ ᠶᠤᠸᠠᠨ ᠰᠢᠶᠠᠨ	1
ᠯᠦᠩᠰᠢ ᠰᠢᠶᠠᠨ ᠤ ᠵᠠᠰᠠᠭ ᠤᠨ ᠣᠷᠤᠨ ᠪᠠᠶᠢᠷᠢ	ᠭᠠᠨᠰᠦ 1122	621122	ᠯᠦᠩᠰᠢ ᠰᠢᠶᠠᠨ	1
ᠲᠦᠩ ᠸᠸᠢ ᠰᠢᠶᠠᠨ ᠤ ᠵᠠᠰᠠᠭ ᠤᠨ ᠣᠷᠤᠨ ᠪᠠᠶᠢᠷᠢ	ᠭᠠᠨᠰᠦ 1121	621121	ᠲᠦᠩ ᠸᠸᠢ ᠰᠢᠶᠠᠨ	1

ᠯᠢᠨ ᠰᠢᠶᠠ ᠰᠢᠶᠠᠨ ᠤ ᠬᠠᠷᠢᠶ᠎ᠠ ᠳᠤ ᠬᠠᠮᠢᠶᠠᠷᠤᠭᠳᠠᠨ᠎ᠠ	ᠭᠠᠨᠰᠤ 2921	622921	ᠯᠢᠨ ᠰᠢᠶᠠ ᠰᠢᠶᠠᠨ	1
ᠺᠠᠩ ᠯᠧ ᠰᠢᠶᠠᠨ ᠤ ᠬᠠᠷᠢᠶ᠎ᠠ ᠳᠤ ᠬᠠᠮᠢᠶᠠᠷᠤᠭᠳᠠᠨ᠎ᠠ	ᠭᠠᠨᠰᠤ 2922	622922	ᠺᠠᠩ ᠯᠧ ᠰᠢᠶᠠᠨ	1
ᠶᠦᠩ ᠵᠢᠩ ᠰᠢᠶᠠᠨ ᠤ ᠬᠠᠷᠢᠶ᠎ᠠ ᠳᠤ ᠬᠠᠮᠢᠶᠠᠷᠤᠭᠳᠠᠨ᠎ᠠ	ᠭᠠᠨᠰᠤ 2923	622923	ᠶᠦᠩ ᠵᠢᠩ ᠰᠢᠶᠠᠨ	1
ᠭᠤᠸᠠᠩ ᠾᠧ ᠰᠢᠶᠠᠨ ᠤ ᠬᠠᠷᠢᠶ᠎ᠠ ᠳᠤ ᠬᠠᠮᠢᠶᠠᠷᠤᠭᠳᠠᠨ᠎ᠠ	ᠭᠠᠨᠰᠤ 2924	622924	ᠭᠤᠸᠠᠩ ᠾᠧ ᠰᠢᠶᠠᠨ	1
ᠾᠧ ᠵᠧᠩ ᠰᠢᠶᠠᠨ ᠤ ᠬᠠᠷᠢᠶ᠎ᠠ ᠳᠤ ᠬᠠᠮᠢᠶᠠᠷᠤᠭᠳᠠᠨ᠎ᠠ	ᠭᠠᠨᠰᠤ 2925	622925	ᠾᠧ ᠵᠧᠩ ᠰᠢᠶᠠᠨ	1
ᠳ᠋ᠦᠩᠰᠢᠶᠠᠩ ᠦᠨᠳᠦᠰᠦᠲᠡᠨ ᠦ ᠥᠪᠡᠷᠲᠡᠭᠡᠨ ᠵᠠᠰᠠᠬᠤ ᠰᠢᠶᠠᠨ ᠤ ᠬᠠᠷᠢᠶ᠎ᠠ ᠳᠤ ᠬᠠᠮᠢᠶᠠᠷᠤᠭᠳᠠᠨ᠎ᠠ	ᠭᠠᠨᠰᠤ 2926	622926	ᠳ᠋ᠦᠩᠰᠢᠶᠠᠩ ᠦᠨᠳᠦᠰᠦᠲᠡᠨ ᠦ ᠥᠪᠡᠷᠲᠡᠭᠡᠨ ᠵᠠᠰᠠᠬᠤ ᠰᠢᠶᠠᠨ	1
ᠵᠢ ᠱᠢ ᠱᠠᠨ ᠤ ᠪᠣᠤ ᠠᠨ ᠦᠨᠳᠦᠰᠦᠲᠡᠨ ᠳ᠋ᠦᠩᠰᠢᠶᠠᠩ ᠦᠨᠳᠦᠰᠦᠲᠡᠨ ᠰᠠᠯᠠᠷ ᠦᠨᠳᠦᠰᠦᠲᠡᠨ ᠦ ᠥᠪᠡᠷᠲᠡᠭᠡᠨ ᠵᠠᠰᠠᠬᠤ ᠰᠢᠶᠠᠨ ᠤ ᠬᠠᠷᠢᠶ᠎ᠠ ᠳᠤ ᠬᠠᠮᠢᠶᠠᠷᠤᠭᠳᠠᠨ᠎ᠠ	ᠭᠠᠨᠰᠤ 2927	622927	ᠵᠢ ᠱᠢ ᠱᠠᠨ ᠤ ᠪᠣᠤ ᠠᠨ ᠦᠨᠳᠦᠰᠦᠲᠡᠨ ᠳ᠋ᠦᠩᠰᠢᠶᠠᠩ ᠦᠨᠳᠦᠰᠦᠲᠡᠨ ᠰᠠᠯᠠᠷ ᠦᠨᠳᠦᠰᠦᠲᠡᠨ ᠦ ᠥᠪᠡᠷᠲᠡᠭᠡᠨ ᠵᠠᠰᠠᠬᠤ ᠰᠢᠶᠠᠨ	1
ᠭᠠᠨᠰᠤ ᠮᠤᠵᠢ ᠶᠢᠨ ᠭᠠᠨ ᠨᠠᠨ ᠤ ᠲᠥᠪᠡᠳ ᠦᠨᠳᠦᠰᠦᠲᠡᠨ ᠦ ᠥᠪᠡᠷᠲᠡᠭᠡᠨ ᠵᠠᠰᠠᠬᠤ ᠵᠢᠴᠤ ᠶᠢᠨ ᠬᠠᠷᠢᠶ᠎ᠠ ᠳᠤ ᠬᠠᠮᠢᠶᠠᠷᠤᠭᠳᠠᠨ᠎ᠠ	ᠭᠠᠨᠰᠤ 30	623000	ᠭᠠᠨᠰᠤ ᠮᠤᠵᠢ ᠶᠢᠨ ᠭᠠᠨ ᠨᠠᠨ ᠤ ᠲᠥᠪᠡᠳ ᠦᠨᠳᠦᠰᠦᠲᠡᠨ ᠦ ᠥᠪᠡᠷᠲᠡᠭᠡᠨ ᠵᠠᠰᠠᠬᠤ ᠵᠢᠴᠤ	1
ᠾᠧ ᠽᠤᠸᠧ ᠬᠣᠲᠠ ᠶᠢᠨ ᠬᠠᠷᠢᠶ᠎ᠠ ᠳᠤ ᠬᠠᠮᠢᠶᠠᠷᠤᠭᠳᠠᠨ᠎ᠠ	ᠭᠠᠨᠰᠤ 3001	623001	ᠾᠧ ᠽᠤᠸᠧ ᠬᠣᠲᠠ	1
ᠯᠢᠨ ᠲᠠᠨ ᠰᠢᠶᠠᠨ ᠤ ᠬᠠᠷᠢᠶ᠎ᠠ ᠳᠤ ᠬᠠᠮᠢᠶᠠᠷᠤᠭᠳᠠᠨ᠎ᠠ	ᠭᠠᠨᠰᠤ 3021	623021	ᠯᠢᠨ ᠲᠠᠨ ᠰᠢᠶᠠᠨ	1
ᠵᠦᠸᠧᠨᠢ ᠰᠢᠶᠠᠨ ᠤ ᠬᠠᠷᠢᠶ᠎ᠠ ᠳᠤ ᠬᠠᠮᠢᠶᠠᠷᠤᠭᠳᠠᠨ᠎ᠠ	ᠭᠠᠨᠰᠤ 3022	623022	ᠵᠦᠸᠧᠨᠢ ᠰᠢᠶᠠᠨ	1
ᠵᠸᠦ ᠴᠢᠦᠢ ᠰᠢᠶᠠᠨ ᠤ ᠬᠠᠷᠢᠶ᠎ᠠ ᠳᠤ ᠬᠠᠮᠢᠶᠠᠷᠤᠭᠳᠠᠨ᠎ᠠ	ᠭᠠᠨᠰᠤ 3023	623023	ᠵᠸᠦ ᠴᠢᠦᠢ ᠰᠢᠶᠠᠨ	1
ᠳᠢᠶᠧ ᠪᠦ ᠰᠢᠶᠠᠨ ᠤ ᠬᠠᠷᠢᠶ᠎ᠠ ᠳᠤ ᠬᠠᠮᠢᠶᠠᠷᠤᠭᠳᠠᠨ᠎ᠠ	ᠭᠠᠨᠰᠤ 3024	623024	ᠳᠢᠶᠧ ᠪᠦ ᠰᠢᠶᠠᠨ	1
ᠮᠠ ᠴᠢᠦᠢ ᠰᠢᠶᠠᠨ ᠤ ᠬᠠᠷᠢᠶ᠎ᠠ ᠳᠤ ᠬᠠᠮᠢᠶᠠᠷᠤᠭᠳᠠᠨ᠎ᠠ	ᠭᠠᠨᠰᠤ 3025	623025	ᠮᠠ ᠴᠢᠦᠢ ᠰᠢᠶᠠᠨ	1
ᠯᠦ ᠴᠢᠦᠢ ᠰᠢᠶᠠᠨ ᠤ ᠬᠠᠷᠢᠶ᠎ᠠ ᠳᠤ ᠬᠠᠮᠢᠶᠠᠷᠤᠭᠳᠠᠨ᠎ᠠ	ᠭᠠᠨᠰᠤ 3026	623026	ᠯᠦ ᠴᠢᠦᠢ ᠰᠢᠶᠠᠨ	1
ᠰᠢᠶᠠ ᠾᠧ ᠰᠢᠶᠠᠨ ᠤ ᠬᠠᠷᠢᠶ᠎ᠠ ᠳᠤ ᠬᠠᠮᠢᠶᠠᠷᠤᠭᠳᠠᠨ᠎ᠠ	ᠭᠠᠨᠰᠤ 3027	623027	ᠰᠢᠶᠠ ᠾᠧ ᠰᠢᠶᠠᠨ	1

[illegible]	[illegible] 3091			4
[illegible]	[illegible] 71			3
[illegible]	[illegible] 7101			3
[illegible]	[illegible] 7102			3
[illegible]	[illegible] 75			3
[illegible]	[illegible] 7501			3
[illegible]	[illegible] 7502			3
[illegible]	[illegible] 7503			3
[illegible]	[illegible] 7504			3
ᠴᠢᠩᠬᠠᠢ ᠮᠤᠵᠢ ᠶᠢᠨ ᠠᠷᠠᠳ ᠤᠨ [illegible] ᠱᠡᠭᠦᠬᠦ ᠬᠣᠷᠢᠶ᠎ᠠ	ᠴᠢᠩ	630000	ᠴᠢᠩᠬᠠᠢ ᠮᠤᠵᠢ	1
ᠴᠢᠩᠬᠠᠢ ᠮᠤᠵᠢ ᠶᠢᠨ ᠰᠢᠨᠢᠩ ᠬᠣᠲᠠ ᠶᠢᠨ ᠠᠷᠠᠳ ᠤᠨ [illegible] ᠱᠡᠭᠦᠬᠦ ᠬᠣᠷᠢᠶ᠎ᠠ	ᠴᠢᠩ 01	630100	ᠰᠢᠨᠢᠩ ᠬᠣᠲᠠ	1
ᠰᠢᠨᠢᠩ ᠬᠣᠲᠠ ᠶᠢᠨ ᠴᠧᠩ ᠳ᠋ᠦᠩ ᠲᠣᠭᠣᠷᠢᠭ ᠤᠨ ᠠᠷᠠᠳ ᠤᠨ ᠱᠡᠭᠦᠬᠦ ᠬᠣᠷᠢᠶ᠎ᠠ	ᠴᠢᠩ 0102	630102	ᠰᠢᠨᠢᠩ ᠬᠣᠲᠠ ᠶᠢᠨ ᠴᠧᠩ ᠳ᠋ᠦᠩ ᠲᠣᠭᠣᠷᠢᠭ	1
ᠰᠢᠨᠢᠩ ᠬᠣᠲᠠ ᠶᠢᠨ ᠴᠧᠩ ᠵᠦᠩ ᠲᠣᠭᠣᠷᠢᠭ ᠤᠨ ᠠᠷᠠᠳ ᠤᠨ ᠱᠡᠭᠦᠬᠦ ᠬᠣᠷᠢᠶ᠎ᠠ	ᠴᠢᠩ 0103	630103	ᠰᠢᠨᠢᠩ ᠬᠣᠲᠠ ᠶᠢᠨ ᠴᠧᠩ ᠵᠦᠩ ᠲᠣᠭᠣᠷᠢᠭ	1
ᠰᠢᠨᠢᠩ ᠬᠣᠲᠠ ᠶᠢᠨ ᠴᠧᠩ ᠰᠢ ᠲᠣᠭᠣᠷᠢᠭ ᠤᠨ ᠠᠷᠠᠳ ᠤᠨ ᠱᠡᠭᠦᠬᠦ ᠬᠣᠷᠢᠶ᠎ᠠ	ᠴᠢᠩ 0104	630104	ᠰᠢᠨᠢᠩ ᠬᠣᠲᠠ ᠶᠢᠨ ᠴᠧᠩ ᠰᠢ ᠲᠣᠭᠣᠷᠢᠭ	1

ᠴᠢᠩᠬᠠᠢ ᠮᠤᠵᠢ ᠶᠢᠨ ᠴᠢᠨᠢᠩ ᠬᠣᠲᠠ ᠶᠢᠨ ᠴᠧᠩ ᠪᠧᠢ ᠲᠣᠭᠣᠷᠢᠭ ᠤᠨ ᠠᠷᠠᠳ ᠤᠨ ᠵᠠᠰᠠᠭ ᠤᠨ ᠲᠠᠮᠠᠭ᠎ᠠ	ᠺᠣᠳ 0105	630105	ᠰᠢᠨᠢᠩ ᠬᠣᠲᠠ ᠶᠢᠨ ᠴᠧᠩ ᠪᠧᠢ ᠲᠣᠭᠣᠷᠢᠭ	1
ᠳ᠋ᠠ ᠲᠦᠩ ᠤᠨ ᠬᠣᠲᠣᠩ ᠦᠨᠳᠦᠰᠦᠲᠡᠨ ᠮᠣᠩᠭᠣᠷ ᠦᠨᠳᠦᠰᠦᠲᠡᠨ ᠦ ᠥᠪᠡᠷᠲᠡᠭᠡᠨ ᠵᠠᠰᠠᠬᠤ ᠰᠢᠶᠠᠨ ᠤ ᠠᠷᠠᠳ ᠤᠨ ᠵᠠᠰᠠᠭ ᠤᠨ ᠲᠠᠮᠠᠭ᠎ᠠ	ᠺᠣᠳ 0121	630121	ᠳ᠋ᠠ ᠲᠦᠩ ᠤᠨ ᠬᠣᠲᠣᠩ ᠦᠨᠳᠦᠰᠦᠲᠡᠨ ᠮᠣᠩᠭᠣᠷ ᠦᠨᠳᠦᠰᠦᠲᠡᠨ ᠦ ᠥᠪᠡᠷᠲᠡᠭᠡᠨ ᠵᠠᠰᠠᠬᠤ ᠰᠢᠶᠠᠨ	1
ᠬᠤᠸᠠᠩ ᠵᠦᠩ ᠰᠢᠶᠠᠨ ᠤ ᠠᠷᠠᠳ ᠤᠨ ᠵᠠᠰᠠᠭ ᠤᠨ ᠲᠠᠮᠠᠭ᠎ᠠ	ᠺᠣᠳ 0122	630122	ᠬᠤᠸᠠᠩ ᠵᠦᠩ ᠰᠢᠶᠠᠨ	1
ᠬᠤᠸᠠᠩ ᠶᠤᠸᠠᠨ ᠰᠢᠶᠠᠨ ᠤ ᠠᠷᠠᠳ ᠤᠨ ᠵᠠᠰᠠᠭ ᠤᠨ ᠲᠠᠮᠠᠭ᠎ᠠ	ᠺᠣᠳ 0123	630123	ᠬᠤᠸᠠᠩ ᠶᠤᠸᠠᠨ ᠰᠢᠶᠠᠨ	1
ᠴᠢᠩᠬᠠᠢ ᠮᠤᠵᠢ ᠶᠢᠨ ᠬᠠᠢ ᠳ᠋ᠦᠩ ᠬᠣᠲᠠ ᠶᠢᠨ ᠠᠷᠠᠳ ᠤᠨ ᠵᠠᠰᠠᠭ ᠤᠨ ᠲᠠᠮᠠᠭ᠎ᠠ	ᠺᠣᠳ 02	632100	ᠬᠠᠢ ᠳ᠋ᠦᠩ ᠬᠣᠲᠠ	1
ᠬᠠᠢ ᠳ᠋ᠦᠩ ᠬᠣᠲᠠ ᠶᠢᠨ ᠯᠧ ᠳ᠋ᠦ ᠲᠣᠭᠣᠷᠢᠭ ᠤᠨ ᠠᠷᠠᠳ ᠤᠨ ᠵᠠᠰᠠᠭ ᠤᠨ ᠲᠠᠮᠠᠭ᠎ᠠ	ᠺᠣᠳ 0202	632123	ᠬᠠᠢ ᠳ᠋ᠦᠩ ᠬᠣᠲᠠ ᠶᠢᠨ ᠯᠧ ᠳ᠋ᠦ ᠲᠣᠭᠣᠷᠢᠭ	1
ᠫᠢᠩ ᠠᠨ ᠰᠢᠶᠠᠨ ᠤ ᠠᠷᠠᠳ ᠤᠨ ᠵᠠᠰᠠᠭ ᠤᠨ ᠲᠠᠮᠠᠭ᠎ᠠ ①	ᠺᠣᠳ 0221	630203	ᠬᠠᠢ ᠳ᠋ᠦᠩ ᠬᠣᠲᠠ ᠶᠢᠨ ᠫᠢᠩ ᠠᠨ ᠲᠣᠭᠣᠷᠢᠭ	1
ᠮᠢᠨ ᠾᠧ ᠶᠢᠨ ᠬᠣᠲᠣᠩ ᠦᠨᠳᠦᠰᠦᠲᠡᠨ ᠮᠣᠩᠭᠣᠷ ᠦᠨᠳᠦᠰᠦᠲᠡᠨ ᠦ ᠥᠪᠡᠷᠲᠡᠭᠡᠨ ᠵᠠᠰᠠᠬᠤ ᠰᠢᠶᠠᠨ ᠤ ᠠᠷᠠᠳ ᠤᠨ ᠵᠠᠰᠠᠭ ᠤᠨ ᠲᠠᠮᠠᠭ᠎ᠠ	ᠺᠣᠳ 0222	632122	ᠮᠢᠨ ᠾᠧ ᠶᠢᠨ ᠬᠣᠲᠣᠩ ᠦᠨᠳᠦᠰᠦᠲᠡᠨ ᠮᠣᠩᠭᠣᠷ ᠦᠨᠳᠦᠰᠦᠲᠡᠨ ᠦ ᠥᠪᠡᠷᠲᠡᠭᠡᠨ ᠵᠠᠰᠠᠬᠤ ᠰᠢᠶᠠᠨ	1
ᠬᠦ ᠵᠦ ᠶᠢᠨ ᠮᠣᠩᠭᠣᠷ ᠦᠨᠳᠦᠰᠦᠲᠡᠨ ᠦ ᠥᠪᠡᠷᠲᠡᠭᠡᠨ ᠵᠠᠰᠠᠬᠤ ᠰᠢᠶᠠᠨ ᠤ ᠠᠷᠠᠳ ᠤᠨ ᠵᠠᠰᠠᠭ ᠤᠨ ᠲᠠᠮᠠᠭ᠎ᠠ	ᠺᠣᠳ 0223	632126	ᠬᠦ ᠵᠦ ᠶᠢᠨ ᠮᠣᠩᠭᠣᠷ ᠦᠨᠳᠦᠰᠦᠲᠡᠨ ᠦ ᠥᠪᠡᠷᠲᠡᠭᠡᠨ ᠵᠠᠰᠠᠬᠤ ᠰᠢᠶᠠᠨ	1
ᠬᠤᠸᠠ ᠯᠦᠩ ᠤᠨ ᠬᠣᠲᠣᠩ ᠦᠨᠳᠦᠰᠦᠲᠡᠨ ᠦ ᠥᠪᠡᠷᠲᠡᠭᠡᠨ ᠵᠠᠰᠠᠬᠤ ᠰᠢᠶᠠᠨ ᠤ ᠠᠷᠠᠳ ᠤᠨ ᠵᠠᠰᠠᠭ ᠤᠨ ᠲᠠᠮᠠᠭ᠎ᠠ	ᠺᠣᠳ 0224	632127	ᠬᠤᠸᠠ ᠯᠦᠩ ᠤᠨ ᠬᠣᠲᠣᠩ ᠦᠨᠳᠦᠰᠦᠲᠡᠨ ᠦ ᠥᠪᠡᠷᠲᠡᠭᠡᠨ ᠵᠠᠰᠠᠬᠤ ᠰᠢᠶᠠᠨ	1
ᠰᠢᠶᠦᠢ ᠬᠤᠸᠠ ᠶᠢᠨ ᠰᠠᠯᠠᠷ ᠦᠨᠳᠦᠰᠦᠲᠡᠨ ᠦ ᠥᠪᠡᠷᠲᠡᠭᠡᠨ ᠵᠠᠰᠠᠬᠤ ᠰᠢᠶᠠᠨ ᠤ ᠠᠷᠠᠳ ᠤᠨ ᠵᠠᠰᠠᠭ ᠤᠨ ᠲᠠᠮᠠᠭ᠎ᠠ	ᠺᠣᠳ 0225	632128	ᠰᠢᠶᠦᠢ ᠬᠤᠸᠠ ᠶᠢᠨ ᠰᠠᠯᠠᠷ ᠦᠨᠳᠦᠰᠦᠲᠡᠨ ᠦ ᠥᠪᠡᠷᠲᠡᠭᠡᠨ ᠵᠠᠰᠠᠬᠤ ᠰᠢᠶᠠᠨ	1
ᠴᠢᠩᠬᠠᠢ ᠮᠤᠵᠢ ᠶᠢᠨ ᠬᠠᠢ ᠪᠧᠢ ᠶᠢᠨ ᠲᠥᠪᠡᠳ ᠦᠨᠳᠦᠰᠦᠲᠡᠨ ᠦ ᠥᠪᠡᠷᠲᠡᠭᠡᠨ ᠵᠠᠰᠠᠬᠤ ᠵᠧᠦ ᠶᠢᠨ ᠠᠷᠠᠳ ᠤᠨ ᠵᠠᠰᠠᠭ ᠤᠨ ᠲᠠᠮᠠᠭ᠎ᠠ	ᠺᠣᠳ 22	632200	ᠬᠠᠢ ᠪᠧᠢ ᠶᠢᠨ ᠲᠥᠪᠡᠳ ᠦᠨᠳᠦᠰᠦᠲᠡᠨ ᠦ ᠥᠪᠡᠷᠲᠡᠭᠡᠨ ᠵᠠᠰᠠᠬᠤ ᠵᠧᠦ	1
ᠮᠧᠨ ᠶᠤᠸᠠᠨ ᠤ ᠬᠣᠲᠣᠩ ᠦᠨᠳᠦᠰᠦᠲᠡᠨ ᠦ ᠥᠪᠡᠷᠲᠡᠭᠡᠨ ᠵᠠᠰᠠᠬᠤ ᠰᠢᠶᠠᠨ ᠤ ᠠᠷᠠᠳ ᠤᠨ ᠵᠠᠰᠠᠭ ᠤᠨ ᠲᠠᠮᠠᠭ᠎ᠠ	ᠺᠣᠳ 2221	632221	ᠮᠧᠨ ᠶᠤᠸᠠᠨ ᠤ ᠬᠣᠲᠣᠩ ᠦᠨᠳᠦᠰᠦᠲᠡᠨ ᠦ ᠥᠪᠡᠷᠲᠡᠭᠡᠨ ᠵᠠᠰᠠᠬᠤ ᠰᠢᠶᠠᠨ	1

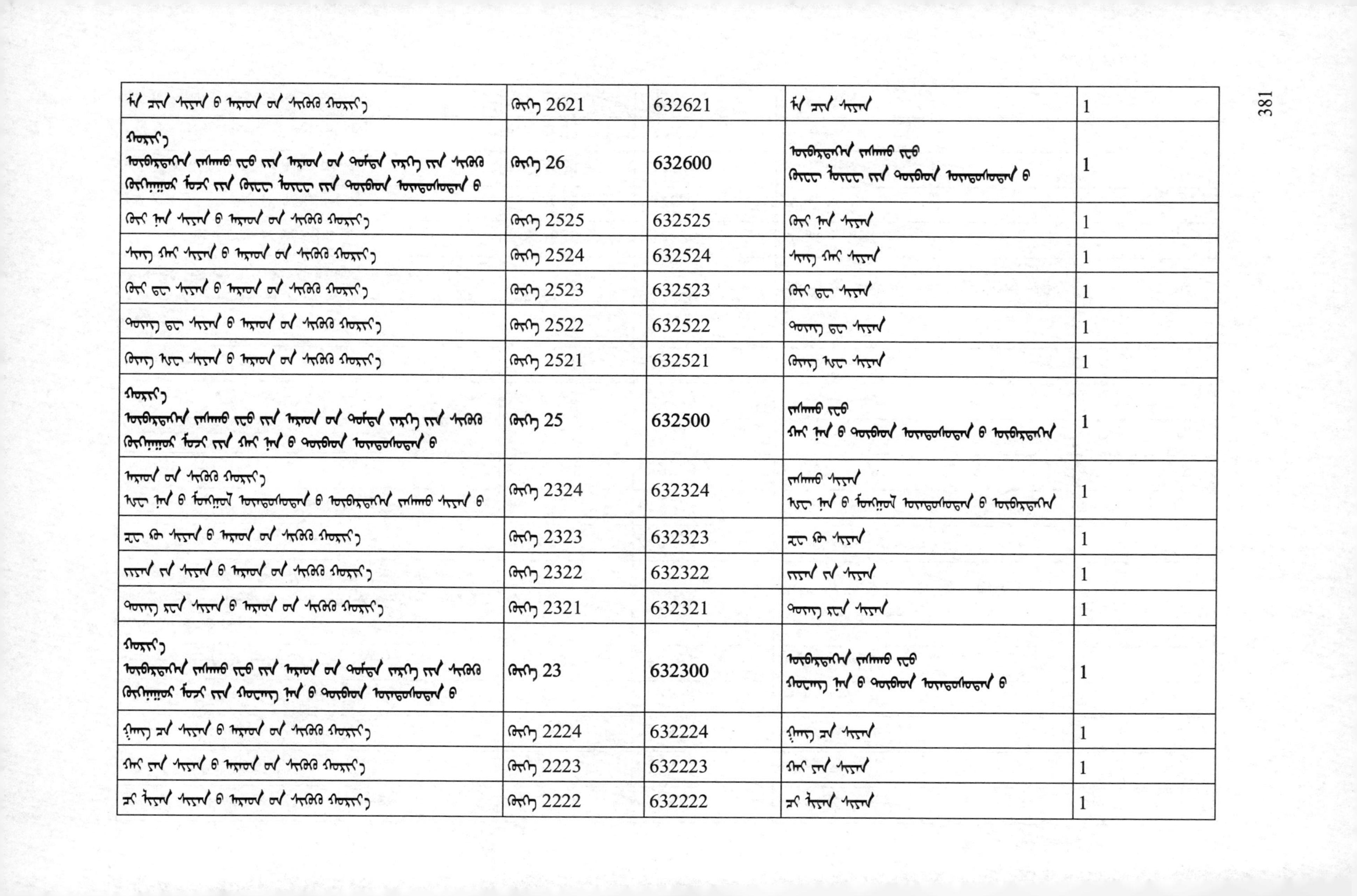

[illegible]	[illegible] 2621	632621	[illegible]	1
[illegible]	[illegible] 26	632600	[illegible]	1
[illegible]	[illegible] 2525	632525	[illegible]	1
[illegible]	[illegible] 2524	632524	[illegible]	1
[illegible]	[illegible] 2523	632523	[illegible]	1
[illegible]	[illegible] 2522	632522	[illegible]	1
[illegible]	[illegible] 2521	632521	[illegible]	1
[illegible]	[illegible] 25	632500	[illegible]	1
[illegible]	[illegible] 2324	632324	[illegible]	1
[illegible]	[illegible] 2323	632323	[illegible]	1
[illegible]	[illegible] 2322	632322	[illegible]	1
[illegible]	[illegible] 2321	632321	[illegible]	1
[illegible]	[illegible] 23	632300	[illegible]	1
[illegible]	[illegible] 2224	632224	[illegible]	1
[illegible]	[illegible] 2223	632223	[illegible]	1
[illegible]	[illegible] 2222	632222	[illegible]	1

ᠪᠠᠨ ᠮᠠ ᠰᠢᠶᠠᠨ ᠤ ᠵᠠᠰᠠᠭ ᠤᠨ ᠬᠡᠮᠵᠢᠶ᠎ᠡ ᠪᠦᠰᠡ	ᠴᠢᠩ 2622	632622	ᠪᠠᠨ ᠮᠠ ᠰᠢᠶᠠᠨ	1
ᠭᠠᠨ ᠳᠧ ᠰᠢᠶᠠᠨ ᠤ ᠵᠠᠰᠠᠭ ᠤᠨ ᠬᠡᠮᠵᠢᠶ᠎ᠡ ᠪᠦᠰᠡ	ᠴᠢᠩ 2623	632623	ᠭᠠᠨ ᠳᠧ ᠰᠢᠶᠠᠨ	1
ᠳᠠ ᠷᠢ ᠰᠢᠶᠠᠨ ᠤ ᠵᠠᠰᠠᠭ ᠤᠨ ᠬᠡᠮᠵᠢᠶ᠎ᠡ ᠪᠦᠰᠡ	ᠴᠢᠩ 2624	632624	ᠳᠠ ᠷᠢ ᠰᠢᠶᠠᠨ	1
ᠵᠢᠦ ᠵᠢ ᠰᠢᠶᠠᠨ ᠤ ᠵᠠᠰᠠᠭ ᠤᠨ ᠬᠡᠮᠵᠢᠶ᠎ᠡ ᠪᠦᠰᠡ	ᠴᠢᠩ 2625	632625	ᠵᠢᠦ ᠵᠢ ᠰᠢᠶᠠᠨ	1
ᠮᠠ ᠳᠦᠸᠧ ᠰᠢᠶᠠᠨ ᠤ ᠵᠠᠰᠠᠭ ᠤᠨ ᠬᠡᠮᠵᠢᠶ᠎ᠡ ᠪᠦᠰᠡ	ᠴᠢᠩ 2626	632626	ᠮᠠ ᠳᠦᠸᠧ ᠰᠢᠶᠠᠨ	1
ᠴᠢᠩᠬᠠᠢ ᠮᠤᠵᠢ ᠶᠢᠨ ᠶᠦᠢ ᠱᠦ ᠶᠢᠨ ᠲᠥᠪᠡᠳ ᠦᠨᠳᠦᠰᠦᠲᠡᠨ ᠦ ᠥᠪᠡᠷᠲᠡᠭᠡᠨ ᠵᠠᠰᠠᠬᠤ ᠵᠧᠦ ᠶᠢᠨ ᠵᠠᠰᠠᠭ ᠤᠨ ᠭᠠᠵᠠᠷ ᠤᠨ ᠬᠡᠮᠵᠢᠶ᠎ᠡ ᠪᠦᠰᠡ	ᠴᠢᠩ 27	632700	ᠶᠦᠢ ᠱᠦ ᠶᠢᠨ ᠲᠥᠪᠡᠳ ᠦᠨᠳᠦᠰᠦᠲᠡᠨ ᠦ ᠥᠪᠡᠷᠲᠡᠭᠡᠨ ᠵᠠᠰᠠᠬᠤ ᠵᠧᠦ	1
ᠶᠦᠢ ᠱᠦ ᠬᠣᠲᠠ ᠶᠢᠨ ᠵᠠᠰᠠᠭ ᠤᠨ ᠬᠡᠮᠵᠢᠶ᠎ᠡ ᠪᠦᠰᠡ	ᠴᠢᠩ 2701	632721	ᠶᠦᠢ ᠱᠦ ᠬᠣᠲᠠ	1
ᠽᠠ ᠳᠦᠸᠧ ᠰᠢᠶᠠᠨ ᠤ ᠵᠠᠰᠠᠭ ᠤᠨ ᠬᠡᠮᠵᠢᠶ᠎ᠡ ᠪᠦᠰᠡ	ᠴᠢᠩ 2722	632722	ᠽᠠ ᠳᠦᠸᠧ ᠰᠢᠶᠠᠨ	1
ᠴᠸᠩ ᠳᠦᠸᠧ ᠰᠢᠶᠠᠨ ᠤ ᠵᠠᠰᠠᠭ ᠤᠨ ᠬᠡᠮᠵᠢᠶ᠎ᠡ ᠪᠦᠰᠡ	ᠴᠢᠩ 2723	632723	ᠴᠸᠩ ᠳᠦᠸᠧ ᠰᠢᠶᠠᠨ	1
ᠵᠢ ᠳᠦᠸᠧ ᠰᠢᠶᠠᠨ ᠤ ᠵᠠᠰᠠᠭ ᠤᠨ ᠬᠡᠮᠵᠢᠶ᠎ᠡ ᠪᠦᠰᠡ	ᠴᠢᠩ 2724	632724	ᠵᠢ ᠳᠦᠸᠧ ᠰᠢᠶᠠᠨ	1
ᠨᠠᠩ ᠴᠢᠶᠠᠨ ᠰᠢᠶᠠᠨ ᠤ ᠵᠠᠰᠠᠭ ᠤᠨ ᠬᠡᠮᠵᠢᠶ᠎ᠡ ᠪᠦᠰᠡ	ᠴᠢᠩ 2725	632725	ᠨᠠᠩ ᠴᠢᠶᠠᠨ ᠰᠢᠶᠠᠨ	1
ᠴᠢᠦ ᠮᠠ ᠯᠠᠢ ᠰᠢᠶᠠᠨ ᠤ ᠵᠠᠰᠠᠭ ᠤᠨ ᠬᠡᠮᠵᠢᠶ᠎ᠡ ᠪᠦᠰᠡ	ᠴᠢᠩ 2726	632726	ᠴᠢᠦ ᠮᠠ ᠯᠠᠢ ᠰᠢᠶᠠᠨ	1
ᠴᠢᠩᠬᠠᠢ ᠮᠤᠵᠢ ᠶᠢᠨ ᠬᠠᠶᠢᠰᠢ ᠶᠢᠨ ᠲᠥᠪᠡᠳ ᠦᠨᠳᠦᠰᠦᠲᠡᠨ ᠮᠣᠩᠭᠣᠯ ᠦᠨᠳᠦᠰᠦᠲᠡᠨ ᠦ ᠥᠪᠡᠷᠲᠡᠭᠡᠨ ᠵᠠᠰᠠᠬᠤ ᠵᠧᠦ ᠶᠢᠨ ᠵᠠᠰᠠᠭ ᠤᠨ ᠭᠠᠵᠠᠷ ᠤᠨ ᠬᠡᠮᠵᠢᠶ᠎ᠡ ᠪᠦᠰᠡ	ᠴᠢᠩ 28	632800	ᠬᠠᠶᠢᠰᠢ ᠶᠢᠨ ᠲᠥᠪᠡᠳ ᠦᠨᠳᠦᠰᠦᠲᠡᠨ ᠮᠣᠩᠭᠣᠯ ᠦᠨᠳᠦᠰᠦᠲᠡᠨ ᠦ ᠥᠪᠡᠷᠲᠡᠭᠡᠨ ᠵᠠᠰᠠᠬᠤ ᠵᠧᠦ	1
ᠭᠣᠯᠮᠤᠳ ᠬᠣᠲᠠ ᠶᠢᠨ ᠵᠠᠰᠠᠭ ᠤᠨ ᠬᠡᠮᠵᠢᠶ᠎ᠡ ᠪᠦᠰᠡ	ᠴᠢᠩ 2801	632801	ᠭᠣᠯᠮᠤᠳ ᠬᠣᠲᠠ	1
ᠳᠡᠯᠢᠩᠬᠠ ᠬᠣᠲᠠ ᠶᠢᠨ ᠵᠠᠰᠠᠭ ᠤᠨ ᠬᠡᠮᠵᠢᠶ᠎ᠡ ᠪᠦᠰᠡ	ᠴᠢᠩ 2802	632802	ᠳᠡᠯᠢᠩᠬᠠ ᠬᠣᠲᠠ	1
ᠤᠯᠠᠭᠠᠨ ᠰᠢᠶᠠᠨ ᠤ ᠵᠠᠰᠠᠭ ᠤᠨ ᠬᠡᠮᠵᠢᠶ᠎ᠡ ᠪᠦᠰᠡ	ᠴᠢᠩ 2821	632821	ᠤᠯᠠᠭᠠᠨ ᠰᠢᠶᠠᠨ	1
ᠳᠤᠯᠠᠭᠠᠨ ᠰᠢᠶᠠᠨ ᠤ ᠵᠠᠰᠠᠭ ᠤᠨ ᠬᠡᠮᠵᠢᠶ᠎ᠡ ᠪᠦᠰᠡ	ᠴᠢᠩ 2822	632822	ᠳᠤᠯᠠᠭᠠᠨ ᠰᠢᠶᠠᠨ	1
ᠲᠢᠶᠠᠨ ᠵᠢᠦᠨ ᠰᠢᠶᠠᠨ ᠤ ᠵᠠᠰᠠᠭ ᠤᠨ ᠬᠡᠮᠵᠢᠶ᠎ᠡ ᠪᠦᠰᠡ	ᠴᠢᠩ 2823	632823	ᠲᠢᠶᠠᠨ ᠵᠢᠦᠨ ᠰᠢᠶᠠᠨ	1

ᠠ ᠺᠧ ᠰᠦ ᠲᠡᠮᠦᠷ ᠵᠠᠮ ᠤᠨ ᠲᠡᠭᠡᠪᠦᠷᠢ ᠶᠢᠨ ᠱᠡᠭᠦᠬᠦ ᠶᠠᠮᠤ	ᠲᠤᠰᠬᠠᠢ 2891			4
ᠺᠦᠢ ᠲᠦᠨ ᠲᠡᠮᠦᠷ ᠵᠠᠮ ᠤᠨ ᠲᠡᠭᠡᠪᠦᠷᠢ ᠶᠢᠨ ᠱᠡᠭᠦᠬᠦ ᠶᠠᠮᠤ	ᠲᠤᠰᠬᠠᠢ 2892			4
ᠬᠠ ᠮᠢ ᠲᠡᠮᠦᠷ ᠵᠠᠮ ᠤᠨ ᠲᠡᠭᠡᠪᠦᠷᠢ ᠶᠢᠨ ᠱᠡᠭᠦᠬᠦ ᠶᠠᠮᠤ	ᠲᠤᠰᠬᠠᠢ 2893			4
ᠰᠢᠨᠵᠢᠶᠠᠩ ᠤᠨ ᠪᠦᠲᠦᠭᠡᠯ ᠦᠨ ᠪᠠᠶᠢᠭᠤᠯᠤᠯᠲᠠ ᠶᠢᠨ ᠱᠡᠭᠦᠬᠦ ᠶᠠᠮᠤ	ᠲᠤᠰᠬᠠᠢ 8601			3
ᠰᠢᠨᠵᠢᠶᠠᠩ ᠤᠶᠢᠭᠤᠷ ᠤᠨ ᠥᠪᠡᠷᠲᠡᠭᠡᠨ ᠵᠠᠰᠠᠬᠤ ᠣᠷᠣᠨ ᠤ ᠠᠷᠠᠳ ᠤᠨ ᠳᠡᠭᠡᠳᠦ ᠱᠡᠭᠦᠬᠦ ᠶᠠᠮᠤ	ᠺᠣᠳ᠋	650000	ᠰᠢᠨᠵᠢᠶᠠᠩ ᠤᠶᠢᠭᠤᠷ ᠤᠨ ᠥᠪᠡᠷᠲᠡᠭᠡᠨ ᠵᠠᠰᠠᠬᠤ ᠣᠷᠣᠨ	1
ᠰᠢᠨᠵᠢᠶᠠᠩ ᠤᠶᠢᠭᠤᠷ ᠤᠨ ᠥᠪᠡᠷᠲᠡᠭᠡᠨ ᠵᠠᠰᠠᠬᠤ ᠣᠷᠣᠨ ᠤ ᠦᠷᠦᠮᠴᠢ ᠬᠣᠲᠠ ᠶᠢᠨ ᠠᠷᠠᠳ ᠤᠨ ᠳᠤᠮᠳᠠᠳᠤ ᠱᠡᠭᠦᠬᠦ ᠶᠠᠮᠤ	ᠺᠣᠳ᠋ 01	650100	ᠦᠷᠦᠮᠴᠢ ᠬᠣᠲᠠ	1
ᠦᠷᠦᠮᠴᠢ ᠬᠣᠲᠠ ᠶᠢᠨ ᠲᠢᠶᠠᠨ ᠱᠠᠨ ᠲᠣᠭᠣᠷᠢᠭ ᠤᠨ ᠠᠷᠠᠳ ᠤᠨ ᠱᠡᠭᠦᠬᠦ ᠶᠠᠮᠤ	ᠺᠣᠳ᠋ 0102	650102	ᠦᠷᠦᠮᠴᠢ ᠬᠣᠲᠠ ᠶᠢᠨ ᠲᠢᠶᠠᠨ ᠱᠠᠨ ᠲᠣᠭᠣᠷᠢᠭ	1
ᠦᠷᠦᠮᠴᠢ ᠬᠣᠲᠠ ᠶᠢᠨ ᠱᠠ ᠢ ᠪᠠ ᠺᠧ ᠲᠣᠭᠣᠷᠢᠭ ᠤᠨ ᠠᠷᠠᠳ ᠤᠨ ᠱᠡᠭᠦᠬᠦ ᠶᠠᠮᠤ	ᠺᠣᠳ᠋ 0103	650103	ᠦᠷᠦᠮᠴᠢ ᠬᠣᠲᠠ ᠶᠢᠨ ᠱᠠ ᠢ ᠪᠠ ᠺᠧ ᠲᠣᠭᠣᠷᠢᠭ	1
ᠦᠷᠦᠮᠴᠢ ᠬᠣᠲᠠ ᠶᠢᠨ ᠰᠢᠨ ᠬᠣᠲᠠ ᠲᠣᠭᠣᠷᠢᠭ ᠤᠨ ᠠᠷᠠᠳ ᠤᠨ ᠱᠡᠭᠦᠬᠦ ᠶᠠᠮᠤ	ᠺᠣᠳ᠋ 0104	650104	ᠦᠷᠦᠮᠴᠢ ᠬᠣᠲᠠ ᠶᠢᠨ ᠰᠢᠨ ᠬᠣᠲᠠ ᠲᠣᠭᠣᠷᠢᠭ	1
ᠦᠷᠦᠮᠴᠢ ᠬᠣᠲᠠ ᠶᠢᠨ ᠱᠦᠢ ᠮᠣᠤ ᠭᠧᠦ ᠲᠣᠭᠣᠷᠢᠭ ᠤᠨ ᠠᠷᠠᠳ ᠤᠨ ᠱᠡᠭᠦᠬᠦ ᠶᠠᠮᠤ	ᠺᠣᠳ᠋ 0105	650105	ᠦᠷᠦᠮᠴᠢ ᠬᠣᠲᠠ ᠶᠢᠨ ᠱᠦᠢ ᠮᠣᠤ ᠭᠧᠦ ᠲᠣᠭᠣᠷᠢᠭ	1
ᠦᠷᠦᠮᠴᠢ ᠬᠣᠲᠠ ᠶᠢᠨ ᠲᠣᠤ ᠲᠦᠨ ᠾᠧ ᠲᠣᠭᠣᠷᠢᠭ ᠤᠨ ᠠᠷᠠᠳ ᠤᠨ ᠱᠡᠭᠦᠬᠦ ᠶᠠᠮᠤ	ᠺᠣᠳ᠋ 0106	650106	ᠦᠷᠦᠮᠴᠢ ᠬᠣᠲᠠ ᠶᠢᠨ ᠲᠣᠤ ᠲᠦᠨ ᠾᠧ ᠲᠣᠭᠣᠷᠢᠭ	1
ᠦᠷᠦᠮᠴᠢ ᠬᠣᠲᠠ ᠶᠢᠨ ᠳ᠋ᠠ ᠪᠠᠨ ᠴᠧᠩ ᠲᠣᠭᠣᠷᠢᠭ ᠤᠨ ᠠᠷᠠᠳ ᠤᠨ ᠱᠡᠭᠦᠬᠦ ᠶᠠᠮᠤ	ᠺᠣᠳ᠋ 0107	650107	ᠦᠷᠦᠮᠴᠢ ᠬᠣᠲᠠ ᠶᠢᠨ ᠳ᠋ᠠ ᠪᠠᠨ ᠴᠧᠩ ᠲᠣᠭᠣᠷᠢᠭ	1
ᠦᠷᠦᠮᠴᠢ ᠬᠣᠲᠠ ᠶᠢᠨ ᠮᠢ ᠳ᠋ᠦᠩ ᠲᠣᠭᠣᠷᠢᠭ ᠤᠨ ᠠᠷᠠᠳ ᠤᠨ ᠱᠡᠭᠦᠬᠦ ᠶᠠᠮᠤ	ᠺᠣᠳ᠋ 0109	650109	ᠦᠷᠦᠮᠴᠢ ᠬᠣᠲᠠ ᠶᠢᠨ ᠮᠢ ᠳ᠋ᠦᠩ ᠲᠣᠭᠣᠷᠢᠭ	1
ᠦᠷᠦᠮᠴᠢ ᠰᠢᠶᠠᠨ ᠤ ᠠᠷᠠᠳ ᠤᠨ ᠱᠡᠭᠦᠬᠦ ᠶᠠᠮᠤ	ᠺᠣᠳ᠋ 0121	650121	ᠦᠷᠦᠮᠴᠢ ᠰᠢᠶᠠᠨ	1

ᠰᠢᠨᠵᠢᠶᠠᠩ ᠤ ᠤᠶᠢᠭᠤᠷ ᠥᠪᠡᠷᠲᠡᠭᠡᠨ ᠵᠠᠰᠠᠬᠤ ᠣᠷᠣᠨ ᠤ ᠺᠠᠷᠠᠮᠠᠢ ᠬᠣᠲᠠ ᠶᠢᠨ ᠠᠷᠠᠳ ᠤᠨ ᠳᠤᠮᠳᠠᠳᠤ ᠱᠠᠲᠤ ᠶᠢᠨ ᠱᠢᠭᠦᠬᠦ ᠭᠠᠵᠠᠷ	ᠰᠢᠨ 02	650200	ᠺᠠᠷᠠᠮᠠᠢ ᠬᠣᠲᠠ	1
ᠺᠠᠷᠠᠮᠠᠢ ᠬᠣᠲᠠ ᠶᠢᠨ ᠳᠦ ᠱᠠᠨ ᠽᠢ ᠲᠣᠭᠣᠷᠢᠭ ᠤᠨ ᠠᠷᠠᠳ ᠤᠨ ᠱᠢᠭᠦᠬᠦ ᠭᠠᠵᠠᠷ	ᠰᠢᠨ 0202	650202	ᠺᠠᠷᠠᠮᠠᠢ ᠬᠣᠲᠠ ᠶᠢᠨ ᠳᠦ ᠱᠠᠨ ᠽᠢ ᠲᠣᠭᠣᠷᠢᠭ	1
ᠺᠠᠷᠠᠮᠠᠢ ᠬᠣᠲᠠ ᠶᠢᠨ ᠺᠠᠷᠠᠮᠠᠢ ᠲᠣᠭᠣᠷᠢᠭ ᠤᠨ ᠠᠷᠠᠳ ᠤᠨ ᠱᠢᠭᠦᠬᠦ ᠭᠠᠵᠠᠷ	ᠰᠢᠨ 0203	650203	ᠺᠠᠷᠠᠮᠠᠢ ᠬᠣᠲᠠ ᠶᠢᠨ ᠺᠠᠷᠠᠮᠠᠢ ᠲᠣᠭᠣᠷᠢᠭ	1
ᠺᠠᠷᠠᠮᠠᠢ ᠬᠣᠲᠠ ᠶᠢᠨ ᠪᠠᠢ ᠵᠢᠶᠠᠨ ᠲᠠᠨ ᠲᠣᠭᠣᠷᠢᠭ ᠤᠨ ᠠᠷᠠᠳ ᠤᠨ ᠱᠢᠭᠦᠬᠦ ᠭᠠᠵᠠᠷ	ᠰᠢᠨ 0204	650204	ᠺᠠᠷᠠᠮᠠᠢ ᠬᠣᠲᠠ ᠶᠢᠨ ᠪᠠᠢ ᠵᠢᠶᠠᠨ ᠲᠠᠨ ᠲᠣᠭᠣᠷᠢᠭ	1
ᠺᠠᠷᠠᠮᠠᠢ ᠬᠣᠲᠠ ᠶᠢᠨ ᠸᠦ ᠷ ᠾᠧ ᠲᠣᠭᠣᠷᠢᠭ ᠤᠨ ᠠᠷᠠᠳ ᠤᠨ ᠱᠢᠭᠦᠬᠦ ᠭᠠᠵᠠᠷ	ᠰᠢᠨ 0205	650205	ᠺᠠᠷᠠᠮᠠᠢ ᠬᠣᠲᠠ ᠶᠢᠨ ᠸᠦ ᠷ ᠾᠧ ᠲᠣᠭᠣᠷᠢᠭ	1
ᠰᠢᠨᠵᠢᠶᠠᠩ ᠤ ᠤᠶᠢᠭᠤᠷ ᠥᠪᠡᠷᠲᠡᠭᠡᠨ ᠵᠠᠰᠠᠬᠤ ᠣᠷᠣᠨ ᠤ ᠲᠦᠷᠹᠠᠨ ᠬᠣᠲᠠ ᠶᠢᠨ ᠠᠷᠠᠳ ᠤᠨ ᠳᠤᠮᠳᠠᠳᠤ ᠱᠠᠲᠤ ᠶᠢᠨ ᠱᠢᠭᠦᠬᠦ ᠭᠠᠵᠠᠷ	ᠰᠢᠨ 21	652100	ᠲᠦᠷᠹᠠᠨ ᠬᠣᠲᠠ	1
ᠲᠦᠷᠹᠠᠨ ᠬᠣᠲᠠ ᠶᠢᠨ ᠭᠠᠣ ᠴᠠᠩ ᠲᠣᠭᠣᠷᠢᠭ ᠤᠨ ᠠᠷᠠᠳ ᠤᠨ ᠱᠢᠭᠦᠬᠦ ᠭᠠᠵᠠᠷ	ᠰᠢᠨ 2101	652101	ᠲᠦᠷᠹᠠᠨ ᠬᠣᠲᠠ ᠶᠢᠨ ᠭᠠᠣ ᠴᠠᠩ ᠲᠣᠭᠣᠷᠢᠭ	1
ᠱᠠᠨ ᠱᠠᠨ ᠰᠢᠶᠠᠨ ᠤ ᠠᠷᠠᠳ ᠤᠨ ᠱᠢᠭᠦᠬᠦ ᠭᠠᠵᠠᠷ	ᠰᠢᠨ 2122	652122	ᠱᠠᠨ ᠱᠠᠨ ᠰᠢᠶᠠᠨ	1
ᠲᠣᠬᠰᠤᠨ ᠰᠢᠶᠠᠨ ᠤ ᠠᠷᠠᠳ ᠤᠨ ᠱᠢᠭᠦᠬᠦ ᠭᠠᠵᠠᠷ	ᠰᠢᠨ 2123	652123	ᠲᠣᠬᠰᠤᠨ ᠰᠢᠶᠠᠨ	1
ᠰᠢᠨᠵᠢᠶᠠᠩ ᠤ ᠤᠶᠢᠭᠤᠷ ᠥᠪᠡᠷᠲᠡᠭᠡᠨ ᠵᠠᠰᠠᠬᠤ ᠣᠷᠣᠨ ᠤ ᠬᠠᠮᠢ ᠣᠷᠣᠨ ᠤ ᠠᠷᠠᠳ ᠤᠨ ᠳᠤᠮᠳᠠᠳᠤ ᠱᠠᠲᠤ ᠶᠢᠨ ᠱᠢᠭᠦᠬᠦ ᠭᠠᠵᠠᠷ	ᠰᠢᠨ 22	652200	ᠬᠠᠮᠢ ᠣᠷᠣᠨ	1
ᠬᠠᠮᠢ ᠬᠣᠲᠠ ᠶᠢᠨ ᠠᠷᠠᠳ ᠤᠨ ᠱᠢᠭᠦᠬᠦ ᠭᠠᠵᠠᠷ	ᠰᠢᠨ 2201	652201	ᠬᠠᠮᠢ ᠬᠣᠲᠠ	1
ᠪᠠᠷᠢᠬᠥᠯ ᠬᠠᠰᠠᠭ ᠥᠪᠡᠷᠲᠡᠭᠡᠨ ᠵᠠᠰᠠᠬᠤ ᠰᠢᠶᠠᠨ ᠤ ᠠᠷᠠᠳ ᠤᠨ ᠱᠢᠭᠦᠬᠦ ᠭᠠᠵᠠᠷ	ᠰᠢᠨ 2222	652222	ᠪᠠᠷᠢᠬᠥᠯ ᠬᠠᠰᠠᠭ ᠥᠪᠡᠷᠲᠡᠭᠡᠨ ᠵᠠᠰᠠᠬᠤ ᠰᠢᠶᠠᠨ	1
ᠢ ᠸᠦ ᠰᠢᠶᠠᠨ ᠤ ᠠᠷᠠᠳ ᠤᠨ ᠱᠢᠭᠦᠬᠦ ᠭᠠᠵᠠᠷ	ᠰᠢᠨ 2223	652223	ᠢ ᠸᠦ ᠰᠢᠶᠠᠨ	1

ᠬᠣᠷᠯᠠ ᠬᠣᠲᠠ ᠶᠢᠨ ᠠᠷᠠᠳ ᠤᠨ ᠱᠢᠭᠦᠬᠦ ᠶᠠᠮᠤᠨ	ᠰᠢᠨ᠂ᠵ 2801	652801	ᠬᠣᠷᠯᠠ ᠬᠣᠲᠠ	1	
ᠰᠢᠨᠵᠢᠶᠠᠩ ᠤᠨ ᠤᠶᠢᠭᠤᠷ ᠥᠪᠡᠷᠲᠡᠭᠡᠨ ᠵᠠᠰᠠᠬᠤ ᠣᠷᠤᠨ ᠤ ᠪᠠᠶᠢᠩᠭᠣᠯ ᠮᠣᠩᠭᠣᠯ ᠥᠪᠡᠷᠲᠡᠭᠡᠨ ᠵᠠᠰᠠᠬᠤ ᠵᠧᠦ ᠶᠢᠨ ᠠᠷᠠᠳ ᠤᠨ ᠳᠤᠮᠳᠠᠳᠤ ᠱᠠᠲᠤ ᠶᠢᠨ ᠱᠢᠭᠦᠬᠦ ᠶᠠᠮᠤᠨ	ᠰᠢᠨ᠂ᠵ 28	652800	ᠪᠠᠶᠢᠩᠭᠣᠯ ᠮᠣᠩᠭᠣᠯ ᠥᠪᠡᠷᠲᠡᠭᠡᠨ ᠵᠠᠰᠠᠬᠤ ᠵᠧᠦ	1	
ᠸᠧᠨᠴᠤᠸᠠᠨ ᠰᠢᠶᠠᠨ ᠤ ᠠᠷᠠᠳ ᠤᠨ ᠱᠢᠭᠦᠬᠦ ᠶᠠᠮᠤᠨ	ᠰᠢᠨ᠂ᠵ 2723	652723	ᠸᠧᠨᠴᠤᠸᠠᠨ ᠰᠢᠶᠠᠨ	1	
ᠵᠢᠩ ᠾᠧ ᠰᠢᠶᠠᠨ ᠤ ᠠᠷᠠᠳ ᠤᠨ ᠱᠢᠭᠦᠬᠦ ᠶᠠᠮᠤᠨ	ᠰᠢᠨ᠂ᠵ 2722	652722	ᠵᠢᠩ ᠾᠧ ᠰᠢᠶᠠᠨ	1	
ᠠᠯᠠᠱᠠᠩ ᠺᠧᠦ ᠬᠣᠲᠠ ᠶᠢᠨ ᠠᠷᠠᠳ ᠤᠨ ᠱᠢᠭᠦᠬᠦ ᠶᠠᠮᠤᠨ	ᠰᠢᠨ᠂ᠵ 2702	652702	ᠠᠯᠠᠱᠠᠩ ᠺᠧᠦ ᠬᠣᠲᠠ	1	
ᠪᠣᠷᠤᠲᠠᠯ᠎ᠠ ᠬᠣᠲᠠ ᠶᠢᠨ ᠠᠷᠠᠳ ᠤᠨ ᠱᠢᠭᠦᠬᠦ ᠶᠠᠮᠤᠨ	ᠰᠢᠨ᠂ᠵ 2701	652701	ᠪᠣᠷᠤᠲᠠᠯ᠎ᠠ ᠬᠣᠲᠠ	1	
ᠰᠢᠨᠵᠢᠶᠠᠩ ᠤᠨ ᠤᠶᠢᠭᠤᠷ ᠥᠪᠡᠷᠲᠡᠭᠡᠨ ᠵᠠᠰᠠᠬᠤ ᠣᠷᠤᠨ ᠤ ᠪᠣᠷᠤᠲᠠᠯ᠎ᠠ ᠮᠣᠩᠭᠣᠯ ᠥᠪᠡᠷᠲᠡᠭᠡᠨ ᠵᠠᠰᠠᠬᠤ ᠵᠧᠦ ᠶᠢᠨ ᠠᠷᠠᠳ ᠤᠨ ᠳᠤᠮᠳᠠᠳᠤ ᠱᠠᠲᠤ ᠶᠢᠨ ᠱᠢᠭᠦᠬᠦ ᠶᠠᠮᠤᠨ	ᠰᠢᠨ᠂ᠵ 27	652700	ᠪᠣᠷᠤᠲᠠᠯ᠎ᠠ ᠮᠣᠩᠭᠣᠯ ᠥᠪᠡᠷᠲᠡᠭᠡᠨ ᠵᠠᠰᠠᠬᠤ ᠵᠧᠦ	1	
ᠮᠣᠷᠢ ᠬᠠᠰᠠᠭ ᠥᠪᠡᠷᠲᠡᠭᠡᠨ ᠵᠠᠰᠠᠬᠤ ᠰᠢᠶᠠᠨ ᠤ ᠠᠷᠠᠳ ᠤᠨ ᠱᠢᠭᠦᠬᠦ ᠶᠠᠮᠤᠨ	ᠰᠢᠨ᠂ᠵ 2328	652328	ᠮᠣᠷᠢ ᠶᠢᠨ ᠬᠠᠰᠠᠭ ᠥᠪᠡᠷᠲᠡᠭᠡᠨ ᠵᠠᠰᠠᠬᠤ ᠰᠢᠶᠠᠨ	1	
ᠵᠢᠮᠰᠠᠷ ᠰᠢᠶᠠᠨ ᠤ ᠠᠷᠠᠳ ᠤᠨ ᠱᠢᠭᠦᠬᠦ ᠶᠠᠮᠤᠨ	ᠰᠢᠨ᠂ᠵ 2327	652327	ᠵᠢᠮᠰᠠᠷ ᠰᠢᠶᠠᠨ	1	
ᠴᠢᠲᠠᠢ ᠰᠢᠶᠠᠨ ᠤ ᠠᠷᠠᠳ ᠤᠨ ᠱᠢᠭᠦᠬᠦ ᠶᠠᠮᠤᠨ	ᠰᠢᠨ᠂ᠵ 2325	652325	ᠴᠢᠲᠠᠢ ᠰᠢᠶᠠᠨ	1	
ᠮᠠᠨᠠᠰ ᠰᠢᠶᠠᠨ ᠤ ᠠᠷᠠᠳ ᠤᠨ ᠱᠢᠭᠦᠬᠦ ᠶᠠᠮᠤᠨ	ᠰᠢᠨ᠂ᠵ 2324	652324	ᠮᠠᠨᠠᠰ ᠰᠢᠶᠠᠨ	1	
ᠬᠤᠲᠤᠪᠢ ᠰᠢᠶᠠᠨ ᠤ ᠠᠷᠠᠳ ᠤᠨ ᠱᠢᠭᠦᠬᠦ ᠶᠠᠮᠤᠨ	ᠰᠢᠨ᠂ᠵ 2323	652323	ᠬᠤᠲᠤᠪᠢ ᠰᠢᠶᠠᠨ	1	
ᠹᠦ ᠺᠠᠩ ᠬᠣᠲᠠ ᠶᠢᠨ ᠠᠷᠠᠳ ᠤᠨ ᠱᠢᠭᠦᠬᠦ ᠶᠠᠮᠤᠨ	ᠰᠢᠨ᠂ᠵ 2302	652302	ᠹᠦ ᠺᠠᠩ ᠬᠣᠲᠠ	1	
ᠴᠠᠩᠵᠢ ᠬᠣᠲᠠ ᠶᠢᠨ ᠠᠷᠠᠳ ᠤᠨ ᠱᠢᠭᠦᠬᠦ ᠶᠠᠮᠤᠨ	ᠰᠢᠨ᠂ᠵ 2301	652301	ᠴᠠᠩᠵᠢ ᠬᠣᠲᠠ	1	
ᠰᠢᠨᠵᠢᠶᠠᠩ ᠤᠨ ᠤᠶᠢᠭᠤᠷ ᠥᠪᠡᠷᠲᠡᠭᠡᠨ ᠵᠠᠰᠠᠬᠤ ᠣᠷᠤᠨ ᠤ ᠴᠠᠩᠵᠢ ᠶᠢᠨ ᠬᠣᠲᠣᠩ ᠦᠨᠳᠦᠰᠦᠲᠡᠨ ᠦ ᠥᠪᠡᠷᠲᠡᠭᠡᠨ ᠵᠠᠰᠠᠬᠤ ᠵᠧᠦ ᠶᠢᠨ ᠠᠷᠠᠳ ᠤᠨ ᠳᠤᠮᠳᠠᠳᠤ ᠱᠠᠲᠤ ᠶᠢᠨ ᠱᠢᠭᠦᠬᠦ ᠶᠠᠮᠤᠨ	ᠰᠢᠨ᠂ᠵ 23	652300	ᠴᠠᠩᠵᠢ ᠶᠢᠨ ᠬᠣᠲᠣᠩ ᠦᠨᠳᠦᠰᠦᠲᠡᠨ ᠦ ᠥᠪᠡᠷᠲᠡᠭᠡᠨ ᠵᠠᠰᠠᠬᠤ ᠵᠧᠦ	1	

ᠺᠧ ᠫᠢᠩ ᠰᠢᠶᠠᠨ ᠤ ᠠᠷᠠᠳ ᠤᠨ ᠰᠢᠭᠦᠬᠦ ᠶᠠᠮᠤᠨ	ᠰᠢᠶᠠᠨ᠂ 2929	652929	ᠺᠧ ᠫᠢᠩ ᠰᠢᠶᠠᠨ	1
ᠠᠸᠠᠲᠢ ᠰᠢᠶᠠᠨ ᠤ ᠠᠷᠠᠳ ᠤᠨ ᠰᠢᠭᠦᠬᠦ ᠶᠠᠮᠤᠨ	ᠰᠢᠶᠠᠨ᠂ 2928	652928	ᠠᠸᠠᠲᠢ ᠰᠢᠶᠠᠨ	1
ᠸᠦ ᠱᠢ ᠰᠢᠶᠠᠨ ᠤ ᠠᠷᠠᠳ ᠤᠨ ᠰᠢᠭᠦᠬᠦ ᠶᠠᠮᠤᠨ	ᠰᠢᠶᠠᠨ᠂ 2927	652927	ᠸᠦ ᠱᠢ ᠰᠢᠶᠠᠨ	1
ᠪᠠᠢ ᠴᠧᠩ ᠰᠢᠶᠠᠨ ᠤ ᠠᠷᠠᠳ ᠤᠨ ᠰᠢᠭᠦᠬᠦ ᠶᠠᠮᠤᠨ	ᠰᠢᠶᠠᠨ᠂ 2926	652926	ᠪᠠᠢ ᠴᠧᠩ ᠰᠢᠶᠠᠨ	1
ᠰᠢᠨ ᠾᠧ ᠰᠢᠶᠠᠨ ᠤ ᠠᠷᠠᠳ ᠤᠨ ᠰᠢᠭᠦᠬᠦ ᠶᠠᠮᠤᠨ	ᠰᠢᠶᠠᠨ᠂ 2925	652925	ᠰᠢᠨ ᠾᠧ ᠰᠢᠶᠠᠨ	1
ᠱᠠ ᠶᠠ ᠰᠢᠶᠠᠨ ᠤ ᠠᠷᠠᠳ ᠤᠨ ᠰᠢᠭᠦᠬᠦ ᠶᠠᠮᠤᠨ	ᠰᠢᠶᠠᠨ᠂ 2924	652924	ᠱᠠ ᠶᠠ ᠰᠢᠶᠠᠨ	1
ᠺᠦᠴᠠ ᠰᠢᠶᠠᠨ ᠤ ᠠᠷᠠᠳ ᠤᠨ ᠰᠢᠭᠦᠬᠦ ᠶᠠᠮᠤᠨ	ᠰᠢᠶᠠᠨ᠂ 2923	652923	ᠺᠦᠴᠠ ᠰᠢᠶᠠᠨ	1
ᠸᠧᠨ ᠰᠦ ᠰᠢᠶᠠᠨ ᠤ ᠠᠷᠠᠳ ᠤᠨ ᠰᠢᠭᠦᠬᠦ ᠶᠠᠮᠤᠨ	ᠰᠢᠶᠠᠨ᠂ 2922	652922	ᠸᠧᠨ ᠰᠦ ᠰᠢᠶᠠᠨ	1
ᠠᠺᠰᠤ ᠬᠣᠲᠠ ᠶᠢᠨ ᠠᠷᠠᠳ ᠤᠨ ᠰᠢᠭᠦᠬᠦ ᠶᠠᠮᠤᠨ	ᠰᠢᠶᠠᠨ᠂ 2901	652901	ᠠᠺᠰᠤ ᠬᠣᠲᠠ	1
ᠰᠢᠨᠵᠢᠶᠠᠩ ᠤᠢᠭᠤᠷ ᠤᠨ ᠥᠪᠡᠷᠲᠡᠭᠡᠨ ᠵᠠᠰᠠᠬᠤ ᠣᠷᠤᠨ ᠤ ᠠᠺᠰᠤ ᠲᠣᠭᠣᠷᠢᠭ ᠤ ᠠᠷᠠᠳ ᠤᠨ ᠳᠤᠮᠳᠠᠳᠤ ᠱᠠᠲᠤ ᠶᠢᠨ ᠰᠢᠭᠦᠬᠦ ᠶᠠᠮᠤᠨ	ᠰᠢᠶᠠᠨ᠂ 29	652900	ᠠᠺᠰᠤ ᠲᠣᠭᠣᠷᠢᠭ	1
ᠪᠥᠭᠡᠰᠲᠡᠩ ᠰᠢᠶᠠᠨ ᠤ ᠠᠷᠠᠳ ᠤᠨ ᠰᠢᠭᠦᠬᠦ ᠶᠠᠮᠤᠨ	ᠰᠢᠶᠠᠨ᠂ 2829	652829	ᠪᠥᠭᠡᠰᠲᠡᠩ ᠰᠢᠶᠠᠨ	1
ᠬᠣᠱᠤᠳ ᠰᠢᠶᠠᠨ ᠤ ᠠᠷᠠᠳ ᠤᠨ ᠰᠢᠭᠦᠬᠦ ᠶᠠᠮᠤᠨ	ᠰᠢᠶᠠᠨ᠂ 2828	652828	ᠬᠣᠱᠤᠳ ᠰᠢᠶᠠᠨ	1
ᠬᠡᠵᠢᠩ ᠰᠢᠶᠠᠨ ᠤ ᠠᠷᠠᠳ ᠤᠨ ᠰᠢᠭᠦᠬᠦ ᠶᠠᠮᠤᠨ	ᠰᠢᠶᠠᠨ᠂ 2827	652827	ᠬᠡᠵᠢᠩ ᠰᠢᠶᠠᠨ	1
ᠶᠠᠨ ᠴᠢ ᠬᠣᠲᠣᠩ ᠦᠨᠳᠦᠰᠦᠲᠡᠨ ᠦ ᠥᠪᠡᠷᠲᠡᠭᠡᠨ ᠵᠠᠰᠠᠬᠤ ᠰᠢᠶᠠᠨ ᠤ ᠠᠷᠠᠳ ᠤᠨ ᠰᠢᠭᠦᠬᠦ ᠶᠠᠮᠤᠨ	ᠰᠢᠶᠠᠨ᠂ 2826	652826	ᠶᠠᠨ ᠴᠢ ᠬᠣᠲᠣᠩ ᠦᠨᠳᠦᠰᠦᠲᠡᠨ ᠦ ᠥᠪᠡᠷᠲᠡᠭᠡᠨ ᠵᠠᠰᠠᠬᠤ ᠰᠢᠶᠠᠨ	1
ᠴᠧᠷᠴᠧᠨ ᠰᠢᠶᠠᠨ ᠤ ᠠᠷᠠᠳ ᠤᠨ ᠰᠢᠭᠦᠬᠦ ᠶᠠᠮᠤᠨ	ᠰᠢᠶᠠᠨ᠂ 2825	652825	ᠴᠧᠷᠴᠧᠨ ᠰᠢᠶᠠᠨ	1
ᠴᠠᠷᠬᠯᠢᠭ ᠰᠢᠶᠠᠨ ᠤ ᠠᠷᠠᠳ ᠤᠨ ᠰᠢᠭᠦᠬᠦ ᠶᠠᠮᠤᠨ	ᠰᠢᠶᠠᠨ᠂ 2824	652824	ᠴᠠᠷᠬᠯᠢᠭ ᠰᠢᠶᠠᠨ	1
ᠯᠤᠫᠨᠤᠷ ᠰᠢᠶᠠᠨ ᠤ ᠠᠷᠠᠳ ᠤᠨ ᠰᠢᠭᠦᠬᠦ ᠶᠠᠮᠤᠨ	ᠰᠢᠶᠠᠨ᠂ 2823	652823	ᠯᠤᠫᠨᠤᠷ ᠰᠢᠶᠠᠨ	1
ᠪᠦᠭᠦᠷ ᠰᠢᠶᠠᠨ ᠤ ᠠᠷᠠᠳ ᠤᠨ ᠰᠢᠭᠦᠬᠦ ᠶᠠᠮᠤᠨ	ᠰᠢᠶᠠᠨ᠂ 2822	652822	ᠪᠦᠭᠦᠷ ᠰᠢᠶᠠᠨ	1

ᠰᠢᠨᠵᠢᠶᠠᠩ ᠤᠶᠢᠭᠤᠷ ᠥᠪᠡᠷᠲᠡᠭᠡᠨ ᠵᠠᠰᠠᠬᠤ ᠣᠷᠣᠨ ᠤ ᠬᠢᠽᠢᠯᠰᠤ ᠶᠢᠨ ᠬᠢᠷᠭᠢᠰ ᠥᠪᠡᠷᠲᠡᠭᠡᠨ ᠵᠠᠰᠠᠬᠤ ᠵᠧᠦ ᠶᠢᠨ ᠠᠷᠠᠳ ᠤᠨ ᠵᠠᠰᠠᠭ	ᠰᠢᠨ᠂ 30	653000	ᠬᠢᠽᠢᠯᠰᠤ ᠬᠢᠷᠭᠢᠰ ᠥᠪᠡᠷᠲᠡᠭᠡᠨ ᠵᠠᠰᠠᠬᠤ ᠵᠧᠦ	1
ᠠᠷᠲᠤᠱ ᠬᠣᠲᠠ ᠶᠢᠨ ᠠᠷᠠᠳ ᠤᠨ ᠵᠠᠰᠠᠭ	ᠰᠢᠨ᠂ 3001	653001	ᠠᠷᠲᠤᠱ ᠬᠣᠲᠠ	
ᠠᠬᠲᠤ ᠰᠢᠶᠠᠨ ᠤ ᠠᠷᠠᠳ ᠤᠨ ᠵᠠᠰᠠᠭ	ᠰᠢᠨ᠂ 3022	653022	ᠠᠬᠲᠤ ᠰᠢᠶᠠᠨ	
ᠠᠬᠴᠢ ᠰᠢᠶᠠᠨ ᠤ ᠠᠷᠠᠳ ᠤᠨ ᠵᠠᠰᠠᠭ	ᠰᠢᠨ᠂ 3023	653023	ᠠᠬᠴᠢ ᠰᠢᠶᠠᠨ	
ᠤᠯᠤᠭᠴᠠᠲ ᠰᠢᠶᠠᠨ ᠤ ᠠᠷᠠᠳ ᠤᠨ ᠵᠠᠰᠠᠭ	ᠰᠢᠨ᠂ 3024	653024	ᠤᠯᠤᠭᠴᠠᠲ ᠰᠢᠶᠠᠨ	
ᠰᠢᠨᠵᠢᠶᠠᠩ ᠤᠶᠢᠭᠤᠷ ᠥᠪᠡᠷᠲᠡᠭᠡᠨ ᠵᠠᠰᠠᠬᠤ ᠣᠷᠣᠨ ᠤ ᠬᠠᠰᠢᠭᠠᠷ ᠲᠣᠭᠣᠷᠢᠭ ᠤᠨ ᠠᠯᠪᠠᠨ ᠬᠡᠷᠡᠭ ᠦᠨ ᠭᠠᠵᠠᠷ ᠤᠨ ᠠᠷᠠᠳ ᠤᠨ ᠵᠠᠰᠠᠭ	ᠰᠢᠨ᠂ 31	653100	ᠬᠠᠰᠢᠭᠠᠷ ᠲᠣᠭᠣᠷᠢᠭ	1
ᠬᠠᠰᠢᠭᠠᠷ ᠬᠣᠲᠠ ᠶᠢᠨ ᠠᠷᠠᠳ ᠤᠨ ᠵᠠᠰᠠᠭ	ᠰᠢᠨ᠂ 31	653100	ᠬᠠᠰᠢᠭᠠᠷ ᠲᠣᠭᠣᠷᠢᠭ	1
ᠱᠤ ᠹᠦ ᠰᠢᠶᠠᠨ ᠤ ᠠᠷᠠᠳ ᠤᠨ ᠵᠠᠰᠠᠭ	ᠰᠢᠨ᠂ 3121	653121	ᠱᠤ ᠹᠦ ᠰᠢᠶᠠᠨ	1
ᠱᠤ ᠯᠧ ᠰᠢᠶᠠᠨ ᠤ ᠠᠷᠠᠳ ᠤᠨ ᠵᠠᠰᠠᠭ	ᠰᠢᠨ᠂ 3122	653122	ᠱᠤ ᠯᠧ ᠰᠢᠶᠠᠨ	1
ᠶᠢᠩ ᠵᠢ ᠱᠠ ᠰᠢᠶᠠᠨ ᠤ ᠠᠷᠠᠳ ᠤᠨ ᠵᠠᠰᠠᠭ	ᠰᠢᠨ᠂ 3123	653123	ᠶᠢᠩ ᠵᠢ ᠱᠠ ᠰᠢᠶᠠᠨ	1
ᠽᠧ ᠫᠦ ᠰᠢᠶᠠᠨ ᠤ ᠠᠷᠠᠳ ᠤᠨ ᠵᠠᠰᠠᠭ	ᠰᠢᠨ᠂ 3124	653124	ᠽᠧ ᠫᠦ ᠰᠢᠶᠠᠨ	1
ᠱᠠ ᠴᠧ ᠰᠢᠶᠠᠨ ᠤ ᠠᠷᠠᠳ ᠤᠨ ᠵᠠᠰᠠᠭ	ᠰᠢᠨ᠂ 3125	653125	ᠱᠠ ᠴᠧ ᠰᠢᠶᠠᠨ	1
ᠶᠧ ᠴᠧᠩ ᠰᠢᠶᠠᠨ ᠤ ᠠᠷᠠᠳ ᠤᠨ ᠵᠠᠰᠠᠭ	ᠰᠢᠨ᠂ 3126	653126	ᠶᠧ ᠴᠧᠩ ᠰᠢᠶᠠᠨ	1
ᠮᠠᠢ ᠭᠠᠢ ᠲᠢ ᠰᠢᠶᠠᠨ ᠤ ᠠᠷᠠᠳ ᠤᠨ ᠵᠠᠰᠠᠭ	ᠰᠢᠨ᠂ 3127	653127	ᠮᠠᠢ ᠭᠠᠢ ᠲᠢ ᠰᠢᠶᠠᠨ	1
ᠶᠦᠸᠧ ᠫᠦ ᠬᠦ ᠰᠢᠶᠠᠨ ᠤ ᠠᠷᠠᠳ ᠤᠨ ᠵᠠᠰᠠᠭ	ᠰᠢᠨ᠂ 3128	653128	ᠶᠦᠸᠧ ᠫᠦ ᠬᠦ ᠰᠢᠶᠠᠨ	1
ᠵᠢᠶᠠ ᠱᠢ ᠰᠢᠶᠠᠨ ᠤ ᠠᠷᠠᠳ ᠤᠨ ᠵᠠᠰᠠᠭ	ᠰᠢᠨ᠂ 3129	653129	ᠵᠢᠶᠠ ᠱᠢ ᠰᠢᠶᠠᠨ	1
ᠪᠠ ᠴᠦ ᠰᠢᠶᠠᠨ ᠤ ᠠᠷᠠᠳ ᠤᠨ ᠵᠠᠰᠠᠭ	ᠰᠢᠨ᠂ 3130	653130	ᠪᠠ ᠴᠦ ᠰᠢᠶᠠᠨ	1
ᠲᠠᠰᠬᠤᠷᠭᠠᠨ ᠤ ᠲᠠᠵᠢᠭ ᠥᠪᠡᠷᠲᠡᠭᠡᠨ ᠵᠠᠰᠠᠬᠤ ᠰᠢᠶᠠᠨ ᠤ ᠠᠷᠠᠳ ᠤᠨ ᠵᠠᠰᠠᠭ	ᠰᠢᠨ᠂ 3131	653131	ᠲᠠᠰᠬᠤᠷᠭᠠᠨ ᠤ ᠲᠠᠵᠢᠭ ᠥᠪᠡᠷᠲᠡᠭᠡᠨ ᠵᠠᠰᠠᠬᠤ ᠰᠢᠶᠠᠨ	1

ᠭᠦᠩᠯᠢᠦ ᠰᠢᠶᠠᠨ ᠤ ᠠᠷᠠᠳ ᠤᠨ ᠵᠠᠰᠠᠭ ᠤᠨ ᠭᠠᠵᠠᠷ	ᠺᠣᠳ 4024	654024	ᠭᠦᠩᠯᠢᠦ ᠰᠢᠶᠠᠨ	1
ᠬᠣᠣᠴᠧᠩ ᠰᠢᠶᠠᠨ ᠤ ᠠᠷᠠᠳ ᠤᠨ ᠵᠠᠰᠠᠭ ᠤᠨ ᠭᠠᠵᠠᠷ	ᠺᠣᠳ 4023	654023	ᠬᠣᠣᠴᠧᠩ ᠰᠢᠶᠠᠨ	1
ᠴᠠᠪᠴᠠᠯ ᠤᠨ ᠰᠢᠪᠸᠧ ᠦᠨᠳᠦᠰᠦᠲᠡᠨ ᠦ ᠥᠪᠡᠷᠲᠡᠭᠡᠨ ᠵᠠᠰᠠᠬᠤ ᠰᠢᠶᠠᠨ ᠤ ᠠᠷᠠᠳ ᠤᠨ ᠵᠠᠰᠠᠭ ᠤᠨ ᠭᠠᠵᠠᠷ	ᠺᠣᠳ 4022	654022	ᠴᠠᠪᠴᠠᠯ ᠤᠨ ᠰᠢᠪᠸᠧ ᠦᠨᠳᠦᠰᠦᠲᠡᠨ ᠦ ᠥᠪᠡᠷᠲᠡᠭᠡᠨ ᠵᠠᠰᠠᠬᠤ ᠰᠢᠶᠠᠨ	1
ᠢᠨᠢᠩ ᠰᠢᠶᠠᠨ ᠤ ᠠᠷᠠᠳ ᠤᠨ ᠵᠠᠰᠠᠭ ᠤᠨ ᠭᠠᠵᠠᠷ	ᠺᠣᠳ 4021	654021	ᠢᠨᠢᠩ ᠰᠢᠶᠠᠨ	1
ᠬᠣᠷᠭᠣᠰ ᠬᠣᠲᠠ ᠶᠢᠨ ᠠᠷᠠᠳ ᠤᠨ ᠵᠠᠰᠠᠭ ᠤᠨ ᠭᠠᠵᠠᠷ	ᠺᠣᠳ 4004	654004	ᠬᠣᠷᠭᠣᠰ ᠬᠣᠲᠠ	1
ᠬᠦᠢᠲᠦᠨ ᠬᠣᠲᠠ ᠶᠢᠨ ᠠᠷᠠᠳ ᠤᠨ ᠵᠠᠰᠠᠭ ᠤᠨ ᠭᠠᠵᠠᠷ	ᠺᠣᠳ 4003	654003	ᠬᠦᠢᠲᠦᠨ ᠬᠣᠲᠠ	1
ᠢᠨᠢᠩ ᠬᠣᠲᠠ ᠶᠢᠨ ᠠᠷᠠᠳ ᠤᠨ ᠵᠠᠰᠠᠭ ᠤᠨ ᠭᠠᠵᠠᠷ	ᠺᠣᠳ 4002	654002	ᠢᠨᠢᠩ ᠬᠣᠲᠠ	1
ᠰᠢᠨᠵᠢᠶᠠᠩ ᠤᠶᠢᠭᠤᠷ ᠤᠨ ᠥᠪᠡᠷᠲᠡᠭᠡᠨ ᠵᠠᠰᠠᠬᠤ ᠣᠷᠤᠨ ᠤ ᠠᠷᠠᠳ ᠤᠨ ᠵᠠᠰᠠᠭ ᠤᠨ ᠭᠠᠵᠠᠷ ᠤᠨ ᠢᠯᠢ ᠬᠠᠰᠠᠭ ᠥᠪᠡᠷᠲᠡᠭᠡᠨ ᠵᠠᠰᠠᠬᠤ ᠵᠧᠦ ᠶᠢᠨ ᠬᠠᠷᠢᠶᠠᠯᠠᠯ ᠭᠠᠵᠠᠷ	ᠺᠣᠳ 40	654000	ᠢᠯᠢ ᠬᠠᠰᠠᠭ ᠥᠪᠡᠷᠲᠡᠭᠡᠨ ᠵᠠᠰᠠᠬᠤ ᠵᠧᠦ	1
ᠮᠢᠨ ᠹᠧᠩ ᠰᠢᠶᠠᠨ ᠤ ᠠᠷᠠᠳ ᠤᠨ ᠵᠠᠰᠠᠭ ᠤᠨ ᠭᠠᠵᠠᠷ	ᠺᠣᠳ 3227	653227	ᠮᠢᠨ ᠹᠧᠩ ᠰᠢᠶᠠᠨ	1
ᠶᠦᠢ ᠲᠢᠶᠠᠨ ᠰᠢᠶᠠᠨ ᠤ ᠠᠷᠠᠳ ᠤᠨ ᠵᠠᠰᠠᠭ ᠤᠨ ᠭᠠᠵᠠᠷ	ᠺᠣᠳ 3226	653226	ᠶᠦᠢ ᠲᠢᠶᠠᠨ ᠰᠢᠶᠠᠨ	1
ᠴᠧ ᠯᠧ ᠰᠢᠶᠠᠨ ᠤ ᠠᠷᠠᠳ ᠤᠨ ᠵᠠᠰᠠᠭ ᠤᠨ ᠭᠠᠵᠠᠷ	ᠺᠣᠳ 3225	653225	ᠴᠧ ᠯᠧ ᠰᠢᠶᠠᠨ	1
ᠯᠦᠸᠧ ᠫᠦ ᠰᠢᠶᠠᠨ ᠤ ᠠᠷᠠᠳ ᠤᠨ ᠵᠠᠰᠠᠭ ᠤᠨ ᠭᠠᠵᠠᠷ	ᠺᠣᠳ 3224	653224	ᠯᠦᠸᠧ ᠫᠦ ᠰᠢᠶᠠᠨ	1
ᠫᠢᠱᠠᠨ ᠰᠢᠶᠠᠨ ᠤ ᠠᠷᠠᠳ ᠤᠨ ᠵᠠᠰᠠᠭ ᠤᠨ ᠭᠠᠵᠠᠷ	ᠺᠣᠳ 3223	653223	ᠫᠢᠱᠠᠨ ᠰᠢᠶᠠᠨ	1
ᠮᠣ ᠶᠦᠢ ᠰᠢᠶᠠᠨ ᠤ ᠠᠷᠠᠳ ᠤᠨ ᠵᠠᠰᠠᠭ ᠤᠨ ᠭᠠᠵᠠᠷ	ᠺᠣᠳ 3222	653222	ᠮᠣ ᠶᠦᠢ ᠰᠢᠶᠠᠨ	1
ᠬᠣᠲᠠᠨ ᠰᠢᠶᠠᠨ ᠤ ᠠᠷᠠᠳ ᠤᠨ ᠵᠠᠰᠠᠭ ᠤᠨ ᠭᠠᠵᠠᠷ	ᠺᠣᠳ 3221	653221	ᠬᠣᠲᠠᠨ ᠰᠢᠶᠠᠨ	1
ᠬᠣᠲᠠᠨ ᠬᠣᠲᠠ ᠶᠢᠨ ᠠᠷᠠᠳ ᠤᠨ ᠵᠠᠰᠠᠭ ᠤᠨ ᠭᠠᠵᠠᠷ	ᠺᠣᠳ 3201	653201	ᠬᠣᠲᠠᠨ ᠬᠣᠲᠠ	1
ᠰᠢᠨᠵᠢᠶᠠᠩ ᠤᠶᠢᠭᠤᠷ ᠤᠨ ᠥᠪᠡᠷᠲᠡᠭᠡᠨ ᠵᠠᠰᠠᠬᠤ ᠣᠷᠤᠨ ᠤ ᠬᠣᠲᠠᠨ ᠲᠣᠭᠣᠷᠢᠭ ᠤᠨ ᠠᠯᠪᠠᠨ ᠲᠠᠰᠤᠭ ᠤᠨ ᠠᠷᠠᠳ ᠤᠨ ᠵᠠᠰᠠᠭ ᠤᠨ ᠭᠠᠵᠠᠷ	ᠺᠣᠳ 32	653200	ᠬᠣᠲᠠᠨ ᠲᠣᠭᠣᠷᠢᠭ	1

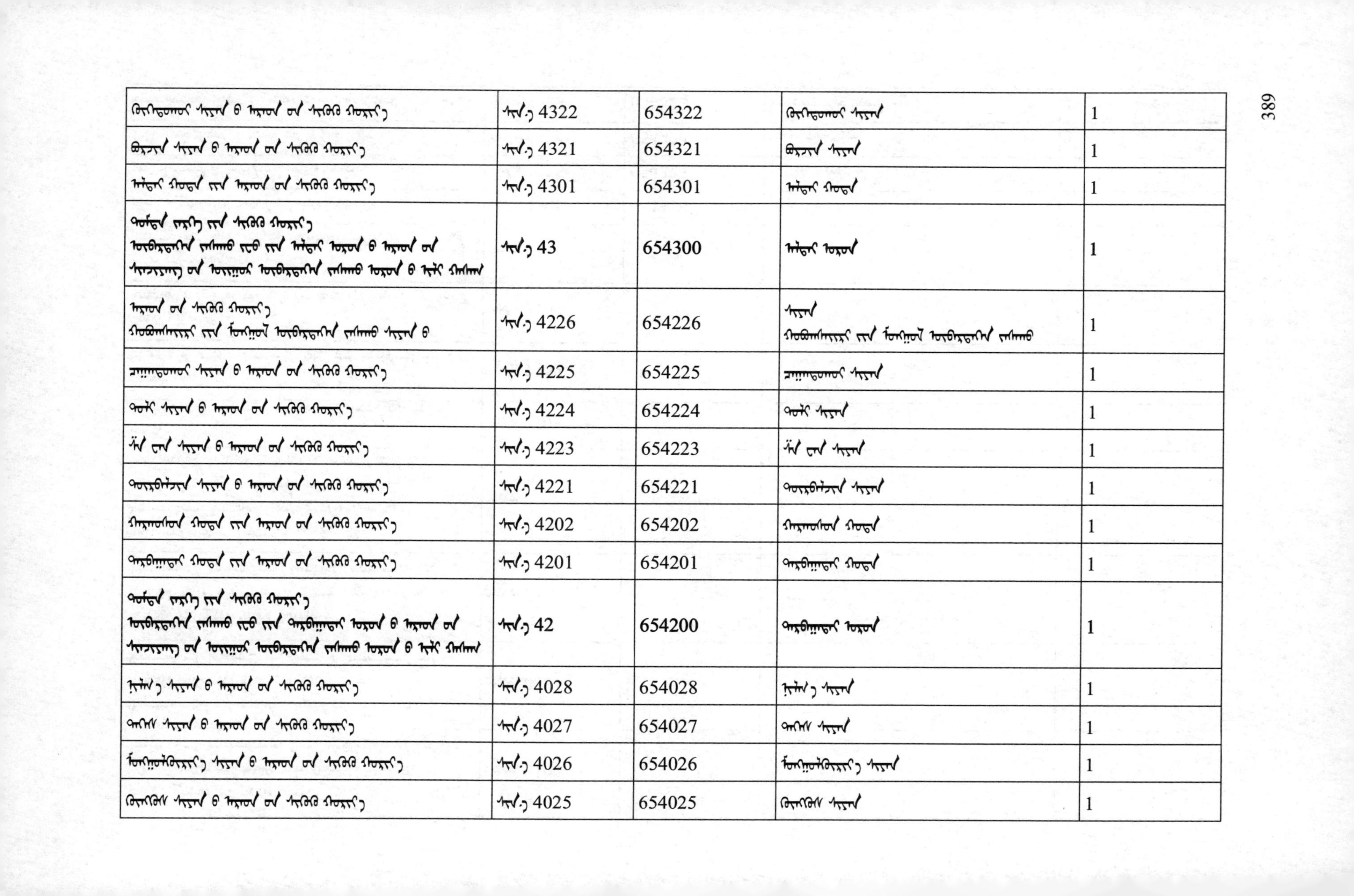

[illegible]	[illegible] 4322	654322	[illegible]	1
[illegible]	[illegible] 4321	654321	[illegible]	1
[illegible]	[illegible] 4301	654301	[illegible]	1
[illegible]	[illegible] 43	654300	[illegible]	1
[illegible]	[illegible] 4226	654226	[illegible]	1
[illegible]	[illegible] 4225	654225	[illegible]	1
[illegible]	[illegible] 4224	654224	[illegible]	1
[illegible]	[illegible] 4223	654223	[illegible]	1
[illegible]	[illegible] 4221	654221	[illegible]	1
[illegible]	[illegible] 4202	654202	[illegible]	1
[illegible]	[illegible] 4201	654201	[illegible]	1
[illegible]	[illegible] 42	654200	[illegible]	1
[illegible]	[illegible] 4028	654028	[illegible]	1
[illegible]	[illegible] 4027	654027	[illegible]	1
[illegible]	[illegible] 4026	654026	[illegible]	1
[illegible]	[illegible] 4025	654025	[illegible]	1

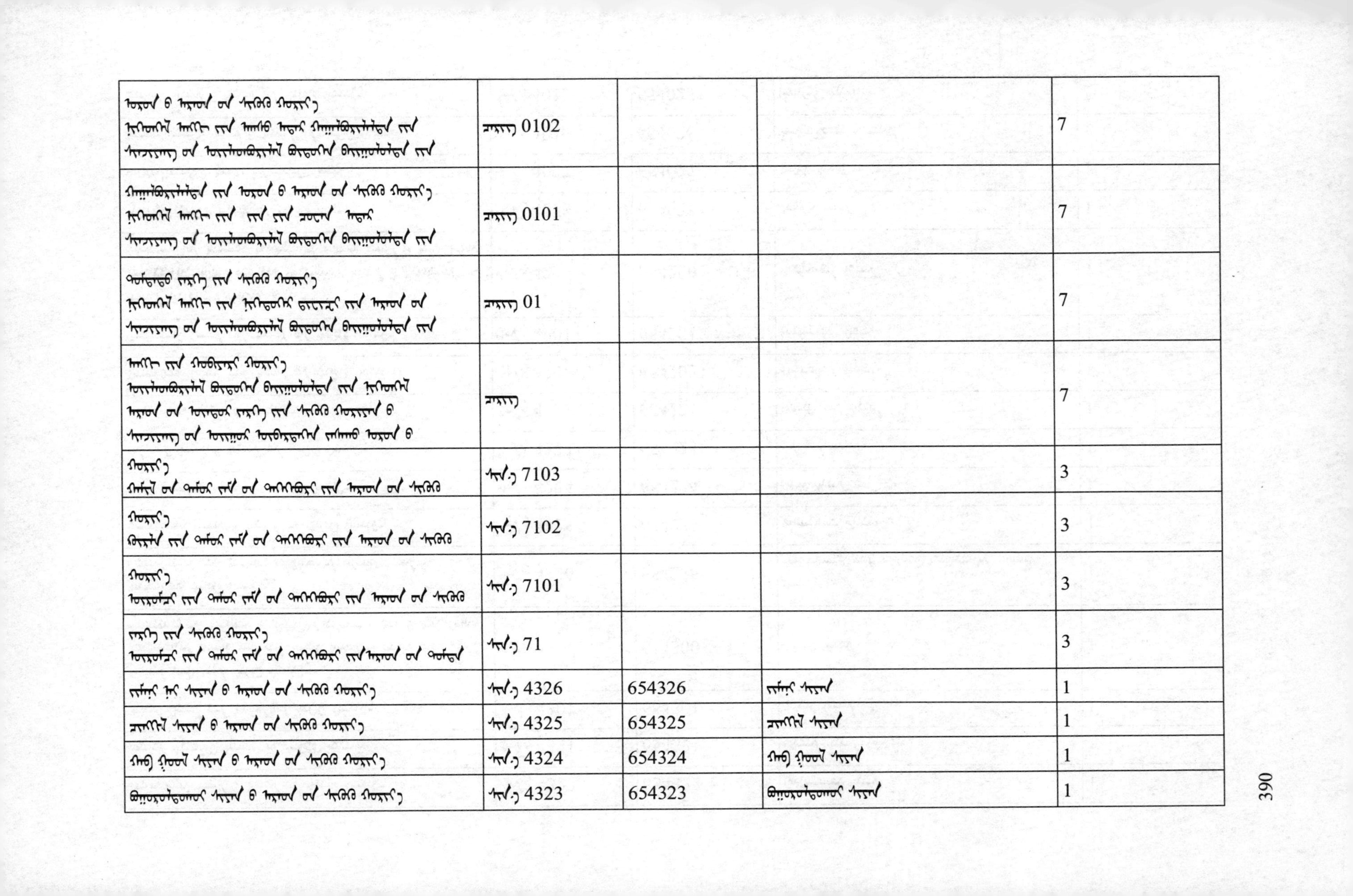

[illegible]	[illegible] 0102			7
[illegible]	[illegible] 0101			7
[illegible]	[illegible] 01			7
[illegible]	[illegible]			7
[illegible]	[illegible] 7103			3
[illegible]	[illegible] 7102			3
[illegible]	[illegible] 7101			3
[illegible]	[illegible] 71			3
[illegible]	[illegible] 4326	654326	[illegible]	1
[illegible]	[illegible] 4325	654325	[illegible]	1
[illegible]	[illegible] 4324	654324	[illegible]	1
[illegible]	[illegible] 4323	654323	[illegible]	1

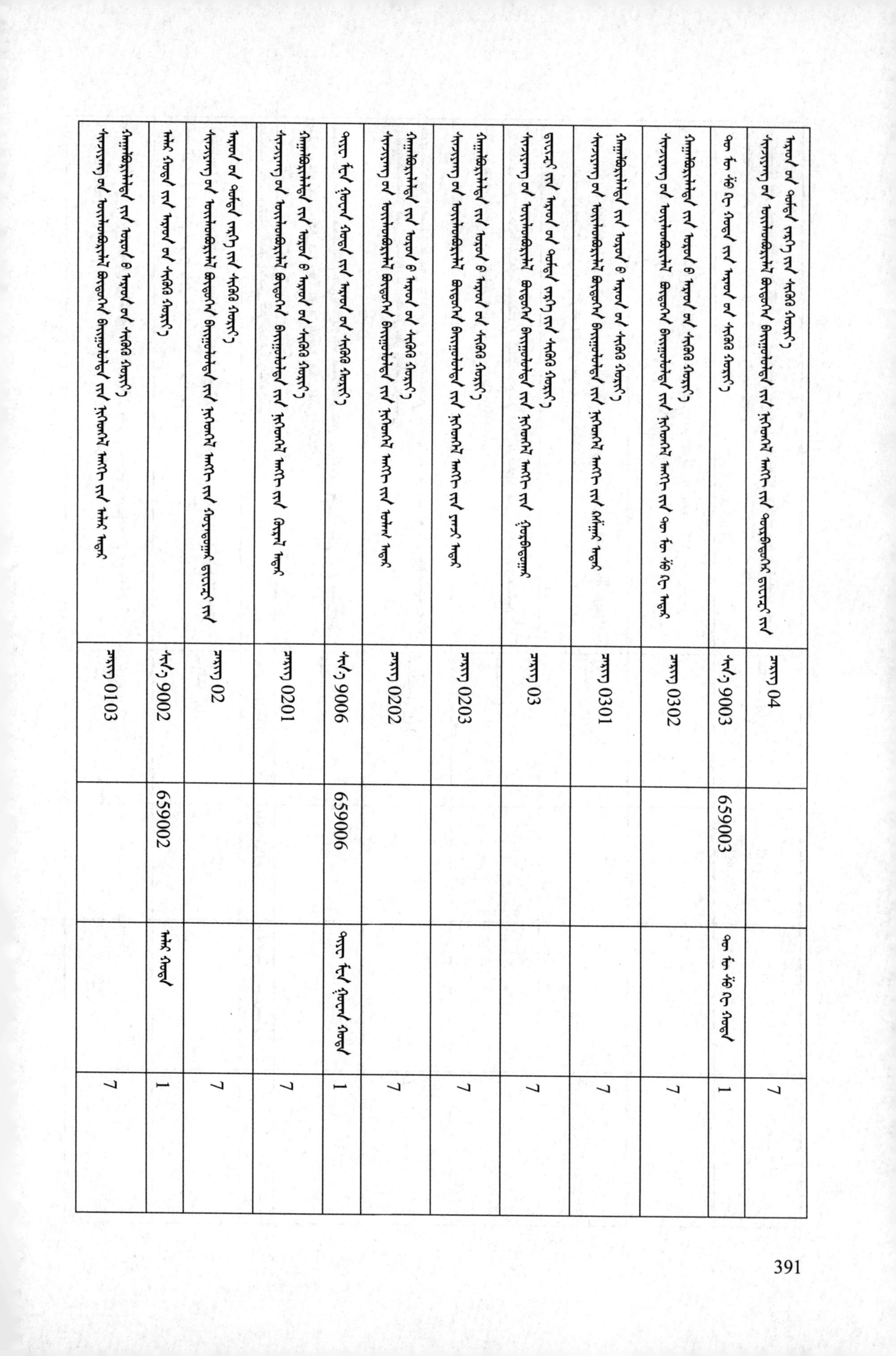

[illegible]	[illegible] 0103			7
[illegible]	[illegible] 9002	659002	[illegible]	1
[illegible]	[illegible] 02			7
[illegible]	[illegible] 0201			7
[illegible]	[illegible] 9006	659006	[illegible]	1
[illegible]	[illegible] 0202			7
[illegible]	[illegible] 0203			7
[illegible]	[illegible] 03			7
[illegible]	[illegible] 0301			7
[illegible]	[illegible] 0302			7
[illegible]	[illegible] 9003	659003	[illegible]	1
[illegible]	[illegible] 04			7

ᠱᠢᠨᠵᠢᠶᠠᠩ ᠤᠨ ᠦᠢᠯᠡᠳᠪᠦᠷᠢ ᠪᠠᠢᠭᠤᠯᠤᠯᠲᠠ ᠶᠢᠨ ᠴᠡᠷᠢᠭ [illegible] ᠠᠷᠠᠳ ᠤᠨ ᠱᠦᠭᠦᠬᠡ ᠶᠠᠮᠤ	[illegible] 0601			7
ᠱᠢᠨᠵᠢᠶᠠᠩ ᠤᠨ ᠦᠢᠯᠡᠳᠪᠦᠷᠢ ᠪᠠᠢᠭᠤᠯᠤᠯᠲᠠ ᠶᠢᠨ ᠴᠡᠷᠢᠭ [illegible] ᠠᠷᠠᠳ ᠤᠨ ᠱᠦᠭᠦᠬᠡ ᠶᠠᠮᠤ	[illegible] 06			7
ᠱᠤᠸᠠᠩ ᠾᠧ ᠬᠣᠲᠠ ᠶᠢᠨ ᠠᠷᠠᠳ ᠤᠨ ᠱᠦᠭᠦᠬᠡ ᠶᠠᠮᠤ	[illegible] 9007	659007	ᠱᠤᠸᠠᠩ ᠾᠧ ᠬᠣᠲᠠ	1
ᠱᠢᠨᠵᠢᠶᠠᠩ ᠤᠨ ᠦᠢᠯᠡᠳᠪᠦᠷᠢ ᠪᠠᠢᠭᠤᠯᠤᠯᠲᠠ ᠶᠢᠨ ᠴᠡᠷᠢᠭ [illegible] ᠠᠷᠠᠳ ᠤᠨ ᠱᠦᠭᠦᠬᠡ ᠶᠠᠮᠤ	[illegible] 0502			7
ᠱᠢᠨᠵᠢᠶᠠᠩ ᠤᠨ ᠦᠢᠯᠡᠳᠪᠦᠷᠢ ᠪᠠᠢᠭᠤᠯᠤᠯᠲᠠ ᠶᠢᠨ ᠴᠡᠷᠢᠭ [illegible] ᠠᠷᠠᠳ ᠤᠨ ᠱᠦᠭᠦᠬᠡ ᠶᠠᠮᠤ	[illegible] 0501			7
ᠱᠢᠨᠵᠢᠶᠠᠩ ᠤᠨ ᠦᠢᠯᠡᠳᠪᠦᠷᠢ ᠪᠠᠢᠭᠤᠯᠤᠯᠲᠠ ᠶᠢᠨ ᠴᠡᠷᠢᠭ [illegible] ᠠᠷᠠᠳ ᠤᠨ ᠱᠦᠭᠦᠬᠡ ᠶᠠᠮᠤ	[illegible] 05			7
ᠱᠢᠨᠵᠢᠶᠠᠩ ᠤᠨ ᠦᠢᠯᠡᠳᠪᠦᠷᠢ ᠪᠠᠢᠭᠤᠯᠤᠯᠲᠠ ᠶᠢᠨ ᠴᠡᠷᠢᠭ [illegible] ᠠᠷᠠᠳ ᠤᠨ ᠱᠦᠭᠦᠬᠡ ᠶᠠᠮᠤ	[illegible] 0403			7
ᠱᠢᠨᠵᠢᠶᠠᠩ ᠤᠨ ᠦᠢᠯᠡᠳᠪᠦᠷᠢ ᠪᠠᠢᠭᠤᠯᠤᠯᠲᠠ ᠶᠢᠨ ᠴᠡᠷᠢᠭ [illegible] ᠠᠷᠠᠳ ᠤᠨ ᠱᠦᠭᠦᠬᠡ ᠶᠠᠮᠤ	[illegible] 0402			7
ᠱᠢᠨᠵᠢᠶᠠᠩ ᠤᠨ ᠦᠢᠯᠡᠳᠪᠦᠷᠢ ᠪᠠᠢᠭᠤᠯᠤᠯᠲᠠ ᠶᠢᠨ ᠴᠡᠷᠢᠭ [illegible] ᠠᠷᠠᠳ ᠤᠨ ᠱᠦᠭᠦᠬᠡ ᠶᠠᠮᠤ	[illegible] 0401			7

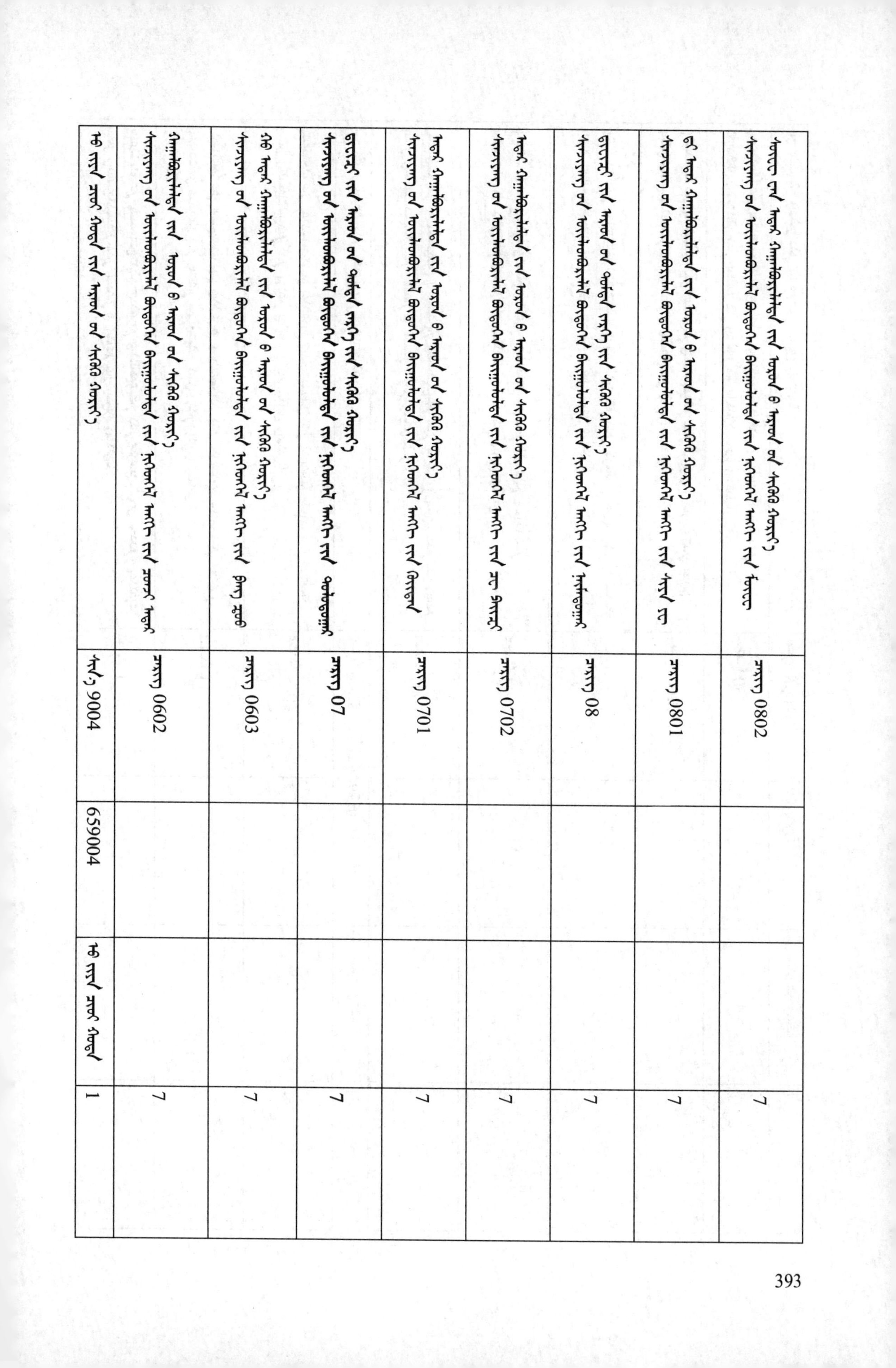

[illegible]	[illegible] 9004	659004	[illegible]	1
[illegible]	[illegible] 0602			7
[illegible]	[illegible] 0603			7
[illegible]	[illegible] 07			7
[illegible]	[illegible] 0701			7
[illegible]	[illegible] 0702			7
[illegible]	[illegible] 08			7
[illegible]	[illegible] 0801			7
[illegible]	[illegible] 0802			7

ᠱᠢ ᠾᠧ ᠽᠢ ᠬᠣᠲᠠ ᠶᠢᠨ ᠬᠣᠷᠢᠶᠠᠨ ᠤ ᠬᠡᠮᠵᠢᠶ᠎ᠡ ᠪᠦᠰᠡ)	ᠰᠢ᠋ 9001	659001	ᠱᠢ ᠾᠧ ᠽᠢ ᠬᠣᠲᠠ	1
ᠰᠢᠨᠵᠢᠶᠠᠩ ᠤ ᠦᠢᠯᠡᠳᠪᠦᠷᠢᠯᠡᠯ ᠪᠦᠲᠦᠭᠡᠨ ᠪᠠᠶᠢᠭᠤᠯᠤᠯᠲᠠ ᠶᠢᠨ ᠴᠡᠷᠢᠭ ᠦᠨ ᠺᠣᠷᠫᠤᠰ ᠤᠨ ᠨᠠᠢᠮᠠᠳᠤᠭᠠᠷ ᠰᠢᠳ᠋ ᠤᠨ ᠬᠣᠷᠢᠶᠠᠨ ᠤ ᠬᠡᠮᠵᠢᠶ᠎ᠡ ᠶᠢᠨ ᠬᠣᠲᠠ ᠶᠢᠨ ᠬᠡᠮᠵᠢᠶ᠎ᠡ ᠪᠦᠰᠡ)	ᠲᠡᠪᠬᠢ 09			7
ᠰᠢᠨᠵᠢᠶᠠᠩ ᠤ ᠦᠢᠯᠡᠳᠪᠦᠷᠢᠯᠡᠯ ᠪᠦᠲᠦᠭᠡᠨ ᠪᠠᠶᠢᠭᠤᠯᠤᠯᠲᠠ ᠶᠢᠨ ᠴᠡᠷᠢᠭ ᠦᠨ ᠺᠣᠷᠫᠤᠰ ᠤᠨ ᠬᠣᠲᠠ ᠬᠣᠲᠠ ᠪᠠᠶᠢᠭᠤᠯᠤᠯᠲᠠ ᠶᠢᠨ ᠬᠣᠷᠢᠶ᠎ᠠ ᠪᠠ ᠬᠣᠷᠢᠶᠠᠨ ᠤ ᠬᠡᠮᠵᠢᠶ᠎ᠡ ᠪᠦᠰᠡ)	ᠲᠡᠪᠬᠢ 0901			7
ᠰᠢᠨᠵᠢᠶᠠᠩ ᠤ ᠦᠢᠯᠡᠳᠪᠦᠷᠢᠯᠡᠯ ᠪᠦᠲᠦᠭᠡᠨ ᠪᠠᠶᠢᠭᠤᠯᠤᠯᠲᠠ ᠶᠢᠨ ᠴᠡᠷᠢᠭ ᠦᠨ ᠺᠣᠷᠫᠤᠰ ᠤᠨ ᠬᠣᠲᠠᠭᠠᠳᠤ ᠬᠣᠲᠠ ᠪᠠᠶᠢᠭᠤᠯᠤᠯᠲᠠ ᠶᠢᠨ ᠬᠣᠷᠢᠶ᠎ᠠ ᠪᠠ ᠬᠣᠷᠢᠶᠠᠨ ᠤ ᠬᠡᠮᠵᠢᠶ᠎ᠡ ᠪᠦᠰᠡ)	ᠲᠡᠪᠬᠢ 0902			7
ᠰᠢᠨᠵᠢᠶᠠᠩ ᠤ ᠦᠢᠯᠡᠳᠪᠦᠷᠢᠯᠡᠯ ᠪᠦᠲᠦᠭᠡᠨ ᠪᠠᠶᠢᠭᠤᠯᠤᠯᠲᠠ ᠶᠢᠨ ᠴᠡᠷᠢᠭ ᠦᠨ ᠺᠣᠷᠫᠤᠰ ᠤᠨ ᠠᠷᠪᠠᠳᠤᠭᠠᠷ ᠰᠢᠳ᠋ ᠤᠨ ᠬᠣᠷᠢᠶᠠᠨ ᠤ ᠬᠡᠮᠵᠢᠶ᠎ᠡ ᠶᠢᠨ ᠬᠣᠲᠠ ᠶᠢᠨ ᠬᠡᠮᠵᠢᠶ᠎ᠡ ᠪᠦᠰᠡ)	ᠲᠡᠪᠬᠢ 10			7
ᠰᠢᠨᠵᠢᠶᠠᠩ ᠤ ᠦᠢᠯᠡᠳᠪᠦᠷᠢᠯᠡᠯ ᠪᠦᠲᠦᠭᠡᠨ ᠪᠠᠶᠢᠭᠤᠯᠤᠯᠲᠠ ᠶᠢᠨ ᠴᠡᠷᠢᠭ ᠦᠨ ᠺᠣᠷᠫᠤᠰ ᠤᠨ ᠪᠧᠢ ᠲᠦᠨ ᠬᠣᠲᠠ ᠪᠠᠶᠢᠭᠤᠯᠤᠯᠲᠠ ᠶᠢᠨ ᠬᠣᠷᠢᠶ᠎ᠠ ᠪᠠ ᠬᠣᠷᠢᠶᠠᠨ ᠤ ᠬᠡᠮᠵᠢᠶ᠎ᠡ ᠪᠦᠰᠡ)	ᠲᠡᠪᠬᠢ 1001			7
ᠪᠧᠢ ᠲᠦᠨ ᠬᠣᠲᠠ ᠶᠢᠨ ᠬᠣᠷᠢᠶᠠᠨ ᠤ ᠬᠡᠮᠵᠢᠶ᠎ᠡ ᠪᠦᠰᠡ)	ᠰᠢ᠋ 9005	659001	ᠪᠧᠢ ᠲᠦᠨ ᠬᠣᠲᠠ	1
ᠰᠢᠨᠵᠢᠶᠠᠩ ᠤ ᠦᠢᠯᠡᠳᠪᠦᠷᠢᠯᠡᠯ ᠪᠦᠲᠦᠭᠡᠨ ᠪᠠᠶᠢᠭᠤᠯᠤᠯᠲᠠ ᠶᠢᠨ ᠴᠡᠷᠢᠭ ᠦᠨ ᠺᠣᠷᠫᠤᠰ ᠤᠨ ᠪᠦᠷᠴᠢᠨ ᠬᠣᠲᠠ ᠪᠠᠶᠢᠭᠤᠯᠤᠯᠲᠠ ᠶᠢᠨ ᠬᠣᠷᠢᠶ᠎ᠠ ᠪᠠ ᠬᠣᠷᠢᠶᠠᠨ ᠤ ᠬᠡᠮᠵᠢᠶ᠎ᠡ ᠪᠦᠰᠡ)	ᠲᠡᠪᠬᠢ 1002			7
ᠰᠢᠨᠵᠢᠶᠠᠩ ᠤ ᠦᠢᠯᠡᠳᠪᠦᠷᠢᠯᠡᠯ ᠪᠦᠲᠦᠭᠡᠨ ᠪᠠᠶᠢᠭᠤᠯᠤᠯᠲᠠ ᠶᠢᠨ ᠴᠡᠷᠢᠭ ᠦᠨ ᠺᠣᠷᠫᠤᠰ ᠤᠨ ᠬᠣᠲᠠ ᠠᠷᠪᠠᠨᠨᠢᠭᠡᠳᠦᠭᠡᠷ ᠰᠢᠳ᠋ ᠤᠨ ᠬᠣᠷᠢᠶᠠᠨ ᠤ ᠬᠡᠮᠵᠢᠶ᠎ᠡ ᠶᠢᠨ ᠬᠣᠲᠠ ᠶᠢᠨ ᠬᠡᠮᠵᠢᠶ᠎ᠡ ᠪᠦᠰᠡ)	ᠲᠡᠪᠬᠢ 11			7
ᠰᠢᠨᠵᠢᠶᠠᠩ ᠤ ᠦᠢᠯᠡᠳᠪᠦᠷᠢᠯᠡᠯ ᠪᠦᠲᠦᠭᠡᠨ ᠪᠠᠶᠢᠭᠤᠯᠤᠯᠲᠠ ᠶᠢᠨ ᠴᠡᠷᠢᠭ ᠦᠨ ᠺᠣᠷᠫᠤᠰ ᠤᠨ ᠬᠣᠲᠠᠭᠠᠳᠤ ᠬᠣᠲᠠ ᠪᠠᠶᠢᠭᠤᠯᠤᠯᠲᠠ ᠶᠢᠨ ᠬᠣᠷᠢᠶ᠎ᠠ ᠪᠠ ᠬᠣᠷᠢᠶᠠᠨ ᠤ ᠬᠡᠮᠵᠢᠶ᠎ᠡ ᠪᠦᠰᠡ)	ᠲᠡᠪᠬᠢ 1101			7

ᠮᠠᠯ ᠮᠠᠯ ᠬᠤᠯᠠᠭᠠᠢ ᠬᠤᠯᠠᠭᠠᠢᠯᠠᠭᠰᠠᠨ ᠤ ᠬᠡᠷᠡᠭ ᠦᠨ ᠬᠡᠷᠡᠭ ᠲᠦ ᠬᠣᠯᠪᠣᠭᠳᠠᠬᠤ ᠬᠡᠯᠡᠯᠴᠡᠭᠡᠨ ᠦ ᠪᠠᠢᠴᠠᠭᠠᠨ ᠰᠢᠯᠭᠠᠬᠤ ᠶᠢᠨ ᠬᠡᠯᠡᠯᠴᠡᠭᠡᠨ ᠦ ᠵᠦᠢᠯ ᠦᠨ	ᠳ᠋ᠤᠭᠠᠷ 1102			7
ᠬᠤᠯᠠᠭᠠᠢ ᠵᠢᠭᠠᠯᠳᠤᠨ ᠮᠠᠯᠯᠠᠬᠤ ᠶᠢᠨ ᠬᠡᠷᠡᠭ ᠲᠦ ᠪᠠᠷᠢᠭᠳᠠᠭᠰᠠᠨ ᠦ ᠬᠡᠯᠡᠯᠴᠡᠭᠡᠨ ᠦ ᠪᠠᠢᠴᠠᠭᠠᠨ ᠰᠢᠯᠭᠠᠬᠤ ᠶᠢᠨ ᠬᠡᠯᠡᠯᠴᠡᠭᠡᠨ ᠦ ᠵᠦᠢᠯ ᠦᠨ	ᠳ᠋ᠤᠭᠠᠷ 12			7
ᠪᠤᠯᠠᠶᠠᠨ ᠲᠠᠪᠢᠯᠠᠬᠤ ᠬᠤᠯᠠᠭᠠᠢᠯᠠᠭᠰᠠᠨ ᠤ ᠬᠡᠷᠡᠭ ᠦᠨ ᠬᠡᠷᠡᠭ ᠲᠦ ᠬᠣᠯᠪᠣᠭᠳᠠᠬᠤ ᠬᠡᠯᠡᠯᠴᠡᠭᠡᠨ ᠦ ᠪᠠᠢᠴᠠᠭᠠᠨ ᠰᠢᠯᠭᠠᠬᠤ ᠶᠢᠨ ᠬᠡᠯᠡᠯᠴᠡᠭᠡᠨ ᠦ ᠵᠦᠢᠯ ᠦᠨ	ᠳ᠋ᠤᠭᠠᠷ 1201			7
ᠳᠡᠭᠡᠷᠡᠮ ᠲᠠᠪᠢᠯᠠᠬᠤ ᠬᠤᠯᠠᠭᠠᠢᠯᠠᠭᠰᠠᠨ ᠤ ᠬᠡᠷᠡᠭ ᠦᠨ ᠬᠡᠷᠡᠭ ᠲᠦ ᠬᠣᠯᠪᠣᠭᠳᠠᠬᠤ ᠬᠡᠯᠡᠯᠴᠡᠭᠡᠨ ᠦ ᠪᠠᠢᠴᠠᠭᠠᠨ ᠰᠢᠯᠭᠠᠬᠤ ᠶᠢᠨ ᠬᠡᠯᠡᠯᠴᠡᠭᠡᠨ ᠦ ᠵᠦᠢᠯ ᠦᠨ	ᠳ᠋ᠤᠭᠠᠷ 1202			7
ᠬᠤᠯᠠᠭᠠᠢ ᠪᠤᠳᠠᠭᠠᠯᠬᠢ ᠮᠡᠳᠡᠭᠰᠡᠨ ᠦ ᠬᠡᠷᠡᠭ ᠲᠦ ᠪᠠᠷᠢᠭᠳᠠᠭᠰᠠᠨ ᠦ ᠬᠡᠯᠡᠯᠴᠡᠭᠡᠨ ᠦ ᠪᠠᠢᠴᠠᠭᠠᠨ ᠰᠢᠯᠭᠠᠬᠤ ᠶᠢᠨ ᠬᠡᠯᠡᠯᠴᠡᠭᠡᠨ ᠦ ᠵᠦᠢᠯ ᠦᠨ	ᠳ᠋ᠤᠭᠠᠷ 13			7
ᠳᠡᠭᠡᠷᠮᠡ ᠬᠤᠯᠠᠭᠠᠢᠯᠠᠭᠰᠠᠨ ᠤ ᠬᠡᠷᠡᠭ ᠦᠨ ᠬᠡᠷᠡᠭ ᠲᠦ ᠬᠣᠯᠪᠣᠭᠳᠠᠬᠤ ᠬᠡᠯᠡᠯᠴᠡᠭᠡᠨ ᠦ ᠪᠠᠢᠴᠠᠭᠠᠨ ᠰᠢᠯᠭᠠᠬᠤ ᠶᠢᠨ ᠬᠡᠯᠡᠯᠴᠡᠭᠡᠨ ᠦ ᠵᠦᠢᠯ ᠦᠨ	ᠳ᠋ᠤᠭᠠᠷ 1301			7

① ᠡᠨᠡ ᠬᠦ ᠰᠦᠰᠦᠭ ᠶᠢ ᠬᠡᠷᠡᠭᠵᠢᠭᠦᠯᠬᠦ ᠳᠤ ᠬᠡᠯᠡᠯᠴᠡᠭᠡᠨ ᠦ ᠪᠠᠢᠴᠠᠭᠠᠨ ᠰᠢᠯᠭᠠᠬᠤ ᠳᠦᠷᠢᠮ ᠳᠦ ᠬᠡᠯᠡᠯᠴᠡᠭᠡᠨ ᠦ ᠵᠦᠢᠯ ᠦᠨ ᠳ᠋ᠤᠭᠠᠷ ᠢ ᠪᠢᠴᠢᠬᠦ ᠶᠢᠨ ᠬᠠᠮᠲᠤ ᠂ ᠬᠡᠷᠡᠭ ᠦᠨ ᠨᠡᠷ᠎ᠡ ᠶᠢ
ᠬᠡᠷᠡᠭ ᠦᠨ ᠬᠠᠷᠢᠭᠤᠴᠠᠬᠤ ᠵᠦᠢᠯ ᠵᠦᠢᠯᠯᠡᠨ ᠦ ᠬᠡᠯᠡᠯᠴᠡᠭᠡᠨ ᠡᠴᠡ ᠪᠡᠨ ᠬᠡᠯᠡᠯᠴᠡᠭᠡᠨ ᠦ ᠰᠢᠯᠭᠠᠬᠤ ᠲᠣᠭᠲᠠᠭᠠᠯ ᠢᠶᠠᠷ ᠲᠣᠭᠲᠠᠭᠠᠨ᠎ᠠ ᠃

【ᠲᠠᠢᠯᠪᠤᠷᠢᠯᠠᠯ】 :

(ᠨᠢᠭᠡ) ᠡᠨᠡ ᠬᠦᠰᠦᠨᠦᠭ ᠲᠦ ᠬᠡᠷᠡᠭ ᠦᠨ ᠨᠡᠷ᠎ᠡ ᠶᠢᠨ ᠬᠠᠮᠲᠤ ᠬᠡᠷᠡᠭ ᠦᠨ ᠬᠡᠯᠡᠯᠴᠡᠭᠡᠨ ᠦ ᠳ᠋ᠤᠭᠠᠷ 7 ᠣᠷᠣᠨ ᠲᠣᠭ᠎ᠠ ᠪᠡᠷ ᠲᠡᠮᠳᠡᠭᠯᠡᠨ᠎ᠡ ᠂ ᠡᠨᠡ ᠡᠨᠡ 1—7 ᠣᠷᠣᠨ ᠲᠠᠢ ᠂ ᠬᠠᠮᠲᠤ ᠪᠡᠷ :

《 1 》 ᠨᠢ ᠬᠡᠷᠡᠭ ᠬᠡᠷᠡᠭᠰᠡᠨ ᠦ ᠬᠡᠯᠡᠯᠴᠡᠭᠡᠨ ᠦ ᠲᠥᠷᠥᠯ ᠲᠣᠭ᠎ᠠ ᠂ ᠬᠡᠰᠡᠭ ᠲᠣᠭ᠎ᠠ ᠂ ᠲᠣᠭᠲᠠᠭᠠᠯ ᠦᠨ ᠬᠡᠷᠡᠭ ᠦᠨ ᠬᠡᠯᠡᠯᠴᠡᠭᠡᠨ ᠢ ᠲᠡᠮᠳᠡᠭᠯᠡᠨ᠎ᠡ ᠃

《 2 》 ᠨᠢ ᠬᠤᠯᠠᠭᠠᠢ ᠬᠡᠷᠡᠭ ᠦᠨ ᠬᠡᠰᠡᠭ ᠦᠨ ᠬᠡᠯᠡᠯᠴᠡᠭᠡᠨ ᠦ ᠳ᠋ᠤᠭᠠᠷ ᠪᠤᠶᠤ ᠨᠢᠭᠡ ᠮᠦᠷ ᠂ ᠲᠣᠭᠲᠠᠭᠠᠯ ᠬᠡᠷᠡᠭ ᠦᠨ ᠬᠡᠷᠡᠭᠰᠡᠨ ᠦ ᠬᠡᠯᠡᠯᠴᠡᠭᠡᠨ ᠦ ᠲᠥᠷᠥᠯ ᠬᠡᠰᠡᠭ
ᠲᠣᠭ᠎ᠠ ᠶᠢᠨ ᠬᠡᠯᠡᠯᠴᠡᠭᠡᠨ ᠢ ᠲᠡᠮᠳᠡᠭᠯᠡᠨ᠎ᠡ ᠃

《 3 》 ᠨᠢ ᠬᠡᠰᠡᠭ ᠂ ᠬᠡᠰᠡᠭ ᠦᠨ ᠳᠡᠯᠭᠡᠷᠡᠩᠭᠦᠢ ᠂ ᠬᠡᠷᠡᠭ ᠦᠨ ᠲᠣᠭᠲᠠᠭᠠᠯ ᠲᠣᠭ᠎ᠠ ᠂ ᠬᠡᠯᠡᠯᠴᠡᠭᠡᠨ ᠦ ᠬᠡᠰᠡᠭ ᠂ ᠬᠡᠰᠡᠭ ᠂ ᠬᠤᠯᠠᠭᠠᠢᠯᠠᠭᠰᠠᠨ ᠦ ᠬᠡᠰᠡᠭ ᠲᠣᠭᠠᠯᠠᠬᠤ
ᠲᠣᠭ᠎ᠠ ᠶᠢᠨ ᠬᠡᠯᠡᠯᠴᠡᠭᠡᠨ ᠢ ᠲᠡᠮᠳᠡᠭᠯᠡᠨ᠎ᠡ ᠃

《 4 》 ᠨᠢ ᠬᠡᠷᠡᠭ ᠬᠡᠷᠡᠭᠰᠡᠨ ᠦ ᠬᠡᠰᠡᠭ ᠦᠨ ᠪᠠᠢᠴᠠᠭᠠᠨ ᠰᠢᠯᠭᠠᠬᠤ ᠶᠢᠨ ᠬᠡᠰᠡᠭ ᠂ ᠬᠡᠷᠡᠭ ᠂ ᠲᠣᠭᠲᠠᠭᠠᠯ ᠂ ᠮᠡᠳᠡᠭᠳᠡᠯ ᠂ ᠪᠠᠢᠴᠠᠭᠠᠨ ᠬᠡᠰᠡᠭ ᠂ ᠰᠢᠯᠭᠠᠯᠲᠠ ᠶᠢᠨ ᠬᠡᠰᠡᠭ ᠲᠣᠭ᠎ᠠ
ᠲᠣᠭ᠎ᠠ ᠶᠢᠨ ᠬᠡᠯᠡᠯᠴᠡᠭᠡᠨ ᠂ ᠲᠣᠭᠲᠠᠭᠠᠯ ᠦᠨ ᠬᠡᠷᠡᠭ ᠦᠨ ᠬᠡᠯᠡᠯᠴᠡᠭᠡᠨ ᠢ ᠲᠡᠮᠳᠡᠭᠯᠡᠨ᠎ᠡ ᠃

([illegible]) [illegible] · 2016 [illegible] 1 [illegible]
[illegible] 《 [illegible] ::

[illegible] 《 2015 [illegible] 3 [illegible]
[illegible] 157 [illegible] (2015) 》 [illegible] 2015 [illegible] 5
[illegible] 《 [illegible]
[illegible] (2015 [illegible] 4 [illegible] 9 [illegible]) [illegible] · [illegible]

([illegible]) [illegible]
[illegible] ::

[illegible] 《 ([illegible] 〔 2002 〕 10 [illegible]) [illegible]

([illegible]) [illegible] 《 [illegible]
[illegible] :: [illegible] · [illegible] · [illegible] ::

[illegible] :: [illegible]
[illegible] · [illegible] · [illegible] · [illegible]

([illegible]) [illegible] 《 [illegible] 》 [illegible] : [illegible] · [illegible] ·
[illegible] · [illegible] ::

[illegible]
《 7 》 [illegible] · [illegible]
[illegible] ::

《 6 》 [illegible]
[illegible] ::

《 5 》 [illegible] ([illegible]) [illegible]
[illegible] ::

ᠳᠤᠮᠳᠠᠳᠤ 1 ᠤ ᠮᠣᠩᠭᠣᠯ ᠬᠡᠯᠡ ᠰᠢᠨᠵᠢᠯᠡᠬᠦ ᠬᠡᠯᠡ ᠰᠤᠳᠤᠯᠤᠯ ᠤᠨ ᠰᠤᠷᠭᠠᠭᠤᠯᠢ ᠬᠥᠭᠵᠢᠯᠲᠡ ᠶᠢᠨ ᠦᠶ᠎ᠡ ᠶᠢᠨ ᠳᠤᠮᠳᠠᠳᠤ᠂ ᠰᠤᠷᠭᠠᠭᠤᠯᠢ ᠪᠢᠴᠢᠭ ᠬᠡᠯᠡ ᠰᠤᠳᠤᠯᠤᠯ ᠤᠨ《ᠲᠣᠪᠴᠢᠶᠠᠨ》ᠤ ᠵᠠᠭᠠᠪᠤᠷᠢ ᠬᠡᠯᠡ ᠰᠤᠳᠤᠯᠤᠯ ᠤᠨ ᠪᠦᠷᠢᠯᠳᠦᠨ ᠬᠠᠷᠢᠴᠠᠭ᠎ᠠ ᠶᠢ ᠨᠢ ᠲᠣᠳᠤᠷᠬᠠᠶᠢᠯᠠᠨ ᠲᠠᠢᠯᠪᠤᠷᠢᠯᠠᠪᠠ᠃

(ᠳᠠᠭᠠᠪᠤᠷᠢ) ᠬᠡᠯᠡ ᠰᠤᠳᠤᠯᠤᠯ ᠤᠨ ᠰᠤᠳᠤᠯᠭ᠎ᠠ ᠶᠢᠨ ᠠᠷᠭ᠎ᠠ ᠪᠠ ᠬᠡᠯᠡ ᠶᠢᠨ ᠦᠵᠡᠭᠳᠡᠯ ᠰᠢᠨᠵᠢᠯᠡᠬᠦ ᠬᠡᠯᠡ ᠰᠤᠳᠤᠯᠤᠯ ᠤᠨ ᠰᠤᠳᠤᠯᠭ᠎ᠠ ᠶᠢᠨ ᠬᠥᠭᠵᠢᠯᠲᠡ᠂ ᠦᠵᠡᠯ ᠬᠠᠷᠠᠭᠠ ᠶᠢᠨ ᠠᠷᠭ᠎ᠠ ᠬᠡᠮᠵᠢᠶ᠎ᠡ ᠶᠢ ᠨᠢ ᠲᠣᠳᠤᠷᠬᠠᠶᠢᠯᠠᠨ ᠣᠯᠠᠨ ᠲᠠᠯ᠎ᠠ ᠪᠠᠷ ᠬᠠᠷᠢᠴᠠᠭᠤᠯᠤᠨ ᠦᠵᠡᠪᠡ᠃

ᠪᠦᠬᠦ ᠬᠡᠯᠡ ᠰᠤᠳᠤᠯᠤᠯ ᠳᠤ ᠣᠯᠠᠨ ᠲᠠᠯ᠎ᠠ ᠪᠠᠷ ᠨᠥᠯᠦᠭᠡᠯᠡᠭᠰᠡᠨ ᠪᠠᠢᠨ᠎ᠠ᠃

ᠬᠦᠰᠦᠨᠦᠭ 3 : ᠮᠣᠩᠭᠣᠯ ᠤᠨ ᠬᠡᠯᠡ ᠰᠤᠳᠤᠯᠤᠯ ᠤᠨ ᠬᠡᠯᠡ ᠶᠢᠨ ᠰᠤᠳᠤᠯᠭ᠎ᠠ ᠶᠢᠨ ᠠᠷᠭ᠎ᠠ᠂ ᠬᠡᠯᠡ ᠪᠦᠲᠦᠴᠡ ᠶᠢᠨ ᠦᠵᠡᠯ ᠬᠠᠷᠠᠭᠠ ᠪᠠ ᠪᠦᠲᠦᠭᠡᠯ ᠦᠨ ᠬᠠᠷᠢᠴᠠᠭᠤᠯᠤᠯ

ᠮᠣᠷᠢ ᠬᠡᠯᠡ ᠨᠢ ᠲᠡᠮᠳᠡᠭ	ᠰᠤᠳᠤᠯᠭ᠎ᠠ ᠶᠢᠨ ᠬᠡᠯᠡ ᠨᠢ ᠠᠷᠭ᠎ᠠ	ᠪᠠᠢᠭ᠎ᠠ ᠶᠢᠨ ᠰᠤᠳᠤᠯᠭ᠎ᠠ ᠤ ᠪᠠᠷᠢᠮᠵᠢᠶ᠎ᠠ	[illegible]	ᠬᠡᠯᠡ ᠶᠢᠨ ᠰᠤᠳᠤᠯᠭ᠎ᠠ ᠶᠢᠨ ᠬᠥᠭᠵᠢᠯᠲᠡ	ᠬᠡᠯᠡ ᠶᠢᠨ ᠰᠤᠳᠤᠯᠭ᠎ᠠ	ᠬᠡᠯᠡ ᠪᠦᠲᠦᠴᠡ ᠶᠢᠨ ᠦᠵᠡᠯ	ᠬᠡᠯᠡᠨ ᠦ ᠠᠷᠭ᠎ᠠ	ᠬᠡᠯᠡ ᠶᠢᠨ ᠪᠦᠲᠦᠴᠡ ᠶᠢᠨ ᠦᠵᠡᠯ ᠳᠦ
		(ᠬᠡᠯᠡ ᠨᠢ ᠲᠣᠭᠠ)	(ᠬᠡᠯᠡ ᠨᠢ ᠲᠣᠭᠠ)					
ᠰᠢᠨᠵᠢᠯᠡᠬᠦ ᠬᠡᠯᠡ ᠰᠤᠳᠤᠯᠤᠯ	ᠬᠡᠯᠡ ᠨᠢ ᠰᠤᠳᠤᠯᠭ᠎ᠠ	(ᠬᠡᠯᠡ ᠨᠢ ᠪᠠᠢᠭ᠎ᠠ)	(ᠬᠡᠯᠡ ᠰᠤᠳᠤᠯᠤᠯ)	ᠬᠡᠯᠡ ᠶᠢᠨ ᠰᠤᠳᠤᠯᠭ᠎ᠠ	ᠪᠦᠲᠦᠴᠡ	ᠬᠡᠯᠡ ᠶᠢᠨ ᠦᠵᠡᠯ	ᠪᠦᠲᠦᠴᠡ	(ᠬᠡᠯᠡ ᠨᠢ)
		(ᠲᠣᠭᠠ ᠶᠢᠨ ᠬᠡᠯᠡ)						

后　　记

《双语（汉蒙 / 汉藏 / 汉维）法律文化出版工程》（以下简称双语工程）由最高人民法院政治部组织实施，最高人民法院党组和周强院长高度重视。双语工程是在新媒体传播时代为促进民族团结、法治建设、文化发展潜心打造的一项大型双语法律文化工程。该工程得到了国家新闻出版署国家出版基金规划管理办公室的指导与资助，得到了国家民族事务委员会及其下属民族出版社的鼎力支持，内蒙古、西藏、甘肃、青海、新疆等民族地区法院干警积极参与，由人民法院出版社具体实施并与民族出版社联合出版。

2019 年 2 月，最高人民法院向民族地区法院干警赠送“双语法律文化出版工程”首批正式出版的汉蒙 / 汉藏双语法律图书。最高人民法院副院长陶凯元和国家民委副主任郭卫平出席活动并讲话指出，双语工程成果对增强各族干部群众的法治信仰和法律意识，对提高运用法治思维和法治方式治理民族事务的能力、依法促进民族团结具有重要意义。

到目前为止，共有 40 多种图书作为阶段性成果分期付梓。我们希望以双语工程成果为依托，一方面，为双语法官培训提供丰富、全面、具有时效性、实务性的司法实务教材，提升法官司法能力水平，为培养精通审判业务的双语法官提供支持；另一方面，以法治宣传为切入点，加强和保护少数民族语言的运用，特别是在诉讼过程中，通过运用少数民族语言沟通交流，方便少数民族群众诉讼，保障其诉讼权利。

双语工程从策划到如今取得阶段性成果历时 9 年，前后共有 7 个省、自治区法院上百名双语干警参与了丛书的编译工作，国家民委系统倾力相助，整个工程参与人员达数百人。如果没有各方的戮力同心、迎难而上、坚持不懈、攻克难关，就不可能取得现阶段的胜利。

调研立项

长期以来，人民法院出版社秉承“立足审判，服务法治”的办社宗旨，以强烈的责任担当精神，始终关注民族地区法治建设需求，特别是关注双语法官司法裁判需要。早在 2012 年，最高人民法院政治部就进行过专门调研，形成了十多万字的《关于民族地区双语法官队伍建设和双语法官培训的调研报告》。报告指出，民族地区双语法律人才非常短缺，民族地区人民群众用本民族语言进行诉讼的法律权利没有得到很好的保障。这份报告坚定了我们策划出版双语工程的信心和决心。从 2012 年起，历时 3 年、经过十余次论证，我们形成的策划方案达 3 万余字，2014 年 7 月申报国家出版基金，并以其作者权威、受众广泛、意义重大和影响深远，赢得了国家出版基金专家组高度认可，获 2015 年度国家出版基金资助。

组织落实

最高人民法院政治部统筹谋划、精心部署

2016 年 1 月 8 日，为加强统筹协调，加快推进实施双语工程，最高人民法院政治部组织召开了“双语法官培训教材、词典编撰工作协调会”。最高人民法院政治部、国家民委有关领导以及承担书籍编写任务的各民族地区高级人民法院有关负责同志等近百人参加了会议。会议决定双语工程由人民法院出版社提供大部分稿件的汉字通稿；浙江、内蒙、西藏、甘肃、青海、新疆、四川、云南等各高级人民法院共同参与完成相关书籍的编撰翻译任务。同时，为确保内容政治导向正确，表意准确，会议建议双语工程图书由人民法院出版社与民族出版社联合出版。

2017 年 6 月，历时一年多，在各方不懈努力下，双语工程取得了重大进展，全部汉字通稿撰写工作完成 95%，翻译工作完成约 80%。双语工程 57 个品种有 35 个基本完成了翻译工作。为此，最高人民法院政治部再次组织召开“双语工程工作协调会”。同时，

会议决定，为深入贯彻学习习近平新时代中国特色社会主义思想和党的十九大精神，深刻理解人民法院作为政法机关的政治属性，坚持党对人民法院工作的绝对领导，由最高人民法院政治部编写《双语法官思想政治教育学习资料汇编》作为内部培训资料免费发放，以引导民族地区法院干警提高政治站位，增强“四个意识”，坚定“四个自信”，坚决做好“两个维护”，把用习近平新时代中国特色社会主义思想武装干警头脑放在突出地位。

特别要提及的是，在双语工程实施过程中，最高人民法院政治部相关领导与负责同志不厌其烦地听取人民法院出版社汇报论证，多次与国家民委协调出版事宜，与各省（自治区）高级人民法院反反复复沟通协调，为工程的组织统筹协调工作付出了艰苦卓绝的努力。

各民族地区法院干警、翻译人员协同运作、艰辛努力

由于之前各民族地区法律法规、司法解释以及词典、教材等翻译工作较为薄弱，译本极少，且通常只在部分法院内部参阅，指导性、权威性稍有不足，双语工程的翻译工作基本上是从零开始、从无到有。各省（自治区）高级人民法院在人手不足、任务繁重的情况下，全力以赴、发挥水平、认真落实、通力配合，在第一时间组织了优秀的双语法官以及当地双语师资库教师等精干力量参与编译。为了鼓励和支持翻译专家高质高效完成开创性的翻译工作，各省（自治区）高级人民法院党组高度重视，从人财物等多方面给予双语工程充分的配合和支持。各省（自治区）法院双语工程负责人、执行人及翻译人员付出了艰辛的努力、克服了重重困难才得以在较短的时间内完成繁重的翻译工作。同时，在出版之前，内蒙、西藏、甘肃等高级人民法院先后派双语法官在盛夏酷暑来京跟机校对、补充翻译，与民族出版社编辑一同办公一个多月，为双语工程付出了艰苦卓绝的努力。

特别要说明的是，汉维系列图书是双语工程中着手较早、开展比较顺利的部分。新疆高级人民法院高度重视，前期投入了大量人力物力，特别是新疆高级人民法院的项目执行人，克服了重重困难，开展了大量协调沟通和推进落实工作，付出了艰辛的努力。目前，双语工程维吾尔文系列翻译工作已基本完成（汉维系列共 18 本，汉文约 3070 千字，维吾尔文约 7650 千字）。但是，由于对规范维吾尔文法律术语有统一要求，汉维系列图书只好暂缓相关编辑工作，待术语统一后，再推进出版。

国家民委系统鼎力支持、全力配合

国家民委及其下属民族出版社对双语工程给予了大力支持和全力配合。2016年10月，民族出版社负责人带领蒙古文、藏文和维吾尔文编辑室主任到人民法院出版社商讨双语工程出版工作，两社达成共同协作完成出版任务的一致意见。2017年初，译稿陆续交民族出版社进行三审三校，民族出版社编辑本着严谨规范、质量第一的宗旨，在审读过程中将译稿与汉字稿逐字对照，开展了大量的补充翻译、统一术语、规范用词等繁琐的文字编辑工作，倾注了比其他书稿更多的心血。民族出版社是国家民委所属公益性事业单位，一直以政治类图书的编译出版为首要任务，特别是近一年多来，在十九大以及“两会”召开期间，他们的骨干编辑一直在集中封闭进行十九大报告、《中华人民共和国宪法》《中国共产党章程》《习近平谈治国理政》等重大政治读物的编译出版，为了不耽误双语工程的如期出版，他们常常只能利用休息时间加班加点审读稿件，为双语工程付出了艰苦卓绝的努力。

人民法院出版社组织协调、具体实施

双语工程涉及的省份众多，产品种类多样、体系庞大，在综合协调和组织落实上困难重重。主管人民法院出版社的最高人民法院副院长高度重视、直接指导，人民法院出版社前后三届社党委对该工程高度关注。特别是2018年以来，新一届社党委更是将双语工程作为重中之重。面对参与协调各方众多、编撰及翻译任务繁重、双语翻译及编辑人员严重紧缺、出版时间要求紧迫、书稿质量要求严格等现实困难，面对工程推进过程中不断出现的各种预想不到的新问题新情况，社党委做了大量的组织协调工作，多次召开社党委会，就工程中细节问题专事专议特事特办，并要求工程组做到任务分解、责任分工、到人到事。

为保证工程内容的权威性、针对性和实用性，人民法院出版社邀请最高人民法院立案庭专门编写了《双语诉讼指南普法折页》，邀请浙江省高级人民法院承担了《双语人民法院审判实务技能丛书》汉字通稿的改写工作。在最高人民法院各审判业务庭（室）及权威审判专家的指导帮助下，人民法院出版社的编辑们不仅完成双语工程前期57个品种的策划，而且完成了300多万字汉字稿件的编撰汇编整理工作，前期做了大量的沟通协调工作，付出了艰苦卓绝的努力，为双语工程后期编辑出版工作奠定了良好的基础。2017 年 10 月起，编辑们为了双语工程图书的出版，鼓足干劲，事无巨细，深耕出版前的所有环节，做了大量卓有成效的工作，打通从稿件到图书出版的最后一公里。

2021 年 6 月，为庆祝中国共产党成立 100 周年，双语工程推出“最高人民法院数字图书馆——汉藏双语法律数字图书馆分馆”。“汉藏双语法律数字图书馆”依托“最高人民法院数字图书馆”的底层资源和汉藏双语工程的建设成果，开发汉藏双语检索引擎，设立汉藏双语党建图书专区，汉藏双语法律图书专区，特色双语案例专区，少数民族地区法院风貌展示专区，法官风采展示专区，音频视频专区。此外，“汉藏双语法律数字图书馆”还借助最新技术提供汉藏法律术语互译服务、数万册中外文审判实务精品图书资源在线阅读、在线文献传递功能。

结　语

“大鹏之动，非一羽之轻也；骐骥之速，非一足之力也。”回顾双语工程从调研立项到组织落实到付梓出版的整个过程，我们感慨万千，如果没有上述各方的科学统筹、积极配合、坚决推动，就没有今天双语工程阶段性成果的取得。我们希望，双语工程的出版，能够切实推动民族语言文字繁荣发展，提升民族地区司法审判质效，促进民族地区健全普法宣传教育机制，增强公民法治观念，能够更好地发挥法治的引领和规范作用，为民族地区经济社会发展提供有力的法治保障。我们愿意将更多语种纳入双语工程二期，服务更大范围民族地区的法治建设，服务更多双语司法人才，发挥更深层次的社会价值，将双语工程产品做好做精。

全书汉文部分由人民法院出版社负责编辑审定，少数民族语言文字部分由民族出版社负责编辑审定。书中诸多不足与缺憾，敬请读者批评斧正。

编写组

2021 年 12 月 1 日

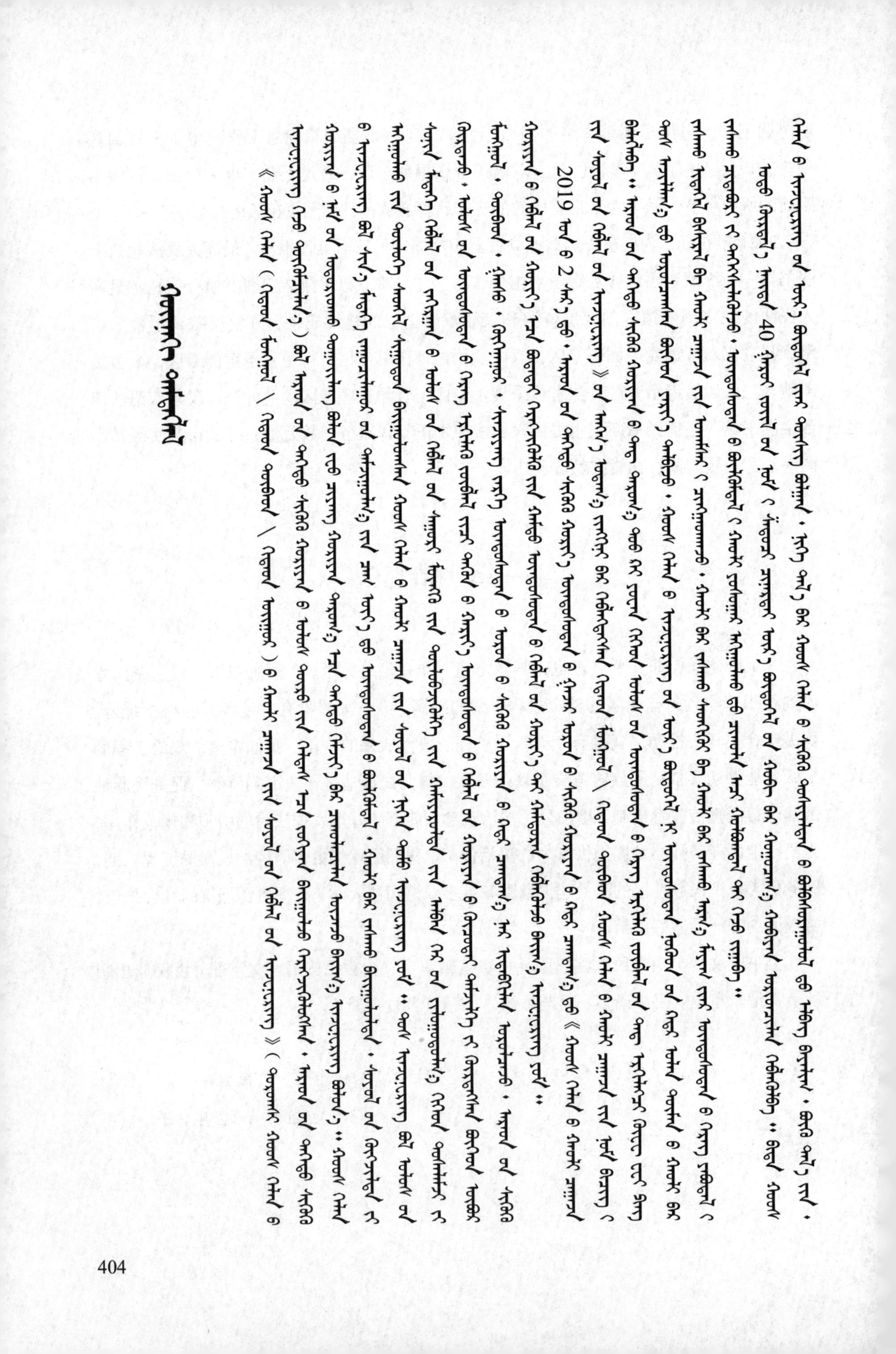

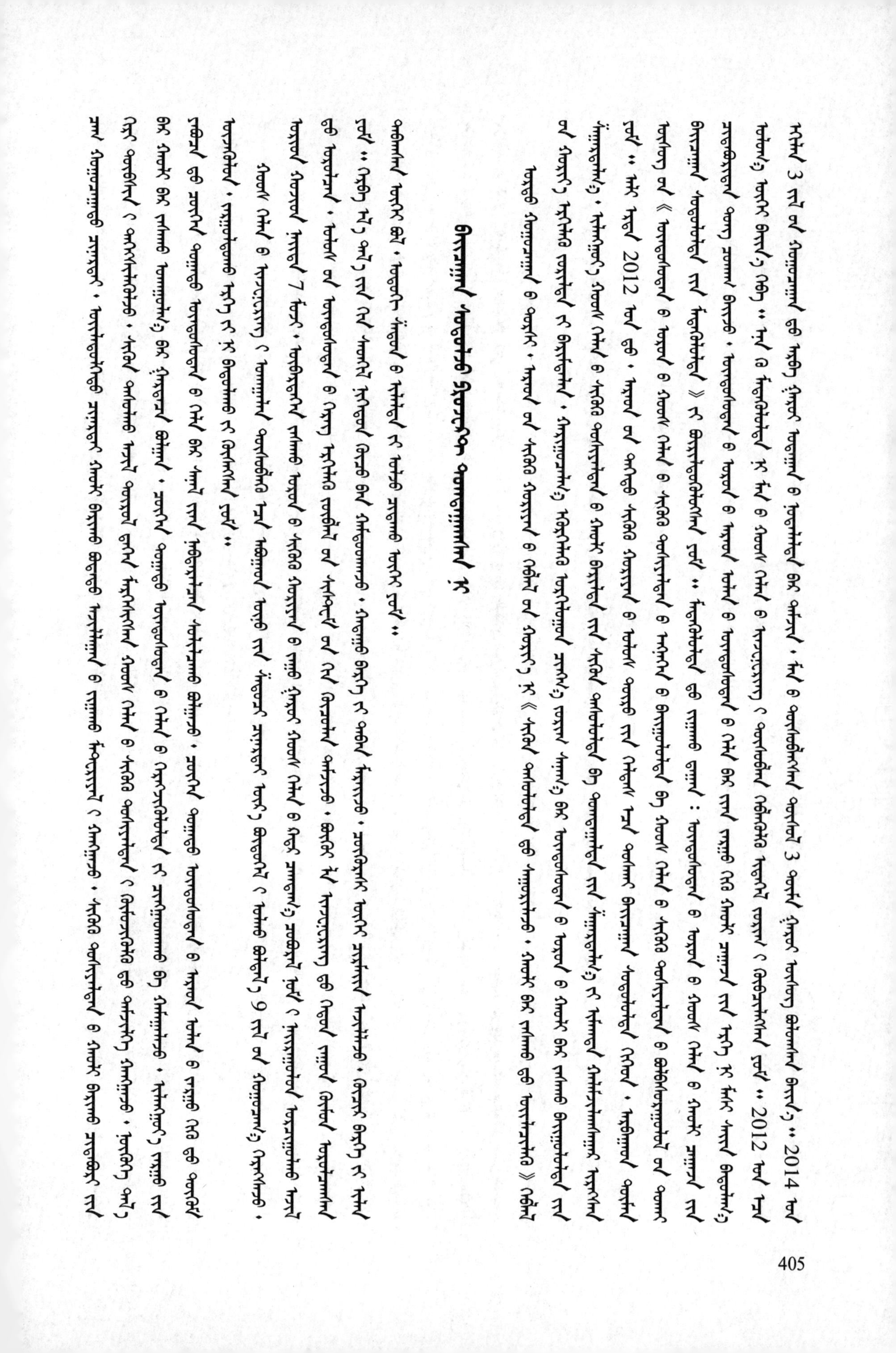

[illegible] 2014 [illegible] 3 [illegible] 3 [illegible] 2012 [illegible] 2012 [illegible]

[illegible]

[illegible]

[illegible] 7 [illegible]

[illegible] 9 [illegible]

[illegible]

[illegible] 2015 ᠣᠨ ᠤ [illegible] ᠃

[illegible] ᠨᠢ

[illegible]

2016 ᠣᠨ ᠤ 1 ᠰᠠᠷ᠎ᠠ ᠶᠢᠨ 8 ᠤ ᠡᠳᠦᠷ᠂ [illegible] ᠃

2017 ᠣᠨ ᠤ 6 ᠰᠠᠷ᠎ᠠ ᠳᠤ᠂ [illegible] 95% ᠢ [illegible] 80% ᠢ [illegible] ᠃ [illegible] 57 [illegible] 35 [illegible]

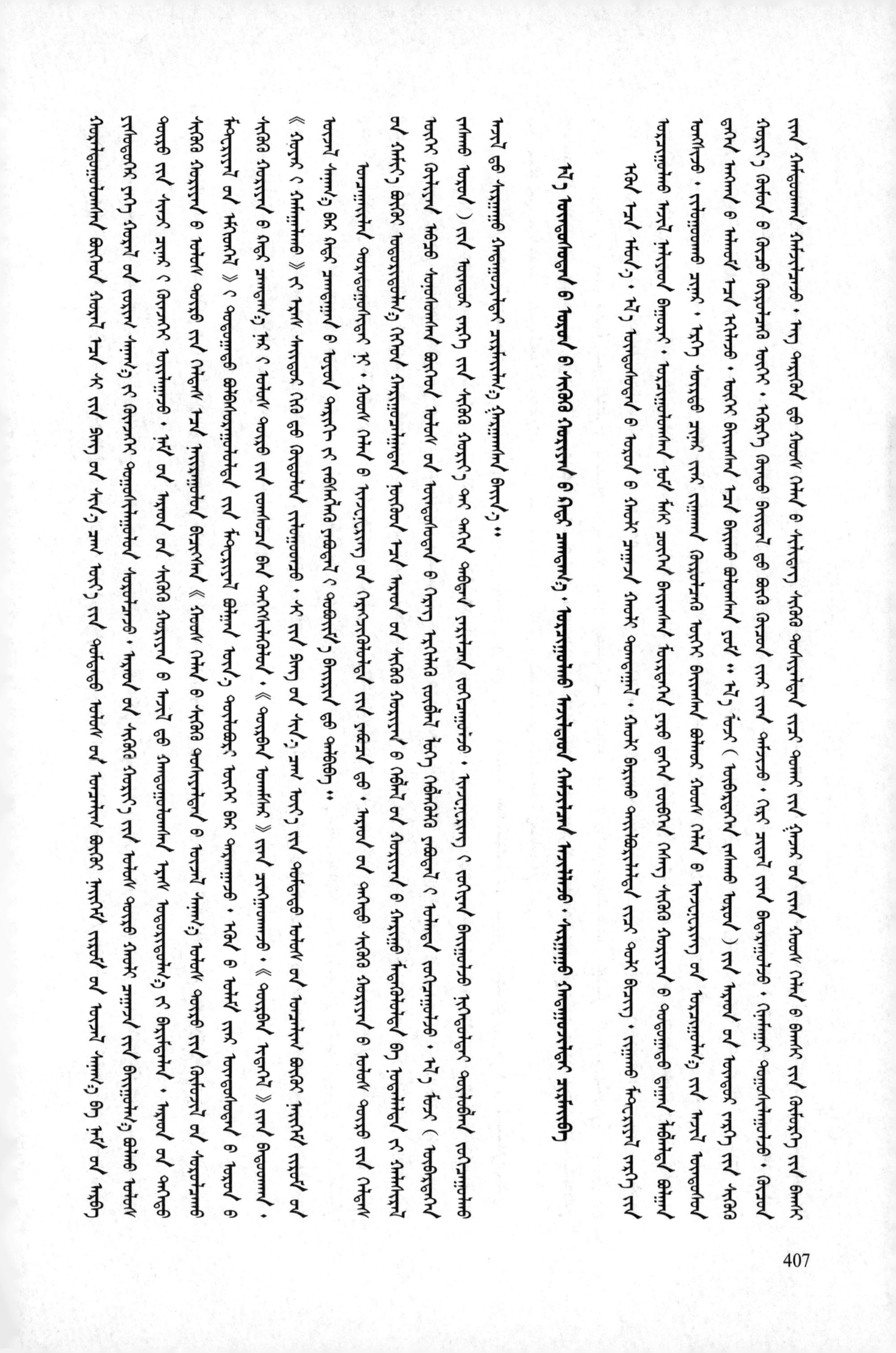

[illegible]

[illegible]

[illegible]

[illegible]

ᠪᠠᠶᠢᠭᠤᠯᠤᠭᠳᠠᠭᠰᠠᠨ ᠪᠠᠶᠢᠭᠤᠯᠤᠯᠭ᠎ᠠ ᠪᠣᠯᠪᠠ ᠪᠠᠶᠢᠳᠠᠯ ᠲᠤᠰ ᠲᠤᠰ ᠳᠠᠭᠤᠰᠬᠠᠭᠰᠠᠨ ᠃ 2016 ᠣᠨ ᠤ 10 ᠰᠠᠷ᠎ᠠ ᠳᠤ ᠂ ᠰᠤᠷᠭᠠᠭᠤᠯᠢ ᠶᠢᠨ ᠪᠠᠭᠰᠢ ᠨᠠᠷ ᠤᠨ ᠬᠠᠮᠲᠤ ᠣᠯᠠᠨ ᠢ ᠪᠠᠶᠢᠭᠤᠯᠤᠯᠲᠠ ᠶᠢᠨ ᠬᠢᠴᠢᠶᠡᠯ ᠬᠤᠷᠠᠯ ᠂ ᠰᠤᠷᠭᠠᠭᠤᠯᠢ ᠶᠢᠨ ᠪᠠᠶᠢᠭᠤᠯᠤᠯᠲᠠ ᠶᠢᠨ ᠠᠵᠢᠯ ᠳᠤ ᠲᠤᠰ ᠲᠤᠰ ᠪᠠᠷ ᠦᠨᠡᠯᠡᠭᠳᠡᠭᠰᠡᠨ ᠪᠠᠶᠢᠭᠤᠯᠤᠯᠲᠠ ᠶᠢᠨ ᠬᠡᠯᠡᠯᠴᠡᠭᠡ ᠶᠢ ᠵᠣᠬᠢᠶᠠᠨ ᠪᠠᠶᠢᠭᠤᠯᠤᠭᠰᠠᠨ ᠪᠠᠶᠢᠨ᠎ᠠ ᠃

ᠰᠤᠷᠭᠠᠭᠤᠯᠢ ᠶᠢᠨ ᠪᠠᠶᠢᠭᠤᠯᠤᠯᠲᠠ ᠶᠢᠨ ᠬᠦᠷᠢᠶᠡᠯᠡᠩ ᠪᠠᠶᠢᠳᠠᠯ ᠪᠠ ᠰᠤᠷᠭᠠᠨ ᠬᠦᠮᠦᠵᠢᠯ ᠦᠨ ᠪᠠᠶᠢᠳᠠᠯ ᠂ ᠪᠣᠯᠪᠠ ᠪᠠᠶᠢᠳᠠᠯ ᠲᠤᠰ ᠲᠤᠰ ᠳᠠᠭᠤᠰᠬᠠᠭᠰᠠᠨ

ᠪᠣᠯᠤᠨ ᠰᠤᠷᠭᠠᠭᠤᠯᠢ ᠶᠢᠨ ᠪᠠᠶᠢᠭᠤᠯᠤᠯᠲᠠ ᠶᠢᠨ ᠬᠦᠷᠢᠶᠡᠯᠡᠩ ᠪᠠᠶᠢᠳᠠᠯ ᠪᠠᠷ ᠪᠣᠯᠪᠠ ᠃

ᠲᠤᠰ ᠰᠤᠷᠭᠠᠭᠤᠯᠢ ᠶᠢᠨ ᠪᠠᠶᠢᠭᠤᠯᠤᠯᠲᠠ ᠶᠢᠨ ᠭᠠᠵᠠᠷ ᠤᠨ ᠲᠠᠯᠠᠪᠠᠢ ᠳᠤ ᠪᠠᠶᠢᠷᠢᠰᠢᠭᠤᠯᠤᠭᠰᠠᠨ ᠪᠠᠶᠢᠨ᠎ᠠ ᠂ ᠭᠠᠵᠠᠷ ᠤᠨ ᠲᠠᠯᠠᠪᠠᠢ ᠨᠢ 7650 ᠲᠣᠪᠠᠭᠠᠨ ᠮᠧᠲ᠋ᠷ ᠂ ᠪᠠᠶᠢᠰᠢᠩ ᠤᠨ ᠲᠠᠯᠠᠪᠠᠢ ᠨᠢ 3070 ᠲᠣᠪᠠᠭᠠᠨ ᠮᠧᠲ᠋ᠷ (ᠬᠣᠣᠰ ᠲᠠᠯᠠᠪᠠᠢ ᠪᠠᠷ ᠨᠢ 18 ᠮᠧᠲ᠋ᠷ ᠂ ᠭᠠᠵᠠᠷ ᠤᠨ ᠲᠠᠯᠠᠪᠠᠢ ᠶᠢᠨ ᠬᠡᠮᠵᠢᠶ᠎ᠡ ᠳᠦ ᠲᠣᠬᠢᠷᠠᠭᠤᠯᠤᠭᠰᠠᠨ ᠠᠩᠭᠢ ᠶᠢᠨ ᠲᠣᠭ᠎ᠠ (ᠭᠠᠵᠠᠷ ᠤᠨ ᠲᠠᠯᠠᠪᠠᠢ ᠶᠢᠨ ᠰᠤᠷᠭᠠᠨ ᠬᠦᠮᠦᠵᠢᠯ ᠦᠨ ᠬᠠᠮᠲᠤ ᠬᠣᠯᠪᠣᠭᠳᠠᠭᠰᠠᠨ ᠪᠠᠶᠢᠨ᠎ᠠ ᠃ ᠰᠤᠷᠭᠠᠭᠤᠯᠢ ᠶᠢᠨ ᠪᠠᠶᠢᠭᠤᠯᠤᠯᠲᠠ ᠨᠢ ᠰᠤᠷᠤᠯᠴᠠᠭᠴᠢᠳ ᠤᠨ ᠪᠠᠶᠢᠷ᠎ᠠ ᠂ ᠰᠤᠷᠭᠠᠨ ᠬᠦᠮᠦᠵᠢᠯ ᠦᠨ ᠲᠠᠰᠤᠭ ᠂ ᠬᠣᠭᠣᠯᠠ ᠶᠢᠨ ᠲᠠᠰᠤᠭ ᠂ ᠡᠷᠡᠭᠦᠯ ᠮᠡᠨᠳᠦ ᠶᠢᠨ ᠲᠠᠰᠤᠭ ᠂ ᠬᠡᠷᠡᠭᠴᠡᠭᠡᠨ ᠦ ᠪᠠᠶᠢᠷ᠎ᠠ ᠂ ᠰᠤᠷᠭᠠᠨ ᠬᠦᠮᠦᠵᠢᠯ ᠦᠨ ᠪᠠᠶᠢᠭᠤᠯᠤᠯᠲᠠ ᠶᠢ ᠪᠠᠭᠲᠠᠭᠠᠵᠤ ᠪᠠᠶᠢᠨ᠎ᠠ ᠃ ᠬᠢᠴᠢᠶᠡᠯ ᠦᠨ ᠪᠠᠶᠢᠷ᠎ᠠ ᠳᠤ ᠵᠢᠷᠤᠭ ᠤᠨ ᠰᠤᠷᠭᠠᠨ ᠬᠦᠮᠦᠵᠢᠯ ᠦᠨ ᠬᠢᠴᠢᠶᠡᠯ ᠦᠨ ᠲᠠᠰᠤᠭ ᠂ ᠬᠦᠭᠵᠢᠮ ᠦᠨ ᠲᠠᠰᠤᠭ ᠂ ᠪᠦᠵᠢᠭ ᠦᠨ ᠲᠠᠰᠤᠭ ᠂ ᠰᠤᠷᠤᠯᠴᠠᠭᠴᠢᠳ ᠤᠨ ᠬᠢᠴᠢᠶᠡᠯ ᠦᠨ ᠲᠠᠰᠤᠭ ᠵᠡᠷᠭᠡ ᠬᠢᠴᠢᠶᠡᠯ ᠦᠨ ᠲᠠᠰᠤᠭ ᠤᠳ ᠪᠠᠶᠢᠭᠤᠯᠤᠭᠳᠠᠭᠰᠠᠨ ᠪᠠᠶᠢᠨ᠎ᠠ ᠃ ᠰᠤᠷᠤᠯᠴᠠᠭᠴᠢᠳ ᠤᠨ ᠪᠠᠶᠢᠷ᠎ᠠ ᠳᠤ ᠬᠣᠨᠣᠭ ᠤᠨ ᠪᠠᠶᠢᠷ᠎ᠠ ᠂ ᠬᠣᠭᠣᠯᠠ ᠶᠢᠨ ᠲᠠᠰᠤᠭ ᠂ ᠤᠭᠠᠭᠠᠯᠭ᠎ᠠ ᠶᠢᠨ ᠦᠷᠦᠭᠡ ᠵᠡᠷᠭᠡ ᠪᠠᠶᠢᠭᠤᠯᠤᠭᠳᠠᠭᠰᠠᠨ ᠪᠠᠶᠢᠨ᠎ᠠ ᠃ ᠰᠤᠷᠤᠯᠴᠠᠭᠴᠢᠳ ᠤᠨ ᠪᠠᠶᠢᠷ᠎ᠠ ᠶᠢᠨ ᠬᠡᠮᠵᠢᠶ᠎ᠡ ᠪᠠᠷ ᠰᠤᠷᠤᠯᠴᠠᠭᠴᠢ ᠪᠦᠷᠢ ᠳᠦ ᠨᠢᠭᠡ ᠣᠷᠣ ᠪᠠᠷ ᠬᠠᠩᠭᠠᠵᠤ ᠪᠠᠶᠢᠨ᠎ᠠ ᠃

ᠰᠤᠷᠭᠠᠭᠤᠯᠢ ᠶᠢᠨ ᠪᠠᠶᠢᠭᠤᠯᠤᠯᠲᠠ ᠶᠢᠨ ᠬᠡᠯᠡᠪᠡᠷᠢ ᠨᠢ ᠮᠣᠩᠭᠣᠯ ᠦᠨᠳᠦᠰᠦᠲᠡᠨ ᠦ ᠣᠨᠴᠠᠯᠢᠭ ᠢ ᠲᠣᠳᠣᠷᠬᠠᠢ ᠢᠯᠡᠷᠬᠡᠢᠯᠡᠵᠦ ᠂ ᠰᠤᠷᠤᠯᠴᠠᠭᠴᠢᠳ ᠤᠨ ᠰᠤᠷᠤᠯᠴᠠᠬᠤ ᠪᠠ ᠠᠮᠢᠳᠤᠷᠠᠬᠤ ᠳᠤ ᠵᠣᠬᠢᠰᠲᠠᠢ ᠪᠣᠯᠭᠠᠭᠰᠠᠨ ᠪᠠᠶᠢᠨ᠎ᠠ ᠃ ᠰᠤᠷᠭᠠᠭᠤᠯᠢ ᠶᠢᠨ ᠬᠦᠷᠢᠶᠡᠯᠡᠩ ᠳᠦ ᠮᠣᠳᠣ ᠲᠠᠷᠢᠵᠤ ᠂ ᠴᠡᠴᠡᠭ ᠲᠠᠷᠢᠵᠤ ᠂ ᠨᠣᠭᠣᠭᠠᠷᠠᠭᠤᠯᠤᠯᠲᠠ ᠶᠢ ᠰᠠᠶᠢᠵᠢᠷᠠᠭᠤᠯᠵᠤ ᠂ ᠰᠤᠷᠭᠠᠭᠤᠯᠢ ᠶᠢᠨ ᠣᠷᠴᠢᠨ ᠲᠣᠭᠣᠷᠢᠨ ᠢ ᠭᠣᠶᠣᠯᠠᠭᠰᠠᠨ ᠪᠠᠶᠢᠨ᠎ᠠ ᠃ ᠰᠤᠷᠭᠠᠭᠤᠯᠢ ᠳᠤ ᠬᠣᠭᠣᠯᠠ ᠶᠢᠨ ᠲᠠᠰᠤᠭ ᠂ ᠤᠰᠤ ᠤᠭᠤᠬᠤ ᠪᠠᠶᠢᠷ᠎ᠠ ᠂ ᠬᠦᠨᠳᠦ ᠪᠠᠶᠢᠷ᠎ᠠ ᠶᠢᠨ ᠲᠣᠨᠣᠭ ᠲᠥᠬᠥᠭᠡᠷᠡᠮᠵᠢ ᠵᠡᠷᠭᠡ ᠪᠦᠷᠢᠨ ᠪᠠᠶᠢᠭᠤᠯᠤᠭᠳᠠᠭᠰᠠᠨ ᠪᠠᠶᠢᠨ᠎ᠠ ᠃ ᠰᠤᠷᠭᠠᠭᠤᠯᠢ ᠶᠢᠨ ᠰᠤᠷᠭᠠᠨ ᠬᠦᠮᠦᠵᠢᠯ ᠦᠨ ᠲᠣᠨᠣᠭ ᠲᠥᠬᠥᠭᠡᠷᠡᠮᠵᠢ ᠶᠢ ᠰᠠᠶᠢᠵᠢᠷᠠᠭᠤᠯᠬᠤ ᠳᠤ ᠬᠦᠴᠦ ᠴᠢᠷᠮᠠᠢᠯᠲᠠ ᠭᠠᠷᠭᠠᠵᠤ ᠂ ᠰᠤᠷᠭᠠᠨ ᠬᠦᠮᠦᠵᠢᠯ ᠦᠨ ᠴᠢᠨᠠᠷ ᠢ ᠳᠡᠭᠡᠭ᠍ᠰᠢᠯᠡᠭᠦᠯᠵᠦ ᠪᠠᠶᠢᠨ᠎ᠠ ᠃

ᠰᠤᠷᠭᠠᠭᠤᠯᠢ ᠶᠢᠨ ᠮᠣᠩᠭᠣᠯ ᠬᠡᠯᠡ ᠪᠢᠴᠢᠭ ᠦᠨ ᠰᠤᠷᠭᠠᠯᠲᠠ ᠶᠢᠨ ᠠᠵᠢᠯ᠂ ᠰᠤᠷᠭᠠᠭᠤᠯᠢ ᠶᠢᠨ ᠬᠣᠷᠢᠶᠠᠨ ᠤ ᠮᠣᠩᠭᠣᠯ ᠬᠡᠯᠡ ᠶᠢᠨ ᠪᠠᠭᠰᠢ ᠶᠢᠨ ᠣᠷᠣᠨ ᠤ ᠲᠣᠭᠠ ᠪᠠᠶᠢᠳᠠᠯ ᠢ ᠰᠢᠨᠵᠢᠯᠡᠨ ᠰᠤᠳᠤᠯᠵᠤ ᠬᠦᠷᠭᠡᠭᠰᠡᠨ᠃ 2017 ᠣᠨ ᠤ ᠰᠤᠷᠭᠠᠭᠤᠯᠢ ᠶᠢᠨ ᠮᠣᠩᠭᠣᠯ ᠬᠡᠯᠡ ᠪᠢᠴᠢᠭ ᠦᠨ ᠰᠤᠷᠭᠠᠯᠲᠠ ᠶᠢᠨ ᠪᠠᠶᠢᠳᠠᠯ ᠢ ᠰᠢᠨᠵᠢᠯᠡᠭᠰᠡᠨ ᠬᠡᠪᠡᠯ᠂ ᠮᠣᠩᠭᠣᠯ ᠬᠡᠯᠡ ᠪᠢᠴᠢᠭ ᠦᠨ ᠬᠢᠴᠢᠶᠡᠯ ᠦᠨ ᠴᠠᠭ ᠤᠨ ᠬᠡᠮᠵᠢᠶ᠎ᠡ᠂ ᠰᠤᠷᠭᠠᠨ ᠬᠦᠮᠦᠵᠢᠯ ᠦᠨ ᠠᠷᠭ᠎ᠠ ᠬᠡᠮᠵᠢᠶ᠎ᠡ ᠶᠢᠨ ᠬᠤᠪᠢ ᠳᠤ ᠨᠢᠯᠡᠳ ᠳᠤᠲᠠᠭᠳᠠᠯ ᠲᠠᠢ ᠪᠠᠶᠢᠭ᠎ᠠ᠂ ᠪᠠᠭᠰᠢ ᠨᠠᠷ ᠤᠨ ᠮᠡᠷᠭᠡᠵᠢᠯ ᠦᠨ ᠲᠡᠪᠰᠢᠯᠲᠡ ᠶᠢᠨ ᠳᠡᠰ ᠲᠦᠪᠰᠢᠨ ᠲᠥᠳᠡᠢ ᠥᠨᠳᠥᠷ ᠪᠢᠰᠢ᠂ ᠰᠤᠷᠭᠠᠭᠤᠯᠢ ᠶᠢᠨ ᠬᠥᠲᠦᠯᠪᠦᠷᠢ ᠶᠢᠨ ᠮᠣᠩᠭᠣᠯ ᠬᠡᠯᠡ ᠪᠢᠴᠢᠭ ᠦᠨ ᠰᠤᠷᠭᠠᠯᠲᠠ ᠳᠤ ᠬᠠᠷᠢᠭᠤᠴᠠᠯᠠᠭᠰᠠᠨ ᠰᠤᠷᠭᠠᠯᠲᠠ ᠶᠢᠨ ᠭᠠᠷ ᠤᠨ ᠨᠣᠮ ᠪᠠᠭᠠᠰᠢᠭᠤ ᠪᠠᠶᠢᠭ᠎ᠠ᠂ ᠰᠤᠷᠤᠭᠴᠢᠳ ᠤᠨ ᠮᠣᠩᠭᠣᠯ ᠬᠡᠯᠡ ᠪᠢᠴᠢᠭ ᠦᠨ ᠰᠤᠷᠭᠠᠯᠲᠠ ᠶᠢᠨ ᠦᠷ᠎ᠡ ᠳᠦᠩ ᠳᠤ ᠨᠥᠯᠥᠭᠡᠯᠡᠵᠦ ᠪᠠᠶᠢᠨ᠎ᠠ᠃ ᠡᠨᠡ ᠪᠠᠶᠢᠳᠠᠯ ᠢ ᠰᠠᠶᠢᠵᠢᠷᠠᠭᠤᠯᠬᠤ ᠶᠢᠨ ᠲᠥᠯᠥᠭᠡ᠂ ᠪᠢᠳᠡ ᠰᠤᠷᠭᠠᠭᠤᠯᠢ ᠶᠢᠨ ᠮᠣᠩᠭᠣᠯ ᠬᠡᠯᠡ ᠪᠢᠴᠢᠭ ᠦᠨ ᠰᠤᠷᠭᠠᠯᠲᠠ ᠶᠢ ᠨᠢᠭᠡᠳᠦᠭᠡᠷ ᠲᠦᠪᠰᠢᠨ ᠳᠦ ᠲᠠᠯᠪᠢᠵᠤ᠂ «ᠮᠣᠩᠭᠣᠯ ᠬᠡᠯᠡ ᠶᠢᠨ ᠰᠤᠷᠭᠠᠯᠲᠠ» ᠶᠢᠨ ᠬᠢᠴᠢᠶᠡᠯ ᠦᠨ ᠴᠠᠭ ᠢ ᠨᠡᠮᠡᠭᠳᠡᠭᠦᠯᠵᠦ᠂ «ᠮᠣᠩᠭᠣᠯ ᠬᠡᠯᠡ ᠪᠢᠴᠢᠭ» ᠦᠨ ᠰᠤᠷᠭᠠᠯᠲᠠ ᠶᠢ ᠪᠡᠬᠢᠵᠢᠭᠦᠯᠬᠦ᠂ «ᠮᠣᠩᠭᠣᠯ ᠬᠡᠯᠡ ᠶᠢᠨ ᠰᠤᠷᠭᠠᠯᠲᠠ» ᠶᠢᠨ ᠰᠤᠷᠭᠠᠯᠲᠠ ᠶᠢᠨ ᠠᠷᠭ᠎ᠠ ᠪᠠᠷ ᠰᠢᠨᠡᠳᠭᠡᠵᠦ᠂ ᠮᠣᠩᠭᠣᠯ ᠬᠡᠯᠡ ᠪᠢᠴᠢᠭ ᠦᠨ ᠰᠤᠷᠭᠠᠯᠲᠠ ᠶᠢᠨ ᠴᠢᠨᠠᠷ ᠢ ᠳᠡᠭᠡᠭᠰᠢᠯᠡᠭᠦᠯᠬᠦ ᠬᠡᠷᠡᠭᠲᠡᠢ᠃ ᠮᠥᠨ ᠰᠤᠷᠭᠠᠭᠤᠯᠢ ᠶᠢᠨ ᠮᠣᠩᠭᠣᠯ ᠬᠡᠯᠡ ᠶᠢᠨ ᠪᠠᠭᠰᠢ ᠨᠠᠷ ᠤᠨ ᠪᠠᠭ ᠢ ᠪᠡᠬᠢᠵᠢᠭᠦᠯᠵᠦ᠂ ᠪᠠᠭᠰᠢ ᠨᠠᠷ ᠤᠨ ᠮᠡᠷᠭᠡᠵᠢᠯ ᠦᠨ ᠲᠡᠪᠰᠢᠯᠲᠡ ᠶᠢ ᠳᠡᠭᠡᠭᠰᠢᠯᠡᠭᠦᠯᠬᠦ ᠬᠡᠷᠡᠭᠲᠡᠢ᠃ ᠡᠨᠡ ᠨᠢ ᠮᠣᠩᠭᠣᠯ ᠬᠡᠯᠡ ᠪᠢᠴᠢᠭ ᠦᠨ ᠰᠤᠷᠭᠠᠯᠲᠠ ᠶᠢᠨ ᠴᠢᠨᠠᠷ ᠢ ᠳᠡᠭᠡᠭᠰᠢᠯᠡᠭᠦᠯᠬᠦ ᠳᠤ ᠴᠢᠬᠤᠯᠠ ᠤᠴᠢᠷ ᠲᠠᠢ ᠪᠣᠯᠤᠨ᠎ᠠ᠃

ᠮᠣᠩᠭᠣᠯ ᠬᠡᠯᠡ ᠪᠢᠴᠢᠭ ᠦᠨ ᠰᠤᠷᠭᠠᠯᠲᠠ ᠶᠢᠨ ᠴᠢᠨᠠᠷ ᠢ ᠳᠡᠭᠡᠭᠰᠢᠯᠡᠭᠦᠯᠬᠦ ᠠᠷᠭ᠎ᠠ ᠬᠡᠮᠵᠢᠶ᠎ᠡ᠂ ᠪᠣᠳᠤᠯᠭ᠎ᠠ ᠰᠠᠨᠠᠭᠤᠯᠭ᠎ᠠ

ᠰᠤᠷᠭᠠᠭᠤᠯᠢ ᠶᠢᠨ ᠮᠣᠩᠭᠣᠯ ᠬᠡᠯᠡ ᠪᠢᠴᠢᠭ ᠦᠨ ᠰᠤᠷᠭᠠᠯᠲᠠ ᠶᠢ ᠰᠠᠶᠢᠵᠢᠷᠠᠭᠤᠯᠬᠤ ᠶᠢᠨ ᠲᠥᠯᠥᠭᠡ᠂ ᠮᠣᠩᠭᠣᠯ ᠬᠡᠯᠡ ᠪᠢᠴᠢᠭ ᠦᠨ ᠰᠤᠷᠭᠠᠯᠲᠠ ᠶᠢᠨ ᠠᠵᠢᠯ ᠢ ᠬᠠᠷᠢᠭᠤᠴᠠᠬᠤ ᠮᠠᠨ ᠤ ᠪᠠᠭᠰᠢ ᠨᠠᠷ ᠪᠠᠷ ᠪᠦᠷᠢᠯᠳᠦᠭᠦᠯᠦᠭᠰᠡᠨ ᠳᠤᠭᠤᠢᠯᠠᠩ ᠢ ᠪᠠᠶᠢᠭᠤᠯᠵᠤ᠂ ᠮᠣᠩᠭᠣᠯ ᠬᠡᠯᠡ ᠪᠢᠴᠢᠭ ᠦᠨ ᠰᠤᠷᠭᠠᠯᠲᠠ ᠶᠢᠨ ᠠᠵᠢᠯ ᠢ ᠬᠠᠮᠲᠤ ᠪᠡᠷ ᠰᠤᠳᠤᠯᠤᠨ ᠭᠦᠢᠴᠡᠳᠭᠡᠵᠦ ᠪᠠᠶᠢᠨ᠎ᠠ᠃ 2018 ᠣᠨ ᠡᠴᠡ ᠡᠬᠢᠯᠡᠨ᠂ ᠮᠣᠩᠭᠣᠯ ᠬᠡᠯᠡ ᠪᠢᠴᠢᠭ ᠦᠨ ᠰᠤᠷᠭᠠᠯᠲᠠ ᠶᠢᠨ ᠰᠤᠷᠭᠠᠭᠤᠯᠢ ᠶᠢᠨ ᠬᠦᠷᠢᠶᠡᠯᠡᠩ ᠳᠦ ᠮᠣᠩᠭᠣᠯ ᠬᠡᠯᠡ ᠪᠢᠴᠢᠭ ᠦᠨ ᠬᠢᠴᠢᠶᠡᠯ ᠦᠨ ᠴᠠᠭ ᠢ ᠨᠡᠮᠡᠭᠳᠡᠭᠦᠯᠵᠦ᠂ ᠰᠤᠷᠭᠠᠭᠤᠯᠢ ᠶᠢᠨ ᠮᠣᠩᠭᠣᠯ ᠬᠡᠯᠡ ᠪᠢᠴᠢᠭ ᠦᠨ ᠰᠤᠷᠭᠠᠯᠲᠠ ᠶᠢᠨ ᠬᠠᠮᠤᠭ ᠤᠨ ᠰᠠᠶᠢᠨ ᠲᠤᠷᠰᠢᠯᠭ᠎ᠠ ᠶᠢ ᠳᠡᠯᠭᠡᠷᠡᠭᠦᠯᠵᠦ᠂ ᠮᠣᠩᠭᠣᠯ ᠬᠡᠯᠡ ᠪᠢᠴᠢᠭ ᠦᠨ ᠰᠤᠷᠭᠠᠯᠲᠠ ᠶᠢᠨ ᠴᠢᠨᠠᠷ ᠢ ᠳᠡᠭᠡᠭᠰᠢᠯᠡᠭᠦᠯᠬᠦ ᠳᠤ ᠴᠢᠬᠤᠯᠠ ᠠᠬᠤᠢ ᠣᠷᠣᠭᠤᠯᠵᠤ ᠪᠠᠶᠢᠭ᠎ᠠ᠃ ᠮᠣᠩᠭᠣᠯ ᠬᠡᠯᠡ ᠪᠢᠴᠢᠭ ᠦᠨ ᠰᠤᠷᠭᠠᠯᠲᠠ ᠶᠢᠨ ᠴᠢᠨᠠᠷ ᠢ ᠳᠡᠭᠡᠭᠰᠢᠯᠡᠭᠦᠯᠬᠦ ᠶᠢᠨ ᠲᠥᠯᠥᠭᠡ᠂ ᠶᠠᠭ ᠶᠠᠮᠠᠷ ᠠᠷᠭ᠎ᠠ ᠬᠡᠮᠵᠢᠶ᠎ᠡ ᠶᠢ ᠬᠡᠷᠡᠭᠵᠢᠭᠦᠯᠬᠦ ᠪᠣᠯ ᠮᠠᠨ ᠤ ᠰᠤᠳᠤᠯᠬᠤ ᠬᠡᠷᠡᠭᠲᠡᠢ ᠴᠢᠬᠤᠯᠠ ᠠᠰᠠᠭᠤᠳᠠᠯ ᠪᠣᠯᠤᠨ᠎ᠠ᠂

ᠠᠰᠠᠭᠤᠳᠠᠯ ᠰᠢᠭᠤᠳᠬᠠᠯ ᠤᠨ ᠬᠡᠯᠡᠨ ᠦ ᠬᠠᠷᠢᠭᠤ ᠶᠢ ᠰᠢᠭᠤᠳᠬᠠᠵᠤ ᠂ ᠬᠦᠮᠦᠨ ᠦ ᠬᠤᠪᠢ ᠶᠢᠨ ᠬᠡᠯᠡᠨ ᠦ ᠵᠢᠷᠤᠮ ᠳᠤ ᠨᠡᠶᠢᠴᠡᠭᠦᠯᠦᠨ ᠬᠤᠪᠢᠷᠠᠭᠤᠯᠬᠤ ᠪᠠ ᠰᠢᠭᠤᠳᠬᠠᠯ ᠤᠨ ᠬᠡᠯᠡᠨ ᠦ ᠴᠢᠨᠠᠷ ᠢ
ᠬᠠᠮᠠᠭᠠᠯᠠᠬᠤ ᠳᠤ ᠲᠤᠰᠠ ᠲᠠᠢ ᠪᠣᠯᠤᠨ᠎ᠠ ᠃ 《ᠬᠦᠮᠦᠨ ᠦ ᠬᠤᠪᠢ ᠶᠢᠨ ᠬᠡᠯᠡᠨ ᠦ ᠵᠢᠷᠤᠮ ᠤᠨ ᠲᠤᠬᠠᠢ》 ᠳᠤ 《ᠬᠦᠮᠦᠨ ᠦ ᠬᠤᠪᠢ ᠶᠢᠨ ᠬᠡᠯᠡᠨ ᠦ ᠵᠢᠷᠤᠮ — ᠬᠡᠯᠡᠨ ᠦ ᠵᠢᠷᠤᠮ ᠤᠨ ᠲᠤᠬᠠᠢ》 ᠳᠤ
《ᠬᠦᠮᠦᠨ ᠦ ᠬᠤᠪᠢ ᠶᠢᠨ ᠬᠡᠯᠡᠨ ᠦ ᠵᠢᠷᠤᠮ ᠤᠨ ᠲᠤᠬᠠᠢ ᠳᠦᠷᠢᠮ》 ᠢ ᠪᠠᠲᠤᠯᠠᠭᠰᠠᠨ ᠪᠣᠯᠤᠨ᠎ᠠ ᠃

2021 ᠣᠨ ᠤ 6 ᠰᠠᠷ᠎ᠠ ᠳᠤ ᠂ ᠬᠦᠮᠦᠨ ᠦ ᠬᠤᠪᠢ ᠶᠢᠨ ᠬᠡᠯᠡᠨ ᠦ ᠵᠢᠷᠤᠮ ᠤᠨ 100 ᠵᠢᠯ ᠦᠨ ᠣᠢ ᠶᠢᠨ ᠲᠡᠮᠳᠡᠭᠯᠡᠯ ᠦᠨ ᠬᠤᠷᠠᠯ ᠢ ᠬᠤᠷᠠᠯᠳᠤᠭᠤᠯᠵᠤ ᠂ ᠬᠦᠮᠦᠨ ᠦ ᠬᠤᠪᠢ ᠶᠢᠨ ᠬᠡᠯᠡᠨ ᠦ ᠵᠢᠷᠤᠮ ᠤᠨ
ᠰᠤᠳᠤᠯᠭ᠎ᠠ ᠶᠢ ᠳᠡᠮᠵᠢᠨ ᠬᠥᠭᠵᠢᠭᠦᠯᠬᠦ ᠳᠤ ᠴᠢᠬᠤᠯᠠ ᠠᠬᠤᠴᠠ ᠲᠠᠢ ᠪᠣᠯᠤᠭᠰᠠᠨ ᠃

ᠪᠢᠳᠡ ᠪᠡᠷ ᠬᠡᠯᠡᠪᠡᠯ ᠪᠠᠰᠠ ᠰᠢᠨᠵᠢᠯᠡᠬᠦ ᠬᠡᠷᠡᠭᠲᠡᠢ ᠂ ᠲᠡᠭᠦᠨ ᠦ ᠬᠤᠪᠢ ᠶᠢᠨ ᠬᠡᠯᠡᠨ ᠦ ᠵᠢᠷᠤᠮ ᠤᠨ ᠰᠤᠳᠤᠯᠭ᠎ᠠ ᠶᠢᠨ ᠠᠷᠭ᠎ᠠ ᠪᠠ ᠠᠷᠭᠠᠴᠢᠯᠠᠯ ᠢ ᠰᠢᠨᠵᠢᠯᠡᠨ ᠪᠠᠶᠢᠴᠠᠭᠠᠵᠤ ᠂ ᠲᠡᠭᠦᠨ ᠦ ᠬᠡᠯᠡᠨ ᠦ
ᠮᠠᠲ᠋ᠸᠷᠢᠶᠠᠯ ᠢ ᠬᠤᠷᠢᠶᠠᠨ ᠴᠢᠭᠯᠡᠭᠦᠯᠵᠦ ᠂ ᠬᠦᠮᠦᠨ ᠦ ᠬᠤᠪᠢ ᠶᠢᠨ ᠬᠡᠯᠡᠨ ᠦ ᠵᠢᠷᠤᠮ ᠤᠨ ᠰᠤᠳᠤᠯᠭ᠎ᠠ ᠶᠢ ᠬᠥᠭᠵᠢᠭᠦᠯᠦᠨ ᠳᠡᠭᠡᠭᠰᠢᠯᠡᠭᠦᠯᠬᠦ ᠬᠡᠷᠡᠭᠲᠡᠢ ᠃ 2017 ᠣᠨ ᠤ 10 ᠰᠠᠷ᠎ᠠ
ᠳᠤ ᠂ ᠬᠦᠮᠦᠨ ᠦ ᠬᠤᠪᠢ ᠶᠢᠨ ᠬᠡᠯᠡᠨ ᠦ ᠵᠢᠷᠤᠮ ᠤᠨ ᠰᠤᠳᠤᠯᠭ᠎ᠠ ᠶᠢᠨ ᠲᠥᠪ ᠢ ᠪᠠᠶᠢᠭᠤᠯᠤᠭᠰᠠᠨ ᠂ ᠪᠠᠭᠰᠢ ᠨᠠᠷ ᠤᠨ ᠰᠤᠳᠤᠯᠭ᠎ᠠ ᠶᠢᠨ ᠳᠡᠪᠲᠡᠷ ᠬᠡᠪᠯᠡᠬᠦ ᠪᠠᠷ ᠰᠢᠬᠤᠯᠠᠵᠤ ᠪᠠᠶᠢᠨ᠎ᠠ
ᠬᠡᠮᠵᠢᠶᠡᠨ ᠦ ᠪᠣᠯᠪᠠᠰᠤᠷᠠᠯ ᠤᠨ ᠲᠥᠰᠥᠯ ᠢ ᠪᠠᠲᠤᠯᠠᠭᠰᠠᠨ ᠂ ᠳᠤᠮᠳᠠ ᠶᠢᠨ ᠰᠤᠷᠭᠠᠭᠤᠯᠢ ᠶᠢᠨ ᠬᠦᠮᠦᠨ ᠦ ᠬᠤᠪᠢ ᠶᠢᠨ ᠬᠡᠯᠡᠨ ᠦ ᠬᠢᠴᠢᠶᠡᠯ ᠦᠨ 300 ᠭᠠᠷᠤᠢ ᠪᠠᠭᠰᠢ ᠰᠤᠷᠤᠭᠴᠢᠳ ᠤᠨ
ᠰᠢᠨᠵᠢᠯᠡᠭᠡᠨ ᠦ 57 ᠪᠦᠲᠦᠭᠡᠯ ᠢ ᠬᠡᠪᠯᠡᠨ ᠨᠡᠢᠲᠡᠯᠡᠭᠦᠯᠦᠭᠰᠡᠨ ᠪᠠᠶᠢᠨ᠎ᠠ ᠂ ᠡᠳᠡᠭᠡᠷ ᠨᠢ ᠬᠦᠮᠦᠨ ᠦ ᠬᠤᠪᠢ ᠶᠢᠨ ᠬᠡᠯᠡᠨ ᠦ ᠵᠢᠷᠤᠮ ᠤᠨ ᠰᠤᠳᠤᠯᠭ᠎ᠠ ᠶᠢᠨ ᠠᠮᠵᠢᠯᠲᠠ ᠶᠢ
ᠬᠠᠮᠤᠷᠤᠭᠰᠠᠨ ᠪᠣᠯᠤᠨ᠎ᠠ ᠃ ᠡᠳᠡᠭᠡᠷ ᠦᠨ ᠳᠣᠲᠣᠷ᠎ᠠ ᠬᠦᠮᠦᠨ ᠦ ᠬᠤᠪᠢ ᠶᠢᠨ ᠬᠡᠯᠡᠨ ᠦ ᠵᠢᠷᠤᠮ ᠤᠨ ᠰᠤᠳᠤᠯᠭ᠎ᠠ ᠶᠢᠨ ᠬᠠᠷᠢᠴᠠᠭ᠎ᠠ (ᠳᠡᠪᠲᠡᠷ) ᠪᠠ ᠬᠦᠮᠦᠨ ᠦ ᠬᠤᠪᠢ ᠶᠢᠨ
ᠪᠣᠯᠪᠠᠰᠤᠷᠠᠯ 《ᠬᠦᠮᠦᠨ ᠦ ᠬᠤᠪᠢ ᠶᠢᠨ ᠬᠡᠯᠡᠨ ᠦ ᠵᠢᠷᠤᠮ ᠤᠨ ᠰᠤᠳᠤᠯᠭ᠎ᠠ ᠶᠢᠨ ᠴᠤᠪᠤᠷᠠᠯ》 ᠢ ᠨᠡᠢᠲᠡᠯᠡᠭᠰᠡᠨ ᠂ ᠲᠡᠭᠦᠨ ᠦ ᠬᠡᠯᠡᠨ ᠦ ᠬᠠᠷᠢᠴᠠᠭ᠎ᠠ ᠶᠢᠨ ᠬᠦᠮᠦᠨ ᠦ ᠬᠤᠪᠢ ᠶᠢᠨ
ᠬᠠᠮᠲᠤ ᠲᠠᠢ ᠬᠤᠪᠢ ᠬᠦᠮᠦᠨ ᠦ ᠰᠤᠳᠤᠯᠭ᠎ᠠ ᠶᠢᠨ ᠪᠣᠯᠪᠠᠰᠤᠷᠠᠯ 《ᠬᠢᠳᠠᠳ ᠤᠨ ᠬᠦᠮᠦᠨ ᠦ ᠬᠤᠪᠢ ᠶᠢᠨ ᠬᠡᠯᠡᠨ ᠦ ᠵᠢᠷᠤᠮ ᠤᠨ ᠰᠤᠳᠤᠯᠭ᠎ᠠ — ᠰᠤᠳᠤᠯᠭ᠎ᠠ ᠶᠢᠨ
ᠨᠢ ᠭᠡᠵᠦ 《ᠬᠡᠯᠡᠨ ᠦ ᠬᠤᠪᠢ ᠶᠢᠨ ᠰᠤᠳᠤᠯᠭ᠎ᠠ ᠶᠢᠨ ᠬᠠᠷᠢᠴᠠᠭ᠎ᠠ ᠶᠢᠨ ᠬᠤᠪᠢ ᠬᠦᠮᠦᠨ ᠦ ᠬᠡᠯᠡᠨ ᠦ ᠵᠢᠷᠤᠮ ᠤᠨ ᠰᠤᠳᠤᠯᠭ᠎ᠠ ᠶᠢᠨ ᠬᠡᠮᠵᠢᠶ᠎ᠡ ᠳᠦ ᠬᠦᠷᠭᠡᠵᠦ ᠂ ᠵᠢᠷᠤᠮ ᠤᠨ

ᠮᠡᠳᠡᠭᠡᠵᠢ ᠶᠢᠨ ᠰᠢᠨᠵᠢᠯᠡᠬᠦ ᠶᠢ ᠬᠦᠮᠦᠨ ᠦ ᠬᠤᠪᠢ ᠶᠢᠨ ᠬᠡᠯᠡᠨ ᠦ ᠵᠢᠷᠤᠮ ᠤᠨ ᠰᠤᠳᠤᠯᠭ᠎ᠠ ᠶᠢᠨ ᠠᠷᠭ᠎ᠠ ᠶᠢ ᠬᠡᠷᠡᠭᠯᠡᠨ
ᠰᠢᠨᠵᠢᠯᠡᠬᠦ ᠪᠣᠯᠤᠨ᠎ᠠ ᠃

ᠲᠠᠢ ᠪᠠᠢᠭ᠎ᠠ ᠬᠦᠮᠦᠨ ᠦ ᠬᠤᠪᠢ ᠶᠢᠨ ᠬᠡᠯᠡᠨ ᠦ ᠵᠢᠷᠤᠮ ᠢ ᠰᠢᠨᠵᠢᠯᠡᠨ ᠪᠠᠶᠢᠴᠠᠭᠠᠬᠤ ᠳᠤ ᠂ ᠬᠦᠮᠦᠨ ᠦ ᠬᠤᠪᠢ ᠶᠢᠨ ᠬᠡᠯᠡᠨ ᠦ ᠵᠢᠷᠤᠮ ᠤᠨ ᠰᠤᠳᠤᠯᠭ᠎ᠠ ᠶᠢᠨ ᠬᠠᠷᠢᠴᠠᠭ᠎ᠠ ᠶᠢ ᠰᠢᠨᠵᠢᠯᠡᠬᠦ ᠂ ᠬᠦᠮᠦᠨ ᠦ ᠬᠤᠪᠢ ᠶᠢᠨ ᠬᠡᠯᠡᠨ ᠦ ᠰᠤᠳᠤᠯᠭ᠎ᠠ ᠶᠢᠨ
ᠬᠠᠷᠢᠯᠴᠠᠭ᠎ᠠ ᠶᠢ ᠰᠢᠨᠵᠢᠯᠡᠬᠦ ᠂ ᠬᠦᠮᠦᠨ ᠦ ᠬᠤᠪᠢ ᠶᠢᠨ ᠬᠡᠯᠡᠨ ᠦ ᠵᠢᠷᠤᠮ ᠤᠨ ᠬᠥᠭᠵᠢᠯ ᠢ ᠳᠡᠮᠵᠢᠬᠦ ᠂ ᠬᠡᠯᠡᠨ ᠦ ᠰᠤᠳᠤᠯᠭ᠎ᠠ ᠶᠢᠨ ᠬᠡᠯᠡᠨ ᠦ ᠪᠠᠶᠢᠳᠠᠯ ᠢ ᠰᠢᠨᠵᠢᠯᠡᠬᠦ ᠬᠡᠷᠡᠭᠲᠡᠢ ᠃
ᠪᠣᠯᠪᠠᠰᠤᠷᠠᠯ ᠤᠨ ᠰᠤᠳᠤᠯᠭ᠎ᠠ ᠶᠢᠨ ᠵᠠᠮ ᠨᠢ ᠬᠦᠮᠦᠨ ᠦ ᠬᠤᠪᠢ ᠶᠢᠨ ᠬᠡᠯᠡᠨ ᠦ ᠵᠢᠷᠤᠮ ᠤᠨ ᠬᠥᠭᠵᠢᠯ ᠳᠦ ᠲᠤᠰᠠ ᠲᠠᠢ ᠂ ᠬᠦᠮᠦᠨ ᠦ ᠬᠤᠪᠢ ᠶᠢᠨ ᠬᠡᠯᠡᠨ ᠦ ᠰᠤᠳᠤᠯᠭ᠎ᠠ ᠶᠢᠨ ᠬᠦᠷᠢᠶ᠎ᠡ ᠶᠢ ᠥᠷᠭᠡᠳᠭᠡᠬᠦ ᠳᠦ
ᠬᠠᠷᠢᠯᠴᠠᠭ᠎ᠠ ᠶᠢᠨ ᠬᠡᠯᠡᠨ ᠦ ᠰᠤᠳᠤᠯᠭ᠎ᠠ ᠶᠢᠨ ᠬᠥᠭᠵᠢᠯ ᠢ ᠳᠡᠮᠵᠢᠬᠦ ᠂ ᠬᠦᠮᠦᠨ ᠦ ᠬᠤᠪᠢ ᠶᠢᠨ ᠬᠡᠯᠡᠨ ᠦ ᠵᠢᠷᠤᠮ ᠤᠨ ᠰᠤᠳᠤᠯᠭ᠎ᠠ ᠶᠢᠨ ᠬᠥᠭᠵᠢᠯ ᠳᠦ ᠴᠢᠬᠤᠯᠠ ᠠᠬᠤᠴᠠ ᠲᠠᠢ ᠂ ᠡᠨᠡ ᠪᠣᠯ
ᠤᠯᠤᠰ ᠤᠨ ᠬᠡᠯᠡᠨ ᠦ ᠰᠤᠳᠤᠯᠭ᠎ᠠ ᠶᠢᠨ ᠬᠡᠮᠵᠢᠶ᠎ᠡ ᠳᠦ ᠂ ᠬᠦᠮᠦᠨ ᠦ ᠬᠤᠪᠢ ᠶᠢᠨ ᠬᠡᠯᠡᠨ ᠦ ᠵᠢᠷᠤᠮ ᠤᠨ ᠰᠤᠳᠤᠯᠭ᠎ᠠ ᠶᠢᠨ ᠬᠥᠭᠵᠢᠯ ᠢ ᠳᠡᠮᠵᠢᠬᠦ ᠳᠦ ᠴᠢᠬᠤᠯᠠ ᠠᠬᠤᠴᠠ ᠲᠠᠢ ᠪᠣᠯᠤᠨ᠎ᠠ ᠃

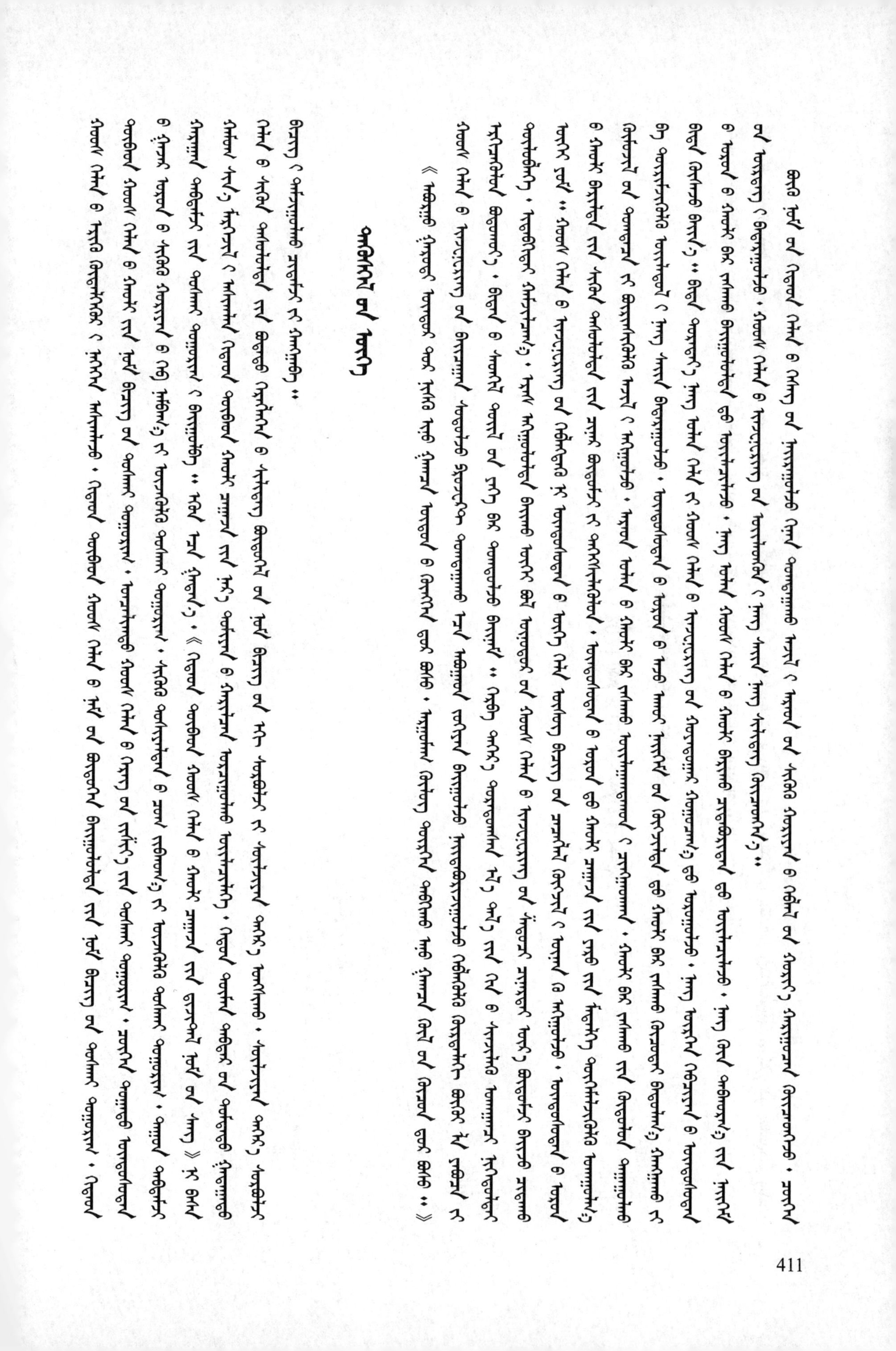

ᠳᠠᠭᠤᠰᠬᠠᠯ ᠤᠨ ᠦᠭᠡ

ᠪᠣᠯᠤᠨ ᠮᠡᠷᠭᠡᠵᠢᠯᠲᠡᠨ ᠦ ᠬᠦᠮᠦᠰ ᠦᠨ ᠰᠠᠨᠠᠯ ᠢ ᠰᠣᠨᠣᠰᠤᠨ ᠤ ᠬᠠᠮᠲᠤ ᠮᠡᠷᠭᠡᠵᠢᠯᠲᠡᠨ ᠦ ᠦᠭᠡ ᠶᠢ ᠬᠦᠯᠢᠶᠡᠨ ᠠᠪᠴᠤ ᠳᠠᠬᠢᠨ ᠳᠠᠬᠢᠨ ᠬᠢᠨᠠᠨ ᠨᠠᠢᠷᠠᠭᠤᠯᠤᠭᠰᠠᠨ :: ᠡᠨᠡ ᠪᠣᠯ ᠮᠠᠰᠢ ᠳᠠᠪᠲᠠᠭᠳᠠᠰᠢ ᠦᠭᠡᠢ ᠡᠷᠬᠢᠮ ᠵᠢᠷᠤᠮ ᠪᠣᠯᠤᠨ᠎ᠠ ::

ᠨᠠᠢᠷᠠᠭᠤᠯᠤᠭᠴᠢ ᠪᠦᠯᠦᠭ

2021 ᠣᠨ ᠤ 12 ᠰᠠᠷ᠎ᠠ ᠶᠢᠨ 1 ᠦ ᠡᠳᠦᠷ